༄༅། །གཟི་རྩ་སྡེ་དགུ་རྫོང་གི་ལོ་རབས།

九寨沟县年鉴

JIUZHAIGOUXIAN YEARBOOK

九 寨 沟 县 人 民 政 府　主 办
九 寨 沟 县 史 志 办 公 室　　编

2015

方志出版社
Publishing House of Local Records

图书在版编目(CIP)数据

九寨沟县年鉴. 2015 / 九寨沟县史志办公室编. --
北京：方志出版社，2019.12
ISBN 978-7-5144-4060-7

I. ①九… II. ①九… III. ①九寨沟县—2015—年鉴
IV. ①Z527.14

中国版本图书馆CIP数据核字（2019）第300538号

九寨沟县年鉴（2015）

编　　者： 九寨沟县史志办公室
责任编辑： 任容庆

出 版 人： 冀祥德
出 版 者： 方志出版社
地址　北京市朝阳区潘家园东里9号(国家方志馆4层)
邮编　100021
网址　http://www.fzph.org
发　　行： 方志出版社发行中心
电话(010) 67110500
经　　销： 各地新华书店
印　　刷： 四川川印印刷有限公司

开　　本： 889×1194　1/16
印　　张： 23
字　　数： 631千字
版　　次： 2019年12月第1版　2019年12月第1次印刷
印　　数： 0001~1000册

ISBN 978-7-5144-4060-7　**定价：** 288.00元

领导关怀

2014年10月4日，州委书记刘作明（左四）到九寨沟公安分局指挥中心考察十一黄金周道路交通保障工作

2014年4月23日，州人大常委会主任王福耀（前排左一）到九寨沟县开展农业产业发展调研

2014 年 9 月 24 日，州委副书记、州直机关工委书记(兼)、州国资委党委书记谷运龙（左二）到九寨沟县调研指导工作

2014 年 11 月 16 日，州委副书记赵平（前排右一）到罗依乡现代生态农业产业园区调研

2014 年 5 月 27 日，州委常委、宣传部部长张万平（右三）到草地乡检查指导工作

2014 年 8 月 6 日，州委常委金吉昌（前排右一）到罗依乡现代生态农业产业园区指导工作

2014年6月8日，州委常委、州政法委书记尼玛木（左三）到九寨沟县参观法治文化长廊

2014年11月30日，州委常委、组织部部长徐芝文（前排右一）到漳扎镇中查村调研指导基层组织建设工作

2014 年 11 月，州委常委、副州长孙永红（左四）考察勿角乡甲勿村通村公路

2014 年 7 月 31 日，州人大常委会副主任田晓丹（右四）到九寨沟县开展民生工程调研

2014 年 8 月 29 日，州政府副州长杨绍林（前排右一）到九寨沟县检查工作

2014 年 3 月 13 日，州政府副州长李为国（左四）到马家乡调研农业产业工作

县级领导在基层

2014 年 3 月 23 日，州委常委、秘书长、县委书记罗振华（前排左三）到陵江乡调研产业发展工作

2014 年 4 月 29 日，县委副书记、县长李绍友（左四）到黑河乡马脑壳金矿检查指导安全生产工作

2014 年 9 月 15 日，县人大常委会主任王勇（前排左二）到各条村调研

2014 年 4 月 29 日，县政协主席泽里亚（前排左二）到宋城九寨千古情调研

2014 年 9 月 9 日，县委副书记袁翠军（中）到弓杠岭调研九环线标识建设

2014 年 1 月 9 日，县委常委、副县长郑明春（左二）到马家乡开展慰问工作

2014 年 3 月 7 日，县委常委、政法委书记葛林冲（中）到治安卡点检查工作

2014 年 8 月 27 日，县委常委、宣传部部长周晓喻（左二）到草地乡检查指导工作

2014 年 1 月，县委常委、纪委书记彭开剑（左二）到保华乡土门村检查指导工作

2014 年 4 月，县委常委、组织部部长史志刚（左一）到基层调研

2014 年 5 月 7 日，县委常委、副县长吴成（右二）、副县长贺红琼（右三）到县广播电视台检查指导工作

2014 年 7 月，县委常委、总工会主席李敦灿（左二）在县总工会讲党课

2014 年 11 月 11 日，县委常委、副县长张宇科（右五）到县经信局调研

2014 年 6 月 18 日，县人大常委会副主任殷占青（右三）到县科技局调研

2014 年 3 月 3 日，县人大常委会副主任黄中发（左三）到神仙池景区调研旅游工作

2014 年 6 月 24 日，县人大常委会副主任坤芝陆（右二）到漳扎镇督导党的群众路线教育实践活动

2014 年 11 月 28 日，副县长李红梅（左二）到安乐乡甲勿村检查指导搬迁工作

2014 年 4 月 17 日，副县长李恒春（左二）到看守所检查指导监所管理工作

2014 年 9 月 25 日，副县长吴非（左一）到大录乡调研乡村旅游工作

2014 年 8 月 3 日，副县长文成华（右二）到漳扎镇调研

2014年9月2日，副县长索朗永忠（右二）到县第一小学调研指导工作

2014年10月28日，副县长王远富（右三）到乡镇检查指导交通建设和安全工作

2014 年 11 月 20 日，副县长王朝国（右一）到县医院检查工作

2014 年 5 月 29 日，副县长张旭（右一）到保华乡调研

2014 年 4 月 1 日，县政协副主席许德禄（右一）到大录乡调研

2014 年，县政协副主席刘斌（左一）开展提案成果转化调研

2014 年 12 月 23 日，县政协副主席奔卡·嘎桑仁静（前）在第十二届政协九寨沟县委员会第四次会议小组会上发言

重要会议

2014年1月17日，九寨沟县节前集体谈话会

2014年1月26日，九寨沟县党的群众路线教育实践活动动员部署会议

2014年3月20日，九寨沟县政法暨维稳工作会议

2014年4月16日，九寨沟县政府召开2014年上半年消防工作联席会

2014年4月19日，九寨沟县价格调节基金征收工作联席会议

2014年4月21日，九寨沟县信访维稳工作会议

2014年4月28日，九寨沟县2014年防汛工作会

2014年5月29日，九寨沟县创建四川省社会主义新农村建设档案示范县工作推进会

2014年7月19日，九寨沟县2014年暑期旅游工作会议

2014年7月21日，九寨沟县生态经济规划座谈会

2014年9月10日，九寨沟县庆祝第30个教师节大会

2014年9月15日，九寨沟县重大火灾隐患新闻发布会

2014 年 11 月，九寨沟县庸懒散浮拖问题专项整治工作动员部署大会

2014 年 11 月 5 日，九寨沟县 2014—2015 年度森林草原防火工作会议

2014 年 12 月 5 日，阿坝州“宽带中国”示范城市提升工程暨九寨沟县“宽带乡村”示范县建设启动会在九寨沟县召开

2014 年 12 月 22 日，九寨沟县第十三届人民政府第四次全体会议

2014 年 12 月 23 日，中国人民政治协商会议第十二届九寨沟县委员会第四次会议

2014 年 12 月 26 日，九寨沟县领导干部集体廉政谈话会议

重大活动

2014 年 1 月 1 日，美丽中国之旅——2014 智慧旅游年九寨沟首游式

2014 年 4 月，在九寨沟县漳扎镇天堂口举办“味道九寨·记忆永恒”美食大赛

党政

2014年5月22日，县纪委召开深入推进正风肃纪切实解决“9+2+2”突出问题工作会议

2014年6月4日，县纪委到大录乡督查党风廉政、正风肃纪等工作

2014年11月12日上午，县纪委到中藏医院指导行风建设工作

2013年3月20日，县综治办到老城区十字街口开展综治宣传月活动

2014年3月27日，县委政法委召开“转变作风司法为民”动员会

2014年4月5日，九寨沟县《四川省社会稳定风险评估条例》征求意见座谈会

2014 年 1 月，州委组织部督导调研九寨沟县党建工作座谈会

2014 年 3 月，马乡村后进基层党组织整顿提高工作动员会

2014 年 4 月，省委第十九督导组副组长江涛（前排右三）、州委第一督导组组长郎建扎西（前排右一）到永丰乡检查党的群众路线教育实践活动

2014 年 5 月，省委组织部民族工作处副处长于跃（右三）调研九寨沟县基层工作

2014 年 5 月，州委组织部常务副部长王祖全（右三）到草地乡调研

2014 年 1 月 17 日，县委宣传部到联系村永和乡城沟村、新华村走访慰问并召开座谈会

2014年5月19日，九寨沟县民营经济座谈会

2014年7月7日，统战部到马家乡博文农牧科技有限公司调研“藏香猪养殖”工作

2014年10月26—31日，由县委组织部和党校共同举办了“9+3”干部培训班

2014年4月，由茂县、松潘、九寨沟三县组织的优秀年轻干部人才递进培训计划首期培训班在九寨沟开班

2014年6月6日，州民委到漳扎镇上四寨检查民族团结新村跨年项目

2014年12月4日，民宗局到郭元乡回龙村检查村内道路建设项目

社会团体

2014 年 3 月 15 日，九寨沟县总工会开展“3·15”公民道德月宣传活动

2014 年 9 月，县委常委、总工会主席李敦灿（左一）看望困难职工

2014 年 1 月 24 日，阿坝州妇联主席白慧蓉(右三）到九寨沟县与部分农村老妇干、“两癌”患者和贫困妇女座谈

2014 年 5 月 20 日，阿坝州基层妇女素质提升培训“向幸福出发”——基层干部素质提升培训开班仪式在九寨沟县正式开班

2014年7月3日，九寨沟县“天堂口”创业团队荣获阿坝州“青年创业先锋”荣誉称号

2014年11月11日，团县委举办“幸福九寨·缘来有你”青年人才交友活动

2014年11月13日，九寨沟县高校毕业生创业补贴发放仪式

2014年11月14日，团县委组织“五老”干部督查藏区“9+3”免费职业教育工作

2014年5月8日，县红十字会在双河小学启动“5·8”博爱周活动

2014年4月11日，九寨沟县残联业务培训会

2014年5月28日，县残联聘请成都听竹医疗有限公司的专业技术人员，对听力障碍人士进行听力测试

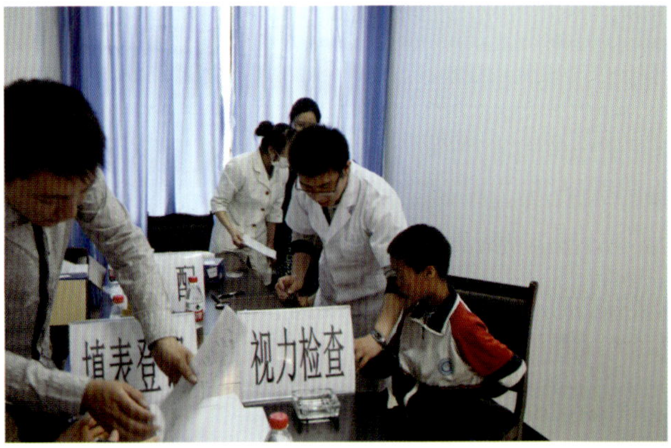

2014年6月8日，县残联为全县130名视力残疾人配发助视器具

2014年9月26日，成都西南骨科医院的专业技术人员对九寨沟县肢体智力残疾人康复状况进行普查

2014年11月9日，四川省残联副理事长黄卫德（左二）、州残联理事长曲礼（左四）到九寨沟县康复中心看望正在进行康复治疗训练的脑瘫儿童

法治

2014 年 1 月 13 日，县公安局完成第九届国际冰瀑节安保任务

2014 年 1 月 20 日，县公安局召开 2013 年度公安工作总结会

2014 年 1 月 30 日，州委常委、州委秘书长、县委书记罗振华（右三）到县公安局指挥中心慰问值守民警

2014 年 3 月 7 日，县公安局对全县公共场所、出租房屋、特种行业、暂住流动人口、危险物品、重点单位、要害部位等进行无盲点大排查大清理

1. 2014 年 1 月 20 日，县检察院在郭元乡沟里村开展法制宣传活动

2. 2014 年 4 月 17 日，阿坝州人民检察院副检察长毛光文（左一）到九寨沟县检查指导监所管理工作

3. 2014 年 5 月 28 日，州检察院党组成员、常务副检察长刘志武（右二）到县检察院调研保密工作

4. 2014 年 8 月 31 日，省保密局专家组到县检察院开展分级保护建设测评工作

5. 2014 年 10 月 16 日，县检察院派驻漳扎镇检察室揭牌仪式

2014年5月15日，九寨沟县人民法院干警送法下乡、征求群众意见

2014年5月，九寨沟县人民法院双河法庭首创“婚姻家庭调解室”

2014年9月11日，阿坝州中级人民法院党组书记、院长李秉国（左二）到漳扎人民法庭调研

2014年10月23日，九寨沟县人民法院书记员、审判人员业务技能培训

2014年12月4日，九寨沟县人民法院开展“12·4”宪法宣传活动

2014年10月30日，阿坝州中级人民法院罗洛（左四）到县法院开展司法巡查工作

2014 年 4 月 9 日，州司法局副局长周汀（挂职）（右四）到安乐小学了解学校法制宣传工作开展情况

2014 年 7 月 3 日，汶川县人民政府副县长段立新（前排中）到九寨沟县永乐镇考察梨花社区“法律进乡村”活动

2014 年 7 月 9 日，州委副秘书长、依法治州办公室主任向林（左二）查看永乐镇和平二村夜校开办情况

2014 年 12 月 4 日，县司法局在老城区十字街口开展首个国家宪法日暨全国法制宣传日活动

军事

1

1. 2014 年 3 月，县人武部组织民兵开展防暴训练

2. 2014 年 7 月，县人武部组织民兵抢险分队参加省军区演习

3. 2014 年 7 月，召开九寨沟县 2014 年度征兵工作会议

4. 2014 年 8 月，县人武部组织小学生开展军事夏令营活动

5. 2014 年 9 月，县人武部组织民兵到漳扎镇泥石流现场抢险

2

3

4

5

1

2

3

1. 2014年2月14日，武警九寨沟县中队组织官兵到元宵节晚会现场执勤

2. 2014年6月4日，武警九寨沟县中队组织军事训练

3. 2014年8月1日，县领导到武警九寨沟县中队慰问武警官兵

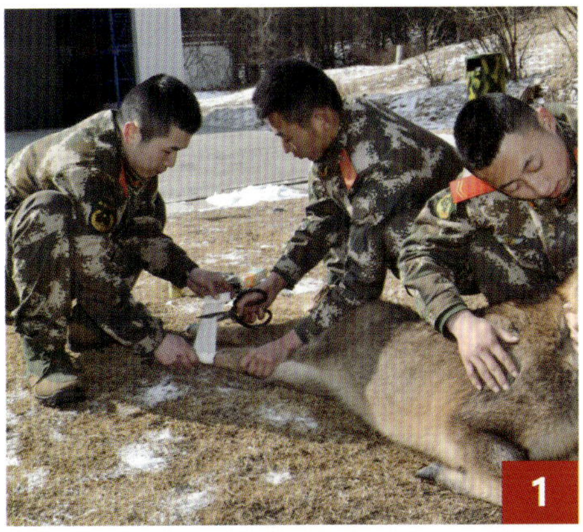

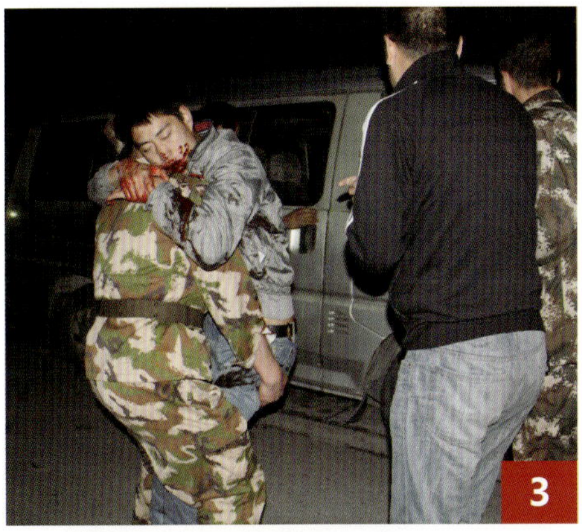

1. 2014 年 2 月 13 日，武警九寨沟森林中队官兵在日则执勤点成功营救国家二级保护动物斑羚羊

2. 2014 年 2 月 13 日，武警九寨沟森林中队官兵到九寨沟景区开展防火宣传

3. 2014 年 3 月 21 日，武警九寨沟森林中队到漳扎镇永竹村车祸现场救援

4. 2014 年 4 月 15 日，武警九寨沟森林中队到扎如沟开展清山巡护勤务

5. 2014 年 9 月 17 日，武警九寨沟森林中队到漳扎镇上四寨山洪泥石流现场抢险救灾

6. 2014 年 10 月 3 日，武警九寨沟森林中队到九寨沟景区紧急救护受伤游客

7. 2014 年 12 月，县领导到武警九寨沟森林中队慰问武警官兵

2014 年 3 月 14 日，消防大队组织民兵消防培训

2014 年 3 月 18 日，松潘、九寨沟两县在九寨沟县联合开展消防产品宣传活动

2014 年 4 月 4 日，九寨沟县寺庙消防装备发放仪式

2014 年 4 月 22 日，消防大队走进社区开展“千警进万家”活动

2014 年 8 月 1 日，县领导到消防大队慰问消防官兵

2014 年 8 月 13 日，消防大队与安监局联合检查易燃易爆场所消防安全

经济管理

2014 年 3 月 12 日，县发改局参加“改革的力量 改变的心智——阿坝州发改系统精学三中全会精神，践行群众路线”辩论赛

2014 年 5 月 5 日，州发改委项目稽察组到九寨沟县进行重大项目稽察并召开九寨沟县项目稽查和监督情况反馈会

2014 年 6 月 10 日，县经济商务和信息化局到老城区十字街口开展碘缺乏病防治知识系列宣传活动

2014 年 7 月 7—8 日，阿坝州经信委副主任张永贵（左二）到九寨沟县调研工业项目投资建设情况和企业安全生产工作

2014年4月29日，九寨沟县2014年第二季度安全生产工作例会

2014年5月17日，九寨沟县水电企业安全生产培训班

2014年6月16日，县安监局在老城十字街口开展“安全生产月”宣传活动

2014年6月16日，州委常委、县委书记罗振华（右二）、县委组织部部长史志刚（右一）、县纪委书记彭开剑（右三）到县安监局调研安全生产工作

2014年1月7日，州统计局局长任真（左三）到九寨沟县白河乡调研统计基础规范化建设工作

2014年1月19—21日，州统计局普查中心主任王志学（左一）到九寨沟县检查经济普查数据

2014年8月4日，县委副书记吴光旭（左三）主持召开全县上半年经济形势分析会

2014年11月6日，全省文化及相关产业法人单位普查数据组到九寨县进行交叉检查

2014年11月7日，国家统计局阿坝调查队到九寨沟县开展城乡住户一体化工作

2014年12月16日，州统计局局长颁玛德吉（左一）到九寨沟县检查统计基层基础指导和目标考核督导工作

1. 2014 年 3 月 17 日，县审计局到草地公路现场开展项目审计

2.2014 年 4 月 22 日，县审计局到勿角乡英各村指导农村安全饮水蓄水池建设

3. 2014 年 6 月 18—20 日，县审计局到各乡镇开展草原生态补奖政策资金兑付及项目实施情况现场调查工作

2014年4月9日，县国土资源局在大录乡召开2014年地质灾害防治工作培训会

2014年4月11日，阿坝州公共资源交易中心成功挂牌出让九寨沟县漳扎镇中查沟项目2014-1宗地国有建设用地使用权

2014年5月7日，县国土资源局对马脑壳金矿地区四川与甘肃两省交界处进行现场踏勘、巡查

2014年5月19日，县国土资源局对草地乡草地金矿杨家湾尾矿库治理工程和草地金矿水土保持等工作进行现场检查

2014年6月7日，县国土资源局到全县17个乡镇开展农村宅基地登记发证第一次公告工作

2014年11月14日，阿坝州国土资源局局长泽仁达瓦（左四）到九寨沟县检查指导地质灾害防治和矿产资源管理工作

2014年1月17日，县物价局到南坪社区开展“双报到”工作

2014年3月15日，县物价局到老城区十字街口开展“3·15”宣传

2014年9月26日，县物价局工作人员对九寨沟各宾馆酒店价格执行情况进行检查

2014年10月20日，县物价局召开九寨沟县民用天然气价格调整、建立商用天然气价格联运机制听证会

2014年3月4日，州工商局副局长刘宏（左三）带队检查九寨沟县学校营养餐

2014年3月15日，县工商局开展以“践行《消费者权益保护法》、倡导诚信、和谐消费”为主题的“3·15”国际消费者权益日宣传活动

2014年5月23日，州工商局党组书记、局长李军（左三）到永乐镇扒拉沟村进行基层调研

2014年8月6日，省食药监局局长姚义贤（右四）到九寨沟县视察食药监管工作

2014年9月16日，九寨沟县特种设备安全工作会暨《中华人民共和国特种设备安全法》宣贯会

2014年12月17日，州工商局、县政府联合召开九寨沟县工商体制调整工作对接座谈会

旅游

2014年1月16日，县旅游局到北京第三届国际旅游品牌营销年会

2014年1月18号，由国际旅游投资协会主办的中国旅游投资艾蒂亚奖在京揭晓，九寨沟县荣获中国最佳旅游投资目的地奖

2014年4月10日，县旅游执法局组织非星级酒店开展酒店交叉检查工作

2014年6月30日，九寨沟县酒店服务技能比武大赛在千鹤国际大酒店拉开帷幕

2014年1月12日，九寨沟管理局与亚太旅游协会（PATA）签订合作备忘录

2014年4月22日，九寨沟自然保护协会、共青团九寨沟管理局委员会、九寨沟摄影协会开展九寨沟爱鸟周环保宣传活动

2014年5月19日，韩国 home and shopping 电视台摄制组到九寨沟景区拍摄九寨沟旅游宣传片

2014年5月19日，在九寨沟风景名胜区正式启动“全域九寨”一日游活动

1. 2014 年 6 月 4 日，Wendy Wu 旅行社组团英国植物特种旅游团到九寨沟景区开展植物特种考察旅游

2. 2014 年 6 月 28 日，匈牙利中央电视台到九寨沟景区开展采访拍摄活动

3. 2014 年 6 月 30 日，九寨沟风景名胜区与优山美地国家公园续签姊妹公园合作协议

4. 2014 年 9 月 2 日，首届两岸环境智慧景区行动研讨会

5. 2014 年 9 月 17 日，九寨沟荣获“2014 中国最佳旅游景区评选”称号

农林牧

2014年3月，州、县农业技术人员到陵江乡开展“技术走基层，服务千万家”培训活动

2014年4月，县农业水务局开展“农机下乡”活动

2014年5月15日，省水保局局长陈扬刚（右二）到草地金矿开展2014年度大中型生产建设项目水土保持监督检查工作

2014年5月6日，县农业水务局到黑河乡试验地调查指导酿酒葡萄配方施肥工作

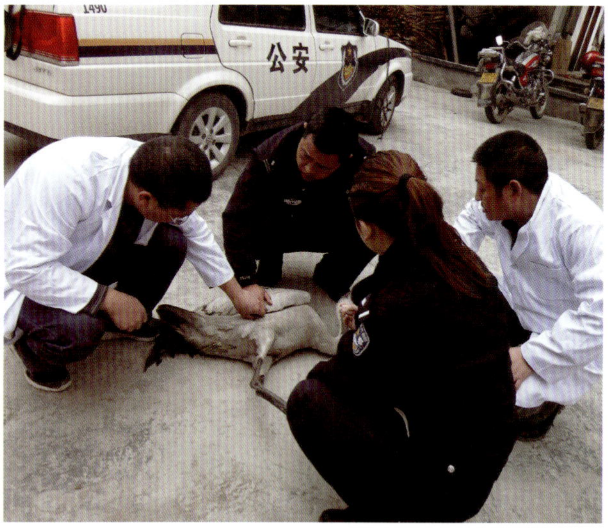

2014 年 3 月 23 日，县林业局在永丰乡救助 1 只国家二级重点保护野生动物灰鹤

2014 年 11 月 12 日上午，县环林局工作人员在巡护时发现一群（约 80 只）红嘴鸥栖息在老县城公路局对面的白水江浅滩上，这是迄今为止九寨沟县境内第一次发现成群红嘴鸥

2014 年 6 月 27 日，中央电视台口述历史纪录片摄制组在南林局 122 林场采访

2014 年 11 月 24 日，南林局 124 林场职工在巡山护林

2014 年 4 月 14 日，州动物疫病预防控制中心副主任杨全红（右一）到九寨沟县检查重大动物疫病防控工作和动物卫生监督工作。

2014 年 8 月 9 日，州草原生态补奖工作考核小组到九寨沟县进行“2013 年草原生态补奖工作”工作绩效考核验收

马家乡藏香猪养殖场

白河乡养鸡场

水电气·商业贸易

2014年8月26日，省社会科学院副院长杨钢（正面右三）在省发改委副主任陈磊（正面右四）陪同下到黄埔电力公司调研农村电网改造工作

2014年5月20日，县粮食局与县国土资源局工作人员到安乐粮库进行土地确权工作

2014年5月28日，县粮食局在老城区十字街口开展粮食流通管理条例颁布10周年宣传活动

2014年12月24日，县粮食局到大录等乡镇发放大骨节病更换粮食

2014年3月10日，物资公司召开“开展群众路线教育 实现企业跨越发展”动员大会

2014年6月6日，物资公司到沟里村仓库大门外约20米处进行消防安全演练

财税金融保险

2014 年 4 月 10 日，县财政局到社区宣传《会计法》

2014 年 11 月 13 日，县财政局国库支付中到预算单位指导业务工作

2014 年 9 月 22—25 日，州国税局到九寨沟县国税局检查工作

2014 年 10 月 31 日，县国税局开展“中华传统文化与道德修养”为主题的道德讲堂

2014 年 3 月 27 日，北川县地方税务局到九寨沟县开展金矿资源税调研工作

2014 年 3 月 27 日，地税局开展“党员义工日”活动

2014 年 6 月 18 日，人行九寨沟县支行宣传普及征信知识

2015 年 5 月 16 日，农行九寨沟县支行参加人行第三届小微企业服务宣传月活动

2014 年 5 月 16 日，建行九寨沟县支行开展“第三届小微企业金融服务宣传月”为主题的金融宣传服务活动

2014 年 4 月 18 日，财智向前冲 2014 年“四川农信杯”全民金融知识大奖赛（初赛）九寨沟赛区电视竞赛在黄浦二楼会议室举行

2014 年 4 月 9 日，财保九寨沟支公司到大录乡芝麻村开展农房火灾现场赔付

2014 年 6 月 15 日，人寿九寨沟县支公司到新区做业务宣传

城乡建设

1. 2014年6月，县规划建设局到老城区十字街口开展测绘地理信息知识宣传

2. 2014年8月，州住建局检查组考察项目建设工地

3. 2014年12月，县委书记罗振华（左四）、县政协主席泽里亚（左一）考察九龙湾建项目工地

4. 2014年12月，县规划建设局在县十字街口开展“12·4”法律知识宣传

5. 2014年12月，县规划建设局到永乐镇开展九寨沟县廉租住房第二期实物配租抽签会

交通运输

2014 年 4 月，交通运输安全宣传

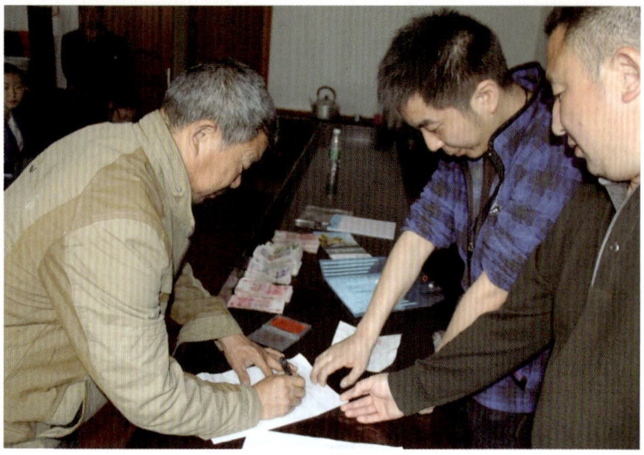

2014 年 5 月，交通运输局为民排忧解难，协调解决拖欠民工工资、材料款

2014 年 5 月，建设中的安乐乡道上桥

2014 年 5 月，建设中的漳扎镇彭丰、九通应急疏散通道

2014 年 5 月，省道 301、205 线九寨沟县段灾后重建工程竣工验收会

2014 年 9 月，抢修若九路垮塌路段

2014 年 4 月 15 日，县养护站职工大奋战确保“五一”黄金周道路通畅

9 月 17 日，漳扎镇上四寨村泥石流现场抢险

2014 年 12 月 28 日，州公路局副局长许小平（右四）到九寨沟看望慰问养护站职工

2014 年 2 月 12 日，县运管所在老城区十字街口联合安监、交通等部门开展“安全生产月”宣传活动

2014 年 6 月 7 日，县运管所组织九旅出租汽车公司进行爱心免费送考活动

2014 年 6 月 20 日，县运管所与松潘县联合召开打击非法营运工作部署会

邮政通信

2014年5月17日，电信九寨沟分公司与州公司客户服务部到老城区十字路口开展天翼客户感恩回馈暨VIP会员日“5·17”电信日活动

2014年12月5日，S1240程控交换机关电退网暨九寨沟迈入“宽带中国·全光城市”启动仪式

2014年5月4日，移动九寨沟分公司员工到养老院慰问

2014年8月19日，联通九寨沟分公司与县人民政府签订智慧城市战略合作协议

教育

2014年3月17日，九寨沟县首届中小学生"故乡情、九寨行"社会实践活动启动，州教育局副局长东巴格西（中）为活动致辞

2014年4月10日，州委常委、县委书记罗振华（右四）到县中学考察"女子足球队"

2014年4月13日，举行九寨沟县首届"中华汉字听写大会"决赛。

2014年5月23日，九寨沟县中小学生"爱家乡 赞家乡"演讲比赛决赛

2014年5月27日，阿坝州"走复兴路 圆中国梦"——美丽阿坝我的家演讲比赛

2014年6月23日，EMBA2013广州春季班爱心人士为大录乡中心校捐赠

卫生

2014年8月19日，九寨沟县在全州率先开展乡村医生签约服务工作

2014年8月29日，全州构建“一小时医疗服务圈”现场会议在九寨沟县召开

2014年6月19日，州妇幼保健院到永和乡桥上村

2014年11月12—13日，由省卫计委组织的考评组到九寨沟县对创建省级免疫规划示范区工作进行全面考评验收

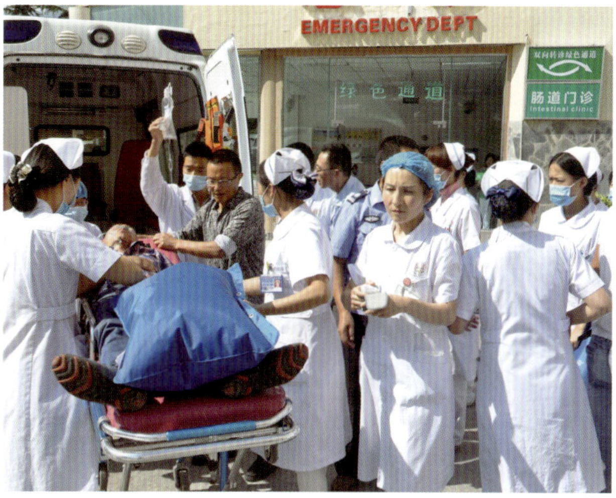

2014 年 10 月 13 日，县医院开展大型车祸抢救

2014 年 12 月 13 日，九寨沟县人民医院“二甲”复审检查反馈会

2014 年 6 月 4—6 日，省中管局到九寨沟县中藏医院进行“二级甲等”达标评审

2014 年 8 月 29 日，在九寨沟举办的全州“1 小时医疗服务圈”会议行程中，阿坝州各兄弟单位到县中藏医院参观

综合政务

2014年1月15日，县人力资源和社会保障局在永丰乡举办“2014年乡村特色文化旅游服务技能培训班”

2014年6月15日，九寨沟县2014年现场招聘会

2014年11月28日，九寨沟县创业就业现场会暨全省藏区首个青年（大学生）创业联盟成立大会在九寨沟县天堂口举行

2014年12月4日，县人力资源和社会保障局在老城区十字街口举行“12·4”法制宣传活动

2014 年 4 月 7 日，九寨沟县慈善分会发放“四个一万”工程慈善款

2014 年 4 月 4 日，县民政与扶贫移民局会同保险公司为大录乡芝麻村失火农房举行政策性农房保险赔付

2014 年 5 月 13 日，州民政局局长张耀龙（右三）到玉瓦敬老院看望入住老人

2014 年 11 月 5 日，浙江省政府人大代表团到九寨沟县调研东西部扶贫协作工作

社会事业

2014年3月19日，县科技局到双河乡开展“科技之春科普宣传月”宣传活动

2014年4月7日，四川省新荷花中药材有限公司总经理刘振东（右一）到九寨沟县开展猪苓人工种植培训

2014年6月13日，在老城区梨花广场举办“让文化遗产活起来”主题宣传活动

2014年12月3日，登嘎甘㑇（熊猫舞）正式成为第四批国家级非物质文化遗产代表性项目

2014年4月23日，州防灾减灾督促组实地检查防灾减灾工作

2014年5月12日，开展地震应急避险疏散演练

2014年12月4日，县档案局开展全国第一个“宪法日”宣传活动

2014年12月26日，九寨沟县创建四川省社会主义新农村档案工作

2014 年 5 月 8 日，县史志办为九寨沟县中学赠送史志书籍及口述历史光盘

2014 年 7 月 3—6 日，县史志办到红原县参加党史、地方志交流学习

2014 年 7 月 7—8 日，县史志办到甘肃省文县参加抗震救灾志学习交流会议

2014 年 8 月 1 日，县史志办开《把绿色留给子孙》《我与熊猫有个约定》口述历史片第一次审片会议

乡镇

2014 年 4 月 14 日，漳扎镇城建监察大队和城建规划所，对违规搭建钢架棚、破坏整体风貌的违法户依法进行拆除

2014 年 5 月 21 日，漳扎镇彭丰村“天堂口”民俗风情街开街成为藏区首个青年创业基地

2014 年 6 月 6 日，光明日报社到漳扎社区开展图书捐赠活动

2014 年 4 月，永乐镇开展节前消防大检查

2014 年 8 月，永乐镇清平三村选举议事会成员

2014 年 12 月，永乐镇第十届人民代表大会第五次会议

2014 年 2 月 1 日，永丰乡 2014 年新春年文化活动展演

2014 年 5 月 19—20 日，永丰乡菜园村开展“全域九寨”一日游活动

2014 年 9 月 24 日，九寨沟县新型村级治理暨基层党建现场会在永丰乡中寨村召开

2014 年 6 月，保华乡党风廉政建设及反腐败工作专题培训会

2014 年 10 月 11 日，县计生局到保华乡三结合村检查指导工作

2014 年 11 月 28 日，保华乡组织农技员对各村果树管理进行培训

2014 年 1 月 17 日，罗依乡发放救济粮

2014 年 2 月 25 日，九寨天堂到罗依乡进行招聘

2014 年 5 月 30 日，罗依乡开展送书下乡活动

2014 年 3 月 30 日，永和乡开展基干民兵点验大会

2014 年 5 月 20 日，县红十字会到永和小学开展青少年

2014 年 7 月 12—16 日，永和乡开展地毯式禁种铲毒踏查行动

1

1. 2014 年 3 月，白河乡新华村龚家磨土地回填

2. 2014 年 4 月 25 日，大录乡马背党员服务队开展送关爱、送政策、送健康等活动

3. 2014 年 5 月，大录乡玛咖种植基地

4. 2014 年 6 月，大录乡开展地质灾害应急演练

5. 2014 年 7 月，大录乡开展边界矛盾纠纷调解

2

3

4

5

2014年4月8日，玉瓦乡邀请成都中医药研究所、四川新荷花中药饮片股份有限公司到四道城村开展猪苓种植技术现场观摩培训会

2014年6月16日，玉瓦乡组织党员干部到石门村泥石流现场清理河道

2014年12月24日，州、县领导到玉瓦乡玉杏村检查幸福美丽家园巩固提升工程建设情况

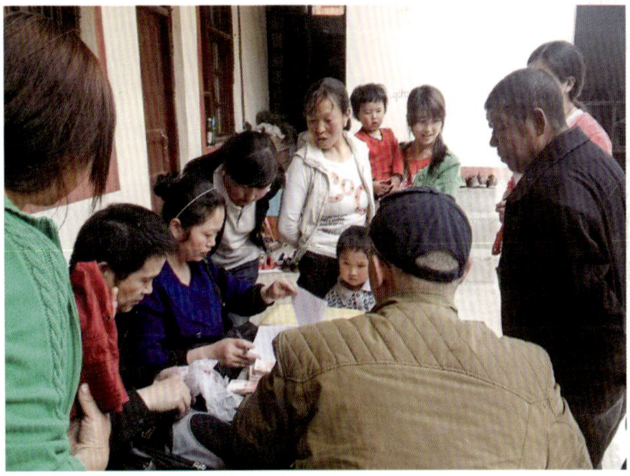

2014年4月24日，黑河乡到自玉村、碧历村、达舍寨村给在校学生和高龄老人发放补助

2014年5月9日，黑河乡邀请农水局技术人员到农户田间现场指导和培训葡萄树管理技术

2014年6月24日，黑河乡在碧历村开展地质灾害应急演练

2013 年 3 月 6 日，陵江乡乡村旅游培训开班

2014 年 4 月 15 日，陵江乡建立“党员志愿服务队”“团员志愿服务队”并举行授旗仪式

2014 年 10 月 28 日，陵江乡召开森林（草原）防火工作会议

2014 年 4 月 14 日，阿坝州委常委、副州长孙永红（中）到马家乡胜利村开展“双联”工作

2014 年 4 月 20 日，马家乡与九寨沟县中学业余党校举办“走进马家，看农村变化”为主题的学生社会教育实践活动

2014 年 7 月 7 日，省委常委、省委农工委主任李昌平（左二）到马家乡专题调研乡镇农业农村工作

2014年8月，名家看九寨到英各村下勿角参观白马文化

2014年9月15日，双河乡各条村召开创建民主法治、精神文明示范村动员暨表彰大会

2014年11月，州委领导考察甲勿村幸福美丽家园巩固提升工程

郭元乡特色水果——脆红李喜获丰收

2014年8月30日，郭元乡发放科普宣传册

2014年7月3日，郭元乡组织全体干部职工为水田村村民募捐

2014 年 4 月 22 日，省、州督导组到草地乡督查党的群众总路线教育实践活动

2014 年 6 月 5 日，草地乡开展“边界共建政企联合”防灾抢险应急演练

2014 年 11 月 28 日，九寨沟县草地乡非物质文化遗产展演

2014 年 11 月 27 日，公安局看守所慰问中安乐村五保户

2014 年 12 月 2 日，安乐乡召开“庸懒散浮托”专项整治工作动员大会

2014 年 12 月 24 日，“幸福美丽家园巩固提升工程”州检查组到安乐乡检查工作

编辑说明

一、《九寨沟县年鉴（2015)》以马克思列宁主义、毛泽东思想、邓小平理论、“三个代表”重要思想、科学发展观、习近平新时代中国特色社会主义思想为指导，坚持辩证唯物主义和历史唯物主义的立场、观点和方法。全面、系统、准确、真实地记载了九寨沟县2014年的辉煌成就，为各级领导和部门决策与制定发展规划提供科学依据，为各界人士认识研究九寨沟县情提供信息服务，其内容丰富、资料翔实、涉猎百科，极具权威性。

二、全书63.1万字，图文并茂。篇目设置三个层次，即：类目、分目、条目。

三、获奖名录记载县委、县人民政府及以上党政机关、部门、企事业单位表彰的“先进集体”“先进个人”等各项奖项。

四、书中主要数据以县统计局统计年鉴为准，统计局未作统计的数据依据乡镇、部门、企事业单位提供的部门年鉴为准。

五、收录资料上限2014年1月1日，下限2014年12月31日。专用名词、专用术语第一次用全称，第二次用简称。

六、图片主要由各乡镇、部门提供。

七、《九寨沟县年鉴（2015)》编辑分工：段季康负责审稿；米慧任主编负责全书篇目设置、总纂工作和编辑图片、特载、大事记、党政、社会团体、法治、军事、经济管理、附录部分；宛严勇负责编辑乡镇、名录部分；周朝霞负责编辑旅游、农林牧、水电气、商业贸易、城乡建设、交通运输、邮政通信、教育、卫生、综合政务、社会事业部分；杨春桃负责编辑财政税务、金融保险部分。

八、《九寨沟县年鉴（2015)》的编纂、出版、发行，得力于县委、县政府的大力支持，得到全社会、各级领导、各界人士的关心，县志办全体人员表示衷心感谢！并将与您一道为地方志事业的发展做出积极贡献！在编纂过程中难免存在疏漏和错误，请批评指正。

九寨沟县地方志编纂委员会名单

顾　问：罗智波

主　任：陶　钢

副主任：陈志敏

成　员：叶　林　陈　庚　尤志强　陈孟平　殷剑虹

张　竞　张彦庆　泽　军　班永国　宛玉新

王玉梅　王成双　龙凤莲　泽仁果　杜　宇

高水平　周建国　郭友林　徐荣鸿　杨文新

唐光辉　李昌勇　方瑞玺　文玉凤　李贵先

班秀武　王　剑　吴玉平　伍　军　段季康

《九寨沟县年鉴（2015）》编辑部

主　　任：段季康

副 主 任：米　慧　张茂生

主　　编：米　慧

编　　辑：米　慧　宛严勇　周朝霞　杨春桃

校　　对：米　慧　周朝霞

目 录

社会团体

法　治

军　事

综合经济管理

旅　游

农　林　牧

水　电　气

商业贸易

财税·金融·保险

城乡建设

交通运输·邮政通讯

教　育

卫　生

综合政务

社会事业

乡　镇

荣　誉

人　物

附　录

特 载

在中共九寨沟县委三届八次全委(扩大)会议第一次全体会议上的工作报告

(2014年12月22日)

阿坝州委常委、秘书长、县委书记　罗振华

各位委员、同志们:

这次全会的主要任务是深入贯彻中共十八届三中全会、四中全会和省委十届五次全会精神,全面落实中央经济工作会议部署,总结今年工作,分析发展形势,研究部署明年和今后一个时期工作,动员全县上下坚定不移加快推进九寨新发展,向着“川西北生态经济实验区、全省旅游转型升级示范区、全州全面小康社会先行区”的发展目标坚定前行,为与全国、全省、全州同步全面建成小康社会而努力奋斗。现在,我代表常委会向全会报告工作,并就当前形势和明年工作讲几点意见。

一、关于今年的主要工作

即将过去的一年,是我们推进追赶跨越,经济总量持续增长的一年;是我们推动统筹城乡,发展质量显著提升的一年。一年来,县委常委会在州委的坚强领导下,认真贯彻落实中共十八届三中、四中全会精神,深入贯彻落实省委“全面实施‘三大发展战略’”的总体部署和州委“发展为要、稳定为重、民生为本、团结为根、党建为基”的总体要求,紧扣东明书记来我县视察调研时的重要指示,坚定不移抓发展、惠民生、创稳定、转作风,实现了经济持续健康发展和社会和谐稳定,圆满完成年度目标任务。

一年来,我们坚持立改立行、常抓常为,实现了正风与肃纪联动的从严治党。按照中央、省委和州委关于开展群众教育实践活动的总体安排,坚持先行先试,提前开展为期2个月的“对标好干部、树立新形象”作风建设活动,深入整治干部队伍中存在的党风政风突出问题和“三股歪风”;坚持边学边改,启动“故乡情·九寨行”大型社会实践活动,组织5400余名中小学生走进九寨沟景区,同步开展“爱家乡、赞家乡”系列活动,培养了中小学生热爱祖国、热爱家乡的道德情感。教育实践活动启动后,紧紧围绕“为民务实清廉”的主题和“照镜子、正衣冠、洗洗澡、治治病”的总要求，严格对照“三严三实”，始终坚持“五个带头”，着力突出“问题导向”，有条不紊推进教育实践活动。活动中，各级党组织收集到各类意见建议13000余条，查摆问题6732条，已基本完成整改。扎实开展正风肃纪“9+2+2”和“四大党风问题、四大政风问题、三股歪风”专项整治，一批损害群众切身利益、办事不公开透明等问题得到整治。县委普发文件数量下降17.9%；全县性会议天数、次数分别下降27.8%、21%，会议时间缩短46%；压缩“三公”经费20%；建立民生台账130余本，解决民生难题680余件，处置信访积案3起，化解矛盾纠纷230余起。同时，始终紧扣习总书记从严治党“8项要求”，坚持思想建党与制度管党结合推进“从严治党”，常委班子带头作出作风建设“六个带头、三个绝不”公开承诺，出台作风建设、干部从严管理“两个意见”，制定“六个必须、六个严禁”纪律、“四个严守十二个不准”等规定，扎实推进作风建设常态长效。通过群教活动的深入开展，全县干部队伍作风明显好转，有力提升了各级党组织和党员干部“为民务实清廉”的良好形象。

一年来，我们坚持认清县情、抢抓机遇，实现了思路与规划同步的科学发展。着眼在新的起点上推进九寨加快发展，抢抓全州建设川西北生态经济实验区的重大机遇，通过深入调研、科学论证、集思广益，确立了“全域发展”的总体战略，坚持以生态经济为支撑、以党建引领为保障，大力实施“全域景区、全域产业、全域畅通、全域开放、全域服务、全域法治”六大发展行动，奋力加快九寨新发展、努力建设三个“领先区”的发展思路。实践证明，这些思路和目标符合州委要求，契合九寨实际，得到全县上下的广泛认同，成为干部群众的共同行动，有力推动了九寨各项事业加快发展。工作中，坚持规划先行、规划管总，按照“全域连区域、总体带专项”的“多规衔接”思路，启动生态经济“1+4”规划编制，在编制“生态经济实验区”规划的基础上，同步编制生态有机农业、生态工业园区、创意文化产业等专项规划；启动旅游产业“1+N”规划编制，启动《“全域九寨”国际休闲度假旅游目的地总体规划及三年行动计划》编制，同步开展特色乡村旅游、文化产业“一园五区”等规划编制。一年的科学谋划，全县经济社会始终呈现加快发展、科学发展的良好势头，进一步提振了全县干部群众狠抓机遇谋发展的信心与决心。

一年来，我们坚持负重前行、奋力拼搏，实现了规模与速度双高的跨越发展。充分发扬“一天当成两天干、一年干成两年事”的拼搏精神，紧扣县委三届六次全会确定的总体目标和工作重点，心无旁骛抓发展，聚精会神搞建设。全年预计地区生产总值达到219000万元，同比增长8.7%；完成全社会固定资产投资300000万元，同比持平；完成本级财政一般预算收入20008万元，同比增长18.53%；实现社会消费品零售总额92500万元，同比增长13.8%；全年预计接待游客605万人次，实现旅游社会总收入781000万元，分别同比增长26.9%和26.8%；城镇居民人均可支配收入达26285元，同比增长11.7%；农民人均纯收入达8340元，同比增长22.0%，呈现出“高点起步、高位求进、加快发展”的跨越态势。经济快速增长的背后是深化改革工作的顺利推进，全县旅游转型升级、演艺市场规范、产业园区建设等工作成绩显著。规划建设青年（大学生）创业孵化基地，支持4位返乡大学生筹资2000万元建成天堂口民俗风情文化街，被省州命名为“青年大学生创业实践基地”。启动生态农业示范观光园建设，在罗依乡建设万亩生态有机农业示范基地，完成土地流转7700亩。宋城“九寨·千古情”项目自5月正式营运以来，实现税收611万元，是去年演艺团体纳税总额的1.3倍。一年的艰辛创业，经济社会呈现出赶超跨越的强劲态势，进一步凝聚了全县干部群众加快九寨新发展、建设三个“领先区”的共识。

一年来，我们坚持奠基长远、突破关键，实现了当前与未来兼顾的蓄势发展。始终坚持“抓大项目、大抓项目”，建立“1+3+20+9”机制，实行“团队负责制”，稳步推进重点项目建设。目前，中查沟度假区一期项目顺利推进，丽思卡尔顿酒店、沟口商业小镇正开挖土方，希尔顿酒店封顶13栋，9户拆迁户安置用地桥梁、河堤全面完工，正开展“三通一平”，完成投资5亿元；九龙湾五星级酒店完成封顶、外装，完成投资1.2亿元；经多方协调，“九寨·云顶”下半年全面复工，累计完成投资13亿元，有望明年建成营业；投资1700余万元，完成漳扎镇路灯提升项目一期工程、火地坝市政设施改善工程；总投资880万元的“智慧九寨”一期服务系统正式运行。统筹推进宾馆饭店提升改造工作，天源豪生、星宇、金龙渔港等5家规模以上酒店完成提档升级，喜来登、千鹤等6家酒店正开展提档升级方案审批。总投资1.2亿元的漳扎镇人车分流项目一期工程完成招投标，将于明年初全面动工。白河生态旅游项目已完成规划评审，正报批各项手续，即将开展征地工作；神仙池、甲勿池、水扶州开发正积极对接招商。川九公路改造全面完工，黄土梁隧道加紧建设，甲勿池生态旅游区公路全面开工；绵九高速、九武高速纳入国高网规划，2条省道升格为国道、1条县道升格为省道，全省民族地区农村道路建设示范县创建有序推进。全力创建国家级生态县，建成国家级生态乡镇15个，通过省级环保模范城市验收。招大引强取得突破，西博会签约县城——漳扎太阳能空中轨道等4个项目，协议总投资154.8亿元，位列全州第一。一年的努力付出，一批期盼多年的重大项目相继开工，一批奠基长远的重点工程扎实推进，为加快九寨新发展奠定了坚实基础，积蓄了强大后劲。

一年来，我们坚持集群集约、优势优先，实现了总量与质量共增的良性发展。坚持“活存量与扩增量”并举，突出在扩增量中调结构，充分发挥后发优势，大力推进产业提升。紧紧围绕“转型升级、提质增效”目标，加快推进漳扎镇创建“国际休闲度假名镇”和“百镇建设试点行动”，大力实施景观优化、设施提升、风貌改造、人车分流等重点工程，努力将漳扎镇建成“国际休闲度假精品旅游集镇”。成功推出2条“一日游”线路，推动大录藏寨、清平一村等特色乡村旅游不断发展。规范发展乡村旅游业，引导发展乡村旅游公司23个、藏（农）家乐45家，直接从事乡村旅游5000人，预计接待游客150万人次，实现乡村旅游总收入18亿元。着力构建“全域产业”，与上海多利、台湾宽庭等龙头企业建立合作关系，九寨金磅柿、九寨蜂蜜等农产品市场开发取得突破，标准化种植基地达3.7万亩。紧扣“绿色生态低碳”理念，着力培育工业增长点，研发祥巴文化、“缤纷九寨”等特色旅游纪念品1000余种；经过强力对接，马脑壳金矿实现复产，预计销售黄金652公斤，实现产值1.6亿元，实现税前利润4800万元。积极拓展县域金融服务，与农发行、农行等6家银行签订合作协议，提供115.42亿元贷款授信总额；全县存贷款余额分别为43.97亿元、32.96亿元，增长18.9%、1.9%。一年的实践探索，以旅游产业为龙头，带动特色农业、生态工业、文化产业竞相发展，进一步夯实了全域产业基础。

一年来，我们坚持以人为本、共建共享，实现了富民与强县并举的和谐发展。紧扣“好房子、好日子、好身子，物质富裕、精神富足”的“三好两富”目标，坚持“厚民生、重民利、聚民心”，全力满足城乡居民对优质公共服务的基本需求。安排资金1400余万元，在全州率先落实教育、卫生等事业单位绩效考核奖励机制；认真落实教育发展十年规划，出台鼓励教师终身从教政策，安排资金250.2万元表彰700余名优秀教师和高中毕业生；认真落实“一减一补”“两免一助”政策，减负1600余万元。认真实施卫生事业发展“十年行动规划”，新建维修村级卫生室80个，县人民医院“二甲”通过专家复审，县中藏医院创“二甲”通过专家评审。全力改善农村发展基础，完成甲勿、张家梁等5个村整村项目推进，加快各条、拔拉沟等6个村异地搬迁；整合资金8890余万元发展农业产业，提升配套设施。

致力于构建“广覆盖、保基本、多层次、可持续”的社保体系，城乡居保覆盖率达99%，新农合覆盖率达100%。大力实施“全域法治”行动，整合“大调解”力量，办理信访112件，办结率100%；排查矛盾纠纷1138件，调处成功率98.5%。坚持“文化惠民、文化安民”，积极开展“送文化下乡·请民俗进城”活动，先后举办“我们的节日——九寨沟县藏族群众喜迎藏历木马新年”文艺演出等群众文化体育活动。坚持身边事教育身边人，启动首届“九寨身边好人”活动，得到州委高度评价。突出“借力”思维，举办首届“名家看九寨”笔会，邀请文学文艺界名家实地采风，达成一批文学创作、基地共建合作意向。认真落实寺庙管理书记县长负责制，争取中央“五通三有三覆盖”专项资金562万元，9座藏传佛教寺庙基础设施建设全面完工。一年的民生实践，我们把更多公共资源投向民生领域，有效推动了经济社会协调发展，实现了发展成果人人共享。

一年来，我们坚持固本强基、主动作为，实现了基层与基础并重的底部夯实。按照“20字”好干部标准，坚决落实省委“三重”的用人导向和州委“三干”的工作导向，积极探索“工作上去干部上去、工作下来干部下来”的干部交流机制，全年共调整干部186人次（含机改调整53人次），一批工作实干、业绩突出、群众满意、组织认可的干部得到重用，有力营造了风清气正的选人用人环境。注重使用与培养并重，切实加大后备干部培养力度，完成38名首批公开遴选年轻后备干部集中培训，营造出优秀人才脱颖而出的良好局面。扎实推进“藏羌城乡党旗红”党建提升工程，依托“三分类三升级”工作，21个后进基层党组织完成晋位升级，基层党组织先进、一般和后进比例由22∶62∶15的“纺锤型”结构，提升到58∶42∶0的“倒三角形型”结构。积极推行“1+1”“1+10”结对联系，68个机关党组织与139个基层党组织共建，1735名机关干部同1.6万农户个体户结对。认真落实基层党组织书记述职评议制度，开展乡镇党委书记向县委常委会专题述职，并接受“两代表一委员”评议。切实加强村级组织管理，落实兼职兼薪机制，村干部月均报酬超过800元。严格落实党风廉政建设党委主体责任和纪委监督责任，扎实推进“惩防体系建设五年规划”，始终坚持惩腐治贪的高压态势，坚决重点查处损害群众切身利益、群众反映强烈的党员干部，共立案调查22件31人次，移送司法机关2件2人次，给予党纪政纪处分31人（其中“双开”2件2人），收缴违纪款34.58万元，为89名党政干部澄清是非。一年的党的建设，有效提升了各级党组织和党员干部的能力作风，夯实了加快九寨新发展、建设三个“领先区”的组织纪律保障。

在抓好全县工作的同时，县委常委会切实加强自身建设，认真贯彻中央十八届三中、四中全会和省委十届五次全会精神，坚持科学实干、创新实干、勤勉实干、为民实干、团结实干、廉洁实干，努力建设学习型、创新型、务实型、团结型、廉洁型班子。县委常委会注重充分发挥人大、政府、政协作用，“四套班子”分工配合，团结协调，形成合力。坚持重大决策广泛征求各方面意见建议，努力实现科学决策、民主决策、依法决策。切实加强政府职能转变，顺利完成政府机构改革，行政权力规范运行，行政效能不断提升。建立调研视察、民主评议等机制，人大代表、政协委员定期对重点工作、中心工作和部门履职进行视察调研、考核评议。坚持党管武装，加强国防和民兵、预备役建设，军政民团结局面进一步巩固，州委已将我县推荐为“全省双拥模范县”表彰对象。支持工会、共青团、妇联、科协、工商联、残联、佛协、红十字会、文联等人民团体依照法律和章程开展工作、发挥作用，有力凝聚了加快九寨新发展、建设三个“领先区”的整体合力。

信念是支撑，方法是生命，团结是力量！过去的一年，面对经济增速放缓、总体经济形势下行等诸多压力，我们能够取得这样的成绩，实属来之不易。这是州委州政府正确领导、大力支持的结果，是县委常委会和县“四套班子”团结协作、拼搏奉献的结果，是全县党员干部团结带领各族群众凝心聚力、扎实苦干的结果。在此，我代表县委常委会，向在座的各位同志，并通过你们向各族干部群众表示衷心的感谢和崇高的敬意！

二、关于当前的形势任务

科学分析发展大势，敏锐把握时代脉搏，是谋划大局、科学决策的根本保证。在中央经济工作会上，习近平总书记作出“新常态”重大战略判断，深刻揭示我国经济发展阶段的新变化，并就准确把握和主动适应新常态作出系列重大战略部署。从新常态视角，更能看清当前经济下行面临的发展态势和发展压力。近几年，我县同样面临着经济下行压力加大、结构性矛盾凸显、产业转型升级难度增加等深层次矛盾和问题，这既是趋势性、不可逆的新常态，也是加快九寨新发展绕不开的“成长烦恼”。首先，我们要看到，经济下行压力明显增大。2010 年以来，我国经济增速连续下滑，今年 GDP 增速预计为 7.5%，为近 10 年新低。2010 年以后，全省 GDP 增速开始逐年减慢，其中 2012 年增长 12.6%，2013 增长 10.0%，2014 年预计增长 9.0%左右，增速放缓的趋势明显。全州 2011、2012、2013 年 GDP 分别增长 15.2%、13.7%和 10.2%，今年预计增长 11.0%，总体呈现高位下行、缓中趋稳态势。九寨同样如此，2012、2013 年的 GDP 增速分别为 14.9%、10.3%，今年增速首次放缓至个位数，增速仅 8.7%，经济增长压力越来越大。其次，我们要看到，当前九寨经济社会发展区域发展不均，城乡居民收入水平不高，区域发展差距较大，扶贫攻坚任务繁重，部分农牧民群众的生活还比较困难，保障和改善民生的力度还要进一步加大。同时，项目对接不够，执行落实不力，“造血”功能不足等弊病依然突出，相当程度上制约了加快九寨新发展的进度。再次，我们要看到，今年的财政收入虽然首次突破 2 亿元关口，但总体还是“吃饭财政”，县域经济体量不大、总量偏小。当前，九寨正处在积聚能量、艰难爬坡的重要时期，又是通过拼搏可以突破的关键阶段。既要赶经济发展的大潮，又要还基础薄弱的欠账；既要抓投入增总量，又要谋转型提质量；既要力求“爆发式”增长，又要实现可持续发展。因此，在这加速推进九寨转型发展的重要转折关口，各级各部门、各级领导干部，务必要增强忧患意识，务必要深入思考。县委常委会认为，明年将是机遇大于挑战的一年，是外部环境更加复杂多变的一年，也是考验我们执政能力更加严峻的一年，我们必须在三个方面进一步统一思想、形成共识：

第一，我们正处在大有可为的机遇期，必须顺势而动，全力追赶不动摇。对九寨而言，发展机遇仍然明显并大有可为。九寨旅游资源得天独厚、生态环境十分优良，三大产业都有着巨大的升级空间，完全有基础实现升级式发展、爆发式增长。同时，九寨近年来的投入、投资规模不断攀升，累积叠加投资在未来一段时期将迎来集中收获期，一大批基础设施和产业项目陆续建成投产，长期积蓄的势能和潜力加速释放，必将进一步提升发展条件、拓展发展空间。机遇与挑战历来都是辩证统一的，抓住了就是机遇，抓不住就是危机。如果我们抓不住产业提升的机遇，九寨的旅游就不能快速转型；抓不住项目建设的机遇，九寨就越来越会后劲乏力；特殊区位优势发挥不了，九寨就会越来越被“边缘化”。因此，必须审时度势，始终咬定追赶跨越目标不动摇、不折腾，食不甘味，寝不安席，只争朝夕谋发展。

第二，我们正处在宏观政策的调整期，必须借势而为，抢抓快上不懈怠。从国际环境看，虽然全球经济基本面持续向好，但深度调整下的不稳定不确定因素显著增多，外需仍将疲软；从国内环境看，国家财政货币政策和产业政策将重点转到优化经济结构、促进发展方式转变上，政策更具针对性、灵活性和有效性；从区域竞争看，当前各种要素流动在加快，聚集在加速，虽然我们有好的区位、好的资源、好的势头，但稍有懈息，资本就会“花落旁家”，要素就将“择优而去”，形势复杂多变，机遇稍纵即逝。因此，我们必须变中求机、调中寻机，从现在开始就要早谋划、早筹备、早动手，一刻也不停地抓，决不能有丝毫懈怠。否则，我们就会耽搁一个时机，延误一个时代。

第三，我们正处在负重爬坡的考验期，必须乘势而上，苦干实干不停步。即将过去的一年，虽然我们的主要经济指标保持持续增长，部分指标达到全州领先水平。但应当看到，这只是“低基数”的持续、“小体量”的突破。我们整体上仍处于打基础、攒后劲的紧要关口，仍处于上行与下滑两股力量胶着的爬坡过程，拼一拼就可能乘势而上甚至爆发增长，松一松就可能前功尽弃、一蹶不振。经济发展是我们各级党委、政府执政的最大资本、最大责任，能不能爬坡过坎，能不能负重前行，它考验着我们的精神状态，考验着我们的执政能力。一年来的实践证明，我们的发展战略和思路是完全正确的。只要我们坚持不懈地扎实苦干，就一定能够加快崛起，实现追赶跨越。

三、关于明年的工作安排

明年是“十二五”规划的收官之年，是加快九寨新发展、建设三个“领先区”的关键之年。县委常委会决定，将2015年确定为“项目攻坚年、产业推进年、民生突破年、法治深化年、诚信建设年、党建提升年”。全县上下要认真贯彻落实中央十八届三中、四中全会、省委十届五次全会和即将召开的州委十届六次全会精神，紧扣省委、州委对九寨发展的总体定位，紧扣建设三个“领先区”的目标任务，尽力竭力推动经济社会更好更快发展。

（一）深入开展“项目攻坚年”，全力夯实发展基础。投资拉动始终是经济发展的主旋律，符合九寨发展实际。我们必须深刻领会省委关于全省工作的“六个基本判断”，始终保持专注发展定力，以重点项目和重点工作为抓手，以旅游转型升级为重点，全力夯实加快发展的基础和条件。

要全力“争”，积极引进项目。一个区域只有不断引进战略性项目，吸纳外来资本，推动大项目建设，才能为经济发展提供不竭动力。九寨作为一个自身积累差、财政运转难的“投资拉动型”经济地区，争取国家项目、资金、政策支持尤为重要、尤显迫切。今年以来，我们抢先出手，多方争取，获批了一批具有发展潜力的项目。下步工作中，县政府和相关部门要加强政策分析与跟踪，准确把握国家和省州的资金投向，特别要把基础设施、民生民计、社会事业、特色产业、扶贫开发等重点项目作为主攻方向，切实加强对口跟踪，积极向上反映，努力争取更多、更好的政策、项目、资金。

要突出“快”，科学推进项目。项目是经济增长点，是发展后劲。无论是壮大支柱产业，培育希望产业，还是扶持重点企业，都离不开项目尤其是大项目的支撑。今年，我们安排重点建设项目20个，涉及旅游、文化、基础建设等各个方面，工作取得了一定成效。明年的工作中，要按照“在建项目抓进度、前期项目抓落地、储备项目抓争取”思路，各项目实施主体部门要高度重视，落实责任，明确时限，倒排工期，切实加快项目建设进度，确保近期完成和发挥效益。特别是要积极配合成兰铁路、绵九高速、九武高速、迭九公路、若九公路等出县通道建设，全力加快神仙池、中查沟、“九寨·云顶”、太平沟、甲勿池等旅游重点项目和旅游基础设施建设，推动宾馆饭店、演艺市场、乡村旅游、藏（农）家乐等旅游服务设施提档升级。认真抓好能源、通讯、金融、物流、电子商务等行业的基础建设，为打造“九寨旅游升级版”提供更加有力的基础设施保障。

要着眼“储”，加强管理项目。“资金跟着项目走、项目跟着计划走、计划跟着政策走”，足见项目储备的重要性。明年是项目储备和项目争取的重要战略机遇期，只要有大项目、好项目，只要符合国家产业政策和资金投向，就能提高争取的命中率。要把项目储备放在与项目争取和实施同等重要的位置，县人民政府要组织精干团队、落实精干力量，以超前谋划“十三五”规划为契机，立足九寨资源特色、产业发展基础和未来发展方向，摸透上级产业政策和资金投向，重点争取中央和省新增投资，对现有的前期项目进行全面筛选、完善，论证储备一批前景好、潜力大、附加值高的大项目、好项目，确保“拿得出、用得上、不断档”。

（二）深入开展“产业推进年”，全力构建特色产业。未来区域的发展不仅要拼块头、拼总量，还要拼特色、拼质量。我们要致力于开发“九寨本土新产品”、培养“九寨本土企业家”，瞄准高端化、特色化、规模化发展方向，大力开展“产业推进年”活动，积极优化产业结构、创新产业体系、延长产业链条，努力把产业做大、做强、做特。

要大力发展生态农业。生态有机农业是九寨农牧民持续稳定增收的基础产业。要着眼城乡居民和旅游市场两大重点，因地制宜培育种植、养殖基地，大力发展甜樱桃、金磅柿等特色农产品，白马藏鸡、九寨藏香猪等特色养殖业，九寨刀党、灵芝、猪苓等特色中药材种植业，鼓励发展香草、花卉等附加值高的种植业，着力构建优势突出、特色鲜明、适度集中的农业产业带。充分利用田园景观、农耕文化等资源要素，开发具有休闲性、参与性的休闲农业产品，以满足不同类型游客的消费需求。积极引进战略投资者兴办建设规模大、产业基础强、服务功能全、经济效益好、游客满意度高的休闲农业企业。

要大力发展绿色工业。绿色工业是九寨县域提升的努力方向和突破重点。要依托资源优势和产业基础，加快规划九寨绿色工业园区，抓紧培育农畜产品精深加工、中藏羌药深度研发、葡萄酒生产、香料香精生产加工等产业，大力发展特色旅游产品加工，大幅提高农畜产品附加值。要深度研发九寨旅游纪念品，推动“祥巴文化”“缤纷九寨”特色旅游纪念品成为九寨旅游“新名片”。科学开发水能、沼气能、太阳能等清洁能源，积极发展循环经济和环保产业，培育新的经济增长点。鼓励草地金矿、马脑壳金矿优化开采设计，减少环境污染，提高矿藏利用率。

要大力发展服务产业。服务业是实体经济的重要组成部分，其发展水平是衡量九寨旅游转型升级成效的重要标尺。要结合旅游市场需求，加快传统服务业的提质升级，积极发展以金融、信息、咨询为重点的生产性服务业，以商务会展、休闲购物、餐饮娱乐为重点的消费性服务业，以社区、家政、养老为重点的生活性服务业，加快构建层次多、就业广、带动强、增值快、质量高的服务业体系。

（三）深入开展“民生突破年”，全力改善公共服务。民生连着民心，惠及民生是党委政府的首要责任。我们要牢记“把人民利益高高举过头顶”的理念，始终致力于打造“民生政府”，全面落实中央、省委、州委的各项惠民政策，不断加强民生工程实施和扶贫攻坚力度，让城乡群众共享发展、改革、稳定成果。

要狠抓公共服务保障。公共服务是实现民生保障的重要载体和基本途径，是民生政府的努力重点和突破方向。要认真实施教育事业发展“十年规划”，稳步提升高中教育、义务教育学校教学质量；大力推进乡镇幼儿园、农村学前教育点建设，不断提升覆盖范围和教学质量；认真实施卫生事业发展“十年行动计划”，在全力办好县医院、中藏医院的同时，抓好乡级卫生院和村级卫生室建设，不断满足城乡群众对优质卫生服务的需求。紧紧围绕“文化强县”目标，深入挖掘“本土文化”，扎实推进文化产业发展和文化事业进步，重点抓实抓好民族民俗文化保护传承、非遗文化市场开发、“机关文化下乡、农村文化进城”等活动，努力实现“文化惠民、文化为民、文化乐民”。着力构建“广覆盖、保基本、多层次、可持续”社保体系，稳步提升医疗保险、养老保险、社会保险覆盖面，加大生活困难群体帮扶救济力度。

要狠抓助农增收工作。“小康不小康，关键看老乡”，农牧民增收对同步全面小康起着至关重要的作用。要按照深化农村改革的总体部署，依托成都农村产权交易所设立九寨沟分所，努力探索适合民族地区发展、辐射四川藏区的新型农业经营管理体系，保护农民和投资人的合法权益，增加农民的财产性收入。充分发挥罗依万亩生态有机农业示范园区的辐射带动作用，不断巩固保华、郭元、陵江、马家、大录等农业基地建设成果，为农牧民增收致富打下坚实基础。认真落实土地确权和产权流转的工作部署，坚持“依法、自愿、有偿”原则，积极引导农村土地承包经营权有序流转。因地制宜做好承包土地的确权、登记工作，有序推进土地流转的确权登记。认真落实农民增收书记县长负责制，切实加强农村剩余劳动力转移力度，不断增加工资性收入。

要狠抓“七难”问题解决。“七难”问题事关群众切身利益，必须花大力气进行解决。要重点解决“用电难”，全力争取上级政策支持，理顺电力管理体制；积极抓好无电地区电力设施建设和农村电网改造项目建设，彻底扭转枯水期和用电高峰期缺电、限电、断电等“用电难”问题。切实解决“出行难”，力争完成多诺库区公路改造工程；结合“全省民族地区农村道路建设示范县”创建，抓紧推进通村公路建设，不断改善农牧民出行环境。更加注重城镇居民就业和农村富余劳动力转移，进一步加大技能培训力度，不断增加工资性收入，下大力气解决“增收难”问题。继续加大九寨沟青年（大学生）创业园区扶持力度，发挥“天堂口”创业基地的示范作用，在全县上下形成“全民创业、公平创业、诚信创业”的良好局面，着力解决“就业难”问题。积极争取项目资金，抓实抓好“吃水难”“上学难”“就医难”等民生难题。

（四）深入实施“法治深化年”，全力打造法治九寨。“治蜀兴川重在厉行法治”。中共十八大以来，我们紧扣省委依法治省和州委建设“法治阿坝”的决策部署，全面推进和持续深化“全域法治”行动，努力把九寨各项事业导入法治化轨道。总的来看，县委关于“全域法治”的部署完全符合中共十八届四中全会精神、符合省委州委的决策部署。我们要认真学习中共十八届四中全会精神，持之以恒、坚定不移地实施《九寨沟县依法治县实施意见》，自觉运用法治思维和法治方式推进各项工作，以法治建设的新成效加快九寨新发展。

要狠抓依法行政。“职能科学、权责法定、执法严明、公开公正、廉洁高效、守法诚信”是法治政府基本要求。要深刻领会依法治省“六个重大问题”，努力实现“科学立法、严格执法、公正司法、全民守法”，加速推进治理体系和治理能力的现代化。着眼于改进党的执政方式，突出抓好依法行政，重点抓好完善依法执政方式、健全依法治县机制和从严治党法制化、基层治理法制化。积极配合地方立法，弘扬宪法精神、健全宪法实施制度，不断完善政府规章。全面推进依法行政，依法履行政府职能，健全依法科学民主决策机制，严格规范公正文明执法，全面推进政务公开，健全完善权力运行监督制约机制。全力保证公正司法，积极配合司法改革，切实加强司法规范化建设，积极加强司法公开、司法为民，深入推进依法治理，健全完善维护群众利益和矛盾纠纷化解机制，完善公共安全和法律服务体系。

要狠抓依法治理。推进依法治国，基础在基层，重点在基层。要坚持依法创新社会治理，着力提高社会治理水平，增强社会活力，促进社会和谐。突出系统治理、依法治理、综合治理、源头治理，夯实基层基础，构建网格化社会治理格局。创新矛盾预防和化解机制，加强和改进群众信访工作，以群众工作聚集发展动力、维护和谐稳定、营造发展环境。狠抓精神文明建设，加强思想宣传和网络管理，正面引导舆论，纯正社会风气。逗硬落实安全生产“党政同责、一岗双责”，扎实抓好防灾减灾工作，加强食品药品安全监管，深入创建“平安九寨”，切实维护社会和谐稳定。

要狠抓寺庙管理。坚持“以法治寺、以戒管僧”，进一步加强宗教寺庙管理，积极引导宗教寺庙与社会主义相适应。要落实“联系帮扶”制度，确保寺院、僧人和宗教场所和谐稳定；加大民宗干部、寺庙僧侣的培训力度，积极借鉴先进经验，进一步丰富僧人学识，提升寺庙管理水平，强化我县藏传佛教寺庙组织机构建设；突出管理与服务并重，进一步加大对困难寺庙的帮扶，深入推进“五项关爱”行动，继续抓好寺庙水、电、路等基础设施建设，不断完善寺庙僧尼社会保障体系，延伸服务触角、提升服务水平，推动寺庙成为宣传党的方针政策、国家政策法规的有效平台。

（五）深入开展“诚信建设年”，全力打造诚信九寨。“诚信九寨”建设是加快九寨发展的必然要求，是解决当前问题的重要抓手。在县委三届七次全会上，县委对“诚信九寨”建设进行了动员部署；本次会议将审议和通过《关于全面推进“诚信九寨”建设的实施意见》。要深刻领会“诚信九寨”建设的重大意义，按照县委县政府确定的“时间表”和“路线图”，坚持当前与长远结合、制度与体系并重，确保用3年时间建成“诚信九寨”。

要突出“四位一体”目标。建设政务诚信、商务诚信、社会诚信、司法公信“四位一体”诚信体系，是中共十八大作出的重要战略部署。要认真贯彻落实《关于全面推进“诚信九寨”建设的实施意见》，按照2015年为“诚信九寨”建设年、2016年为“诚信九寨”提升年、2017年为“诚信九寨”巩固年的既定“时间表”，着力推进“四位一体”诚信体系建设。紧扣“诚信九寨”目标，锤炼各级党员干部服务于民、取信于民的工作素质，推进政务诚信建设；结合九寨发展特别是旅游发展实际，进一步构建政府与市场相结合的信用约束机制，不断规范经济商务活动，完善商务诚信体系；帮助广大人民群众培育和践行社会主义核心价值观，推动社会成员之间以诚相待、以信为本，建立和谐友爱的人际关系，形成社会诚信风气；结合依法治县工作，进一步突出司法公正、公共安全诚信、基层治理等工作，真正在九寨形成“办事依法、遇事找法、解决问题用法、化解矛盾靠法”的浓厚氛围，增强司法公信保障。

要突出工作合力凝聚。“诚信九寨”建设，事关九寨发展全局，有利于锤炼九寨鲜明的气质品格和精神底气。要按照“党政主导、政府主抓、部门联动、统筹兼顾、循序渐进”的思路，紧扣目标，整合资源，努力汇聚“诚信九寨”建设的工作合力。要抽调专门力量，组建“诚信九寨”建设办公室，负责统筹指导“诚信九寨”各项工作。同时，各部门要结合职能谋划推进“诚信九寨”建设，紧扣“资源整合、互联共享、效率为先”的原则，强化部门联动和信息共享，扎实推进行业信用信息系统、部门信用信息系统、征信系统建设，为建设具有九寨特色的诚信体系提供支撑。

要突出诚信氛围营造。诚信教育与诚信文化建设是引领社会成员诚信自律、提升社会成员道德素养的重要途径，是社会主义核心价值体系建设的重要内容。要结合学习宣传中共十八届四中全会和省委十届五次全会精神，迅速掀起“诚信九寨”建设的热潮，引导各类社会主体和个体积极投身“诚信九寨”建设。全力抓好“诚信九寨”宣传月活动，引导各级部门和全县干部群众统一认识，奠定“诚信九寨”建设的思想根基与群众基础；在各级各部门和各类社会主体中广泛开展“诚信九寨大讨论”，找准当前我县干部群众在诚信方面存在的问题，增强干部群众对建设“诚信九寨”的主动性；整合各类宣传平台，运用网络、电视、报纸、手机报、短信等载体，突出抓好宣传教育引导，形成全民共建“诚信九寨”的良好氛围。

（六）深入开展“党建提升年”，全力强化发展保障。实现同步全面小康奋斗目标，关键在党的领导，核心在各级干部。我们一定要以中共十八大精神为指引，坚持党要管党、从严治党，围绕“坚持思想建党与制度管党紧密结合推进从严治党”一条主线，持续推进“思想、作风、干部、组织、廉政”五大引领工程，切实把党的政治优势、组织优势转化为推动九寨科学发展、加快发展的强大动力。

要严守理想信念，持续推进“思想引领工

程”。理想信念是旗帜，是方向。坚持加强党性修养，着力解决干事情动机不纯、私心杂念多、政绩观偏差等问题，真正对党负责，实心为民办事；坚持改造主观世界，努力践行社会主义核心价值观，弘扬中华民族优秀传统文化，坚决反对拜金主义、享乐主义、极端个人主义等腐朽思想，培养健康的生活情趣，树立高尚的道德情操；坚持强化法治教育，提高党员干部法治意识，崇尚法律、敬畏法律，克服特权思想，用法治思维和法治方式解决问题、推动工作。

要严把作风建设，持续推进“作风引领工程”。党风连着政风与民风，关系人心与存亡，是一场输不起的斗争。要紧紧围绕“使干部心有所畏、言有所戒、行有所止”，切实加强干部日常监督管理。结合群教活动后续整改和中央巡视问题专项整治，认真贯彻落实从严治党“一个决定、两个意见”，重点抓好“七项专项治理”、巡视整改“五个专项整治”和党风政风 11 种“地方病”专项整治，扎实抓好县委作风建设、干部从严管理“两个意见”，以及“六个必须、六个严禁”纪律、“四个严守十二个不准”等规定，持续推进全县干部作风转变。同时，建立“走基层”常态化机制，依托“1+1”“1+10”结对共建制度，积极帮助协调解决问题，不断密切党群干群联系。

要严管党员干部，持续推进“干部引领工程”。各级干部队伍是推动九寨发展的中坚力量。要致力于培养“本土干部”，围绕好干部“20 字”标准，进一步鲜明“三重”用人导向和“三干”工作导向，认真落实“六个绝对不能用”的选人用人要求，进一步鲜明“四用四不用”用人标准，绝不让老实的人吃亏，绝不让干事的人吃亏，绝不让奉献的人吃亏。坚持“工作上去干部上去、工作下来干部下来”，不断深化干部人事制度改革，建立完善绩效考核评价体系和模型化干部管理机制，营造崇尚实干的创业氛围。对干部既严格要求，又关心爱护，对不同年龄梯次干部，用好激励政策，使所有干部在九寨发展建设中愿发挥作用、能发挥作用。大力实施人才开发战略，创新人才引进激励机制，努力营造拴心留人的创业环境。

要严夯基层基础，持续推进“组织引领工程”。基层党组织承担着推动发展、服务群众、凝聚人心、促进和谐的重任。要不断推进“藏羌城乡党旗红”党建提升工程，选优配强基层党组织书记，健全基层党组织书记述职评议制度，把基层党组织建设成为“推动发展、改革民生、维护稳定”的坚强战斗堡垒。深入总结试点工作取得的经验与成效，全面铺开新型村级治理，建立健全村民议事制度，扎实抓好财务公开、村务公开、党务公开，保障人民群众的知情权、参与权、监督权。大力实施“双向培养”计划，积极做好党员教育、发展和管理，不断优化党员队伍结构。认真落实党内帮扶制度，加大党内激励、关怀、帮扶力度，形成党组织关心党员、党组织和党员关心群众的生动局面。

要严厉惩腐治贪，持续推进“廉政引领工程”。清廉、清简、清正的党风政风，是加快九寨新发展的重要保障。要对照“三严三实”标准，全面落实党风廉政建设党委主体责任和纪委监督责任，严格执行党风廉政建设责任制，认真落实“一岗双责”，确保反腐倡廉建设各项任务落到实处。要不断深化改革、健全监督制度、规范权力运行，从源头上预防和解决腐败问题。要始终保持反腐高压态势，严肃查处滥用职权、贪污贿赂、失职渎职、损害群众利益等各类腐败案件，形成惩腐治贪的震慑效应。严格遵守党的纪律，教育引导党员干部在思想和行动上自觉与党中央保持高度一致，自觉规范为官从政、为人处事，干干净净做人、勤勤恳恳做事。

各位委员，同志们！

回首过去，我们满怀豪情；着眼长远，我们重任在肩；展望未来，我们充满信心。让我们更加紧密地团结在以习近平同志为总书记的党中央周围，高举中国特色社会主义伟大旗帜，在省委、州委的坚强领导下，紧紧围绕“全域发展”战略，进一步把握形势，明确任务，振奋精神，锐意进取，为加快九寨新发展，建设三个“领先区”做出新的更大贡献。

政府工作报告

在九寨沟县第十三届人民代表大会第四次会议上

(2014年12月24日)

九寨沟县人民政府县长 李绍友

各位代表:

我代表县人民政府向大会报告工作，请予审查，并请政协委员和列席同志提出意见。

2014年工作回顾

2014年，是我县全面贯彻落实十八届三中、四中全会和县委三届六次全会精神的重要一年，也是实施“十二五”规划承上启下的关键一年。一年来，我们在县委的正确领导下，在县人大及其常委会和县政协的监督支持下，紧紧围绕“全域发展”总体战略和三个“领先区”建设目标，大力实施六大发展行动，奋力加快九寨新发展，较好地完成了县十三届人大第三次会议确定的目标任务，实现经济社会持续较快发展。

一、国民经济运行平稳

全年预计实现地区生产总值（GDP）21.9亿元，同比增长8.7%；完成工业增加值5.07亿元，同比增长12.7%，完成社会消费品零售总额9.25亿元，同比增长13.8%；完成固定资产投资30亿元，同比持平；预计完成公共财政预算收入20008万元，同比增长18.5%；公共财政预算支出9.6亿元，同比下降6.1%。预计城镇居民人均可支配收入26285元，同比增长11.7%；农牧民人均纯收入8340元，同比增长22%。预计全年接待游客605万人次，同比增长26.9%；实现旅游总收入78.1亿元，同比增长26.8%。人口自然增长率6.94‰。

——**重点项目有序推进**。制定《九寨沟县重点项目建设管理办法》，建立“1+3+20+9”的重点项目和重点工作推进机制，20个重点项目和9项重点工作取得阶段性成效。中查沟度假区完成投资5亿元，完成建设用地确权1153亩，丽思卡尔顿酒店、沟口商业小镇正开挖土方，希尔顿酒店封顶13栋，拆迁安置用地桥梁、河堤全面完工，正开展“三通一平”。太平沟生态旅游区即将开展征地工作。“九寨·云顶”项目纳入国家发改委整改范围。“智慧九寨”一期服务系统正式运行。漳扎人车分流一期项目完成招投标。成功创建“天堂口”全州首家大学生创业基地，成立全省藏区首个青年大学生创业联盟。放活演艺市场，实行票价备案管理，“九寨·千古情”演艺项目正成为九寨旅游新名片，全年演艺团体接待游客109.3万人次，增长60%，实现收入1.69亿元，增长65%。

——**旅游产业迅猛增长**。全县日均接待游客超过1.6万人次，九寨沟景区日接待游客超过2.5万人次达55天，旅游人次的高增长正成为我县旅游发展的新常态。强联动保平稳，完善“县局司”三方整体联动指挥体系，实现“十一”黄金周及暑期旅游高峰“安全、质量、秩序、效益”四统一目标。强布局丰业态，《“全域九寨”国际休闲度假旅游目的地总体规划及三年行动计划》进入国际比选环节，完成星宇、天源豪生等酒店改造升级，打造宋城酒吧文化街，收回神仙池经营权并实现正常营业，推出两条非遗文化“全域九寨”一日游精品旅游线路。强整治树形象，制定《九寨沟县依法治旅规范市场工作实施方案（2014—2016年）》等管理办法，坚持零容忍、出重拳大力整治旅游市场，从重查处媒体曝光突出违法案件，全年停业整顿涉旅经营企业102家，处理旅游情况反映和纠纷76起。强营销拓市场，举办“5·19”全域九寨一日游和休闲度假旅游经济推介等一系列重大宣传促销活动，积极参加西博会、旅博会、旅交会和西北市场推介会，全方位、多角度、深层次推介全县旅游资源，加快全域旅游发展。

——**特色农业不断壮大**。编制完成16个乡镇生态有机农业专项规划，启动生态农业示范观光园建设，在罗依乡建设万亩生态农业有机示范基地，完成土地流转7700亩。与台湾宽庭、上海多利等企业建立战略合作关系，九寨金磅柿、九寨蜂蜜等农产品市场开发取得突破。扎实创建省级地理标志示范区，建成5个省级农业标准化示范区，建成刀党标准化基地11120亩、猪苓标准化基地653亩，发展羌活、玛咖等中药材基地1864亩，新增有机蔬菜基地420亩，新建特色水果基地2000亩，建立脱毒马铃薯基地1万亩，建成8个特色种植产业区、3个特色养殖基地、12个适度规模养殖场、5个农业科技试验示范基地。

——**工业经济稳步增长**。坚持生态优先，合理开发水电、矿产资源，顺河、松柏等电站即将投产，玉瓦电站加快建设，全县水电装机容量达39.9万千瓦，预计全年完成发电量16.5亿度，增长20.1%；马脑壳金矿恢复生产，预计销售黄金652公斤，实现产值1.6亿元，实现税前利润4800万元。科学规划生态产业园区，加快文化产业园区规划调整，着力盘活现有资源。

——**民营经济加快发展**。逐步放开民间投资准入，减少前置审批，着力推进民营经济发展壮大。全县注册企业412家（民营企业357户）、农民专业合作社102家、个体工商户2690户，累计注册资金23.5亿元；新增市场主体686户、注册资金3.8亿元。预计全县民营经济实现增加值11.8亿元，增长8%，占GDP的54%。

——**开放合作全面深化**。与西昌市、康定县和西南民族大学等建立战略合作关系，与农发行、农行等6家银行签订县域金融服务合作协议，提供贷款授信115亿元。与中国电信阿坝分公司签订“宽带乡村”试点工程合作协议，未来2~3年内，将实现全县行政村光缆通达率和20M以上宽带通达率均超过95%，农村家庭宽带普及率达到35%。与中国联通阿坝州分公司签订战略合作协议，未来三年，将在九寨沟县境内投资4800万元，夯实“智慧九寨”建设基础。招大引强取得突破，在第十五届西博会上成功签约4个项目，协议总投资154.8亿元，居全州首位。

二、城乡统筹全面推进

——**农村条件逐步改善**。实施“精准扶贫”，完成48个贫困村、2286户、7413名贫困户建档立卡工作。加快6个村整村搬迁，完成5个村整村推进。投入1258万元，在罗依乡实施连片扶贫开发项目。投入895万元，在永乐、大录等7个乡镇巩固提升大骨节病试点工作。投入1485万元，基本完成郭元沟里等4个幸福美丽新村建设和22个幸福美丽家园提升改造。投入300万元，在和平等村实施东西部扶贫协作项目。开展农村土地确权，完成14573宗农村宅基地、276宗集体建设用地代码编制、数据库建设和公告公示，进入发证扫尾阶段。严格落实耕地占补平衡责任，实施罗依乡、草地乡土地整理开发1万余亩，新增用地指标650亩，为重点项目建设提供有力支撑。

——**城镇建设规范有序**。编制完成《漳扎镇总体规划》等规划32个，基本形成横到边、纵到底、多领域、全覆盖的城乡规划体系。严格规划管理，漳扎镇违规建房整治成果得到巩固，村民建房管理日趋规范。立足“撤县建市”，启动郭元乡、玉瓦乡“撤乡建镇”工作。加快完善县城、漳扎等重点城镇功能，信用社综合大楼、金色时代广场、医药公司商住楼和九龙湾山庄完成主体建设，水岸豪庭住宅小区即将建成，民贸公司片区开发正在进行整体资产招拍挂。张家湾人行道投入使用，东山综合市场及道路、漳扎镇至县城生态山水花廊等项目建设有序推进。漳扎镇风貌改造和路灯改造一期工程全面完成，新区琵琶桥即将动工。

——**交通设施加快完善**。省道301线和205线调整为国道，若九路调整为省道。成兰铁路九寨沟段和绵九高速完成初步设计，即将建设。川九路、景区公路和林区公路完成改造，迭九公路预可研报告已报省交通厅审查。黄土梁隧道建成主洞2000米、平行导洞2209米，完成投资1.88亿元。甲勿池公路完成投资400万元。全力创建全省民族地区农村道路建设示范县，投资2050万元，改造提升农村公路20条58.4公里，投资2100万元，实施农村公路安保工程99.9公里。

——**生态成果巩固提升**。国家级生态县建设取得新成效，15个乡镇成功创建国家级生态乡镇，漳扎镇国家级生态文明示范镇建设扎实推进。白河自然保护区晋升“国家级”保护区即将开展评审。治理地质灾害隐患7处，治理水土流失38.4平方公里。强化节能减排和环境治理，完成COD削减426.1吨，氨氮削减51.6吨，城乡生活垃圾、生活污水处理率分别达93%、94.9%。深化环境综合治理，高分通过全省2013年度城市环境综合定量考核。严格禁牧措施，在九环沿线村寨淘汰羊447只。深化天保二期、退耕还林等生态保护工程，全面落实草原生态奖补等政策，实现连续27年无重、特大森林草原火灾。

三、民生事业全面发展

——**教育事业加快发展**。全年投入14196万元发展教育事业，新增教学用房1030平方米，改造校舍及附属7641平方米。安排资金250.2万元，表扬名优骨干及优秀教育工作者174名、优秀高中毕业生540名。认真落实“一减一补”“两免一助”等政策，减负1600余万元。深入实施十五年义务教育，扎实创建“义务教育均衡发展示范县”，大力推进乡镇幼儿园、农村学前教育点建设，巩固九年义务教育成果，加快发展高中教育，组织教师培训825人次，教育教学质量不断提高，高考成绩继续保持全州前三，城关4所小学顺利通过素质教育督导验收。启动“故乡情·九寨行”大型社会实践活动，组织5400余名中小学生走进九寨沟景区，同步开展“爱家乡、赞家乡”系列活动，培养中小学生爱祖国、爱家乡的道德情感。

——**医疗水平加快提升**。县人民医院“二甲”通过专家复审，中藏医院创“二甲”通过专家评审，新建、维修村级卫生室80个，成功创建省级免疫规划示范区。建成县级医院与四川华西医院远程会诊、远程教育、医院信息和管理服务平台，并逐步向乡镇卫生院延伸。全面实施分级诊疗转诊转院制度，试点开展乡村医生签约服务，1小时医疗服务圈日趋成熟。基本药物制度不断巩固，药品加成全面取消，药品费用下降15%。

——**文化建设不断加强**。举办首届“名家看九寨”笔会活动，达成一批文学创作、基地共建合作意向。新建1个乡镇综合文化站、4个村级综合文化活动室、1个社区书屋，更新120个村农家书屋书籍13000册。完成有线电视模转数前端安装调试，新增数字电视用户3000余户。登嘎甘㑇(熊猫舞)纳入第四批国家级非物质文化遗产名录，南坪曲子传习所被省文化厅命名为四川省第一批非物质文化遗产传习基地，我县获得“四川省民间文化艺术之乡”的殊荣。坚持举办元宵晚会、藏历新年晚会、年文化活动和全民运动会，大力开展群众性文化健身、非遗文化展演、“鱼水情——文化有约”等活动，城乡群众文化生活更加丰富多彩。

——**惠民政策全面落实**。推进就业促进工程，开展农村劳动力技能培训1698人，转移输出农村劳动力1.9万人，建立高校毕业生见习基地8个，新增城镇就业660人，金融机构发放贷款3586万元支持城乡居民创业，“9+3”学生回县就业率达到95%，失业率控制在3.7 %以内。稳步提升社会保障水平，全县五大保险参保人数达63714人次，城乡居保覆盖率达99%，新农合参合率达100%，“金保网”覆盖所有乡镇，建成异地就医即时结算省级平台，与州外10家定点医院达成城镇职工医疗保险州外定点医疗结算协议。完善社会救助体系，玉瓦敬老院投入使用，新增养老床位40张；15315名困难群众纳入城乡低保、五保，基本实现应保尽保；实施城乡医疗救助16334人次，发放救助金453.8万元；兑现计划生育各项奖励资金59.6万元；兑现残疾人补助金181.7万元，450名残疾人实现居家灵活就业。加快保障性住房建设，完成城市棚户区改造500户、藏区新居建设610户，建成公租房144套，完成廉租房、公租房一期配租223套，149套二期公租房配租即将启动。深入推进“迅通工程”，在17个乡镇101个行政村建立助农取款点174个，消除96个金融服务空白村。完成第三次经济普查数据汇总验收。创建省级社会主义新农村建设档案工作示范县取得实效。史志、气象、保密、老龄、工商联、防震减灾、外事台侨、人防、妇女儿童、红十字会等工作取得新进步。

——**承诺实事扎实推进**。一是启动了双河各条、安乐甲勿2个村整村搬迁。完成罗依大寨等5个村整村推进工程。二是安乐上桥改造工程即将完成桥梁主体建设。三是完成县中学、漳扎小学食堂改造。漳扎镇、张家湾幼儿园前期工作基本完成，将于2015年初动工建设。四是为215名在校贫困学生办理城镇居民基本医疗保险。五是在安乐大寨等12个乡20个村实施通村通畅工程58.4公里；99.9公里的农村公路安保工程，已完成20公里，预计2015年7月前全面完成。甲勿池景区公路全面开工，正在进行路基施工。六是完成玉瓦四道城等9个乡13个村和玉瓦中学等12所学校安全饮水工程25处。七是完成白河太平等8个乡镇28个村农村电网改造。八是政策性农房保险参保率实现95%。九是开发公益性岗位295个，发放小额担保贷款105万元。十是实施金融支持集中连片特困地区“扶贫惠农工程”，为86户企业、1458户农户提供贷款22504万元。

四、发展环境不断优化

——**综合治理全面加强**。创新社会治安管理，强化“一标三实”基础信息采集和流动人口管理，采集暂住人口信息5765人。推进旅馆业信息系统建设，实现住宿人员实名验证、实数登记和实时上传率100%。推进网格化服务管理，划分网格47个，聘用网格员54人，永乐镇、漳扎镇四级平台投入运行，处理民生和矛盾纠纷等事项800余件。健全信访工作目标考评机制，强化乡镇属地主体责任，深化信访案件专项治理，定期组织领导干部下访，及时办理网上信访来件，切实解决群众诉求、化解矛盾纠纷。建立完善“党政同责、一岗双责”安全监管工作体系和配套制度，完成漳扎镇安全社区建设，大力整治非法营运、尾随拉客等行为，强化特种设备、道路交通、食品安全等监管，深入开展农村道路交通安全攻坚年行动，在17个乡镇成立农村道路交通安全管理办公室，全县安全形势总体保持稳定。健全各类应急处置预案，广泛开展中小学生防震减灾等应急演练，为17个乡镇配备无线短波电台、更换天翼对讲机，有效应对上寺寨泥石流阻路、牙扎沟泥石流等突发事件。依法管理宗教事务，扎实创建民族团结进步模范村（社区），投资540余万元，对全县9座藏传寺庙和2座清真寺基础设施进行改造维修，为全县各寺庙配备消防设施设备，组建寺庙义务消防队。

——**依法治县全面推进**。大力实施“全域法治”行动，全面落实依法治县措施，深化“六五”普法，建成24米大道滨河广场法治文化长廊，加快创建法治示范县。完成行政权力和行政审批事项清理，开通电子政务大厅，行政权力依法公开运行平台投入使用，1160件行权案件纳入平台运行，同步实现电子监察。强化审计监督，完成审计及审计调查项目54个，审计查出管理不规范资金2080万元，审减国家财政工程投资842万元，向被审计单位提出整改意见96条。认真办理人大代表建议67件、政协委员提案65件，满意率分别达99%、98%。

——**政府职能加快转变**。完成政府机构改革，整合机构4个，设置政府工作部门23个、挂牌机构8个；完成事业单位分类，启动漳扎镇扩权强镇试点。加快完善城乡政务服务体系，17个乡镇便民服务中心投入使用（7个乡挂牌运行），办理服务事项2万余件。深化政务公开，全县“三公”经费和92个单位预算执行情况全面公开，开通“中国·九寨沟”官方微博、微信，通过各种载体公开政府信息1万余条。集中整治“庸、懒、散、浮、拖”等问题，改进目标考核办法，强化政务绩效管理，政务环境不断优化。

——**作风建设全面深化**。扎实开展党的群众路线教育实践活动，深化正风肃纪，查摆并整改问题6700余条，废止制度16项、修订78项、新建25项。建立民生台账130余本，解决民生难题680余件，处置信访积案3起，化解矛盾纠纷230余起。查处“吃拿卡要”等问题15个，所有单位“三公”经费预算按比例进一步压缩。落实党风廉政建设主体责任，扎实推进惩防体系建设，严厉查处违法违纪案件22起31人，给予党纪政纪处分31人，收缴违纪款34.6万元。

各位代表，即将过去的一年，是我县全面实施六大发展行动的关键一年；是项目建设全面提速、特色产业全面发展、民生事业全面进步、作风建设全面深化的一年。这些成绩的取得，是县委正确领导的结果，是县人大、县政协鼎力支持的结果，是全县人民团结一心、拼搏奋进的结果。在此，我代表县人民政府，向辛勤工作在各条战线的同志们，向县人大代表、政协委员，向离退休老同志，向广大扶贫、援藏干部，向驻县部队、武警官兵和所有关心九寨沟县发展的各界人士，表示衷心的感谢并致以崇高的敬意！

在肯定成绩的同时，我们也清醒地认识到，经济社会发展中还存在一些不容忽视的困难和问题：一是重点项目和重点工作推进力度不够，综合协调，整体推进效果差。二是产业结构造成财政收支矛盾越来越突出。三是旅游转型升级还有诸多问题未解决。四是产业基础薄弱，导致农牧民增收依然困难。五是部分领导干部职工不敢担当、推诿扯皮，工作敷衍应付、效率不高、落实不力。这些问题既是制约我县当前发展的障碍，也是影响我县长远发展的瓶颈，下一步，必须想办法切实加以解决。

2015年工作安排

2015年是全面完成“十二五”规划的收官之年，是加快九寨新发展、建设三个“领先区”的关键之年，也是全面推进诚信九寨建设的开局之年，做好各项工作意义重大。

政府工作的总体要求是：全面贯彻落实党的十八届三中、四中全会和省委十届五次全会、州委十届五次全会和县委三届八次全会精神，坚持“转型升级、提质增效”的工作主基调，以开展“项目攻坚年、产业推进年、民生突破年、法治深化年、诚信建设年、党建提升年”活动为主线，紧扣建设三个“领先区”的目标任务，全面深化“六大发展行动”，奋力推进经济社会更好更快发展。

2015年我县经济社会发展的主要预期目标是：实现全县生产总值23.7亿元，增长8%（现价）；工业增加值5.48亿元，增长8%；实现地方财政一般预算收入2.0518亿元，比上年年初预算增长18.6%；完成全社会固定资产投资32亿元，增长6.7%；实现社会消费品零售总额9.55亿元，增长3.2%；接待中外游客650万人次，增长7.4%，实现全社会旅游总收入89亿元，增长14%；实现城镇居民人均可支配收入28388元，增长8%，农牧民人均纯收入9050元，增长

8.5‰。人口自然增长率控制在7‰以内。

围绕上述目标，我们要全力抓好以下工作：

一、突出项目攻坚，推进产业升级，着力夯实加快发展基础

项目攻坚，是破解我县发展瓶颈的必然要求，也是加快产业升级的主要途径。我们要以开展“项目攻坚年”和“产业推进年”活动为载体，全面强化投资拉动作用，全力加快产业转型升级，着力提升县域经济发展的内生动力。

——**强化投资拉动作用**。坚持把投资作为促进经济发展的“引擎”，精心编制“十三五”发展规划，完善重点项目、重点工作推进机制和考核机制，全力加大基础设施、民生民计、社会事业、特色产业、扶贫开发等重点项目的争取和建设力度，继续保持政府性投资的持续增长态势。依托战略合作、友好县市、对口支援、对口援藏等单位资源优势，通过小队招商、会展招商、商会招商等多种形式，实施定点、精准招商，着力提升招商实效；建立招商引资奖励机制和考核机制，制定落实鼓励外来投资优惠政策，深挖社会投资潜力，激发民营资金活力，全力促进招商项目落地见效，力争神仙池、甲勿池景区整体开发等重点招商项目取得突破。

——**全力推进旅游转型**。编制完成《“全域九寨”国际休闲度假旅游目的地总体规划及三年行动计划》。完成中查沟度假区一期工程建设，实现“九寨·云顶”旅游区开门营业，开工建设太平沟生态旅游区，加快上寺寨度假区等项目前期工作，启动甘海子景区创建国家AAAA级景区工作，整体规划建设罗依乡生态农业产业示范观光区。支持宾馆饭店升级改造，逐步向休闲度假型、主题文化型、康体疗养型酒店转变，力争3年内四星级以上酒店达15家（五星级酒店10家）。完成非星级宾馆饭店、藏农家乐和乡村客栈评等定级。积极筹备中国·九寨沟国际文化旅游节，开展“1+N”系列文化旅游活动，大力开发休闲度假游、文化体验游、阳光康养游等特色旅游项目。制定出台演艺市场规范管理配套制度和办法，建设九寨文化小众剧场，打造特色演艺品牌。编制“五大民俗乡村旅游区”发展规划，分批打造英各等民族特色文化村寨，巩固完善“全域九寨”一日游线路，带动全域旅游纵深发展。加大全域旅游宣传营销力度，实施“七个一”工程，启动旅游要素品牌“四个非不可”工程（非吃不可、非住不可、非玩不可、非买不可），力争全域旅游人次取得较大突破。建设“诚信九寨旅游”，强化行业自律，深化旅游市场综合整治，着力维护九寨旅游良好形象。

——**全面发展生态农业**。调整优化农业发展布局，全力推进生态有机蔬菜、特色养殖、中药材种植3个“万亩生态基地”建设，新建2个标准化畜牧产业养殖基地，加快宽庭集团生态农业等项目建设。积极筹建农村产权流转交易分所，推进农村土地有序流转，促进农村土地向龙头企业、农民专业合作社、农村专业大户适度集中，着力构建优势突出、特色鲜明、适度集中的农业产业带。注重扶持壮大涉农龙头企业，着力打造刀党、灵芝等特色知名品牌。强化农产品“三品一标”认证，完善农产品质量安全检验检测体系和销售体系，加大实用技术培训和科技推广力度，规范和发展农牧民专业合作组织，着力提高农牧民市场组织化程度和抗风险能力。

——**加快发展绿色工业**。制定生态产业园区鼓励投资奖励办法和考核机制，充分发挥园区产业集聚效应。促进草地金矿、马脑壳金矿正常生产。推进玉瓦电站和黑河塘220kV变电站建设，督促水电、矿产等开发企业，加快交通道路、拦挡坝、植被恢复等工程建设，着力减少项目开发对生态环境和当地群众生产生活的影响。依托资源优势和产业基础，抓紧培育农畜产业精深加工、中藏羌药深度研发、葡萄酒生产、特色旅游产品加工等产业，大幅提高农畜产品附加值。

——**发展壮大民营经济**。出台《加快推进民营经济发展壮大的实施方案》，强化民营经济在县域经济中的主体作用，鼓励和引导民间资本投向县域特色产业和基础产业。破除民营经济发展的

体制机制障碍，帮助解决融资难、用地难、用能难等问题，保证民营经济依法平等使用生产要素、公开参与市场竞争、同等受到法律保护，营造公开竞争、开放包容的市场环境。

二、突出要素保障，统筹城乡发展，着力彰显旅游城市魅力

要素保障，是实现经济社会新发展的根本保障，也是统筹城乡发展的根本途径。我们要以新型城镇化建设为载体，加快完善城镇功能，提高管理水平，进一步夯实国际休闲度假旅游目的地发展基础。

——**打造新型旅游城市**。科学编制《旧城修建性详细规划及城市设计》等规划，完成县城局部地块规划调整。实施贡杠岭至县城公路沿线风貌改造，加强漳扎隆康至漳扎一队夜景观改造，打造漳扎藏乡老街，完成漳扎镇人车分流（一期）和路灯改扩建（二期）项目建设。完成旧城区供销社、原机关幼儿园等片区开发，启动民贸公司片区项目建设。建设政务中心人行天桥和琵琶桥，加快南坪古镇和县城住宅小区建设，实现九龙湾山庄对外营业，改造提升县城市政公共基础设施。推进户籍等制度改革，加快新型城镇化建设，促进城乡统筹发展，着力打造宜业宜居宜游新型旅游城市。

——**破解交通发展瓶颈**。系统论证漳扎镇片区交通体系建设，积极争取国家、省、州支持，纳入“十三五”规划，彻底解决漳扎交通瓶颈问题。配合抓好成兰铁路、绵九高速、九武高速、迭九公路等道路建设，积极争取若九公路升级改造。完成甲勿池景区公路和黄土梁隧道建设。抓紧改造提升农村公路，力争实施罗依乡道改造、永丰乡环线路、陵江乡吊坝桥等交通扶贫项目。改造提升县城、漳扎客运中心，配套乡村客运站、招呼站等设施。深化干线公路养护示范工程创建活动，强化乡镇、村养护管理主体责任，不断提升干线公路和农村公路养护管理水平。

——**巩固生态建设成果**。强化节能减排和污染防治，巩固退耕还林、天然林保护、封山育林、退牧还草等生态成果，健全草原生态保护补助奖励机制。加强自然保护区建设，确保白河金丝猴自然保护区顺利晋升国家级自然保护区。全力创建国家级生态县，力争通过国家级生态县技术核查。强化自来水厂等水源涵养地保护，在安乐、永乐等乡镇实施小流域水土流失综合治理项目，着力夯实建设川西北生态经济“实验区”的生态基础。

——**提高规划管理水平**。严格规划刚性管理，严厉打击各类违规违法建设行为，坚决维护城乡规划的严肃性和权威性。理顺自来水厂、污水处理厂管理机制，推进城市服务市场化进程，大力整治举牌拉客、乱搭帐篷、乱摆摊点等行为，着力提高城市管理水平。推进诚信建设，规范小区物业管理。深化城乡环境综合治理，持续改善城乡环境和市容市貌。

三、突出民生改善，增进社会和谐，着力完善社会保障机制

民生改善，是经济社会发展的目的，也是保持社会和谐稳定的基础。我们要以开展“民生突破年”活动为载体，不断加强民生工程实施和扶贫攻坚力度，让广大城乡群众共享发展、改革和稳定带来的成果。

——**加大扶贫攻坚力度**。整合连片扶贫、东西协作扶贫、幸福美丽新村和藏区新居等项目资金，进一步加大农村基础设施和产业发展。建设5个幸福美丽新村，继续推进大骨节病综合防治、幸福美丽家园巩固提升，完成双河各条等村整村搬迁，在安乐大寨、阳坡等村实施整村推进项目，着力改善农村饮水安全、堤防、灌溉、村道等基础设施。结合农村集体土地确权，全面完成12607户农村房屋确权颁证工作。健全脱贫解困精准扶贫工作机制，深化社会扶贫，广泛动员各方力量参与扶贫，力争早日完成脱贫任务。

——**着力解决民生实事**。积极争取上级政策支持，全力抓好无电地区电力设施建设和农村电网改造项目建设，彻底扭转枯水期和用电高峰期缺电、限电、断电等“用电难”问题。落实更加

积极的就业政策，完善就业服务体系，强化就业创业培训，加大富余劳动力转移力度，不断增加城乡居民工资性收入。加大九寨沟青年（大学生）创业园区扶持力度，发挥“天堂口”创业基地示范作用，发放创业小额贷款100万元以上，在全县上下形成“全民创业、公平创业、诚信创业”的良好局面。扩大社会保险覆盖范围，抓好被征地农民和失地农民养老保险统筹，稳步提升社会保障标准。加快城市棚户区改造，建成公共租赁住房369套。做好救灾救济、双拥、残疾人帮扶等工作。

——**全面做优社会事业**。加快漳扎镇、张家湾幼儿园和乡镇小学教学用房等设施建设，不断改善办学条件；狠抓师资队伍培训，合理配置教育资源，稳步提升教育教学质量，确保成功创建“义务教育均衡发展示范县”。开工建设疾控中心实验楼，建成区域医疗中心等服务设施；为大录、勿角乡镇卫生院配备检验设备，力争2~3年实现所有乡镇卫生院均可开展医疗常规检查；全面实施基层首诊、逐级转诊、双向转诊制度，着力构建“小病在基层、大病到医院、康复回乡镇”的新型就医服务模式。大力挖掘民族民俗文化，坚持每月举办非物质文化展演，推出九寨沟县非物质文化遗产图典和《南坪曲子》光碟，启动全县文化资源普查和数据库建设，深入研究白马文化，着力夯实文化传承与保护基础。抓好全国第二次地名普查，巩固省级社会主义新农村建设档案工作示范县创建成果，推进计生、外事、气象、保密、老龄、残联、妇女儿童、工商联、防震减灾、红十字会等事业加快发展。

——**切实加强社会治理**。深入推进“六五”普法，实行“谁执法、谁普法”普法责任制，着力提高普法实效。充分发挥网格化四级平台作用，推进信访纳入法治化轨道进程，依法及时化解民生诉求和矛盾纠纷。加快构建动态化、信息化、全覆盖的社会治安立体防控体系，有效防范化解影响社会安定的问题。严厉打击暴力恐怖、黄赌毒等违法犯罪活动，着力维护社会稳定。深化新《安全生产法》宣传教育，全面落实安全生产行业监管责任和企业主体责任，强化道路交通、建筑施工、食品卫生、消防等安全专项整治，确保全县安全生产形势持续好转。认真落实寺庙管理责任制，深入推进“五项关爱”行动，抓好寺庙基础设施建设，完善僧尼社会保障体系，不断提高寺庙管理与服务水平。

——**办好十件承诺实事**。继续承诺为群众办10件实事：一是支助贫困学生1800人次。二是完成漳扎镇、黑河乡等11个乡镇村医生签约服务。三是实施饮水安全工程23处。四是在26个村实施幸福美丽家园巩固提升工程。五是建设东山综合市场及市政道路。六是完成7个乡农网改造。七是新建乡镇堤防11公里。八是安装农村公路防护栏20公里。九是汇编发放办事指南1万册。十是实现广播电视模拟信号整体转为数字信号。

四、突出诚信建设，坚持依法行政，着力加快政府职能转变

诚信建设，是深化依法治理的必然要求，也是加快九寨发展的根本保障。我们要以开展“法治深化年”和“诚信建设年”活动为载体，着力构建“四位一体”的诚信体系，加快政府职能转变，努力打造人民满意、高效廉洁的法治型和服务型政府。

——**推进诚信九寨建设**。按照《关于全面推进“诚信九寨”建设的实施意见》，加快构建以政务诚信为先导、商务诚信为重点、社会诚信为基础、司法公信为保障“四位一体”的诚信体系。坚持“政府主导、部门联动、先易后难、循序渐进”的原则，以建立体系完整、分工明确、运行高效、监管有力、覆盖全县经济社会生活各个方面的信用运行机制为目标，通过搭建政府公共联合征信平台，加快建立“法制、征信、奖惩”三位一体、有机联动、共同发挥作用的社会信用体系框架。力争用3年时间，基本建立起与我县经济和社会发展水平相适应的社会信用体系框架，基本建成结构体系完整，覆盖各级单位、各个行

业、企业法人和自然人的社会信用信息系统。

——**强化科学依法行政**。依法推进行政权力清权确权工作，编制州、县统一的行政职权目录，初步建立行政权力清单、责任清单、负面清单制度，做到“法无授权不可为、法定职责必须为”。全面取消非行政许可事项，整合政务服务中心、惠民帮扶中心等办证、办事大厅职能，发挥乡镇便民服务中心作用，切实提高政务服务水平。建立健全行政决策监督和责任追究制度，实现权力和责任相统一。推行行政执法公示制，推进综合执法试点，着力规范行政执法行为。狠抓行政权力依法规范公开运行，实行行政权力全业务全流程网上办理。深化政府信息公开、村务公开、财务公开和重点领域信息公开，实现决策、执行、结果公开透明，增强政府公信力。主动接受人大及其常委会的法律监督、工作监督和政协的民主监督，认真办理人大代表建议和政协委员提案。

——**坚持为民务实清廉**。巩固提升党的群众路线教育实践活动成果，深化惩防体系建设，建立健全各项工作制度，全面落实各级改进工作作风、密切联系群众的规定办法，严肃查处违纪违法案件，不断转变工作作风，增强群众感情、公仆意识和实干精神，树立清廉为民良好形象。严格财政预算管理，严控“三公”经费支出，完成公车制度改革。突出对重大部署、重点项目、重要工作的全程跟踪、审计、督查和问责。

各位代表，县委三届八次全会为我们进一步指明了工作方向，让我们在中共九寨沟县委的坚强领导下，以邓小平理论、“三个代表”重要思想和科学发展观为指导，进一步明确任务，开拓创新，锐意进取，奋力推进经济社会更好更快发展，为建设三个“领先区”做出新的更大贡献！

大事记

1月

1日，“美丽中国之旅——2014年智慧旅游年”九寨沟首游启动仪式在九寨沟景区生态广场举行。

4—9日，州政协十三届三次会议、州十一届人大三次会议在马尔康举行，罗振华、李绍友、王勇、泽里亚等九寨沟县州人大代表、州政协委员参会。

6日，九寨沟县机关干部、消防官兵、乡村百姓收听收看了州第十一届人大三次会议开幕盛况，聆听州委副书记、州长吴泽刚所作的政府工作报告。

同日下午，参加阿坝州第十一届人大三次会议的九寨沟县代表团召开代表团会议，审查州人民政府工作报告、计划报告、财政报告、酝酿讨论会议选举办法（草案），州人大代表、州委常委金吉昌，州人民政府副州长杨星参加九寨沟代表团的审查。

同日，县统计局利用老城区十字街口人口流动量大为平台，走进人群和各大小商铺，向过往行人和商店业主发放全国第三次经济普查宣传资料。

同日，由县森林公安局牵头，县工商局等单位联合组成检查组，对九寨沟县老城区菜市场、菜园村等地非法收购、出售、运输野生动植物等违法行为进行集中检查。

同日，州安全生产目标考核组一行到九寨沟县检查指导安全生产工作，通过实地查看、翻阅资料、听取汇报等方式，对九寨沟县2013年安全生产目标工作进行全面考核。

7—8日，州检查组到九寨沟县检查指导农民工相关工作，并召开座谈会，听取九寨沟县保障农民工工资支付工作情况的汇报。

9日，由县委宣传部牵头，县文广新局、科技局、卫生局、司法局、新华书店等单位组成的文化科技卫生“三下乡”服务队走进永和乡桥上村，为当地老百姓送去精神食粮、科普技术和免费医疗药具用品。

同日，四川省依法治省电视电话会议召开，罗振华、李绍友、王勇在马尔康州分会场参会，袁翠军及在家副县级干部、各部门负责人在九寨沟县分会场参会。

10日，九寨沟县2014年迎新春“三下乡”活动走进黑河乡，在乡政府大院里，由县委宣传部牵头的农科技术咨询、司法救助、文艺汇演、百科知识丛书发放等内容丰富的三下乡活动正在隆重上演，让当地老百姓尽享了文化、科技、卫生大“盛宴”。

11—13日，中国九寨沟第九届国际冰瀑旅游节举行，本届冰瀑节主题是“冰雪世界·童话九寨”。其间，举办第三届“九寨卓玛”评选、智慧景区国际论坛、“蓝冰与暖阳之恋”自驾游等活动。借力冰瀑节平台，举办休闲度假旅游经济推介会和休闲观光农业经济推介会等活动，县政府与四川省城乡规划设计研究院达成战略合作框架协议，为城乡规划提供咨询服务，与四川宽庭科技投资有限公司签订“九寨沟农牧业旅游高经产业项目”投资开发协议。

12日，各界企业家人士到九寨沟县城，就当前的乡村旅游发展和新景区、新景点的开发进行实地考察。

同日，在九寨沟喜来登国际大酒店生肖广场上，第三届“蓝冰与暖阳之恋”——中国九寨沟第九届国际冰瀑旅游节自驾游烤羊篝火晚会上演，来自成都、重庆、西安三地的600余名自驾游爱好者和近1000名游客齐聚一堂，狂欢篝火晚会。

同日，省青联副主席、团省委副书记克克率省青联相关人员到九寨沟县调研，并以召开座谈会的形式详细了解九寨沟县群团工作的开展情况。

13日，州人民政府副秘书长阿郎带领调研组到九寨沟县调研乡村旅游规范管理工作。

同日，九寨沟县在喜来登国际大酒店主楼会议厅召开休闲度假旅游经济推介会，州委常委、秘书长、县委书记罗振华参加会议并致辞，县委副书记、县长李绍友在会上作了九寨沟县休闲度假旅游经济主旨的推介讲话。

同日，在九寨沟喜来登国际大酒店主楼会议厅，九寨沟县与宽庭集团、四川精工伟达智能技术股份有限公司、四川省城乡规划设计研究院3家企业签订合作协议。

同日，中央电视台《新闻直播间》报道冬季九寨沟别样美景。

13—14日，州委副秘书长、州委州政府目标督查室主任冉华胜带领督查组到九寨沟县检查冬季交通安全、森林草原防火等工作。

14日，州委常委、秘书长、县委书记罗振华在县委常委会议室主持召开三届县委第五十四次常委会议，并与新调整干部谈心谈话。

同日，县纪委召开新调整领导干部集体廉政谈话会，会议就领导干部政治素质、理论素质、知识水平和领导能力等提出要求。

15日，罗振华、李绍友、史志刚等到江油干休所看望慰问离退休干部。

同日，由州委、州政府督查室，州公安局、交通局、安监局、畜牧局、林业局、消防等部门负责人组成联合督查组，到九寨沟县检查道路交通安全及冬季护林防火工作，并召开座谈会听取相关汇报。

同日，副县长索朗永忠在县残联负责人的陪同下，到勿角乡慰问“三老人员”、特困残疾人和特困党员，送去党和政府的温暖。

同日，副县长张旭带领县物价局到超市、批发市场，对节前蔬菜、粮油等物价进行检查。

同日，九寨沟县在永丰乡举行乡村特色文化旅游服务技能培训会，对永丰乡乡村旅游从业人员进行培训。

16日，州委常委、秘书长、县委书记罗振华等到铁二院协调汇报铁路建设事宜。

同日，县交警中队主动出击，开展春运道路交通安全检查工作，为广大群众出行安全、平安返乡、欢度春节创造道路交通环境。

同日，在北京召开的“第三届国际旅游品牌营销年会”上，九寨沟县凭借生态自然优势与独特的人文景观，荣获“中国最美休闲度假旅游名县”殊荣。

16—23日，省政协十一届二次会议、省人大十二届二次会议在成都举行，王勇、泽里亚等列席会议。

17日，省交通运输厅副厅长白理成到九寨沟县检查道路交通安全工作，并在道班看望慰问道路养护工人。

同日，罗振华、史志刚等到都江堰干休所看望慰问离退休干部。

同日，州人大常委会副主任王顺清率州委、州政府新春慰问团到九寨沟县看望慰问驻县部队、武警官兵、政法干警和“三老干部”、困难群众。

同日，九寨沟县节前集体谈话会和安全生产工作会召开，会议并对党风廉政建设、公务用车管理、安全文明驾驶、安全生产工作和春节前后相关工作进行安排部署。

同日，全县安全生产委员会第一次会议在政务中心五楼会议室召开，会议对2013年安全生产工作进行总结，对2014年安全生产工作进行安排部署。

18日，罗振华、史志刚等到双流干休所看望慰问离退休干部。

同日，县委副书记、县人民政府县长李绍友在县委常委、县委宣传部部长周晓喻以及县残联负责人的陪同下，到永和乡开展新春慰问活动。

20日，中央党的群众路线教育实践活动第一批总结暨第二批部署会第一次会议召开，罗振华、章小平、李绍友、袁翠军及在家副县级以上干部在九寨沟县分会场参会，王勇、泽里亚在成都金牛宾馆省分会场参会，会后，罗振华庚即在县委一会议室主持召开专题会议，听取党的群众路线教育实践活动筹备情况，并对相关工作进行安排部署。

同日，全县2013年公安系统工作总结会在政务中心五楼会议室召开，会议全面总结2013年公安系统工作，安排部署2014年工作，州委常委、秘书长、县委书记罗振华出席会议并作重要讲话。

同日，九寨沟县在成都九寨沟宾馆会议室召开2014年九寨沟县旅游演艺工作推介会，国内20余家旅行社及部分新闻媒体单位与九寨沟县10余家演艺单位，就九寨沟县旅游演艺行业发展进行交流探讨。

21日，州委常委、秘书长、县委书记罗振华和县委副书记袁翠军带队到永乐镇、漳扎镇检查节前食品安全和市场供应工作。

同日，九寨沟县荣获“中国最佳旅游投资目的地”称号。

同日，2014年九寨沟基地森林航空消防开航仪式在九寨沟县彭布直升机场举行，这标志着九寨沟县发挥森林航空消防直接灭火作用的空中优势已经形成，对确保九寨沟县及阿坝州东北部重点林区森林资源安全奠定坚实基础。

同日，县委副书记、县人民政府县长李绍友主持召开县第十三届人民政府第29次常务会。

22日，县委常委、副县长郑明春率县民政局负责人到马家乡开展节前慰问活动，向困难群众、高龄老人、军烈属及优秀退伍士兵送去党和政府的关心和问候。

22—23日，州委常委、秘书长、县委书记罗振华和县委副书记、县长李绍友分别带队到省旅游局、九三学社四川省委、省质监局等单位对接汇报工作。

23日，省委藏区工作座谈会在成都召开，州委常委、秘书长、县委书记罗振华参加会议。

同日，县委常委、组织部部长史志刚，县人大常委会副主任殷占青，县人民政府副县长李红梅，县政协副主席仁静在统战部、民族宗教、佛协等部门工作人员的陪同下，到各乡镇看望宗教界代表人士和国外藏胞家属，并送去节日的祝福。

同日，九寨沟县召开2014年元宵节筹备情况及群众年文化活动部署会议。

24日，省纪委十届三次全会在成都召开，罗振华在主会场参会；袁翠军、郑明春、周晓喻、彭开剑及在家副县级以上干部在九寨沟县分会场参会。

同日，省委农村工作会议在成都召开，州委常委、秘书长、县委书记罗振华在主会场参会，袁翠军、李红梅、许德禄在九寨沟县分会场参会。同日，州委在成都召开县委书记座谈会，州委常委、秘书长、县委书记罗振华参会。

同日，天堂洲际大酒店慰问代表团到九寨沟县敬老院，看望并慰问40余名孤寡老人，送去棉衣、棉裤、袜子、洗漱工具等日常用品。

25日，全省党的群众路线教育实践活动第一批总结暨第二批部署会在成都召开，袁翠军及在家副县级以上干部在九寨沟县分会场参会。

同日，州委常委、秘书长、县委书记罗振华在县委常委会议室主持召开县委三届55次常委会议。

27日，九寨沟县召开春节黄金周旅游工作会，全面安排部署春节期间各涉旅部门相关工作。

同日，全州党的群众路线教育实践活动动员会在马尔康召开，罗振华、李绍友参加会议，王勇、泽里亚、袁翠军及在家副县级以上干部在九寨沟县分会场参会。

28日，副县长索郎永忠率黄埔电力公司相关负责人一行组成节前慰问组，到县敬老院开展节前慰问活动，为老人们送去新春祝福。

29日，州委常委、秘书长、县委书记罗振华到县电视台看望慰问干部职工。

29—30日，州委常委、秘书长、县委书记罗振华到玉瓦片区、双河片区检查春节前后有关工作，看望慰问乡镇干部职工。

31日，州委常委、秘书长、县委书记罗振华到机要局、公安局、自来水公司、城关供电所、消防中队、武警县中队等单位看望慰问春节值班干部职工。

2月

1日，农历新春马年大年初二，州委常委、副州长孙永红到九寨沟县检查指导春节旅游黄金周工作，并看望慰问节日期间坚守在工作岗位的一线工作人员。

5日，副县长吴非带领旅游局、旅游执法局等相关部门负责人看望慰问春节期间坚守岗位的工作人员。

14日，九寨沟县在新区广场举行2014年新春元宵晚会。

16日，记者跟随县纪委、县委组织部对县直单位、机关、乡镇等部门作风情况进行暗访抽查检查。

同日，九寨沟县召开重点区域村民建房管理工作会，安排部署2014年九寨沟县城乡重点区域村民建房管理相关工作。

18日，阿坝州党的群众路线教育实践活动“阿坝大讲堂”专题讲座第一讲举行，罗振华、李绍友、王勇、泽里亚、袁翠军、吴光旭及在家副县级以上干部，南林局、观光公司相关负责人在九寨沟县分会场参会。

同日，州委常委、秘书长、县委书记罗振华到县人武部、县政府应急办、县防震减灾局调研防灾减灾工作。

同日，州委常委、秘书长、县委书记罗振华在县委常委会议室主持召开三届县委第56次常委会议。

同日，全国、全省未成年人思想道德建设电视电话会议举行，袁翠军、周晓喻、吴成在九寨沟县分会场参会。

同日，县委副书记、县人民政府县长李绍友主持召开第十三届人民政府第30次常务会。

19日，“2014年四川省中学生女子足球联赛”在德阳市香港马会第五中学停锣息鼓，九寨女子足球队凭借“敢拼才会赢”的精神首次冲进全省3强，是自2008年以来参加此类赛事第一次杀进前3强。

20日，州纪委十届四次全会在马尔康举行，罗振华、李绍友、彭开剑参加会议。

同日，州委召开县委书记座谈会，听取各县委贯彻落实州委十届四次全会精神情况报告，罗振华参加会议。

同日，县农业水务局联合工商部门人员到农资销售点，对农资的储备和质量保障情况进行专项检查。

同日，副县长文成华带领监察局、城乡建设规划局等部门负责人到安乐乡、永乐镇督促检查城乡重点区域村民建房管理工作。

21日，受州委常委、秘书长、县委书记罗振华委托，县委副书记袁翠军召集相关部门召开会议，研究九寨沟县项目推进工作。

同日，县十三届人大常委会召开第十六次会议。

24日，九寨沟县2014年普通高考信息采集工作在县招办正式启动，对全县661名考生进行高考信息采集，首次实行左右食指两次指纹信息采集，同验证身份证信息、采集面颊信息同步进行，确认程序更加严格。

同日，九寨沟县“春风行动”送职入万家现场招聘活动在安乐乡举行。

25日，全省维稳工作视频会议在县公安局召开，罗振华、葛林冲、李恒春等参加会议。

同日，全省投资促进工作电视电话会议召开，李绍友、郑明春、邓义、许德禄在九寨沟县分会场参会。

同日，九寨沟县召开中心组学习中共十八届三中全会精神扩大会议，县委中心组成员、各乡镇机关负责人等300余名干部职工参加主会场学习，各机关、乡镇和农村的干部群众通过远程教育网络和电视直播分会场聆听大会报告。

26日，州委常委、秘书长、县委书记罗振华在县委常委会议室主持召开三届县委第57次常委会议。

同日，九寨沟县党的群众路线教育实践活动部署会议在县委五楼会议室举行，罗振华主持会议并作重要讲话，州委第一督导组长、州政府副州级领导郎建扎西出席会议并讲话，史志刚对活动开展进行安排部署。

27日，经过省级文明城市考核组的实地考察和材料审核等环节，九寨沟县获得四川省第三届文明城市称号，白河乡芝麻、南岸村被评为省级文明村，县工商局被评为省级文明单位。

同日，九寨沟县召开2014年道路交通安全综合整治工作会议。

同日，党的群众路线教育实践活动督导组工作会议在政协一会议室召开，会议传达贯彻中央、省委、州委、县委教育实践活动会议精神。

同日，全省政府职能转变和机构改革工作电视电话会议举行，吴光旭及县级相关部门负责人在九寨沟县分会场参会。

同日，全州组织部长电视电话会议在马尔康召开，会议贯彻落实全国、全省组织部长会议精神，总结2013年全州组织工作，安排部署2014年的组织工作任务，袁翠军、史志刚及各部门、各乡镇主要负责人在九寨沟县分会场收听收看会议。

3月

1日，九寨沟县与西南民族大学战略合作协议签约仪式在成都西南民族大学航空港南区举行，这标志着九寨沟县与西南民族大学校县校战略合作活动全面开启，按照协议约定，西南民族大学将在干部人才培养、科技应用推广、文化旅游招商等方面提供支持帮助。

2日，在木马藏历新年之际，居住在九寨沟县漳扎镇隆康村和邻近村寨的藏族村民们身着节日的盛装，齐聚在该村村活动室广场，载歌载舞，喜迎藏历木马新年的到来。

3日，州委常委、秘书长、县委书记罗振华到漳扎镇政府召开会议，研究部署漳扎镇城镇建设相关工作。

同日，县人大常委会副主任黄中发率相关部门负责人和部分县人大代表，到神仙池景区，就加快开发神仙池旅游项目进行专题调研。

4日，党的群众路线教育实践活动第十一督导组一行，对九寨沟县部分企事业单位就群众路线活动前期工作、动员会准备情况及各项工作中注意细节进行督导检查。

同日，州人大常委会副主任何文涛率相关部门负责人到九寨沟县，就联系村永乐镇拔拉沟村的新村建设及产业结构调整等工作进行调研。

5—6日，四川逢春制药集团董事长黎勇一行到九寨沟县就土地、旅游、投资环境等事项进行考察。

6日，州委农村工作电视电话会议在马尔康召开，州委常委、秘书长、县委书记罗振华，县委副书记、县人民政府县长李绍友，县人民政府副县长李红梅及各乡镇、各部门主要负责人在九寨沟县分会场收听收看会议。

同日，州政协副主席王明辉率州统计局、大

九旅集团公司，到九寨沟县白河乡斜务家村调研整体搬迁工程建设情况，为斜务家村的搬迁工程献计献策，县委常委、纪委书记彭开剑，县政协副主席刘斌及相关部门负责人陪同调研。

同日，九寨沟县在政协召开2014年藏历木马新年座谈会，邀请县级老领导代表，州属企事业单位领导，驻县部队负责人代表，县直机关相关部门、乡镇的藏族领导代表以及部分宗教、教育、卫生、农业、农村、工商等社会界别的政协委员和人大代表齐聚一堂，欢度佳节，共话发展。

7日，州委中心组专题学习讨论会在马尔康举行，州委常委、秘书长、县委书记罗振华围绕“群众路线怎么走”主题进行讨论发言。

同日，九寨沟县党的群众路线“大家谈”讲座在政务中心五楼会议室正式开讲。

同日，九寨沟县召开庆祝“三八”国际劳动妇女节104周年总结表彰暨实施新“两纲”提升会议。

8日，县委办公室党的群众路线教育活动部署会议在县委一会议室举行，州委第一督导组常务副组长王成彦，县委常委、组织部部长史志刚，县委第三督导组组长、县政协正县级领导贺长清出席会议并讲话。

10—11日，州委常委、秘书长、县委书记罗振华，县委副书记、县长李绍友，县委副书记、常务副县长吴光旭等到北京鲁能集团对接中查沟开发事宜。

11日，九寨沟县组织农技人员到田间地头向农民传授播种技术、指导春耕生产，并将200余吨优质马铃薯种薯免费发放到农民手中，为老百姓春耕保驾护航。

同日，九寨沟县村“两委”干部教育培训班在县委党校开班，此次村“两委”干部教育活动将以党的群众路线教育实践活动、政策解读、岗位职责为内容，分4个班次进行培训。

同日，九寨沟县藏家乐协会工作会在漳扎镇镇政府召开，县人民政府副县长吴非出席会议并讲话。

11—14日，县政协主席泽里亚、副主席仁静、汪世荣率相关部门负责人组成的调研组到九寨沟县各寺庙，就“依法治寺，以戒管僧”情况进行调研。

11—15日，县委副书记袁翠军在省委党校参加创新创业人才培养引进专题培训。

12日，州人大常委会副主任王顺清率州级相关部门负责人组成的检查组到九寨沟县各乡镇开展城乡环境综合治理检查指导工作。

同日，州扶贫移民局检查组一行到九寨沟县检查扶贫开发项目实施情况，并召开座谈会听取相关工作情况汇报。

12—13日，州人民政府副州长李为国带领调研组到九寨沟县调研农业产业发展情况。

13日，由县委宣传部联合文明办、团县委、总工会等相关单位共同开展九寨沟县“公民道德宣传”暨“学雷锋志愿服务”活动。

同日，由州农业局相关人员组成的调研指导小组走进九寨沟县玉瓦片区，将先进科学的耕种、养殖理念带到田间地头，为百姓谋发展、促增收。

14日，州住房公积金管理工作会议在茂县召开，县委副书记、常务副县长吴光旭参加会议。

同日，九寨沟县2014年首批民兵应急分队训练工作全面拉开帷幕，来自全县各乡村的125名民兵预备役人员将进行为期10天的封闭军事训练，以全面提升新形势下为民服务的整体素质。

同日，九寨沟县党的群众路线教育实践活动“大家谈”开课，九寨沟县各部门干部职工积极收听收看大课堂直播盛况。

同日，全国全面改善贫困地区义务教育薄弱学校办学条件电视电话会议召开，县委副书记、县长李绍友，县委常委、副县长吴成及相关部门负责人在九寨沟县分会场收听收看会议。

15日，“中国·四川九寨沟第十届民俗风情月暨‘3·15’九寨沟保护消费者权益日活动”启动仪式在九寨沟生态广场隆重举行，来自全国各地的游客参加启动仪式。

15—16 日，州委常委、秘书长、县委书记罗振华到联系点大录乡“走基层”，出席大录乡党的群众路线教育实践活动动员大会，并对经济发展、民生改善、社会稳定等工作进行调研指导。

16 日，州委常委、秘书长、县委书记罗振华到漳扎镇调研宋城“千古情”项目建设。

同日，县委副书记、县长李绍友率农水局相关人员前往草地乡、永和乡就地质灾害防治和产业结构调整等工作进行调研。

17 日，九寨沟县启动首届中小学生“故乡情九寨行”社会实践活动，全县 5000 余名中小学生、教师走进童话世界九寨沟，切身感受体验家乡 5A 景区别样的生态保护成果。

同日，县人武部召开民兵应急分队集训总结表彰大会，这标志着历时 9 天的应急训练任务已完成。

同日，县政府党组召开党的群众路线教育实践活动动员大会，县委副书记、县长李绍友，县委副书记、常务副县长吴光旭，县委常委、常务副县长郑明春，县委常委、副县长吴成，副县长李红梅、李恒春、吴非、文成华、张旭出席会议，党组班子成员参加会议。

18 日，九寨沟县纪委监察局率领组织部、县电视台组成的检查组对县财政局、组织部等各正风肃纪工作牵头单位进行监督检查。

同日，全县乡村旅游工作座谈会在政务中心二楼会议室召开，就全县乡村旅游健康蓬勃发展进行专题讨论。

19 日，全县经济工作会在政务中心五楼会议室召开，会议安排部署全县经济发展、项目建设等工作。

同日，九寨沟县举行全域智慧旅游建设规划情况汇报会，会议就九寨沟县全域智慧旅游概念、旅游整体规划项目以及未来旅游景区打造等方面进行系统的讲解和阐述。

同日，县委组织宣传工作会召开，罗振华对做好组织、宣传工作作重要讲话，周晓喻、史志刚对宣传、组织工作进行安排部署。

同日，州委常委、秘书长、县委书记罗振华到永乐镇暗访值班工作。

同日，中共九寨沟县第三届纪律检查委员会第四次全体会议在县委五楼会议室召开，罗振华作重要讲话，彭开剑作工作报告。

同日，九寨沟县召开政法暨维稳工作会议，罗振华作重要讲话，葛林冲、史志刚对政法维稳、统战工作分别进行安排部署。

21 日，州委副秘书长、州委州政府目标督查室主任冉华胜到九寨沟县开展禁毒工作专项督查，李恒春代表县委、县政府汇报工作。

同日，阿坝州党的群众路线教育实践活动推进会举行，罗振华、李绍友、王勇、泽里亚、大九旅集团董事长杨芳及在家副县级以上干部在九寨沟县分会场参加会议，罗振华就贯彻落实会议精神作重要讲话。

同日，由九寨沟县综治办牵头，组织公、检、法、司等部门在县老城区十字街口开展以“三级联创、扎实推进平安九寨”为主题的 2014 年综治宣传月集中宣传日活动。

23 日，九寨沟县开展药品、医疗器械、化妆品业务工作培训，全县 70 余名药品、医疗器械、化妆品经营者参加培训。

同日，州委常委、秘书长、县委书记罗振华到陵江羌活沟调研。

24 日，接州委组织部文件，廖彦淞任中共九寨沟县委委员、常委、副书记（挂职一年）。

同日，县委副书记、县长李绍友率相关部门负责人到新城工业园区，就园区内土地使用情况进行实地调研。

同日，九寨沟县卫生系统卫生应急培训班在县人民医院开班。

25 日，州委常委、宣传部部长、总工会主席张万平，副州长杨绍林率州级相关部门负责人到九寨沟县部分乡镇就九寨沟县卫生事业发展现状进行实地调研。

26日，由创办于2013年1月原《九寨摄影》改版而重新策划、设计的集中展示九寨沟经济社会发展建设所取得成就的文化宣传平台——《九寨》杂志第一期出版。

同日，四川卫视《今日视点》报道九寨沟县成功救助国家二级保护动物灰鹤情况。

同日，九寨沟县开展经营性冷库管理培训暨专项整治工作会，全县各冷库经营户参加会议。

同日，全省藏区群众工作阿坝片区座谈会在金川举行，省委常委、组织部部长范锐平出席会议并作重要讲话，省委组织部副部长雷世界、省委组织部秘书长岳勇等出席会议，罗振华代表九寨沟县委做工作汇报，郑明春、史志刚参加会议。

27日，阿坝州党的群众路线教育实践活动“阿坝大讲堂”专题讲座第三讲在马尔康开讲，州委书记刘作明就“依法治州”为主题作了生动的讲述，罗振华在马尔康主会场参会，李绍友、泽里亚、袁翠军及在家副县级以上干部在九寨沟县分会场参会。

同日，中央电视台《新闻联播》报道九寨沟县凝聚共识、践行社会主义核心价值观情况。

28日，州委常委金吉昌率州级相关部门负责人到九寨沟县调研农业农村工作情况。

29日，九寨沟县南坪曲子传习所在永丰乡中寨村正式挂牌成立，这标志着九寨沟县第二批国家级非物质文化遗产——南坪曲子的传承和保护工作得到更保障和依靠。

30日，国航开通广州直飞九寨航线，每天一班，由空中客车A319高原型飞机执飞，空中飞行时间不到三个小时。

同日，2014年旅游市场综合整治工作会在漳扎镇召开。

同日，州委常委、秘书长、县委书记罗振华率九寨沟党政代表团一行到甘孜藏族自治州康定县参加九寨沟县与康定县缔结友好城市合作框架协议座谈会暨签字仪式，这标志着四川藏区的这两大旅游城市将携手共同推动两县经济产业发展，相互借鉴和依托彼此旅游发展模式和旅游资源，助推两县旅游发展。

4月

1日，九寨沟“智慧景区”门禁电子票务系统升级上线，并售出首张门票。

2日，州委副书记谷运龙率州发改委、国土局、旅游局等部门负责人到九寨沟县调研中查沟项目建设情况，听取鲁能集团在施工建设中遇到的困难，并对项目建设提出意见建议。

同日，九寨沟县举办2014年宾馆、饭店餐饮服务人员食品安全业务知识培训，来自全县90余家餐饮单位负责人参加此次培训。

同日，州委常委、秘书长、县委书记罗振华主持召开三届县委第58次常委会议。

2—3日，九寨沟县举办畜牧经济暨春防工作培训会，县畜牧兽医局机关站、所、中心及各乡镇畜牧兽医站职工参加培训。

2—4日，罗振华、王勇、泽里亚等到云南丽江、香格里拉考察城市规划建设和文化产业发展等工作。

3日，县委副书记、县长李绍友到永丰乡调研南坪曲子传习所工作，对传习所的建筑风格、未来发展、文化传承等提出意见和建议。

同日，副县长吴非率旅游局、民宗局、文广新局、食药局等相关部门负责人到大录乡、勿角乡、永丰乡、漳扎镇，就乡村旅游发展、藏农家乐协会发展情况和彭丰村建设乡村旅游文化街进行调研。

4日，在清明节来临之际，九寨沟县各界人士，怀着无限崇敬的心情来到九寨沟县革命烈士陵园进行清明祭扫活动，深切缅怀革命先烈。

同日，九寨沟县召开未成年人思想道德建设工作会议。

同日，为规范旅游市场秩序，加强团队运营管理，确保游客在欣赏童话美景的同时享受更优质的旅游服务，九寨县在全国率先实施旅游团一团一登记制度。

7日，九寨沟县组织相关医疗技术人员组成医疗义诊小组到黑河等乡，开展送医下乡义诊活动。

8日，九寨沟县邀请四川省中医药科学院、四川九寨沟新荷花生态药材有限公司的中药材种植专家，到玉瓦乡田间地头实地开展猪苓栽培技术培训，通过采用集中讲授、理论宣讲、实地种植等多种形式培训，确保种植户牢牢掌握栽培技术。

同日，县政府召开党的群众路线教育实践活动学习会，县委副书记、县长李绍友，县委常委、副县长郑明春，副县长李红梅、李恒春、文成华、索朗永忠及相关党员干部参加学习会。

9日，州委组织部党的群众路线教育实践活动征求意见座谈会召开，州委组织部副部长杨秀方参加会议，县领导罗振华、坤芝陆、索朗永忠等参加会议。

同日，县委常委班子专题调研及学习讨论会在双河乡举行。

同日，九寨沟县在政务中心三楼会议室召开进一步规范管理经营性房屋外观风貌及安全会议。

同日，副州长杨长清率州交通局等相关部门，到九寨沟县部分重点道路交通建设工程施工现场进行实地调研。

10日，州委常委、秘书长、县委书记罗振华，县委副书记、县长李绍友，县人大常委会主任王勇，县政协主席泽里亚，县委副书记廖彦松在相关部门负责人的陪同下，到九寨沟县中学，看望慰问阿坝九寨沟女子足球队，州体育局局长张树亮介绍阿坝九寨沟女子足球队情况。

同日，九寨沟县在政务中心五楼会议室召开全县2014年消防工作会，贯彻落实全州消防工作会议精神，安排部署2014年全县消防工作。

11日，省委党校硕士生导师、四川省学术技术带头人、教授彭穗宁应邀到九寨沟县，在县委5楼会议室为九寨沟县党员干部职工作了一场题为《加强作风建设 践行党的群众路线》的专题辅导讲座。

同日，九寨沟县召开2014年人口和计划生育工作会，总结回顾2013年计生工作，安排部署2014年工作。

13日，鲁能九寨项目开工建设启动会在政务中心一楼会议室召开，州委常委、秘书长、县委书记罗振华出席会议并作重要讲话。

14日，县委召开会议传达省、州教育实践活动督导工作会议精神，罗振华、王成彦、袁翠军、史志刚等出席会议。

同日，州委常委、副州长孙永红率州商务局、南林局、九管局等部门负责人到马家乡胜利村开展“双联”工作，听取基层意见，与当地百姓促膝长谈谋发展。

15日，九寨沟县2014年第一批项目集中开工仪式举行。

同日，达州市委常委、组织部部长张健率相关部门负责人到九寨沟县看望慰问开江县援藏干部，并召开座谈会，州委组织部副部长刘红陵出席座谈会。

16日，州委党的群众路线教育实践活动第一督导组常务副组长王成彦、副组长周贵龙对县委常委班子党的群众路线教育实践活动进行督查指导。

同日，全省加快推进幸福美丽新村建设工作电视电话会议举行，廖彦淞、黄中发、文成华在九寨沟县分会场参加会议。

同日，达州市委组织部常务副部长熊文琦带领达州市各县（市区）组织部长一行到九寨沟县援藏干部联系点就援建项目及联系点开展工作情况等进行调研。

同日，九寨沟县领导干部集体谈心谈话会在政务中心五楼会议室召开，县委常委、纪委书记彭开剑，县委常委、组织部部长史志刚出席会议并作讲话。

18日，州督导组一行到九寨沟县就农民工工作进行督导检查，副县长李恒春及人力资源保障局等部门负责人陪同检查。

同日，2014“四川农信杯”全民金融知识大奖赛初赛（九寨沟赛区）电视竞赛在九寨沟黄浦大酒店举行。

同日，九寨沟县党的群众路线教育实践活动“书记讲党课”举行，罗振华作题为《践行群众路线 凝聚发展合力 为加快实现“三个领先区”提供坚强保证》的党讲辅导报告。

同日，县委常委班子群众路线教育实践活动专题学习讨论会举行，会议专题学习中央政治局、省委省政府、州委州政府、县委县政府关于改进工作作风、密切联系群众的有关规定，《四川省党政机关国内公务接待管理办法》《中国共产党党员领导干部廉洁从政若干准则》，袁翠军、吴光旭、廖彦淞、彭开剑作专题发言。

18—19 日，彼得旅游国际咨询公司首席执行官、国际旅游学会主席、普渡大学旅游管理特级教授、北京大学特聘教授莫里森博士一行到九寨沟县，就九寨沟县旅游营销和乡村旅游发展情况进行调研。

20—21 日，省委党的群众路线教育实践活动第十九督导组副组长江涛、成员刘亚波在九寨沟县开展督导，其间，查活动资料，到草地乡进行活动督查指导。

21 日，县委副书记、县长李绍友主持召开县第十三届人民政府第 31 次常务会。

22 日，九寨沟县在漳扎镇开展全县公共场所卫生法规和卫生知识培训，全县宾馆饭店及乡村旅游企业负责人参加培训。

23 日，九寨沟县召开全县党的群众路线教育实践活动推进会，罗振华出席会议并作重要讲话。

同日，九寨沟县召开旅游工作会，会议传达省、州旅游工作会精神，总结 2013 年旅游工作，研究部署 2014 年旅游工作，罗振华出席会议并作重要讲话，李绍友主持会议，吴非安排部署旅游工作。

同日，州人大常委会主任王福耀一行到九寨沟县马家乡检查指导科技转化利用生态种养殖业工作。

同日，九寨沟县组织县文体广新局执法人员就收缴的一批盗版音像制品、非法出版物、色情淫秽光盘进行集中销毁，确保九寨沟县文化市场的健康发展。

24 日，州防汛第三检查组到九寨沟县督促检查重点区域防汛工作，并召开座谈会，就九寨沟县防汛工作进行交流和探讨。

同日，九寨沟县在政务中心三楼会议室召开禁牧灭犬工作会，会议听取并讨论县畜牧局拟定的《九环沿线乡（镇）禁止牲畜敞放工作实施方案》《九寨沟县加强犬只管理工作方案》，安排部署禁牧灭犬工作。

同日，九寨沟县在组织部一楼会议室开展寺管会主任培训会，县委常委、组织部部长史志刚出席培训会并作讲话。

同日，九寨沟县召开 2014 年文联工作会议，会议总结 2013 年的文联工作，安排部署 2014 年文化工作，县委常委、宣传部部长周晓喻出席会议并作讲话。

25 日，九寨沟县在政务中心一楼会议室召开 2014 年关心下一代工作会议。

27 日，州委常委、秘书长、县委书记罗振华在漳扎镇调研演艺市场规范管理等工作。

28 日，副州长单木真到九寨沟县就乡村小学及幼儿园教育发展进行实地调研，县政协主席泽里亚，县委常委、副县长吴成及教育局负责人陪同调研。

同日，副县长索郎永忠在县残联等部门负责人的陪同下，到永乐镇检查指导残疾人工作。

同日，九寨沟县在永丰乡菜园村举行山洪灾害防御综合应急演练。

同日，九寨沟县在成都九寨沟饭店召开旅游企业座谈会，就九寨沟县旅游市场环境，旅游企业中存在的恶性竞争等情况进行探讨。

同日，九寨沟县召开 2014 年防汛抗旱工作会，副县长李红梅出席会议并作讲话。

29日，九寨沟县召开2014年第二季度安全生产工作会，会议通报2014年第一季度安全生产工作，就当前及今后一段时期的安全生产工作进行全面的安排部署，县委副书记、常务副县长吴光旭出席会议并作讲话。

同日，九寨沟县组织旅游、物价、文化、消防、公安等相关部门进行旅游市场秩序综合大检查。

同日，副县长索郎永忠带领相关部门负责人，到草地乡检查指导羊肚菌种植试点工作，黑河乡部分村寨群众前往种植基地学习羊肚菌人工种植技术。

同日，县委常委、组织部长史志刚率县委办、政府办、人大办、政协办、法院、检察院有关负责人在成都市锦江区、崇州市学习考察党的群众路线教育实践活动。

30日，九寨沟县在漳扎镇召开旅游市场综合治理动员会，县委副书记、常务副县长吴光旭出席会议并作讲话。

4月，《九寨沟县年鉴（2011）》由中央民族大学出版社出版发行，印刷1000册，全书46万字。

5月

1日，由宋城集团投资4亿元建成的“九寨·千古情”项目开始试营业。

2日，宋城集团董事局主席、宋城艺术总团团长、千古情系列演艺作品总导演、总策划、艺术总监黄巧灵一行受州委常委、秘书长，县委书记罗振华的邀请，到九寨沟县进行实地考察。

截至2日，九寨沟景区接待海内外游客19500余人次，九寨沟景区迎来五一小长假旅游高峰。

4日，九寨沟县在政务中心一楼会议室召开纪念“五四”运动95周年活动暨表彰大会。

同日，九寨沟县在新九寨宾馆召开“大录古藏寨——琵琶故里菜园村——㑇舞之乡英格村”一日游筹备会议，会议总结各景点旅游前期各项准备工作，安排部署下一阶段的各项筹备工作，副县长吴非出席会议并讲话，重庆高源国际旅行社有限责任公司负责人及各涉旅部门和景点乡镇、村负责人参加会议。

4—5日，县委召开重点项目和重点工作推进会，会议听取20个重点项目和9项重点工作推进情况汇报，并对相关工作进行研究部署。

5日，州人大常委会副主任温玉祥率州调研组到九寨沟县，就民族团结进步创建活动工作进行调研，并在政务中心三楼会议室召开座谈会。

同日，州政协副主席、州旅游协会会长陈钢到九寨沟县旅游企业进行党课辅导培训。

6日，州发改委稽察组对九寨沟县政府投资项目进行专项检查稽察，并在政务中心二楼会议室召开座谈会。

同日，州旅游行业2013年度先进个人表彰大会在九寨沟县召开，州政协副主席、州旅游协会会长陈钢出席并讲话。

同日，九寨沟县在大录乡开展乡村特色文化旅游服务技能培训。

7日，副县长李红梅到玉瓦乡走访慰问贫困老党员。

9日，九寨沟县结合实际需要，以群众路线“大家谈”专题讲座为契机，邀请四川省妇联家庭教育专家、四川省关工委“好习惯养成”专家报告团成员，成都市家庭教育指导中心首批特聘专家讲师陈时策，就科学的家庭教育进行讲解。

同日，九寨沟县召开地质灾害防治及城乡环境综合治理工作会议，会议传达贯彻落实省、州地质灾害防治工作电视电话会议精神，安排部署下一步全县地质灾害防治及城乡环境综合治理各项工作。

同日，阿坝州县域经济座谈会在马尔康召开，李绍友参加会议。

9—10日，全省县域经济会议在成都召开，罗振华参加会议。

10日，九寨九悦文化传播公司在九寨沟沟口开设旅游纪念品大型专卖店，标志着“缤纷九寨”系列旅游纪念产品正式上市。

11日，副县长李恒春到永丰上、中、下寨看望慰问贫困老党员。

同日，九寨沟县在九管局召开九寨沟景区村寨提升改造工作会，九管局党委书记孙建平，县委副书记、县长李绍友出席会议并作讲话。

同日，九寨沟县斥资1300万元引进的美国GE公司生产的1.5T超导核磁共振机在九寨沟县人民医院投入使用。

12日，县委副书记、县长李绍友到陵江乡大叶子村，就当地村民反映该村存在地质灾害隐患这一情况进行实地查看。

13日，九寨沟县在政府三楼会议室召开“全域九寨”一日游启动工作会，会议贯彻落实省、州、县旅游工作会议精神，对“全域九寨”一日游启动工作进行安排部署。

13日，县委常委、副县长吴成到陵江乡大叶子村，看望慰问老党员。

同日，吴光旭、廖彦淞牵头召开重点项目推进会，审定重点项目推进方案。

14日，州委常委、秘书长、县委书记罗振华在县委常委会议室主持召开县委三届59次常委会议。

同日，九寨沟县在政务中心二楼会议室召开漳扎镇交通分流项目规划研讨会议。

同日，州委群众路线第一督导组到九寨沟县督查指导群众路线教育实践活动，总结九寨沟县第一阶段群众路线教育实践活动开展情况，安排部署下一阶段群众路线教育实践活动。

同日，由全州13个县分管旅游副县长以及旅游部门相关负责人组成的乡村旅游考察组到九寨沟县交叉考察观摩乡村旅游。

15日，全州银行业支持县域经济银政企对接工作会在九寨沟县召开，李绍友、吴光旭、郑明春等陪同考察并参加会议，阿坝银监分局局长、党委书记梁超、纪委书记陈果参加会议，6家州属金融机构代表参加会议。

同日，九寨沟县召开农业产业规划推进工作会议，会议听取农业产业规划编制公司就当前农业产业规划编制工作的情况，研究部署下一步农业产业规划工作。

16日，九寨沟县在政务中心一楼会议室召开民营经济座谈会，州委常委、秘书长、县委书记罗振华出席会议并作重要讲话。

同日，罗振华、吴光旭到大录乡指导群众路线教育实践活动、开展“走基层”工作。

同日，州委常委、秘书长、县委书记罗振华在县委常委会议室主持召开县委三届第60次常委会议。

17日，阿坝州民族歌舞团2014年走基层送文化下乡活动走进九寨沟县。

同日，九寨沟县水电企业安全生产培训班在九力大厦开班，来自全县各水电企业项目施工负责人、分管安全生产乡镇负责人130余人参加培训。

18日，由九寨沟县、松潘县、茂县联合组办的“公开遴选的优秀干部人才” 递进培养计划首期培训班在松潘党校正式开班。

同日，九寨沟县首处民俗文化休闲旅游度假项目“九寨沟天堂口”民俗文化街正式开街营业。

19日，全州党的群众路线教育实践活动推进会在马尔康召开，罗振华、李绍友参加会议。

同日，九寨沟县召开党的群众路线教育实践活动推进会议，会议分析前阶段全县党的群众路线教育实践活动中存在的不足，安排部署下阶段党的群众路线教育实践活动的各项工作。

同日，在第四个中国旅游日来临之际，“全域九寨”一日游启动仪式正式拉开帷幕，全国百家媒体，上千游人参与其中共同掀起九寨不为人知的神秘面纱。

20日，四川卫视《四川新闻》《汇说天下》

报道九寨沟县一日游动态情况。

同日，由州妇联、教育、卫生等部门联合组织，在九寨沟县举办为期两天的"向幸福出发"——基层妇女干部素质提升培训班，来自全县各乡镇妇联主席及各村的140余名妇女干部参加此次培训。

21日，九寨沟县在政务中心三楼会议室召开机关干部职工国防教育暨军事训练安排部署会。

同日，平武县旅游考察组到九寨沟县考察学习乡村旅游产业发展和管理、村寨环境治理、民族文化与旅游业相融合等工作。

同日，罗振华召开会议听取各重点项目和重点工作推进组工作汇报，李绍友、袁翠军、吴光旭、廖彦淞参加会议。

同日，九寨沟县在漳扎镇召开"全域九寨"一日游提升工作会，会议总结前一阶段一日游工作，安排部署下一阶段一日游工作。

22—23日，省委第十九督导组成员王继承、州委第一督导组常务副组长王成彦等到九寨沟县检查指导党的群众路线教育实践活动，并召开座谈会，听取九寨沟县活动进展情况，并对做好对照检查、开展批评环节工作进行安排部署，州委第一督导组常务副组长王成彦、成员陈宝林、县领导袁翠军、史志刚等陪同调研。

同日，凉山州美姑县考察团到九寨沟县就教育工作进行考察学习，并在县第四小学召开教育工作座谈会。

同日，九寨沟县在九寨沟县中学，举办"爱家乡，赞家乡"为主题的演讲比赛。

同日，州委组织部副部长杨继雄到九寨沟县调研指导村级党的群众路线教育实践活动开展情况。

24日，县委副书记、县长李绍友率城市管理局、电力公司主要负责人到漳扎镇检查指导路灯照明恢复工作，并安排部署漳扎镇路灯恢复照明具体实施工作。

24—25日，县委副书记、县长李绍友蹲点永和乡，就产业发展、群众路线开展情况、联系服务群众"最后一公里"等问题与老百姓进行面对面的交流探讨。

25日，九寨沟县2014年机关干部国防教育和军事训练工作启动，全县300余名35岁以下机关干部职工分批参加为期3天国防训练。

26日，州委常委、秘书长、县委书记罗振华与各乡镇党委书记在县委一会议室开展集体谈心交心活动。

同日，全县党的群众路线教育实践活动推进会在政务中心五楼会议室召开，州委常委、秘书长、县委书记罗振华出席会议并作重要讲话。

同日，州科技局专家组一行到九寨沟县就科技惠民项目工作进行调研，并在政务中心二楼会议室召开座谈会。

26—28日，州委常委、宣传部长、总工会主席张万平，州委宣传部副部长陈顺清、周琼等到九寨沟县调研。

27日，阿坝州"'走复兴路 圆中国梦'——美丽阿坝我的家"讲故事和演讲比赛在九寨沟县举行，州委常委、宣传部长、总工会主席张万平，州委常委、秘书长、县委书记罗振华出席活动并作重要讲话。

同日，州委常委、宣传部部长、总工会主席张万平在九寨沟县调研时强调，深入挖掘优秀民俗历史文化，打造九寨文化旅游品牌。

28日，九寨沟县在政务中心二楼会议室召开2014普通高校和中职学校招生考试工作会，会议安排部署2014年全县普通高校和中职学校招生考试工作。

同日，省委督导组一行到九寨沟县马家乡、永丰乡调研指导党的群众路线教育实践活动开展情况，州委组织部副部长杨继雄，县委常委、组织部长史志刚，副县长贺红琼陪同调研。

同日，县委副书记、县长李绍友主持召开县政府党组 "全覆盖、听意见"座谈会，广泛听取老领导、人大代表、政协委员以及乡镇部门、企业、贫困群众代表对县政府党组在“四风”方面、服务经济社会发展、加强自身职能建设中的意见和建议。

同日，州委常委、秘书长、县委书记罗振华到民兵训练营地看望参训机关民兵。

29日，县委副书记、县长李绍友主持召开第十三届人民政府第32次常务会议。

29—30日，县领导李绍友、袁翠军、廖彦淞、周晓喻、吴成、殷占青、坤芝陆、许德禄等参加城关片区学校六一庆祝活动。

30日，九寨沟县灭犬工作推进会在县公安局三楼会议室召开，会议安排部署下一阶段犬只管理工作、流浪狗捕杀工作。

同日，九寨沟县召开创建社会主义新农村建设档案工作省级示范县推进工作会议，会议通报前一阶段创建工作情况，安排部署下一阶段创建工作。

6月

1日，九寨沟开通到武汉直飞航线，两地之间的时空距离缩短至两小时，游客可便捷自由选择出行。

同日，九寨沟县在全县范围内开展为期四个月打击非法营运规范客运市场秩序专项整治活动。

5日，台湾大陆寻奇摄制组一行到九寨沟县拍摄纪录片，重点对九寨沟县的历史文化、风土人情、旅游景点等进行记录宣传。

同日，九寨沟县草地乡联合甘肃省文县石鸡坝乡和紫金矿业有限公司开展一场三方联合防汛抢险应急演练。

同日，由央视《远方的家》栏目打造的百集系列特别节目《江河万里行》摄制组一行走进九寨沟县大录乡，拍摄记录大录乡千年古藏寨的发展历程和人文风情。

6日，罗振华、吴成到九寨沟县中学检查指导高考准备工作，并召开座谈会，听取九寨沟县中学工作汇报。

同日，罗振华、李敦灿、李恒春、文成华检查指导川九路改造工程建设工作。

同日，九寨沟县召开2014年高考考务工作培训会，会议全面安排部署高考工作，严肃考试纪律，明确监考分工、落实监考责任，确保高考工作平安顺利进行。

6—7日，州政协副主席陈钢率州相关部门到九寨沟县调研指导食品安全工作，并就食品安全工作和九寨沟县相关部门进行交流和探讨。

7日，是全国普通高考的第一天，九寨沟县602名考生走进高考考场接受祖国挑选。

7—8日，九寨沟县组织一支由出租车和农村客运车组成的“高考爱心车队”，免费接送考生往返考场，为广大考生完成此次高考提供高效、优质的服务。

7—8日，州旅游局局长罗尔伍，率州涉旅部门到九寨沟县调研指导旅游要素标准体系建设开展情况，与九寨沟县涉旅部门负责人探讨九寨沟县旅游要素标准体系建设工作。

7—8日，州委常委、政法委书记尼玛木率领州委政法委副书记陈宝华、州公安局和州法院、检察院、司法局、州维稳办相关负责人，到九寨沟县政法基层所队、维稳交通治安卡点、九寨沟景区重点维稳部位检查督导反恐维稳工作及九寨沟社会治理和队伍建设、沟口游人广场反恐维稳部署。

8日，县委副书记、县长李绍友，县委副书记廖彦淞，副县长文成华，县政协副主席、漳扎镇党委书记汪世荣一行到漳扎镇对藏羌风情老街项目前期工作进行实地调研。

同日，州委常委、组织部部长杨程富到九寨沟县漳扎镇天堂口民俗风情文化街进行调研。

8—12日，九寨沟在景区芦苇海旁举行历时五天的日桑文化节。

10—11日，省科技厅党组成员、副厅长周孟林到九寨沟县调研，为九寨沟县生态经济发展提供科技保障。

11日，九寨沟县消防大队组织各相关部门开展重大火灾隐患集中整治专项行动工作启动会，并组织各相关部门学习如何识别、排查安全隐患等消防知识。

12日，康巴卫视一行到九寨沟县永丰乡、勿角乡、大录乡实地考察相关特色景点，县委常委、宣传部部长周晓喻陪同考察。

同日，九寨沟县分别为秦蜀交界石刻和下马崖栈道两处州级文物保护单位树立标识标牌，以提升文物知名度、保护度。

同日，州委常委、秘书长、县委书记罗振华在七一南坪中学调研。

同日，州委第一督导组在县委联席会议室逐个向县委常委反馈征求到的意见建议和“四风”突出问题。

12—13日，省环保厅检查指导组到九寨沟县检查指导国家级生态县创建工作。

13日，全州农村土地确权登记视频会议召开，李绍友、吴光旭在九寨沟县分会场参会。

同日，九寨沟县在政务中心三楼会议室召开道路交通安全“百日大会战”工作会议。

13—17日，中央电视台第四套节目《城市一对一》栏目走进九寨沟县，从美景、美食、文化三个方面，分别对九寨沟县的风景名胜区、藏家美食、白马伯舞等进行采访摄制，展示九寨沟县优越的生态环境和深厚的文化底蕴。

14日，县委副书记、县长李绍友到漳扎镇达吉寺调研寺庙管理和佛事活动工作开展情况，鼓励寺庙僧人爱国爱教，做一个遵纪守法、维护社会和谐稳定的社会公民。

同日，阿坝州文化馆、阿坝州原生态锅庄协会到九寨沟县开展“欢乐乡村行”文化惠民活动。

16日，罗振华、史志刚到财政局、经信局等单位检查指导群众路线教育实践活动进展情况。

同日，罗振华与党群部门、部分政府部门负责人在县委二会议室开展谈心交心活动。

17日，阿坝州贯彻落实“两个责任”宣讲会召开，罗振华、章小平、孙建平、泽里亚、袁翠军、吴光旭及在家县委常委、县人大、县政府、县政协班子成员在九寨沟县分会场参会。

同日，罗振华主持会议研究演艺市场管理工作，李绍友、袁翠军、吴光旭、廖彦淞、周晓喻、吴非等参加会议。

19日，九寨沟县举办流通环节食品安全培训会，以引导各经销商标准化、规范化经营。

同日，由阿坝州妇幼保健院组成的巡回医疗义诊小分队到九寨沟县永和乡为当地群众免费看病送药。

19—20日，州委常委、常务副州长赵平到九寨沟县调研，罗振华、袁翠军、吴光旭等陪同调研。

20日，九寨沟县在政务中心二楼会议室召开扶贫开发建档立卡工作动员暨培训会，会议学习《全省农村扶贫开发建档立卡工作方案》《九寨沟县扶贫开发建档立卡工作实施方案》，安排部署九寨沟县扶贫开发建档立卡工作。

23日，高考成绩正式出炉，九寨沟县参加高考602人，上省本科线66（不含艺体）人，文科最高分536分，理科最高分596分，上一本13人、二本31人、三本22人，位居全州第三名。

同日，由九寨沟县和中国传媒大学联合摄制的首部3D风景人文专题片《全景中国之雪融九寨》在北京电视台3D频道播出。

同日，九寨沟县在政务中心二楼会议室召开农业产业规划编制座谈会。

同日，厦门大学EMBA第113班企业家一行到九寨沟县大录乡大录小学，开展爱心助学活动，为孩子们带来爱心礼物，带来关爱与祝福。

24日，州委常委、秘书长、县委书记罗振华在县委常委会议室主持召开县委三届61次常委会议。

同日，九寨沟县在黑河乡碧厉村举行防灾减灾安全生产综合应急演练。

25日，省住房和城乡建设厅房地产市场监管处副处长李波一行到九寨沟县部分寺庙，检查督导寺庙群众工作。

同日，九寨沟县在漳扎镇召开旅游市场综合整治工作会议，就旅游市场早市夜市摊点规范健康运营进行安排部署。

25—30日，县文广新局带领九寨沟县白马传承队参加由文化部在甘肃省和政县举办的“第七届中国原生民歌大赛”，九寨沟县白马传承队分别荣获第七届原生民歌大赛优秀演唱奖和组委会特别奖两项大奖。

26日，九寨沟县在政务中心五楼会议室召开庆祝建党93周年表彰大会，对全县各条战线涌现出来的先进基层党组织和先进个人进行表彰，激励全县各级党组织和广大党员，进一步把思想统一起来，把干劲鼓舞起来，把力量凝聚起来，为加快九寨新发展、实现“三个领先区”而努力奋斗。

同日，九寨沟县召开安全社区创建工作推进会议，会议通报前阶段创建工作情况，安排部署下一阶段创建工作。

同日，州交通局局长陈琪到九寨沟县检查指导川九公路改造工程建设。

27日，省政协副主席陈杰、原阿坝州长王雨顺等到九寨沟县开展湿地生态资源调研。

28日，团省委学校部部长丁云率部分高校团委负责人到九寨沟县调研大学生就业创业工作。

30日，省委、州委分别召开七一庆祝暨表彰大会，州委常委、秘书长、县委书记罗振华到汶川分会场参会。

7月

1日，州委常委、秘书长、县委书记罗振华在九寨沟口调研“天堂口”大学生就业创业工作。

同日，九黄机场开通长沙直飞九寨航线，这是九黄机场继北京、上海、杭州、广州、郑州、武汉之后开通的第7条直飞长航线。

同日，共青团阿坝州委向天堂口青年创业团队颁发“阿坝州青年创业先锋”荣誉称号。

2日，九寨沟县在全国普法办开展的“六五”普法中期先进集体评选活动中，荣获全国“六五”普法中期先进县荣誉称号。

同日，州委常委、秘书长、县委书记罗振华，州委常委、统战部部长严春风在九寨沟县玉瓦乡、大录乡调研藏传佛教寺院管理工作时强调，要切实抓好寺庙管理这个第一重点，采取更加扎实和得力的措施，确保寺庙管理的各项措施落到实处。

同日，州委常委、秘书长、县委书记罗振华陪同国家森林防火专家组到九管局调研。

2—3日，阿坝州第一次全国可移动文物普查专家组到九寨沟县开展第一次全国可移动文物普查文物鉴定工作。

3日，县委召开信访案件通报会，通报双河乡张家梁村信访案件查办情况，罗振华出席会议并讲话。

同日，汶川县依法治县领导小组到九寨沟县考察交流“六五”普法、依法治县的先进工作经验和做法。

同日，九寨沟县召开青年大学生就业创业工作会议，就青年大学生就业创业工作以及九寨·天堂口青年大学生就业创业园建设作了安排部署。

3—4日，州旅游市场综合治理督查组一行到九寨沟县就旅游市场综合治理工作进行督查。

4日，九寨沟县在政务中心一楼会议室召开援藏挂职干部工作总结会，回顾、总结援藏挂职干部在九寨沟县两年来工作生活情况，州委常委、秘书长、县委书记罗振华出席会议并讲话。

同日，由州纪委、州财政局、州审计局组成的州正风肃纪第二督查组到九寨沟县，就中央“八项规定”精神贯彻落实情况和“三公”经费支出、办公用房的清理及公务用车管理使用等正风肃纪工作开展情况进行全面督查。

同日，州人大常委会副主任李洪勇一行到九寨沟县调研《社会保险法》学习宣传和贯彻落实情况。

5日，光明日报社、四川党建期刊集团、四川民族出版社带着对九寨的关心和支持，奉献爱心捐赠图书。

7日，由九寨沟县申报的“九寨沟蜂蜜”正式被农业部授予农产品地理标志称号，这是阿坝州继2011年“金川多肋牦牛”后第二个获得农业部授予的地理标志畜产品。

同日，省委常委、农工委主任李昌平一行在州委副书记、纪委书记王承先，州委常委、秘书长、县委书记罗振华的陪同下到九寨沟县部分乡镇就农业产业发展情况进行调研。

8日，九寨沟县有线电视模转数工作推进会在政府三楼会议召开，会议专题讨论九寨沟县有线电视模转数工作实施细则，安排部署下阶段有线电视模转数工作。

同日，州委组织部一行到九寨沟县调研城乡规划体系建设和土地利用总体规划等相关工作，并在政务中心四楼会议室召开座谈会。

8—9日，省委第十九督导组副组长江涛率督导组成员到九寨沟县检查指导党的群众路线教育实践活动推进情况和专题民主生活会筹备工作，并在政务中心二楼会议室召开工作会。

同日，州人大常委会副主任何文涛到九寨沟县联系点永乐镇拔拉沟村开展调研拔拉沟产业结构调整和经济发展现状工作，并召开座谈会。

同日，为进一步规范酒店提档升级行为，提升酒店服务品质，县委副书记、县长李绍友一行到漳扎镇部分酒店检查指导酒店提档升级工作。

10日，九寨沟县在人武部会议室召开2014年全县征兵工作会议。

同日，四川省人大常委会副主任、党组副书记张东升在州人大常委会主任王福耀陪同下，率调研组到九寨沟县就产业发展和民族文化保护开发工作进行调研，州人大常委会副主任田晓丹随同调研。

11日，县委副书记、县长李绍友主持召开县第十三届人民政府第33次常务会。

12日，黑河、陵江、马家、双河、勿角、永丰、永和、永乐、玉瓦9个乡镇已通过国家级生态乡镇考核验收，被正式授予国家级生态乡镇称号。

同日，九寨沟县通过省级环保模范城市验收，成为阿坝州首个荣获“四川省环境保护模范城市”称号的县。

15日，九寨沟县在政务中心五楼会议室召开党的群众路线教育实践活动推进会。

同日，全域阿坝首个全域旅游接待中心在九寨沟县正式开业，全域旅游接待中心工作人员在九寨沟沟口生态广场采取发放宣传册、现场介绍等方式，依托九寨沟沟口人流量大的特点向各地游客全面介绍阿坝州各县旖旎风光和民族风情。

同日，县委副书记、县长李绍友在县委常委会议室主持召开县委三届63次常委会议。

16日，州委常委、秘书长、县委书记罗振华在县委常委会议室主持召开县委三届64次常委会议。

同日，州委常委、秘书长、县委书记罗振华在县政府常务会议室主持召开县委中心组学习会，专题学习刘云山《领导干部要敢于担当》。

同日，州委常委、秘书长、县委书记罗振华在九寨沟管理局信息中心召开会议，听取九寨沟景区旅游高峰期工作汇报，研究部署旅游高峰期相关工作。

同日，县委副书记、县长李绍友主持召开旅游安全管理工作会议，分析当前九寨沟县旅游安全管理工作面临的形势，全面安排部署今后旅游安全管理工作。

19日，九寨沟县在喜来登国际大酒店召开2014年暑期旅游工作会议。

22日，九寨沟县在漳扎镇召开旅游市场摊点整治工作会，会议强调摊点整治工作细节要求，对各部门下一步摊点整治工作作具体安排部署。

同日，九寨沟县开展食品安全、卫生、消防等旅游综合执法大检查，确保暑期旅游市场健康有序。

同日，州委常委、秘书长、县委书记罗振华主持会议，研究县委常委班子党的群众路线教育实践活动专题民主生活会相关事宜。

22—23日，湖南华翠传媒有限公司到九寨沟县考察“全域一日游”旅游路线，对九寨沟县在旅游营销方面给予多方面的建议和意见，并召开座谈会听取相关部门负责人对“全域一日游”旅游路线的介绍。

23日，省交通运输厅副厅长白理成在州委常委、秘书长、县委书记罗振华陪同下，率调研组到九寨沟县调研交通运输工作。

同日，在2014年四川省校园足球夏令营上，阿坝州女子足球队在初中组比赛中大获全胜，喜获全省校园足球夏令营冠军殊荣。

同日，九寨沟县委常委班子党的群众路线教育实践活动专题民主生活会在县政协一会议室举行，省委第十九督导组组长李光玉出席会议并作重要讲话，州委第一督导组组长郎建扎西出席会议并作点评，州委组织部常务副部长王祖全，州委第一督导组常务副组长王成彦，成员罗章会，州纪委、州委组织部有关负责人出席会议。

24—26日，九寨沟县四大班子相继召开党的群众路线教育实践活动专题民主生活会。

25日，州委组织部常务副部长王祖全到马家、草地等乡调研基层党建和群众路线教育实践活动。

26日，九寨沟县在漳扎镇召开暑期旅游高峰应急工作会，安排部署旅游安全工作。

27日17∶15分，央视中文国际频道（CCTV-4)《城市1对1栏目》播出（九寨沟县与塞舌尔）旅游城市互动节目，九寨沟县广大干部群众纷纷收看。

同日，州委在马尔康召开州委常委班子专题民主生活会情况通报会，罗振华、李绍友参加会议。

28日，州委在马尔康召开县委书记半年述职会，罗振华、李绍友参加会议。

同日，九寨沟景区游客接待38000余人次，全年累计接待203万余人次，这是九寨沟景区自1984年开发旅游以来，首次在7月份突破200万人次大关，再创历史新高。

同日，九寨沟县召开2014年大学生志愿服务西部计划迎新座谈会。

同日，九寨沟县在政务中心3楼会议室召开旅游高峰应急保障工作会，安排部署暑期旅游高峰安全工作。

29日，副县长文成华到陵江、黑河、玉瓦、大录等乡镇督导检查地灾防灾和城乡环境综合治理工作。

同日，阿坝州基层法制创建工作视频会议召开，葛林冲、彭开剑、黄中发、陈金龙、侯定云及各乡镇党委书记、县级各部门主要负责人在九寨沟县分会场参加会议。

31日，州人大常委会副主任田晓丹率州发改委、财政局等部门负责人组成调研组，到九寨沟县调研国民经济和社会发展及财政收支审计工作。

8月

1日起，州政府组织专家团队到各县开展县域经济发展专题调研，专家团队到九寨沟县进行全方位的调研后，于8月31日召集发改局、旅游局等相关单位主要负责人就九寨沟县县域经济发展开展座谈。

同日，成都嘉润置业集团向九寨沟县捐赠仪式在蓉举行，省政协常委、省工商联副主席、成都嘉润集团董事长、总裁陈先德，省旅游局常务副局长陈加林出席仪式，成都嘉润置业集团向九寨沟县捐赠300万元帮助九寨沟县编制旅游发展规划。

同日，县委副书记、县长李绍友，县人大常委会副主任坤芝陆，县政协副主席许德禄和县民政局负责人先后到县人武部、消防大队、消防中队、武警县中队走访慰问驻九寨沟县部队官兵，为广大官兵带去节日的问候和诚挚的祝福。

同日，九寨沟县召开口述历史纪录片《把绿色留给子孙》《千年熊猫情》审片会，县委宣传部、史志办、电视台等相关部门负责人参加审片。

5日，九寨沟县在漳扎镇召开噪声治理专题

会，就各酒吧集中区域，噪声过大，出现扰民现象等问题进行研究部署。

同日，省食品药品监督管理局党委书记、局长姚义贤一行到九寨沟县调研景区食品安全工作。

6日，由县委宣传部和县委党校联合举办的九寨沟县“我与改革开放”百姓宣讲比赛在县委党校举行，来自乡镇、县直部门19名选手参加此次比赛。

同日，州编办调研组一行到九寨沟县调研扩权强镇试点工作，并在政府三楼会议室召开座谈会。

7日，由县总工会、团县委、县妇联、惠民帮扶中心等部门联合，为云南昭通鲁甸地震灾区发起募捐宣传活动，组织全县志愿者分成两个组，分别到新老城区以及各企事业单位进行募捐。

同日，县委在五楼会议室召开常委班子党的群众路线教育实践活动专题民主生活会情况通报会。

同日，州委常委、秘书长、县委书记罗振华在县委一会议室主持召开县委编委会，研究政府机构改革等相关事宜。

同日，罗振华、吴光旭等到九寨沟景区、沟口看望慰问涉旅部门工作人员。

7—8日，松潘县委常委、县政府常务副县长益英率队到九寨沟县考察大学生创业、旅游行业管理等工作。

7—8日，州城乡环境综合整治第二季度检查组到九寨沟县检查指导城乡环境综合整治工作。

8日，全省对口援藏工作会议在成都举行，罗振华、史志刚参加会议。

同日，全州寺庙分类管理和文明和谐寺庙创建工作会议召开，李绍友、吴光旭、李恒春在九寨沟县分会场参加会议。

同日，全州关心下一代工作会议召开，李敦灿等在九寨沟县分会场参会。

9日，省委第十九督导组组长李光玉率督导组成员到马家乡调研群众路线教育实践活动开展情况。

同日，州检查组到九寨沟县检查“四大惠民工程”“10+1”民生工程和10件民生实事推进情况。

11日，九寨沟县2014年“追逐梦想，快乐成长”青少年军事夏令营活动在县人武部启动，来自县城3所小学的46名少年儿童参加此次青少年军事夏令营活动。

13日，九寨沟县在天堂口创业园区开展SYB创业培训，县委常委，宣传部部长周晓喻出席培训仪式并作讲话，来自天堂口创业园区的20余名正在创业、即将创业和有意愿创业的大学生们和待业人员参加SYB创业培训。

同日，副州长单木真到九寨沟县工业园区就工业经济运行和公司建设情况进行调研。

同日，九寨沟县在漳扎镇二楼会议室召开漳扎片区摊点管理工作座谈会，州委常委、秘书长、县委书记罗振华出席会议并作重要讲话。

14日，县委副书记、县长李绍友主持召开九寨沟县第十三届人民政府第34次常务会议。

15日，州委常委、秘书长、县委书记罗振华在县委常委会议室主持召开县委三届65次常委会议。

16日，鲁能集团希尔顿大酒店项目在员工活动室举行项目一期工程誓师大会，鲁能集团九寨沟公司、第三方管理公司、康立项目管理公司、造价咨询公司和中建三局全体干部员工参加大会。

18日，州政府副秘书长、检查组组长徐光辉带领州发改委、州文体广局、州交通局等部门负责人组成检查组，到九寨沟县检查指导藏传佛教寺庙“五通”项目建设情况，并召开座谈会，听取相关工作汇报。

19日，九寨沟县与中国联通阿坝州分公司在县委二楼会议室签署“智慧九寨”战略合作协议，就提升双方合作层次、推动信息服务产业快速发展达成共识，县委副书记、县长李绍友出席并签约协议。

同日，永丰乡召开构建新型村级治理机制试点工作动员会，标志着九寨沟县构建新型村级治理机制试点工作全面展开。

20日，县委副书记廖彦淞，副县长李红梅，县政协正县级领导徐正元及各相关部门、乡镇负责人就农业现代发展规划初期方案建言献策，共商发展大计。

同日，省委第四巡视组进驻九寨沟县采取听取工作汇报、列席有关会议、个别谈话、召开座谈会、查阅资料、民主测评、问卷调查、到基层调研、受理群众来信来访等方式开展巡视工作。

同日，召开第三批援藏干部人才见面会，欢迎来自达州市的第三批“千名干部人才援助藏区行动”挂职干部21名干部来县援助工作。

21日，省委第四巡视组巡视九寨沟县工作动员会在县委五楼会议室召开，巡视组组长毛云辉，副组长兰崇平、弓继柏、王民，正处级巡视专员裴勇、白翠红、黄从应、刘新胜、王军，省纪委副处级纪检监察员侯夙，州委常委、组织部长杨程富出席会议。

22—24日，州群众工作大调研第四调研组组长雷明香率州委组织部、州旅游局等部门负责人，到九寨沟县调研群众工作开展情况。

23日，州人大常委会副主任郝士昌调研组一行到九寨沟县开展传染病防治工作专题调研。

24日，州道路安全综合整治攻坚行动专项督查指导组，到九寨沟县就“道路交通安全综合整治攻坚年行动”开展情况进行检查指导并反馈指导意见。

26日，位于老城区的城关大桥新建桥梁通过竣工验收。

同日，州政协副主席王明辉率州建设局、民政局、国土局等部门负责人组成调研组，到九寨沟县调研保障性住房建设工作，并听取相关工作汇报。

28日，据省政府网站消息，九寨沟县荣获全省首批“省级生态县”称号。

同日，省民政厅副厅长刘家鹏到九寨沟县调研行政区域边界联检工作。

29日，九寨人唱九寨歌歌唱比赛活动在新区电影院举行。

30—31日，九三学社中央社会服务部副部长王金茹率九三学社专家组到九寨沟县开展健康系列科普巡讲和义诊工作。

9月

1日，阿坝州公安局组织教官团到九寨沟县开展送教活动。

1日起，为了进一步规范城乡交通秩序，维护城乡道路交通安全，预防和减少重特大道路交通事故的发生，全力营造安全、畅通的道路交通环境，九寨沟县在全县范围内开展为期一月的道路交通安全集中专项整治活动。

1—2日，省民宗委经济处处长荣跃泽仁率省“六大民生工程”计划督查调研组到九寨沟县调研。

2日，县委副书记、县长李绍友在常务会议室，主持召开第十三届人民政府第35次常务会。

2—5日，廖彦淞、李红梅率相关部门、乡镇和企业负责人到江油、甘肃永靖考察乡村旅游发展、特色农业种植工作。

3—5日，国务院行政司调研组到九寨沟县调研机关后勤服务人员用工机制及后勤服务社会化工作。

10日，召开第30个教师节庆祝大会，表彰优秀教师、优秀教育工作者和优秀高中毕业生。

同日，州委常委、秘书长、县委书记罗振华，县委副书记、县长李绍友，县人大常委会主任王勇，县政协主席泽里亚，到永和乡、大录乡、双河乡、漳扎镇学校开展慰问，向在教育一线辛勤耕耘的教职员工表示节日的问候和诚挚的祝福。

同日，县委副书记、县长李绍友一行到大录乡沙勿村玛卡种植基地进行实地调研。

12日，阿坝州2014年度第一期建筑业农民工技能培训班在九寨沟县开班，来自全州130余名学员参加培训。

同日，国家林业局到九寨沟县开展编制川滇森林和生物多样性生态功能区保护与建设规划工作。

同日，州调研组到九寨沟县检查指导主要污染物减排工作，副县长文成华就九寨沟县主要污染物减排工作开展情况向调研组进行汇报。

13日，召开城乡环境综合治理工作会议。

同日，首届两岸环境智慧景区行动研讨会在九寨沟举行。此次研讨会以“环境教育——学术、产业与实务的对话”为主题，海峡两岸国家公园管理规划、环境教育及自然解说的专家学者和业界代表齐聚九寨沟，就环境教育相关内容进行深入交流，缔约友好合作关系，建立实质合作平台。同日，由中国互联网新闻中心主办的“2014城市发展与生态平衡高层论坛”中，九寨沟县以绿色、低碳、生态建设荣获全国“首批创建生态文明典范城市”称号。

15日，九寨沟县组织县人民医院、县中藏医院、妇幼保健院医疗机构的医务工作人员，在九寨沟县老城区十字街口开展义诊。

15—17日，在北川举行的第三届全球网络旅游营运合作交流大会上，百度发布的四川《百度旅游大数据白皮书》显示，在省内最受欢迎的景区中，九寨沟、峨眉山、乐山大佛、都江堰和青城山分别排名前五位，搜索排名前五的旅游城市分别是成都、阿坝、乐山、凉山和南充，全国景区旅游搜索排名中，九寨沟超过全国众多名胜景区排名首位。

16日，州调研组到九寨沟县调研教育十年行动计划工作。

同日，九寨沟县红十字会组织梨花社区、南坪社区、和平社区成员40余人开展“红十字应急救护志愿服务进社区”培训活动。

19日，州委常委、秘书长、县委书记罗振华在县委常委会议室主持召开县委三届第66、67次常委会议。

20日，州委常委、秘书长、县委书记罗振华在县委常委会议室主持召开县委三届第68次常委会议，研究农村改革、文化强县、作风建设、党外代表人士队伍建设等工作。

20日，州人大常委会副主任郝士昌一行到九寨沟县调研高中阶段教育发展情况，在九寨沟县第四小学，召集教育部门相关人员，就如何推进民主地区教育发展，促进教育教学工作再上新台阶等工作开展培训。

21日，四川西南铁路国际旅行总社在玉瓦小学举行捐赠仪式。

同日，县委副书记、县长李绍友到漳扎镇实地调研漳扎镇幼儿园拟建选址、上四寨泥石流冲毁路段修复情况及甘海子景点日常管理工作。

22—23日，州委副书记、州政府州长吴泽刚，州委副书记谷运龙到九寨沟县调研“十一”黄金周旅游工作准备情况。

24日，九寨沟县会同九寨沟风景名胜管理局、大九旅集团、九寨沟观光公司及九寨沟县各涉旅部门，在漳扎镇政府会议室召开2014“十一”黄金周暨秋季旅游工作会议，安排部署旅游工作，州委常委、秘书长、县委书记罗振华出席会议并作重要讲话。

同日，州委副书记谷运龙一行到九寨沟县马脑壳金矿开发有限责任公司，就金矿公司的发展情况和存在的困难进行调研。

同日，全县新型村级治理暨基层党建现场会在永丰乡召开，此次现场会，既是全县新型村级治理试点工作的推进会，也是全面铺开全县新型村级治理工作的动员会。

25日，全州水利工作会在茂县召开，罗振华等参加会议。

同日，九寨沟县演艺群体座谈会在漳扎镇召开，州委副书记谷运龙出席会议并作重要讲话，州委副秘书长阿郎参加座谈。

26日，由县科协牵头，县科技局、县教育局等多家单位参与的以“创新发展，全民行动”为主题的2014年“全国科普日”活动在老城区十字街口拉开帷幕。

同日，州人大常委会副主任王顺清率调研组一行到九寨沟县安乐、白河等乡镇，对城乡规划条例的变通规定立法工作进行实地调研。

27日，副县长吴非率领工作组一行对漳扎镇辖区内临时停车场、神仙池景区滑坡路段进行调研。

同日，由阿坝州文广局和九寨沟县政府主办的“2014藏族祥巴艺术展暨文化产业发展研讨会”在北京798艺术区古今融汇艺术空间举行。

28日，九寨沟县在九寨沟景区开展县、局、司三方联合演练。

同日，州委常委、秘书长、县委书记罗振华在漳扎镇主持会议，听取黄金周筹备工作。

同日，九寨沟县在九管局二楼会议室召开“十一”黄金周安排部署工作会，对黄金州旅游工作及安全安保工作进行再动员、再安排、再落实。

29日，九寨沟县食药局组织全县餐饮服务业从业人员1000余人进行集中培训，副县长吴非出席会议并对“十一”黄金周食品安全工作提出要求。

同日，九寨沟县在公安局对部分机关部门办公室人员进行网格化系统操作培训。

同日，九寨沟县在政务中心5楼会议室召开“十一”黄金周志愿者驻点服务动员暨培训会，团县委、人社局、公安局相关负责人及全县130余名青年志愿者参加培训会。

30日，州委常委、秘书长、县委书记罗振华，州政协副主席、九管局局长章小平，大九旅集团董事长杨芳，县、局、司三方主要负责人以及县药监、消防、文体局等部门组成的检查组先后到九寨沟景区、漳扎镇各宾馆饭店、超市、演艺场所进行详细检查。

10月

1日，九寨沟县与全省同步，全面实施分级诊疗转诊转院制度。同日，州委副书记谷云龙到九寨沟景区，看望奋战在一线的景区管理人员、公安民警、青年志愿者，并对景区内关键节点进行考察。

1—7日，九寨沟县接待游客265913人次，同比增长27.58%，其中：九寨沟景区接待游177159人，同比减少15.07%；神仙池景区接待游客1754人；其他游客87000人。全县实现旅游收入30381.12万元，同比减少5.95%。

4日，州委常委、秘书长、县委书记罗振华在九寨沟公安分局主持会议，听取西博会筹备工作。

8日，罗振华、文成华等在环境保护部汇报九寨沟县创建国家级生态县建设工作。

同日，全国党的群众路线教育实践活动总结大会举行，李绍友、袁翠军、吴光旭、廖彦淞及其他副县级以上干部在九寨沟县分会场参加会议。

9—12日，国家旅游局信息中心副主任信宏业率北京联合大学、北京邮电大学专家团队一行到九寨沟县调研考察智慧旅游和旅游发展等内容，就学生社会实习、科学研究、社会服务、专项培训等内容达成意向战略合作协议，北京联合大学校长卢振洋、北京联合大学副校长兼旅游学院院长黄先开参加座谈会。

9—18日，州委常委、秘书长、县委书记罗振华在井岗山干部培训学院参加培训。

10日，九寨沟县邀请北京联合大学旅游学院陈文力教授，就全国旅游发展展望、智慧旅游建设、酒店等涉旅企业管理等内容，对九寨沟县涉旅部门及宾馆饭店、旅行社进行培训。

11日，全省党的群众路线教育实践活动总结大会举行，袁翠军、吴光旭、廖彦淞及其他副县级以上干部在九寨沟县分会场参加会议。

同日，州“两项贷款”催收处置工作督察组到九寨沟县检查指导“两项贷款”催收处置工作，县委常委、政法委书记葛林冲就九寨沟县“两项贷款”催收处置工作开展情况向督察组进行汇报。

14日，由州政协副主席、九寨沟管理局局长章小平，州政协经科委主任王树明，州旅游局负责人，松潘县分管旅游领导组成的调研组，到九寨沟县调研“全域旅游”发展工作，并在九寨沟管理局召开座谈会，听取相关汇报。

15日，阿坝州金盾爆破有限公司2014年第三季度安全生产工作会议在九寨沟县召开，会议总结2014年前三季度安全生产工作，安排部署下一阶段安全生产工作。

16日，全州党的群众路线教育实践活动总结大会举行，李绍友在马尔康主会场参会，袁翠军及其他副县级以上干部在九寨沟县分会场参会。

20日，县委副书记、县长李绍友在常务会议室，主持召开第十三届人民政府第36次常务会。

同日，九寨沟县在政协一会议室召开民用天然气价格调整、建立商用天然气价格联动机制听证会。

同日，县委常委、常务副县长张宇科在相关人员的陪同下到马家乡就胜南新村基础设施建设、产业结构调整、人民生活水平提高等方面开展调研。

21日，九寨沟县党的群众路线教育实践活动总结大会在县委五楼会议室举行，省委第十九督导组副组长江涛、成员王继承、田海超、何洋平，州委第一督导组组长郎建扎西、常务副组长王成彦、副组长周贵龙、成员罗章会、陈宝林出席会议，李绍友代表县委作活动总结并安排部署作风建设常态化长效化工作，江涛、郎建扎西对九寨沟县活动成效进行点评，会议对全县教育实践活动及县委常委班子教育实践活动进行民主测评。

同日，州人大常委会副主任何文涛率相关部门负责人到九寨沟县定点帮扶村开展扶贫调研工作。

同日，州政协副主席蒲兴璋率州住建局、州环保局一行到九寨沟县开展新型城镇化建设和环境保护专题调研。

同日，九寨沟县2014年党务工作者党校开班仪式在党校三楼会议室举行，全县100余名党务工作者参加开班仪式。

22日，九寨沟县在永丰乡举行高级中式烹调师培训，永丰乡数十名学员参加培训。

23日，州委常委、秘书长、县委书记罗振华率队参加第十五届中国西部博览会，会上九寨沟县签约上四寨休闲度假区整体开发项目、太阳能空中轨道项目、罗依生态农业产业示范观光区项目等4个项目，签约总金额154.8亿元。

24日，省政协副主席、省委统战部部长崔保华到九寨沟县调研指导寺庙管理和建设工作。

同日，九寨沟县七一南坪中学举办“创建书法特色学校”启动仪式，这也将成为九寨沟县首个书法特色学校。

25日，九寨沟县2014年全民运动会开幕式在九寨沟县中学举行。

29—31日，罗振华率领史志刚、张宇科、吴非到达州宣汉、开江等地考察学习农业产业发展经验。

11月

4日，县委副书记、县长李绍友到黑河乡就交通安全工作开展调研。

4—5日，省委组织部民族地区工作处副处长余跃率调研组一行到九寨沟县各乡镇、医院进行调研。

5日，县教育、公安、城管、食药、工商等相关部门组成联合检查组，对九寨沟县校园周边环境进行综合整治。

同日，全县2014—2015年度森林草原防火工作会议在政务中心5楼会议室召开，州委常委、秘书长、县委书记罗振华出席会议并作重要讲话。

同日，浙江省嘉兴市人大调研组到九寨沟县就对口援建项目建设情况进行实地调研。

6日，在第十五个记者节来临之际，九寨沟县各部门、各乡镇新闻工作者、记者、摄影爱好者在政协一会议室欢聚一堂，共同庆祝第十五个记者节，县委常委、宣传部长周晓喻出席座谈会并作讲话。

6—7日，北京尚唐古道科技有限公司董事长曲涛为九寨沟县优化城市交通规划建设和管理指点迷津，并实地察看神仙池景区出入口道路、九寨千古情车辆出入口、牙扎观光车出入站点，详细了解驶入九寨沟景区重要十五公里路况、交通设施设备、交通规划、管理等情况，听取相关负责人汇报九寨沟县十一黄金周期间交通道路车流量过大、拥堵情况严重、车辆停放困难等实际问题。

7日，省委召开落实巡视整改暨党的群教活动整改深化工作视频会，罗振华在马尔康主会场参会，王勇、余毅强、葛林冲及在家副县级领导在九寨沟县分会场参加会议。

同日，现代城市交通管理专家讲座在县政府常务会议室召开。

同日，九寨沟县在天堂口大学生创业示范基地举行高校毕业生创业补贴资金发放仪式，进一步激发广大高校学生的创业热情，县委副书记、县长李绍友，县委常委、总工会主席李敦灿及16名受资鼓励的大学生和相关部门负责人参加发放仪式。

同日，县委常委、组织部部长史志刚带领全县7个社区负责人到漳扎镇现场观摩学习社区党建工作。

同日，受九寨沟县广播电视台的委托，阿坝州广播电视技术学会组织专家组到九寨沟县，就有线电视模转数前端设备采购项目进行终验。

8日，县委副书记、县长李绍友一行到永和乡、草地乡就排污管道建设、国土资源开发、群众文化活动、矿区安全生产开展调研。

同日，县委副书记、县长李绍友主持召开县第十三届人民政府第37次常务会。

9日，省残联党组成员、副理事长黄卫德携省残联办公室主任肖奎、组联处副处长许万忠在州残联理事长曲礼的陪同下，到九寨沟县检查工作。

10日，州委常委、秘书长、县委书记罗振华在县委常委会议室主持召开县委三届69次常委会议，传达学习十八届四中全会精神，研究群众路线巡视整改、作风长效机制、加强干部监督管理等工作。

11日，州委常委、秘书长、县委书记罗振华主持召开县委中心组学习会，学习传达十八届四中全会精神，县委、人大、政府、政协主要领导在会上作了交流发言。

同日，《民族文学》杂志与阿坝州文联共建的阿坝创作基地在九寨沟县授牌，《民族文学》主编石一宁，州委副秘书长阿郎，州文联党组书记、主席、州作协主席周文琴出席签字授牌仪式。

12日，当代著名作家，四川省作协主席兼任中国作协第八届全国委员会主席团委员阿来在州保密局局长杜林陪同下到勿角乡英各村了解白马风土人情。

12—13日，由省卫计委免疫专家组成的验收组，到九寨沟县考评验收创建省级免疫规划示范区工作，并在县委二楼会议室召开考评验收汇报会。

13日，九寨沟县委、县政府、阿坝州文联会同中国作协《民族文学》、四川省作协、巴金文学院等单位举办“名家看九寨”笔会系列活动，州委副秘书长阿郎参加笔会。

同日，中国文联副主席旦增，当代著名作家、四川省作协主席兼任中国作协第八届全国委员会主席团委员阿来，全国数十位名家，州文联主席周文琴，齐聚县政协一会议室共话九寨新发展。

同日，丹增、阿来等名家到草地乡了解古老悠久的白马文化。

14日，泰国目前规模最大、收视率最高、人气最旺的第三电视台（TV3）到九寨沟景区拍摄旅游专题片，以吸引泰国民众到九寨沟旅游。

17日，由县农业水务局和阿坝州旭日职业技能培训学校联合开展为期15天的2014年新型农民培训班在县旅游校开班，旨在进一步促进农民增收，提高农民就业能力。

20日，罗振华主持召开乡镇党委书记述职汇报会，会议听取乡镇党委书记综合述职，县委常委、人大、政协主要领导分别对乡镇党委书记述职进行综合点评，并对乡镇党委书记进行评议。

同日，全县各界羌族代表在政府二楼会议室召开2014年羌历新年座谈会。

21日，县委三届七次全会举行，会议听取县委常委会工作报告，会议对“诚信九寨”建设进行动员部署，明确“诚信九寨”建设目标，确定将2015年确定为“诚信九寨”基础年、2016年确定为“诚信九寨”提升年、2017年确定为“诚信九寨”巩固年。

同日，罗振华出席新任科级干部集体谈话会并作重要讲话。

25日，副县长吴非在县交通局及森管局主要负责人的陪同下，到神仙池旅游公路沿线，就公路沿线多处安全隐患进行调研。

27日，州委常委、秘书长、县委书记罗振华出席九寨沟县就业创业现场会并作重要讲话。

同日，九寨沟县开展政府职能转变和机构改革工作动员大会，会议动员部署、全面启动九寨沟县政府职能转变和机构改革工作，县长李绍友在动员会上强调，涉及机构改革部门的干部职工要做到“思想不散、队伍不乱、工作不断”。

同日，县创业就业现场会暨青年（大学生）创业联盟成立大会在漳扎镇天堂口举行。

28日，全州农村文化工作现场会在九寨沟县召开，州委常委、宣传部部长张万平出席会议并讲话。

29日，袁翠军率领民政等部门到康定运送抗震救灾物资。

11月，《九寨沟县年鉴（2012）》由中央民族大学出版社出版发行，印刷1000册，全书54万字。

12月

1—2日，四川省军区后勤部副部长梁民牛率工作组到九寨沟县人武部调研。

1—3日，全国、省、州、县人大代表和政协委员考察组到九寨沟县进行集中考察，原省委常委、纪委书记、全国政协委员、省人大代表欧泽高，州人大常委会主任、省人大代表王福耀，州委常委、秘书长、县委书记、州人大代表罗振华，全国人大代表林红及省、州、县部分人大代表和政协委员参加集中考察。

2日，九寨沟县勿角自然保护区在勿角乡境内设置的野外红外监测相机拍摄到野生大熊猫在区内活动的清晰影像，与以往所不同的是本次还拍到野生大熊猫携子同游图像。

3日，县委常委、宣传部部长周晓喻主持召开第二届“九寨身边好人”候选人评定会议，会议通报第二届“九寨身边好人”评选推荐情况及候选人基本情况，研究审定第二届“九寨身边好人”候选人。

3—4日，州纪委副书记、监察局局长李义德及州财政局、发改委相关工作人员一行到九寨沟县就纪检工作开展调研。

4日，九寨沟县委宣传部、县司法局、县普法办牵头，组织县安监局、食药局等17个部门，在县城十字街口联合开展“12·4”首个国家宪法日系列宣传教育活动。

同日，县城乡规划建设局在永乐镇政府举行2014年度保障性住房实物配租抽签仪式，县公证处、监察局、民政局、南林局等部门负责人参加抽签仪式，最终确定本次实物配租符合条件的家庭有98户。

5日，随着阿坝藏族羌族自治州九寨沟县S1240交换设备退网关电，阿坝州13个县城的传统PSTN交换设备全部退网，标志着阿坝州迈入全光网时代，成为全国第一个实现县城以上城市全光网络覆盖的少数民族自治州。

同日，阿坝州“宽带中国”示范城市提升工程暨九寨沟县“宽带乡村”试点县建设启动仪式在九寨沟县政务中心一楼会议室召开，这是全州贯彻落实“宽带中国”战略、加快城乡一体化、促进农村信息化的一项重要举措，也是加快推动全州“智慧城市”建设、“畅通阿坝”建设的一件大事，副州长单木真出席启动会。

6日，九寨沟县“登嘎甘㑇(熊猫舞)”进入国家级非物质文化遗产保护名录。

同日，副县长文成华主持召开重点乡镇村民建房管理工作会议，会议通报近期重点乡镇村民建房相关工作，对全县规范重点乡镇村民建房管理工作进行再强调、再推动。

同日，州委常委、组织部部长徐芝文到九寨沟县漳扎镇中查沟项目、中查村等地调研。

9日晚，县林业局、九寨沟管理局、县护林防火指挥部办公室与县气象局抓住有利时机，在漳扎镇甘海子发射4枚增雨弹，实施人工增雨（雪），通过增雨（雪）作业，九寨沟县普降小到中雪，有效增加林区湿度，降低火险隐患。

10日，县委副书记、县长李绍友主持召开九寨沟县第十三届人民政府第39次常务会议。

11日，九寨沟县在公安局三楼会议室召开冬季护林防火工作会。

12日，全域九寨旅游服务质量恳谈暨线路推荐会分别在陕西省西安市、甘肃省兰州市、宁夏省银川市召开，就九寨沟县全域旅游进行重点推介，由县委副书记吴光旭，副县长吴非，县旅游局、国家森林公园管理局等部门主要负责人和部分代表企业负责人组成的工作组和当地市旅游相关部门负责人、各旅游社负责人、媒体朋友就九寨沟县旅游服务质量、旅游线路规划、旅游产品等方面进行交流和探讨。

同日，省交通运输厅副厅长白理成一行到九寨沟县黄土梁隧道施工现场检查安全生产工作。

同日，九寨沟县召开深化农村改革推进会及现场工作会。

同日，国培计划（2014）“金戈文科综合工作坊”授牌及开班典礼在县中学举行，四川师范大学教授黄秀琼一行到九寨沟县指导工作。

同日，由宏义集团主办的“身未至 心已远”九寨云顶项目品鉴会在成都举行，县人大常委会主任王勇，县政协主席泽里亚，县委常委、政法委书记葛林冲及县相关部门负责人应邀参加会议。

13日，州委常委、秘书长、县委书记罗振华在县委常委会议室主持召开县委三届70次常委会议。

16日，州政协副主席王明辉率州统计局、州委党校、大九旅集团负责人组成的“双联”帮扶工作组，到九寨沟县调研指导“双联”村帮扶工作。

17日，九寨沟县组织安监、公安、消防、经信、文体广新局等部门执法人员，到九寨沟县各人员密集场所，开展冬季消防安全专项检查。

同日，新加坡雅思博设计事务所刘太格到九寨沟县各乡镇村，就城乡环境规划和发展做了深入的调研，并召开座谈会，与九寨沟县相关部门共同交流、探讨九寨沟县在城乡环境规划与建设。同日，九寨沟县双拥领导小组办公室获得由四川省民政厅颁发的“四川省退役士兵安置工作先进集体”的荣誉称号。

18日，州委常委、秘书长、县委书记罗振华在县委常委会议室主持召开县委三届71次常委会议。

19日，九寨沟县召开新任干部谈心谈话会，罗振华、史志刚参加会议。

22日，中共九寨沟县委三届八次全委扩大会议召开，会议听取县委常委会报告，将2015年确定为“项目攻坚年、产业推进年、民生突破年、法治深化年、诚信建设年、党建提升年”，并作出建设“诚信九寨”体系的重要决定。

23—25日，政协第十二届九寨沟县委员会第四次会议召开。

同日，在县政府一会议室省委第四巡视组组长崔志国代表省委巡视组向九寨沟县反馈巡视意见，罗振华认领意见并作表态发言。

同日，川能投集团董事罗毅一行到九寨沟县就能源、旅游等产业合作进行洽谈。

同日，九寨沟县召开全县残疾人基本服务状况与需求专项调查暨2015年“量服”工作动员培训会。

24—26日，九寨沟县十三届人大常委会第四次会议召开。

25—26日，省验收组到九寨沟县，就创建社会主义新农村档案工作省级示范县进行测评验收，九寨沟县创建社会主义新农村档案工作示范县顺利通过测评验收。

26日，县佛教协会在县委组织部一会议室召开第五届四次理事会。

同日，四川省评定专家组一行到九寨沟县，对漳扎镇创建省级安全社区工作进行评审验收，县委副书记、县长李绍友参加漳扎镇创建省级安全社区工作评审验收意见反馈会。

同日，县委常委、纪委书记彭开剑与九寨沟县新调任科级干部在县委五楼会议室集体进行廉政宣誓。

28—29日，州委十届六次全会在马尔康召开，罗振华、李绍友、张宇科参会。

30日，九寨沟县在县委三届八次全委（扩大）会议上审议通过《关于全面推进“诚信九寨”建设的实施意见》，标志着九寨沟县正式吹响了全面建设政务诚信、商务诚信、社会诚信、司法公信的“四位一体”诚信体系建设集结号。

同日，九寨沟县组织纪委、组织部、人社局相关工作人员，对全县各部门、乡镇干部职工到岗、工作庸懒散等情况进行综合检查。

党 政

中共九寨沟县委

【机构】 县委下设县委办、组织部、宣传部、统战部、政法委、群众工作局、党校、史志办、目标督查办、机要局、接待办等机构。

【领导名录】 县委书记：罗振华，副书记：李绍友、袁翠军、吴光旭、廖彦淞（挂职，2014年3月起），县委常委：郑明春（援藏挂职，2014年7月止）、葛林冲、周晓喻、余毅强、彭开剑、史志刚、罗成友（2014年11月起）、吴 成（援藏挂职，2014年7月止）、李敦灿（2014年12月止）、张宇科（援藏挂职，2014年7月起），正县级：许德凤。

【经济】 2014年，九寨沟县实现地区生产总值223411万元，同比增长9.8%；完成工业增加值43413万元，同比增长13.9%；全社会固定资产投资完成302386万元，同比增长0.8%；完成社会消费品零售总额94426万元，同比增长16.1%；完成地方公共财政收入20008万元，同比增长18.5%；城镇居民人均可支配收入25716元，同比增长9.2%；农牧民人均纯收入7952元，同比增长16.6%；旅游人次581万人，同比增长21.7%；完成旅游收入749753万元，同比增长21.4%。

【农业、农村、农民工作】 突出“生态有机”目标，完成16个乡镇生态有机农业专项规划，启动生态农业示范观光园建设，在罗依乡建设万亩生态农业有机示范基地，完成土地流转7700亩。与台湾宽庭、上海多利等企业建立战略合作关系，九寨金磅柿、九寨蜂蜜等农产品市场开发取得突破。扎实创建省级地理标志示范区，建成5个省级农业标准化示范区，建成刀党标准化基地11120亩、猪苓标准化基地653亩，发展羌活、玛咖等中药材基地1864亩，新增有机蔬菜基地420亩，新建特色水果基地2000亩，建立脱毒马铃薯基地1万亩，建成8个特色种植产业区、3个特色养殖基地、12个适度规模养殖场、5个农业科技试验示范基地。

【工业经济】 坚持生态优先，合理开发水电、矿产资源，顺河、松柏等电站即将投产，玉瓦电站加快建设，全县水电装机容量39.9万千瓦，全年完成发电量159696万度，增长17.6%；马脑壳金矿恢复生产，黄金产量376.68公斤，比上年下降34.4%。科学规划生态产业园区，加快文化产业园区规划调整，着力盘活现有资源。

【旅游】 九寨沟景区日接待游客超过2.5万人次55天，首次突破450万人次，再创历史新高；全县日均接待游客超过1.6万人次，旅游人次的高增长正成为九寨沟县旅游发展的新常态。完善“县局司”三方整体联动指挥体系，实现“十一”黄金周及暑期旅游高峰“安全、质量、秩序、效益”四统一目标。《“全域九寨”国际休闲度假旅游目的地总体规划及三年行动计划》进入国际比选环节，完成星宇、天源豪生等酒店改造升级，打造宋城酒吧文化街，收回神仙池经营权并实现正常营业，推出2条非遗文化“全域九寨”一日游精品旅游线路。规范发展乡村旅游业，引导发展乡村旅游公司23家、藏（农）家乐45家，直接从事乡村旅游5000人，接待游客150余万人次，实现乡村旅游总收入18亿元。制定《九寨沟县依法治旅规范市场工作实施方案（2014—2016年)》等管理办法，坚持零容忍、出重拳大力整治旅游市场，从重查处媒体曝光突出违法案件，全年停业整顿涉旅经营企业102家，处理旅游情况反映和纠纷76起。举办“5·19”全域九寨一日游和休闲度假旅游经济推介等一系列重大宣传促销活动，积极参加西博会、旅博会、旅交会和西北市场推介会，全方位、多角度、深层次推介全县旅游资源，加快全域旅游发展。

【城市建设】 编制完成《漳扎镇总体规划》等规划32个，基本形成横到边、纵到底、多领域、全覆盖的城乡规划体系。严格规划管理，漳扎镇违规建房整治成果得到巩固，村民建房管理日趋规范。立足“撤县建市”，启动郭元乡、玉瓦乡“撤乡建镇”工作。加快完善县城、漳扎等重点城镇功能，信用社综合大楼、金色时代广场、医药公司商住楼和九龙湾山庄完成主体建设，水岸豪庭住宅小区即将建成，民贸公司片区开发正在进行整体资产招拍挂。张家湾人行道投入使用，东山综合市场及道路、漳扎镇至县城生态山水花廊等项目建设有序推进。漳扎镇风貌改造和路灯改造一期工程全面完成，新区琵琶桥即将动工。

【社会事业】 紧紧围绕“厚民生、重民利、聚民心”的思路，把改善民生、解决民困作为执政重点，不断提升公共服务水平，全心全力解决群众关心的突出问题，努力让人民群众过上“好房子、好日子、好身子”“物质富裕、精神富足”的“三好两富”新生活。

教育：始终注重教育事业均衡发展，制定《九寨沟县十五年义务教育规划方案》，启动“县域内义务教育均衡发展创建示范县”工作。投入131万元，对优秀教师进行表彰；投入70万元，扶助困难学生500名。全年投入14196万元发展教育事业，新增教学用房1030平方米，改造校舍及附属7641平方米。投入1600余万元落实“一减一补”“两免一助”等政策。实施十五年义务教育，创建“义务教育均衡发展示范县”，推进乡镇幼儿园、农村学前教育点建设，巩固九年义务教育成果，加快发展高中教育，组织教师培训825人次，教育教学质量不断提高，高考成绩继续保持全州前三，城关4所小学顺利通过素质教育督导验收。启动“故乡情·九寨行”大型社会实践活动，组织5400余名中小学生走进九寨沟景区，同步开展“爱家乡、赞家乡”系列活动，培养中小学生爱祖国、爱家乡的道德情感。

卫生：县人民医院“二甲”通过专家复审，中藏医院创“二甲”通过专家评审，新建、维修村级卫生室80个，创建省级免疫规划示范区。建成县级医院与四川华西医院远程会诊、远程教育、医院信息和管理服务平台，并逐步向乡镇卫生院延伸。全面实施分级诊疗转诊转院制度，试点开展乡村医生签约服务，1小时医疗服务圈日趋成熟。基本药物制度不断巩固，药品加成全面取消，药品费用下降15%。按照“成熟一个加入一个”的原则，逐步推动新农合制度向村级医疗服务网点延伸，对14个符合条件的村卫生室开通门诊统筹报销试点。

社会保障：推进就业促进工程，开展农村劳动力技能培训1698人，转移输出农村劳动力1.9万人，建立高校毕业生见习基地8个，新增城镇就业660人，金融机构发放贷款3586万元支持城乡居民创业，“9+3”学生回县就业率95%，失业率控制在3.7 %以内。稳步提升社会保障水平，全县五大保险参保63714人次，城乡居保覆盖率99%，新农合参合率100%，“金保网”覆盖所有乡镇，建成异地就医即时结算省级平台，与州外10家定点医院达成城镇职工医疗保险州外定点医疗结算协议。完善社会救助体系，玉瓦敬老院投入使用，新增养老床位40张；15315名困难群众纳入城乡低保、五保，基本实现应保尽保；实施城乡医疗救助16334人次，发放救助金453.8万元；兑现计划生育各项奖励资金59.6万元；兑现残疾人补助金181.7万元，450名残疾人实现居家灵活就业。加快保障性住房建设，完成城市棚户区改造500户、藏区新居建设610户，建成公租房144套，完成廉租房、公租房一期配租223套，149套二期公租房配租即将启动。深入推进“迅通工程”，在17个乡镇101个行政村建立助农取款点174个，消除96个金融服务空白村。完成第三次经济普查数据汇总验收。创建省级社会主义新农村建设档案工作示范县。史志、气象、保密、老龄、工商联、防震减灾、外事台侨、人防、妇女儿童、红十字会等工作取得新进步。

精神文明：举办首届“名家看九寨”笔会活动，达成一批文学创作、基地共建合作意向。新建1个乡镇综合文化站、4个村级综合文化活动室、1个社区书屋，更新120个村农家书屋书籍13000册。完成有线电视模转数前端安装调试，新增数字电视用户3000余户。登嘎甘呁(熊猫舞)纳入第四批国家级非物质文化遗产名录，南坪曲子传习所被省文化厅命名为四川省第一批非物质文化遗产传习基地，九寨沟县获得“四川省民间文化艺术之乡”的殊荣。坚持举办元宵晚会、藏历新年晚会、年文化活动和全民运动会，大力开展群众性文化健身、非遗文化展演、“鱼水情——文化有约”等活动，城乡群众文化生活更加丰富多彩。

【维护社会稳定】 创新社会治安管理，强化“一标三实”基础信息采集和流动人口管理，采集暂住人口信息5765人。推进旅馆业信息系统建设，实现住宿人员实名验证、实数登记和实时上传率100%。推进网格化服务管理，划分网格47个，聘用网格员54人，永乐镇、漳扎镇四级平台投入运行，处理民生和矛盾纠纷等事项800余件。健全信访工作目标考评机制，强化乡镇属地主体责任，深化信访案件专项治理，定期组织领导干部下访，及时办理网上信访来件，切实解决群众诉求、化解矛盾纠纷。建立完善“党政同责、一岗双责”安全监管工作体系和配套制度，完成漳扎镇安全社区建设，整治非法营运、尾随拉客等行为，强化特种设备、道路交通、食品安全等监管，开展农村道路交通安全攻坚年行动，在17个乡镇成立农村道路交通安全管理办公室，全县安全形势总体保持稳定。健全各类应急处置预案，开展中小学生防震减灾等应急演练，为17个乡镇配备无线短波电台、更换天翼对讲机，有效应对上四寨泥石流阻路、牙扎沟泥石流等突发事件。依法管理宗教事务，创建民族团结进步模范村(社区)，投资540余万元，对全县9座藏传寺庙和2座清真寺基础设施进行改造维修，为全县各寺庙配备消防设施设备，组建寺庙义务消防队。

【党的建设】 坚持固本强基、主动作为，实现基层与基础并重的底部夯实。有效提升各级党组织和党员干部的能力作风，夯实加快九寨新发展、建设三个“领先区”的组织纪律保障。

群众路线教育实践活动：紧紧围绕“为民、务实、清廉”主题，按照“照镜子、正衣冠、洗洗澡、治治病”的总要求，在全县242个单位、291个党组织4769名党员开展党的群众路线教育实践活动。抓好“活动载体”。县委常委做出“六个带头”“三个绝不”公开承诺，发挥示范表率作用。开办“群众路线大家谈”大课堂，利用远教和视频转播手段，让县乡村领导干部和党员同步上课；成立宣讲团，搭建流动课堂，到各基层单位进行宣传教育。拓宽“收集渠道”。拓展创新“六位一体”征求意见方式，通过发放征求意见表、设置意见箱、开通热线电话、召开座谈会、交心谈心会和实地走访等形式实现征求意见全方位、多渠道、多形式。据统计，各级党员干部开展走访1700余人次，走访群众16000余户，收集梳理班子意见建议1968条，班子成员4764条。严格“把关标准”。结合实际拟定“28条把关标准”和《审核修改记录表》，从单位一把手、督导组、分管领导和活动办四个层面把好材料审核“四级关口”。县级领导的对照检查材料审改30余稿、科级领导干部审改15稿以上，确保对照检查材料的高质量要求，动真碰硬开展批评与自我批评，达到红红脸出出汗的效果。严审“整改清单”。由11个督导组和活动办4个审核组，分别对整改方案、整改清单进行集中会审。全县500余份班子和个人整改措施、整改清单中有40%经反复打回修改5次以上；县乡领导班子提出整改事项547项，其中“县四大家”提出整改事项122项。深化“整改落实”。各级党员领导干部积极行动，对照习总书记系列讲话和中央第九巡视组反馈意见，对照整改清单，逐项整改，逐一销账。

干部队伍建设：按照“20字”好干部标准，坚决落实省委“三重”的用人导向和州委“三干”的工作导向，探索“工作上去干部上去、工作下来干部下来”的干部交流机制，全年调整干部186人次（含机改调整53人次），一批工作实干、业绩突出、群众满意、组织认可的干部得到重用，营造风清气正的选人用人环境。注重使用与培养并重，切实加大后备干部培养力度，完成38名首批公开遴选年轻后备干部集中培训，营造出优秀人才脱颖而出的局面。

基层组织建设：推进“藏羌城乡党旗红”党建提升工程，依托“三分类三升级”工作，21个后进基层党组织完成晋位升级，基层党组织先进、一般和后进比例由22∶62∶15的“纺锤型”结构，提升到58∶42∶0的“倒三角形型”结构。推行“1+1”“1+10”结对联系，68个机关党组织与139个基层党组织共建，1735名机关干部同1.6万农户个体户结对。落实基层党组织书记述职评议制度，开展乡镇党委书记向县委常委会专题述职，并接受“两代表一委员”评议。加强村级组织管理，落实兼职兼薪机制，村干部月均报酬超过800元。

人才培养：开展2013—2014年度遴选优秀干部人才工作。经测试和结构化面试，遴选科级培养对象30名，村两委主要负责人培养对象18名。联合茂县、松潘两县在松潘县委党校进行为期一个月的理论培训，并组织到四川师范大学学习。7月份，组织遴选干部在全县农村、城乡规划、经济金融、科教文卫四大类进行实践调研，加强优秀年轻干部培养锻炼，促使年轻干部解放思想，开阔视野，提高综合素质和工作能力。开办党务工作者培训班、“9+3”干部培训班、“大学生村官”培训班等主体班的同时，在中央党校、浙江大学、四川省委党校等邀请9名省内外知识专家到九寨沟县讲学。同时，强化就业培训，开办创业培训班5期，培训青年（大学生）175人次。

反腐倡廉：落实党风廉政建设党委主体责任和纪委监督责任，推进“惩防体系建设五年规划”，始终坚持惩腐治贪的高压态势，坚决重点查处损害群众切身利益、群众反映强烈的党员干部，立案调查22件31人次，移送司法机关2件2人次，给予党纪政纪处分31人（其中“双开”2件2人），收缴违纪款34.58万元，为89名党政干部澄清是非。

作风建设：深化正风肃纪，查摆并整改问题6700余条，废止制度16项、修订78项、新建25项。建立民生台账130余本，解决民生难题680余件，处置信访积案3起，化解矛盾纠纷230余起。查处“吃拿卡要”等问题15个，所有单位“三公”经费预算按比例压缩。

【依法治县】 实施“全域法治”行动，全面落实依法治县措施，深化“六五”普法，建成24米大道滨河广场法治文化长廊，加快创建法治示范县。完成行政权力和行政审批事项清理，开通电子政务大厅，行政权力依法公开运行平台投入使用，1160件行权案件纳入平台运行，同步实现电子监察。强化审计监督，完成审计及审计调查项目54个，审计查出管理不规范资金2080万元，审减国家财政工程投资842万元，向被审计单位提出整改意见96条。

九寨沟县人民代表大会

【机构】 县人大常委会内设财经工作委员会、法制工作委员会、教科文卫工作委员会和人事代表信访工作室、办公室。

【领导名录】 县人大常委会主任：王勇，副主任：殷占青、黄中发、邓义、坤芝陆。正县级领导：马崇宪（2014年12月29日止）、木佼（2014年11月5日止）。办公室主任：段季康（2014年12月27日止），副主任：王文英（2014年12月27日止）、李芳。人事代表信访工作室主任：赵英，副主任：蒲宏（2014年11月17日起）。财经工作委员会主任：张爱军，副主任：陈庚。法制工作委员会主任：蔡霖，副主任：刘杰军（2014年4月27日止）。教科文卫工作委员会主任：舒文辉（2014年9月23日止），副主任：梁大恒。

【县人民代表大会】 九寨沟县第十三届人民代表大会第四次会议于2013年12月24—26日召开，会议应到代表127名，实到代表124名。会议的主要议程是：听取和审查县人民政府县长李绍友关于九寨沟县人民政府工作报告；审查九寨沟县2014年国民经济和社会发展计划执行情况及2015年国民经济和社会发展计划草案的报告（书面）；审查九寨沟县2014年财政预算执行情况和2015年财政预算草案的报告（书面）；听取和审查县第十三届人大常委会主任王勇关于九寨沟县人大常委会工作报告；听取和审查县人民法院院长陈金龙关于九寨沟县人民法院工作报告；听取和审查县人民检察院检察长侯定云关于九寨沟县人民检察院工作报告；选举和其他事项。

【县人大常委会】 2014年2月21日，县第十三届人大常委会第十六次会议召开。会议审议通过县人大常委会2014年工作要点、《九寨沟国家级生态县建设规划（2012—2020年）（修编）》议案，会议还进行人事任免。

2014年4月26日，县第十三届人大常委会第十七次会议召开。会议审议通过县人民政府关于《金融业支持县域经济发展情况的报告》《政府采购工作情况的报告》，并安排部署2014年11个部门主要负责人工作评议的相关事宜。

2014年5月21日，县第十三届人大常委会第十八次会议召开。会议审议通过县人民检察院《关于开展监所检察工作情况的报告》，听取6个部门对2013年县人大常委会评议意见整改落实情况的报告。

2014年7月30日，县第十三届人大常委会第十九次会议召开。会议审议通过县人民政府关于《九寨沟县2014年上半年国民经济和社会事业发展计划执行情况的报告》《创新社会治理工作情况的报告》《代表建议、批评和意见办理情况的报告》，会议还进行人事任命。

2014年9月23日，县第十三届人大常委会第二十次会议召开。会议听取县人民政府关于《九寨沟县2013年财政预算执行及其他财政收支情况审计的报告》；审查批准县人民政府关于《九寨沟县2013年财政决算的报告》；审议通过县人民政府关于《九寨沟县2014年上半年财政预算执行情况的报告》，会议还进行人事任命。

2014年11月17日，县第十三届人大常委会第二十一次会议召开。会议听取县人民政府关于《全域景区建设情况的报告》《对县人大常委会审议意见办理情况的报告》，审议通过县人民政府关于《代表建议批评和意见办理情况的报告》和县人民法院关于《开展民事审判工作情况的报告》，并对政府11个部门主要负责人进行大会工作评议，会议还进行人事任免。

2014 年 12 月 15 日，县第十三届人大常委会第二十二次会议召开。会议听取县人大常委会关于《县第十三届人民代表大会第四次会议筹备工作情况的报告》、审议通过《九寨沟县人民代表大会常务委员会工作报告》和第十三届人民代表大会第四次会议有关事项。

2014 年 12 月 27 日，县第十三届人大常委会第二十三次会议召开。会议进行人事任免。

【工作监督】 围绕县委的总体工作部署，县人大常委会始终做到“在支持中监督，在监督中支持”，依法决定重大事项，把工作监督的重点放在经济发展、民生改善等重大问题上，改进和完善监督方式和方法，促进全县科学发展、和谐发展、跨越发展。全年召开县人大常委会会议 8 次，听取和审议“一府两院”工作报告事项 13 项，形成审议意见 41 条，开展综合视察、执法检查 5 次，专题调研 21 次，推进“一府两院” 依法行政、公正司法和全县各项目标任务的完成。

经济工作监督：县人大常委会按照年初工作要点，开展视察、调研活动。把国民经济和社会发展计划执行、财政预算和事关全县经济发展大局的监督工作放在重要位置，听取和审议《九寨沟县 2013 年财政预算执行及其他财政收支情况的审计报告》《九寨沟县 2013 年财政决算的报告》《九寨沟县 2014 年上半年财政预算执行情况的报告》《九寨沟县 2014 年上半年国民经济和社会事业发展计划执行情况的报告》，并依法作出《关于批准 2013 年度县级财政决算的决议》。县人大常委会突出对全口径预算、决算的审查和监督，开始实行由行政预算逐步向法制预算的转变，由单纯的程序性监督向实质性监督的转变，监督实效有效加强。

社会热点和民生监督：为不断增进民众福祉，促进社会和谐发展，听取和审议《县人民政府关于就业、社保、医保等社会保障工作开展情况的报告》，建议加强《劳动合同法》《社会保险法》等法律法规的宣传；拓宽劳动力技能培训的范围，提高劳动力综合素质；加强对旅游从业人员的教育和管理，督促企业落实“五险”参保制度，对提高就业率和就业质量、提升城乡居民最低生活保障和医疗保障等工作起到推动作用。针对社会关注度较高的政府采购事项，听取和审议《县人民政府关于政府采购工作情况的报告》，建议做实《采购法》的宣传工作，增强依法采购意识；强化政府采购预算约束力，发挥集中采购的规模效应和节约效益；加大政府采购的实体性和程序性制度建设力度，完善监督与预警防控机制；强化售后跟踪、回访等服务工作的监督管理。为更好引导地方金融业服务三农、改善民生、支持重点项目、基础设施建设等工作，听取和审议《县人民政府关于金融业支持县域经济发展情况的报告》，建议增加营业服务网点，调整信贷结构；加快融资性担保中介机构建设步伐，严厉打击非法融资机构；加大信用体系建设力度，完善守信激励和失信惩戒体系建设。依法批准《九寨沟国家级生态县建设规划（2012—2020 年）（修编）》，建议着力发展生态经济，培育生态文化，建设生态文明，不断促进人与自然和谐发展。县人大常委会紧扣县委提出的“六大发展行动”，从全县支柱产业旅游业入手，开展调研，听取《县人民政府关于全域景区建设情况的报告》，建议涉旅部门加快全县旅游转型升级，让旅游业的发展成果惠及更广大的人群。为使县人大常委会提出的各项合理化建议能在“一府两院”的工作中得到落实，听取《县人民政府关于对县人大常委会审议意见办理情况的报告》，促使有关部门把符合人民意愿，对群众有利的事办实办好，确保广大群众共享改革发展成果。

司法监督：着眼于规范行政执法和司法行为，县人大常委会采取执法检查与加大法律法规宣传相结合、与审议专项执法报告相结合、与督促相关部门扎实整改相结合的方式，推进法律监督工作。配合州人大常委会开展《阿坝州实施四川省城乡规划条例的变通规定》《阿坝州农村扶贫开发条例》《阿坝州城乡基础设施管理条例》《全州高中义务教育落实情况》《侦查监督工作情况》等立法调研和执法检查工作，督促有关部门严格执法，明确依法行政的法律责任和义务，促进法律法规的贯彻实施。县人大常委会不断加大对人民法院和人民检察院依法办案工作的监督，着力促进社会和谐发展。先后组织人大代表19人次旁听县人民法院庭审，对县人民检察院开展监所检察工作视察1次。听取和审议《县人民法院关于开展民事审判工作情况的报告》，要求县人民法院加强法官队伍建设和审判流程管理；发挥好司法调解在行政调解、人民调解中的指导性、规范性作用，增强主体意识和担当意识，着力研究和解决民事诉讼案件中财产执行难问题。听取和审议《县人民检察院关于开展监所检察工作情况的报告》，要求县人民检察院加强刑罚执行、监管活动检察的监督力度；加强安全防范，确保文明执法，维护被监管人员的合法权益；加强派驻检察室规范化建设，夯实监所检察工作基础。听取和审议《县人民政府关于社会治安管理创新情况的报告》，要求县公安局加大对干警的教育培训力度，增强其思想政治素质和执法为民意识，提高业务技能和综合能力；加大恶性案件侦办力度，强化青少年犯罪预防措施，加强社会治安防控体系建设。通过对司法机关的法律监督，营造全县“办事依法、遇事找法、解决问题用法、化解矛盾靠法”的氛围。

【重点工作和中心工作】 县委确定的重点工作，县人大常委会班子主动参与其中，同县委、县政府分管领导和相关部门的负责人一起到工作一线，分析研究存在的困难和问题，协调解决矛盾和困难，全力把牵头工作抢入“快车道”。

甲勿海生态旅游项目：勘测定界、可行性研究报告已获得州、县批准；地质灾害风险性评估、水土保持方案编制、生物多样性评估、节能评估、总规修编等多项审批要件已获得省级批复，《四川勿角自然保护区旅游总体规划环境影响评估》已完成编制工作，正在接受省环保厅评审核查。

双河乡各条村整村搬迁：县人大常委会联系领导从搬迁动员、选址、征地、设计、基础设施建设、水电协调、建房质量与进度等工作上全程跟踪指导，44户搬迁户已有40户完成2层修建，部分房屋主体工程已经完工。

参与农业和文化产业规划工作：已完成全县现代农业总体规划初稿，16个乡镇（村）产业项目规划设计初稿正在向相关部门征询建议；已修改完善全县文化产业规划第十四稿，正在向各方征求意见。

党的群众路线教育实践活动：落实县委总体部署，抽调4名县人大常委会领导担任党的群众路线教育实践活动督导组组长，负责对全县20个部门、9个乡镇的学教活动进行指导和督查，促进学教活动开展。

县委交办的其他工作：县人大常委会始终坚持“四轮驱动”、协同共进的思路，主动落实好、细化好、完成好县委安排的重要工作，开展民生工程推进、县乡道路建设、通村连户路建设、旅游交通服务等督查工作。

【代表依法履职作用】 不断丰富代表活动形式，改进和加强同代表的联系方式，为代表履职创造条件，发挥代表作用，使代表参政议政工作更加富有成效。

代表履职：县人大常委会高度重视代表的学习培训，为代表订阅人大“一报三刊”等有关资料900余份，以会代训、经验介绍和参加全省和全州人大基层干部理论培训等方式，提高人大代表的政治素质和履职能力，邀请代表列席人大常委会会议，参加视察、执法检查活动，让代表充分发表意见，为全县经济社会发展建言献策。

代表建议办理：县委高度重视人大代表建议跟踪落实工作，县人大常委会落实县级领导督办建议办理制度，提高代表建议意见的办理效率和质量。县十三届人大三次会议期间，代表提出批评、意见和建议67件，已全部办结，通过全覆盖式回访，代表满意和基本满意率99%。在专题听取《县人民政府关于代表建议、批评和意见办理情况的报告》后，县人大常委会对办理成效给予肯定，认为基本实现从“办复”方式向“解决”方式的转变，使得一批事关全县经济社会发展和涉及人民群众切身利益的实际问题得到及时解决，调动代表依法履职的积极性。

【干部任免和工作评议】 县人大常委会始终把坚持党的领导、人民当家作主有机地统一起来，正确处理好党管干部与依法任免的关系，按照德才兼备、注重实绩、群众公认的原则，严格依法行使任免职权。2014年，全年依法任命国家机关工作人员41人次，接受辞职9人次，免职12人次，使一批素质高、品质好、能力强的国家机关工作人员被任命到重要领导岗位上。按照年度工作计划，根据《组织法》《监督法》的有关规定，县人大常委会听取和审议2013年《被评议对象对照整改落实情况的报告》，就2013年专题评议会上提出的整改意见建议的办理落实情况逐条进行审议。经县委同意，对县经济商务和信息化局、县教育局、县科技局、县人力资源和社会保障局、县交通运输局、县民族宗教局6个政府职能部门及其主要负责人，县文广新局、县粮食局、县畜牧兽医局、县物价局、县电视台5个县政府工作部门及其主要负责人开展工作评议。邀请纪检监察、组织部门人员参加。按照评议工作程序，到乡镇、部门和部分人大代表以及群众中调查测评，采取多种途径和方式对评议对象依法行政等情况进行调查，形成工作评议报告，将评议结果以书面形式报告县委。

【自身建设】 县人大常委会以开展党的群众路线教育实践活动为契机，狠抓“四风”问题整改落地，全面强化自身建设，为人大工作注入新的活力。

素质能力建设：县人大常委会和机关严格按照习总书记“照镜子、正衣冠、洗洗澡、治治病”的总要求，紧紧围绕保持党的先进性和纯洁性，以为民务实清廉为主题，落实中央和省委、州委、县委的部署，扭住“四风”问题不放松，向“总开关”找根源，从宗旨意识、工作作风、廉洁自律上入手，以“走基层”和打通“最后一公里”为载体，征求到意见和建议101条，梳理出问题32个，通过对照剖析、开展“对标先进”“五个带头”等主题教育活动，提高思想认识，在带头学习好、贯彻好、执行好党的群众路线上取得一定的实效，达到转变作风的目的，增强机关的凝聚力和战斗力。

工作规范化建设：为了更好地巩固落实群众路线教育实践活动成果，以改进作风、提高效率、求真务实为出发点，按照“成熟一个、发布一个、执行一个”的原则，结合工作实际，制定完善《财务管理制度》《机关考勤制度》《审议议题调研制度》《县人大常委会决定重大事项规定》等规章制度27个，着力细化措施，突出服务主体，逐步形成较为科学、规范、高效的工作运行机制，营造领导干部带头垂范，机关人员竞相效仿，领导干部督查检查，机关成员照章办事的氛围。

常委会机关建设：围绕打造学习型、创新型、和谐型机关的要求，县人大常委会机关结合工作实际，先后制定完善财务管理、职工考勤、车辆管理、审议意见落实反馈等规章制度，着力细化措施，突出服务主体，逐步形成科学、规范、高效的工作运行机制。常委会机关不断强化大局意识，牢固树立常委会工作“一盘棋”的思想，做到既各司其职，又协作配合，增强机关的凝聚力、执行力。

联系基层工作：坚持把转变作风、深入基层调查研究贯穿于履职行权的全过程，县人大常委各委室在专项工作调研和开展监督活动中都要深入实地调研，倾听民意，了解实情，为县人大常委会作出决议决定掌握第一手资料。注重调研成果的实践运用，围绕“创新有为、务实求进”工作基调，县人大常委会各委室经过深入调研，全年撰写调研报告21篇，为促进九寨沟县经济建设和社会发展提出一些合理化建议。

九寨沟县人民政府

【机构】 2014年，根据上级相关要求，九寨沟县进行政府职能转变和政府机构改革，改革后县人民政府下设工作部门23个，挂牌机构8个（县监察局与纪律检查委员会机关合署办公，列入政府工作部门序列，不计入政府机构个数。政府办公室挂政府法制办公室和外事台侨办公室牌子、教育局挂大学中专招生委员会办公室牌子、民政和扶贫移民局挂老龄工作委员会办公室牌子、人力资源和社会保障局挂公务员局牌子、城乡规划建设和住房保障局挂测绘地理信息局牌子、安全生产监督管理局挂安全生产委员会办公室牌子、工商质量技术和食品药品监督管理局挂县食品安全委员会办公室牌子），即：县政府办公室、发展和改革局、经济商务和信息化局、教育局、科学技术和知识产权局、民族宗教局、公安局、监察局、司法局、财政局、人力资源和社会保障局、国土资源局、城乡规划建设和住房保障局、交通运输局、民政和扶贫移民局、环境保护和林业局、农业畜牧和水务局、卫生和计划生育局、文化体育广电新闻出版局、审计局、统计局、旅游发展局、安全生产监督管理局、工商质量技术和食品药品监督管理局。

【领导名录】 县长：李绍友，副县长：吴光旭（2014年11月止）、郑明春（2014年10月止）、吴成（2014年10月止）、李红梅、李恒春、文成华、吴非、王远富、张旭（2014年10月止）、贺红琼（2014年10月止）、索朗永忠。

【经济】 2014年，九寨沟县在州委、州政府的坚强领导下，在各界的大力支持下，紧紧围绕"全域发展"总体战略和三个"领先区"建设目标，以生态建设为支撑、以党建引领为保障，大力实施"全域景区、全域产业、全域畅通、全域开放、全域服务、全域法治"六大发展行动，奋力加快九寨新发展，经济社会呈现持续发展态势。2014年，全县实现地区生产总值223411万元，同比增长9.8%，经济总量继续保持全州第三，三产业比重分别为8∶33∶59；完成固定资产投资302386万元，同比增长0.8%，实现社会消费品零售总额94426万元，同比增长16.1%；完成财政一般预算收入20008万元，同比增长18.5%；城镇居民人均可支配收入25716元，同比增长9.2%；农牧民人均纯收入7952元，同比增长16.6%。农业方面，编制完成16个乡镇生态有机农业专项规划，启动生态农业示范观光园建设，在罗依乡建设万亩生态休闲农业产业园，九寨金磅柿、九寨蜂蜜等农产品市场开发取得突破。马铃薯等15个农产品被认定为国家无公害农产品，建成5个省级农业标准化示范区，16个乡镇3700余公顷农耕地被整体认定为"四川省无公害农产品产地"；全县主要农产品无公害、绿色有机面积50%以上。工业方面，深挖水电潜力，全县水电装机容量39.9万千瓦，全年完成发电量16.5亿千瓦时。矿产资源主要以金矿开发为主，有马脑壳金矿和草地金矿两家大型矿业开发公司负责金矿开发。旅游业方面，经过30多年的发展，旅游业已经成为九寨沟县的主导产业，全县宾馆饭店已111家、藏（农）家乐45家、文艺演出团体10家，成立乡村旅游经营公司22家，有力带动了群众持续增收。2014年，全县接待中外游客581万人次，同比增长21.7%；实现旅游总收入749753万元，同比增长21.4%，均创历史新高。

【维稳】 创新社会治安管理，强化"一标三实"基础信息采集和流动人口管理，采集暂住人口信息5765人。推进旅馆业信息系统建设，实现住宿人员实名验证、实数登记和实时上传率100%。推进网格化服务管理，划分网格47个，聘用网格员54人，永乐镇、漳扎镇四级平台投入运行，处理民生和矛盾纠纷等事项800余件。健全信访工作目标考评机制，强化乡镇属地主体责任，深化信访案件专项治理，定期组织领导干部下访，及时办理网上信访来件，解决群众诉求、化解矛盾纠纷。建立完善“党政同责、一岗双责”安全监管工作体系和配套制度，完成漳扎镇安全社区建设，整治非法营运、尾随拉客等行为，强化特种设备、道路交通、食品安全等监管，开展农村道路交通安全攻坚年行动，在17个乡镇成立农村道路交通安全管理办公室，全县安全形势总体保持稳定。健全各类应急处置预案，开展中小学生防震减灾等应急演练，为17个乡镇配备无线短波电台、更换天翼对讲机，应对上四寨泥石流阻路、牙扎沟泥石流等突发事件。依法管理宗教事务，创建民族团结进步模范村（社区），投资540余万元，对全县9座藏传寺庙和2座清真寺基础设施进行改造维修，为全县各寺庙配备消防设施设备，组建寺庙义务消防队。

【社会事业】 省道301线和205线调整为国道，若九路调整为省道。成兰铁路九寨沟段和绵九高速完成初步设计。川九路、景区公路和林区公路完成改造，迭九公路预可研报告已报省交通厅审查。黄土梁隧道建成主洞2000米、平行导洞2209米，完成投资1.88亿元。甲勿池公路完成投资400万元。全力创建全省民族地区农村道路建设示范县，投资2050万元改造提升农村公路20条58.4公里，投资2100万元实施农村公路安保工程99.9公里。全县公路里程872公里，实现17个乡镇全部通油路，80%以上的村寨通油路或水泥路。实施“精准扶贫”，完成48个贫困村、2286户、7413名贫困户建档立卡工作。加快6个村整村搬迁，完成5个村整村推进。投入1258万元在罗依乡实施连片扶贫开发项目。投入895万元在永乐、大录等7个乡镇巩固提升大骨节病试点工作。投入1485万元基本完成郭元沟里等4个幸福美丽新村建设和22个幸福美丽家园提升改造。投入300万元在和平等村实施东西部扶贫协作项目。开展农村土地确权，完成14573宗农村宅基地、276宗集体建设用地代码编制、数据库建设和公告公示，进入发证扫尾阶段。严格落实耕地占补平衡责任，实施罗依乡、草地乡土地整理开发1万余亩，新增用地指标650亩，为重点项目建设提供支撑。实施新区开发、旧城改造、漳扎镇提升等工程，着力完善配套城镇功能，旧城区连片改造开发全力推进。编制完成《漳扎镇总体规划》等规划32个，基本形成横到边、纵到底、多领域、全覆盖的城乡规划体系。严格规划管理，漳扎镇违规建房整治成果得到巩固，村民建房管理日趋规范。立足“撤县建市”，启动郭元乡、玉瓦乡“撤乡建镇”工作。加快完善县城、漳扎等重点城镇功能，信用社综合大楼、金色时代广场、医药公司商住楼和九龙湾山庄完成主体建设，水岸豪庭住宅小区即将建成，民贸公司片区开发正在进行整体资产招拍挂。张家湾人行道投入使用，东山综合市场及道路、漳扎镇至县城生态山水花廊等项目建设有序推进。漳扎镇风貌改造和路灯改造一期工程全面完成，新区琵琶桥即将动工。

教育：全年投入14196万元发展教育事业，新增教学用房1030平方米，改造校舍及附属7641平方米。安排资金250.2万元表扬名优骨干及优秀教育工作者174名、优秀高中毕业生540名。投入1600万元落实“一减一补”“两免一助”等政策。实施十五年义务教育，创建“义务教育均衡发展示范县”，推进乡镇幼儿园、农村学前教育点建设，巩固九年义务教育成果，加快发展高中教育，组织教师培训825人次，教育教学质量不断提高，高考成绩继续保持全州前三，城关4所小学通过素质教育督导验收。启动“故乡情·九寨行”大型社会实践活动，组织5400余名中小学生走进九寨沟景区，同步开展“爱家乡、赞家乡”系列活动，培养中小学生爱祖国、爱家乡的道德情感。

文化：举办首届“名家看九寨”笔会活动，达成一批文学创作、基地共建合作意向。新建1

个乡镇综合文化站、4个村级综合文化活动室、1个社区书屋，更新120个村农家书屋书籍13000册。完成有线电视模转数前端安装调试，新增数字电视用户3000余户。登嘎甘㑇（熊猫舞）纳入第四批国家级非物质文化遗产名录，南坪曲子传习所被省文化厅命名为四川省第一批非物质文化遗产传习基地，九寨沟县获得“四川省民间文化艺术之乡”的殊荣。坚持举办元宵晚会、藏历新年晚会、年文化活动和全民运动会，开展群众性文化健身、非遗文化展演、“鱼水情——文化有约”等活动，城乡群众文化生活更加丰富多彩。

医疗卫生：县人民医院“二甲”通过专家复审，中藏医院创“二甲”通过专家评审，新建、维修村级卫生室80个，成功创建省级免疫规划示范区。建成县级医院与四川华西医院远程会诊、远程教育、医院信息和管理服务平台，并逐步向乡镇卫生院延伸。全面实施分级诊疗转诊转院制度，试点开展乡村医生签约服务，1小时医疗服务圈日趋成熟。基本药物制度不断巩固，药品加成全面取消，药品费用下降15%。

社会保障：推进就业促进工程，开展农村劳动力技能培训1698人，转移输出农村劳动力1.9万人，建立高校毕业生见习基地8个，新增城镇就业660人，金融机构发放贷款3586万元支持城乡居民创业，“9+3”学生回县就业率95%，失业率控制在3.7 %以内。稳步提升社会保障水平，全县五大保险参保人数63714人次，城乡居保覆盖率99%，新农合参合率100%，“金保网”覆盖所有乡镇，建成异地就医即时结算省级平台，与州外10家定点医院达成城镇职工医疗保险州外定点医疗结算协议。完善社会救助体系，玉瓦敬老院投入使用，新增养老床位40张；15315名困难群众纳入城乡低保、五保，基本实现应保尽保；实施城乡医疗救助16334人次，发放救助金453.8万元；兑现计划生育各项奖励资金59.6万元；兑现残疾人补助金181.7万元，450名残疾人实现居家灵活就业。加快保障性住房建设，完成城市棚户区改造500户、藏区新居建设610户，建成公租房144套，完成廉租房、公租房一期配租223套，149套二期公租房配租即将启动。推进“迅通工程”，在17个乡镇101个行政村建立助农取款点174个，消除96个金融服务空白村。完成第三次经济普查数据汇总验收。创建省级社会主义新农村建设档案工作示范县取得实效。史志、气象、保密、老龄、工商联、防震减灾、外事台侨、人防、妇女儿童、红十字会等工作取得新进步。

城乡环境综合治理：国家级生态县建设取得新成效，15个乡镇创建国家级生态乡镇，推进漳扎镇国家级生态文明示范镇建设。白河自然保护区晋升“国家级”保护区即将开展评审。治理地质灾害隐患7处，治理水土流失38.4平方公里。强化节能减排和环境治理，完成COD削减426.1吨，氨氮削减51.6吨，城乡生活垃圾、生活污水处理率93%、94.9%。深化环境综合治理，高分通过全省2013年度城市环境综合定量考核。严格禁牧措施，在九环沿线村寨淘汰羊447只。深化天保二期、退耕还林等生态保护工程，全面落实草原生态奖补等政策，实现连续27年无重、特大森林草原火灾。

惠民行动：启动双河各条、安乐甲勿2个村整村搬迁。完成罗依大寨等5个村整村推进工程。安乐上桥改造工程即将完成桥梁主体建设。完成县中学、漳扎小学食堂改造。漳扎镇、张家湾幼儿园前期工作基本完成，将于2015年动工建设。为215名在校贫困学生办理城镇居民基本医疗保险。在安乐大寨等12个乡20个村实施通村通畅工程58.4公里；99.9公里的农村公路安保工程，已完成20公里。甲勿池景区公路全面开工，正在进行路基施工。完成玉瓦四道城等9个乡13个村和玉瓦中学等12所学校安全饮水工程25处。完成白河太平等8个乡镇28个村农村电网改造。政策性农房保险参保率实现95%。开发公益性岗位295个，发放小额担保贷款105万元。实施金融支持集中连片特困地区“扶贫惠农工程”，为86户企业、1458户农户提供贷款22504万元。

【政府建设】 依法治县：大力实施“全域法治”行动，全面落实依法治县措施，深化“六五”普法，建成24米大道滨河广场法治文化长廊，加快创建法治示范县。完成行政权力和行政审批事项清理，开通电子政务大厅，行政权力依法公开运行平台投入使用，1160件行权案件纳入平台运行，同步实现电子监察。强化审计监督，完成审计及审计调查项目54个，审计查出管理不规范资金2080万元，审减国家财政工程投资842万元，向被审计单位提出整改意见96条。

政府职能：完成政府机构改革，整合机构4个，设置政府工作部门23个、挂牌机构8个；完成事业单位分类，启动漳扎镇扩权强镇试点。加快完善城乡政务服务体系，17个乡镇便民服务中心投入使用（7个乡挂牌运行），办理服务事项2万余件。深化政务公开，全县“三公”经费和92个单位预算执行情况全面公开，开通“中国·九寨沟”官方微博、微信，通过各种载体公开政府信息1万余条。集中整治“庸、懒、散、浮、拖”等问题，改进目标考核办法，强化政务绩效管理，政务环境不断优化。

作风建设：开展党的群众路线教育实践活动，深化正风肃纪，查摆并整改问题6700余条，废止制度16项、修订78项、新建25项。建立民生台账130余本，解决民生难题680余件，处置信访积案3起，化解矛盾纠纷230余起。查处“吃拿卡要”等问题15个，所有单位“三公”经费预算按比例压缩。落实党风廉政建设主体责任，推进惩防体系建设，严厉查处违法违纪案件22起31人，给予党纪政纪处分31人，收缴违纪款34.6万元。

政协九寨沟县委员会

【机构】 十二届县政协机关设一室三委，即：综合办公室、提案社会工作委员会、经济科技教育卫生委员会、文史民族宗教委员会。

【领导名录】 政协主席：泽里亚，副主席：许德禄、仁静、刘斌、汪世荣；正县级干部：贺长清（2014年7月止）、徐正元、李清贵；副调研员：朱合荣（2014年2月止）、杨仕昆。秘书长：胡劲松，副秘书长：张影、薛赟；办公室主任：胡劲松（兼）；副主任：张影（兼）、薛赟（兼）；提案社会工作委员会主任：杜久玉；经济科技教育卫生委员会主任：贺光伟；文史民族宗教委员会主任：高淑苹。

【政协第十二届九寨沟县委员会全体会议】 2014年12月23日至25日，政协第十二届九寨沟县委员会第四次会议在九寨沟县政务中心五楼会议室召开。本次会议应到委员128人，实到112人，因病、因事请假6人，符合《政协章程》规定。会议听取和审议政协第十二届九寨沟县委员会常务委员会工作报告；听取和审议政协第十二届九寨沟县委员会常务委员会关于十二届三次会议以来提案工作情况的报告；列席九寨沟县第十三届人民代表大会第四次会议，听取并讨论政府工作报告及其他报告；通过政协第十二届九寨沟县委员会第四次会议提案审查情况的报告；通过政协第十二届九寨沟县委员会第四次会议决议；听取县委领导讲话；听取县政协主席讲话。

【县政协常委会议】 2014年4月16日，政协第十二届九寨沟县委员会常务委员会第十三次会议召开。应到25人，实到19人。会议由政协副主席许德禄主持，应邀列席会议的有县委副书记吴光旭，县人民政府副县长李恒春；县政协正县级领导贺长清、徐正元，副调研员杨仕昆；有县委统战部、县宗教局、县防邪办、县佛协等部门负责人。会议听取县政协文史委主任高淑苹对“依法治寺、以戒管僧”的调研报告，审议并原则通过县政协文史委《关于我县“依法治寺、以戒管僧”的调研报告》。提出“注重规划，适当加大对寺院的投入。加大民族宗教政策宣传力度，开展“六五”普法进寺庙活动，强化“依法治寺、以戒管僧”措施落实，开展“爱国爱教、持戒守法、助民为乐”主题教育活动和创建“文明和谐寺院”活动，不断增强寺院僧人和信教群众的法制意识，提升信教群众明辨是非的能力，促进依法治县工作推进；加强与寺院僧人、信教群众沟通交流，密切党群、干群关系。建立寺院管理工作考核机制，建立寺管会班子成员退出制度，充实优化寺管会管理力量；加强培训，通过举办各种培训班和自学相结合等形式，将有一定造诣的教职人员送入高一级宗教院校学习深造，逐步提高教职人员的文化素质和宗教学识。完善县级领导干部联系寺庙工作制度和民族宗教联系会议制度，将寺庙管理纳入乡镇社会综合治理范围，防止出现管理盲区，真正形成管理有合力；探索宗教活动场所管理新路子，不断充实和完善管理内容，不断提高管理标准和要求，使各项活动在法制化、规范化、制度化的层面运行。加大寺院僧人的关心关爱力度。对部分村寨存在由村民自发建造的、时常自行开展佛事活动的小型庙堂，建议相关部门、乡镇引起高度重视，对其进行摸底，逐级申报作为宗教活动点，纳入管理范畴规范管理，应密切关注庙内活动，正确引导信教群众合法从事宗教活动，防范邪教组织和非法传教活动渗透。玉瓦片区与若尔盖县有宗教教派、历史渊源、地域联系，政府要加大管理和投入力度，防止外来投资寺庙建设进而掌控寺院和影响信教群众；现已投入使用的香扎寺院未经工程验收，建议相关部门汇同建设单位尽快组织工程验收，防止发生安全隐患，确保僧人、寺庙和信教群众生命财产安全。加快推进聚宝山公园规划审批前期等工作。

2014 年 6 月 25 日，政协第十二届九寨沟县委员会常务委员会第十四次会议召开。应到 25 人，实到 18 人。应邀列席会议的有县委副书记吴光旭，县人大常委会副主任邓义，县人民政府副县长文成华；县政协正县级领导徐正元，副调研员杨仕昆；还有部分州县政协委员，县政府办负责人。会议听取县人民政府副县长文成华通报两年以来提案办理情况。提案委主任杜久玉作《提案成果转化情况的调研报告》。提出“提高认识，优化提案成果转化环境；通力协作，提高提案成果转化质量”等建议，促进调研成果转化，提高参政议政实效。

2014 年 9 月 3 日，政协第十二届九寨沟县委员会常务委员会第十五次会议召开。本次会议应到常委 25 人，实到 20 人，符合规定人数。应邀列席会议的有县委副书记吴光旭，县人民政府副县长索朗永忠、县人民法院院长陈金龙、县人民检察院检察长侯定云；县政协正县级干部徐正元、县政协副调研员杨仕昆；还有部分参加调研的州、县政协委员，县纪委、县委组织部、县民政局等部门负责人。会议听取县人民政府副县长索朗永忠通报 2014 年上半年全县经济社会发展情况。县人民法院院长陈金龙通报 2014 年上半年法院工作情况。县人民检察院检察长侯定云通报 2014 年上半年检察院工作情况。听取政协经科委《关于我县村两委履职情况调研报告》。提出加强和完善村两委运作机制建设，确保村两委按照《村民组织法》《农村基层干部廉洁履行职责若干规定》。加强村两委干部的培训力度，提高村干部的能力素质。建立健全村两委履职考核奖惩机制和对农村先进户的奖励机制。继续推进实施农村“三项教育”。抓好村级经济发展等建议。

2014 年 11 月 11 日，政协第十二届九寨沟县委员会常务委员会第十六次会议召开，应到 25 人，实到 19 人。会议由政协主席泽里亚主持，应邀列席会议的有县委副书记吴光旭，县人大常委会副主任黄中发，县人民政府副县长李红梅，县纪委副书记陈德文；县政协正县级领导徐正元，副调研员杨仕昆；还有部分州县政协委员、部分乡镇、部分社区负责人。会议听取县人民政府副县长李红梅通报县政协十二届三次会议以来提案办理情况、政务服务中心建设情况，纪委副书记陈德文通报 2014 年党风廉政建设情况；听取和审议经科委《全县政务服务体系情况调研报告》。提出强化“两集中”“两到位”，实现政务窗口服务规范化、集中化。调整审批职能。建立政务服务工作激励机制，保障经费，促进政务中心正常运转。加强培训，提高政务服务能力。强化监督，推进政务服务工作规范运行。以政务服务中心为载体，加快电子政务服务网络建设等建议。

2014年12月19日，政协第十二届九寨沟县委员会常务委员会第十七次会议召开，应到25人，实到20人。会议由政协主席泽里亚主持，应邀列席会议的有、县政协县级领导干部和机关负责人。会议协商通过召开县政协十二届四次全委会有关事项；审议通过县政协第十二届常委会工作报告和县政协关于十二届三次会议以来提案工作情况的报告以及表彰优秀提案和提案承办先进单位名单；听取政协办公室、各专委会报告2014年工作。

【政治协商】 县政协紧紧围绕全县工作大局，突出稳定、发展、民生等重大问题，丰富协商内容，完善协商机制，规范协商程序，组织委员开展多层次、多形式的协商议政活动，助推九寨沟县经济社会全面发展，提高政治协商的质量和效果。

整体协商：全委会是政协最全面、最集中履行职能的重要形式。在县政协十二届三次会议上，委员们以饱满的政治热情、强烈的使命感和责任感，听取和讨论“一府两院”等6个工作报告，从改善民生、保障民生、推进文化繁荣、旅游转型升级、城市建设管理、城乡环境综合整治和重点项目建设等方面进行全面协商。协商过程中，注重全局性、针对性、可操作性，遴选64件提案，并确定其中20件进行重点督办。同时，在县政协十二届三次会议期间，专门组织宗教界、工商界委员召开座谈会，重点就社会稳定和谐、民营经济发展等方面议题进行协商，县委、县政府主要领导、分管领导及相关部门负责人到会听取建议和意见。为县委、县政府科学决策、民主决策提供有益参考。

专题协商：县政协常委会对群众关心的热点、难点问题，对事关全县改革发展的重大事项、事关群众切身利益的重大决策进行专题协商。2014年，县政协常委会就“依法治寺、以戒管僧”情况、提案成果转化情况、村两委履职情况、政务服务体系建设情况等人民群众关心、党和政府关注的重大问题进行专题协商。

重点协商：县政协发挥主席会议灵活性强、易于组织的特点，对针对性强的问题进行重点协商。在党的群众路线教育实践活动中，县委安排政协研判联系服务群众“最后一公里”问题，主席会议就及时部署对涉及房改房确权、一乡一镇返还地、偏远和高半山村寨农产品销售难、城市公共设施遭受人为损毁等十个方面的群众反映较为集中突出、反响强烈的热点、难点问题开展调研，并形成专题报告报送县委。为依法推进对宗教事务的管理，维护社会稳定，主席会议决定对各乡镇未经登记的民间信仰活动点进行调研，形成专题调研报告向政法、统战、民宗部门作了通报。针对乡村旅游发展中出现的诸多问题，组织乡村旅游发展专题调研，对推进乡村旅游规范化管理和提升服务质量献计出力。

界别协商：界别协商是完善协商民主制度的新举措。县政协常委会注重发挥界别在政治协商中的作用。改进政协全体会议、常委会议等重要协商形式的组织方式，支持和鼓励界别委员在大会发言、联组讨论等会议中以界别名义发表意见建议。根据会议的内容，常委会有针对性地安排政协委员代表界别列席常委会议，参加讨论，听取界别委员的意见建议。组织界别委员参加政协召开的不同形式的协商会、政府召开的听证会、咨询会。主动搭建委员履职平台，支持界别与专委会形成互动，联合开展调研视察活动，邀请界别委员参与行风政风评议等活动。

【民主监督】 围绕群众关注的热点、难点问题，开展形式多样的民主监督。

协商活动民主监督：县政协全委会议期间，

县委、县政府领导参加委员分组讨论，主动通报工作情况，听取委员意见，当面答复、解释委员反映的问题，在民主协商、平等议事的氛围中，增进共识，凝聚工作合力。主席会成员通过列席县委书记联系会议、县委常委会议、县人大常委会议、县政府常务会议等形式，发表政协的意见和建议，在协商中建言，在参政中监督。在县政协常委会议上，根据所要讨论的议题，邀请县委、县政府分管领导及有关职能部门的负责同志通报情况，邀请委员与群众代表列席会议，通过协商讨论形式增强民主监督实效。

提案监督：县政协常委会高度重视提案工作，提早安排征集提案，要求严把立案质量，筛选重点提案，与承办单位进行准确交接。通过定期催办、重点督办、带案视察等方式加强提案督办力度，表彰优秀提案和提案承办先进单位。县委、县政府领导高度重视提案的办理工作，明确办理责任和要求，承办单位加强对提案办理的组织与领导，加大办理力度，改进回复方式，促进提案中所提问题的解决。县政协十二届三次会议以来，县政协委员提出提案70件，立案65件，其中建议案1件、提案64件。所有提案经县人民政府25个部门（单位）承办，已全部办理或答复完毕，并书面函复了委员本人，提案办复率100%。其中，满意的39件，占承办总数的60%；基本满意的25件，占承办总数的38%；不满意的1件，占承办总数的2%。

委员监督：通过培训、视察、座谈和专题讲座等形式开展委员联络活动。活动中邀请联系九寨沟县政协的州政协副主席章小平到会指导，对新时期政协委员履职能力提升提出新的更高要求。还邀请县人武部领导作国内外军事形势教育报告，强化委员的国家安全忧患意识与国防意识；组织州、县政协委员和县级相关部门负责人，配合州政协开展《阿坝州全域旅游》《保障性住房建设》《食品安全监管情况》《城镇建设与环境保护》等专题调研，在调研过程中既提出一些具有全局性、前瞻性的建议，又履行民主监督的权利和义务。

特邀监督员监督：多名委员被聘为公、检、法、教育、卫生、规划建设等系统和部门行业监督员，被聘请的委员既珍惜荣誉，又履行义务，积极建言献策，参与行业系统的监督工作。全年参加民主测评、城乡环境综合治理、人员招聘、价格听证、执法检查等活动30余次，参加县人民法院庭审旁听15人次，促进全县政风行风更加好转。组织界别委员参与县人民政府对全县在册城乡低保、五保享受人员的清理排查工作，在参与中监督，在监督中予以支持。

【调查研究】 县政协常委会围绕县委的工作思路，发挥政协委员人才荟萃、专业性强的优势，对全县重点工作开展调查研究，全年形成5份专题调研报告报送县委，把握参政议政的重点。

助推民族和谐宗教和顺：2014年4月，就九寨沟县“依法治寺、以戒管僧”情况进行调研，并形成调研报告。提出“加大民族宗教政策宣传力度，开展“六五”普法进寺庙活动；完善县级领导干部联系寺庙工作制度和民族宗教联系会议制度；加大对寺院僧人的关心关爱力度；加大管理和投入力度，防止外来投资因建设寺庙掌控寺院和影响信教群众”等建议，对深入贯彻落实党的民族宗教政策，加强制度创新，扎实稳妥推进寺庙管理工作进行有益的探索。

助推提案办理与成果转化：为了促使政协委员的意见和建议迅速转化和落实，做到件件有着落、事事有回音。2014年6月，就“提案成果转化工作情况”进行专题调研，形成调研报告。针对提案成果转化工作中存在的问题，提出“提高思想认识，强化提案办理责任心和紧迫感，规范提案交办程序和渠道；继续完善党政分管领导负责，职能部门具体办理的工作机制，让提案成果转化有章可循，职责到人，推进有力；通力协作，提高提案成果转化质量”等建议意见，推进协商成果的转化，促进提案所提问题的解决。

助推村两委履职能力：为了全面推进农村基层工作民主化、制度化、规范化建设，推动村两委干部履行职责。2014年8月，就“九寨沟县村级班子履职情况”进行视察调研，形成《关于全县村两委履职情况的视察报告》。针对村两委履职存在的困难和问题，提出“加强和完善村两委民主管理、民主决策的工作制度和机制，确保村两委按照《村民组织法》《农村基层干部廉洁履行职责若干规定》认真履职；加强村两委干部的培训力度，提高村干部的能力素质；建立健全村两委履职考核奖惩机制；继续推进实施农村政策、法律、科技三项教育；因地制宜地搞好村级经济”等建议，促进村两委履职能力的提高。

助推政务服务体系建设：政务服务体系建设，既是行政效能建设的内在要求，更是便民惠民的重要举措。2014年10月，就政务服务体系建设及运行情况进行调研，形成《关于全县政务服务体系建设情况的视察报告》。提出“进一步强化‘两集中’‘两到位’，实现政务窗口规范化、集中化，克服只“挂号”不“看病”，体外循环的现象；精简行政审批事项；建立政务服务工作激励机制，保障经费，促进政务中心正常运转；加强培训，提高政务服务能力；强化监督，推进政务工作规范运行；以政务服务中心为载体，加快电子政务服务网络建设”等建议，促进行政效能提高和便民惠民服务质量的提升。

助推民生和重点工作建设：2014年12月初，全国、州、县政协委员联组视察，对九寨沟县藏区新居建设、社会保障促进、文化发展繁荣、扶贫解困行动、教育发展振兴、医疗卫生提升和幸福美丽家园建设提升“6+1”民生工程，交通、用电、饮水、上学、医疗、就业、增收等民生“七难”问题进行视察调研。在视察调研活动中，全国、州、县委员深入基层一线和广大群众面对面交流，问需于民、问计于民、问智于民，肯定九寨沟县经济社会和各项事业发展所取得的成就，就进一步关注民生、保障民生和谋划明年工作建真言、献良策。

【为民服务宗旨】 坚持以人为本，关注民生，为民谋利，是人民政协为民服务的职能所在，收集反映社情民意是人民政协履行职能的拓展和延伸。

民生改善：坚持把服务民生作为政协履职的出发点和落脚点，有针对性地开展视察，反映民情。针对用电难的问题，县政协会同县政府及有关部门于2014年1月上旬通过走访企业、座谈讨论、听取意见等形式对用电难问题进行专题调研，形成专项报告报送县委、县政府。县政协联络省州政协委员，通报情况，反映问题，在省州政协会上反映社情民意，建言献策。在州政协、九三学社四川省委的支持下，在省政协十一届二次会议上向省政协提案委提交《关于落实九寨沟国家农网升级改造资金的建议》《关于加快九寨沟县漳扎镇核心区域道路建设的提案》《关于建设红岩林场至神仙池、若九路喇嘛岭两处隧道和若九路提档升级的提案》，上述提案引起省政协重视，列入省政协十一届二次会议提案。若九路已升级为省道。

社会和谐稳定：以构建和谐民族宗教关系为目标，牢牢把握民族工作共同团结奋斗、共同繁荣发展这一主题，加强与民族宗教人士的交流和沟通，反映民族宗教人士的愿望和呼声。主席会成员多次到联系寺庙开展调研视察，宣传党的民族宗教政策，始终强调宗教与社会主义制度要相适应，要与依法治国和推进社会治理体系和治理能力现代化相协调，开展视察调研，慰问贫困僧人，主动为寺院排忧解难，2014年为相关联系寺院争取文物保护、基础设施建设补助资金42万元。

帮扶联系：县政协主席会成员经常到各自联系的乡镇，为发展把脉，对工作进行具体指导，帮助解决难题，协调争取政策、项目和资金支持，推动帮扶联系的乡村经济可持续发展；政协机关党支部与帮扶的罗依坝村党支部开展共建，指导罗依坝村开展党的群众路线教育实践活动；机关干部开展“1+10”便民联系活动，经常到罗依坝村，与群众交谈，真心实意倾听老百姓最关心最迫切希望解决的问题，了解和掌握目前存在的矛盾纠纷，共同探讨建设发展计策。2014 年以来，县政协为罗依乡向州级有关部门协调争取学校建设、生态建设和村道、排水、堡坎建设等项目补助资金 155 万元。

群众路线教育督导：在第二批党的群众路线教育实践活动中，县政协 4 名县级领导干部担任县委群教活动督导组长，开展督导工作。在督导工作中做到认真履责，准确定位，到位不越位，督导不包办。加强指导，严格把关，为教育实践活动开展，付出心血，作出努力。

多岗多责带头示范：主席会成员和各位常委多岗多责，既要致力于政协岗位工作，又要分管联系其他工作，在旧城改造、新城区九龙湾、九寨云顶、中查沟九寨鲁能生态旅游项目等重点工程建设中尽心竭力、扎实工作，推动建设项目进行；在漳扎镇旅游发展和违建治理、民族宗教事务、民营经济等各项社会经济发展事业方面都做出贡献。政协委员把委员作用与岗位贡献统一起来，不但干好本职工作，而且履行好委员职能，以努力工作的实绩彰显行业的带头示范作用，有多名委员和常委被所在行业评为先进，展现政协委员的时代风采。

【政协自身建设】 县政协常委会从加强机关队伍建设和委员队伍建设入手，塑造政协组织的社会形象。

思想建设：常委会深入学习领会中央和省、州、县委重要会议精神，把广大政协委员的思想和行动统一到中央和省、州、县委决策部署上来，不断夯实各族各界人士团结奋斗的共同思想基础。贯彻中央和县委的部署要求，及时组织学习领会中共十八届四中全会精神，深刻理解全面深化改革的重大意义、指导思想、总体思路和重大举措，增强进取意识、机遇意识、责任意识，坚定改革的信心和勇气。发挥政协的优势，运用政协的平台，向社会各界宣传全会精神，凝聚改革共识、汇聚改革合力。全面贯彻中共九寨沟县委三届六次、七次全会精神，围绕九寨沟县全面深化改革中的重大问题，立足政协工作实际，思考人民政协服务改革的着力点，找准履职方向，明确工作重点，为九寨沟县全面深化改革更好地建言献策打下坚实的思想基础。

队伍建设：以“为民、务实、清廉”为主题，按照“照镜子、正衣冠、洗洗澡、治治病”的总要求，开展党的群众路线教育实践活动，精心安排学习活动、开展谈心谈话、广泛听取意见建议，查摆问题、以整风精神开展批评与自我批评，切实抓好整改落实、建章立制各项工作。在牢固树立宗旨意识、切实改进工作作风上取得阶段性成效，清除党员干部队伍中存在的作风之弊、行为之垢，为从根本上解决“四风”突出问题提供制度保障，教育实践活动达到不走过场、务求实效的目的。

委员服务管理：政协的主体是委员，政协的活力在委员，把加强委员队伍建设作为一项长期的、重要的基础性工作。2014 年以来，建立委员 QQ 群，及时向委员们传达有关会议精神，宣传时事政治、政策法规以及政协工作动态，为委员学习交流提供新平台，便于经常保持与委员联系，及时了解委员的学习工作、生活情况和思想动态，收集委员提案和社情民意信息。县政协委员按照《九寨沟县政协委员履职管理办法》认真履职，履职情况由县政协各专委会管理；对驻县的州政协委员参加全委会、反映社情民意、参加调研视察、参加专委会活动或县政协联络组活动等情况进行登记管理，加强了委员联系服务管理工作。

宣传工作：注重加强与《四川政协报》《阿坝政协》、九寨沟电视台等新闻媒体以及州政协网的合作，多层面、多角度地宣传政协工作取得的成效和政协委员的履职风采，进一步扩大了政协组织的影响力。注重加强理论研究，积极探索新形势下人民政协工作的特点和规律，认真研究解决我县人民政协事业发展过程中遇到的实际问题，着力推进人民政协工作的理论创新、工作创新和制度创新。结合贯彻落实中共十八大精神，总结提炼九寨沟县协商民主工作做法和经验，在认真分析和归纳梳理的基础上，形成4篇论文上报州政协。2014年，县政协发表新闻稿件40余篇，社情民意3篇，信息23篇，被州政协评为2014年度新闻宣传先进单位，机关分别有两人被省政协、州政协表彰为优秀通讯员和社情民意优秀信息员。为了发挥文史资料"存史、资政、团结、育人"的作用，县政协探索政协文史工作服务经济社会发展的新途径，做好文史资料的征集、编纂。《九寨沟县城市建设与发展实录》即将编纂完毕，《九寨沟县宗教概况》资料已收集整理60%，《九寨沟县文史资料第六辑》编纂完成。

工作交流：主办藏历木马新年座谈会，邀请县人大代表、政协委员、藏族群众代表参加，大家为全县发展、社会稳定建言献策，增进民族团结与和谐；2014年，县政协与多批次省内外政协同仁交流联谊，学习借鉴先进的工作经验，推介宣传九寨沟经济社会发展情况和招商引资政策。

县委办公室

【机构】 县委办公室内设机构3个股（室），即秘书信息股、综合调研股、行政股，县委政府目标督查办、县委保密办（挂国家保密局牌子）、县委政府接待办公室、县委机要局（密码管理局）、县党政网管理中心（参公事业单位，由密码管理局管理）、县委农村工作办公室挂靠在县委办公室。

【领导名录】 主任：赵文辉（2014年12月止）、高恺衡（2014年12月起），副主任：刘桂花、祁宇、泽仁地果（2014年2月止）、张竞（2014年2月起）、康萍（2014年7月止）。县委政府目标督查办主任：赵朗，副主任：夏俊群。县委政府接待办主任：韩丽，副主任：苏泽燕。县委保密办（县国家保密局）主任（局长）：唐树君（2014年12月起），副主任（副局长）：唐树君（2014年12月止）。县委机要局（县密码管理局）局长：程怀安，副局长：张全。党政网管理中心（工作站）主任（站长）：任军。

【公文办理】 贯彻落实中央、省、州关于改进文风会风，精简文件简报的相关要求，着重坚持严格把好公文起草关、审核关和收发关，确保文稿质量。全年发文件165件，撰写汇报材料40余篇、领导讲话120余篇，发文数量同比减少15.97%，没有出现违反原则问题和较大错误，确保县委各项安排部署得到准确及时地落实。

【信息服务】 完善信息报送机制，确保及时准确的上情下达、下情上报的和重大信息、紧急信息的按时报送。全年上报信息210余期，已被省上采用10条，州委采用50余条，报采情况全州暂居第二，下发《九寨信息》9余期，印发《业务通讯》3期。全年上报信息380期，州委、省委采用134条。

【督查信访】 围绕中央、省委、州委、县委的各项决策部署，开展督查督办工作，发挥办公室职能，全面协助目标督查办、群众工作局搞好督查信访工作，全年各类目标任务督查督办率和信访案件办理率100%。对县委领导批示件、审批件以及批转信访案件的落实和查处情况及时进行督查催办，实行领导批示件督查回告制度，坚持对县委领导批示件的落实情况进行督办。办理"县委书记信箱"36期，协调解决矛盾纠纷、来信来访49件，确保件件有落实，事事有回音，减少各矛盾的发生。

【密码保密】 切实加强机要保密工作管理，确保机要安全畅通，不出事故；在单位实行涉密计算机和涉密移动存储介质户籍管理，进行统一编号备案，确保责任落实到人，日常管理到人，设备维护到人。2014年，开展保密检查3次，实现乡镇和涉密重点部门的全覆盖，完成《保密工作》

征订100份；《国家秘密及其密级具体范围的规定汇编》征订20余本，开展保密委主任讲党课活动，县委副书记、保密委主任在传达“五个通报”的基础上，就保密形势任务、法律法规等进行全面讲解，参学人员170余人。加强机要密码管理，坚持实行24小时值班制，对收发报、机要件严格按规定办理。收发各类电文2800余份，没有出现失密泄密事件。

【会务工作】 做好县委召开的各类会议，坚持提前准备、分工负责、层层把关，做到会场布置整洁庄重，伙食安排从简不奢侈，会场服务细致不马虎，会议材料齐备无差错。先后承办中国九寨沟休闲度假旅游推介会、党的群众路线教育实践活动动员会、全州银行业支持县域经济发展工作会、民营经济座谈会、新型村级治理暨基层党建现场会、县委三届七次、八次全会、乡镇党委书记述职会等各类重要会议，做到忙而不乱、有条不紊、万无一失。2014年，全县性会议天数、次数分别下降27.8%、21%，会期平均缩短46%。

【接待工作】 本着热情、周到、满意、节俭的原则，划分接待范围，严格接待标准，规范接待程序，完成全年接待任务。2014年，先后配合完成省委巡视组、全国、省、州、县人大代表和政协委员集中视察等各类接待任务300余批次。

【党政网建设】 加强机关行政事务管理等服务工作，改善政务中心办公条件，加大对党政网的日常管理、维护和建设力度，确保政务中心每个部门计算机能正常访问党政网。

【群教活动】 紧紧围绕“照镜子、正衣冠、洗洗澡、治治病”的活动总要求，高度重视，精心组织，周密部署，抓实推进，组织全体干部职工开展集中学习5次，专题学习4次，完成43学时；完成调研报告12篇、心得体会12篇，开展专题讨论3次；向全县各乡镇、县级部门发出征求意见函80份，征求意见和建议113条；开展相互谈心谈话15人次、收集意见建议22条，班子成员与分管部门普通党员开展谈心谈话51人次，县委督导组与县委办公室班子成员谈心谈话3人次、提出意见建议15条；撰写对照检查材料11份，个人普遍修改10稿以上；开展批评与自我批评中做到直言不讳、一针见血，班子成员相互间提出批评意见22条；始终坚持分类梳理，健全完善制度，建立7类别21个制度。全面完成各项工作任务，真正做到“规定动作”有特点，“自选动作”有亮点，达到预期目的。

政府办公室

【机构】 2014年根据上级相关要求，九寨沟县进行政府职能转变和政府机构改革，改革后县政府办公室内设机构5个，即：综合股、秘书信息股、行政股、外事台侨办公室、机关行政效能办公室。挂政府法制办公室和外事台侨办公室牌子，下设政务服务中心（正科级），直属事业单位3个，九寨沟县人民防空办公室（挂九寨沟县民防局牌子）、九寨沟县政府采购办公室（挂九寨沟县公共资源交易中心牌子）、九寨沟县政府信息公开工作办公室（挂九寨沟县政府信息公开领导小组办公室牌子）。

【领导名录】 主任：周家奇，副主任：薛彦峰、吴剑、蒋明峰（2014年月6止）。法制办主任：苟齐全，副主任：何富民。外事办主任：雷婷。应急办主任：薛彦峰，副主任：彭宇。人防办主任：吴加能。驻成都联络处主任：格让久，副主任：阳昌华。

【文秘】 严把文秘关，树立精品意识，加强文字修养，着力提高综合性文稿、汇报材料、交流材料、领导讲话稿等文字材料质量；做好政府全体会议、常务会议、县长例会等会议记录。全面贯彻落实中央改善文风和精简会议的相关规定，全年制发各类文件500余件，撰写领导讲话80余篇，承办各类会议150余次，处理各类公文2500余件。推进依法行政，执行县人大及其常委会各项决议、决定，自觉接受其工作监督。全年协调、督促办理人大建议67件，政协委员提案79件，办理满意率95%。开展调研工作，紧紧围绕县委、县政府中心工作，牢牢把握工作主线，筛选制定关系全县大局、针对性强的课题，到基层调研，发现新情况、研究新问题、总结新经验、探索新路子，为领导决策提供参考。全年撰写的10篇调研文章被州政府政策研究室和州政府调研室采用。做好信息报送工作，全年向州政府信息办上报政务信息500条，被阿坝州人民政府办公资源网采用200余条，考评名列全州前茅。

【信息】 组织专人负责向“中国阿坝州”门户网站上报信息，同时对本县各部门涉及行政审批、公共资源交易、财政预算决算和“三公”经费公开、食品药品安全信息等信息加强公开。开通“中国九寨沟”官方微博、微信，及时公开旅游相关信息。2014年，通过“中国九寨沟”政府门户网站、政府信息公开平台、县电视台等渠道公开政府信息3000余条。通过县电子政务大厅、网上政务服务大厅全面公布九寨沟县行政审批项目目录、办事指南、办事流程等信息，同时及时公布办件的进展情况。同时，在县政务服务中心、县档案局做好“政府信息公开免费查询点”建设。县公共资源交易中心严格按照要求加强政府采购信息公开，在省政府采购网及时公开政府采购预公告、采购公告、中标人和中标价格等信息200余条。县公共资源交易中心通过省招投标网、县城乡规划和住房保障局通过省工程项目建设网加强工程建设项目信息公开80余条。于2014年5月20日前，在县政府门户网站开辟政府财政专栏，统一公开一级预算单位（涉密单位除外）的财政预决算信息、“三公”经费、专项资金等信息160余条，全面推开九寨沟县财政预算信息公开工作。对部门预决算信息公开的内容、报表格式等按统一制定的模板进行规范，对全县80余个预算部门完成预算收支和三公经费公开。推进食品药品安全信息公开，县食药监局利用县政府信息公开平台及时公开食品药品方面的执法检查信息40余条。通过县电视台对10余家涉旅企业违反食品药品安全法规进行通报。

【政务服务】 2014年，指导永乐镇、漳扎镇建成网格化服务管理四级平台，协助将2.6万余组基础数据录入系统。加快政务服务体系建设，对115项县、乡、村三级便民服务事项进行集中清理，完成15个乡镇的视频监控系统和便民服务通用软件安装。

【法制】 落实政府常务会议会前学法制度，先后学习《阿坝州人民政府法制办公室行政权力动态调整工作方案》《阿坝州依法治州2014年工作要点》等依法行政工作文件，提高政府和部门主要领导的依法行政工作意识和能力，全年审查行政规范性文件及政府性合同31件，牵头推动行政决策规范化建设，审查行政规范性文件及政府性合同80余件，参与政府重大招商引资项目论证和提供其它法律咨询意见50条（次）；指导开展行政权力依法规范公开运行，完成全县4143项行政权力事项的纸质审定工作，指导行政权力编制并完成上网公示，将相关部门800余项行政权力事项纳入平台运行；开展行政审批清理工作，对全县的262项许可类行政审批项目、35项非许可类行政审批项目、22项公共服务项目进行规范清理。

【应急管理】 实施各类应急演练200余次，参演人员4万余人次。加强应急避场所建设，依托学校、广场、绿地等公共设施，设立标识标牌，在县城和漳扎镇完成应急避险场所建设10个，总面积10余万平方米；其余15个乡也在安全评估基础上利用距自然灾害隐患点较近的村委会、广场、学校、乡政府机关驻地等设立应急避险场所，涉及村、组80余个。完成九寨沟县应急管理“四库”建设工作。全年制订各级各类应急预案470余个，其中总体应急预案1个，专项应急预案45个，县级部门预案55个，乡镇应急预案119个，企业应急预案51个，各级各类学校（普通中小学、职业技术学校、幼儿园）应急预案69个，村（社区）应急预案130个。覆盖常见的各类突发公共事件，县、乡、村三级应急预案体系基本形成。

【人民防空】 启动人民防空异地建设费收取工作，组建安全警戒分队40人，建立队员信息库，为处理突发事情奠定基础。制定《九寨沟县征收防空地下室易地建设费管理办法》，安装短波电台和防空警报器设备各1套，抓住“5·12”防灾减灾日等时点，到县城主要街道宣传人民防空知识，发放资料。到县中学结合学生讲解人民防空基础知识和人民防空发展史，全年发放相关资料1000余份。

【档案】 档案管理工作实行“一把手”负责制，档案管理工作被列入重要工作日程，并纳入年终考核验收的重要内容，及时购置档案柜等档案室用品，建立健全档案管理制度、保密制度。

【外事台侨】 全面贯彻落实中央、省、州对台工作方针，坚决抵制和防范境内外敌对势力对九寨沟县的渗透和破坏，加强因公出国人员证照管理，加强入境人员、境外媒体、境外非政府组织的监控和管理，防止从事情报搜集、社情调查、非法传教等不法活动，确保国家安全和社会稳定。始终坚持“依法、从速、稳妥、低调”八字方针，按照“稳住阵脚、及时报告、审慎果断、依法处置”的工作思路，对需掌控对象进行主动介入，积极跟踪，努力掌握第一手信息，及时向相关部门汇报。

【后勤保障】 坚持“热情、节约、周全”的原则，规范公务接待，严控接待标准，对上级部门检查调研的公务接待活动，一切从简，做到杜绝铺张浪费。召开各类会议时，一律不摆鲜花水果，做到节约、精简和高效。秉承“少花钱，多办事”的原则，严格财经纪律，规范财务管理、后勤管理和交通安全管理，做到既保障政务和公务所需，又控制经费支出，实现“三公经费”年初确定的只减不增目标。

【政府采购】 强化政府采购监督和管理，全年完成政府采购88批次，财政预算控价2430万元，成交价2067万元，节约财政资金363万元，节约率14.9%。

【驻成都办事处】 坚持“办实事、服好务”的宗旨，坚定驻蓉联络处工作的政治方向，发挥驻蓉联络处的“窗口”作用，做好各项接待和服务工作和九寨沟县上访人员的稳控劝返工作，搞好招商引资及灾后援建的对口衔接。

【党建】 践行党的群众路线教育实践活动要求，坚持党的基本理论、基本路线、基本纲领和基本经验，紧紧围绕改革、发展、稳定大局，全面加强领导班子的思想政治建设和作风建设，着力提高领导班子的工作能力。建设学习型、民主团结型、勤政为民型、清正廉洁型班子。开展群众性精神文明创建活动，调动各方积极因素，凝聚集体智慧，增强班子凝聚力和向心力，激发干部职工干事创业的积极性和主动性。

【机关行政效能建设】 优化督办工作流程，建立重点的公文督办、办结反馈制度、会议决定事项的跟踪督办制度，严格实行“限时办结”制度，对县人民政府全体会、常务会、县长办公会、县长专题会、县长例会、立项督办的事项，落实专人进行督办，采取阶段性督办和跟踪督办相结合，单独督办和联合督办相结合，明察和暗访相结合的方式，提高督办工作的质量和效率，促进机关作风的转变和工作决策的落实。

中共九寨沟县纪律检查委员会

【机构】 纪委监察局内设办公室、党风政风监督室、审理法规室、信访举报室、纪检监察室。派出机构城关漳扎片区纪工委、双河片区纪工委、玉瓦片区纪工委。

【领导名录】 纪委书记：彭开剑，纪委副书记、监察局局长：殷剑虹（2014年12月起），纪委副书记：陈德文，纪委常委、监察局副局长：许炜（2014年9月20日止），纪委常委：杨红霞，纪委常委、执法监察室主任：彭旭东，纪委常委、党风政风监督室：付福平，监察局副局长：雷代荣，信访举报室主任：董慧英，纪检监察室主任：郭彦生，案件审理室主任：董惠，纪委监察局办公室主任：廖瑾。双河片区纪工委书记：叶林（2014年12月18日起），城关漳扎片区纪工委书记：张艳（2014年12月18日止）、班海平（2014年12月18日起），玉瓦片区纪工委书记：魏平安（2014年12月18日止）。

【党风廉政建设】 县委、县政府履行主体责任，州委常委、县委书记罗振华，县委副书记、县长李绍友认真落实“四个亲自”，履行全面领导职责，对工作批示13件（次）、督办案件13件（次），召开县委、县政府专题会10次，与79个县级部门、17个乡（镇）签订《2014年党风廉政建设责任书》，对下一级党组织、纪检组织主要负责人落实“两个责任”情况开展约谈170人，签订落实党风廉政建设主体责任承诺书108份、监督责任承诺书62份。县党风廉政建设责任制领导小组办公室对县级领导干部发放党风廉政建设提示卡55份，县委、县政府制发《关于2014年党风廉政建设和反腐败工作的意见》，将全县党风廉政建设和反腐败工作分解为7个大项58个小项，明确20名县委、县政府分管领导、15个牵头单位、96个协办单位工作责任。县纪委印发《2014年反腐倡廉工作早知道》，对2014年党风廉政建设和反腐败工作进行全面安排部署。明确工作重点。抓好全省党风廉政建设社会评价反馈问题整改工作，及时制定整改方案，将问题分解到6名县级领导和10个主责部门整改落实。编制《关于落实党风廉政建设党委主体责任和纪委监督责任的意见（试行）》小册子600本，发放到全县副科级以上领导干部手中强化“两个责任”落实。发放党风廉政建设满意度评价表1000份，收集意见建议15条。组织5名“一把手”向纪委全会进行述廉，并对5人评议测评，测评结果均为满意，收集意见建议13条。建立《九寨沟县落实党风廉政建设党委主体责任和纪委监督责任开展“双重约谈”的办法》，约谈科级干部480人次。开展解决“一把手”不正确行使权力问题专项整治，对乡镇、部门干部开展廉政谈话活动，廉政谈话920人（次）。诫勉谈话13人（次）；纪委领导同下级党政主要负责人谈话34人（次），征求考察干部党风廉政意见103人（次），提供其他方面党风廉政意见267人（次）、单位20个（次）。结合开展党的群众路线教育实践活动，派出11名纪检监察干部对全县各乡镇、县级各部门落实党风廉政建设责任制、落实“两个责任”进行监督检查18次，发现问题19个。定期对党风廉政建设责任制进行考核，对3名领导干部进行责任追究。

【廉政教育】 坚持以《九寨清风光碟》《九寨廉政手机报》、廉政文化墙等为载体，学习宣传《党章》《廉政准则》等党纪法规，深化“清廉是福”教育品牌。开展“廉政教育大讲堂”活动，2014年上廉政党课150次，培训党员干部6760人次。开展警示教育活动，组织全县党员干部收看《象牙塔里的蜕变》《忏悔实录》《阳光下的黑幕》等警示教育片180余次，受教育党员干部

9650人（次），发放警示教育读本《忏悔实录2》120本，撰写读后感言502篇。组织79名乡镇、县级部门“一把手”和村党支部书记在县法院旁听审理原若尔盖县畜牧兽医局局长、原县畜牧局改良站副站长受贿案。在县电视台开办《廉政·效能之窗》12期，利用“九寨沟廉政网”宣传党风廉政建设和反腐败工作新闻21条。开办《九寨廉政手机报》12期，累计已有7.2万余人次接受教育。在县委党校上廉政党课5次，培训县、乡、村“两委”干部650人（次）。印发《致全县广大党员干部群众的一封公开信》1500份、《党风廉政建设社会评价宣传提纲》《党风廉政建设社会评价九问九答》500份，印制“党风廉政建设社会评价宣传画”1500份。在九环线制作5幅户外廉政广告，在县城制作廉政文化墙5版。在《阿坝日报》刊发《牵住“牛鼻子”种好“责任田”》等新闻稿件2篇，被省、州纪委采用信息8条。组成3个谈话组，对全县130个行政村（社区）650名党支部书记、村委会主任、村（社区）监督委员会委员进行廉政谈话，签订《村（社区）干部廉政承诺书》650份。

【惩防体系建设】 贯彻中央、省、州惩防体系2013—2017年《工作规划》《实施办法》《实施意见》，制定《九寨沟县建立健全惩治和预防腐败体系2013—2017年工作方案》，实行台账管理，将惩防体系分解为5个大项、37个小项，落实9个牵头单位。注重制度建设，制定《关于建立健全作风建设长效机制的实施意见》《九寨沟县乡镇、县级部门主要负责人电视公开述责述廉实施办法》等制度。加强对《九寨沟县领导干部离任交接办法》《九寨沟县“三重一大”实施办法（试行）》《九寨沟县党政“一把手”四个不直接分管办法》等制度执行情况的督查，提高反腐倡廉制度的执行力，全年开展监督检查32次。

【正风肃纪】 制定《九寨沟县教育实践活动深化正风肃纪工作切实解决“四风”突出问题“9+2+2”专项工作方案》，对文山会海、检查泛滥等23项作风突出问题进行专项整治。对全县95个独立核算单位“三公”经费、违规发放津补贴、公车管理等进行监督检查，签订承诺书95份。对全县84个单位进行“小金库”专项检查，查处县畜牧兽医局私设“小金库”案件1件。开展整治会所歪风专项活动，全县529名副科级以上领导干部作出不出入私人会所、不接受和持有私人会所会员卡承诺。制定《九寨沟县进一步从严管理干部的办法（试行）》《九寨沟县干部作风“四个严守十二个不准”》等制度。开展廉政提醒6次，对17个乡镇、73个县级部门干部职工春节、中秋前、国庆放假后在岗情况、上班迟到、遵守工作纪律、工作开展情况等监督检查5次。对11名干部在曝光台和电视台进行点名道姓曝光。

【执法效能监察】 全面加强对政治纪律、组织纪律、财经纪律、工作纪律和生活纪律等执行情况的监督检查。抽调11名纪检监察干部对全县进行监督检查。监督检查143次，发现问题125个，提出建议意见112条。重申中央、省委、州委、县委等纪律作风规定。加强对反分裂维护稳定工作落实情况的监督检查，坚决纠正在反分裂维护稳定工作中的“两面派”“两面人”。制定《2014年月监督检查重点工作安排》，按照《重大决策部署监督检查办法》，重点对藏区政策落实、安全生产、村级财务移交清理、幸福美丽新村建设、为民办10件实事等进行监督检查。开展监督检查22次，发现问题34个，提出建议意见40条。制定《九寨沟县效能工作暂行办法》《行政机关首问责任制度》《行政机关限时办结制度》《行政机关责任追究制度》等制度，建立首问责任登记卡、限时办结监督卡、效能督查提醒卡。全面清理规范与行政许可、行政审批相关联的中介机构、行业协会收费行为，已清理审批项目365项，公共服务项目123项，永乐镇、安乐乡等10个乡镇便民服务中心完成规范化建设并投入使用，其余7个乡镇挂牌运行。利用电子监察平台对42个政府部门实施的8项行政权力事项进行清理和规范，审核通过4143条行政职权事项风险点和监察点的设置。抽查10个部门10件行政审批办件情况，对审批件在审批办理、事项管理、依法审批、收费管理等环节进行检查，发现问题10个，提出意见建议10条。发出监督检查反馈卡32张，发出督办卡3张。开展食品专项整治，检查餐饮经营单位789家，下发监督意见书813份，提出整改意见2439条，对15家违法经营餐饮服务单位罚款3.4万余元；开展药品医疗器械化妆品安全专项整治，集中销毁过期失效药品65种，价值5.6万余元。开展深化民主评议政风行风活动。深化公开工作，全面抓好公开工作“五本账”，开展督查15次。

【信访举报及案件查办】 制定《九寨沟县纪检监察机关对违纪违法案件实名举报予以奖励暂行规定》《九寨沟县纪检监察机关信访举报责任追究制度》。加大与检察机关等联合办案力度，开展联合办案2件（次）。全年受理信访举报151件（次），其中州转办35件（次），县委、县政府转办26件（次）。县纪委监察局受理群众来信、来访、电话、网络等举报90件（次），其中重复举报39件（次），应办结112件（次），已办结112件（次），办结率100%。化解信访问题44件（次），实施信访监督6件（次），初核62件（次），立案调查23件32人（次），其中移送司法机关2件2人（次），给予党纪政纪处分32人，其中“双开”2件2人，收缴违纪款34.58万元。为89名党员干部澄清是非。

【驻村帮扶】 开展“走基层、送温暖”活动，向21名贫困户、“三老”干部、老党员进行慰问，送去纪检监察干部对基层群众爱心。发放慰问金5400元、大米450公斤、清油81公斤、棉被18床，化解信访矛盾13个。开展为困难群众捐款活动，组织委局干部职工向白河乡岩米村蒋天荣、太平村黄春平捐款2600元，向云南鲁甸地震灾区捐款2710元。

【队伍建设】 开展党的群众路线教育实践活动，制定《关于开展党的群众路线教育实践活动的实施方案》，组织集中学习18次，开展“群众路线怎么走”“改进作风怎么办”等13个专题讨论活动，开展理论宣讲教育、反腐倡廉警示教育等7个专题教育，组织观看《焦裕禄》《苏联亡党亡国20年祭》等电影，撰写学习体会72篇、调研报告13篇。制作展板1个，编发信息42期。坚持开门纳谏，面对面听取群众意见建议，发放意见表280份，收回243份，班子共征求问题和意见建议52条。开展“党员义工日”、换位大体验等活动。编制《党的群众路线教育实践活动60问》。对议事协调机构进行2次清理，初步确定参与17个，不再参与61个。加强对派驻部门、片区纪工委、乡镇纪委管理，制定《“四个一”制度》。对村务监督委员会进行换届调整，调整后人员436名。70名纪检监察系统干部向全县干部群众作出六条承诺。坚持“定期盘点”“每月我讲我业务”15次，抽调22名纪检监察干部到委局学习，选派5名纪检监察干部外出参加省、州培训，促进了纪检监察干部能力素质提升。

【接待工作】 2014年7月2日至4日，接待州纪委工作组到九寨沟县检查案件查办等工作。2014年7月3日至6日，接待州纪委监察局关于落实中央《八项规定》精神深入推进正风肃纪工作专项督导组。2014年12月3日至5日，接待州领导干部收受红包礼金问题专项整治等工作督查组。

政法委员会

【机构】 县委政法委和县综治办合署办公，维稳办、防邪办挂靠县委政法委。县委政法委内设政治部、办公室。

【领导班子】 县委常委、政法委书记：葛林冲，副书记：张彦庆、康运华（2014年6月止）、王成双（2014年1月起）。综治办主任：王成双。维稳办主任：张彦庆。防邪办副主任：蒲晓琴。县矛盾纠纷“大调解”协调中心主任（兼）：王成双，专职副主任：张润雄。政治部主任：张宗祥。

【政法工作】 党风廉政建设：始终坚持把党风廉政建设和惩防体系建设摆到政法工作的重要位置，坚决落实“一岗双责”，领导班子成员率先垂范，严格执行中央八项规定及省委省政府十项规定、州委八条意见、县委六条意见，县委政法委班子成员身体力行、率先垂范，带头学习政治理论和业务知识，带头模范执行党的路线、方针、政策和法律，带头依法办案、秉公执法、廉洁自律，以自己的表率作用感召和带动全县政法干警做好各项工作。

干警思想道德建设：学习习近平总书记和孟建柱在中央政法工作会议上的重要讲话精神，以党的群众路线教育实践活动为契机，开展岗位廉政教育、正面典型教育、反面警示教育，增强大局意识、中心意识、服务意识和改革意识。

干警素质能力建设：围绕提升“五个能力”，牢固树立主动学习、终身学习的理念，结合反恐维稳需要，全面开展队伍练兵。采用集中训练、平时练、工作中练、师傅带等形式，引导政法干警在学习中工作，在工作中学习。正确把握执法规范，熟练执法程序。政法各部门根据自身工作实际，开展集中学习210余次，参学率99%；开展调解、公安业务技能等内部培训700余人次，组织50余名政法骨干出州和出省进行业务培训。

政法干部作风建设：结合“正风肃纪”活动，加强政法干警对条令、禁令、警规的学习，从日常抓起，强化作风养成，围绕人、枪、车、酒、赌等方面落实管控措施和管理责任，确保政法队伍内部不出问题。主动聘请警风警纪监督员，设置意见箱、意见本、公开监督举报电话，主动接受内外部监督。对民警学习情况、民警警容风纪、内务管理、重大警务活动、民警执行各项规章制度、禁令、警规情况实行现场督察和随时检查相结合，发现问题及时予以纠正，做好事前预防和抓落实工作。

执法督查督办：年初成立案件评查工作领导小组，由政法委副书记任组长，政法各部门分管领导为成员。对于上级交办的尚未化解息诉的涉法涉诉信访案件和政法各部门执法办案中存在的普通性、倾向性问题的案件，重点是群众反映强烈的信访案件和容易滋生腐败、容易发生违规违法的案件，作为重点案件进行评查。采取座谈、调查、走访等方式，深入开展“案件评查”活动，通过系统内部自查、评查和上级抽查，真正评出精品案件。政法委采取定期听取汇报、定期通报、重点抽查、实地检查、召开经验交流会等多种形式，加强对评查工作进度和评查质量的检查督导，确保评查工作开展。评查各类案件78件，对评查暴露出的带有普遍性的问题，共同分析原因，并要求责任单位制定整改措施，及时整改，加强监督管理。

【社会治安综合治理】 禁毒：结合全省开展的“肃毒害、保平安”“扫毒害、保平安”等专项行动，在全县范围开展禁毒严打、禁毒预防、禁种铲毒、堵源截流、禁吸戒毒、易制毒化学品和麻醉药品、精神药品整顿六大战役。禁毒种铲毒不放松。在重点乡镇建立村级禁种铲毒踏查队35支160人、乡级专职禁种铲毒巡山队5支60人、乡级禁种铲毒督查队5支27人，确保巡山踏查工作有人抓、有人做、有人查的基础上，紧紧抓住罂粟下种的关键时期，联合县林业部门利用护林防火专用直升飞机对全县涉毒重点地区开展空中航测配合禁种铲毒巡山行动。结合空中航测情况，禁毒民警会同乡巡山队员深入辖区高山密林区域，展开地毯式踏查。通过空中巡查和实地踏查的有机结合，禁种铲毒工作效率提高。到各乡镇督导检查70余次，涉毒重点乡镇开展大规模巡山踏查51次，公安禁毒部门开展联合巡山踏查5次，走访历史种植户60户。禁毒宣传不放松。开展禁毒宣传“六进”活动，着力构建禁毒“三级预防”体系，通过召开全县预防在校青少年学生吸食毒品现象交流座谈会、对高中在校学生尿检抽查、与重点学生面对面交流，将防毒拒毒意识植根青少年。开展集中宣传26场次，发放各类宣传资料8000余份、600份禁毒宣传礼品“平安结”、接受咨询170余次。缉毒严打不放松。查获涉毒案件12起（涉毒刑事案件1起、治安案件10起），捣毁吸毒窝点3个，缴获冰毒0.75克。综合治毒不放松。为巩固创建成果，对全县歌舞娱乐场所全面加强分级管理，把流动人口纳入管理视线，重点对县城和漳扎镇片区的娱乐场所、网吧、宾馆、出租屋等吸毒重要场所进行定期检查和整顿；规范易制毒化学品行业经营秩序，加大督导抽查力度；加强对快递行业的检查和禁毒宣传教育；强化全县吸毒人员管理，落实“四包一”的帮教小组，逐一对吸毒人员落实社会帮教责任制度。实行民警分片负责制，定期和不定期地向帮教对象通过发送有针对性的禁毒工作短信、交心谈心等方式，及时跟进见面帮教、尿检收戒、立线侦查等措施，强化对吸毒人员的日常行为监控和行为干预。

网格化建设：全面推进网格化服务管理，制定《平安九寨网格管理信息化综合建设实施方案》并实施。网格化服务管理四级平台已建设完成，永乐镇、漳扎镇网格化服务管理系统正常运行使用，常住人口、流动人口、出租房等基础数据已录入完成；网格员处理民生、矛盾纠纷调处等事项389起，网格化服务管理工作取得初步成效。

矛盾纠纷排查：巩固深化大调解“六进”活动，使调解组织基本覆盖车站、规模性市场、旅游景区、宾馆等人口密集、矛盾纠纷易发的地方和小区、农村院落；开展调解文化建设活动，加大矛盾纠纷调解的宣传力度，使广大群众通过基层调解组织化解矛盾纠纷，合理合法的表达诉求，维护自身的合法权益。开展矛盾纠纷“攻坚破难”专项活动，推动解决一批老案、难案。对掌握的各类积案、老案、难案逐一甄别分类，并按层级管理办法逐一明确责任、逐一明确措施、逐一进行“清仓”销案，推进“骨头案”“钉子案”的有效消化。夯实基层基础，学习借鉴“枫桥经验”，实现无去州到省进京信访、越级上访案件。健全工作制度，完善联动机制。县“大调解”办牵头对“三山一界”矛盾纠纷专业调解工作、涉旅纠纷专业调解工作、医疗纠纷专业调解工作、专业调解工作等15个重点领域的领导小组、专业调解组织、联动调解办法等进行调整和完善。制定完善九寨沟县三大调解联动协调规范办法，明晰联动调解责任主体、无缝衔接联动方式、联动化解程序和责任倒查办法。县、乡（镇）两级“大调解协调中心”发挥自身在滚动排查、汇总研判矛盾纠纷等工作中的协调作用，加强对涉稳重大矛盾纠纷化解工作的督促指导，健全分层应对体系，规范分流调处程序，夯实“大调解”工作平台。以“素质提升”活动为抓手，提高村（社区）调解队伍的综合素质、法律水平和调解技能，增强基层调解人员调解矛盾纠纷的公信力，更加有效的预防和化解各类矛盾纠纷。1—11月，排查各类矛盾纠纷1209件，成功化解1192件，其中行政调解936件、人民调解200件、司法调解56件，调处成功率98.5%。县大调解协调中心转变工作工作方式，以“座等上门”转变为“下访调处”化解“5·3”县医院救护车4死1伤特大交通事故民事部分赔偿案、“5·23”甘肃省文县张海兵意外溺水死亡赔偿案、汤珠河流域黄浦公司双河水电站开发等一批涉及征地补偿、交通事故、伤害赔偿、拖欠工程款和民工工资纠纷等各类社会矛盾以及一些个体性问题。基本实现将矛盾纠纷化解在基层，消除在萌芽状态的工作要求。

治安体系建设：着眼于防范和打击违法犯罪，全面深化人防、物防、技防措施，推动治安防范网络化、社会化、信息化建设。推进“天网工程”建设，形成覆盖城镇主要街道、公共场所、交通枢纽、治安重点目标、重点单位周边区域、治安复杂区域等部位的视频监控网络，同时对以前的普清摄像头进行改造升级。加强公共安全管理，防止发生暴力恐怖袭击事件、重特大安全事故。加强群防群治队伍网络建设。在县、乡（镇）、村（社区）三级分别组建县民兵连、治保会、人民调解委员会、专职巡逻队兼民兵应急分队，兼职巡逻队、保安公司、守楼护院队伍、综治维稳信息员、平安建设志愿者等群防群治力量，落实群范群治队伍工作责任制，实行定点、定人、定时的治安巡逻机制。特别在社会管理在新兴的经济组织乡村旅游服务司、出租车公司、马帮服务公司、环卫公司中组建群防群治的队伍。县综治办结合工作实际，制定下发《九寨沟县“红袖标”管理办法》（试行），并统一制作“红袖标”600余个，在特殊时期和敏感节点，全民总动员开展村（社区）“红袖标”活动，与政法队伍日常巡逻相结合，实现治安巡逻人防无缝隙对接。探索和建立完善治安巡逻制度。建立永乐镇“摩托车治安巡逻队”、中查村“马帮治安巡逻队”等具有地方特点的义务巡逻队，为辖区的治安环境的改善和社会的和谐稳定做贡献，但是义务巡逻队队员的补贴难落实，探索建立健全义务巡逻人员补贴的财经制度，并列入同级财政预算，有制度可循，更好地发挥作用。

严厉打击违法犯罪：以平安建设调查中群众最关注、反映最强烈的毒品、交通等治安问题入手，以维护良好的旅游治安环境和经营秩序为突破口，开展专项“严打”整治工作。严厉打击杀人、爆炸、绑架等严重暴力犯罪和“两抢一盗”、电信诈骗等多发性侵财犯罪。整治社会文化市场；加强对青少年的法制教育；加强对娱乐场所等的整治力度，严厉打击毒品违法犯罪活动；以整治伪造、变造机动车号牌、行驶证、或者使用其他车辆号牌、行驶证、故意遮挡、污损号牌和不按规定安装号牌等严重交通违法行为为重点，深化机动车涉牌涉证整治行动。结合党的群众路线教育实践活动，解决群众对社会治安“一公里”问题，坚持从群众不满意的地方改起，整治社会治安热点和乱点问题，以“城中村”、城乡接合部等重点地区和网吧、洗浴中心、KTV、旅馆等治安复杂场所开展集中排查，及时排查发现治安和安全隐患。对排查出的治安混乱的重点地区、部位、场所，根据问题产生的原因，要逐一制定整治方案。

平安九寨建设：做好平安建设“十件事”，全力推动平安建设工作，把平安建设工作作为综治维稳目标考核重要依据。以“月月创平安”为抓手，推进平安建设活动，以卫生系统开展的平安医院创建活动，妇联开展的平安家庭、旅游部门开展平安宾馆等为载体，夯实平安边界、平安学校、平安家庭、平安医院、平安宾馆、平安电站、平安工地等平安细胞工程。加大平安创建活动的宣传力度。县综治办精心制作“创建平安法治新九寨、构建和谐美丽新九寨”电视短片在电视台，每天连续不间断滚动播出，制作发放平安宣传手册等多种形式，县综治办与协同县法建办，通过法治九寨信息平台采用手机短信彩信的方式，每月向用户发送2条平安知识短信和及时发送有关平安建设的工作开展情况，扩大平安创建的知晓度和普及率，营造全社会共同参与平安创建的社会舆论氛围。按照《全州综治工作电视电话会议上的讲话》要求，县综治办在九环沿线醒目地段和县城设置两户大型户外广告，让过往的行人留下深刻的印象，同时在综治目标考核要求乡（镇）、村必需有两条平安建设的永久性标语，提高群众参与平安建设的积极性和主动性。

组织工作

【机构】 中共九寨沟县委组织部内设办公室、干部科（干部监督科）、组织科。县委老干部局和县直机关工委设在组织部，县委党建办和县人才办挂靠县委组织部，县委组织部下设党员教育办公室（2014年12月由县委党员干部现代远程教育中心更名为县委党员教育办公室）和信息中心，县委编办与组织部合署办公，下设事登局和电子政务中心。

【领导名录】 县委常委、组织部部长：史志刚，副部长：扎黑泽里、蒋建忠（2014年12月止）、伍军、王玉梅、兰红华（援藏挂职2014年月6止）。人才办主任：扎黑泽里，副主任：陈永福。党建办主任：蒋建忠（2014年12月止），副主任：孙燕妮（2014年10月止）。党员教育中心主任：宛严勇（2014年9月止）。县直机关工委书记：陈孟平，副书记：代亚刚。老干局局长：伍军。编办主任：王玉梅，副主任：王碧秋。

【领导班子和干部队伍建设】 按照“二十字”好干部标准，鲜明省委“三重”用人导向和州委“三干”工作导向，以锻造“党性纯、学习强、作风硬、纪律严”的干部队伍为目标，严格遵守干部选拔任用的有关规定，严把“四关”履行干部任用程序，为县委干部选拔当好参谋助手，做好考察调配。2014年，提交县委常委会研究讨论干部9次，调整干部180人次，其中提拔干部27人（提拔到相对重要岗位1人），交流74人，继任28人，兼职、改非、免职等50人，新录用干部转正定级1人。贯彻落实干部管理监督规定，不断加强干部的管理和监督，制定实施《九寨沟县进一步从严管理干部的办法》《九寨沟县干部作风“四个严守十二个不准”》，严格执行主要领导外出报告制度、副科级领导请销假备案制度和重点时期日报告制度，促使干部在岗履职。始终坚持以群众满意作为首要标准，严格实行领导干部任期经济责任审计制和部门“一把手”年度述职评议制度，建立信访、电话和网络举报“三位一体”的立体式举报体系；开展“组织部长谈心谈话”活动，采取“一月一评价、一季一分析、一年一谈心”举措和“一对一、面对面、全覆盖”的方式，解决干部“不实干、不想干、不敢干”的问题，改善干部作风。 执行州委关心关爱干部的相关政策，制定实施干部职工体检制度，分期分批对全县4499名干部职工（包括246名村干部和903名离退休人员）进行体检。严格落实年休假制度，要求各单位有计划地安排干部职工轮流休假。同时，做好老干部服务工作，投入13万元维修双流、江油等干休所活动室，为各干休所年配套活动经费最高达8万元；建立完善老干部工作台账，通过召开座谈会、入户走访等形式对老干部的诉求及时梳理和收集意见，并采取限时办结机制。

【干部培训】 对“百千万”人才培养“大课堂”进行提档升级，减量增质。在开办党务工作者培训班、“9+3”干部培训班、“大学生村官”培训班等6个主体班次的同时，邀请中央党校、浙江大学、四川省委党校等9名省内外知识专家到九寨沟县讲学，提升培训效果。同时，强化就业培训，开办创业培训班5期，培训青年（大学生）175人次。推荐1名村干部、8名村官参加中央、省、州组织的专题培训，利用县委党校对全县510名新任村社干部、65名大学生村官进行党建工作、产业发展等知识的集中培训，提升基层干部队伍的综合素质。对743名入党申请人、456名入党积极分子、163名农村党员发展对象建立工作台账，严把党员“质量关”，发展党员109名。

【人才队伍建设】 按照州委组织部的统筹安排，开展2013—2014年度遴选优秀干部人才工作。经测试和结构化面试，遴选科级培养对象30名，村两委主要负责人培养对象18名。联合茂县、松潘两县在松潘县委党校进行为期一个月的理论培训，并组织到四川师范大学学习。7月份，组织遴选干部在全县分党政农村、城乡规划、经济金融、科教文卫四大类进行实践调研，加强优秀年轻干部的培养锻炼，促使年轻干部解放思想，开阔视野，提高综合素质和工作能力。2014年，全县公开招录8名优大生、公招法检公务人员6名，招聘91名事业干部（其中“9+3”学生23人），引进22名大学生志愿者。

【基层组织和党员队伍建设】 始终坚持把深入推进“藏羌城乡党旗红”党建提升工程作为强基层打基础、提升基层组织战斗力的重要举措。打造党建宣传长廊，按每个乡镇3幅、每个村5幅制作党建标语651幅、大型宣传展牌10余个，营造浓厚的党建工作氛围。采取党员佩戴党徽、设置党员标识牌等形式，让党员主动亮身。通过电信视频，开办“党员大课堂”，直播到全县各乡镇，实现县乡村党员“同上一节课，党性共提升”，举办专题党课5期。“七一”期间开展党员重温入党誓词、“双承诺”活动，对28个先进集体和102名先进个人进行表彰，向省州推荐先进集体3个，先进个人12名。在服务群众方式上创新“1+10”便民联系新模式，1735名机关党员干部主动走出机关，与16109名群众、2028户个体工商户结对子，帮助理清发展思路，实现联系帮扶全覆盖。启动实施17个乡镇便民服务中心规范化建设，确保便民服务均等化。深化党政机关、国有企业与村（社区）、“两新”组织结对共建工作，实现各级、各类党组织相融互动、共促共进，提升全县党建工作整体水平。多种渠道筹集初始资金60万元，建立党内帮扶工作基金，为249名困难党员建立信息库，已帮扶困难党员40名。

【非公党建】 建立非公党建联席会议制度。在全州率先成立旅游行业党工委，探索“1+3+3”党建工作新模式，高点谋划、整体推进，开创旅游行业党建工作新格局，全面实现旅游行业党建与旅游产业转型升级互促双赢。在县委的领导下、整体统筹，明确由县旅游局牵头，整合工商联、九寨沟公安分局、漳扎镇等11个行业管理部门及乡镇组织优势资源，成立旅游行业党工委，由旅游局长任书记，成员单位“一把手”分工协助，建立旅游行业党建办公室，研究制定《旅游行业党的工作委员会工作方案》，有针对性地向各旅游企业提供党建、政策、信息、技术等方面的支持和服务，制定《旅游行业党的工作委员会委员分工》《旅游行业党的工作委员会指导员制度》，各成员单位指导员联系两新组织党建工作，由指导员定期走访两新组织，与两新组织业主交心谈心，宣传党建、讨论党建、指导党建，协调帮助解决两新组织在生产经营中的实际困难和问题，督促和指导两新组织做好发展党员和党组织组建的工作。

【援藏干部人才工作】 2014年，九寨沟县第三批援藏干部人才分别来自达州市级部门及7个市、县、区，共21名。其中，6名党政干部（担任县级领导1名，实职副科级领导5名），中共党员15名；女性2名；15名专业技术人才，分别有5名专业技术人才到教育、卫生系统任职。县委组织部继续加强对第三批援藏干部人才的后勤保障、政治激励和人文关怀。在生活上继续实施“两统一两解决”，在工作上兑现“三落实”，解决后顾之忧，让援藏干部人才安心工作。21名援藏挂职干部人才继承和发扬革命老区的“忘我奉献、吃苦耐劳、勤学善思、团结融入”的精神，自觉接受县委、县政府的领导，视九寨为故乡，把群众当亲人，以良好的状态投身到九寨沟县的经济社会发展的各项建设事业中，为推动九寨新发展，维护全县和谐稳定发挥重要作用。

【党员教育】 2014年，九寨沟县党员干部现代党员教育工作，按照州委组织部“组织工作抓实”的总体思路，贯彻落实全国、省、州组织工作会议精神，以践行党的群众路线教育实践活动为重点，发挥党员教育和宣传、教育、服务职能作用，组织全县党员干部观看党教片《焦裕禄》《苏联亡党亡国20周年记》等，组织宣讲团赴全县17个乡镇，69个县级部门，开展主题宣讲活动20余场次。按照《中共阿坝州委组织部关于开展党员（远程）教育工作人员跟班顶岗学习活动的通知》，选派了1名骨干人员到州委组织部跟班培训，同时从乡镇抽调9名优秀基层党务工作者到县委组织部跟班学习，提高理论素养、业务技能和管理水平。按照分散培训的原则，对17个乡镇的管理员、操作员进行理论与实际操作相结合的轮训，实现乡、村党员教育工作者集中轮训一遍的目标。特别针对新任管理员，着重从责任意识、操作技能、组织能力和规范管理等培训，使基层站点管理员真正成为工作上的“行家里手”。利用党员教育平台，紧密结合“藏羌城乡党旗红”党建提升工程，有针对性地拍摄制作《全省优秀乡镇党委书记》《心手相连走基层》等先进事迹片，以及领导调研，重要讲话等，并拷贝和刻录成光盘发放到140个站点。

【老干部工作】 根据老干部工作的新情况、新问题，探索新形势下离退休干部服务管理方法，完善建立一批服务老干部制度。组织部全方位着手，加大老干部工作投入，紧紧围绕全县工作大局，落实老干部工作的各项方针政策。以“让老干部满意”为出发点和落脚点，深入基层、广泛调研，转变作风、优化服务，着力解决全县老干部切身利益问题，党的群众路线教育实践活动开展以来，集中梳理老干部诉求156条，收集意见68条，对诉求事项、意见建议、办理情况、解决时限、责任主体全部记录在案，形成全面细致的老干部工作台账。2014年4月、6月、9月，由县委组织部牵头，召集老干部局、机关工委、人社局、医保局、社保局、老龄委等部门工作人员组成政策宣传组分批次奔赴各干休所，对老干部提出的问题和意见集中开展现场政策咨询解答活动，答复解决老干部们提出的工资、医疗、个人待遇、服务管理等各个方面的问题。针对老干部提出的项诉求书面解答45条，面对面办理123项，实际解决158项。同时，为丰富离退休干部的文化生活，为老干部征订《中国老年报》《阿坝日报》《晚霞》等报刊杂志，并为各干休所征订《离退休干部党支部学习参考》等杂志。

【机构编制】 政府机构改革：2014年，进行政府机构改革。结合九寨沟县实际，重点围绕转变政府职能和理顺职责关系，突出职责重点、区域特点、发展水平，强化职责和机构整合，稳步推进大部门制改革，将政府工作部门27个整合为23个，挂牌机构由10个减少为8个。其中新组建政府工作部门6个，更名机构2个，划转行政类事业机构行政管理职能2项，挂牌机构转为实体机构1个，部门管理的行政机构转为挂牌机构1个。根据全省政府职能转变和机构改的实施意见，全省工商质检管理体制由省级以下垂直管理改为州、县政府分级管理。体制调整后省工商质检划转到九寨沟县行政编制40名、事业编制1名、工勤编制4名。划转实有人员公务员36人、事业人员1人、工勤人员3人。县委、县政府制定《九寨沟县漳扎镇行政管理体制改革工作试点的实施意见》，成立漳扎镇行政管理体制改革工作试点领导小组，办公室设在县委编办，负责日常事务工作。

事业单位分类改革：按照事业单位分类改革划分标准、范围和行政类认定依据，九寨沟县事业单位288个，其中群团组织和经济合作社5个机构不纳入分类，实际分类的事业单位283个，其中，行政类事业单位8个、公益类事业单位260个（公益一类259个、公益二类1个）、生产经营类2个、暂缓分类13个；印发《九寨沟县事业单位分类指导目录》《九寨沟县事业单位分类统计表》。

领导职数清理：对全县乡镇党委政府、县直党政机关、人大、政协、检察院、法院、人民团体、事业单位核定的领导职数进行全面清理。查找历年来核定领导职数的文件依据、单位“三定”规定中的领导职数和人员高配的相关文件。经清理核查，全县领导职数542名，可高配为副科级或正科级职数32名。

机构编制管理：严格控制机构编制，确保财政供养人员只减不增，7月至10月对各单位机构编制全面核查，核查内容包括：单位名称、机构规格、经费来源、内设机构、人员编制、领导职数、实有人员基本情况，核查349个单位，3574人。

非行政许可审批事项的清理：清理出非行政许可审批事项35项，其中县人社局1项、县文体广新局6项、县质监局2项、县公安局22项、县农水局2项、县发改局2项。

事业单位法人登记年检：九寨沟县事业单位登记管理局派专人于2月7日至3月31日，在县政府政务服务中心大厅临时窗口，集中对县属经核准登记的事业单位进行网上登记年检，已登记的事业单位171个，年检合格171个，年检率100%；涉及变更的单位36个，变更事项54项。

【自身建设】 始终坚持把思想建部、能力强部、文化兴部、制度立部、纪律治部作为建设模范部门、打造过硬队伍的重要载体。注重学习培训，增强党性修养。开展"学习李林森，争做优秀组工干部"和创建学习型部门等主题活动。为每位职工征订《细节决定成败》《把事情做到最好》等书籍，并定期抽查职工读书笔记心得，掌握学习情况。严格落实每周二集中学习制度，每季一次工作点评、半年一次交心谈心工作措施。创新工作方法，提升业务能力。建立动态考评和干部激励机制，创造性地建立部科室负责人、副科级干部和班子成员的"三级会诊"制度，分批定期研究解决工作推进等问题。以到农村、社区开展"走基层""双报到""组工义工""1+10"便民联系等活动，在带头为群众办实事中，密切干群关系，提升组工干部服务群众的工作能力。培育组工文化，打造示范部门。开展"打造一个文化长廊——组工文化走廊、编排一个红色题材的小品——《党旗红》、创作唱响一首组工之歌——《心中飘扬的旗》"的"三个一"活动；牵头举办并参与"中国梦"、群教活动等主题演讲、歌舞、文艺创作等比赛活动，并取得优异成绩；开通具有组工精神特色语录的电话彩铃和职工生日祝福短信，使干部职工切实感受到组织的温暖。加强制度建设，提高服务质量。通过"废改立"，废除、修改和新制定制度37项，使制度机制成为固化教育实践活动、作风建设成果、党员干部联系和服务群众的硬约束；建立工作目标责任制，对重点工作任务进行分解，责任到人，按照工作要求和完成时限，加强工作督查和跟踪考评，提高组工干部落实工作的执行力。强化组织纪律，炼就过硬作风。组织干部职工学习贯彻中央八项规定、省十项规定、州八条意见和县六条实施办法，要求组工干部职工牢记各项规定，严于律己，争做表率，大家学先进、转作风、比工作、创业绩；制定实施组工干部"十严禁""十不准"行为规范，增强组工干部自我约束和自我反省意识，筑牢廉洁自律防线。

宣传工作

【机构】 县委宣传部内设文明办、外宣办、办公室、理论股、县新闻中心、县网信办。

【领导名录】 县委常委、宣传部部长：周晓喻，副部长、县文明办主任：黄培富，副部长：方燕明（2014年9月27日止）、孙燕妮（2014年9月28日起），县文明办副主任：何晓蓉。

【理论教育】 开展中央和省州县重要会议精神宣传教育工作，牵头组织县委中心组理论学习8次，牵头在全县各乡（镇）和县级各部门开展主题宣教活动102场次，牵头征订发放各类理论学习资料近2000册，牵头收集上报理论研究课题15个，撰写并上报典型经验案例教学文章1篇，完成"四川长征路线文化资源研究系列丛书"阿坝卷编辑的相关材料的撰写任务，编辑印发《九寨》杂志5期20000册。

【宣传工作】 牵头整合县、局、司对外宣传工作力量，成立九寨对外宣传工作领导小组，制定《九寨对外宣传工作方案》《九寨沟县新闻宣传报道奖励办法》，建立九寨沟县官方微博、微信，牵头开展外宣活动10余场次，先后在《新闻直播间》《朝闻天下》等栏目直播九寨沟县黄金周工作开展情况7场次，在州级以上媒体刊播各类新闻1300余次（其中，央视7条、省级媒体280余条次），在各级网络媒体发表新闻1150余条次，发布党的群教活动、“天堂口”故事等典型宣传稿件数10篇，制作对外宣传资料3套1万余册。2014年，县电视台播出新闻1800余条次，播出专题栏目6个、专题片55期，先后牵头制作宣传展板14版（次），设置各类宣传广告和标牌120余幅。牵头成立县互联网信息办公室、县不良与违法信息举报中心和网络监督股，指导做好网络舆情监测工作，上报《舆情报告》54期，编发《舆情参考》1期。

【精神文明建设】 深化公民道德宣传教育，牵头开展九寨身边好人评选活动，表彰第一届九寨身边好人6个，评选出第二届九寨沟身边好人候选人8名，利用电视台、建筑围栏等加强社会主义核心价值观宣传，发放宣传资料近4000册（份）。成功创建“四川省第三届文明城市”，继续开展各级文明单位创建活动，争取上级资金5万元，打造省级三新示范点1个。安排部署全县未成年人工作，建成中央级乡村少年宫3所，州级乡村学校少年宫5所，县级乡村学校少年宫4所，向上争取乡村学校少年宫建设资金30余万元。牵头组织校园周边环境治理工作、青少年系列爱国主义教育活动和中小学生网上签名寄语活动，表彰美德少年31人，配合州文明办举办全州“走复兴路，圆中国梦，美丽阿坝我的家”讲故事和演讲比赛，九寨沟县取得演讲比赛一等奖，讲故事比赛三等奖的优异成绩，九寨沟县选送选手代表全省参加全国比赛获三等奖。

【公共文化服务】 将文化产业发展和演艺市场规范管理纳入全县重点项目，《九寨沟文化产业园总体策划及概念规划方案》通过专家评审，在第十届中国文博会成功推出文化产业项目1个，牵头加强九寨沟营业性演出市场规范管理，2014年演出市场接待游客107.1万人次，实现产值1.81亿元，上缴税款940余万元。牵头做好乡村综合文化站、社区（农家）书屋、“村村通”、农民健身工程建设和农家书屋书籍更新工作，建成幸福美丽新村文化大院5个。牵头推进数字电视建设工程和县广电台业务用房维修工程，投入500万元完成有线电视数字化转换前端设备安装调试和终端用户机顶盒信号、效果测试工作。牵头举办年文化活动、元宵晚会、藏历木马新年文艺演出、“九寨人唱九寨歌”歌唱比赛、斯洛克个人赛、中国象棋比赛和全民运动会，牵头开展“三下乡”活动3场次，配合上级开展“送文化下基层”演出活动5场次，牵头组织各类文化活动等39场次，“2131”农村放映工程放映电影1440场次。指导县文体广新局充实县级非遗库，收集整理26个非遗项目资料，投入10余万元建立文化遗产保护数字资料库。加大非遗项目申报工作，“熊猫舞”被命名为国家级非遗项目，“涂墨节”被命名为省级非遗项目，南坪曲子传习所被命名为全省第一批非遗传习基地。

统战工作

【机构】 2014年，统战部内设办公室、经济股、干部股、民宗股4个股室。九寨沟对国外藏胞工作领导小组办公室设在县委统战部 。

【领导名录】 副部长：周银富、邓光军，县藏胞办主任：任则措。

【自身建设】 以“转变工作作风、服务统战对象、服务科学发展，凝聚统战力量”活动为载体，贯彻中共十八大、十八届三中全会精神和习近平总书记系列讲话精神，落实中央八项规定和州委八条意见、县委六项规定等要求，加强全体干部马克思主义群众观点和党的群众路线教育，坚决反对形式主义、官僚主义、享乐主义和奢靡之风，着力查找解决统一战线成员单位干部职工存在的突出问题，提高新形势下做好统战工作的能力，不断坚定理想信念，强化宗旨意识，密切党群干群关系，全力发挥统一战线凝聚人心、团结群众、智力密集的优势。组织电视学习14次、组织集中学习33次、开展自学48次、集中观看人物电影《焦裕禄》《雷锋》《杨善洲》等3次，安排在家自我观看人物电影、教育纪录片等9次；在第一阶段“大讨论”活动中，开展“群众路线怎么走”“改进作风怎么办”“五好干部怎么做”“入党为什么、当干部做什么为后人留什么”四个大讨论。按照州委统战部统一安排，继续贯彻落实阿坝州《阿坝藏族羌族自治州藏传佛教事务管理暂行办法》，开展“爱国爱教、持戒守法、助民为乐”主题活动；强化管理、完善制度；建立完善各项制度，加强对干部职工和内部事务的管理。继续对统战工作实行目标管理，与全县17个乡（镇）和县级各相关部门签订《统一战线目标管理责任书》；到基层开展调研工作。

【民族宗教和维稳】 为加强各寺管所工作人员的工作力度，加大对寺庙管理所干部的培训力度；加强寺庙基层队伍培训力度，对寺管会成员开展教育培训；开展好县级领导干部联系寺庙工作；加大寺庙的管理力度，主要涉及人员管理、佛事活动管理、佛教场所管理、寺庙财产管理等；推进寺庙群众工作广覆盖，把僧尼和信教群众紧紧团结在党和政府周围。全面开展“领导联系、县乡结对、部门包寺”活动，推进寺庙群众工作广覆盖。通过活动，实现“牢牢掌握寺庙领导权和管理权，对重点僧尼、代表人士、困难僧尼结对交友，教育引导、管理服务，增强党和政府对寺庙僧尼的影响力和凝聚力”三大目标。组织民宗工作干部到金川县观音寺、壤塘县藏洼寺、红原县麦洼寺考察学习，借鉴先进经验，强化九寨沟县藏传佛教寺庙组织机构建设、提升寺庙管理水平。开展文敏和谐平安三级联创工作。到寺庙以及信教群众中去了解情况，对寺庙维稳进行常态化工作；大力排查、严格控制藏传佛教僧尼在九寨沟县进行讲学；做好藏传佛教寺庙佛事活动的管理；组织各藏传佛教寺庙所在乡镇、各寺管所做好出境回流人员入寺情况的摸排核查；做好僧人外出的请销假制度，出县须向当地寺管所请假后方可外出；在敏感时期，加强信息的收集，坚持24小时维稳值班制度以及情况每日上报制度。坚持管理与服务并举，推进“五项关爱”行动，继续抓好寺庙水、电、路等基础设施建设，不断完善寺庙僧尼社会保障体系，延伸服务触角、提升服务水平。加强寺庙公共基础设施建设。争取中央“五通、三有、三覆盖”专项资金，在9座藏传佛教寺庙实施通水、通路、通电、通信、通广播电视等基础设施及寺庙书屋建设，项目已进入实施阶段；争取州级财政危房改造资金，用于全县寺庙危房改造；县级财政多方筹措建设资金，用于全县寺庙的大殿、厕所、道路等基础设施建设。加强寺庙公共民生服务。安排各相关部门干部到寺庙了解掌握寺庙僧尼在学习生活、“五保”供养、低保、新型农村合作医疗、社会医疗救助、农村养老保险、敬老院集中供养、伤残救扶、卫生疾病防治等民生方面存在的具体困难，倾听僧尼的呼声，真正做到想僧尼之所想，急僧尼之所急、解僧尼之所需，解决广大僧尼的后顾之忧。全县已有21人纳入五保供养，107人纳入农村最低生活保障，268人参加新型农村合作医疗，151人参加新型农村社会养老保险，敬老院集中供养1人。利用各种节假日，结合“五项关爱”活动，加强对代表人士、老弱病残人士的走访慰问。宗教管理队伍战斗力增强。提升思想认识，寺庙是社会的基层社会单元，强化管理，改变过去部分干部曾存在的不敢管、不善管的现象，干部队伍主动担起责任，加强对宗教事务的管理与服务。寺庙管理逐步走上正轨。过去松散无序的工作模式向现在有序健康规范转变，开展工作有法可依、有章可循、目的明确、方向明了。维稳形势良好。继续保持九寨沟县民族团结、宗教和睦、社会和谐稳定的局面。

【对国外藏胞工作】 完善对国外藏胞二代、三代人员的档案。贯彻落实中央关于新时期对达赖斗争和对国外藏胞的方针、政策，宣传对国外藏胞工作和国外藏胞回国探访、旅游审批、接待、管理工作。到基层走访和慰问国外藏胞家属，关心国外藏胞家属生产、生活。完善对国外藏胞二代、三代人员的档案。

【非公有制经济】 到非公有制企业开展调研工作，全面了解新阶层代表人士现状和非公经济基本情况和基层党组织的现状，了解非公有制经济人士的心声和想法，向政府反映民营企业在经营中存在的困难和问题。非公经济工作立足于“团结、教育、帮助、引导”的方针，落实中央、省委关于非公经济发展的文件精神，认清发展形势，转变发展观念，拓展发展视野”，促进民营企业按照两个“健康”要求持续发展。着力凸显工商联、商会桥梁纽带作用。在非公经济发展过程中，加强工商联和商会的职能职责，凸显工商联对非公经济的思想教育和引导作用，发挥商会的桥梁纽带作用。着力引导非公经济人士积极开展光彩事业。在全县非公经济界开展先进非公企业评选活动，引导非公经济在市场竞争中自我完善、转变观念，弘扬非公经济不等不靠，勇于探索，自主革新的开拓精神，营造“亲商、爱商、护商”的社会氛围，激发非公经济回馈社会，参与“光彩事业”的积极性、主动性、自觉性。着力引导非公经济良性发展。以群众路线主题教育为契机，继续在非公经济中开展“同心”教育积极引导非公经济与社会主义市场经济相适应。立足经济发展现状，教育非公企业把企业做精、做细，引导非公经济人士依法经商、依法办事、诚信经营。着力加强“政企”对接，增进共识。落实“县级领导干部联系非公企业制度”，加强党委政府与非公企业的密切联系，密切党群干群关系，增进团结共识。坚持落实工商联主席会议联系制度，总结各阶段非公经济发展成果，交流企业发展经验。加强走访座谈倾听非公经济人士心声，沟通思想，增进友谊。

【党外人士队伍建设】 为全面了解党外干部基本情况，加强对党外干部的管理工作，组织安排专门人员，通过两周的时间对全县党外人士进行调查统计，九寨沟县有党外人士1586人。为下一步开展党外干部工作提供详实的数据。县委统战部开展党外人士工作调研，了解党外人士的工作，形成专题调查报告。按照《中共中央关于加强新形势下党外代表人士队伍建设的意见》精神，发挥好党外干部作用，针对党外人士工作的薄弱环节，制定党外人士工作措施，拟定党外干部工作实施意见。完善制度，制定党外干部培养选拔长效机制。执行政策，严格按照中央、省、州有关文件要求，在执行上级政策中不走形式，完善培养选拔制度，完善联系制度，完善动态管理制度，坚持“三派”锻炼制度。加强工作对接，共同促进党外干部茁壮成长。对党外干部在培养、选拔方面，与县委组织部加强工作对接，进行排队分析，建立专人档案，逐步配备一批优秀党外干部，使党外干部能够茁壮成长。结合党外代表人士发展的难题，加强党外工作基层专题调研，不断发现、培养、举荐新的党外人才。会同县委组织部门对党外人才研究考察，根据党外人才的实际状况，按照党外人才的数量、质量、配备要求，建设一支“政治素质过硬、工作业绩突出、年龄结构合理”的党外人才后备队伍。

党　校

【机构】 党校内设教务室、总务室、办公室。

【领导名录】 校长：史志刚（2014年6月起），常务副校长：黄轩君，副校长：殷玉奎。

【干部培训】 为学习贯彻中共十八大、十八届三中、四中全会精神，提高九寨沟县各级领导干部理论水平和执政能力，加快推进九寨沟县经济社会发展的历史性跨越，在干部培训工作中，九寨沟县委党校发挥干部培训主阵地作用，加大培训力度，协助相关部门作好宣讲、上好党课。根据《中共九寨沟县委组织部关于举办村“两委”干部教育培训班的通知》文件要求，举办全县120个行政村村党支部书记培训班，为期5天培训村支部书记114人次。九寨沟县委党校举办村委会主任培训班，为期4天培训村主任107人次。举办村团支部书记培训班，为期3天培训团支部书记129人次。举办妇代会主任培训班，为期3天培训妇代会主任131人次。与县委组织部共同举办“入党积极分子暨党务工作者”培训班，为期1天培训党务工作人员86人次。由茂县、松潘、九寨沟三县组织的优秀年轻干部人才递进培训计划首期培训班，九寨沟县委党校副校长、正科级理论教员、高级讲师等5人积极承担培训教学任务。与县农水局共同举办2014年村级三资监管1期5天的培训班，20人参加。根据《中共九寨沟县委组织部关于开办干部教育培训主体班次》文件要求，与县委组织部共同举办党务工作者培训班，为期4天72人次参加。与县委组织部共同举办“9+3”干部培训班，为期6天124人次参加。与县委组织部共同举办团支部书记培训班，为期4天129人次参加。与县委组织部和党校共同举办大学生村干部培训班，为期4天57人次参加。全年完成干部教育培训9期1080人次。为推进党的群众路线教育实践活动，强化理论武装，与县委宣传部组成党的群众路线宣讲团，分别到机关、乡（镇）、企业、学校进行基层群众宣讲工作，宣讲59场次，听众4754人次。

【理论科研】 *理论科研新成果*：根据省委党校相关文件要求，县委党校申报的课题“九寨沟县关于构建残疾人全面社会保障的探索研究”于2014年6月立项，11月底结项。据阿坝州社科联文件通知，县委党校主持的“藏区未成年人思想道德建设存在的突出问题及对策研究”课题于2014年5月28日立项，11月底课题成功结题验收。根据《阿坝州委党校关于开展2014年度全州党校系统调研工作的通知》，县委党校领导高度重视，申报的3个课题“新形势下创新民族地区群众工作的调查与研究”“九寨沟县推进养老服务城乡均衡发展的对策研究”“处理外来企业与当地居民矛盾的情况调查”于2014年11月下旬结项，分别获得优、良、合格三等次，并荣获“2014年度全州党校系统课题调研工作”组织奖。高级讲师撰写的论文《九寨沟县发展乡村文化的调查研究》《切实践行群众路线 推动基层党校工作上台阶》均发表于《阿坝发展》。

典型经验案例教学：根据阿坝州运用典型经验调研成果开展案例教学工作领导方案的要求，县委党校响应，领导高度重视，现已完成4个调研课题：“九寨沟县建设川西北生态经济‘实验区’的实践与探索”“九寨沟县构建旅游应急管理机制的实践与经验”“九寨沟县率先建成藏区半小时医疗急救圈和1小时医疗服务圈”“九寨沟县繁荣农村文化的实践与探索”的调研报告撰写工作。九寨沟县运用典型经验调研开展案例教学工作自6月开展以来，各项工作开展有序。经九寨沟县委、县政府分管领导及州政研室审定，同意拍摄，已完成典型经验案例教学片拍摄制作工作。

【其他工作】 *“走基层”活动*：根据县委组织部要求，特制定“走基层、解难题、办实事、惠民生”活动实施方案，成立“走基层”活动工作领导小组，建立健全各类活动台账。在“走基层”活动中起到“六个带头”作用，着力解决群众反映强烈的“七难”问题，让老百姓真正得到实实在在的实惠，向群众交上一份满意答卷。活动从2014年1月至6月，期间为了更好的联系服务群众，1月23日，县委党校结合便民联系“1+10”“挂包帮”活动，开展走访慰问和帮扶，党校常务副校长和副校长亲自走访慰问困难群众、困难党员、三老干部、残疾人、孤寡老人等10户人，并送去慰问金4000元；党校为联系户初具规模的养猪场购买价值2200元母猪1头；县委党校一行6人在党校常务副校长的带领下到南坪社区开展“党员义工日”活动，主要为社区贫困居民送去1000元慰问金；8月，为帮扶村维修磨房及管理党校自筹资金10000元。

“群众路线教育实践”活动：党的群众路线教育实践活动开展以来，组织党校教师集体学习23次，46个学时，领导班子成员撰写调研文章2篇，全体干部职工撰写心得体会33篇，观看电影、光碟8次。与县委宣传部组成党的群众路线宣讲团，分别到机关、乡（镇）、企业、学校农村进行基层群众宣讲工作，宣讲内容主要以十八届三中全会、省委十届四次全会、州委十届五次全会、县委三届六次全会精神和第二批群众路线教育实践活动为主，宣讲59场次，听众4754人次。活动过程中，党校始终坚持“开门评风、百姓听音、基层问症、主动纳谏、躬身自省”等方式，征集到涉及班子的意见49条，班子2位成员意见21条，股室干部意见建议6条，其他干部意见建议若干条，通过“一对一”的形式，在领导班子成员相互之间、班子成员与分管领导之间、班子成员与督导组之间、班子成员与一般党员之间逐一进行交心谈心，先后谈8次。党校按照制度建设“废、改、立”要求，废止制度2项，修订完善制度12项，新建制度6项。

师资队伍建设：加强党校教师和干部队伍建设，必须着力在“政治强、业务精、作风正”上下功夫。九寨沟县委党校教职工牢固树立共产主义的远大理想和坚定信念，始终坚持党的基本理论、基本路线、基本纲领和基本经验，自觉学习贯彻习近平总书记系列重要讲话精神，坚定不移地走中国特色社会主义道路。要有鲜明的党性观念，坚持党校姓“党”原则，增强政治敏锐性和政治鉴别力，严格遵守党的纪律。要有较高的业务水平，夯实马克思主义理论功底，提高教学水平和科研能力。要有强烈的创新精神，推进党校体制机制、教学科研和管理等方面的创新。要有良好的精神状态，热心、安心、潜心党校工作，在工作中千万不能只求过得去，而要力求过得硬、做得优。要有高尚的人格魅力，自觉加强道德修养，努力做到学为人之先、德为人之师、行为人之表。

业务培训：为贯彻落实全省党校系统业务指导工作会议精神，切实加强州县党校联系与协作，做好州党校对县党校的业务指导工作。县委党校副校长和教导主任参加由四川省委党校举办的第二十一期全省党校系统（行政学院）师资培训班。县委党校常务副校长带队，党校教师一行4人参加由阿坝州委党校举办的全州党校系统第二届“精品课”展示活动。

群众工作局

【机构】 县委群众工作局、县政府信访局内设2个股（室）：办公室、来访接待股。下设群众工作中心。

【领导名录】 局长：泽仁地果（2014年1月止）、张竞（2014年1月起），副局长：蔡侠（2014年9月止）、马文杰（2014年9月起），群众工作中心副主任：陈刚（2014年12月30日止）、张建华（2014年12月30日起）。

【基本情况】 2014年，县委群众工作局和县人民政府信访局收到群众来信22件，接待群众来访119批（同比下降2.5%）、416人次（同比下降48%）。接待群众来访中涉及工程欠款及农民工工资问题15批38人次；涉法涉诉问题14批31人次；求决问题78批323人次；房屋拆迁问题11批23人次；举报类1件1人次。网上信访23件，回复23件，其中全国信访信息系统9件、人民网网名留言5件、省长信箱9件。到省5批15人次，到州 2 批 5 人次，到京 1 批 1 人次。2014 年，全县召开处理信访突出问题及群体性事件联席会议和听取信访工作汇报 4 次，县委常委会、政府常务会听取和研究信访工作 6 次。

【责任考核】 为全面开展矛盾纠纷排查化解工作，妥善处理信访突出问题，有效预防和及时化解群体性事件，经县委、县政府分管领导同意，制定下发 2014 年《九寨沟县信访工作目标考评实施细则》，作为考评依据。把妥善处理群众关心的热点难点问题，敢于和善于化解各种矛盾纠纷，领导接访、干部下访作为衡量和评价各级领导班子和领导干部政治意识、大局意识，以及驾驭复杂局面，维护社会稳定能力的重要依据之一，作为领导班子和领导干部的考核内容。全年组织检查 4 次，处理一批矛盾纠纷。

【县委书记、县长大接访】 为把县委书记、县长大接访活动落到实处，县委书记和县长亲自责成相关部门立足本县实际，制定出切实可行的实施方案，细化大接访活动措施，明确大接访活动要求，确保大接访活动开展。宣传动员群众参与大接访活动。组织对法律、法规和包括《信访条例》在内的法规的宣传教育，增强群众的法律意识，畅通诉求渠道，引导群众通过正常的渠道来反映正当诉求，参与大接访活动。 开展领导接访活动，现场化解信访突出问题。县委、县政府主要领导带头接访，县级领导、乡镇领导和部门负责人共同参与，化解信访突出的问题。按照大接访制度要求，县委书记和县长每月到群众工作中心分别接访 1 次，并确保群众工作中心每周有 1 名县级领导接访群众。2014 年，县委书记接访群众 6 批 56 人次，其中集访 4 批 54 人次，现场解决答复 6 件。县长接访群众 5 批 62 人次，其中集访 4 批 48 人次，现场解决答复 2 件、政策解释 3 件。其他县级领导接访群众来访 6 批 44 人次，其中集访 3 批 37 人次、当场解决答复 6 批。全县 17 个乡镇相应启动乡（镇）党委书记、乡（镇）长大接访活动，处理辖区内矛盾纠纷和群众来访问题。

【化解信访积案】 2014 年，贯彻中央、省委省政府和州委州政府的决策部署，加强领导，突出重点，集中开展以县委书记大接访为重点的矛盾纠纷排查化解活动，解决一些长期积累的重信重访案件和群众反映强烈的突出问题，取得阶段性成果。全年解决信访积案 3 起，已全部息访息诉。全县无“三跨”“三分离”的信访积案。

【矛盾纠纷排查化解】 明确重点，开展矛盾排查梳理工作。随着新农村建设的不断深入和 72 个重点项目的逐步开工建设，一些影响社会稳定的因素不断出现。县委、县政府在加大农村投入，不断改善群众生产生活条件，完善困难群众救助体系的同时，结合农村社会治安集中整治活动，加大对乡镇、部门不稳定因素的排查力度，做到矛盾纠纷排查的经常化和制度化（重要节假日期间做到每天排查，实行日报告制。一般时间实行月排查、月报告制。突发事件或重大事件及时上报）。开展矛盾纠纷排查工作，信访干部到 17 个乡（镇）和有关部门重点排查因涉农、开发项目等问题引发的矛盾纠纷，以及在企业改制、土地征用和承包、城镇房屋拆迁、建筑工程款结算、劳动就业、水电开发等过程中侵害群众切身利益引发的信访突出问题。围绕排查出的信访突出问题，逐件按其诱因、时间、地点、单位、涉及人数、重点人员、事态发展预测等要素进行登记建档造册。同时，为防止矛盾激化，注意工作方式方法，通过热情接待、加强法制教育，耐心细致地做好上访人的思想、情绪的稳定工作，解开疙瘩，打消心头的怨气，引导上访者依法有序进行信访和反映情况，开展矛盾纠纷化解工作。按照《九寨沟县开展大接访活动实施方案》的要求及《九寨沟县关于全面深入开展处理信访突出问题及矛盾纠纷排查化解工作通知》，全县副县级以上干部在集中接访的同时，到联系乡镇，指导乡镇和相关部门抓好矛盾纠纷排查调处工作。整合乡（镇）维稳、综治、派出所、司法工作力量，发挥基层调解组织的职能作用，加强人民调解、司法调解和行政调解工作，集中处置辖区内的信访和不稳定问题，加大信访问题的处置力度，维护农村社会的政治稳定。以开展便民联系活动、“百千万”作风转变活动为载体，主动走进百姓家里，了解群众所需所想，拉近干群之间的距离，力求使群众的想法在第一时间知晓，群众的困难在第一时间解决，群众的矛盾在第一时间化解，将农村的各种不稳定隐患消除在萌芽状态。2014 年，全县排查梳理出矛盾纠纷 218 件，已落实领导包案的 148 件，落实责任单位 18 个，责任人 21 人，已解决 218 件。在处理上访问题中，始终坚持“有序引导、正确解释、反复劝解”的工作原则，做好到州、去省上访问题，避免非正常上访。特别是在处理涉法涉诉问题上，配合相关工作，按照州、县有关领导指示精神，采取一系列措施，解释政策，实施有序合法劝解，避免到省、进京的非正常上访。

【干部下访】 为开展领导干部下访活动，靠前解决信访突出问题。制定下发《定期组织干部下访工作施实意见》，将干部下访工作纳人工作日程，定期研究、制定计划、明确任务，落实责任。县委常委实行月调研，调研内容：督促检查，全面了解县级各部门、乡镇贯彻落实中央、省、州决策部署的情况，查找各部门、乡镇存在的突出问题，提出改进工作的意见和建议；带案督办，选择重点疑难复杂信访案件，协调相关部门推动及时解决，以此推动乡（镇）的信访工作；座谈走访，通过召开不同层面的座谈会、走访基层干部和群众，听取反映，了解情况，宣传政策，指导工作。同时，把排查出的矛盾纠纷落实到各责任单位，2014 年，有 154 批 396 人次下访，接访、约访、回访群众 273 人。

【网上信访】 网上信访工作有序开展。2014 年，网上信访 23 件，回复 23 件，其中全国信访信息系统 9 件、人民网网名留言 5 件、省长信箱 9 件。每天由专人负责查实是否有网上信访件；接到信访件后，局办公室及时对问题进行审核分类；先由局办公室对信访件提出初步意见，报局领导签字，然后报分管领导（重要信访件报县委、县政府主要领导抓好关键环节和重要领域的信访工作。并进行信访稳定风险评估。主动排查风险，排查关键环节和关键领域的风险矛盾，维护社会诚信公平和谐。完善信访调处机制，做好调解常态化管理，预防突发应急事件的发生。转变信访观念，到重点项目生产第一线支收集资料，提高解决问题的能力。

博览事务局

【机构】 九寨沟县博览事务局于 2012 年 12 月正式设立。县博览事务局内设办公室、博览股、对外联络股。2014 年 8 月 7 日，将招商引资职责划转到九寨沟县博览事务局。

【领导名录】 局长：蒋鹏志（2013 年 1 月 28 日起），副局长：李萍（2013 年 1 月 8 日起），副局长：刘莉（2013 年 1 月—2014 年 10 月）。招商办主任：何健。

【招商引资】 按照县委、政府工作安排，县博览事务局主要以招商引资工作为主。2014 年 8 月，招商引资工作职能整合以来，结合九寨沟县旅游、文化资源优势，突出资源优势和区域特色，将招商引资工作作为推动县域经济跨越式发展的重要抓手，坚持招大引优的招商引资工作思路，切实加强工作对接，坚持主动协调、密切配合、靠前服务，积极研究相关政策，及时协调解决投资商在项目土地征占用、环评、立项等方面的困难，营造良好的政策环境和发展环境，提升招商签约项目履约率。2014年，州下达九寨沟县招商引资到位资金目标任务为76210万元（其中，到位省外国内资金为54210万元，到位省内资金为22000万元）。全年到位招商引资项目资金155600万元，完成目标任务的204%。其中，到位省外国内资金101583万元，完成目标任务的187%；到位省内资金54017万元，完成目标任务的245%。招商引资到位资金已成为支撑九寨沟县固定资产投资的重要一级。

【项目签约】 2014年9月，新签约项目4个，涉及旅游开发、生态农业、旅游交通等领域，签约154.8亿元，其中：上四寨休闲度假区整体开发项目50亿元、九寨沟空中轨道交通系统项目64.8亿元、九寨沟生态农业产业示范观光区项目20亿元、九寨绿色生态乐活农牧高经产业开发项目20亿元），按照合同约定，与相关企业切实加强工作对接，在督促其按协议履约的同时，协调相关部门帮助企业解决项目落地中的实际问题，营造“亲商、爱商、安商”工作氛围。对重大招商引资项目专门落实县级领导牵头负责，在各部门抽调业务骨干组成工作组，研究相关政策，及时解决项目推进工作中凸显的矛盾和问题，专门负责项目推进工作。对中查国际会议中心、九寨云顶、白河生态旅游等重大招商引资项目实行联席会议制度，成立专门的项目推进办公室。对项目推进中出现的困难和问题由牵头县级领导召集相关县级部门进行专题研究解决，牵头领导和相关部门解决不了的重大问题，由县委、县政府主要领导召集相关部门研究解决。同时，由项目推进办公室统筹协调相关部门的工作，加强县级各部门的协作，协调相关部门，在招商项目规划、林地征占用、立项、环评等方面为开发商提供一流的服务，形成领导带动、部门联动的工作格局，确保重大招商引资项目的推进。

【落地项目推进】 截至2014年12月底，中查国际会议度假区项目已开工建设，已完成投资约3亿元；中旅大酒店改扩建及九寨千古情旅游文化项目已完成投资8.7亿元，九寨千古情文化演艺项目已于2014年5月正式营业，中旅大酒店改造已于今年8月投入运营；九寨云顶项目已完成投资11.8亿元，按计划进度进行悦榕庄酒店、企业会所装修；九龙湾度假酒店项目已完成投资约5亿元，主体工程已基本完工。

政务中心

【机构】 政务中心内设综合股、业务股和督查股。

【领导名录】 县政务服务中心主任：杨红军（2014年1月起），副主任：陈李斌。

【项目办理】 截至12月31日，办理行政审批2665件，公共服务3472件，其他审批1件。平均办结时间3.33个工作日，办理提速85.52%，提前办结率、按时办结率、现场办结率100%。

【两集中、两到位】 政务服务中心进驻县级单位36个，其中15个单位设立常设窗口，2个单位作为临时窗口，19个单位的审批项目纳入中心综合窗口管理；36个部门均成立行政审批或行政许可股，基本实现行政审批部门将行政审批职能集中到一个内设机构；部门将行政审批权向政务服务中心窗口进行充分授权；行政审批事项在政务服务中心办理到位。

【行政审批项目管理】 精简环节，优化流程。完善一站式服务的运行机制，对承诺件，推行“窗口牵头受理、科室主办负责、承诺时限审批”的工作程序，建立科学合理的审批运行机制，杜绝让办事群众在窗口与部门之间两头跑。对已取消和调整的行政审批事项，督促原审批部门加强衔接，采取有效措施落实，防止行政不作为或者利用备案、核准等形式搞变相审批，自觉接受人民群众监督。强化审批授权管理。进驻窗口单位对进驻大厅项目的授权情况逐项与单位对接，对只进行形式要件（材料）审查的审批事项，必须全部授权窗口直接办理，对法律、法规没有明确规定需领导签批的事项也一律授权窗口直接办理。在对接的基础上，组织单位和窗口对签定的《授权委托书》，对窗口全权办理的事项向社会公告。完善一站式服务的运行机制，对承诺件推行“窗口牵头受理、科室主办负责、承诺时限审批”的工作程序，建立科学合理的审批运行机制，杜绝让办事群众在窗口与部门之间两头跑。对需要两个或两个以上窗口办理的审批事项，由政务服务中心确定牵头部门，实现并联审批。抓好监督检查。充分发挥行政审批制度改革工作领导小组的作用，结合正风肃纪专项整治工作。配合县监察局、县编办、县政府法制办等部门共同进行“两集中、两到位”专项督查。在全县随机抽查10件行政审批办件，通过查阅档案、听取汇报、现场勘验等方式，对审批件在审批办理、事项管理、依法审批等环节进行集中检查。通过这些检查，以掌握并督促各窗口部门全面落实“两集中、两到位”，推动九寨沟县行政审批制度改革。

【标准化建设】 按照建设服务型政府的要求，以依法行政、规范服务、提高效率为主线，通过建立公开、便民、高效、廉洁、规范、可问责的服务机制，全面推进行政审批项目标准化建设。推行行政审批业务通用软件系统运用；加强“96196”政务服务热线管理，强化挂牌上岗和指纹打卡的常规管理。

【服务水平】 实行并联审批；突出全程代理；创新服务方式和推行网上办件。同时，拓宽服务内容：中心设置咨询窗口、投诉窗口，组成“一条龙”服务的窗口体系，为办事群众、投资客商创造舒适的办事环境；聘请文件交换员，免费提供复印服务，方便群众办事。2014年，为群众复印25000余张。

【基础建设】 按照省标准化建设要求，九寨沟县便民服务中心以“大厅+集中开放办公”模式为主，设立民政、社会劳动保障、计划生育、农林牧、惠农政策、群众接待等服务窗口。完成永乐镇、漳扎镇、安乐乡、永丰乡、白河乡、陵江乡、郭元乡、马家乡、勿角乡、罗依乡10个乡镇便民服务中心规范化建设，并投入使用，其余7个乡（永和乡、草地乡、双河乡、大录乡、玉瓦乡、保华乡、黑河乡）挂牌运行，服务大厅正在建设中，截至12月31日，17个乡镇办理乡镇便民服务13435件，全部接入政务外网。

【自身建设】 抓好思想建设。坚持学习制度，要求各窗口面对办事群众要有亲和力，善于与群众沟通，使窗口真正成为联系群众、服务群众的纽带，让办事对象来政务服务中心感到“宾至如归”。结合“开展党的群众路线教育实践活动深化正风肃纪”工作要求，开展窗口单位作风集中整治，实施15个单设窗口的分管领导到政务服务中心大厅窗口进行为期一天的角色换位大体验活动。加强统一着装、挂牌上岗和指纹打卡的日常管理。提高能力素质。通过培训、交流等多种方式不断提高窗口人员业务素质和工作水平。同时，要求窗口工作人员熟练掌握行政礼仪、文书档案管理等综合技能，利用集体学习、座谈会等方式，让各窗口交流审批、服务心得，使各窗口互相借鉴、取长补短，共同进步。

机关事务管理

【机构】 机关事务管理局下设综合股和管理股。

【领导名录】 局长：韩蓉（2014年12月止），副局长：张俊燕（2014年12月止）、刘莉（2014年12月起）。

【安保】 以“平安创建”为载体，坚持“预防为主、突出重点、保障安全”的工作方针，落实安全目标责任制和责任追究制，与个股是负责人及具体工作人员层层签订责任书，严格考核标准和奖惩制度，与业务工作同部署、同考核，逐步建立安全工作组织网络。通过加强对安全保卫人员的教育和管理，强化知识培训和正规化训练，维护机关正常办公秩序，确保机关办公区治安安全。协助做好信访稳定工作。配合县委群众工作部和县政府信访局劝阻、调解、处理各类集访、个访案件200余起560余人次，加强政务中心区域内停车秩序管理。对进出政务中心的车辆严格管理，对机关的监控和报警系统进行维护，消除监控死角。

【机关食堂】 为贯彻落实好中央提出的“提倡勤俭节约，反对铺张浪费”八项规定和“改进工作作风，密切联系群众”的有关要求，机关事务管理局从细处入手，从机关食堂管理着力，规范公务接待，既节约行政开支，又树立党政机关新形象。根据会议安排，注重规范、注重安全、注重节约来抓。机关食堂始终以食品安全为重点，以机关干部满意用餐为宗旨，在服务上积极改进作风、调整菜肴品种、完善环境设施，在管理上加强人员培训、控制经营成本、节约能源消耗，克服物价飞涨的困难，保持运转。

【公务用车专项治理】 按中央、省、州公车治理办指示，对全县执法执勤公务用车开展清理登记、审查核实、纠正处理和重点检查，并及时准确的向州公车治理办上报《九寨沟县公务用车配备使用情况统计表》《党政机关所属事业单位公务用车配备情况统计表》和各阶段总结报告。

【节能】 将局所属管理的用电、用水、用气确定为重点用能单位，落实节能降耗任务。围绕“节能减排、科学发展”“低碳生活、绿色办公”，开展普及宣传，增强广大机关人员节能意识。严格执行各项节能制度和公共建筑空调温控标准，抓好节水、节电、节气措施落实和指标控制，降低公共机构单位建筑面积和人均能耗；做好机关事业单位能耗统计和监测管理工作，加强公共机构及节能工作的学习，吸收先进经验，逐步改进和加强公共机构的节能管理工作。

【消防】 联合县消防大队展开政务中心消防设施大检查，对政务中心区域内的灭火器、消防水带进行补充更换。

【会务服务】 制定会务服务规范化、标准化的管理模式，做到会前准备充分、会中服务周到、会后扫尾有序，全年完成会务保障60余场次。

【水电】 做好中央空调、电梯、供电设备和线路的检查维护，保证政务中心区域内办公及生活水电的正常运转。对中央空调锅炉和管道进行全面维修维护，专人24小时检查，确保设备正常安全运行。对1号楼空调系统主机进行全面维护保养，对2—7号楼空调进行全面检查维修，对1—7号楼中央空调机盘管及风管进行清洗，同时对风机进行全面拆洗消毒；及时做好电梯维护保养及年度安全检测工作；本年度修理政务中心办公室电源线路87次更换整个中心节能灯泡865只，日光灯786只，锁芯197只，锁体42个，水龙头40个，水阀85套，T4灯160套，电源开关59个，漏电开关36个，电源线300米，双联冷水龙18套，修理卫生间大便阀318次（其中更换新阀96只）。

【绿化】 在政务中心广场种植摆放植物2100余盆10000余株；补植灌木和乔木30株，修剪乔木300余棵。修剪草坪及绿荫10余次。

【保洁】 安排保洁人员做好政务中心公共区域及1—7号楼办公区和地下停车场、干部周转房、集资房楼道卫生保洁工作，清理垃圾30余吨，组织人员疏通下水道、化粪池等30余次，维护辖区的卫生环境。

【其他工作】 组织修复政务中心广场花岗石梯步及广场花岗石地砖；1—7号办公楼墙面修补乳胶漆；干部周转房、集资房和机关食堂部分内外墙面乳胶漆翻新；部分办公室增设铜灯、吊顶；部分屋面、卫生间及地下室防水处理；修复地下室排水沟钢筋网；修复地下室给水管道和安装水管；修复政务中心广场木质休闲椅；修复部分办公室门窗；修补地下室墙面和车库通道；翻新地下停车场警戒线和标示标牌；维修机关食堂二楼卫生间；对2、4、5、7号办公楼楼顶防水层进行全面整改维修。

惠民帮扶中心

【领导名录】 副主任兼办公室主任：李晓玲。

【中心工作】 2014年1月1日至2014年12月31日，中心接受咨询和帮扶案件3997件，5392人次，办结率99%。内容涉及农民工维权、民政救助、婚姻登记、种养殖业技术咨询、法律援助、妇女权益保护、综合服务等各项服务。同时，中心协调解决农民工工资50起55人次约71.7837万元；帮扶困难群众48户34600万元，其中大病、特困群众救助29400万元，临时救助11人次1303元；代写各类法律文书10份，法律援助4件；办理婚姻登记1975件；办理妇女维权案件6件；综合服务985件。

【信息】 2014年，编写工作简报6期。

【概况】 中心设立9个服务窗口：三农服务窗口；农民工维权服务窗口；青少年事务服务窗口；妇女权益保护窗口；民政服务窗口；法律援助服务窗口；消费者维权窗口、综合服务、咨询服务窗口；各窗口工作人员都是由各个相关单位抽调的自身素质强，业务水平高的工作人员，切实为群众提供方便快捷的“一站式”服务，架起同党和群众的“连心桥”。设立两个大厅：就业再就业服务大厅和民政救助大厅。

社会团体

总工会

【领导名录】 工会主席：李敦灿（2014年11月止），常务副主席：徐进（2014年10月止）、徐棕（2014年12月起），副主席：李晓玲。

【“两普”工作】 全县以非公有制企业为重点依法推进企业普遍建立工会组织、普遍开展工资集体协商，逐步发展到2014年建会非公企业153个，涵盖企业253家，新增工会会员4283人，建会率100%。全县签订工资集体合同150份，覆盖企业208家、职工18997人。

【送“温暖”工作】 坚持开展“春送岗位、夏送清凉、秋送助学、冬送温暖”“四季送”活动。不断深化就业促进行动，帮助15人实现就业，转移输出农村劳动力2300余人。对所有困难职工档案进行完善清理，筹集发放“送温暖”资金40余万元，帮扶慰问困难职工275人。开展金秋助学活动，筹集发放“金秋助学”资金7.2万元，帮助275户困难职工、农民工子女就学。“夏送清凉”为工人、职工发放价值1万余元降暑产品和设备。举办一期农民工职业技能培训班，培训农民工350人。动员全县女职工参加大病互助保险，参保女职工1028人。完善由中华全国总工会授牌的“职工书屋”建设，书屋现有书籍18类，藏书1300本。走访慰问省部级劳模13人次，组织劳动模范、工会积极分子、先进工作者到外地学习参观考察。

【“挂包帮”工作】 2014年，工会负责班藏和石门村的挂包帮工作，为5户困难户发放米面油等物资。在便民联系卡活动中，为联系村解决包括资金在内的6件实事。

【厂务公开】 全县已建职代会和实行厂务公开民主管理制度的国有企业、机关事业单位95%以上，非公企业建制率85%以上，保障职工的知情权、参与权、表达权、监督权。建立基层工会劳动争议调解组织126个，调解劳动争议案85件。加强工会信访工作，接待处理职工来信来访12件，涉及职工56人（次），办结率97.5%。做好维护稳定工作，主动介入和处理涉及职工权益的群体事件，未发生涉及职工的群体性事件。

【法律宣传】 与县级相关单位广泛开展公民道德宣传活动，针对“发挥主人翁作用，维护职工合法权益”的基本宗旨，发放《维护职工合法权益法律法规宣传资料》《四川省维护进城务工人员合法权益的相关法律条文》《进城务工人员指导手册》等多种宣传资料1200余份。参与全国科普集中宣传活动，发放宣传资料430余份。开展

“了解社会保险权益，增强职工维权意识”为主题的宣传活动，发放宣传资料80余份。

【安全生产、劳动保护、劳动争议调解】 工会同安监、劳动、卫生等部门到草地金矿、电站建设工地、房屋建筑工地、宾馆饭店进行安全生产检查，对粉尘与高毒物品危害职工健康情况进行专项检查。督促企业加强劳动保护，改善劳动条件，预防职业病的发生并签订相关专项合同。同县劳动人事与社会保障局开展维护女职工和未成年人合法权益专项检查。

【城乡环境综合整治】 成立以常委主席任组长，相关部门负责人为成员的城乡环境综合治理“进企业”领导小组。定期到各宾馆饭店和企业检查环境卫生治理情况，向企业发放环境整治资料485余份，发出《倡议书》，号召职工养成良好的生活卫生习惯，以主人翁精神参与到环境卫生综合治理中去。

【其他工作】 工会经费收入持续增长，财务管理日益规范，经费使用更加合理。开展工会组织亮牌子工会主席亮身分活动，全县253家企业开展“双亮”活动。

共青团九寨沟县委员会

【机构】 团县委无内设机构，关心下一代工作委员会办公室、未成年人保护委员会办公室、预防青少年违法犯罪领导小组办公室、大学生志愿服务西部计划九寨沟县项目管理办公室、少先队工作委员会挂靠团县委办公，团县委下设九寨沟县青少年宫。

【领导名录】 团县委书记：侯经伟（2014年1月14日起），副书记：侯经伟（2014年1月14日止）、刘娟、余宗贤（2014年11月11日止）、苏春（挂职2014年12月18日起）。

【组织建设】 干部队伍建设：团县委利用座谈会、培训会等形式组织全县团干部进行学习，不断提高团组织能力建设，提高团干部政治理论和业务水平。邀请省团校老师管雷到九寨沟县开展团干部素质提升培训。同时，配合县委组织部、县委党校举办2期全县乡镇、村（社区）团干培训班，培训基层团干300余人次。2014年，团县委在全县共青团系统推荐5名优秀乡镇团委书记到省团校培训，团县委书记被团州委推荐至中国青年政治学院进行培训学习，提升团干部素质。2014年7月，向县委组织部申请，17个乡镇在公务员中选拔优秀干部任乡镇团委书记，并解决副股级职务待遇，提高基层团干部的工作积极性。

阵地建设：2014年，完成2个星级留守儿童之家的建设，建设范围主要是各乡镇、村及学校，下一步将争取资金和项目加大阵地建设的覆盖率。针对建立专门的县级青少年活动中心一事，与团省委、团州委对接，向县委、县政府汇报，县委、县政府已划拨200余平米的场地，团县委也启动青少年活动中心的设计环节。

建立健全共青团和青年组织网络：开展在“两新”组织中建立团组织工作，2014年，新建立非公有制企业团支部2个。做好推荐优秀团员作党的发展对象的工作。2014年已推荐32名28周岁以下的优秀团员入党。根据共青团省委《关于开展农村基层团组织星级评定工作的通知》要求，结合实际，拟定关于农村基层团组织星级评定的有关事项和细则，对各乡镇“星级团委”的创建情况进行督促检查，召开团员青年座谈会，摸清和基层团组织建设和活动情况，了解团员青年的现状。各乡镇均有团委办公场所，建立团务档案，提高团的基层工作规范化水平。加强团委在新媒体方面的建设，利用网站、QQ群、微博、微信等方式加强与团员青年之间的交流，加深各单位团员青年之间的了解。

【团的活动】 走访慰问退休老干部，送去党和政府的关怀和温暖；到“挂包帮”联系点土门村开展送温暖走访慰问活动；为贫困户和留守儿童送上慰问金3500元、大米100斤、清油5桶、学习用具10套（书包、文具），并致以美好的新春祝福；开展庆祝“三八”妇女节活动；在政法委会议室召开党的群众路线教育实践活动动员大会；开设2014年村团支部书记培训班，全县120个行政村，10个社区居委会的团支部书记参加培训，乡镇带队工作人员、县组织部和团县委工作人员跟班学习；召开党的群众路线教育实践活动专题讨论会；县委分管领导联系群团部门召开党的群众路线教育实践活动调研座谈会；到20个机关单位，了解团支部的建设情况；联合组织部、宣传部、文体广新局、总工会、妇联开展纪念“五四”运动95周年文艺汇演活动；在政协一楼会议室召开纪念“五四”运动95周年暨表彰大会；联合相关部门开展九寨沟县庆祝“六一”国际儿童节暨表彰大会；开通“九寨青年”官方微信订阅号；召开2014年重点工作推进会，17个乡镇团委副书记参加会议；省青教办主任廖庆在九寨沟县开展基层联系点宣讲活动；召开“共话核心价观·共迎建国65周年”乡村好青年事迹分享会；联合县委组织部、县委党校开办九寨沟县团支部书记培训班；联合县委组织部、县总工会、县妇联在政协一会议室举办“幸福九寨·缘来有你”青年人才交友活动；组织全体干部职工召开“庸懒散浮拖”问题专项整治工作动员会；开展纪念“12·9”运动79周年主题活动；召开建设“诚信九寨”讨论会；召开“共青团与人大代表、政协委员面对面”座谈会。

【青年就业创业】 服务青年创业实践，2014年完成各类农青技能与青年创业培训600余人次。继续开展青年创业小额贷款工作，联合县农村信用联社，开展青年创业小额贷款工作，扶持农村青年自主创业，2014年为13名青年发放小额贷款130万元，带动100余人就业。联合县就业局、总工会、妇联等相关部门，组织九寨沟县境内宾馆、饭店及各企业45家，开展2014年专场就业招聘会。开展“天堂口”青年（大学生）创业园建设，与团州委、团省委上级各界媒体沟通对接，全力争取青年（大学生）创业就业各项优惠政策，并邀请到《中国青年报》、中青网、中国网、中国经济网、人民网等主流媒体到天堂口实地采访。该街区已被县人民政府确立为“九寨沟县青年大学生创业孵化基地”，被团州委确立为“阿坝州青年大学生创业实习基地”，被省学联和团省委学校部确立为“四川省大学生就业创业实践基地”。在九寨沟县青年（大学生）创业园“天堂口”基地内建立九寨沟县青年（大学生）创业服务中心，并安排2名专人负责日常事务，沟通联系工商、税务等部门，为青年创办企业、入驻园区提供政策咨询、手续申请等服务。在县青年（大学生）创业服务中心举行全县高校毕业生创业补贴发放仪式；协助周强等发起人筹备成立九寨沟青年（大学生）创业联盟，吸纳全县创业青年（大学生）50人，正式在民政局登记注册，并召开成立大会。

【志愿者工作】 组织全县30名西部计划志愿者，在政法委会议室召开总结大会；联合文明办、总工会和宣传部组织志愿者在老城区十字街口开展公民道德宣传暨学雷锋志愿服务活动；组织志愿者到马家乡开展《未成年人保护法》宣传教育活动；组织志愿者参加“全域九寨”一日游志愿导游活动；组织志愿者服务阿坝州“走复兴路·圆中国梦”讲故事和演讲比赛活动；组织志愿者在高考场周边开展维持车辆秩序、人员疏散、心理疏导等志愿服务；召开2014年大学生志愿服务西部计划志愿者迎新座谈会；组织西部计划志愿者到永丰乡开展暑期关爱留守儿童活动；开展为鲁甸地震灾区募捐活动，西部计划志愿者在全县范围发放倡议书1000余份；召开2014年九寨沟县西部计划大学生志愿者座谈会；组织17名西部计划志愿者到敬老院开展“情系中秋·爱驻敬老院”主题活动；组织75名志愿者到上四寨开展应对泥石流自然灾害志愿服务活动；组织志愿者参加“十一”黄金周应对旅游高峰驻点志愿服务活动；组织志愿者开展各类会场服务178人次。

【关工委工作】 在双河乡开展“关爱贫困留守学生送温暖献爱心”活动，发放帽子、围巾、手套、袜子、学习文具70套，发放留守儿童《安全防护教育读本》13套；绵阳市职业技术学校副校长李遐龄一行4人，在团县委办公室召开九寨沟“9+3”毕业生就业情况座谈会；组织县法院、县检察院、县教育局、县公安局、县司法局、县民政局在政法委会议室召开九寨沟县预防青少年违法犯罪工作推进会；在马家小学开展“相约中国梦·关爱伴成长”关爱留守儿童志愿服务活动；召开关心下一代工作会议；联合七一南坪中学、九寨沟中学，开展中高考前心理减压辅导讲座；组织干部职工在九寨沟县第四小学进行关爱“姚基金”篮球队员活动；联合8名“五老”志愿者（网吧义务监督员）进行网吧督查活动；举办“追逐梦想·快乐成长”青少年军事夏令营；组织“五老”干部督查藏区“9+3”免费职业教育工作。

【少先队组织建设与活动】 各学校开展“讲文明·树新风·做美德少年”活动；联合教育局组织100余名学生代表前往九寨沟县革命烈士陵园开展“文明低碳祭先烈·感恩幸福新生活”祭扫活动；各中小学开展“网上祭英烈”活动；各校开展“观红影”“唱红歌”活动；各校开展“法律知识进校园”活动；组织县城五所中小学校开展“缅怀遇难同胞·永怀感恩之心”活动，带领学生500余人参观九寨沟县抗震救灾重建家园展馆；各校开展学习少先队基本知识学习实践活动；各校开展“红领巾相约中国梦——庆‘六一’今天我入队，争当好队员”主题队日活动；联合相关部门开展九寨沟县庆祝“六一”国际儿童节暨表彰大会；各校开展“核心价值观记心中”主题队日活动；各校开展节粮、节水、节电、节约钱物，即“俭以养德·从小做起”主题队日活动；各校开展“说优点·讲不足·手拉手·同进步”主题队日活动；各校开展“争当美德小达人”主题中队活动；各校开展“民族团结教育”主题队日活动；各校学习团中央书记处书记、全国少工委主任罗梅在少先队工作者学习会上的重要讲话精神；各校开展“12·4”国家宪法日暨全国法制宣传日活动。

妇女联合会

【领导名录】 县妇联主席：徐兰，副主席：秦磋（2014年11月止）、格措（2014年11月起）。

【妇女思想教育】 利用每周“二五”学习、召开“三八”节座谈会、举办培训班等形式组织妇联机关干部和基层妇联干部进行学习，不断提高妇联组织能力建设，提高妇联干部政治理论和业务水平，更好的为妇女群众服务。在庆祝“三八”妇女节104周年表彰暨座谈会议上，以会代训的对参会的县直机关各妇委会主任、妇女小组组长、各乡镇妇联主席、村妇干部进行相关法律法规知识培训，还配合县委组织部、县委党校举办1期全县乡、村妇联干培训班。全县17个乡镇妇联主席、120个行政村、8个社区（居委会）的妇女主任145人参加培训。为提高基层妇女干部综合素质和业务工作水平，更新妇女儿童工作、家庭教育工作的理念，夯实基层妇女工作基础，加强村妇代会规范化建设，紧密结合党的群众路线教育实践活动。与阿坝州妇联联合举办“向幸福出发——阿坝州基层妇女素质提升九寨沟县培训班”，来自全县17个乡（镇）的妇联主席、120个村（社区）妇女主任参加训。培训主要就家庭教育、居家就业、儿童工作、女性健康保健成功案例进行分析，对如何创新思路，怎样做好基层妇女工作等问题进行讲解，让广大妇女干部更加深入明白妇女工作的内涵，以及该如何开展妇女工作。

【妇女技能培训】 活动中向17个乡镇妇联下发《开展“最美家庭”评选活动的实施方案》；在全县妇联系统发放“向幸福出发”寻找“最美家庭”特别行动倡议书；并按照上级妇联文件要求在全县评选出34户“最美家庭”。结合实际，配合相关部门齐抓共管，引导和组织妇女参与经济发展。配合农口科技部门，通过举办培训班和到田间地头等方式对广大农村妇女进行技能技术培训，累计培训妇女540余人次。利用妇联的“联”字特色，支持和宣传鼓励女科技致富带头人，带头致富抓示范，影响带动更多的妇女投入致富道路。根据全县经济现状，组织农村妇女实行产业结构调整，动员有科技意识的妇女从事种、养殖业及第三产业。举办4期为期3个月的藏羌刺绣培训班，培训135名藏羌绣娘。配合县人社局、县就业局及各大用工企业，举办九寨沟县2014年现场招聘会。此次招聘会有45户用工企业，提供就业岗位2131个，来自全县各乡镇1000余名现场咨询者中的318人在招聘会现场与用人单位达成意向性协议。县妇联按照项目实施的相关规定及要求，经过专题研究制定《九寨沟县“妇女居家灵活就业”基地建设项目可行性研究报告》。在县妇联领导班子的带领下，党员干部走基层、听民声、收民意，通过走访乡镇、发放征求意见表、重返联系点、设立意见箱、开通网络平台等形式，听普通干部、服务对象、老干部、妇女群众等社会各界群体的意见。发放征求意见表42份。梳理出县妇联班子“四风”方面意见建议4条、关系群众切身利益方面存在的问题5个；联系群众“最后一公里”方面的问题3个。班子成员中，妇联主席“四风”方面的问题4个；关系群众切身利益问题方面的问题1个；联系群众“最后一公里”方面的问题1个。妇联副主席在“四风”方面的问题4个；关系群众切身利益问题方面的问题1个；联系群众“最后一公里”方面的问题1个。在开展党的群众路线教育实践活动中，县妇联落实边学边改、即知即改要求，集中力量全面开展专项整治，着力解决问题。在征求意见时，针对领导班子成员理论学习不够等问题，县妇联班子立即研究，根据实际情况，拟定学习方案；针对浪费水电、纸张等问题，县妇联组织全体干部职工召开座谈会，要求每位干部厉行勤俭节约。在保华乡土门村创建“九寨绣”项目基地，旨在对具有九寨沟民间特色的藏绣、羌绣等妇女手工业进行企业化打造，采取以点带面的形式，发展富有九寨沟特色的妇女手工产业，推进妇女“居家灵活就业”行动。

【儿童工作】 开展主题明确的“六一”纪念活动。在“六一”儿童节当天，县妇联安排工作人员前往城关一小、永乐二小、安乐小学、城关第四小学等7所学校看望和慰问学校师生，并送去慰问金1400元。继续把关爱留守儿童列入民生工程和精神文明建设重点工作之中，建立健全关爱留守儿童工作管理、考核机制。通过与各成员单位的共同努力，使九寨沟县部分留守儿童、特需儿童的学习、生活环境得到改善。

【贫困救助】 县妇联筹措资金3600元，慰问单亲母亲、空巢老年妇女、贫困妇女儿童12户，让其感受到党和政府的温暖与社会各界人士的关爱。县妇联在贯彻落实中共“十八大”精神，响应建设“美丽中国”“美丽九寨”的号召下，以实际行动配合党和政府改善民生，向上级妇联争取资金11000元，到各乡镇调查了解基层贫困妇女的生产生活情况，走访慰问罹患妇科疾病及“两癌”贫困妇女22名，鼓励其克服困难，战胜病魔，早日康复。主动协调郭元乡人民政府、九寨沟水电开发公司为郭元乡回龙村村民解决私人磨房赔付问题；主动与畜牧局衔接为回龙村农户解决养殖圈舍补助款兑现问题；于春节前夕陪同州妇联主席白惠蓉一行到保华、郭元、双河、罗依、玉瓦等乡镇为“两癌”患者、贫困妇女、空巢老人等送去慰问金22200元现金、清油60斤、大米300斤。领导班子带头发挥对活动的组织领导和自身的表率示范两个作用，多次召开会议研究部署教育实践活动的重要事项，带头交流学习感悟。

【维权工作】 运用生动活泼、群众喜闻乐见的形式，集中宣传与妇女权益保护相关的法律法规，开展维权宣传服务活动，深入基层社区，面对面为基层妇女群众送法律知识、送维权服务；依托“12338”妇女维权热线、妇联信访窗口、妇女法律援助站等载体，及时反映妇女诉求、提供法律帮助，化解社会矛盾；围绕婚姻家庭权益，与广大妇女群众交流、讨论妇女维权问题。出动宣传车辆6车次，悬挂横幅2条，发放宣传资料4000余份。发挥职能，履行工作职责。发挥“家庭暴力案件受理点”、惠民帮扶中心妇女权益保护窗口和法律援助中心妇联工作站的职能作用，适时提供婚姻咨询及法律援助，保障妇女儿童合法权益。

工商联

【领导名录】 会长：刘斌，常务副会长：周清平，秘书长：李永。

【概述】 2014年，县工商联有会员拥有会员169名，其中个体工商户89户、团体会员2户、企业会员78户、中外合资企业2户。全县个体工商户1880户，同比增长降25.2%；从业人员5298人，同比增长降24.3%；注册资金37693万元，同比增长8.7%。私营企业269户，同比下降5.3%；从业人员3748人，同比增长10.4%；注册资金52732万元，同比增长1.9%。全县民营经济实现增加值95079万元，同比增长16.6%；占全县生产总值的比重53.%，民营经济成为推动经济快速增长的主要力量。会员中有全国人大代表1人、州人大代表各2人，县人大代表10人（县人大常委2人），州政协委员1人，县政协委员16人（县政协常委1人）。

【政务工作与会务工作】 思想政治：始终把“深入开展党的群众路线教育实践活动”作为工作主线，将主题教育活动贯穿于工商联工作始终，开展多种形式培训，搭建学习交流平台，开展“实现伟大中国梦 建设美丽繁荣和谐四川”主题教育活动和开展非公有制经济人士理想信念教育实践活动。坚持每周组织职工政治、业务学习，学习邓小平理论、“三个代表”重要思想、科学发展观、党的十八大及《中共中央、国务院关于加强和改进新形势下工商联工作的意见》等一系列文件精神；贯彻落实《国务院鼓励支持非公有制经济发展的若干意见》。按照县委的部署，开展党的群众路线主题教育实践活动，使各项工作有序开展；加强对职工的教育，提高内在素质，改变作风，树立形象，严格执行各项规章制度。坚持党支部 “三会一课”制度，形成学习风气，通过学习使领导班子和干部职工提高政治觉悟，熟悉在新形势下的非公有制经济工作，不断提高自身素质和工作能力，做到识大体、顾大局，能够在思想上、行动上和政治上同党中央保持高度一致。

法律服务及维权：工商联研究非公有制经济领域维权工作面临的新形式、新问题，精密结合“四信”加强法制教育宣传，引导非公有制经济人士学法、懂法，诚信守法；不断完善申诉维权协调办理机制。加大对民营企业的走访力度，通过座谈会和发放《法制宣传手册》的形式，引导九寨沟县民营企业管理人员，依法经营、依法维权，帮助提供影响非公有制经济发展的措施。

服务民营经济：为了推动和加快民营企业的发展，为民营企业和个体工商户出谋划策、排忧解难，指导经营活动，组织部分民营经济人士外出参与各种考察、联谊和招商引资活动。牢牢把握“两个健康”工作主题，努力引导民营企业家思想上的进步，从而推动企业和民营经济的发展。2014年，组织3位优秀藏区民营企业家到北京大学参加培训，组织4家民营企业参加甘孜州州庆。提高非公经济人士思想教育，促进非公有制企业的健康发展。全年提供各种政策、法律咨询20余人次。协助阿坝州工商联的工作，县工商联经常组织民营经济人士之间多种形式的联谊活动，使民营企业之间能够互通有无，相互帮助，共同发展。还经常搭建平台，开展民营企业和政府有关部门、金融机构之间的联谊交流活动，促进政府有关部门和金融机构对民营企业深入细致的了解，为企业发展创造了条件。

光彩事业：引导非公有制经济人士承担社会责任。向州工商联推荐符合“2013年度民营企业参与光彩事业、为社会做过贡献”的4家民营企业。

参政议政：工商联不仅是党委、政府联系民营经济人士的桥梁纽带，更是广大民营经济人士参政议政行使民主权力的平台，更是集中反应非公有制经济人士的意见、建议和各种诉求的喉舌。九寨沟县工商联在做好自身工作的同时，联系组织工商界代表委员参政议政，组织民营企业参加由县委召开的民营经济座谈会。会上，民营经济人士重点围绕“三个领先”建设目标一一发言，通过对自己企业经营状况和一些存在问题的阐述，提出很多推动民营经济发展的宝贵意见建议。为了更好地为民营经济发展提供帮助，完善县级领导干部联系民营企业的制度，大幅度地发挥组织优势和整体作用，不断扩大影响力，把九寨沟县工商联工作提高到一个新的水平。

调研工作：参与县政协经济科技教育卫生委员会组织的“关于我县旅游服务管理情况的调查提纲”调研工作，走访涉及旅游服务管理的相关部门和全县重点旅游服务企业，通过座谈、查询资料等形式了解近年来旅游业软硬件发展情况和服务水平提升情况。通过对阿坝州博文农牧科技有限公司、九寨沟曲果食品有限责任公司、高原食品有限责任有限公司、林红实业发展有限责任公司、汇鑫物流配送公司等民营企业的走访调研，与各企业负责人进行座谈，全面了解企业生产经营状况，及其在发展中遇到的困难和问题，听取企业对工商联工作的意见和建议，为企业解决融资和利用品牌增加产品附加值出谋划策，牵线搭桥。加强成都商会指导工作，采取多种形式展开和民营企业人士的谈心交流活动，向民营经济界人士宣传党的政策方针，了解民营经济人士的心声和想法，征求民营经济界人士意见30余人次，并将了解的情况整理后报告有关领导和部门，发挥工商联的桥梁纽带作用。做好工商联宣传工作，全年编发信息14期。

自身建设和会务：开展党的群众路线教育实践活动，学习中共十八大报告和习近平一系列重要讲话精神，加强非公有制经济人士的理想信念教育，坚定中国特色社会主义道路自信、理论自信、制度自信。紧紧围绕县委的决策部署，坚持把加强机关干部队伍建设作为工作的重中之重，推动重点工作的落实。以落实中央改进工作作风、密切联系群众“八项规定”为契机，抓好制度化建设，建立分工明确、职责清晰的工作制度，加强机关作风建设。在加强自身建设的同时发挥好工商联各项职能作用，开拓工商联事业新局面。

商会会员信息库：建立健全信息库，及时更新商会会员信息。为加强和规范对会员的服务和管理工作，州工商联会相关指示，从2014年5月起，增强工商联工作的主动性和针对性，根据对全县工商联会员统一换发新证。会员证既是会员身份的确认，又是广大非公有制经济人士在对外交往中提升自身形象和社会地位的重要证件，对于规范会员工作，增强工商联凝聚力和向心力具有重要作用。

佛教协会

【领导名录】 会长：奔卡·嘎桑仁静；副会长兼秘书长：班凤英（2014年9月止）、秦磋（2014年11月起）。

【学习方面】 始终把学习放在首位，全县佛教界以邓小平理论和“三个代表”重要思想为指导，贯彻中共十八届三中、四中全会精神，开展党的群众路线教育实践活动，学习实践科学发展观和社会主义核心价值观，贯彻执行党的宗教工作的基本方针，始终高举爱国主义、社会主义伟大旗帜，与社会主义社会相适应，贯彻落实《宗教事务条例》《阿坝州藏传佛教寺庙管理办法》，在学习党的路线方针政策的同时，佛协主席参加全国、省、州佛协和各级统战部、宗教局组织的宗教界代表人士培训会、学习考察活动和宗教团体负责人工作及宗教团体建设研讨会，佛学思想研讨会，宗教人士座谈会，并作相关发言。通过各种不同类型的学习和培训，不断地自我完善和提高，使全县佛教信众在贯彻执行党的大政方针、宗教政策、法律法规等方面的自觉性有了很大提高。增强教职人员的国家意识、爱国意识，法律意识、更加坚定爱国爱教的信念。

【戒律教育】 为了更好地贯彻落实党的民族宗教政策，巩固爱国主义教育成果，提高广大僧人的自身素质和遵纪守法的自觉性，规范寺院开展日常教务活动的秩序，根据阿坝州佛协《关于在全州部分藏传佛教寺院中开展戒律教育的通知》的精神，于2014年4月1日至5月30日在扎如寺、达吉寺开展为期60天的戒律教育工作。整个戒律教育工作分学习动员、整顿提高、总结完善三个阶段。此项工作在县委统战部的具体领导，宗教局和佛协等部门的具体协调，以及漳扎镇党委和两寺寺管会的共同努力下，完成戒律教育期间的各项工作。通过开展戒律教育工作，不但提高僧人素质，净化僧人队伍，而且规范寺院管理，巩固宗教政策的秩序，维护寺院稳定，促进九寨沟县的社会稳定。

【相关工作】 在敏感时期加强信息情报工作，坚持维稳24小时值班、信息收集和零报告制度，特别是“十一”黄金周与相关部门到寺庙开展维稳工作。组织各藏传佛教寺庙所在乡镇、各寺管所做好出境回流人员入寺情况的摸排核查。开展“爱国主义教育、法制教育、爱国爱教、持戒守法、助民为乐、和谐寺庙创建”活动。鼓励佛教界人士在爱国爱教、知法守法、团结稳定、活动有序、教风端正、管理规范、安全整洁、服务社会中起模范带头作用。开展律师义务为寺庙提供法制宣传等活动。通过为僧侣开展法制宣传，为寺管会组成人员进行法律知识培训，提供免费法律咨询，为寺庙提供法律书籍和法制宣传资料等方式促进广大僧侣爱国爱教、持戒守法的步伐。做好寺庙抗洪防汛及预防自然灾害的工作。为做好抗洪防汛，预防地震、泥石流等自然灾害，保障寺庙、僧人和信教群众的生命财产安全，各寺庙执行“安全第一、常备不懈、预防为主、全力抢险”的防汛工作方针，组织有关人员对各寺庙周边、寺内的建筑及其设施进行检查，确保各寺安全渡汛。开展以“四风”问题为主要内容的党的群众路线教育实践活动。对会机关的党员领导干部坚持立足学习提高，加强党性修养，着眼解决问题，坚持群众路线，贯彻边整边改，建立长效机制，完成学习教育、听取意见，查摆问题、开展批评和整改落实、建章立制三个环节的各项教育任务。通过教育实践解决领导班子和党员领导干部在“四风”方面存在的突出问题，达到思想上有明显提高，政治上有明显进步，作风上有明显改变，工作上有明显改进的效果。推进寺庙信众工作广覆盖，把僧尼和信教群众紧紧团结在党和政府周围，实现牢牢掌握寺庙领导权和管理权在爱国爱教的僧侣手中。与困难僧尼结对交友，教育引导、管理服务，增强党和政府对寺庙僧尼的凝聚力。

【宗教事务管理】 发挥爱国宗教团体作用，协助宗教部门依法加强宗教事务的管理，全面宣传和贯彻《宗教事务条例》《阿坝州藏传佛教寺庙管理办法》，做好全县宗教教职人员和寺管会的调查和登记工作。依法加强佛事活动的管理，严格审批手续，坚持小型、就地、短期、分散和“谁主管、谁负责”的原则，使佛事活动管理进入正规化、有序化的轨道。

【社会公益事业】 面向社会各界开展慈悲济世的具体行动，全县佛教界践行人间佛教思想，发扬佛教优良传统，投身各项社会公益事业，捐助现金3.4余万元。其中，会长奔卡·嘎桑仁静用自己的积蓄为玉瓦乡酒坊村和漳扎镇隆康村2位贫困生资助现金0.5万元，保障孤寡老人的生活费和白内障手术费1.5万元，为尕咪寺贫困僧尼等捐助0.4万元，无偿为信教群众提供法事活动40余场次。动员全县僧人为弱势群体扶贫救济1万余元，到各寺庙组织动员佛教界人士为甘孜州康定县地震灾区捐款10440元、诵经10场次，为生者祈福、求平安。

科　协

【机构】 县科协设科普服务中心。

【领导名录】 主席：肖茂双，副主席：黄跃英。

【科普大平台】 履行《全民科学素质纲要》领导小组办公室主任职能，开展2014年“创新发展，全民行动”为主题的全国科普日活动，探索“大联合、大协作”的科学素质工作新格局。全年科普受众3.6万人次。

【农技协和“科普惠农兴村计划”】 指导建立农村专业技术协会以下简称农技协。根据乡镇产业发展实际，指导黑河、陵江、草地、马家、永丰等乡新成立农村专业技术协会6个，加强对已成立农技协的指导和服务，不断完善管理和运行机制，围绕产业发展开展产前、产中、产后服务活动，尤其是依托农技协的技术人才优势，开展技术培训、技术交流和技术服务，推动生产发展，促进农民增收。解决联系群众“最后一公里”问题，将20万元科普惠农资金划拨给乡镇基层，在农业科技创新、农业先进技术推广应用和发展新型农业经营主体等方面做出突出贡献。

【科普阵地建设】 结合新农村建设分别在大录乡东北村和大录村、漳扎镇沙坝村、白河乡新华村和斜务家村、安乐乡半山村、大录乡和神仙池旅游区建设安装科普宣传栏，已提档升级27个科普宣传栏，覆盖全县17个乡镇的重点村寨，科普宣传栏成为农民群众传播知识的专家。

【重点人群科学素质】 开展丰富多彩的科普宣传活动，使科普理念深入人心。在科普宣传月、科技活动周期间，联合农业、科技、卫生等相关部门到乡村开展专项科技培训和大型科普宣传活动。协调猪苓种植大户和农村专业合作社技术人员分别在黑河乡头道城村和马家乡开展猪苓种植实用技术培训会，并对培训对象提供猪苓种籽、蜜环菌和猪苓种植栽培技术和施肥技术书籍100套。根据群众需求，定期更换科普宣传栏挂图。工作人员到各乡镇，将“农村常见病急救知识、食品药品安全知识、珍惜资源永续利用、绿化环境净化心灵和保护水资源、泥石流防治知识”等科普宣传挂图48套336张送到全县各乡镇，在群众中普及食品卫生安全、保护和如何应对短缺的水资源等方面科普知识，将科技春风送到千家万户。为看守所送科普读物。将500余册、价值近万元有关中药材种植、种养殖技术、地质灾害防治、阿坝民俗风情等科普读物赠送到看守所，以便看守所内的服刑在教人员更好地学习和掌握科技知识，体现县科协对服刑在教人员的关心和关爱。

【学术交流】 为推广科技教育典型案例和科技活动中的宝贵经验，根据州青少年科技辅导员协会安排，向全县各中小学校广泛征集青少年科技辅导员论文 23 篇，经审定选出优秀科技论文 6 篇参加“第 22 届四川省青少年科技辅导员论文征集活动论文”评选，为调动和鼓励科技辅导员撰写科技论文的积极性，为已选送的 6 位科技辅导员交评审费 480 元。

【驻村帮扶】 结合“走基层”活动，为基层农户解决价值 1.4 万元的优质鸡苗、2 万元的白马藏鸡蛋包装盒，拓展农户的科技致富能力。

红十字会

【机构】 红十字会内设综合股、办公室。

【领导名录】 会长：李红梅（2014 年 10 月止）、王朝国（2014 年 11 月起），常务副会长：高灵杰，副会长：何俊辉（2014 年 12 月起）。

【宣传工作】 县红十字会于“5·8”博爱周红十字会人员到双河小学、勿角小学、马家小学、罗依小学、郭元小学、永和小学、永和小学开展红十字青少年防灾减灾救护培训活动。发放红十字宣传单 4000 余份，《红十字青少年防灾避险知识读本》700 余本，培训师生 700 余人。在“5·12 防灾减灾日”期间组织大录小学、玉瓦中学、九寨沟县中学等学校 1500 名学生参加红十字青少年防灾减灾知识竞赛。

【募集救助】 为云南鲁甸地震灾区募捐 6000 余元。

【急救普及】 县红十字会在卫生局二楼会议室举办“九寨沟县红十字应急救护志愿服务进社区”培训，来自南坪社区、和平社区、梨花社区两委会人员、居民及志愿服务者共 40 余名人员参加培训。

【博爱家园项目】 玉瓦乡羊足山村博爱家园生计工程购买 3 头种牛，已产仔 40 头左右，平均每户 3 头。在安乐乡上双河村开展“博爱家园”项目基线调查培训工作会。县红十字会志愿者、乡政府干部及村项目负责人 11 人参加基线调查培训会。

【走基层帮贫救助】 春节前开展了 2014 年“博爱送万家”活动，到玉瓦乡羊足山村对困难群众发放棉被 75 床，受助群众 69 人。开展慰问三老干部、贫困户工作，在永丰乡新坪村慰问贫困户 40 余户，每户送大米、清油、棉被等折合现金 8000 余元。2014 年，救助贫病人员 30 人，发放救助资金 46870 元。

文　联

【机构】 县文联内设办公室。县文联由县文联委员会、县文联主席团成员和下属 7 个协会（作家协会、摄影家协会、音乐舞蹈家协会、书法家协会、美术家协会、民间艺术家协会、影视家协会）组成。

【领导名录】 特邀名誉主席：龚学敏，名誉主席：周晓喻，主席：刘善刚，副主席：文玉凤。作家协会主席：刘善刚，摄影家协会主席：李代生，音乐舞蹈家协会主席：李建蓉，书法家协会主席：段季康，美术家协会主席：邵克月，民间艺术家协会主席：黄德成，影视家协会主席：郎介。

【文学艺术活动】 组织作协、摄协会员到勿角乡甲勿池、文县铁楼乡采风，参加“一日游”首发式、美食节、民俗街开街等活动，并创作相关摄影和美术作品，在网站和报刊杂志上发表60余篇（幅）。组织书协和美协开展党的群众路线主题交流活动，创作优秀书画作品40余件，并在老城区主街道宣传展出。组织音协创作《党的群众路线之歌》《九寨美》《鱼水情》《天堂里的朋友》等歌曲，唱响主旋律。民间艺术家协会每周五都要协同文体部门走村串巷开展“三下乡”活动，每周六在永丰乡南坪曲子传习所开展琵琶弹唱免费培训（每期学员40余名），参加全县党的群众路线活动义演、非物质文化展演等活动6场次。影视家协会开设《学雷锋，我们在行动》《九寨行，故乡情》等专栏，弘扬社会主义价值观，倡导主旋律，引领新风尚。专题节目推陈出新，制作完成《关注》《九寨零距离》《九寨风情》《媒体聚焦》《九寨记忆》15期，制作《童话世界魅力九寨》《创建全国文化先进县汇报片》等专题片。开展“中国梦 九寨情”征文、美术、摄影文艺作品征集活动，对优秀作品进行集中展出。与州文联联合举办“名家看九寨”大型创作笔会采访活动，《民族文学》与阿坝州文联签订共建阿坝州文学创作基地合作协议，完成阿坝州重点作家文学作品改稿会，召开名家与县级主要领导、相关部门人员、文化名人参加的座谈会，就如何加快“全域九寨”新发展达成合作意向。

【文学艺术创作成果】 由县文联主办的《九寨》杂志于2014年2月正式创刊，是综合性双月刊杂志，内容涵盖聚焦九寨（时政）、九寨人文、文化旅游、九寨视觉（摄影）、九寨文艺五大板块。全年出版发行6期。2014年，有3名作协会员升级为省级会员。白林出版小说集《远亲近仇》。作协会员在州级以上报刊发表散文《水扶州的前世今生》《万州纪行》，组诗《在西藏》等作品10篇以上。美协在州级评比中获奖2件。摄协在《中国摄影报》举办的比赛中获奖4件。

【文艺交流】 邀请四川省硬笔书法家协会在九寨沟县开展“中国梦 九寨行”文化下基层笔会，先后开展书法进藏家、书法进农家、藏汉书法笔会等活动。向广大群众赠送书法作品上百幅，向中小学师生赠送三笔字帖100本，并与全县70余名书法爱好者进行书法品鉴现场交流。作协白林代表阿坝州应邀到绵阳市平武县参加《星星》诗刊笔会。作协4人应邀参加州文联主办的“走进达古冰川 感受最近的遥远”文学讲座、《草地》编辑部主办的“金秋小金行”基层文学创作培训笔会等活动。

【文艺奖励机制】 按照《九寨沟县文艺创作奖励办法》兑现2013年度奖励，2013年县文联会员在州级及以上各类活动中获奖和在省级及以上文艺刊物上发表的文学、音乐、摄影等作品19件，颁发获奖证书和奖金30600元。

残 联

【机构】 九寨沟县残疾人联合会内设办公室、教育就业康复股，下属机构九寨沟县残疾人康复中心。

【领导名录】 理事长：田瑞泽。

【办理残疾证】 截至12月31日，全县有持证残疾人1309人，与2013年年末1119人相比，增加190人，办证工作加强。按残疾等级分：一级残疾人174人、 二级残疾人292人、 三级残疾人348人 、四级残疾人495人。按类别分：视力残疾人140人、听力残疾人164人、言语残疾人95人、肢体残疾人769人、智力残疾人68人、精神残疾人35人、多重残疾人38人。按性别分：持证残疾人中男性819人、女性490人。县残联上门为50余名行动不变的残疾人提供办证和评残服务，严格按照残疾人等级评定标准开展残疾人证办证工作。

【残疾人社会服务体系建设】 县残联4月对乡镇分管领导和具体工作经办人员进行培训，为各乡镇解决量服经费补助3.42万元。不断加大残疾人宣传工作，先后编印《残疾人服务指南》1000册发放到各乡镇、各单位和残疾人的手上，编发残联工作信息23期，省州县有关媒体使用残联提供的各类稿件超过10篇。这些工作的有效开展，使九寨沟县残疾人社会服务体系初具雏形。

【残疾人社会保障体系建设】 按照《九寨沟县“弱有所扶”重度智力、精神、肢体残疾人托养补助实施方案》的要求，在上级暂停实施阳光家园补助后，对没有固定收入，年龄在16~60岁，具有本县常住户籍，持有中华人民共和国残疾人证(第二代)，且残疾等级为一、二级，残疾类别为智力、精神、肢体的，生活不能自理需要人照顾的重度智力、精神、肢体残疾人实行托养补贴，补贴标准：一级每人每月60元，二级每人每月50元。2014年，全县85名重度智力、精神、肢体残疾人享受托养补助，支付资金59040元。依据《阿坝州残疾人联合会关于转发<四川省残疾人联合会关于印发（四川省重度残疾人护理费用补贴发放办法）（试行）的通知>的通知》（阿州残办〔2014〕17号）、《四川省残疾人联合会关于印发<四川省重度残疾人护理费用补贴发放办法>（试行）的通知》（川残办〔2014〕37号）文件规定，经县残联、乡（镇）、村（社区）公示，县残联上半年为313名，下半年为329名重度残疾人发放重度残疾人护理补助242640元。10月，2014年度的残疾人养老保险补助已经交到农保局，全县716名符合条件的持证残疾人参加养老保险补助资金76920元。其中，一、二级残疾人266人，每人补贴120元，补贴31920元；三、四级残疾人450人每人补贴100元，补贴45000元。按照县委、县政府的安排，县残联2014年继续做好“老有所养”助残养老工程，做好老年残疾人生活补助的发放工作，全县计有324人名老年持证残疾人享受这一补助，支付资金135675元。九寨沟县已经基本建立以最低生活保障制度为依托，以残疾人就业保障金为支撑，以为12岁前持证残疾儿童提供康复治疗资助，为义务教育阶段持证残疾学生提供生活补助，为非义务教育阶段持证残疾学生提供学费补助和生活补助，为18岁以上、60岁以下的，有劳动能力的持证残疾人提供生产补助、创业补助、培训补助、购买养老保险补助，为18岁以上、60岁以下丧失生活自理能力的持证残疾人提供居家托养补助和购买养老保险补助，为60岁以上持证残疾老人提供以残疾老年人生活补助为主要，以残疾人危房改造、扶贫帮困、临时困难救助、“温暖万家行”、残疾人家庭无障碍改造等专项扶持为补充的残疾人社会保障体系。通过“中国梦”主题教育活动，残联努力实现残疾人的康复梦想、有尊严的就业梦想、过上幸福美好生活的梦想把残疾人的梦想变为自己的梦想，争当残疾人的圆梦人。

【残疾人康复】 2014年。九寨沟县有12名贫困脑瘫儿童在九寨沟县残疾人康复中心，接受康复治疗。这些康复治疗的实施，不仅解除或减轻了残疾人的痛苦，也改善了残疾人的生活质量，使其感受到党和政府的温暖，宣传党委、政府关心特困人群、以人为本的执政理念，达到康复一人，解放一家，影响一生的效果。补助治疗费278601元、伙食费25669元。2014年，县残联为各类残疾人和需要帮助的人员免费发放轮椅47辆，防褥疮气垫床10床，拐杖17副，坐便器6个，为108名视力残疾人配备手持电子助视器、多功能放大镜、镇纸式放大镜、单筒望远镜、中距离眼睛式助视器、手持式照明放大镜、近用眼镜式放大镜、老年人眼睛式助视器、盲人手表的助视器具。辅助器具价值16.2万元。为17个在校残疾儿童免费适配助听器33个，价值30万元。为11名残疾人发放康复补助49325元。

【扶危解困】 县残联始终以关注残疾人民生工

作为重点，搞好贫困残疾人扶危解困工作。按照“生态立县、旅游富民、文化强县、和谐乐民”的总体工作思路，为了促进残疾人自主创业，推动残疾人居家灵活就业工程，为自主创业的残疾人给予生产性补助。发放生产性补助资金52000元。县残联输送9名残疾人到四川省残疾人服务外包就业培训基地培训。培训合格后，4名残疾人找到满意工作。把本职工作和全县中心工作结合起来，把残疾人危房改造工作和搬迁建设同步推进，把残疾人无障碍改造工作和幸福美丽家园建设同步推进，提高资金的使用效益。给幸福美丽家园建设中的10户残疾人进行危房改造补助，补助资金33500元。加大对残疾人开展种植业和养殖业，发展生产的扶持力度，扶持残疾人开展生产和灵活就业，对10名残疾人进行生产扶持，扶持资金20500元。对生活特别困难的残疾人进行临时生活困难救助，救助贫困残疾人60人次，补助资金124600元。对提出申请的3位城镇灵活就业人员进行补助，补助养老保险费3600元。为40名肢体残疾人发放燃油补助14600元。

【“温暖万家行”活动】 为了让残疾人感受到党和政府的温暖，开展“温暖万家行”活动，在重要节假日期间，为贫困残疾人和生活比较困难的残疾人提供资金和物资帮助。先后在元旦、春节、五一、国际助残日、国庆、中秋期间对637人次贫困残疾人进行慰问，发放慰问金152000元。

【“阳光助学”工程】 县残联开展“阳光助学”活动，动员组织适龄残疾学生参加学习。2014年，全县各级各类在校残疾学生80名（汶川特殊教育学校15名），为在校残疾学生发放生活补助、学费补助等助学金97720元。

【残疾人量服】 残疾人“量服”是以科学发展观为指导，以残疾人为根本，以残疾人社会保障体系和服务体系建设为主线，着力解决广大残疾人最关心、最直接、最现实的利益问题的重要抓手。对全县乡镇分管领导、具体工作经办人员进行量服工作培训，培训38人次。截至12月28日，为1214名残疾人提供8925项次个性化服务。

【就业保障金征收】 按照《九寨沟县残疾人就业保障金征收管理暂行办法》，结合九寨沟县实际，强化对残疾人就业保障金征收工作，加大对残疾人就业保障金的征收力度。九寨沟县地方税务局、县残联采用到企业讲解、向企业发放公开信等形式，向企事业单位宣传残疾人就业保障金的征收政策，使企业认识到交纳残疾人就业保障金，不仅是企业的法定义务，更是扶危助残、弘扬民族传统美德的善行义举，把残疾人就业保障金当“善款”交纳，提高交纳积极性。2014年12月底，残保金已经征收入库136.5万元。

法 治

公 安

【机构】 县公安局内设综合管理机构4个：政工室（副科级），纪检监察室（副科级，挂警务督察大队的牌子），法制室（挂信访室的牌子），警务保障室。执法勤务机构7个：指挥中心（挂办公室、公共信息网络安全监察大队和行政许可股牌子）；国内安全保卫大队（副科级）；出入境管理大队（股级）；刑事侦查大队（副科级，挂反恐防暴大队），下设综合（办公室）、技术（物证鉴定室）、重案中队；交通管理大队（副科级，挂公路巡逻民警大队的牌子），下设综合（办公室）、九寨沟、城关、双河、玉瓦、勿角、嫩恩桑措、黑河桥中队、九寨沟、嫩恩桑措中队委托九寨沟公安分局管理；治安管理大队（挂爆炸危险监管大队的牌子）；禁毒缉毒大队（挂县禁毒委办公室的牌子）；出入境管理大队。派出机构：九寨沟公安分局（副科级），内设机构办公室、出入境管理科、刑事侦查治安管理科、交通管理九寨沟中队、景区消防大队列入武警序列；派出所20个：（城关派出所、双河派出所、玉瓦派出所、漳扎派出所、羊峒派出所、诺日朗派出所、草地派出所、永和派出所、勿角派出所、嫩恩桑措派出所、永丰派出所、安乐派出所、保华派出所、罗依派出所、郭元派出所、黑河派出所、陵江派出所、大录派出所、黑河派出所、马家派出所）。看守所（挂行政拘留所牌子）。消防大队列入武警序列。九寨沟县森林公安分局（挂森林警察大队牌子）按规定另行编制。

【领导名录】 党委书记、局长：李恒春，党委副书记、政委：张小勇，党委副书记、九寨沟公安分局局长：海滢，副局长：王彬 、张剑（援藏挂职干部2014年6月止），副政委：杨涛 ，党委委员、纪委书记：冯坚，党委委员、指挥中心主任：刘兰，党委委员、九寨沟公安分局政委：唐光辉，党委委员、政工监督室主任：陈素英，党委委员、城关派出所所长：秦玉斌。国内安全保卫大队长：杨毅，国内安全保卫大队教导员：雷旭。刑事侦查大队长：何建伟，刑事侦查大队教导员：雷江洪。法制室主任：黄晓涛。治安大队长：杨建东，治安大队教导员：杨林枫。禁毒缉毒大队长：刘益。交通警察大队长：王小龙，交通警察大队教导员：邱红菊。城关派出所所长：秦玉斌，城关派出所教导员：张燕平。双河派出所所长：李桂玉。勿角派出所所长：柴发梁。安乐派出所所长：吴西平。罗依派出所所长：张鹰。羊峒派出所所长：朱勇，羊峒派出所教导员：田伟。漳扎派出所所长：杨青松。诺日朗派出所所长：杨云峰，诺日朗派出所教导员：陈泽进。嫩恩桑措派出所所长：郭代安，嫩恩桑措派出所教导员：东城。玉瓦派出所所长：徐金堂。永和派出所所长：杨永林。草地派出所所长：赵福宏。白河派出所所长：张强。陵江派出所所长：周建国。黑河派出所所长：侯定建。大录派出所所长：杨军。保华派出所所长：薛平安。马家派出所所长：赵明华。永丰派出所所长：杨雪红，永丰派出所教导员：谢鹏。郭元派出所所长：罗春东。九分局政委：唐光辉，九分局副局长：毛清洪、张骏。

【维稳】 加强隐蔽战线的斗争，落实反恐措施，维护全县社会政治稳定。结合全县反恐维稳形势，按照县委“两备、三坚持、四防、五加强”维稳工作思路要求，建立由一把手负总责，分管领导、责任区民警层层抓落实的分级负责机制，提升景区安保级别，严防暴力恐怖活动发生，为维护全县政治稳定和治安安定打牢基础。重视情报信息，严密掌握敌政社情动态。发挥技术手段和基础工作优势，以获取预警性和深层次情报信息为突破口，通过网上与网下两个战场，获取深层次、内幕性、预警性、行动性情报信息，尤其是对境内外敌对势力、恐怖主义和邪教分子破坏活动以及群体性上访、突发事件和不稳定因素等情报信息，做到提前发现、提前预警。加强情报侦察、分析研判，实行敌社情动态日报制、周小节和月分析与研判制度，研究分析影响危害，预测发展趋势，提出对策意见，引导防范、侦察、控制和处置工作。全年收集掌握不稳定因素苗头66条，形成九寨公安情报12期，赢得工作的主动。完善反恐防恐措施。按照省州县统一部署要求，多次召开反恐维稳工作专题会，不断完善、落实处突警力、警械装备、指挥调度、应急机制以及警务督察、后勤保障等措施。成立应急处突领导小组，细化预案，配强武器、防爆和警械装备，成立30人组成的应急处突分队和10人组成的快速反应小组，实施全天候处突、备勤机制。依托双河、甘海子、黑河桥治安卡点，全面开展武装查缉，强化管控，检查车辆8645台次、检查人员20643人次。在旅游旺季争取州局支持，抽调30名特警驻守九寨沟景区。同时，会同景区管理部门举行景区“游客疏散”联合应急演练，指导星级宾馆开展反恐培训，提高安保处置能力。加强重点人员管控。结合涉藏重点人员基础调查工作的开展，加大对全县邪教组织、非政府组织、非法出境人员和肇事肇祸病人、个人极端主义人员以及老上访户等重点人员的管控措施，严格落实“四包一”制度，综合运用秘密力量贴靠、训诫谈话、法律教育等不同方法加强管控工作，确保“两个决不允许”工作目标的实现。以抓好寺庙安全、落实寺庙服务、引导好寺庙僧尼、排除不稳定因素为工作主线，继续深化寺庙警务模式，对全县9个藏传佛教寺庙、2座清真寺和1座汉族寺院进行走访和安全检查；争取专项经费10万元购置消防器材发放至各寺庙，成立寺庙义务消防队伍；开展僧尼爱国主义教育；加强对大型佛事活动的审批和管理；适时开展寺庙及其周边治安环境综合整治工作，加大对流动僧侣的核查登记，组织清退寺庙核准范围以外的僧尼。核查到九寨沟县的僧人3批次25人。开展信访案件专项治理。落实联动“大接访”工作要求，做好接访处访工作，解决好群众诉求，化解各类矛盾纠纷。接待受理群众来信来访22件（其中局领导接访12件，涉法涉诉1起），均如期办结；化解纠纷1000起，调解处理治安案件30起。强化出入境管理，密切掌握境外人员活动情况，强化涉外管理培训，预防和减少涉外案（事）件发生。1—10月，核查备案法定不批准出境人员16人，掌控涉外重点人员44人（外交、使领馆人员40人，记者4人）；妥善处理涉外案事件17起，其中护照遗失5起、财物遗失4起、未按规定上报外国人住宿登记6起、外国人正常死亡2起。核查登记管理常住境外人员3人次，观光旅游境外人员61867人，其中外国人35994人次、港澳台25873人次，做到出入境管理信息及时上传。

【刑事侦查】 以严打整治斗争为重点，全面提高驾驭社会治安局势的能力。做强主业，按照

“2014严打整治”行动的要求，始终保持打击刑事犯罪的高压态势，周密部署，精心组织，先后开展“两抢三盗一诈骗”专项行动、深化“平安四川”“维护群众利益打假集中行动”“治爆缉枪”专项行动、“扫毒害、保平安”、打击“黄赌毒”违法犯罪和“重点敏感时段社会治安集中整治行动”“飓风扫毒”、秋冬明春严打整治等多个专项行动，整体破案打击效能和攻坚克难水平提升，全面提升公安机关驾驭复杂治安局势的能力，打击各类违法犯罪行为。全年立各类刑事案件41起（补立年前案件1起），破35起，破案率85.4%；抓获作案成员46人，刑拘36人、逮捕20人（其中法院、检察院直捕8人），监视居住1人，取保候审36人，移送起诉28件37人；抓获网上逃犯14名，缴获枪支（火药枪）4支，追回被盗汽车1辆。受理治安案件175起，查处173起，查处率99%，查处违法人员321人次（警告24人次、罚款79人次、拘留144人次、其他处罚74人）。受理行政案件3212起，查处3210起，查处率99.93%，其中交通违法行为3020起、违反出入境管理法3起、违反场所物业管理3起、违反户口管理1起、违反计算机安全管理3起、违反消防管理8起。全力推进“2014严打整治”和秋冬明春严打整治行动。按照省州县统一部署，本着“什么犯罪突出就集中打击什么犯罪，哪里治安混乱就重点整治哪里，违法犯罪活动涉及到哪里就打击整治到哪里”的原则，重点打击五类黑恶势力犯罪、六类严重暴力犯罪、三类多发性侵财犯罪、三类涉众型经济犯罪和毒品违法犯罪；对县委政府交办、人民群众关注的案件，迅速落实严打整治措施，适时开展旅游环境整治等行动，完善深化命案侦破机制，整治成效明显。深化多发性侵财案件打击。结合打击“两抢三盗一诈骗”、盗窃“三电”行动的开展，针对盗抢等侵财犯罪的特点，精心组织，广泛摸排线索，开展侦破工作。侦破阿坝州首例涉案400余万元的“6·21”系列信用卡诈骗案，挽回经济损失314.29万元；破获漳扎镇系列入室盗窃案，抓获多次潜入漳扎镇各大小宾馆、客栈房间实施盗窃游客财物的侯某某、高某某等4人，打掉盗窃团伙1个，追回被盗手机4部。强化追逃。采取重点攻坚、情报导侦、公秘结合的原则，梳理逃犯名单，逐一分解抓捕任务，工作中注意收集逃犯信息，运用信息比对、清查流动人口等多种措施，形成强大的抓逃攻势。抓获网上逃犯14人，临控人员1人。推进缉枪治爆行动。发挥主力军作用，在全县范围内开展清查收缴行动，开展专项行动宣传，查处涉枪案件2起、非法携带管制刀具案件2起，清理气象防雹弹202枚，收缴地瓜蛋1枚。按照打击“黄赌毒”违法犯罪和重点敏感时段社会治安集中整治行动的要求，全局开展集中清查统一行动15次，采取明察暗访、突击检查等方式，加大对宾馆饭店、网吧、游戏厅、歌舞厅、洗浴场所、出租房屋以及打字复印店、成品油的清理清查力度，严厉打击吸贩毒、赌博、色情敲诈、强卖强买等各类违法犯罪活动。通过集中清查行动，端掉游戏机赌博窝点9个，缴获打鱼机38台，翻牌机38台。

【禁毒】 落实禁毒措施，巩固“无毒害县”创建成果。以“天目行动”为契机，“零种植”为目标，结合“肃毒害、保平安”“扫毒害、保平安”“飓风扫毒”等专项行动，在全县范围开展禁毒严打、禁毒预防、禁种铲毒、堵源截流、禁吸戒毒、易制毒化学品和麻醉药品、精神药品整顿六大战役。禁毒种铲毒不放松。在重点乡镇建立村级禁种铲毒踏查队35支160人、乡级专职禁种铲毒巡山队5支60人、乡级禁种铲毒督查队5支27人，确保巡山踏查工作有人抓、有人做、有人查的基础上，紧紧抓住罂粟下种的关键时期，联合县林业部门利用护林防火专用直升飞机对全县涉毒重点地区开展空中航测配合禁种铲毒巡山行动。结合空中航测情况，禁毒民警会同乡巡山队员到辖区高山密林区域，展开地毯式踏查。2014年，到各乡镇督导检查80余次，涉毒重点乡镇开展大规模巡山踏查30次，公安禁毒部门开展联合巡山踏查5次，走访历史种植户40户。禁毒宣传不放松。开展禁毒宣传“六进”活动，着力构建禁毒“三级预防”体系，即以提高普通民众拒毒意识和能力为源头的初级预防，以及时教育转化初偶吸毒人员为主体的二级预防，以帮助吸毒成瘾人员戒除毒瘾回归社会为主要内容的三级预防。通过村寨宣传、校园宣传、集中宣传、流动宣传和座谈交流，形成社会各界广泛参与的禁毒宣传教育社会化工作机制。同时，加大对青少年吸毒问题的关注，通过召开全县预防在校青少年学生吸食毒品现象交流座谈会、对高中在校学生尿检抽查、与重点学生面对面交流，将防毒拒毒意识植根青少年。2014年，开展集中宣传32场次，发放各类宣传资料10000余份、禁毒宣传礼品“平安结”600份、接受咨询200余次。缉毒严打不放松。在全县范围内组织“扫毒害、保平安”、整治娱乐场所吸贩毒问题、治理特殊群体涉毒、打击制毒犯罪、收戒社会吸贩毒人员等大规模的专项整治行动，始终保持对毒品违法犯罪的高压态势。2014年，查获涉毒案件32起（涉毒刑事案件4起、治安案件27起），捣毁吸毒窝点5个，缴获冰毒273.3324克、麻古83粒，吸毒工具2套，强制戒毒7人，自愿戒毒41人。综合治毒不放松。为巩固创建成果，对全县歌舞娱乐场所全面加强分级管理，把流动人口纳入管理视线，重点对县城和漳扎镇片区的娱乐场所、网吧、宾馆、出租屋等吸毒重要场所进行定期检查和整顿；规范易制毒化学品行业经营秩序，加大督导抽查力度；加强对快递行业的检查和禁毒宣传教育；强化全县吸毒人员管理，落实“四包一”的帮教小组，逐一对吸毒人员落实社会帮教责任制度。实行民警分片负责制，定期和不定期地向帮教对象通过发送有针对性的禁毒工作短信、交心谈心等方式，及时跟进见面帮教、尿检收戒、立线侦查等措施，强化对吸毒人员的日常行为监控和行为干预。

【治安管理】 不断推进社会治安管理创新，全面提升治安管理能力。以“一标三实”基础信息采集工作为主线，抓住《四川省流动人口管理办法》实施的契机，以社区安全防范和场所、特业治安管理为切入点的社区警务工作思路，努力使治安防控有新突破，群众的满意率有新提高。加强实有人口管理。结合“三实”工作，县局治安及各派出所加强对实有人口、实有单位、实有住房录入信息的清理核对，提高信息的准确率。截至12月，全县有常住人口23357户、67883人，办理出生登记803人、死亡注销366人、迁入登记346人、迁出注销526人；办理二代证3803张、临时身份证1073张，边境证26张。按照县委、政府“建立一张网、消化两本账、绷紧三根弦”外来人口管理的要求和分类管理模式，落实以房管人、以业控人等管理措施，提高流动人口和出租房屋的采集率、录入率，做好流动人口日常登记、办证、服务管理等各项工作，做到底数清、情况明、管得好。自流动人口信息采集工作以来，采集流动人口信息3758人，其中就业信息2192人、居住信息1566人；注册用户61个，其中房东61个。加强单位、场所、学校内部治安防范。定期组织警力对内部单位的安全进行检查，对存在的安全隐患及时进行整改；采取公开和秘密结合的方法，对全县206家旅馆业、2家刻字印刷业、15家机动车修理业、6家废旧金属收购业、14家歌舞厅、9家演艺场所、4家游艺场所、19家网吧等特种行业加强日常监管，加大法制宣传教育和安全教育，督促其合法经营，确保不失控、不漏管。继续加大对旅店业治安管理系统的安装和数据上传力度，做到“四实两清”，处罚宾馆饭店16家处罚16人次、停业整顿网吧6家。结合“护校安园”行动，定期对全县1所职业技术学校、3所中学、3所幼儿园、18所小学、1所残疾人孤儿院集中开展校园及周边整治专项行动；在加强校园法制宣传的同时，加大对校园及周边治安状况、消防安全设施及人防、技防、物防等安全制度落实情况的检查，排查化解涉校矛盾纠纷。完善治安防控网络建设。结合反恐维稳需要，依托城市监控系统和治安交通卡点，采取显性用警的方式，整合社会监控资源，突出“两镇一景区”和交通要道，实行民警和武警联动执勤，保安和民兵整合，在重点敏感时期和国庆期间对主要路段、易发案区域、人口密集场所采取“抓点、控线、稳面”的工作方法，开展定点定时巡查与不定点不定时巡查，实现对重点目标、重点单位、居民小区等部位的24小时巡逻执勤，对闲杂人员详细盘查，做到24小时见警灯、见警车、见警察，并努力提高安全保卫工作的处警率和处事率，全方位加大社会面的管理、防范、控制力度，不断提升群众和游客的安全感。加强枪爆物品监管。组织民警到村寨、场所开展涉爆涉枪法律宣传教育，加大对公务、金融涉枪单位和涉爆单位的监管力度，继续推行“一体化”管理模式，全力找准枪爆危物品管理中存在的薄弱环节和隐患漏洞，做到重点明确、责任到位。开展6家涉爆涉危单位安全大检查28次，发现安全隐患19处，整改19处，审批炸药638112吨、导爆管雷管371400发，导爆索10000米。加强安全保卫工作。根据上级公安机关的安排部署，结合自身实际，精心部署，周密安排，实地踏勘，实战演练，制定安全警卫、保卫实施方案，确保“春节”“五一”、州文工团文化下乡、端午、中秋、“十一”和“黄金月”等重要节假日和各项安全保卫工作完成，做到万无一失。

【交通、消防、监所安全管理】 预防整治并重，加强道路交通、消防、监所安全管理。严密安全监管，预防和减少安全责任事故以及群死群伤类重特大交通、火灾等安全事故的发生，确保监所零事故。开展交通秩序整治。以“保安全、保畅通、防事故”为根本任务，采取领导包片民警包段的工作模式，集中开展春运、整治酒驾、货车、客运、摩托车、“五一”、“十一”节前整治等专项整治行动。建立交通事故分析研判和联勤联动工作机制，严格落实24小时勤务制度，严查酒后驾驶、涉牌涉证、超速超载、疲劳驾驶等重点交通违法行为；对7座以上营运客车和危险化学品运输车辆进行逐车检查、登记，预防重特大事故的发生。不断推进“交通安全宣传五进”活动，利用宣传车、重特大交通事故自制模板等宣传平台，通过专题讲座、分发传单、播放光碟、设置展板等多种形式，多次联合县安监、运管等单位，加强对客运驾驶人、公路沿线村民、中小学生、事故多发单位等群体的宣传教育。特别是“十一”黄金周期间，按照“把拥堵造成的交通延误降到最低”的工作要求，根据实时道路交通安全形势和交通流量、流向变化特点，启动《“十一”黄金周旅游车辆运行、停放管理方案》，通过加大警力投入、实时掌握路况、优化交通组织、强化路面勤务，严防发生大面积、长时间交通拥堵，做好国庆期间道路交通安全管理工作。2014年，全县发生一般以上交通事故40起，受伤60人，直接经济损失13.38万元；发生轻微交通事故727起，受伤55人，直接经济损失121.02万元。查处各类交通违法行为3579起，其中无证驾驶24起、超速346起、乱停乱放206起、客车超员7起、货运车超载100起，罚款金额377850元。开展“五进”宣传活动12次，直接受教育群众和驾驶人3000余人次。加大消防监管，及时消除火灾隐患。结合“今冬明春”火灾防控专项治理活动和第二次“清剿火患”专项行动的开展，对全县72个消防安全重点单位、120个行政村寨进行消防监督检查，督促履行法定职责，健全消防组织，落实消防安全责任制，加强职工、村民消防安全教育；对易燃易爆化学危险品、公共聚集场所、粮食仓储、农村柴草垛、木材加工行业、九小单位开展专项治理。到乡镇村寨检查39次，检查单位600家次，联合检查寺庙消防安全工作21次，其中夜查单位173家次，发现隐患79项，整改火灾隐患76项，下发《责令改正通知书》69份，处罚单位16家，查封单位4家，罚款83500元；办理公共聚集场所开业前消防安全检查9起，受理消防设计审核3起，消防竣工验收1起，受理消防设计备案2起，竣工验收消防备案3起。举办培训班2期，集中培训消防安全管理人员800人次、社区（村寨）消防安全负责人85人、学校、企事业单位人员180余人次，发放《消防知识宣传手册》《家庭防火常识》等3000余份。狠抓监所安全监管。以“五化”建设为要求，不断推行管理机制创新，狠抓各项规章制度和安全防范措施的落实，严打“牢头狱霸”，抓好狱情教育、在押人员的转化教育和传染病筛选工作，适时开展安全大检查，确保实现“民警零违纪、监所零事故”。2014年，关押各类犯罪嫌疑人75人（接转上年20人、新收押55人）；看守所处理出所63人（其中刑满释放5人，投牢19人，其他7人），取保候审25人，转外省市2人，转本省其他所5人；现关押12人；拘留所收拘违法人员174人。

【信息化建设】 以警务信息化建设为牵引，推动全警“六种能力”提升。深化公安信息化建设。按照州局“扁平指挥、网上作战、网上服务、网上警务”四大应用体系和“数据、平台”两大支撑的“4+2”信息化建设总体架构，狠抓硬件建设、网络建设、机制建设和基层应用。全面升级改造城市监控系统，完成全县26个高清点位的建设，对电信“全球眼”18个点位进行改造升级，新建“全球眼”高清点位2个；在原已建成6个高清审讯室的基础上，完成全县11个派出所高清审讯室建设；局办公楼局域网全面升级改造，增加网口100个、交换机8台，丰富局内部专网资源，办公系统全面升级；完成全局350兆对讲机、车载台重新写频；购置5套警用执法仪采集站，强化现场执法音视频采集；实现了警务综合应用平台数据与情报平台的对接。以情报中心为核心点，以一线实战大队为主线，以派出所为面的“点、线、面”信息化应用体系不断完善，强化信息研判和技战法的推广应用，提高信息应用效果。签收处理预警信息15510条，红色预警30条（重复信息8条、无效延迟信息16条）、橙色预警61条、黄色预警894条，通过信息指令抓捕网上逃犯6人；开展城市监控视频巡查2360次，为各执法办案业务部门提供监控视频数据14起，提供办案线索28条。深化执法规范化建设。以推进公安执法规范化建设为主线，以提升执法能力、执法办案质量为目标，结合执法检查“回头看”活动，不断加强和完善执法监督，明确执法第一责任人责任，严格执行案件审核测评、执法档案建设规定，严把办案民警、部门执法监督员、所队长、主管局领导、法制五道审核关的基础上，利用信息化建设成果，以警综平台为载体，通过网上监控、网上审核、网上考评等监督管理措施，对执法质量实行“一案一评”，及时纠正执法中的突出问题，使全局执法活动监督达到日常化和信息化。按照“执法规范依据执法实战定、执法培训跟着执法规范走”的思路，强化民警执法培训，把经常性的教育管理工作渗透到日常执法工作中的每个环节、每个时段，坚决查处和纠正不作为、乱作为、不严格、不规范的问题，确保严格、公正、规范、文明执法。2014年3月，特别邀请公安部刑侦专家潘伟为全局民警开展《刑事诉讼法》专题讲座，以会代训，深入基层办案部门开展执法检查11次，检查执法场所182个次，举办法制专题讲座7次、法制培训16次400余人次。紧紧围绕解决人民群众问题，结合正在开展的“警民亲”“转变作风，司法为民”“万警进万家”“千警进千家”“学雷锋”等亲民助民和“一标三实”等工作，构建警民和谐，推进民生警务，打造民心工程。景区民警为游客寻人找物，解救驴友2批次9人次，团员民警为敬老院打扫卫生，双河派出所为群众掏钱买水泥，城关和保化派出所打扫乡村道路，漳扎派出所看望孤寡老人，勿角派出所为过往司机排忧解难，嫩恩桑措派出所求助少女等好人好事如火如荼。2014年，全局下基层1800人次，走访群众2万余人，建立健全便民措施7项，做好人好事200余件，解决群众游客求助1193次，为永丰乡帮扶的村寨、困难党员干部、困难群众送慰问金0.5万元，投资0.7万元解决双龙村饮用水等困难。加强窗口建设，公共服务能力增强。在公安户政办证大厅、交警沟口、摩托车管大厅、出入境办证大厅和政务服务窗口，按省州县要求，设置便民利民服务措施齐全，在证件办理、审批环节上，开辟绿色通道，简化审批手续、办事程序，实行“一站式”服务、挂牌服务、延伸服务、跟踪服务，落实各项便民举措，提高行政审批的效率和质量。2014年1—10月，公安政务服务窗口办理行政审批件896件，办结率、满意率100%；摩托车管所办理摩托车上户1055辆、年审摩托车1615辆；受理普通护照41件，受理往来港澳通行证及签注353人次，受理大陆居民往来台湾通行证及签注10件。2014年4—12月，九寨车管分所办理新车入户436辆，驾驶证补办1223本，牌照补领160副，车辆年审6500辆；办理摩托车新车入户427辆，摩托车年审967辆。

【队伍建设】 围绕党的群众路线教育实践活动，全面加强公安队伍建设。以党的群众路线教育实践活动为载体，紧紧围绕责任、素养、纪律、奉献四个方面，立足民警核心价值教育，注重绩效管理，开展各项专题活动，深化爱民实践，狠抓作风转变，全面提升队伍凝聚力和战斗力。全面开展党的群众路线教育实践活动。始终按照“照镜子、正衣冠、洗洗澡、治治病”的总要求，围绕必学内容和步骤要求，结合实际创新形式，以问题为导向，党委班子成员10人，10个党支部、182名党员全部参与活动，覆盖面100%。活动中，公安局党委把学习教育作为第一要务，教育引导党员民警全面正确理解党的群众路线深刻内涵，统一思想，提高认识；坚持查摆“四风”存在的问题，广泛征求意见建议；对照《党章》等规定严格落实组织民主生活会。召开专题民主生活会，紧紧围绕“四风”问题查找不足，开展批评与自我批评；把整改和解决问题作为重点，坚持立说立行、边整边改，推动公安工作开展，提高全体党员民警思想、转变作风。期间，党委中心组组织集中学习2次，全局民警写心得体会183篇、学习笔记183册，举办“讲述身边的工作故事”演讲活动1次，局党委成员带头走访帮扶对象900人次，发放征求意见表1000余份，开展座谈讨论20余次，收集梳理意见建议46条，建立完善26项制度，班子成员之间谈心谈话45人次，收集意见25条；班子成员与部门负责人谈心谈话39人次，督导组与班子成员谈心谈话10次，提出意见34条；召开专题民主生活会2次。加强党组织和班子建设，狠抓党风廉政建设。始终坚持把党风廉政建设和惩防体系建设摆到局党委的重要议事日程，坚决落实“一岗双责”，党委班子成员率先垂范，扎实开展岗位廉政教育、正面典型教育、反面警示教育，全局初步形成教育、监督、纠风、预防、惩治并行的惩防框架。结合县正风肃纪解决“四风”突出问题“9+4”活动要求，开展集体廉政谈话6次，签订“九寨沟县公安局2014年度党风廉政建设责任书”34份，与全局民警签订“反腐倡廉建设承诺书”183份。改选支部，发展党员力量。结合反恐维稳需要，全面开展队伍练兵。采用集中训练、平时练、工作中练、师傅带等形式开展队伍练兵。专门派员到省公安厅参加反恐防爆小教官训练，以县局和九寨沟分局为块，分别集中培训，训练领域涉及防暴处突、消防演练、作战技能、刑侦技术、公文写作、新闻宣传、接处警工作、基层警务工作等方面，受训民警300余人次。组织全局16名骨干民警出州和出省进行业务培训和跟班学习，局内开展各项专题培训12次。强化纪律作风建设，展现良好警容风纪。加强民警对《公安机关人民警察内务条令》、“五条禁令”、省厅“八个一律不准”等条令、禁令、警规的学习，从日常抓起，强化作风养成，围绕人、枪、车、酒、赌等方面落实管控措施和管理责任，确保队伍内部不出问题。主动聘请警风警纪监督员，设置意见箱、意见本、公开监督举报电话，主动接受外部监督。对民警学习情况、民警警容风纪、内务管理、重大警务活动、民警执勤执行情况实行现场督察和随时检查相结合，发现问题及时予以纠正，做好事前预防和抓落实工作。开展各类督导检查167

次，发现和督促整改隐患苗头问题18处，提出督察建议14条，撰写督察信息46期，发布督察通报9期，涉及通报批评15个部门5名民警。加强正确舆论宣传导向。通过会议动员、编写简报、媒体宣传等方法，引导全局民警自觉融入活动、广大群众积极参与活动，让群众了解公安，支持公安。撰写上报各类信息、动态400余期，多篇信息被省公安厅、州公安局和阿坝日报、阿坝政法等媒体采用，被九寨沟县门户网等新闻媒介转载登刊。做好从优待警工作。实行民警年休假制度和定期体检制度，科学合理安排工作，缓解民警紧张情绪，组织女民警参加全县妇检。对生病住院民警慰问，节日期间对离退休、因公牺牲的民警家属等进行探望。为全局183名民警和86名协警购买人生意外保险，保费从每人原来10万元提高到20万元，为38名女民警购买大病保险。

九寨沟县公安消防大队

【领导名录】 大队长：顾永宏，教导员：郭海涛。

【火灾统计】 2014年，全县发生火灾1起，无人员伤亡，直接财产损失32050元。与上年同期相比，火灾起数下降50%，死、伤人数与上年持平，直接财产损失与上年持平。

【重点单位监督】 为有效预防和杜绝重特大恶性火灾事故发生，大队结合驻地实际，对辖区内的重点单位进行调整，辖区有重点单位38个，其中机关单位10个、企事业单位6个、人员密集场所16个，易燃易爆场所6个。在元旦、春节、“五一”“十一”黄金周前对重点单位进行监督检查。重点检查重点单位责任制落实情况、建筑消防设施完好情况、单位组织防火检查消除火灾隐患等情况。

【专项检查】 为全面整治火灾隐患，打击消防违法行为，坚决预防和遏制重特大火灾事故的发生。按照上级部门的统一部署和安排，大队与县委、县政府、县公安局汇报，及时研判、全面部署、求“细”求“新”推进，开展“商场市场和居民住宅小区消防安全专项整治”“成品油消防安全管理专项整治”“清剿火患回头看”“消防产品专项治理”“打非治违”“建筑工程消防安全专项治理”、重大火灾隐患专项行动等一系列火灾隐患排查整治专项行动，建立健全隐患排查及整改跟踪问效机制，整改一批火灾隐患。2014年，部门联合检查11次、行业部门召开联席会议3次、自查自纠单位178家、集中约谈8次，检查社会单位320家，发现火灾隐患75处，督促整改火灾隐患68处，下发责令改正通知书65份，责令“三停”单位3家，临时查封2家，下发行政处罚决定书17份，罚款8.03万元，火灾形势趋于平稳，全年发生火灾1起，无人员伤亡。

【消防行政许可】 2014年，九寨沟县消防大队办理开业前消防安全检查8起，建筑工程消防设计审核3起（含备案），建筑工程消防验收2起（含备案）。

【器材装备】 2014年，大队争取经费225.6万元。其中，地方政府投入业务经费144.1万元，专项经费65.5万元（消防信息化建设经费37.1万元，购置地震轻型搜救队装备经费10万元，寺庙消防器材款10万元，返还罚没款8.4万元）；上级部队划拨3D影院建设经费16万元。提升部队灭火救援能力，打造部队拴心留人的警营环境，鼓舞全体官兵立足本职、牢记使命、爱岗奉献的集体荣誉感。

【抢险救援】 2014年，按照“有警必出、有险必抢、有灾必救、热情服务”宗旨，出警142次，出动车辆149辆次，出动警力648人次。其中，火灾扑救1次，参加各类抢险救援与社会救助80次，抢救被困群众6人，疏散被困群众120余人，灭火及抢险救援成功率100%，参加消防安全保卫10次、执行重大执勤任务3次，为民摘取马蜂窝48次，送水60余吨，抢救财产价值5万余元。

【政治学习】 2014年，大队党委始终坚持把思想政治建设贯穿各项工作始终，结合工作实际，制定年度政治教育计划，按计划加强政治教育学习，全力打牢干部思想根基，推动队伍建设整体上台阶。学习中注重工学兼顾，对工作和学习进行科学统筹、合理安排，确保教育时间、内容、效果落实。在学习活动中，全体官兵撰写学习笔记、心得体会110余篇。同时，开展为贫困学生捐资助学、为群众送水、为敬老院孤寡老人义务服务、“九九消防平安行动”等拥政爱民活动，树立消防部队亲民、爱民、为民服务的形象。

【军事训练】 2014年，九寨消防以“打造阿坝高原消防铁军”为牵引，全面提升部队灭火抢险救援水平。按照“练为战”指导思想，围绕“部队正规化、警务实战化”总要求，寻求突破跨越、打造特色亮点，从强化执勤人员对现有装备、技术熟悉、实现人和器材最佳组合；有效运用现有场地器材，开展技体能训练；加大“六熟悉”和多种环境下实战演练，全年组织实战演练50余次和紧急避险训练10次；尝试并不断深入特勤项目训练等入手，全员参训，全员参考，提高整体作战能力。同时，大队向县委、县政府、县公安局汇报，得到政府主要领导重视，成立一支6人组成的九寨沟县政府消防队。

【消防宣传教育】 为提高单位人员消防安全意识，强化消防宣传教育，提高全民消防安全意识。2014年举办各类培训班5期，集中培训消防安全管理人员1000余人次，社区（村寨）消防安全负责人320余人，学校、企事业单位4000余人次，并开展消防宣传“六进”活动，发放《消防知识宣传手册》《家庭防火常识》等21000余份，受教育群众14000余人次。同时，九寨大队依托县政府政务网平台开设九寨沟县农村消防专题网站，刊发稿件200余篇；各乡镇、部门踊跃投稿100篇，促进了农村消防工作宣传，拓宽了宣传渠道，在辖区内建消防志愿者队伍，与媒体签订共建协议。“11·9”消防日期间，通过车辆宣传、在电视台播放消防片、消防警示语，指导重点单位和专职消防队伍进行消防宣传，形成营造“人人参与消防、共创平安和谐”氛围。

检　察

【机构】 县检察院内设政治处、办公室、侦查监督科、公诉科、反贪污贿赂局、反渎职侵权局、监所检察科、民事行政检察科、控告申诉检察科、职务犯罪预防科、案件管理办公室、人民监督工作办公室、纪检监察室、派驻永乐镇检察室检察室、派驻漳扎镇检察室（2014年10月16日成立）、驻看守所检察室、法警大队。

【领导名录】 检察长（党组书记）：侯定云，副检察长（党组成员）：马真玉、周义，党组成员、政治处主任：张仲强，党组成员、反贪污贿赂局局长：许昆，派驻纪检组长：蔡侠（2014年9月22日起），检委会专职委员：杨泽江、徐敏，反贪污贿赂局教导员：鲁晓敏。

【政治处】 以创“四好班子”为中心，以创先争优为宗旨，加强领导班子建设，严格队伍管理，结合党的群众路线教育实践活动制订、修改完善管理制度12个。坚持上下班签到制度，对有上下班迟到、早退、旷工的严肃处理，将汇总情况纳入季度考评。以贯彻最高人民检察院禁酒令入手，严明廉洁自律规定，加强检务督察。加强对干警教育培训工作，全年参加上级院组织业务培训12人次，参加“百千万”人才培训大课堂12人(次)，开展自主业务能力、综合素质等培训10余次，干警参与培训率100%。开展党的群众路线教育实践活动，到乡村走访196户572人，为群众办实事好事15件，慰问老干部、老党员、困难户20户。到联系村开展法制宣传活动，发放宣传资料400余份，接受咨询12人次。开展检察文化建设，建设完成干警体能训练房，更新“文化走廊”图片40余幅，摄影兴趣小组开展采风活动3次，南坪琵琶弹唱兴趣小组开展练习20余次并能熟练弹唱4首歌曲，创作南坪琵琶弹唱歌曲《九寨沟检察官之歌》并制作成DVD光碟，采购图书1000余册。

【办公室】 按照院党组“131415”工作思路，修改《部门工作季报告考评制度》《信息工作目标任务及奖惩办法》《公务接待管理制度》《车辆管理制度（试行)》等，新建《九寨沟县人民检察院工作规则》《党组议事规则》《决策和事务督查工作规则》等，明确各内设机构季报告考评汇报内容，增强考核的刚性。明确各工作岗位的职责任务，制定《2014年度办公室工作绩效任务责任划分表》。参加争创州级最佳文明单位各项活动，协助做好相关工作，1名办公室人员被评为文明干警、办公室被评为文明科室。抓好信息质量，全年制作简报146期，其中办公室撰写简报36期，被省院、州院及有关媒体转发36篇次，撰写调研文章6篇，论文2篇，全年无漏报瞒报迟报现象。按照院领导要求撰写并及时向县委、州检察院报送《全面履行检察职能、服务“全域法治”行动的实施意见》，得到州委常委、秘书长、县委书记罗振华和州院检察长王疆立等领导的肯定性批示。邀请县档案局业务骨干到院开展档案工作培训2期，开展业务指导4次。继续加强保密工作，开展保密知识培训3期，通过分级保护测评验收。

【侦查监督】 受理提请批准逮捕案件9件20人，批准逮捕9件17人，不批准逮捕3人。清查2012年以来立案监督案件中未移送起诉、未审结的案件，开展破坏环境资源和危害食品药品安全犯罪专项立案监督活动，查阅案件24件，台账3本，执法记录3册，对行政机关执法过程中是否持证上岗、是否有案不移、有案不立、以罚代刑等行为进行摸查。做好迎接州人大常委会审议全州侦查监督工作。落实检察环节社会治安综合治理措施，参与构建和完善社会治安防控体系，全年上报专项工作材料10篇。

【公诉】 受理移送审查起诉案件31件41人，依法向人民法院提起公诉20件25人，决定不起诉6件8人，移送州院审查1件4人，移送其他院审查1件1人，公安机关撤案1件1人，撤回起诉1件1人，审理中1件1人。3名干警参加全州检察机关公诉人业务竞赛。开展疑难案件专题研讨会、公诉文书评比活动、公诉人业务知识笔试等岗位练兵活动，着力提高公诉人专业素质。加大简易程序适用力度，全年办理简易程序案件8件8人。依法落实轻缓刑事政策，适用轻微刑事案件快速办理机制办案5件5人。制定《当事人和解的公诉案件诉讼程序实施细则》，规范办理该类案件的程序。加大对侦查活动的监督力度，发出书面纠正违法通知书4次。保障律师执业权利，接待律师阅卷5人次。深化检务公开，召开首次不起诉案件公开听证会。

【反贪污贿赂】 开展小流域治理专项行动，摸排了解相关单位、相关项目基础情况。受理举报线索3件，其中立案侦查2件2人，为国家挽回经济损失21万余元，其余1件经初查未发现相关人员涉嫌犯罪，其违纪行为已经按规定移交纪委处理。帮助阿坝、黑水、文县等地检察机关开展协查4次，抽调2名干警到松潘县协助办案1次。加强信息、调研工作，全年撰写检察信息8篇，被州检察院和相关媒体采用7篇，其中1篇被高检院预防网全文转发。对九寨沟县换届以来查办职务犯罪情况和是否存在刑讯逼供等违法违规办案情况进行调研并形成专题报告。撰写涉农惠民领域案件专题年度报告，受到县委重视并转发全县。

【职务犯罪预防】 始终把惩治犯罪作为预防职务犯罪的一项特殊手段，开展重点行业（系统）预防6次，重大工程建设专项预防1次，预防介入1次，警示教育3次，预防调查1次、犯罪分析2次，预防宣传10余次，受教育1000余人。运用监督制约机制，针对出现的问题，提出预防检察建议2件；与马脑壳金矿、农业银行九寨沟县支行、阿坝大九旅集团有限责任公司九寨沟旅游分公司等单位建立预防职务犯罪工作联系机制；完成一般预防信息和调研材料8篇，被高检院预防网采用1篇，州院转发7篇；加强行贿犯罪档案查询工作，全年受理行贿犯罪档案查询12件（次）。

【反渎职侵权】 直接受理渎职侵权案件线索2件4人，州院交办线索1件。对初查完毕的线索写出调查报告，依程序告知相关当事人，并对初查中发现的问题提出建议、督促整改。与纪委、安监等部门组成安全事故调查组，参与对发生在九寨沟县境内的4起安全事故的调查处理。加大查办案件力度，对九寨沟县建筑领域及业务主管部门存在的问题进行调查，做好职务犯罪预防工作。按照州院侦查指挥中心安排，抽调1名干警到松潘参与办案1件。帮助苏州市姑苏区检察院协查1起渎职案件，协助兄弟单位在九寨沟县调查取证。参与院内组织的各项活动，开展反渎职侵权宣传活动。

【监所检察及驻所检察】 开展监管场所安全大检查12次，专项检察工作2项。牵头召开驻所检察室与武警中队、看守所联席会议6次，与法院、公安、司法行政机关召开联席会议5次，针对发现的事故隐患，提出口头建议9次，书面检察建议3次，均得到纠正。开展监外执行、社区矫正定期联合大检查2次，不定期检查2次，针对脱管漏管等情况发出检察建议4份。县人大常委会听取和审议监所检察工作情况满意率100%。邀请全国人大代表视察驻所检察工作。监督将1名罪犯收监执行。通过二级规范化检察室二次验收。撰写调研文章1篇，工作简报12期。

【民事行政检察】 办理各类民行案件4件，其中受理当事人申诉民行案件3件，依职权发现民行案件1件。执行监督2件，不予监督1件，督促行政机关依法履行职务1件。向九寨沟县人民法院和九寨沟县财政局、九寨沟县国有资产经营公司发出检察建议3份，编写简报3篇，案例分析1篇、论文1篇。在办案过程中注重法律效果与社会效果相协调，提高运用司法手段化解社会矛盾的能力。探索民事行政检察工作新举措，派员旁听民事案件庭审，对诉讼权利保障、庭审程序是否合法等进行监督。

【控告申诉检察】 受理控告、举报线索14件，开展举报线索初核4件（2件举报失实，2件移送自侦部门立案），审查民事行政执法活动监督案件3件，2件已办结，1件移送民行部门审查。发挥“窗口”职能，推进信访接待工作规范化。开展司法救助工作，办理国家司法救助案件2件。开展第十六个“举报宣传周”活动，到社区、街道、学校进行法制宣传。制定《关于保障和规范律师在刑事诉讼中依法执业的暂行办法》，与县司法局会签《关于开展检调对接工作的实施办法（试行）》。提升队伍专业化水平，派员参加全省检察机关刑事申诉检察业务竞赛活动，被评为全省刑事申诉检察业务能手。全年制作控申专刊信息16篇，撰写调研文章6篇《检察日报》转发1篇，省院转发4篇，阿坝政法转发1篇，州院转发4篇。

【案件管理】 受理并初审分流案件39件56人，其中公安机关提请批准逮捕6件10人，移送审查起诉32件46人，对行政机关不当履行职责监督案件1件。依托全国检察机关统一业务应用系统，加强办案流程监控，及时对办案期限进行预警提示，做到履职正确、执法严格、流程规范，全年发出办案期限预警3次。主动适应网上办案带来的新挑战，在统一业务应用系统运用中累计处置30余个问题。做好案件管理统计工作，采取措施应对统计报表案卡改革，确保新旧案件管理系统平稳过渡。深化检务公开工作，案管大厅正式使用触摸查询平台，并按时上线运行案件信息公开系统。

【人民监督】 制定《深化检务公开制度改革工作办法》。邀请共建单位代表、“两新组织”代表、人民监督员、特约检察员等走进检察机关实地参观办公办案工作区，征求其对检察工作的意见和建议。编印《检察工作宣传手册》，将相关检务公开内容向社会各界公开。每季度向县委、县政府主要领导、人大代表、政协委员、人民监督员、特约检察员等发送手机彩信1期，及时通报检察工作情况，主动接受社会各界监督。邀请人大代表、政协委员、人民监督员、特约检察员等参加“检察开放日”活动，专题采访县人大常委会、县政协领导和部分人大代表、政协委员，听取意见建议。

【纪检监察】 制定《关于落实党风廉政建设党组主体责任和纪检组监督责任实施办法》，做好责任分解，签订《一岗双责》责任书，形成“一层抓一层，层层抓落实”工作格局。完善廉政责任考核制度，做好副科级以上领导干部及部门负责人年度廉政档案收集、整理、登记工作。修改完善《九寨沟县人民检察院院领导督察制度》《请销假及考勤制度》《干警八小时以外管理监督制度》《严格组织纪律的规定》等。以开展党的群众路线教育实践活动、“增强党性、严守纪律、廉洁从政”专题教育活动为载体，组织全院干警观看警示教育片5部，集体学习10余次。开展谈心谈话2次，及时掌握干警思想动态。开展机关安全、公车管理使用等检务督察工作，全年开展检务督察8次，专项督察4次。建立“三重一大”及落实党风廉政建设院党组主体责任和纪检组监督责任台账。建立干警执法档案，加强对检察干警执法活动的监督。

【派驻乡镇检察室】 10月16日，派驻漳扎镇检察室正式挂牌成立，要求每周开展工作不少于2天。修改完善《派驻检察室工作职责》，探索派驻检察室工作新方法新举措，着力发挥派驻检察室服务基层，保障民生的职能作用。到双河乡、县城十字街口开展“三级联创”“平安九寨”建设法制宣传活动，向群众发放法律宣传资料200余份，接受群众咨询12人次。在辖区开展社区矫正专项检察工作，对检查中发现的问题及时提出检察建议。做好矛盾纠纷排查化解工作，全年接待来访3人次，对反映的问题均进行仔细调查、答复及解释工作。撰写工作简报3期，州院转发1篇。

【法警大队】 配合检察官履行司法警察法定职责，参与自侦办案2件，其中参与搜查2次，提押5人次，协助执行拘留2人次，传唤1人次，执行看管3人次，送达法律文书32次。加强教育，提高认识，要求每位司法警察在参与案件侦办前，考虑办案安全隐患，及时将不安全因素消除在萌芽状态。开展安全大检查，针对询问、讯问场所、警械具库等存在的安全隐患，采取整改措施整改。针对不同涉案人员制定安全防范预案，杜绝不安全事故的发生。开展案后总结，每位司法警察就所参与的案件查找自身在办案安全方面存在的问题。签订办案安全责任书，做到责任明确，将责任落实到个人。

法 院

【机构】 法院内设办公室、政治处、纪检组、立案庭、刑事审判庭、民事审判庭、行政审判庭、审判监督庭、执行局、法警大队10个庭室，下设漳扎、玉瓦、双河3个片区派出法庭。

【领导名录】 院长（党组书记）：陈金龙，副院长：刘建、陈泽兵，纪检组长：刘明华。

【刑事审判】 依法惩治破坏社会秩序犯罪。打击聚众斗殴、寻衅滋事等扰乱社会秩序犯罪行为，判处罪犯12人。依法惩治危害公共安全犯罪，打击非法持有枪支、失火、治理“醉驾”等犯罪行为，审结此类犯罪案件6件6人。依法惩治涉及财产、人身权益违法犯罪行为9件，判处罪犯15人。参与禁毒斗争，审结毒品犯罪案件3件，判处罪犯4人。保护人民群众的合法权益，维护社会治安环境。依法惩治贪污贿赂和渎职犯罪。发挥刑事审判职能惩治涉农惠民资金领域的职务犯罪，加大对贪污贿赂等犯罪的打击力度，审结国家工作人员贪污、受贿3件，判处罪犯3人，其中科级干部2件2人，通过办案为国家挽回经济损失70余万元。法院本着“审理一案，教育一片”，协调组织县级机关、乡镇主要负责人及重点岗位干部职工旁听职务犯罪案件审理，累计200余人次。依法惩治破坏环境资源犯罪。办理盗伐林木刑事案件2件2人，加大惩处破坏环境资源犯罪力度，震慑犯罪分子。此外，参与社会管理创新推进与社区矫正工作衔接，全年回访缓刑人员98余人次。秉持罪刑法定原则和宽严相济的刑事司法政策理念，全年退回检察机关补充侦查2件3人，裁定准予检察机关撤回起诉1件1人，依法决定逮捕6件11人；判处10年以上有期徒刑2件2人；判处3年以上10年以下有期徒刑5件14人；判处3年以下有期徒刑14件18人，拘役6件6人，管制1件1人，其中依法宣告缓刑13件15人。

【民事审判】 依法保障和改善民生，审结民商事案件178件。审结合同类纠纷108件，涉案标的1000余万元，审结权属纠纷类案件30件，涉及人身损害赔偿案件22件，涉案标的200余万元。关注“三农”工作，维护农民权益，审结涉及拖欠农民工工资案件7件，为当事人兑现工资欠款70余万元。坚持调判结合化解纠纷。邀请代表、委员、乡、村干部及社会知名人士参加案件调解，多措并举丰富调解载体，全年调解结案105件，撤诉40件，调撤率81%。九寨沟县法院双河法庭在全州法院系统，首创“婚姻家庭调解室”，妥善审理婚姻家庭纠纷案件，案件质效较好，当事人认可度较高。为此，被省法院、省人力资源和社会保障厅评为“全省优秀人民法庭”。

【行政审判】 加强行政审判工作。依法审理行政诉讼案件，保护公民、法人和其他组织合法权益，促进行政机关依法行政，审结一审行政诉讼案件2件，原告均自愿撤诉。此外，法院探索行政纠纷化解机制，在现行司法体制下，努力在庭前化解行政纠纷，指导行政调解累计55件次，监督和支持行政机关依法行政，妥善化解官民纠纷，依法保护行政相对人合法权益，助力法治政府建设。

【执行工作】 2014年，受理执行案件66件，其中上级法院指定执行案件2件，同比上升127%，执行标的6975万元，全年执结66件，执结率100%。执行干警多次到贵阳、成都、重庆、甘肃、西安等地执行，为申请人挽回经济损失6700余万元，最大限度地保障胜诉当事人的权益，维护司法权威。同时，探索建立失信被执行人名单制度，实行公开曝光。在工作机制上，全面推进与金融机构、国土资源管理和工商行政管理等协助执行部门之间“点对点”执行信息查询建设，加大反规避执行力度。

【立案信访】 因地制宜推进诉讼引导、预约立案、电子送达、巡回办案、开庭等工作，加强便民诉讼服务中心建设，从立案、审判、执行、信访各环节消除群众诉讼障碍。推进人民法庭建设，方便群众就近诉讼。2014年，适用督促程序6件，诉前调解49件次，涉案标的100余万元，方便当事人诉讼和方便法院办案，提高诉讼效率，节约当事人实现债权的成本，及时保护当事人的合法权益。在立案环节，累计提供750人次的咨询服务。此外，利用手机短信平台发布司法服务和法制宣传教育信息8000条；发放诉讼指南、便民服务手册2000册（份）。

【审判管理】 为实现一流审判业绩，抓审判管理工作，依托信息化手段助推办案效率，提升审判质效，对立案、审判、执行、审判监督各环节进行质效监管，定期通报。严格案件质量评查，完善审判质效综合考评机制，按照省州两级法院要求，九寨沟县法院先后邀请人大代表、政协委员100余人（次）参与案件评查和旁听法庭审理，增强了执法办案的透明度。2014年，网上评查案件270件，评查裁判文书270份，通报案件评查工作情况6期，参与评查的案件，审判质量均为合格。

【法警大队】 法警大队克服人员少、任务重的困难，围绕保持稳定、服务审判、参与执行等工作，为审判执行和其他工作提供保障。全年法警大队出警500人（次），值庭80人（次），提押看管人犯、押解被告人120人（次），参与执行50人（次），提高司法警务保障能力。

【纪检工作】 2014年，围绕“为民务实清廉”为主要内容，开展党的群众路线教育实践活动。班子成员、干部职工全员参与，联系司法办案，紧贴审判职能，坚持问题导向，抓整改落实，州委督导组、上级法院和同级组织部门对九寨沟县法院干部人事管理和班子运行情况给予肯定。在从优待警的同时，坚持从严教育，从严治院。通过教育活动，领导班子和党员干部思想素质有了新提高，作风有了新的转变，党群、干群关系进一步密切，为民务实清廉形象进一步树立，班子的凝聚力、战斗力得到加强，争创州级文明单位。为确保教育有实效，九寨沟县法院有针对性开展23个方面的专项治理、建立健全8项制度，全年批评教育干警5人次。加强党风廉政建设。开展司法廉洁集中教育活动，以反面典型加强警示教育，坚持对法院队伍从严教育、从严管理、从严监督，贯彻中央八项规定精神，全年干警拒收礼金和钱物15余万元。完善廉政风险防控机制，建成人民法院工作人员违纪违法举报中心，健全“事前预警、事中监控、事后查究”的惩防体系建设。执行“五个严禁”规定，加大对违纪违法案件的查处。

【物资装备建设】 加强执法执勤用车管理，所有警务用车安装了GPS定位系统，通过机控和人控严格车辆管理。加强审判流程公开、裁判文书公开、执行信息公开三大平台建设，为全院干警配备了便携式电脑，提升司法效能，全面推进立案、庭审、执行、文书、审务公开，防止暗箱操作。优化法院政务网站建设，开通法院微博、微信，及时向社会发布、公开审判执行信息，方便群众通过新闻媒体了解法院工作。加强司法公开技术支撑。制定九寨沟县人民法院信息化建设办法，推进法院信息网络“天平工程”建设，全面提升信息化水平。利用科技法庭，开庭审理各类案件，推进庭审全程录音录像，全年50件次。九寨沟县法院建成信息管理中心，推进法院司法信息资源整合利用，为深化司法公开提供科技保障。

【队伍建设】 强化理想信念教育，保持政治坚定，推动司法人员分类管理和法官、书记员职务序列改革，完善法官招录机制。公开招录干警4人次，改善队伍结构。培训人民陪审员80人次，培训法官和书记员40人次。先后派出50名干警到省法院和内地先进基层法院交流锻炼，提升干警素质，增强司法能力。2014年，县法院干警外出和在家培训累计1850学（课）时。县法院干警在第九届中国法学青年论坛主题征文中发表的《司法在去行政化中适应国家治理现代化》一文，获全国优秀奖（部级奖）。在中国法学会最高级别学术论坛——第九届中国法学家论坛主题征文中，县法院干警发表的《论刑事司法审查的中国模式》一文，荣获三等奖（部级奖）。在四川省首届“治蜀兴川”法治论坛主题征文中，县法院干警获二等奖（地市级），九寨沟县法院作为全省唯一基层法院获优秀组织奖。

【其他工作】 在坚持做好本职工作的同时，完成党委政府交办的其他各项任务，为确保困难群众打得起官司，加大司法救助力度，为确有困难的当事人减免诉讼费55024元，司法救助6人次，发放救助金6万余元 。参与社会综治和维稳工作，参与处理各类突发事件。强化维稳常态管理，做好节假日及敏感时期的维稳执勤工作。围绕中心服务大局，为全县拆迁整治、环境综合治理，创建省级法治县，省级文明城市等重大工作提供司法服务。

司法行政

【机构】 2014年，县司法局内设办公室、政工科、宣教股、基层股、法律援助股、公证处、安置帮教社区矫正股、法律援助中心8个职能股室和17个司法所。2014年12月23日，经县机构编制委员会同意，县司法局单设政工科，人员编制在内部调剂解决。

【领导名录】 党组书记、局长：杨国树，纪检组长、党组成员：涂成秀，党组成员、副局长：谢开兵、程崇君。

【普法依法治理】 依托现代传媒技术，不断加强社会面的普法力度。投资2万元开办《法治九寨》电视栏目，采取以案讲法、播放法制教育片、播放法律法规知识等形式开展普法工作，2014年播出《法治九寨》栏目25期；投资2.4万元开通法制手机报送法栏目，每月对9000名移动用户轮流群发法治短信2条，累计群发普法短讯24条；利用现代网络开展法制宣传，在县司法局门户网站重要版面开辟《四川省依法治省纲要》专栏、法律学习园地，用以满足办公场所的法律宣传；刻录法制教育光碟17套分发到各乡（镇），利用农村党员干部现代远程教育系统每月开展一次集中法制宣传教育，用以满足农村群众的普法宣传；利用全县的LED显示屏滚动播出依法治县法制宣传标语，在全县人口聚集区制作、张贴依法治县法制宣传标语，在公交站台及公交车电子屏上滚动开展依法治县的宣传和日常法律知识宣传，以满足社会面群众的普法宣传。2014年，在LED显示屏滚动播放法制宣传标语129条，在九环沿线制作张贴法制标语19幅。推进“四个阵地”建设，着力培育法治文化，在全县建立法律图书角129个（村图书角120个、寺庙图书角9个），赠送法律书籍21部6968本，发放《2014年普法宣传挂历》500套、《法制宣传挂图》123套；在全县人口密集地带设立法制宣传专栏48个（九环公路沿线6个、村寨30个、寺庙12个）；在九寨沟县双河小学、第一小学、县中学、七一南坪中学4所中小学建立青少年法治教育基地，定期开展法治教育；争取资金150余万元在九寨沟县九寨迎宾大道绿化休闲地带建成九寨沟县法治文化长廊1个。以“法律七进”活动为载体，全力推进“全域发展”行动向纵深发展。法律进机关（单位）。坚持县委常委会、县政府常务会会前学法制度。2014年，县委常委会会前学法9次，政府常务会会前学法8次。各乡（镇）党委、政府和县级各部门把《四川省依法治省纲要》《阿坝州依法治州实施意见》及相关法律法规学习宣传工作纳入各级各部门工作的重要议事日程。2014年，县大课堂利用远程教育开展县级机关、企事业单位主要负责人参加的法制讲座3场次，县级机关开展法律知识竞赛2次。法律进乡村（社区）。组建法律宣传小分队4个，到全县120个村，7个社区赠送法制宣传对联、挂图、《推进依法治县宣传手册》《农牧民法律知识手册》，以现场解答群众法律咨询等形式开展法律宣传。法律进学校。开展课堂主渠道学法，保证“课时、师资、教材、经费”四落实，配备法制副校长21名，开展法制专题讲座84课时，编印图文并茂的《九寨沟中小学法律宣传教育手册》490册，并发放到全县各中小学校作为课外阅读资料，不断加强中小学生课外学法力度。法律进企业。重点开展维护职工合法权益方面的法制宣传教育，指导企业建立健全企业干部职工学法用法制度，通过各种宣传日、月、周活动，开展宣传社会保障、安全生产等与职工切身利益相关的法律法规。2014年开展送法进企业9次，组织企业管理人员培训2场次（聘请四川法奥律师事务所律师给企业管理人员讲授“企业法律风险防控”讲座1次），培训人员210人次。法律进寺院。以增强宗教教职人员法制观念为重点，加强寺院法制宣传教育，结合党的群众路线教育实践活动，会同县委统战部、县民宗局到12座寺庙中开展法律宣传和“寺院法律明白人”（297名）僧人的法律培训活动，发放藏汉“双语”法制宣传教育片和法律法规书籍500余册。法律进景区。通过悬挂宣传横幅标语、安放宣传版画、设立法制宣传咨询台等方式开展送法进景区活动。2014年，开展送法进景区集中法制宣传4次，集中学习2次，集中培训2次。法律进医院。在县医院、乡卫生所设立法制宣传专栏，开展卫生法制宣传教育，不断强化医务人员依法执业意识，责任意识和服务意识。2014年，开展送法进医院7次，组织医务人员开展集中学习2次，参学人员120余人次。

【人民调解】 健全完善县、乡（镇）、村三级人民调解组织。全县设立人民调解委员会160个，继续发展区域性、行业性、专业性人民调解组织，重点开展医疗纠纷、交通事故纠纷、劳资纠纷等调解工作，维护社会和谐稳定。2014年，新建人民调委会2个。充实人民调解队伍。新一届村委组织换届后，及时调整和规范人民调解委员会，遵循“好中选优、优中择能”的原则，把品德好、善于做群众工作的人员充实到人民调解队伍中来，现有人民调解员700名，经过县乡两级培训已成为维护社会稳定的重要力量。强化特殊时期矛盾纠纷排查。做好“春节”“春耕”“两会”等特殊时期的民间纠纷排查调处工作，实行民间纠纷排查调处半月研判制度，对复杂疑难纠纷启动大调解机构，实行三级联调等机制。2014年，县司法局开展矛盾纠纷排查428次，受理调解各类矛盾纠纷184起，调解成功181起，调解成功率98%，矛盾纠纷双方涉及人数1068人，调解金额1111.89万元。

【安置帮教、社区矫正】 加强与公、检、法等部门的协调配合工作，防止社区矫正人员和刑释解教人员脱管漏管，最大限度地预防和减少重新违法犯罪。建立健全县、乡安置帮教领导小组，配备专、兼职人员，建立刑释解解教人员数据库，落实“一帮一”结对帮教制度。2014年安置刑释解解教人员32人，帮教率100%。加强部门的协调配合工作，强化社区矫正对象的管理和社会风险评估机制，利用现有资源，开展“亲情帮教大走访”，注重在教育矫正、就业指导、心理疏导、帮困扶助等方面开展工作。2014年，开展社会风险评估20人次，经评估建议社区矫正人员收监执行1人次，并由雅安监狱收监执行。全县42名社区矫正对象全部在就地有效监管之中，无重新违法犯罪现象。

【法律援助、律师业务】 成立法律服务团。组织律师、公证人员和基层法律服务者39人成立九寨沟县法律服务团。法律服务团成员照片及联系方式面向社会公开并张贴到各村（社区），24小时接受人民群众电话和来访咨询。2014年，受理群众来电来访咨询748人次，指导来访群众到公安机关和人民法院等司法机关解决利益诉求20件，引导到人民调解委员会进行面对面调解的矛盾纠纷42件，满足广大人民群众对法律服务的需求。

全面建立法律顾问制度。在16个机关（单位）、7个企业、17个乡（镇）、120个村实现由律师、基层法律服务工作者担任法律顾问的制度。2014年，为机关（单位）、企业、乡（镇）、村提供法律建议236条，确保政府和执法单位合法行政、合理行政。全县全面启动依法执政，依法行政，民主管理的基层基础工作机制。强化规章制度建设。不断完善法律援助的运行机制，建立“法律援助四项制度”，即：统一立案审批制度、完善援助公示制度、受援人意见回访制度、案卷统一归档制度，通过这一系列制度的实施，全县的法律援助工作初步走上规范化的管理轨道。健全法律服务“绿色通道”。开通法律援助热线，简化法律援助受理审查程序，对未成年人、经济困难的残疾人、农民工、下岗职工维权案件优先提供法律援助，为受援人提供适当维权渠道，实行预约上门公证服务。2014年，受理法律援助案件27件，办结27件，提供法律咨询748人次，代书法律文书70余份，为受援人挽回经济损失400余万元。

【公证业务】 探索新形势下法律服务工作的最佳模式，不断增强服务意识，优化服务职能，提高服务水平；以创建文明公证处为目标，不断强化公证队伍建设，规范收费、办证程序，提高服务质量和服务水平；开展预约服务、上门服务，为老弱病残等特殊人群办理上门公证服务。2014年，办理各类公证案件133件，其中上门公证15件，上门服务群众40余人次。

【基层司法所】 在17个司法所规范化建设获州司法局验收合格的基础上继续深化规范化建设，实行《年度目标检查考评奖励办法》，按照全局内设机构职数与各股室、处、司法所签订《年度目标责任书》，按照编制职数，将各股室、处的工作任务细化到人，与在编人员签订工作《职位目标责任书》，根据目标绩效进行考核，实行半年和年终评比奖励机制，评比结果与评优选模和公务员年终考核挂钩。

【其他工作】 开展基层法治创建工作。在纵向上推进省级法治县、“民主法治示范乡（镇）”“民主法治示范村（社区）”“崇德守法户”的创建活动，巩固已命名州级民主法治示范村（社区），新创民主法治示范村（社区）。在横向上推进“法治机关单位”“依法治校示范校”“诚信守法企业”“和谐寺庙创建”活动，全县15个机关单位正在申报州级“学法用法示范单位（机关）”，10个乡（镇）正在申报州级“法治示范乡（镇）”，3个企业正在申报“诚信守法企业”，5所学校正在申报州级“依法治校示范校”。以开展党的群众路线教育活动为契机，加强队伍建设。以“走基层、解难题、办实事、惠民生”“转变作风、司法为民”活动为载体，组织职工集中学习中央、省、州、县各级领导的重要讲话精神，通过四项讨论、五项教育，牢固树立“司法行政工作就是群众工作”理念，剖析在“深入群众、联系群众、服务群众”中存在的突出问题，并结合实际制定详细的整改措施。活动期间，开展集中学习22次，参学人员370余人次；开展业务培训2次，参训人员60人次；组织参加各种培训8次，参训人员17人次；听取专家讲座9场次，组织专题讨论8次，领导专题报告2次，集中辅导14次，撰写心得体会80篇，完成调研文章4篇，干部职工参学率100%。看望慰问空巢老人9人，收集群众意见建议2条，召开支部共建联席会2次，上党课8堂次。实行政务、党务公开，公证、律师收费标准在公开栏向社会公开制度，不断强化内部监督为主，外部监督为辅的工作机制。全面推行“首问负责制”“限时办结制”“责任追究制”三项制度，及时纠正办事效率不高，服务中的生、冷、硬、简单粗暴等问题。2014年，全局没有出现违法违纪现象，促进司法行政工作的健康发展。

军 事

九寨沟县人民武装部

【机构】 人武部内设军事科、政工科、后勤科。

【领导名录】 部长：汪锦，政委：余毅强，副部长：金勇（2014 年 12 月止）、尚天赢（2014 年 12 月起），副部长兼军事科长：尹毅。

【思想政治建设】 坚持把学习贯彻十八大精神作为首要政治任务来抓。组织干部职工学习中共十八大报告和党章，购买《十八大报告辅导读本》《十八大报告百问》等学习资料，发到干部职工手上。通过集中学习、专题辅导、组织讨论、撰写心得体会等方法，帮助大家理解掌握十八大精神的基本思想、基本观点和基本要求，确保十八大精神的学习贯彻落到实处。开展专题理论学习。开展“牢记强军目标、献身强军实践”主题教育活动，上级要求的各项专题教育活动和党的群众路线教育实践活动。教育中做到五抓，即：抓思想发动，解决思想认识不到位问题；抓统筹结合，解决工学矛盾易冲突问题；抓党性锤炼，解决党性观念不纯粹问题；抓活动配合，解决学习教育难深入问题；抓制度落实，解决学习教育个别遗漏问题，确保教育取得实效，引领干部职工和民兵坚定政治信仰、端正价值追求，不断夯实高举旗帜、听党指挥、履行使命的思想根基。发挥先进文化的激励作用，弘扬战区特有的“五种精神”，疏理总结近年来连续执行多项重大任务实践中逐步形成的“听指挥、守纪律、创一流、树形象”的九寨民兵精神，引导官兵秉承光荣传统，锤炼革命意志，激发全体干部职工始终保持爱党忠诚、爱国奉献、爱军精武、爱岗敬业的昂扬壮志。着眼藏区稳定和景区发展建兵、练兵、用兵、强兵，叫响“国防与经济协调发展、兴武与兴旅同频共振”“围绕旅游办民兵、办好民兵促发展”“地处一流景区、建设一流民兵”等口号，引导干部职工参建参治、主动作为，促进武装工作和旅游发展的双向提升。加强新闻宣传报道，在军内外报刊杂志和中国军网、省军区政工网上投稿 50 余篇，确保新闻报道工作不断跃上新台阶。

【军事斗争】 习主席强调，要牢记能打仗、打胜仗是强军之要。着眼新形势下藏区、景区稳定需要，狠抓应急维稳能力建设，确保军事斗争准备落到实处。

战备工作：实行集作战值班、行政值班、应急值班、门卫值班、武器库室值班“五位一体”的综合值班机制，随时保证有 1 名干部、1 名门（警）卫、1 名保管员集中住宿（住库）值班，确保战备值班落实到位。开展人武部机关战备库室整治，规范部机关战备库室，做到物资齐备，规范有序。加强乡镇武装部战备设施建设，投入10余万元为各乡镇武装部购买配发战备器材200余件（套），巩固人武部战备建设基础。与县维稳办一道完成社会形势研判，修订作战预案、维稳处突预案、抢险救灾预案等，确保始终保持战备状态。

情报信息：建立健全人武部情报体系，组织民兵情报信息员对重点寺庙、外籍游客和不明身份人员进行监控，及时搜集第一手涉稳信息，搜集整理有价值的情报信息80余条。加强复转退军人清理清查和教育管控工作，确保辖区内复转退军人无上访及群体性事件。

军事训练：完成部机关军事训练任务。开展新知识、新技能、新战法理论和指挥信息系统操作训练；开展识图用图、战术标图、作战文书、武器装备操作、指挥信息系统、应急应战指挥通信装备、导航定位系统、地理信息系统、作战数据系统操作运用和手枪实弹射、手榴弹实弹投掷、体能等训练。完成民兵应急队伍、支援队伍、储备队伍和县机关干部职工军事训练。组织全县干部职工520人进行轮训，开展队列基础、战术基础、抢险救灾、安保行动、和轻武器射击等内容训练。组织125名民兵进行队列、防暴、枪械使用和擒敌拳训练；两会期间组织大录乡12名民兵执勤并开展训练；国庆期间组织149名民兵进行维稳执勤并开展训练。完成武装部长、民兵干部训练。组织19名武装部长参加分区专武部长集训，结合整组对全县民兵连长进行训练。

新兵征集：加强对征兵工作的组织领导，做到措施得力，组织周密、宣传到位。经过严格认真的体检、政审等工作，为部队输送合格兵源。超额完成上级下达征集任务。

【党委班子和干部职工队伍建设】 始终把加强党委班子和干部队伍建设，作为人武部建设的首要任务来抓。突出重点抓班子。学习贯彻《党委工作条例》，加强党委班子的思想、组织、作风和能力建设，提高党委把方向、议大事、抓大事、管全局的能力。牢固树立科学的发展观、正确的政绩观与和谐的团结观，转变作风，树好勤政敬业、清正廉洁与团结和谐的领导形象；坚持民主集中制，注重用“十六字”方针规范党委议事决策机制，不断增强党委决策的原则性、民主性和科学性，增强党委班子的凝聚力、战斗力和创造力。把握关键强队伍。坚持靠制度管人，以岗位育人，用先进激励人，狠抓干部职工的能力素质培养。注重培养干部职工自我约束能力。坚持党管干部制度，用制度、规定、纪律规范干部职工的言行，采取单位、家庭、社会共同管理的办法，加强干部的“三外”“四圈”管理，增强管理的自觉性，提高自制力。注重培养和提高干部职工的业务工作能力，主要采取交任务、压担子、教方法等形式，加大干部职工的教育培养力度，立足在现实工作岗位中提高业务素质和专业技能，不断增强服务民兵预备役建设，适应武装工作、机关工作的能力。

【全面建设和自身建设】 突出抓基层打基础，全面建设水平整体提升。坚持以《基层建设纲要》为依据，狠抓人武部全面建设，提高自身建设水平。

正规化建设：专门召开党委会研究正规化建设措施，拟制具体方案，加大正规化建设力度，提出软硬件建设一齐抓，两手都要硬的工作思路。投入97万元用于部机关正规化建设，全面规范和整理部机关战备库室，确保战备物资规范有序。先后投入54000余元对12个乡镇进行规范化建设，投入8万元为营区围墙进行改造。持续巩固深化《纲要集训》成果，开展“学法规、用法规、促正规”活动，坚持从理思路、打基础、抓经常、促规范着手，建立健全各类岗位责任制，完善党委议事、政治学习、战备执勤、信息化建设、民兵工作等一系列制度规定，确保“三个一线”“四个基本”“八项经常性工作”的落实，规范“四个秩序”。

倾向性问题专项整治：根据分区《关于持续

开展倾向性问题专项整治的通知》指示，针对重点整治的六个方面，坚持做到防“六失六出”：即：防人员失管出格、防车辆失控出事、防营院失守出乱、防枪弹失盗出险、防文电失密出案、防财物失监出丑，将“六个管好”落到实处。加大“两个经常性”工作力度，防止出现“个别人”、重点人；严格执行车辆管理规定，定期对所有车辆进行安全技术检测；对涉密文件、资料、笔记本电脑和U盘、移动硬盘由保密员统一保管，所有办公电脑均安装军队保密管理系统，设置两道8位以上混合开机密码；对重点岗位人员和聘请临时工进行政治审查；适时对水、电、气等设施进行安全检修；在营区安装10个摄像头且并入公安天网工程，对保密室、资料室、财务室等重要部位安装防盗门，确保人武部内部安全稳定。

思想作风教育整顿：结合党的群众路线教育活动，开展作风教育整顿，引导广大干部职工自觉在纯正作风中端正价值取向，在纠偏治差中整改自身问题。紧紧扣住工作落实“人勤、事顺、时宜、效应、地利”五个关键要素，思考和破解人武部抓基层落实“心思难集中、工作难到位、制度难坚持、末端难落实、军地难协调”等问题，主动探索人武部抓基层工作的方法路子。部领导以身作则，适时给干部职工教方法、传经验，帮助转变思想作风、工作作风、破难解扣，促进经常性、基础性工作的落实。

后勤保障：规范后勤管理。加强后勤财务管理，坚持党委当家理财，重大开支由党委集体研究决定，各项经费开支前有研究预算，开支情况有说明报告，增加收支的透明度，家底经费达标，符合分区有关规定，接待经费与上年同期相比大幅下降。加强重大活动后勤保障。完成了民兵集训、春节期间马家乡灭火、九寨沟县上四寨泥石流灾害处置、国庆期间景区执勤和各项民兵训练中的后勤保障工作，应付各类重大突发事件中的后勤综合保障能力得到提升。搞好接待工作。针对接待工作重、牵扯精力大、又无专项经费的实际，本着热情、周到、节俭原则，在人武部人少事多情况下，力求做到让上级满意，让客人舒心。

【参建参治】 抢险救灾：9月17日，上四寨发生泥石流灾害，房屋被淹，道路冲毁。组织民兵125人连续奋战三昼夜，参加中断道路抢通、帮助群众清理淤泥、疏导过往车辆游客。

维稳执勤：春节、3月敏感期和“两会”期间，每次组织民兵90人分别在大录乡、漳扎镇、双河乡和县城进行设卡和巡逻执勤。“十一”期间，组织民兵128人分为景区执勤组、治安巡逻组、交通保障组和县城执勤组，完成执勤任务。

护林防火、应急救援：1月29日，九寨沟县马家乡发生森林火灾，根据县联合指挥部安排，经分区同意，组织民兵420人到现场参与扑火。经过三天两夜奋战，扑灭山火，确保人民群众过上安静、祥和的春节。

铲毒驱兽、扶贫帮困：组织应急民兵800余人次参与巡山执勤、禁毒铲毒工作。出动民兵7000余人次上山驱兽（野猪、野狼），保护农作物1000余亩，保证人畜安全。加强联系村扶贫工作，组织干部职工捐款捐物，为贫困户送去衣物、米面粮油等物资和慰问金6000余元，扶助其脱贫致富奔小康。

涉军维权、扶贫帮困：处置草地乡军属土地纠纷问题，协调解决九寨沟县籍西藏某部队一排长父亲交通事故赔偿问题，帮助协调解决阳坡村搬迁事宜，结合群众路线教育实践活动和扶贫帮困活动，先后5次到大录村、大录寺走访，和困难群众、僧侣结帮扶对子，解决实际困难。

【军政军民关系】 坚持党管武装原则不动摇。党委始终坚持双重领导制度，自觉服从中共九寨沟县委、政府的领导，主动请示汇报工作，为地方党委、政府当好参谋。县委、政府主要领导主动到人武部现场办公，解决民兵预备役建设中的实际困难。九寨沟县形成“党委管武装，政府抓武装，社会爱武装”的局面。加强与共建单位沟通和协调。通过过军事日、进行国防教育宣传、开展联谊活动等方式，加强与县人大、国税局等共建单位的沟通与联系，增进军地感情。加强国防教育。协调地方党委政府把国防教育纳入县党校干部培训和中小学校教学课程，促进国防教育制度化和规范化。组织全县600余名干部职工开展国防教育讲座。组织67名学生开展为期一周的少年军训夏令营活动，进行队列、体能训练和国防知识教育，提升学生的国防意识。

武警九寨沟县中队

【领导名录】 中队长：姜军（2014年1月止）、白小龙（2014年1月起），政治指导员：夏凯，副中队长：任敏（2014年7月止）、周俊（2014年7月起），排长：钟威（2014年7月起）。

【思想政治】 学习贯彻中共十八大和十八届三中、四中全会精神，抓好习主席系列重要讲话精神学习。开展主题教育、战斗力标准大讨论，配合教育开展纪念“强军风采”系列文化活动，做好意识形态工作、经常性思想工作和任务中政治工作，加强先进军事文化建设，激发强军动力。1人参加总队“四会”政治教员评比，成绩优异。

【支部班子建设】 学理论、学法规、学传统、学典型，从严从实检查剖析，开好民主生活会，广大党员干部受到深刻教育、锤炼党性，党组织建设加强。推进问题整改，纠治“五多四过”，严格落实压缩行政开支等硬性规定，持续抓好机关纠“四风”转作风，制定出台13项刚性制度，部队作风得到转变。支队领导、工作组7次到支队检查。

【军事训练】 中队以当兵不习武，不算尽义务、武艺练不精，不算合格兵的总要求，狠抓军事技能训练。训练前期准备充分、保障措施到位。中队依据《军事训练大纲》和支队下发月军事训练计划及支队、大队各级指示精神，结合任务实际，坚持在每个科目训练前，都要先进行调查摸底，了解中队官兵实际情况，而后召开专门会议层层分析研究，制定合理训练计划，进行分工，明确责任。在“新兵下队”“老兵退伍”这个重要时期，中队把训练重点放在“专勤专训”上，提高单兵执勤能力，重点以提高官兵的身体素质基础、执勤处突技能、“四会”能力为目标，搞好体能基础、专勤专训、应急棍、警盾术、警棍术、擒敌、哨兵反袭击、战术、情况处置、方案演练等训练。抓好以“六防”为重点的科目训练。围绕任务实际，在“六防”训练上，坚持以贴近实际为主，对营区和目标情况进一步分析和情况设想，让官兵灵活运用处置方法，有针对性地进行情况处置训练，坚持每周至少达到2次方案演练以上。

【执勤处突】 着力提高正规化执勤水平，完善执勤设施，稳妥推进哨位改建工作，开展勤务“六查”活动，硬隐患全部治理归零，完成“AB”门建设和监门哨上勤工作。出动兵力110余人次，完成2014年九寨沟县元宵晚会现场武装警戒、九寨沟县公审公判外围武装警戒、国庆黄金周九寨沟县城市武装巡逻、以及设卡堵截等临时勤务10余起。全面做好反恐处突维稳和抢险救灾准备，组织武装联勤巡逻。中心工作2次受到支队通报表扬。大抓实战化训练，加强力量体系、武器装备和信息化建设。参加支队勤训轮换，取得总成绩第二名。

【部队管理】 围绕正规化管理规定要求，不断加强执勤正规化建设，从纯正部队风气、狠抓日常养成入手，全面加强封闭式管理，狠抓作风纪律整顿，开展以“树法规纪律意识，做遵章守纪模范”“爱警营、严管理、抓规范、树形象”为主要内容的管理教育。坚持依法从严管理，部队正规化管理水平得以提高。以有效的机制，突出抓好军人素质形象培养。责任制进一步深化，按级负责、按职抓落实氛围增强。始终盯住关键环节抓，部队保持安全稳定。构筑严密的安全工作领导体系，坚持抓反复、反复抓，一级对一级负责，一级指导一级抓落实形成了人人想安全、处处抓安全、事事讲安全的局面。中队围绕正规化管理规定和“一台两化”改造要求，从精细化管理、纯正部队风气、狠抓日常养成入手，全面突出部队管理模式。

【后勤保障】 加强对后勤工作的监管力度，坚持由主官主抓后勤工作，做到后勤工作有计划，按纲建队每月有分析，在选配后勤人员上，支部严把人员进入关，确保中队有一支思想素质过硬、业务能力强、爱岗敬业的后勤队伍。经费使用上合理、公开、透明化。落实经费管理和签字等有关制度，做到“四个坚持”：坚持每天过问经费使用情况；并由经济民主组每周检查一次经费管理情况，合理安排下一步经费开支情况；坚持双主官签字；坚持每天公布和每月组织经委会查账。军人委员会每月查账并公布账目制度落实，支部调整后未发现乱开支、库存现金管理符合规定，银行存款账目相符、官兵无违反规定借款等一系列不好现象。落实伙食管理五项制度。无克扣挪用伙食费现象，实行市场定点采购、实物验收等制度、六菜一汤、哨兵午夜加餐、分餐制落实，经调查了解，对伙食满意率98%以上；军需物资存放达到“三分四定”要求，公用被装物资账物相符，管理制度落实，给养器材管理使用较好无损坏丢失。军械、营产营具管理严格。财物相符，登记清楚，设施完好，“五同”制度落实，枪弹分存，散弹施封，无组织地方人员打靶现象，管理人员对数质量清楚，武器擦拭保养制度落实，武器装备达到“四无”要求；营产营具、公用物资管理较好，挂价管理制度落实，中队无人为损坏现象；营区美化好。中队对营院各项设施进行清理，对营区进行绿化，为官兵营造一个栓心留人的良好环境。

【警民共建】 为不断巩固和发展新时期警民“同呼吸、共命运、心连心”的鱼水深情，为建设小康九寨、平安九寨、和谐九寨、生态九寨，为部队全面、安全、创新发展营造良好的外部环境。2014 年参加九寨沟县义务清扫、“九寨沟县城市运动会”升旗仪式，并先后多次带着组织的关怀与厚爱，到敬老院、当地困难住户，送去米、面、油等生活必需品，并对其家里卫生进行彻底的清理和打扫，解决各种实际困难，体现武警官兵和驻地群众“同呼吸、共命运、心连心”的鱼水深情。

武警阿坝州支队
九寨沟县第十三中队

【领导名录】 中队长：王文政，指导员：李晓亮，副中队长：白小龙（2014 年 1 月止），曹创（2014 年 1 月起），排长：曹创（2014 年 1 月止）、焦映福。

【警卫勤务】 警卫勤务是对国家规定的警卫对象、重要目标、重要会议、重大活动实施的武装保卫。通常包括首长驻地警卫、机关警卫、驻华外交代表机构警卫、外宾驻地警卫和路线警卫、现场警卫。2014 年，中队完成原中央政治局常委李长春到九寨沟考察时的警卫任务。

【景区巡逻勤务】 景区巡逻勤务是对国家规定的重点景区实施的武装巡查警戒。2014 年，根据九寨沟管理局的任务需要，中队每日派出官兵执勤，在执勤中，中队官兵牢记职责，积极为游客排忧解难，特别是在五一、国庆等重大节日的景区巡逻勤务，中队发扬连续作战的战斗作风，超负荷完成景区巡逻和备勤任务。五一小长假和国庆黄金周期间，中队执勤官兵帮助帮助游客寻找丢失物品50余次，平均每日为游客排忧解难上百人次，热心为旅客服务。

【处突、抢险救灾】 处置突发事件，是指依照国家的法律、法规，在当地党委、人民政府、公安机关和上级武警部队的统一指挥下，以武装形式与严重违法犯罪活动作斗争的一种执法活动。2014年，中队在总队、支队、地方党委的正确领导下，坚决贯彻执行党中央、国务院、中央军委的一系列重要指示，完成预防对持刀持械行凶、抢夺钱财、危害社会的各种突发事件及洪灾、森林火灾、地震等自然灾害的处置准备工作。

【军事训练】 军事训练是军事理论教育和作战技能教练的实践活动，是提高部队执勤和处置突发事件能力的基本途径。中队自组建以来，紧密结合驻地和任务实际，在各级党委的正确领导指挥下，狠抓军事训练工作，圆满完成各种急、难、险、重任务。2014年，严格军事训练，具备履行职责所必需的军事知识和能力，中队完成总队、支队年终工作组到中队的检查考核，所参考科目全优，各项工作规范。

【政治工作】 政治工作主要包括党团建设、宣传教育、群众工作等。中队按照上级指示，设立七人党支部委员会、团支部委员会，政治指导员一般任中队党支部书记，各排建有党小组。宣传教育工作是武警部队政治工作的重要内容，对于动员和团结广大官兵做好各项工作、巩固和提高部队战斗力具有重大意义和作用。部队官兵来自五湖四海，社会上的各种思潮难免带到部队中来，且其中很多思想和行为与部队生活大相径庭，加之中队所处地理气候恶劣，条件艰苦，官兵容易产生反差心理。为此，始终把官兵的思想政治觉悟和政策理论水平摆在各项工作的首位，确保官兵在政治上、思想上、行动上始终同党中央、中央军委保持高度一致，完成党在各个时期赋予的各项工作任务。中队主要开展的思想政治教育有：经常性思想教育（教育官兵解决在服役期间遇到的各种问题）；时事政策教育；基础教育（路线教育、马克思主义常识、爱国主义和军队的优良传统、人生观、价值观、法律教育等）、开展“四个正确对待”教育。11月上旬，中队开展“四个正确对待”教育，激发服役期战士“在队一分钟，干好六十秒”的工作热情，确保2014年老兵退伍工作的结束。做好群众工作是加强民族团结、维护民族地区稳定和社会治安以及促进民族地区经济建设和发展的重要政治工作。中队注重民族宗教政策教育，经常对官兵进行军队的性质、宗旨、任务及“三大纪律八项注意”教育，尊重和保护宗教信仰自由，促进民族团结，广大官兵做到不利于军民关系的话不说、不利于军民关系的事不做。中队驻守在世界级风景名胜区，处在窗口的位置，言行举止就是“一人连着全武警”。2014年，中队牢固树立“以队为家”的主人翁意识和“安全发展”的大局意识，确保部队在2014年各项任务的完成。

武警九寨沟森林中队

【领导名录】 中队长：谭有强，指导员：黄波，副中队长：熊金林，排长：黄良帅（2014年12月止）、宫瑱（2014年1月起）。

【支部建设】 结合支部实际，对支部进行改选，优化组织成员，开展“三学”活动，组织对十八大精神、十八届三中全会精神、党委扩大会议精神、党的群众路线教育实践活动、党支部工作条例等内容的学习、讨论，研究，不断强化支部“一班人”政治理论素养和业务能力，提升支部三个能力建设。结合上级党委扩大会议精神，横向纵向分析中队建设形势，查找优长与不足，制定按纲建队计划，确保扬长补短，确保上级党委扩大会议精神落实到各项工作中。牢牢把握按纲抓建全要素运行成果转化契机，坚持以试点成果规范中队政治工作，对中队三大组织建设，各类登统计进行全面规范。当前三大组织运行顺畅，大幅提升组织建设水平，促进组织功能发挥，使按纲抓建水平有了提升。中队党支部按照党员发展计划，本着成熟一个，发展一个的原则，发展党员4名，使组织建设更加健全，能力不断增强。中队党支部被指挥部评为“先进基层党组织”。

【军事训练】 突出高寒山区遂行多样化任务能力训练。军事训练是完成好防火灭火任务的基础性和经常性工作。官兵军事素质高低直接关系到完成中心任务质量。为此，中队根据防区地理、地形、气候特点，研究训练方法，制定切实可行的训练措施，及时分析和克服训练中遇到的矛盾和困难。注重练为战，从难从严抓好军事训练工作。严格落实战备，制度落实防患未然。2014年，根据支队要求，修订和完善“九种战备方案”，在防期前对车辆进行维修保养。装备齐装满员装载在移动装备物资库上，按照标准储备“一日量熟食、三日量生食”。严格落实每周五上午装备维护保养和车场日制度。并与驻地超市、加油站签订协议，确保部队出动时，及时提供保障。冬春防以来，中队按照支队首长的要求，对机具准备进行检查和规范，确保战备制度落实。中队党支部坚持每月研究一次中心工作。落实战备工作规定，加强战备值班、战备演练制度。节假日、“敏感时期”加强战备教育，打牢官兵战备意识。完成遂行多样化任务。中队开展防火宣传4次，发放传单1000余份；参加地方组织防火巡山4次，抓获非法入山分子2人，收缴违禁品30余件；9月完成神仙池地区特大山洪泥石流抢险救灾；在九寨沟景区入口防火执勤投入兵力1200余人次，完成防火执勤任务。

【政治建设】 注重用党的创新理论建队育人，严守政治纪律，坚持支部议教，统筹安排教育内容。重点围绕习主席视察武警部队重要讲话精神和上级党委会议精神进行传达学习和贯彻落实，并对中队建设形势进行全面分析，查找中队优劣势和工作的突破口，及时对按纲建队计划进行修改和完善。抓好“党的群众路线教育实践活动”开展。中队专门召开党支部会议进行活动研究部署。集中参加总队辅导授课和观看录像，并对执勤点人员和外出学习归队人员进行补课。中队集中党员进行多次讨论，撰写心得体会。中队利用小广播、小板报、小周报等有效载体对教育学习内容进行宣传。组织官兵对相关知识要点进行背记。中队党员按照“照镜子、正衣冠、洗洗澡、治治病”总要求，深刻剖析自身存在问题，认真撰写对照检查材料。中队党支部、班子成员和干部党员依据对照检查材料、战士党员依据问题清单在党员大会上做出整改承诺。中队党员通过此次群众路线教育实践活动，针对问题做好了整改落实，转变工作作风，强化党员先锋模范作用，提高党员纪律意识，激发工作、学习和训练热情。在开展“献身强军实践，牢记强军目标，永远做党和人民的忠诚卫士”教育上。根据支队下发的“牢记强军目标、献身强军实践，永远做党和人民的忠诚卫士”主题教育实施方案，对全体官兵进行问卷调查，搞好备课。中队组织对思考讨论题进行讨论，并结合支队的小课串讲进行班级讨论。课后组织官兵完成体会式笔记。同时中队开展“读好书、当好兵”等配合活动、组织官兵进行漫画、摄影创作。使强军目标真正转化为官兵坚定的理想信念、永恒的价值追求和履职尽责的实际行动。中队高度重视官兵业余文化生活，开展各项活动，做到节日有晚会，周末有比赛。春节自编自演春节晚会，参加支队网上文艺汇演，缓解官兵思家情绪。利用中队点唱系统，开展卡啦OK活动，挑选多名有乐器基础的战士组建电声乐队。根据驻地文化特色，组建锅庄特色文化分队，不断陶冶官兵情操，引导官兵积极构建和谐警营。以宣传部队、激发官兵工作热情为出发点，注重加强新闻宣传报道工作。完成国家级媒体刊稿 20 篇，内部局域网上稿 200 余篇。

【安全管理】 严格落实能级量化管理制度，注重经常，提高标准，牢固树立法规意识。以周五学习条令为契机，全面学习各项规定，做到部队按条令运转工作，官兵按条令规范言行。坚持“向管理要战斗力”，结合党的群众路线教育实践活动，深化“懒、散、粗、虚、假”治理，突出干部、士官、外出人员管理，确保人员思想、行为不失控。2014 年，支队在中队安装指纹门禁系统，加强中队人员日常管理，严格点名、请销假、查铺查哨等制度，做到“查哨到位，查铺见人”。同时，执勤点安装摄像头，提高管理能力，确保部队安全稳定、无事故案件发生。

【后勤保障】 加大后勤规范化管理力度。结合“伙食管理年”活动的开展，后勤工作大事及早提上支部会议日程，班子常沟通，工作勤请示，根据实际情况科学合理制定计划、方案。加大后勤专业人员培训力度。制定后勤保障规划，科学建立一组三队，组织专业技术兵进行训练，提升后勤专业兵业务水平。落实财务管理制度。执行经费审批制度，坚持做到支部理财，确实把有限的经费用在刀刃上，达到“三好五无”。严格执行伙食管理制度。中队十分重视伙食管理，坚持每周经济民主组审议食谱，广泛征求官兵意见。在“元旦”“春节”“劳动节”等重大节日合理制定食谱，搞好节日会餐。落实分餐制，按照“厉行节约，反对铺张浪费”的通知要求抓好工作落实。官兵对伙食满意率 100%。抓好农副业生产，做好营区绿化美化工作和营区建设。中队制定种养殖计划和绿化计划。种植蔬菜 10 余种、养鸡 100 余只。

【内外关系】 主动协调，密切关系。驻地自然条件，林火较少，驻军相对较多。针对这些情况，中队始终坚持好“双重领导”原则，每月主动到地方政府、县林业局汇报工作，搞好沟通，宣传政策，赢得支持和帮助。加强教育，内强素质外树形象。中队驻扎在世界级旅游腹地，执勤任务重，接触人员多、杂，遍布中外游客，因此，形象问题至关重要，中队除搞好教育外，走访地方群众和管理局等，听取其他单位对中队评价，遇有问题及时整改，参加驻地领导座谈 5 次，助民劳动 8 次，与驻地共建部门开展共建活动 3 次，通过这些工作，与当地党委、政府、林业部门和领导群众建立非常融洽的警政警民关系。

综合经济管理

发展和改革

【机构】 发展和改革局内设办公室、国民经济综合计划股、投资股（挂以工代赈办和行政许可股牌子）、项目管理协调股（挂稽查办牌子）、信息咨询中心。

【领导名录】 局长：方瑞玺（2014年1月16日止），局长、党组书记：陶军（2014年1月16日起），纪检组长：阳俊，副局长：周耀明（2014年10月27日止）、冯贵成（2014年10月27日起）、江德焕（2014年10月27日止）、田飞翔（援藏干部，2014年6月30日止）、杜剑（援藏干部，2014年10月27日起）。

【主要经济发展目标】 2014年，完成全县地区生产总值223411万元，同比增长9.8%。完成全部工业总产值61558万元，同比增长5.4%，其中规模以上工业增加值43413万元，同比增长13.9%。接待游客581万人次，同比增长21.7%，完成计划的116.8%；实现全社会旅游总收入749753万元，同比增长21.4%，完成计划的112.7%。完成全社会固定资产投资302386万元，同比增长0.8%，完成计划的100.8%。完成社会消费品零售总额94426万元，同比增长16.1%，完成计划的98%。完成城镇居民人均可支配收入25716元，同比增长9.2%。完成农牧民人均纯收入7952元，同比增长16.6%。人口自然增长率控制在6.94‰，完成计划目标。

【固定资产投资】 2014年，州下达九寨沟县全社会固定资产投资32亿元，通过积极向州上反映情况，经州发改委同意，九寨沟县2014年投资计划调整为30亿元。为确保固定资产投资任务和目标能完成，发展和改革局把固定资产投资摆在全年工作的重中之重，纳入全县年终目标考核管理。年初，对2014年全县120个固定资产投资项目任务进行分解，将每个项目具体任务落实到县级责任领导和责任部门，由县分管领导和县级各部门一把手作为责任人，对所承担的投资任务负总责。同时，主动协调相关部门，多次召开投资工作协调会，及时研究解决投资工作中存的各种问题，督促各项目单位、项目业主加快项目前期工作力度，并配合统计部门加强对固定资产投资统计工作，做到“应统尽统”，使更多项目进入数据库，为完成固定资产投资任务打下基础。2014年，实现全社会固定资产投资30亿元，完成全年投资计划的100%。

【“十三五”规划编制】 根据州委、州政府及州发改委的统一部署和安排，九寨沟县发展和改革局及时启动“十三五”规划编制工作，制订

《九寨沟县“十三五”规划编制工作方案》，包括前期研究、形成基本思路阶段、规划编制准备、形成规划框架阶段、规划文本起草、形成纲要草案阶段。

【重点建设项目】 九寨沟县涉及的重大项目11个，其中续建项目9个（S205线黄土梁隧道灾后重建工程、九寨沟县中查沟旅游设施建设项目、扶贫开发和综合防治大骨节病试点成果巩固提升项目、2014年5个村整村推进项目、九寨沟县玉瓦水电站、S301线川主寺至九寨沟口路面改造、绵九高速控制性工程、保障性住房、天然林保护二期工程），新开工项目2个（九寨·海子山旅游设施建设项目、四川白河自然保护区旅游设施建设项目）。11个项目总投资1225455万元，2014年计划完成投资91117.8万元。2014年1—10月，完成投资39265.12万元，占年计划投资43%。

【以工代赈项目和易地搬迁项目】 2014年，涉及5个乡镇的以工代赈及易地扶贫搬迁建设项目，涉及金额419.7万元，项目正在施工中。存在的问题：保华乡灵华村项目经保华乡政府核实已无建设内容，请示对该项目资金进行调整，由其他乡或村实施；2014年实施的项目经各乡镇核实都有所调整，与原批复内容不符；双河乡团结村项目暂不实施，待搬迁地点确定后实施。按州发改委要求，对全县贫困村进行摸底调查。完成2014—2017年易地扶贫搬迁项目规划编制，规划已报州发改委评审。

【项目立项审批】 以“服务经济、方便群众”为宗旨，严格按照基本建设程序和投资管理条例及相关法律、法规，依法审批，切实做到不拖、不压、程序不减、效率提高、及时办理。截至10月，根据国家《2011年产业引导目录》的有关规定，审批备案项目60个。

【项目招投标】 根据《中华人民共和国招标投标法》《四川省政府投资工程建设项目比选办法<四川省人民政府令197号>》的相关规定，核准项目招标范围、招标方式和招标组织形式。在完成项目立项、施工图审查、财政评审等前期工作，符合招标条件的项目，积极办理招标方案核准手续。同时，为提高工作效率，将招标方案核准由原来承诺的5日办结时限，提高到3日办结。截至10月底，已核准85个招投标方案，完成52个项目的招标工作（公开招标项目6个、公开比选及自行确定项目46个），概算总投资7082.87万元，已通过招标和比选中标价2924.7011万元。

【争取项目和资金】 协调相关单位和部门，按照项目前期工作“做深做细”的要求，在调研和论证的基础上，调整完善全县项目储备库。同时，按要求和程序加强项目和资金申报力度。做好项目对接争取，主动向省、州发改部门汇报工作、了解信息、加强对接。2014年1—10月，申报项目39个，总投资46136万元，到位资金11163万元，其中发改系统到位资金9142万元。在发改系统到位资金中，规划外项目争取资金3550万元。根据州上安排，完成九寨沟县无电地区电力规划，正在完善省要求的相关图片、数据收集整理工作。

【“成兰铁路、生态经济规划、政策项目争取”三项重点工作】 贯彻《九寨沟县重点项目推进领导小组办公室关于做好2014年重点项目和重点工作的通知》（九重推办〔2014〕1号）文件精神，年初，对成兰铁路建设推进工作、生态经济规划工作、政策项目争取工作制定项目推进计划。同时，为加快九寨沟县重点项目建设工作推进，明确各重点项目要素保障组工作职责，确保2014年重点项目建设任务完成，根据县委领导安排，发展和改革局制定《九寨沟县重点项目建设要素保障工作组工作机制实施方案》。

政策项目争取：政策项目争取工作申报项目

39个，总投资46136万元。项目申报材料已通过州、省发改委转到国家发改委审查。

生态经济规划：生态经济规划工作按县委、县政府要求纳入2014年重点工作，完成生态经济实验区规划编制实施方案；与国家发展和改革委员会国土开发与地区经济研究所洽谈合作编制规划（正在对完成的初稿进行修订）；草拟关于九寨沟县生态经济实验区汇报材料，希望得到州委、州政府的支持。

成兰铁路建设项目：成兰铁路建设项目，与铁建办搞好对接工作，成兰铁路从设计上看，在九寨沟县境内79.5千米，有2个站点，九寨沟站（八郎）聚集人数2000人，大录站聚集人数400人。九寨沟县交通局和中铁二院工程集团有限责任公司编制完成“全域九寨综合交通规划研究报告”，完成初设工作，摸清施工电源及其保障问题，控制性工程按施工要求负荷3万千瓦，然而从松潘、茂县了解到实际负荷1万余千瓦。从九寨沟县实际来看，如果黄浦供电仍存在电力保障问题，下一步将继续加紧对接，密切关注黄胜关到九寨沟县铁路投资动态。

项目管理：制定《九寨沟县规划、可研编制经费使用及国家、省规定限额以下工程建设项目实施管理办法》，通过该管理办法的实施，从制度层面，明确限额以下项目简便管理，既避免了以前业主单位操作上的“涉水”风险，又解决了建设规范中的“参照”问题。根据《四川省人民政府办公厅关于试行投资项目并联审批工作的通知》的规定，制定《项目会审暂行办法》《九寨沟县重点项目建设要素保障工作组工作机制实施方案》，并予以试行，基本解决要素部门互为审批前置的困惑。制定《关于提高行政审批效率的实施意见》，启动“电签”“补签”，提倡及时办件，由原来承诺的5个工作日内调整为2个工作日内出具项目审批、核准、备案文件；对材料齐全能马上办的立项马上办理，需请示的可先电话请示，事后领导补签字，对省、州重点项目和涉及重大公共安全、维稳等特殊项目，实行事前介入，实施“补件审批”，并适时向上争取“缺件审批”和权力下放，启动会审机制，强化协调与对接，配合项目业主单位以最短的时间完成相关要件；按照要素保障组的工作要求，在局机关内实施“首问责任制”“服务清单制”“二次办结制”。通过提高行政服务效率，深化发展和改革局的行政审批制度改革。在权责不明的情况下，与县维稳办、建设局等部门进行协商，形成社会稳定风险评估的操作规程，并予以试行。

经济商务

【机构】 经济商务局内设办公室、工业经济股、商务股（挂盐政稽查所的牌子）、信息化股和经济商务信息中心、县节能监测中心。

【领导名录】 局长：班永国，纪检组长：李文武，副局长：朱建平（2014年9月止）、何玉林（2014年9月起）、王福华。

【主要经济指标】 工业经济：2014年，全县规模以上工业企业4户，分别为九寨沟水电开发公司、黄浦电力能源有限公司、紫金矿业有限公司、马脑壳金矿公司。九寨沟县工业经济以全面贯彻落实科学发展观为指导，通过落实各项工业发展措施，加快发展、提高效率、优化结构，实现工业生产的持续、稳定增长。前三季度累计完成规模以上工业增加值32847万元，累计增长速度25.8%，全年累计完成规模以上工业增加值43413万元，实现全年工作任务的101%。

招商引资：按照“抓项目、提产业、促民生、强管理”的工作主线，加强沟通协调，强化项目管理，不断深化招商引资工作，突出投资拉动作用。截至8月，到位省外国内资金2.9亿元，省内资金1.56亿元，完成全年目标的70%。

商贸流通：2014年，全县社会销售零售总额任务数9.6385亿元。全县消费品市场持续保持平稳增长态势，前三季度消费品零售额6.69亿元，比上年同期增长15%。全年完成消费品零售额9.4426亿元，比上年同期增长16.14%，完成全年任务的98%；实现全县销售硒碘盐335吨，硒碘盐覆盖率95%，合格率90%。

【工业经济运行情况】 对4户规模以上重点企业，加强跟踪监测服务，及时了解掌握企业生产情况，解决企业生产的困难和问题，确保工业经济良性发展。九寨沟水电开发公司建成项目装机容量10万千瓦，多诺电站机组已全部发电。摸清中小微型企业发展面临的主要困难和负担问题，逐一进行解决。组织企业争取中小微企业发展各项专项资金的支持。同时，加大对非公有制经济的政策扶持，减轻企业负担，优化提升企业的发展环境，依法打击各种违规违法生产经营活动，规范市场经济秩序，确保民营经济持续健康发展，促进非公有制经济不断壮大。

【商贸流通】 帮助企业申报2014年度内贸流通服务项目6个，6个项目已全部峻工，进入项目验收和补助资金兑现阶段；联合州商务局等部门组成联合检查组，对辖区内农贸市场，学校集体食堂，乡村小卖部等的食盐进行专项检查，发出宣传资料1100余份；开展屠宰市场专项整治活动，坚决取缔无证屠宰和不符合规范条件的屠宰加工点，规范净化屠宰市场；做好市场运行监测，确保上报信息准确无误，维护市场健康有序发展。

【信息化工作开展情况】 按照拟定的全县2014年农网改造方案，督促黄浦电力公司加紧施工，12月底前全面完成8个乡、28个村、33个点的农网改造总任务，并完成5个新增改造村的农网改造任务。与黄浦电力公司一道及时排除存在的安全隐患，确保农网运行安全、畅通，争取国家无电地区电力建设资金，及时上报相关材料。召集有关企业座谈，宣传“天虎云商”网站建设工作，推进企业信息化建设，已有6家企业有入网意向。争取有关乡镇教育系统“万网工程”建设经费，并配合做好建站工作。做好三家通信企业的基站建设情况清理统计工作，完成7个自然村通电话、7个行政村通宽带目标任务。参加无线电监测培训，随时监测波段，特别是在高考、中考期间做好频段的监测，杜绝舞弊行为，做到考生公平竞争，考出真实水平。加强全县无线电频率台站核查工作，较准确掌握全县无线电频率台站设置、使用、公布情况，建立较为完善、准确、实时的无线电频率台站数据库。全县涉及使用对讲机260部、台站20部，集群无线调度系统2处，调频声音广播2套。

【招商引资】 做好中查国际会议中心、白河生态旅游、九寨云顶等重大招商引资项目的跟踪服务工作，加强工作对接，打破常规、主动协调、密切配合、靠前服务，研究相关政策，及时解决投资商在项目土地征占用、环评、立项等方面的困难，营造政策环境和发展环境，提升招商签约项目履约率。全力改善投资环境，结合省、州各项招商引资优惠政策，研究制定和细化相关管理办法，树立“亲商、安商、富商”服务意识，协调相关部门，及时解决招商引资项目推进工作中的困难和问题，加大对投资环境整治力度，为招商引资工作开创新局面。

【安全生产】 为加强企业安全生产工作，成立安全生产隐患排查整治领导小组，由分管副局长带队对存在安全隐患的企业整改情况进行督导检查，同时对其它企业安全生产工作进行检查指导，并及时转发阿坝州经济和信息化委员会下发的《关于切实做好2014年工业和信息化行业汛期安全生产工作的通知》（阿州经信〔2014〕47号），制定《九寨沟县经济商务和信息化局2014年“安全生产月”活动方案》《关于开展好九寨沟县“百日安全生产活动”的通知》，组织检查组对企业防洪防汛情况进行检查，要求各生产经营单位要高度重视汛期强降雨、雷电、高温、地质灾害等自然因素给安全生产工作带来的不利影响，结合实际对汛期安全生产工作做出安排部署，确保安全生产工作任务明确、责任到人、措施到位、工作落实，严防因自然因素引发的安全生产事故。

【生态产业园区建设】 草拟《生态工业园区建设工作推进实施方案》，对新区工业园区企业基本情况进行调查摸底，及时上报县生态工业园区建设工作组。牵头组织国土局、住建局、永乐镇、安乐乡、双河乡等相关单位，就生态工业园区选址地点进行现场踏勘。拟选地点包括：永乐镇苗圃桥以下小岩背后以上土地、永丰乡和双河乡交界地新塘上，对该土地进行实地调查，形成《工业园区选址情况说明》并上报工业园区建设工作组。将新区工业园区调整为生态产业园区。成立专门的工作组负责组织相关部门从规划调整、园区实地摸底调查等方面开展工作。对新城区娱乐康体用地企业进行摸底调查工作，形成《关于新城区娱乐康体用地企业情况报告》，报生态产业园区建设工作组。待新区工业园区规划调整后（该宗地现规划是康体娱乐用地），各相关职能部门按照各自的职责，开展生态产业园区建设分步推进工作。

【电力保障能力建设和农网改造】 根据电力保障能力建设和农网改造推进实施方案，督促黄浦电力公司按照进度，严格按时间安排，到10月上旬，已完成25个村，28个点的改造任务。配合发改局理顺电力体制，向上申报农网改造项目。发改局已向州发改委申报无电地区农网改造资金9558.74万元。在农网改造项目的实施过程中，对其他村（寨）出现的安全隐患进行及时的整改，确保供电的正常运行。

【服务产业发展规划】 按照2014年九寨沟县重点项目工作要求，5月上旬，向县人民政府提出规划工作方案。5月中旬至6月上旬，对规划工作进行动员部署，开展重大课题前期研究工作，组织相关人员完成《九寨沟县基础性服务业研究》《九寨沟县衍生性服务业研究》《保障性服务业研究》3个调研报告。起草形成《规划基本思路（草稿）》并组织相关部门开展规划思路的研究，与县总体规划基本思路进行初步衔接。

安全生产

【机构】 九寨沟县安全生产委员会办公室与九寨沟县安全生产监督管理局合署办公，内设办公室、综合监督管理股（行政许可股）、九寨沟县安全生产监察执法大队。

【领导名录】 局长：葛海荣（2014年1—12月）、蒋建忠（2014年12月起），副局长：王裕勇。

【安全生产情况通报】 2014年1—12月，全县发生各类安全事故36起，死亡3人，受伤50人，直接经济损失12.73万元。较上年同期相比，事故件数上升44%，死亡人数持平，受伤人数上升42.86%，直接经济损失上升140.19%。死亡控制指标在州人民政府下达指标之内，死亡人数占下达控制指标的75%。

【安全生产责任】 县安办和全县17个乡镇人民政府、72个县级部门、16个生产经营单位签订《九寨沟县2014年安全生产目标责任书》。九寨沟县县级各部门明确分管安全的具体责任人，落实专兼职工作人员。全县各乡镇成立乡镇安全生产委员会，设立安委会办公室，人民政府为各乡镇统一制作挂牌、印章，确定兼职工作人员，落实办公经费8000~10000元。建立健全专项检查台账，实行季报制，全县各乡镇、各部门每季度末将专项检查情况及时报送县安办。

【安全生产会议】 九寨沟县政府召开4次全县安全生产工作会议，5次政府常务会议专题研究安排安全生产工作。九寨沟县安委会召开5次安全生产例会，研究和安排各阶段安全生产工作。分管副县长组织（带队）各类安全生产检查12次。

【安全生产工作】 安全生产责任细化落实情况：2014年，加大安全生产工作力度，始终不渝地抓好安全生产工作。与全县17个乡镇人民政府及县级各部门、各重点生产经营单位签订《九寨沟县2014年安全生产目标责任书》。实现“横到边、纵到底”的责任制体系，责任书签订率达100%。制定《九寨沟县安全生产“党政同责，一岗双责”实施办法》《九寨沟县安全生产目标管理考核办法》，转发《阿坝州较大生产安全事故责任追究办法》。

安全生产大检查：在大检查中，突出对非法违法行为的检查，强化对安全责任制落实情况和现场安全管理、安全条件的检查。对发现的非法违法行为，坚决采取措施取缔关闭。对排查出的安全隐患采取有效措施立即进行整治，该整改的限期整改，该停产整顿的必须停产整顿，并依法予以行政处罚。对拒不按要求整改或停产整顿的，加重对其的行政处罚，以确保彻底消除安全隐患。大检查期间，组织督查组97个，参加检查人员889人次，监督检查企业单位和场所110家，责令改正、限期整改、停止违法行为65起，责令停产、停业、停止建设46家，处罚罚款2.3万元。全年安全生产无投诉举报案。无行政复议和行政诉讼案件，未实施行政强制措施。

隐患排查治理：县安监局分别采取定期检查、阶段督查、随机暗访、联合检查等形式，加强监管、狠抓落实，强化源头管理，加大安全生产监管执法力度，及时消除各类安全生产隐患。2014年1—12月，检查非煤矿山41次、烟花爆竹企业52次、危险化学品企业164次、其他企业181次。排查安全隐患191起，已整改191起，按期整改率100%。通过隐患排查治理，整改和消除大量事故隐患，减少和预防事故的发生。

安全生产教育培训：在县广播电视台开办安全生产宣传专栏节目《安全聚焦》，每月播出2期，全年24期，播出时间为周四晚20：00-20：20，节目时长20分钟。开展安全生产月活动，通过多种多样形式的宣传活动，宣传安全生产法律法规和安全生产常识。在老城区十字街口悬挂围绕主题的“强化红线意识、促进安全发展”宣传标语36条，出动安全生产知识宣传车1辆，组织安全监察人员现场接受群众关于安全生产知识方面的咨询，并发放以安全生产知识、家庭安全常识等为主要内容的宣传单3000余份。安排落实培训工作。狠抓企业开工前的全员培训，增强预防事故和安全管理能力。开展岗前警示教育活动。

打非治违专项行动：按照年初安全生产专题会议，组成打非治违工作小组，与各职能部门及乡镇政府密切配合，采取措施严厉打击违法生产经营建设行为。坚决关闭检查中发现的非法企业，对非法企业采取果断的停工措施；证照不齐全企业全部停产进行限期整改，由企业办理相关手续，直至证件齐全才能恢复生产；加大巡查力度，严防已停产企业私自恢复生产。

金属非金属矿山监管：组织加强矿山停工期间事故隐患的排查和治理，做好正式开工前各设备的检查、检修工作，以及对年前停工时遗留废弃物进行清除以确保安全。对露天矿山采用中深孔爆破、机械铲装和机械二次破碎的情况进行检查。落实非煤矿山企业主要负责人、安全管理人员、特种作业人员持证上岗和从业人员先培训后上岗制度，规范特种作业人员的培训教育。

烟花爆竹监管：开展以“三违”（即违章操作、违章使用、违章经营）、“四查”（即查隐患、查制度、查培训、查应急预案）为主要内容的安全专项检查；抓好危险化学品道路运输安全专项整治工作。加强对烟花爆竹经营、销售、运输、燃放等环节进行集中整顿。春节期间，批准并规范8个烟花爆竹零售经营点，对经营人员进行安全知识教育培训，加强对《烟花爆竹安全管理条例》的宣传。对全县烟花爆竹零售摊点进行1次拉网式检查，出动执法人员38人次，车辆13台次，检查各类经营摊点100余家，发放和张贴《九寨沟县人民政府关于禁止非法经营销售烟花爆竹的通告》300余份。

危化企业监管：年初，严把复工验收关，要求企业建立健全组织机构，并组织全员培训方可恢复生产，针对危险作业许可管理、“安全作业证”制度、危险作业审批制度、实施作业前安全教育制度、执行作业结束后检查制度、危险作业使用的设备、设施（工具）、劳动防护用装置。严防危险化学品泄漏、中毒、爆炸、燃烧，强化储存、运输、使用、废弃等各环节隐患排查治理情况；油库等重点监管危险化学品和危险化学品重大危险源的监控情况；危险化学品新建、改建、扩建项目执行安全设施“三同时”制度情况。

“六打六治”打非治违专项行动：根据九寨沟县实际，“六打六治”专项行动突出以非煤矿山、道路交通、建筑施工、消防、危险化学品等行业和领域为重点，组织相关部门开展单独执法检查和联合执法检查等形式，明确打击重点，细化整治措施，加大专项整治和执法力度，遏制非法违法生产经营建设行为。

综合监管：配合行业主管部门，开展重点行业领域安全专项整治工作。开展各阶段安全生产大检查工作，按照县安委办安排部署，落实历次安委会会议精神，针对全县建筑、道路交通、教育、消防、人员聚集场所等行业企业多次开展安全生产大检查工作。

企业应急预案评审备案和应急救援管理：加强对各行业生产经营单位的指导服务，督促协助生产经营单位按期完成应急预案的编制、修订工作。组织企业进行应急预案评审，评审合格后予以备案。开展对企业应急管理方面的督查工作，通过深入企业，检查指导企业建立应急管理组织、配备配齐应急救援器材，组织应急救援演练。修订《九寨沟县生产安全事故灾难应急预案》《九寨沟县非煤矿山生产安全事故应急预案》《九寨沟县危险化学品安全事故应急预案》。

职业健康监管：加强以非煤矿山、危化、电力等行业企业为重点的作业场所职业健康的安全监管工作，督促指导企业成立职业健康管理组织机构，完善企业有关职业健康工作的各项规章制度，制定作业场所岗位职业健康操作规程，开展职业危害因素检查、申报工作，建立劳动防护用品发放使用台账。对全县生产经营单位劳动防护用品配备、使用情况进行全面检查，对检查中发现不合格的单位，责令立即进行整改。

统　计

【机构】 县统计局内设机构有办公室、综合经济股、普查中心。

【领导名录】 局长：坤玉成（2014年12月29日止）、班秀武（2014年12月29日起），副局长：黄鹤鸣、唐勇。

【统计工作】 基本单位名录库建设：2014年3月，县统计局对基本单位信息资料上报工作作了统一的安排布置。工商、质监、民政、编办、税务等有关部门按照各自的职责登记范围向统计部门报送相关登记单位的基本信息以及变更资料，按时导入完整、如实的部门资料。7月，县统计局集中开展对全县“四上”企业的清理、核实工作，同时把新增规模以上企业做为核查重点，对新进的规模企业进行全部走访调查。

文化及相关产业统计：2014年6月中旬，完成省、州要求的文化产业单位核查工作和第三次经济普查文化产业单位的审核和核查工作。被检查单位有九寨沟县印象九寨高原红文化传播有限责任公司、九寨沟民族文化开发有限责任公司、九寨沟县容中尔甲文化传播有限公司。

综合统计：在综合核算工作中，涉及局内各专业数据和本县财政、税务、金融、保险、交通、邮政、教育、卫生、劳动就业等有关部门资料，与相关部门联系，搜集相关统计资料，并进行数据评估，完成2013年《县（市）国民经济基本情况年报》。撰写、发布《2013年九寨沟县国民经济和社会发展统计公报》，整理、编辑2013年的《九寨沟统计年鉴》100册，并于2014年9月正式出版。

国民经济核算统计：修订部分行业增加值核算方法；完善部分行业价格缩减指数的计算方法；完成GDP核算，民营经济测算、县级经济监测相关报表工作。

工业统计：2014年，严格做好规模以上工业企业名录库界定工作，按质按量的完成网报任务，上报率100%，全年撰写统计分析8篇。定期不定期地对规模以下工业企业进行排查，针对企业营业收入和主营业务收入进行现场核实，符合规上工业企业条件，及时进行申库存和入库工作。2014年，对四川九寨沟马脑壳金矿开发有限责任公司进行入库。

服务业统计监测：九寨县服务业统计单位37个，其中重点服务业企业4个、限额以上企业33个（行政事业单位30个、限额以上服务业企业2个、银行企业1个）。全县已申报规模以上重点服务业单位包括：九寨沟旅游集团有限责任公司、九寨沟县容中尔甲文化传播有限公司和阿坝州南坪林业局。

城乡划分统计：11月前，县统计局对全县120个村委会、10个社区的行政区划、城乡属性代码进行编制维护，并依据《统计用区划代码和城乡划分代码编制规则》（国统字〔2009〕91号）编制街道、镇、乡代码和村委会、居委会代码，乡级区划和村级地域变更后，九寨沟县双河乡变更为双河镇，原代码不再使用。九寨沟县马家乡胜利村、南岸村、瓜地岩村属性为大骨节病区。2014年前，该3个村整体搬迁到胜南新村(3个村仍是独立的)，乡政府随之也从马香村搬到此处。县统计局根据影像图和现场实地查看，对九寨沟县马家乡3个村的地理位置和连接情况进行更改，重新确定乡级政府驻地和村级属性。采用影像图和实地查看相结合，判断九寨沟县漳扎镇甘海子居委会为特殊地域。

农业综合统计：对各乡镇发放乡镇（街道）统计工作指南、统计工作台账手册，规范统计制度，建立统计工作档案。密切与农口部门联系，及时了解农业方面的资料、数据。

四川乡镇信息系统年报：2014年，九寨沟县乡镇信息系统年报工作与农业综合统计工作同安排，同布置，并要求各乡镇信息进行联网直报国家平台。

城乡一体化调查：九寨沟县调查小区是以2010年人口普查划分的小区来抽选，抽中调查小区15个，其中：城镇5个、农村10个。城镇调查小区包括：南坪社区第01普查小区（关庙沟至新车站）；南坪社区居委会第011普查小区（新区九旅花园和永丰花园B区）；梨花社区第006普查小区（永乐一小对面那个片区）；和平社区第20普查小区（人行、国土家属区、原永乐镇住户区和县民贸公司住宿区）；南坪社区第007普查小区(新区九寨花园调查区)。农村调查小区包括：永乐镇的大岭村、陵江乡的七里村和羌活村、罗依乡的大寨村、勿角乡的英格村、白河乡的新华村和太平村一村、郭元乡的郭元一村、漳扎镇中查村和隆康村。2014年，九寨沟县抽选调查户152户。

固定资产投资和房地产开发及建筑业：加大对投资额500万元及以上的企业进行清理、摸底，组织全县投资企业召开年报会，集中培训业务知识，对报表的收集与报表的数据质量落实责任。深入调查企业开发经营情况，特别针对九寨沟县亿元以上项目，部分企业项目进度不理想等状况查找原因、了解情况。

贸易与旅游监测：根据九寨沟县的实际情况，截至年底，已有37家限上企业为网上直报单位实施全面调查，其中企业31家、个体户6家。限额以下企业和个体户商品流转量占绝大比重，户数多，而且分散，企业社会消费品零售总额是采取以抽样调查的方法进行调查。

劳动工资和社科妇儿：以“谁发工资谁统计（劳动派遣人员除外）”为基本原则，年报城镇非私营法人单位采用全面调查的方法，城镇私营法人单位采用抽样调查的方法；定报规模以上法人单位采用全面调查的方法。九寨沟县2014年按照属地原则，涉及按劳动统计上报的单位144个，其中行政、事业单位103个，规模以上企业41家。私营统计上报的单位101个。

能源统计：2014年，九寨沟县着力加强基层能源统计力量建设，先后4次组织企业和重点耗能单位能源统计人员进行业务培训，完善企业能源台账设置，基本完成重点企业电子台账建设。出台全社会能源统计数据联审制度，就各专业能源统计数据的收集、审核、汇总、上报做出明确要求。全年撰写统计分析6篇。

公路运输能源消费统计典型调查：县统计局和九寨沟县公路运输管理所先后5次一同去公路、客货运站、客货运企业等车辆较多的区域进行公路运输能源消费统计典型调查工作，调查车辆情况6辆；载重汽车汽油小于或等于2吨的车辆数2辆；汽油大于2吨的车辆数2辆；载重汽车柴油大于4吨小于或等于8吨的2辆。

统计法制与执法：在全县统计系统范围内开展《统计违法违纪行为处分规定》的学习，专门召开《统计违法违纪行为处分规定》专题辅导学习会，及时安排人员参加省统计局组织的统计法律知识的培训。2014年12月4日，在老城十字路口开展《统计法》宣传活动；开展无证统计人员参加统计从业资格和技术资格考试工作，利用统计从业资格培训、统计报表布置会等机会，宣传统计法律法规，提高各级领导干部和社会各界的统计法律意识和统计法制观念；利用全局干部职工会议，进行统计法律法规学习，做到熟练掌握办案程序，做到严格按统计法律法规执法，使统计法治工作走上正规化的轨道，提高执法队伍的业务素质；依法开展统计执法检查工作，针对个别单位统计报表迟报，统计工作不到位情况，发出《统计报表催报单》，并对统计违法单位依法进行处理，维护《统计法》的严肃性和权威性。

政务信息和统计宣传：收集统计数据，撰写统计分析及其他信息65篇。编印《2013年统计年鉴》100册，在四川省政府信息网发布统计各类信息231条。

教育职改：为加强全县统计基础工作，在全县转发州统计局《关于开展2014年统计从业资格考试认定工作的通知》（阿州统计发〔2014〕24号）。组织5名人员参加统计专业技术职称考试；20人参加统计从业资格培训及考试，其中18人考试合格；52人参加统计人员继续教育。

【经济普查】 2014年，加大经普宣传力度，协调相关部门多渠道、多形式地开展经济普查宣传工作。

普查登记前的各项工作：分工协作，完善各类制度方案。根据九寨沟县自身情况，结合上级部门的要求，制定九寨沟县第三次全国经济普查总体方案，确定普查对象、内容以及主要工作步骤和责任分工，制定领导小组成员单位、办公室职责、各普查区签订目标责任书及《九寨沟县第三次经济普查质量控制办法》，完善县、乡二级普查机构各项工作制度。县委宣传部向全县各部门下发《九寨沟县第三次全国经济普查新闻宣传工作方案》，明确宣传内容、宣传形式、组织领导和工作，并在广电等部门的密切配合下开展形式多样的宣传工作。利用电视、手机、电子大屏幕等媒体进行全覆盖宣传，扩大第三次经济普查的影响；积极申请经费，争取财政资金支持。按照普查经费由中央和地方各级人民政府共同负担的原则，结合九寨沟县调查对象的数量及分布实际情况，本着“节约经费”的原则，及时测算经济普查所需经费90万元，并分年度列入预算，以保障普查工作顺利开展；县普查办通过全方位收集、多层面核查、分普查区打印的步骤，整理单位名录底册，尽量使单位名录底册上的单位个数符合实际。全方位收集名录资料。县经济普查办公室从国税、地税、工商、质监、民政、编制、州统计局反馈资料等方面收集单位7200余条信息。多层面核查名录资料。运用基本单位名录库管理系统对收集起来的名录资料，从名录资料的完整性入手，依次对信息不全的资料进行询问和补填、编写单位地址代码、进行排重、分发乡镇经济普查办公室核对。通过多角度、多层面的核对，解决单位名称错误、单位地址混乱等多方面的问题，使最后整理的单位名录底册更贴近实际。分普查区打印名录底册。普查办将核查整理好后的名录分乡镇、分普查区（村、社区）打印，方便乡镇开展单位清查工作。通过县经济普查办公室排重整理完善后，通过各普查区核查后，全县单位名录1165户；为准确核定九寨沟县各乡镇、村的边界线，普查办通过查找资料、乡镇核对、普查员审定和严格绘制的程序，逐级核查，力求做到地图边界清楚。查找资料。各乡镇查找本乡镇地图，参照第二次经济普查的小区地图。乡镇核对。在原有资料的基础上，同乡镇非常熟悉村情况的领导一起，先核实乡镇边界线，然后按自然村将每个乡镇的村、社区边界划分出来。普查员审定。将普查区、普查小区地图在县经济普查培训会上，由乡镇参加会议的人员再进行一次审定无误后，分乡镇、分普查区、普查小区打印分发到乡镇，确保普查地图边界清楚、无缝对接、全部覆盖。严格绘制。普查区内的地址码等相关指标信息，由普查员在单位核查底册上全部标注，做到无一遗漏。完成全县17个乡镇（场）、120个普查区的地图绘制工作，实现全部覆盖，确保地图边界清楚。2014年，普查办按照州经普办“两员”选配与培训工作的要求，组织全县所有普查指导员、普查员和各乡镇分管领导集中参加县级培训大会并开展普查试点，并在会后组织考试，考试合格方可发放普查员证件，开始入户登记。

普查登记：针对入户登记和数据处理，成立质量控制小组，建立岗位责任制、普查工作报告、督查制和协调处理机制。质量控制小组按照“分级、分专业负责、就地解决问题”的原则，严把数据验收、上报质量关。在入户登记阶段，经普办每周到各乡镇督查一次，随时解决出现的问题和及时排除PDA使用过程中出现的故障，对工作进展较慢、积极性不高的普查区及普查员予以通报。做到“三抓、三个不放松”。抓包保，捆绑责任不放松。有担子才有动力。为了高质量、高标准完成第三次经济普查工作任务，县经普办全体工作人员分成4个组，实行“四个包保”（即包保组织协调，包保业务指导，包保质量控制，包保检查督办）的工作责任制，分别包保全县各乡镇的经普工作，做到任务到组，责任到人。抓宣传，舆论造势不放松。为让经济普查宣传的效果达到最佳，县普查办与广播电视部门共同在县广播电视的新闻节目中增加“经济普查知识”专栏，并在各个主干道上拉横幅进行宣传。通过这些措施的宣传，经济普查的知晓率有了提升。抓协调，合力攻坚不放松。发挥县普查办协调各方职能，形成强大的工作合力。永乐镇、漳扎镇是九寨沟县经济普查的重点乡镇。为保证重点普查区的工作进度，九寨沟县普查办组织召开县经济普查协调工作会，较大限度地增强成员单位对经济普查工作的配合程度，减轻城区普查员的工作量。

普查结果：2013年末，九寨沟县从事第二产业和第三产业活动的法人单位1204个，从业人员33516人；产业活动单位1844个，从业人员33840人；有证照个体经营户1559个，从业人员4228人；无证照个体经营户1499个，从业人员2983人。

【驻村帮扶】 到罗依乡顺河村进行调查研究，了解农户生产、生活状况，与乡、村领导和农户共商发展规划，为挂钩村及时争取整村推进和产业项目献计献策。按照县委统一部署和关于开展干部联系群众“1+10”活动的意见，制定详细的实施方案，党员干部全体参与实施结对帮扶，找准路子，确保结对帮扶一户富裕一户，让党员在农村受到教育，得到锻炼。按照局机关学习实践科学发展观活动要求开展调研、深入农户走访座谈，问计于民、问需于民、问政于民，开展共建活动，创新共建活动的方式方法，发挥党员带头作用，让农户真正得到实惠，把活动实践好。把开展学习实践活动同做好当前各方面工作结合起来，做到“两手抓、两不误、两促进”，把学习实践活动成果转化为增强信心、应对挑战、创新思路，化危为机的动力，用解决实际困难，促进各项工作的实效来推动经济的大发展。在调查摸底的基础上，确定帮扶村，结对帮扶对象。采取副科级职务以上干部“一帮二”、普通干部“一帮一”的方式对顺河村、河坝村8户困难户进行结对帮扶。2014年，帮扶干部到结对户走访联系8次，加强日常电话联系和沟通，帮助解决帮扶户具体困难和问题。针对帮扶村党员干部群众提出的民生诉求困难，在帮扶单位能力范围之内，帮助帮扶村解决实际困难，解决顺河村村道维修资金3.5万元；扶持河坝村、顺河村养殖专业户资金3万元。采取信息、资金、物资等多种途径进行帮扶，帮助抓好村“两委”班子建设，加强村级组织建设。

审　计

【机构】 县审计局内设办公室、经济责任行政事业审计股、财政金融经贸审计股、固定资产投资审计股。

【领导名录】 党组书记、局长：王周平，党组成员、纪检组长：刘宗（2014年12月止）、涂成秀（2014年12月起），党组成员、副局长：补中华，副局长：何诚。

【总体情况】 2014年，完成审计及审计调查项目54个，完成年初计划审计31个项目的174.19%，在审项目12个。审计查出主要问题金额2922万元，其中管理不规范金额2080万元、审减工程投资842万元。向被审计单位提出审计建议96条，被采纳建议96条。完成审计项目信息简报19篇。

【财政预算执行情况审计】 2014年4—5月，九寨沟县审计局以促进规范预算管理，深化财政体制改革，落实积极财政政策，维护财政资金安全、提高财政资金使用绩效、促进完善税收财政体制和实现公共财政政策，建立事权和支出责任相适应的财政体制等”为总体目标，做好同级财政预算执行情况审计。按照审计方案要求，对县财政局、地税局、县环境保护局、县民族宗教局4个一级预算单位进行预算执行情况审计，对县地税局2013年经费和行业税收征管情况、财政存量资金情况进行专项审计调查，并对上述部门正版软件使用情况进行审计调查。促进预算管理单位和部门加强财政资金管理，确保财政资金安全有效使用。县审计局按照中央《八项规定》和九寨沟县《关于改进工作作风、密切联系群众的实施办法》等规定，结合财政预算执行情况审计和部门预算执行情况审计，重点审查“三公经费”的管理使用情况，通过审计并进行比较分析，“三公经费”同比有了大幅度下降，起到厉行勤俭节约、反对铺张浪费的效果。

【其他财政收支审计】 完成九寨沟县2013年城镇保障性安居工程跟踪审计；完成2013年草原生态补奖资金情况审计；完成对达吉寺、芝麻寺、大录寺等3座藏传寺庙财务管理试点审计。

【灾后重建投资项目总体计划及审计】 按照2008年9月国家批复的《九寨沟县汶川地震灾后恢复重建实施规划》，确定九寨沟县规划建设项目346个，规划总投资360258万元。中期调整最终确定九寨沟县纳入规划项目总数234个，细化项目649个（包括州属单位建设项目25个），规划总投资348685万元，应进行结算审计细化项目312个。截至2014年10月底，灾后恢复重建已竣工项目649个，总投资348685万元，纳入竣工决（结）算审计计划的项目312个，总投资76770万元。累计完成308个项目的竣工决（结）算审计，占应审项目的98.72%，送审投资额71518万元，审计投资4657万元，审减率6.51%，在审项目3个，未送审项目1个。通过灾后恢复重建项目审计，为国家节约建设资金，提高资金使用效益，发挥国家财政投资的经济效益和社会效益，防止国有资产流失，确保项目资金的安全使用。在抓好灾后恢复重建项目审计工作的同时，县审计局组织审计人员参加各类监督检查灾后恢复重建项目工作140余人次。

【其它固定资产投资项目审计】 2014年，完成39个政府投资项目竣工结算审计，送审总金额12458万元，审定金额11616万元，审减额842万元，审减率6.76%，现有在审项目12个，通过审计提高县财政资金的投资使用效率。

【上级机关交办的审计工作】 按照县委组织部委托安排，组织制定经济责任审计工作方案，完成党政领导干部任期经济责任审计项目6个，为县委选拔任用干部提供必要的审计参考依据；完成对九寨沟县稳增长促改革调结构惠民生政策措施落实情况的跟踪审计；与县监察局、县财政局一起完成对全县95个预算单位的“三公经费”、会议费等费用的监督检查；抽派3名审计业务人员参加对全县村道建设项目进行现场核查工作；与县财政局一道组织2个工作组对全县预算单位财务和“小金库”进行清理检查；配合县纪委、县委组织部对全县村级财务管理相关工作进行监督检查和指导工作；配合县财政局、监察局完成对部分单位“三公经费”整改落实情况的督查工作；配合县财政局完成对克扣群众财物等情况的专项督促检查。

【领导班子和审计队伍建设】 2014年，县审计局组织审计人员参加省、州审计机关及县举办的业务视频培训160余人次。同时，结合审计工作实际，研究分析审计干部队伍的现状，落实具体措施，开展创先争优活动，组织审计干部参加各类政治理论、法律法规和审计业务学习培训。10月15—21日，组织8名审计干部在成都集中开展新《行政单位会计制度》《事业单位会计制度》《四川省政府投资建设项目审计条例》等规章制度的培训。抓好审计部门党风廉政建设。通过各项工作的开展，转变审计干部的工作作风，提高工作效率，为完成各项审计任务打下基础，开创审计工作新局面。

【依法治县】 2014年，根据县委、政府统一安排部署，结合审计实际，制定年度工作计划，修订《会前学法学纪制度》，将法制学习纳入单位的总体学习计划，坚持经常性学习，开展各类法制学习20次，40余学时；及时对行政权力进行清理，清理出行政处罚47项，行政强制2项，并通过行政权力公开运行平台，公开各类信息127条，其中通过公开栏公开信息46条，通过政府信息公开平台公开信息71条，通过其他形式公开信息10余条。同时，加强平安创建活动和法制宣传教育活动。通过办宣传专栏、开展专题讲座等多形式宣传，办宣传专栏4期，开展法制专题讲座2期，发放宣传手册300余册。

【驻村帮扶】 2014年，审计局建立和完善制度6项，单位干部职工累计走访200余次，走访群众668户1800余人次，结对群众110户，收集意见建议54条，化解矛盾纠纷3起，帮助联系村制定发展规划2项，帮助5个村健全村规民约。为保华乡半山村解决维修水渠、堡坎等资金5000元；为勿角乡英各村解决村道改造、人畜饮水、路灯维修等补助资金10000元；组织干部职工为云南省鲁甸地震灾区捐款1600元。根据勿角乡英各村实际情况，制定帮扶方案，落实帮扶措施。2014年，领导班子成员到联系村开展工作30余人次，开展宣讲1次，慰问贫困群众、困难老党员、老干部9户，送去大米360斤，清油90斤，并为1户伤残家庭送去慰问金200元。通过走访，调查了解到勿角乡英各村二组“人畜饮水”困难时，多次带队到实地查看了解有关情况，并经班子研究协调资金和材料，在相关部门的技术设计指导下，修建1个蓄水量50立方米，出水管道近2000米的饮水工程建设。

国土资源

【机构】 县国土资源局内设办公室、国土股、矿产资源环境管理股；局属8个事业单位：国土资源监察大队、九寨沟县地价评估事务所（土地矿产资源交易管理中心）、九寨沟县土地收购储备管理中心、永乐国土资源管理所、漳扎国土资源管理所、双河国土资源管理所、玉瓦国土资源管理所、九寨沟县地质环境监测站。

【领导名录】 局长：李贵先，副局长：阿初她、廖斌，党组成员、纪检组长：周建国（2014年5月起）。

【规划编制】 在县级土地利用总体规划控制下，结合各乡（镇）土地利用实际情况，编制17个乡（镇）土地利用总体规划，已经州人民政府审批通过。

【耕地保护】 对17个乡镇进行耕地保护、基本农田保护、农村宅基地管理国土资源管理政策培训，宣传国土资源管理法律法规政策，提高全县人民群众依法用地素质，提高依法管地业务水平；对耕地保护责任书进行修改完善，乡镇和部门的职责分工更加明确、责任追究力度加大，实用性和操作性明显增强。贯彻州国土资源局《关于转发四川省国土资源厅关于严格落实耕地保护责任严防死守耕地红线的通知》（阿州国土资发[2014] 62号）精神，落实耕地和基本农田保护责任制，坚守耕地保护“红线”，与全县17个乡镇签订2014年耕地保护目标管理责任书，将州政府下达九寨沟县耕地保有量不少于5492公顷，基本农田不少于4350公顷的耕地保护任务层层分解，层层落实。将耕地和基本农田保护纳入对乡（镇）政府目标考评的内容，落实县、乡、村三级监管网络。为县人民政府代拟《关于切实做好耕地保护工作的通知》并下发全县，从严控制非农建设占用耕地，确保全县耕地保有量和基本农田保护面积不减少、质量不降低。严防集体土地流转“非农化”，禁止在流转农地上建设旅游度假村、高尔夫、别墅、农家乐、私人会所等建设项目。禁止占用基本农田挖塘造湖、种植林果、建设绿色通道等行为。永久基本农田的省级验收和数据库建设工作已按照省、州国土资源部门要求，成果和数据库已上报。

【土地资源管理】 土地预审和报批：完善耕地保护、基本农田保护、土地登记、农村宅基地管理等各项制度，对工作人员进行分工。开展行权整理工作；做好建设用地预审工作，完成32个项目建设用地预审工作，支持全县各类建设；完成国家下达九寨沟县2013年度土地变更调查，成果通过州局、省厅、部核查。

征地和建设用地报批：严格规范农地转用和土地征收审批，对重大建设项目，通过提前介入、主动对接、全程服务，上半年完成中查沟建设用地和白水江玉瓦水电站建设用地报批工作，局领导带队到省州跟踪报批，在较短时间内取得省政府用地批复，推进省、州重点建设项目及时落地；下半年提前做好太平沟重点建设项目用地报批准备工作，向州局争取新增建设用地年度计划指标350亩，向州局购买耕地占补平衡指标77亩，在项目业主取得占用林地等建设用地报批前置手续后，及时组织太平沟景区和度假区2个项目建设用地报件，已经省人民政府批准。

重点项目实施：为推进九寨沟县异地扶贫搬迁项目和永乐镇东山市政道路及桥梁项目等重点项目的实施，2014年10月，组织材料开展重点项目土地利用总体规划调规工作，调整面积13.8553公顷，调规报件已报州国土资源局和省国土资源厅审查通过，为加快调规进程，县国土资源局加强报件的跟踪。依法征地，在征地工作中严格执行“两公告一登记”征地制度，完成中查沟和白水江玉瓦水电站重点项目征地工作，站在群众工作无小事高度，处理好征地工作中反映的问题，保障被征地农民合法权益，使被征地农民生活有保障，原有生活水平不降低。保障重点建设项目用地，挂牌出让中查沟一宗国有建设用地，出让面积930.64亩，成交价1.488亿元，已全部缴清入库。保障涉及民生的保障房用地、公共设施用地和农村宅基地等建设项目用地供地工作，2014年，办理划拨用地11宗，经县人民政府批准，办理农村宅基地审批165户，办理国有建设用地使用权344宗，集体建设用地使用权登记（宅基地）68宗，他项权利登记5宗，注销他项权利登记4宗。

确权颁证：农村宅基地和集体建设用地使用权登记发证工作涉及全县17个乡（镇）120个村，约14849宗农村宅基地，其中农村宅基地14573宗，集体建设用地276宗。宗地代码编制及数据库建设已经完成90%。完成120个村农村宅基地和集体建设用地登记发证公告公示，正在开展打印土地证工作。

【矿产资源管理】 *矿政管理*：采取日常管理与重点监管相结合的方式，加大对矿权人的监管力度。5月初，按照州局安排，完成全县采矿权年检工作。11月上旬，按照州国土资源局的安排，完成探矿权年检工作。另外，指导和监督马脑壳金矿恢复生产，特别是地质环境恢复治理工作，要求企业按照审定的《矿山地质环境恢复治理规划》逐步完成地质灾害治理和矿山地质环境恢复治理工作，并签订《矿山地质环境恢复治理责任书》。草地金矿主要完成杨家湾尾矿库的治理工程，已按照县委、县政府的安排部署，督促企业加快对工程的建设进度，确保安全度汛。

矿产资源开发监督管理：推进矿产资源开发监督管理工作，开展“打非治违”专项活动。落实矿山打非治违和安全生产专项整治工作，督促企业制定矿山巡查制度，建立健全矿山巡查记录和台账，加强对各施工、勘查、保安人员的管理，杜绝非法开采、以探带采等违法行为。与企业和施工单位签订地质灾害防治责任书，并收取矿山地质环境恢复治理保证金22.5万元，加大地质灾害防治工作力度，建立监测员制度，并将监测员信息上报至国土资源局地质环境监测站，纳入九寨沟县地质灾害监测预警系统。加大矿产资源补偿费的收缴，按照《四川省矿产资源补偿费征收管理办法》等相关法律法规，下发通知3份，要求企业申报年度矿产资源补偿费，为下一步征收做好准备。

【国土资源执法监察】 *执法巡查*：根据《九寨沟县国土资源工作目标责任》要求，制订《九寨沟县国土资源局2014年国土资源巡查制度》，做好国土资源执法巡查工作。在巡查中确立“预防为主，防查结合”监察方针，建立“早发现、早制止、早查处”的快速反应机制，建立上下联动，合力执法机制。对发生的违法用地苗头能及时到场加以制止。2014年，土地（矿产）动态巡查71次，制止土地违法行为4起。

卫片执法：按照省、州工作部署及电视电话会议要求，安排部署做好2013年度土地卫片执法检查工作，成立九寨沟县土地卫片执法检查领导小组，同时制定实施方案，全面启动2013年度土地卫片执法检查工作，已完成卫片执法工作的全部图斑自查和系统录入工作，上报并通过审查。发送追缴欠款通知书8份，催回土地出让金欠款

461.13 万元。发送《责令限期开工通知书》3 份，建立责令限期开工动态情况台账。

【民生工程】 防灾避险搬迁安置：根据《阿坝州国土资源局关于下达四川省 2014 年度地质灾害防灾避险搬迁安置项目任务的通知》安排，下达九寨沟县 2014 年度地质灾害防灾避险搬迁安置项目任务 144 户，补助资金 230.4 万元。国土资源局编制《九寨沟县 2014 年度地质灾害易发区群众防灾避险搬迁安置实施方案》，144 户分别落实到安乐乡大寨村搬迁 44 户、阳坡村 28 户、永乐镇扒拉沟村搬迁 61 户、陵江乡大叶子村 7 户，黑河乡头道城村 4 户，已全面完成防灾避险搬迁安置工作任务。

群众矛盾化解：贯彻《信访条例》《国土资源信访规定》，加强信访问题排查和矛盾纠纷的调处，及时处理群众反映的问题，维护社会稳定。做好日常信访办理工作，建立完善《九寨沟县国土资源局 2014 年度来信信访台账》《九寨沟县国土资源信访工作领导责任制度》《九寨沟县国土资源党政领导公开接待群众来访日制度》等机制。2014 年，受理信访案件 27 起，处理 27 起，回复办结率 100%，做到件件有着落，事事有回音，维护人民群众的土地合法权益，促进社会和谐稳定。

【地质灾害防治】 前期安排准备：编制报县人民政府发布《九寨沟县 2014 年度地质灾害防灾预案》《九寨沟县地震诱发地质灾害防御预案》《九寨沟县突发性地质灾害应急预案》，并召开全县地质灾害防治工作会议，安排部署九寨沟县 2014 年地质灾害防治工作；完成全县 325 处隐患点的网上申报及纸质文档的申报工作，并通过省地环总站的审核。

地灾防治：到全县 17 个乡镇开展监测员培训会，培训 765 人，发放宣传画 800 余份，宣传册 360 册；配合各乡镇开展 17 次地质灾害防灾避险应急演练，参训人数 3100 余人；开展地质灾害巡排查 200 余次，指导乡镇发放地质灾害防灾明白卡 325 份，避险明白卡 6872 份；严格执行汛期值班制度，明确汛期值班人员，24 小时专人值班，并严格制定地质灾害防治工作制度，在汛期值班期间对各乡镇值班情况抽查 2550 次，对监测人员在班情况抽查 1520 次；加强宣传指导，汛期开始，通过电视台公示 325 处隐患点及监测人员信息，并滚动播放地质灾害防治知识。从 5 月 1 日起，向县级领导、相关部门负责人、乡镇负责人、隐患点监测人员发送地质灾害气象预警短信，汛期发送短信 343716 条。

检查督查：5 月 19—21 日，局工作人员和省厅安排的地质灾害防治工作检查督导组人员一道，分 2 个检查督导小组，分别对各乡镇 2014 年度地质灾害防灾工作措施落实情况进行全面检查督导，同时对新增或隐患加剧的地质灾害隐患点进行现场踏勘、调查。针对在检查督导中个别乡镇存在的不足之处，分别下发整改通知书，要求乡镇限期整改，并将整改工作情况报县国土资源局。

物　价

【机构】 物价局内设办公室、价格和收费管理股、价格监测中心（挂成本调查队的牌子）、价格监督检查分局、价格认证中心。

【领导名录】 党组书记、局长：张春梅，副局长：陈文梅、谭双。

【价格和收费管理】 根据《关于公布<2014 年涉农收费和价格公示表>的通知》（阿州发改〔2014〕105 号）文件精神，为提高涉农价格和收费管理工作透明度，规范涉农价格和收费管理，使老百姓全面了解政府有关政策和优惠措施，维护农民合法权益，县物价局及时将《2014 年涉农收费和价格公示表》发放到全县各乡镇，并要求各乡镇在第一时间将涉农收费和价格公示的项目、标准等内容公布上墙，公示率100%。还定期或不定期对各乡镇涉农收费的项目、标准等内容的公示和执行情况进行监督检查。3月20日—22日，开展涉农价格与收费专项检查工作。

【教育收费专项检查】 2014年3月10—15日，组织人员对城乡中小学校执行教育收费政策情况进行重点检查。采取开学前进校督促，开学后全面检查，严格落实教育收费公示制度，严惩违规收费行为。

【价格监测】 对主要副食品价格实行应急监测日报制度，重点对鲜猪肉、鲜牛肉、羊肉、鸡、鱼、蛋、玉米、菜籽油、调和油、大米、面粉、生猪等12个品种进行应急监测和分析，并按要求及时上报州发改委。

【行政事业性收费年审换证】 为加强收费监管，全面清理各项行政事业性收费，重点清理涉农、涉企的收费，坚决取消不合理收费，切实减轻社会负担。于2014年3月10—30日对全县行政事业性收费、经营性收费单位进行年审。年审21家单位，录入全国收费动态监管系统21家，行政事业性收费9884300元，年审合格率100%。

【宾馆饭店客房价格管理】 为规范九寨沟县宾馆旅店价格秩序，县物价局严格按照《九寨沟县宾馆旅店客房价格管理办法》，要求各宾馆饭店开业前申报标准间客房最低成本价和最高调控价，联合工商、旅游、旅游执法、药监、地税等单位，对新开业的非星级宾馆酒店进行实地查看和评分，并按照宾馆酒店的软硬件设施进行分档定级，核定调控范围。同时，加强对宾馆酒店的管理，并实行月检查考核，每月对各宾馆酒店进行拉网式检查1次，抽查2次，且抽查面20%以上。为规范宾馆酒店价格行为，县物价局与宾馆酒店签订价格承信经营承诺书110份。

【宾馆饭店和餐饮企业菜价、图片上墙】 对全县的640余家餐饮企业菜价、图片上墙的情况进行监督检查，要求各餐饮企业严格按照公示价格执行，杜绝出现“双菜单”行为。

【停车场收费监管】 要求5家经营性停车场按照统一模版和新的收费标准制作价格公示牌，并在停车场出入口处的醒目位置公示，完善电子门禁收费系统等硬件建设，做到公开透明。在黄金周期间协同漳扎镇政府确定漳扎镇片区的临时停车场，要求临时停车场按照经营性停车场收费标准进行收费，统一制作价格公示牌，在醒目位置摆放，并按照“谁收费、谁负责”的原则，按物价局核定的收费标准进行收费，同时建立停车收费登记管理台账，规范停车管理。

【娱乐场所管理】 对九寨沟的演艺中心、藏家乐、网吧等进行不定期检查，检查演艺中心8家，藏家乐30余家，要求在醒目位置悬挂价目牌，严格按照物价局指导的藏餐服务价格经营。

【乡村旅游客房价格监管】 按照“四有五统一”的要求，对22家乡村旅游经营公司的512家经营户进行监督检查，要求各经营户按照物价局的统一模版制作房价牌，并在总台醒目位置悬挂房价牌，公示标准间客房价格的调控范围。餐厅菜价、吧台水酒做到明码标价。

【九寨沟景区内价格监管】 对九寨沟联合经营有限公司的7个销售点、诺日朗中心站服务区的195个摊位，树正村17户的131个摊位，则扎洼村17户的100余个摊位进行检查，对存在的问题进行现场整改，并发放标价签5万余张。

【查找价格隐患】 对九寨沟和县城的购物点、餐饮、酒店、娱乐场所、停车场等进行定期和不定期的检查，严肃查处虚假标价、模糊标价、虚构原价、虚假折扣、模糊赠售、隐蔽价格附加条件、不履行价格承诺等各类价格欺诈行为。检查超市、购物点、小卖部640余家，宾馆饭店120余家，乡村旅游公司22家，演艺场所8家，餐馆600余家，藏家乐30余家，手机店20余家，药店20余家，停车场5家，发放价签60000余张。

【节假日旅游值班】 “12358”举报平台和办公室电话（0837-7732118）实行24小时专人值守制度，按照“第一时间受理、第一时间查处、第一时间答复”的原则，及时办理，快速办结。2014年，受理群众价格咨询、投诉12起（价格咨询6起、政策咨询3起、投诉3起），办结率100%，做到及时受理，及时回复，详细、耐心宣传解释。

【价格认证】 2014年，价格认证工作紧紧围绕“依法治县”中心工作，保护公民、法人和其他组织的合法权益，保障司法、行政执法公正进行，价格认证中心人员履行职责，提高业务技能，全年开展涉案物品价格鉴证2起，涉案7412元，为公安等司法部门及行政执法机关裁定涉案、涉纪财物价格提供依据。

【成本监审】 成本监审工作主要是对九旅集团出租车公司调整起步价和天然气公司提高居民用气价格进行初步的成本监审，出租车运营成本监审已完成监审报告，天然气成本监审工作完成后，县物价局积极准备，对天然气、民用气、初装费调整及建立上下游价格联动机制进行听证，听证会完成各项议程，为政府制定价格决策提供依据。

【价格信息服务】 做好价格信息服务工作，为适应新形势发展的需要，结合物价局实际工作，撰写价格简报35期。

【全民联系】 做好全民联系工作，为联系社区的贫困户发放钱物2000余元。

工商质量技术和食品药品监督局

【机构】 九寨沟县工商行政管理局组织机构内设机构：办公室、纪检监察室、市场监督管理股、经济检查大队、企业注册监督管理股；派出机构：永乐工商所、双河工商所、九寨沟工商所、玉瓦工商所。九寨沟质量技术监督局内设机构：办公室、业务股、特监股、稽查大队。九寨沟县食品药品监督管理局内设机构：办公室、综合协调股、行政审批股（政策法规股）、餐饮服务监管股、食品生产监管股、食品流通监管股、药品医疗器械化妆品安全监管股；下设机构：九寨沟县食品药品监督稽查大队；派出机构：漳扎镇食品药品监督管理所。2014年11月27日，县工商行政管理局、质量技术监督局划归县政府管理，并与县食品药品监督管理局职能整合，组建九寨沟县工商质量技术和食品药品监督管理局，为县政府工作部门。内设机构：办公室、计划财务股、行政审批股（政策法规股）、信息管理股、企业注册登记监督管理股、市场监督管理股（公平交易股）、消费者权益保护股、质量技术监督管理股、特种设备安全监察股、食品生产监督管理股、食品流通监督管理股、餐饮服务监督管理股、药品医疗器械及化妆品安全监督管理；下设机构：九寨沟县工商质量技术和食品药品稽查大队、九寨沟县消委会管理服务中心；派出机构：永乐工商质量技术和食品药品监督管理所、双河工商质量技术和食品药品监督管理所、漳扎工商质量技术和食品药品监督管理所、玉瓦工商质量技术和食品药品监督管理所。

【领导名录】 九寨沟县工商行政管理局：党组书记、局长：饶德刚（2014年11月止），党组成员、纪检组长：唐延（2014年11月止），党组成员、副局长：雷江涛（2014年11月止）。九寨沟质量技术监督局：局长：叶林（2014年11月止），副局长：刘军（2014年11月止）。九寨沟县食品药品监督管理局：党组书记、局长：李昌勇（2014年11月止），党组成员、纪检组长：高崇秀（2014年11月止），党组成员、副局长：李刚（2014年11月止）、刘兴富（2014年11月止）。九寨沟县工商质量技术和食品药品监督管理局：党组书记、局长：葛海荣（2014年12月起），党组成员、纪检组长：魏平安（2014年12月起），党组成员、副局长：刘军（2014年12月起）、雷江涛（2014年12月起）、刘兴富（2014年12月起）。

【服务地方经济建设】 注册登记制度改革：实行注册资本认缴登记制。取消有限责任公司最低注册资本3万元，有限责任公司最低注册资本10万元，股份有限公司最低注册资本500万元的限制。公司登记时无需提交验资报告。改革年度检验验照制度，将企业年度检验制度改为企业年度报告公示制度。简化住所（经营场所）登记手续，申请人提交场所合法使用证明即可予以登记。允许“一照多址”“一址多照”。

登记工作：根据注册登记制度改革的相关要求，2014年换发新版营业执照520户。2014年，九寨沟县在册市场主体3204户，注册资金235429万元。其中，企业412家，注册资金183456万元；农民专业合作社102家，注册资金11749万元；个体工商户2690户，注册资金40224万元。2014年，新增市场主体686户，新增注册资金38449.01万元。其中，个体户582户，注册资金9069万元；企业60户，注册资金23054万元，专业合作社44户，注册资金6326.01万元。转型升级企业2户。

合同信用体系建设：开展“守合同重信用”宣传活动。推荐省级守重企业1户，州级守重企业2户。户外广告备案1件。完善回访制度，回访企业131户；加强工商联络员制度，在规模企业中基本确立企业联络人员。

帮助企业解决融资难问题：2014年，办理动产抵押5件，融资金额5649.08万元。

无照经营查处取缔：开展无照经营专项执法检查4次，查处无照经营8户，罚款13500元。

【整顿规范市场秩序】 “红盾春雷行动2014”执法行动：根据《九寨沟县工商局关于开展“红盾春雷行动”实施方案》，开展查处不合格商品、打击“傍名牌”、整治“虚假宣传”、冬季旅游市场专项治理行动、打击非法销售卫星地面接收设备等专项治理行动10次，出动执法人员85人次，检查经营户680户次。

流通领域商品质量监管：重点开展流通领域五类商品质量监管，电子电器、服装鞋帽、装饰装修材料、汽车摩托车零配件、洗涤日化用品。配合省质检院抽检服装、润滑油、汽油、珠宝玉器，抽取26个批次样品送检。对检测不合格的9个批次进行立案查处。

旅游市场监管：根据《九寨沟县旅游市场综合治理领导小组2014年旅游市场综合治理总体方案》的安排，制定《九寨沟县加强旅游市场商品（非食药类）质量专项治理工作实施方案》。按照政府安排部署，开展对漳扎、彭丰、隆康乡村旅游公司实行一户一证个体登记试点工作。督促经营者建立和完善旅游商品市场准入制度、重要商品质量查验登记制度、重要商品备案制度、不合格商品退市制度、先行赔付制度。发放“12315”投诉牌74个、温馨提示342份，经营户签订诚信经营责任书251份。

各项专项检查执法行动：开展治理货车非法销售改装拼装专项行动工作。检查汽修经营户26户，建立汽修经营户台账，禁止改装拼装汽车，张贴公告4张。经查全县没有汽车销售和改装经营单位。开展“红盾护农”专项行动2次，会同农业、质监等部门检查农资经营户10户次。开展校园周边环境治理专项行动3次。为做好中高考期间的校园安全工作，消除安全隐患，会同食品药品监督管理、卫生、消防、文广新局等部门对全县学区开展1次校园安全大检查。开展网络监管和“2014红盾网剑专项行动”等专项行动，发放宣传资料60余份。会同县质监局、旅游执法局等部门对九寨沟口农副产品摊贩和花车市场、旅游购物市场开展计量器具专项检查。出动检查人员12人次，执法车辆3台次，检查、宣传相关经营户100余户次。会同文广新局、公安局等部门开展“扫黄打非、安全生产、暑期环境”联合大检查。检查县城区6家网吧，8家娱乐场所。对4户娱乐场所的违规名称招牌限时进行整改。联合九寨沟县公安局对景区销售管制刀具进行专项检查，检查相关经营户56户，发现有6户经营户存在销售管制刀具的情况，由公安机关依法没收管制刀具27把。配合林业公安开展“亮剑”行动，配合消防、安监等部门开展消防安全大检查，配合县文体局开展暑期文化市场专项检查。继续开展城乡环境专项治理，配合县城管局整治九寨大道、老城区主要街道、新区环境治理，维护市容市貌。

竞争执法：2014年，立案查处各类案件33起，简易程序处罚案件4起，罚款110200元。其中，商标侵权案2起，罚款46000元；无照经营案9起，虚假宣传案3起，产品质量案10起，其他案件9起。没收侵权“贵宾郎”酒142件，货值2.84万元。

【消费维权】 开展主题为“践行《消费者权益保护法》、倡导诚信、和谐消费”的消费维权宣传活动，活动期间发放各类宣传资料5200余份、宣传手册400余本，接受群众咨询7起，通过宣传着力提高消费者的自我保护和消费维权意识。推进和完善州政府《关于建立旅游购物市场消费维权快速反应机制的意见》，贯彻落实旅游购物市场消费维权快速反应四大机制。处理消费者咨询申诉举报，做好涉旅申诉举报的分流、移送、处理和数据信息分析等工作，加强“12315”行政执法体系“四个平台”建设。2014年，受理消费者各类投诉47起，解决47起，为消费者挽回损失5.3万余元。

【食品药品安全监管】 食品安全监督量化分级管理：2014年，受理餐饮服务许可申请348件，发放餐饮服务许可证348份（含变更、延续）；食品流通经营许可申请372件，发放食品流通许可证372份（含变更、延续）。对全县645家餐饮单位实行量化分级管理，其中A级单位22家（占总数的4%），B级单位503家（占总数的80%），C级单位120家（占总数的16%）。落实食品采购进货验收及餐具消毒等各项安全管理制度，明确餐饮服务单位是餐饮服务环节食品安全第一责任人。签订《餐饮服务食品安全责任书》《诚信经营承诺书》645份、《药品医疗器械安全责任书》130份、《保健食品经营质量安全责任书》46份、《化妆品经营质量安全责任书》55份。与全县17个乡镇的14500余户农户和社区居民签订《九寨沟县农村集体聚餐食品安全公约》。

宣传培训：2014年，开展包括街头宣传、专题培训等形式的培训活动23次，培训人员3000余人次，发放宣传资料4700余份。对全县所有生产企业、餐饮服务单位、食品流通经营单位、药品、医疗器械、化妆品、保健品经营单位进行了专题业务培训，提高从业人员的法律意识与从业素质。

查处食品药品安全违法行为：2014年，查处案件45件，处罚金额172663.6元。其中，查处生产案件3件，罚没金额51000元；查处食品流通案件9件，罚没金额27000元；查获餐饮服务案件26件，罚没金额46000元；获药品医疗器械案件6件，罚没金额46000余元。下发监督意见书1300余份，提出限期整改意见862条，提出建设性建议640条。

食品药品安全专项整治：2014年，对全县11家食品生产企业、560余家食品流通单位、640余家餐饮服务单位、40余家药械经营单位、15家地产中药材经营单位开展安全检查。检查藏家乐

395户次，停业整改4家，行业内处罚6家。

【组织机构代码管理】 2014年，全县组织机构代码管理工作开展正常，业务办理和数据管理均达到省组织机构代码管理中心的要求，完成代码数字证书的更新。新办140套，变更100套，换证250套，年审324套，办结率100%。

【认证监管】 组织完成玩具产品、强制性产品认证监督检查。对辖区内销售的电动、塑料、童车、金属玩具、弹射玩具、娃娃玩具等六大类玩具产品3C标志进行检查，杜绝未获3C认证的玩具产品流入市场。完成对1家实验室资质认证机构，1家质量管理体系认证企业，1家机动车安全技术检验机构的自查及监督检查工作。

【标准化工作】 推进省级地理标志示范区建设工作，完善示范区建设的机构与制度。履行县农标办的工作职责。协调农水、畜牧、科技、林业等部门全力推进五个在建省级农业标准化示范项目的建设工作，形成验收材料，已上报验收。

【计量工作】 学习宣传贯彻《计量发展规划(2014—2020年)》，加大对社会公众的宣传，不断提高计量的社会认知度和影响力。开展“计量与绿色中国”专项行动，完成对超市、牦牛肉店、金银制品加工和销售店、流动商贩在用计量器具清理、建档工作。配合州计量所开展工作，完成强制检定计量器具和加油机的检定工作。检查在用计量器具350余台件次，没收不合格计量器具21台件。

【特监工作】 全年出动执法人员365人次，对全县64家特种设备使用单位的687台特种设备开展安全生产大检查，发现安全隐患65起，对存在隐患单位责令限期整改并予跟踪督促。开展电梯安全专项整治工作，抽查25家电梯使用单位的在用电梯，填写《现场安全监督检查记录》50余份，下达《特种设备安全监察指令书》14份。联合工商、旅游执法、公安、安监等部门联动，分别组织对医用电梯及公共场所电梯检查3次。检查锅炉使用单位20余家次、检查锅炉40余台次，下达《安全监察指令书》《隐患整改通知书》2份。

旅 游

九寨沟县旅游局

【机构】 县旅游局内设办公室、质量规范统计教育培训股、规划开发监督股。下设2个股级事业单位：乡村旅游管理办公室、旅游信息中心。

【领导名录】 局长：王剑（2014年2月起）、陶军（2014年1月止），纪检组长：李春蓉，副局长：罗小兰、吴恩民。

【旅游经济】 2014年，九寨沟县接待游客605.11万人，同比增长26.90%。其中，九寨沟景区453.75万人次，同比增长54.93 %；其他旅游者151.36万人次（指探亲访友、参加会议、一日游等）。旅游总体收入781299.75万元，同比增长26.28%。接待入境游客21.82万人次，同比增长66.31%，旅游外汇收入4563.89万美元，同比增长62.52%；接待国内游客583.29万人，同比增长25.79%。国内旅游总收入752547.24万元，同比增长25.21%。

【假日旅游】 春节黄金周接待中外游客53702人次，比上年同期增长53.30%；实现旅游社会收入7155.53万元，比上年同期增长51.31%；“五一”期间接待海内外游客34181人次，同比增长30.44%，实现旅游社会收入4614.44万元，同比增长29.48%；“端午节”期间接待海内外游客41600人次，同比减少19.92%，实现旅游社会收入5616.02万元，同比减少21.51%；中秋节期间接待游客46776人次，同比减少2877人次，降幅5.79%；国庆节长假接待海内外游客177159人次，同比减少15.07%，实现旅游社会收入22144.89万元，同比减少31.45%。

【智慧九寨服务系统建设】 《九寨沟区域智慧旅游公共应急平台建设方案》经省旅游局组织的专题会议进行初步研讨和评审，州政府分管领导、省州旅游局主要负责人和省旅游局信息中心提出具体修改意见及相关要求。县政府分管领导召开县涉旅部门对该方案的意见征求会。方案已得到省、州旅游局的批复，原则同意《九寨沟区域智慧旅游公共应急平台建设方案》。

【全域旅游产业规划】 启动《九寨沟县全域九寨国际休闲度假旅游目的地总体规划及三年行动计划》，战略实施计划主要内容：国际旅游目的地总体战略，九寨沟县目标定位，九寨沟县旅游资源综合分析与评价，旅游市场分析与目标市场定位，全域旅游体系建设，旅游空间格局分析与评价，休闲度假功能区划、国际休闲度假元素提炼，国内外类似案例解析，国际休闲度假目的地评价指标构建方案，特色村镇提升规划，重点旅游片区提升规划，国际休闲度假旅游产品提升规划，全域旅游交通体系建设；全域休闲度假配套体系建设；市场营销策略；综合保障措施，三年行动指导计划。主要图件：分期推进时间表，功能布局图，道路交通图，功能分区图，全域游线图。项目资金来源为嘉润置业集团捐赠。

【旅游市场管理】 酒店管理：继续做好旅游行业管理工作，加强对旅游企业服务质量的管理。落实和推行旅游行业的各项标准，加强和改进行业管理。引导和鼓励全县涉旅企业参与提档升级和评星工作，出台《宾馆饭店提档升级实施方案》，参与提档升级的宾馆饭店有7家（星宇国际大酒店、九寨度假村、金龙渔港、九源宾馆、九安宾馆、蓝天宾馆、登珠宾馆），投资金额1.1亿元。星宇国际大酒店被评定为九寨沟首家五等级藏羌歌舞文化主题饭店。对星级酒店的安全、消防、卫生以及客房、餐饮服务进行检查。检查星级酒店134家次，停业整顿1家，整改3家，整改率100%。

乡村旅游管理：对乡村旅游公司房间数登记造册并进行公示，完成摸底登记；执行开业申报制度，对乡村旅游公司下面的乡村客栈进行分户管理、分户申报、分户检查，对未达到标准的一律不得开业经营，经验收合格后方可开业；实行划片区管理责任制，要求各乡村旅游公司严格执行乡村旅游划片区管理责任制，杜绝乱拉客、欺客、宰客现象的发生，对各乡村旅游公司进行倒扣分管理制度，对于扣分在60分以下的公司一律关停。检查乡村客栈589家次，警告18家，整改91家，处罚4家，停业整顿5家，处理投诉43起。

旅游信息中心管理：在运行旅游信息咨询中心标准化管理的基础上，启动旅游信息中心团队标准化管理工作。在旅游信息中心对团队进行一团一登记，从源头上监管黑团、黑驾、黑导。接待游客咨询76047人次，发放咨询手册65218份；实施倒扣分制，涉旅主管部门将检查情况实行倒扣分上墙制，将检查情况在旅游信息中心进行公示；推进房餐分离制度，对有旅游接待点的团餐进行检查，要求接待点按照《九寨沟县团队餐管理制度》的要求进行标准化配餐。

培训管理：重点围绕旅游接待服务水平不高、从业人员专业知识匮乏等问题，开展对窗口人员和旅游从业人员的业务培训活动。邀请九旅校和中职校的老师和相关方面的专家，对星级酒店从业人员开展服务、外语、礼仪等方面的培训2期，培训100余人；对乡村旅游从业人员开展客房服务、礼仪等方面的服务技能培训5期，培训323余人；邀请北京联合大学旅游学院教授开展“智慧旅游”的培训。按照人才培训计划安排，对各部门乡镇干部职工开展县情、礼仪、旅游资源、政策法规等方面培训。

【宣传促销】 开发“全域九寨”一日游，于6月1日端午小长假正式发团运行，组织游客1.3万余人，乡镇旅游收入300万余元。参加旅博会、重庆旅游推介会、旅交会、西博会等国家、省内举办的旅游促销活动，扩大交流合作平台；与省旅游局、九管局沟通对接，利用各种媒体、媒介加强对内对外宣传；采取“走出去、请进来”的方法，开展类似“中国·九寨沟休闲度假旅游经济推介会”等一系列宣传促销活动，拓展海内外市场，改善游客结构，提升市场影响力；研究制作一批旅游营销用品。

【旅游投诉处理情况】 加强对旅游市场的管理，规范经营行为，确保游客的合法权益不受侵害。根据上年旅游投诉的特点，有针对性地进行安排和部署，在继续实行“目标管理责任制”的同时，加强对旅游企业的管理。围绕一切为游客着想的出发点，加强自身队伍建设，规范执法程序，以最快捷、最简捷的方式将投诉处理在现场，处理乡村旅游纠纷6起。

九寨沟县旅游市场综合执法局

【机构】 县旅游市场综合执法局内设办公室，执法监督股，酒店管理股，旅行社、团队、导游管理执法股。

【领导名录】 局长：方瑞玺（2014年2月起），副局长：蒋鹏志（2014年8月止）、胡荣。

【宣传学习】 创新编印《旅游执法手册》200册，包含“工作职责、行为规范、相关制度、涉旅法规、办事流程、咨询投诉电话、涉旅单位通讯录”等；参加上级组织的学习培训，全年组织4批33名执法人员参加县上组织的“依法行政”培训会和省州院校举办的学习培训；4次邀请省旅游执法总队、州旅游执法局、九寨沟旅游艺术职业技术学校的专家、老师为干部职工进行业务培训；创新推行“轮岗”机制，在股室内或股室间互换角色学习锻炼，争当工作“多面手”，已有20名职工进行“轮岗”；创新推行实战培训，探索“旅游法律法规政策考试、业务知识答辩竞赛、实际案例剖析辩论”等实战型、寓教于乐的方法，让大家在互动中参与、在“娱乐”中掌握可操作性的业务技能。全年开展6场涉旅法律考试，6次涉旅投诉案例讨论。

【酒店管理】 开业检查：在严格执行《九寨沟县宾馆饭店开业申报管理办法》的基础上，对24项检查指标逐一量化，对酒店开业检查实行100分的量化管理，开业检查未达到90分的不予开业，同时还设置开业检查必备项，实行一票否决制。坚持严格准入、主动服务、端口前移，在开业前指导宾馆饭店完善内部管理制度、硬件设施设备维护、保养计划制定等，及时发现存在的问题并督促整改，开业检查时严格依规准入，保证宾馆饭店开业后的服务质量。联合工商、物价、质监等涉旅部门对107家宾馆饭店进行开业检查，首检不合格并责令整改宾馆饭店37家。

倒扣分管理：严格执行《九寨沟县宾馆饭店倒扣分管理办法》，对日常检查记录表24项指标进行细化、完善，避免“人情执法”“随意执法”“选择执法”，促进公正执法、阳光执法。对117家次酒店进行扣分处理，其中84家次酒店扣2分，23家次酒店罚款扣4分，10家次酒店停业扣10分，并随时将处罚情况在酒店QQ群、微信群内进行通报曝光。

日常检查：加大酒店日常监管力度，实行精细化、常态化、全覆盖的管理模式，每天至少检查7家酒店，每月对所有酒店至少检查3次，对管理水平较低，服务质量较差的酒店进行重点检查，现场给予相应的指导，力求全面提高各宾馆饭店的整体服务水平。对日常检查24个大项进行全面细化，巡查中严格按照巡查记录表中的项目逐一检查，确保对宾馆饭店的评分准确公正。全年检查宾馆饭店1923家次，其中10家次处停业整顿扣10分，23家次处罚款扣4分，84家次处警告扣2分。同时，加强酒店安全生产工作，特别是在暑期、汛期、旅游高峰期等重点节点，要求督促各酒店制定并严格执行各项《工作预案》，实现酒店安全生产“零事故”的目标。

交叉检查：创新推行“酒店交叉检查”。探索建立由旅游局执法组织、企业参与的“酒店交叉检查”管理机制，适时组织酒店间进行交叉检查（每月不少于2次，每次不少于6家），通过互相监督、互相提醒、先进带后进、后进学先进，提升酒店特别是小酒店整体服务水平，检查主要包括酒店外围环境、客房卫生、管理制度、员工培训、房餐分离、员工着装等方面内容。全年有77家酒店的从业人员参加交叉检查。

制度建设：针对新进入酒店行业的承包人在酒店管理上缺乏经验这一薄弱环节，指导各宾馆饭店建立健全各项制度。全年对64家酒店进行现场指导，督促其建立晨会制度、奖惩制度、计划卫生制度、空房抹尘制度等各项内部管理制度。

房餐分离：创新推行“酒店房餐分离”。为维护旅游市场秩序，规范宾馆饭店经营行为，提升餐饮质量和服务水平，科学制定团队餐标准，规定旅游团队正餐标准必须保证每桌（以10人计）不得少于八菜一汤（即5荤3素），五个荤菜中肉类总量不得少于0.75公斤、每个荤菜肉量不得少于0.15公斤；早餐必须提供稀饭、鸡蛋、馒头（包子、花卷）和4个以上小菜。督促各酒店按照统一规格制作公示牌并悬挂于餐厅明显位置，同时通过明察暗访等形式加大对团队餐标准执行情况的检查力度。对6家未执行团队餐标准的酒店进行查处。

酒店培训：加强酒店从业人员培训。与九寨沟旅游艺术职业技术学校、阿坝州万祥职业培训学校合作，自5月25日起对全县非星级酒店从业人员进行集中职业培训，并为参加培训的人员颁发四川省职业技能培训合格证书，确保酒店从业人员持证上岗。督促宾馆饭店开展“自培”。为提升全县宾馆饭店服务质量和水平，除组织酒店从业人员集中培训外，还要求每家酒店全年集中自培员工不少于1次，并将其纳入日常检查项目，全年各酒店开展“自培”170余次。

评等定级：创新开展非星级酒店评等定级工作。为避免旅行社利用“准三”“准四”等模糊称谓进行不实宣传而误导游客，防止“合同陷阱”和减少投诉，规范非星级酒店标准，在深入调研、多方征求意见的基础上，牵头制定《九寨沟县非星级酒店评等定级暂行管理办法》。

打击“拉客返佣”：为确保九寨沟酒店行业平稳有序发展，联合旅游、运管等部门严厉打击酒店非法拉客“返佣”行为。对2家违规酒店进行查处（其中1家给予停业整顿1个月的处罚）。

技能大赛：创新推行“酒店服务技能大赛”活动。为提升酒店从业人员服务技能，探索并开展酒店服务技能大赛活动，大赛内容主要包括前厅接待礼仪、餐厅宴会摆台、客房服务等多个方面，通过比赛强化酒店从业人员的服务意识、质量意识和标准意识，提升酒店员工业务素质和服务水平为游客服务，指导48家次酒店开展服务技能大赛。

【旅游团队和导游监管】 动态监管：收集在九寨沟县注册和备案的18家旅行社及分社的基本信息和旅行社的导游人员资料，建立旅行社和导游人员信息库，加强对旅行社内部管理、导游情况、投诉情况进行动态监管，不断推进旅行社标准化建设，提升旅行社管理水平，提高旅游服务质量。

旅行社备案制：创新开展旅行社备案工作。3月，通过“九旅网”发布《关于旅行社（分社）备案及旅游团队一团一登记的通知》，并在检查现场发放《通知》120余份。全年已有45家旅行社及分社备案，并依照《旅游法》《旅行社管理条例》等相关法律法规的规定，依法从重、从严处理无证经营的黑社。

旅游团登记：创新开展“一团一登记”工作。4月起，联合交通、运管等部门，对进入九寨沟县境内的旅游团队实行“一团一登记”（全国首创），主要是对各种违法违规行为做到早发现、早处理、早规范，督促旅行社及从业人员提高服务质量，减少旅游投诉纠纷，维护九寨沟旅游市场秩序、保障广大游客的合法权益，真正做到“全域服务”“全域法治”，服务游客“零距离”。全年检查旅游团队6479个，导游6479人次。

日常检查：严格执行《旅游法》《旅行社经营管理及服务质量倒扣分制度》《九寨沟县旅行社开业申报制度》，加强对旅行社的监管。全年对17家旅行社进行开业检查，均合格准许开业，巡查旅行社72家次。开展日常检查工作。在沟口和甘海子开展导游、团队检查工作，加大对无证、租证、使用假证带团人员的打击力度，重点查处强迫游客购物和增加自费项目，擅自改变旅游合同安排旅游行程等行为，做到违法违规行为早发现、早查处、早解决。全年检查旅游团队17948个、导游18216人次，查处聘用无证导游开展团队活动的旅行社4家，查处未持有国家统一颁发的导游证从事导游活动人员10名，查处租用他人导游证从事导游活动人员5名，查处团队手续不齐、手续填写不规范导游人员197人次；着力推进电子行程单检查工作。根据国家、省、州旅游局部署，开展对旅游团队电子行程单和2014年新版旅游合同示范文本推广使用的检查工作。对未使用旅游团队电子行程单的4家旅行社进行批评教育；对未使用旅游团队电子行程单的2家旅行社，约谈其负责人；对未使用旅游团队电子行程单的1家旅行社进行处罚。

旅行社、导游培训：组织旅行社（分社）、导游开展培训3次，邀请省旅游培训中心的资深导游专家针对导游人员的职业操守、职业道德、基本技能、基础知识和有关法律法规等方面进行重点培训，特别对各个景区的具体情况进行详细讲解。督促在九寨沟县注册备案的旅行社（分社）开展导游自培16次。

【旅游综合治理】 制定方案：为确保旅游市场整治工作落到实处，取得实效，县旅游执法局牵头制定旅游市场整治实施方案，已制定《九寨沟县旅游市场综合治理总体方案》《“零负团费”经营行为综合治理实施方案》《旅游景区及周边环境综合治理实施方案》《旅行社、导游专项整治工作方案》《旅游产品质量（食药类）专项整治行动方案》《旅游商品质量（非食药类）专项治理工作实施方案》《旅游交通秩序专项整治实施方案》6个实施方案，下发9份相关文件。召开旅游市场综合治理工作会、工作动员会、工作推进会等4场会议，参会人数600余人；形成27期旅游市场综合治理工作周报，20篇旅游市场综合治理工作信息。

综合治理：开展“零负团费”综合治理、景区及周边环境综合治理、旅行社及导游专项整治工作。全年开展3次专项治理集中整治行动，检查旅游团队1682个，导游1682人，其中出团手续不齐、手续填写不规范导游28人，均批评教育后给予罚款50元的处罚。发放《告旅行社及导游书》898份、《温馨提示》17526份，查处违法违规旅行社4家；配合食药局、工商局、交通局、运管所等部门开展旅游产品质量专项整治、旅游商品质量专项整治、旅游交通秩序专项整治工作。配合食药局检查藏家乐186家次，暗访15家次，未发现违规经营现象，对营业的35家藏家乐进行问卷调查，对45个团队的276名游客进行问卷调查，35家营业藏家乐张贴自愿照相的温馨提示，游客对藏家乐服务表示满意。强化旅行社、酒店暗访暗查工作，通过参加省州暗访活动、自行组织暗访、股室交叉暗访等方式，加强旅行社、酒店暗访暗查。全年参加省州暗访4次，自行组织暗访28家次（酒店12家次、藏家乐16家次）。

【工作机制创新】 涉旅违法违规曝光公示制度：为规范全县旅游市场秩序，加大旅游市场监管力度，不断提升旅游综合服务质量和水平，在严厉查处各种涉旅违法违规行为的同时，按照“查出一起、处罚一起、曝光一起”的原则，及时对各种涉旅违法违规行为进行“亮相”曝光。全年对已查处的72家涉旅违法违规企业及个人，通过县电视曝光台、电子大屏幕和酒店、旅行社QQ群等载体进行集中曝光。此次曝光对象涉及酒店、乡村客栈、旅行社、导游、藏家乐、社会餐饮业、文化市场经营单位、超市等多个涉旅服务行业，曝光内容涉及酒店卫生、无证照经营、旅行社违规委派无导游资质人员带团、导游无证或租证带团、售卖假冒伪劣商品等多个方面。

涉旅企业诚信经营承诺机制：为督促全县宾馆饭店、旅行社提高服务质量，提升服务水平，建立涉旅企业诚信经营体系，牵头拟定《九寨沟县宾馆饭店诚信经营承诺书》《九寨沟县旅行社诚信经营承诺书》，与全县111家宾馆饭店、18家旅行社及分社签订《诚信经营承诺书》。

涉旅企业信息平台：通过建立QQ、微信群等平台，将旅游市场综合执法局干部和九寨沟县111家酒店、18家旅行社、45家经营九黄线旅行社负责人加入其中，及时传达相关信息，加强相互沟通交流和信息互补，确保信息交流及时、准确、到位。

旅游高峰应急保障机制：为全面提升旅游执法局及各酒店、旅行社应对旅游高峰的能力，联动维护旅游高峰期间全县旅游市场稳定，确保为游客创造一个“温馨、舒适、安全、有序”的旅游环境，建立旅游高峰应急保障机制。根据《九寨沟县旅游高峰应急保障预案》，拟定《九寨沟旅游执法局2014年“局、店、社”旅游高峰应急保障预案》；督促宾馆饭店及旅行社拟定各自的《旅游高峰应急保障预案》，成立领导小组，明确责任分工，并及时进行演练。全县111家宾馆饭店及18家旅行社均已制定《旅游高峰应急保障预案》，并进行演练；督促各宾馆饭店及旅行社制定《突发事件处置应急保障预案》《地质灾害应急保障预案》，确保突发事件或地质灾害发生时能够有序处置。

【旅游投诉纠纷调处】 通过网络、报纸、宣传册等方式，向广大游客介绍旅游注意事项，及时对外公布旅游投诉电话，确保旅游投诉咨询电话24小时畅通。2014年，接听旅游咨询投诉电话10257个，现场处理旅游纠纷72件，成功协调处理6起游客猝死事件和2起游客失踪事件，办结率、满意率100%。坚持一事一档，归档保存。及时将处理情况反馈给投诉者，接受其对旅游执法工作的建议和意见，将有关情况及时上报上级管理部门。

【其他工作】 督促各宾馆饭店将装饰画更换为具有九寨特色的装饰画，并将九寨音乐作为背景音乐。2014年，漳扎片区内所有酒店均已更换完毕。督促酒店将电视零频道调为“九寨沟旅游咨询服务频道”，并设置为开机频道，全年已有98家酒店调整完毕。联合漳扎镇、旅游局等部门开展漳扎片区街面整洁专项整治工作。配合做好全域九寨“一日游”的前期宣传协调工作，考察“一日游”线路，督促宾馆饭店将“一日游”宣传画在酒店大厅显眼位置进行展示。做好涉旅企业暗访工作，摸清行业动态及现状，为下一步有针对性的工作提供参考。全年暗访藏家乐16家次；暗访非星级酒店12家次。做好“口述历史进旅游大巴”工作，按照相关工作要求，切实做好“口述历史进旅游大巴”游客问卷调查工作。2014年，回收《阿坝州“口述历史进旅游大巴”活动意见调查表》219份。做好旅游安全宣传片展播工作，按照相关工作要求，切实做好“旅游安全宣传片”展播工作。做好乡村旅游调研工作，开展全县乡村旅游调研工作，形成并上报《九寨沟县乡村旅游调研报告》。做好全县宾馆饭店、乡村客栈、社会旅馆房间底数的摸排统计工作。

九寨沟风景名胜区管理局

【机构】 九寨沟风景名胜区管理局下设局办公室、党委办公室（精神文明办）、标准化办公室、纪委、保护处、规划建设处、工青妇、计财处、组织人事处、旅游营销处、接待处、护林防火委员会办公室、居民管理办公室、法规处、安全监督管理处、专职消防队、科研处、数字信息中心、票务处、保卫处、人武部、驻蓉联络处。

【领导名录】 局长：章小平（2014年12月止），唐思远（2014年12月起），党委书记、副局长：孙建平，党委副书记：刘静成，纪委书记：刘静成（2014年9月止）、木扎塔（2014年9月起），副局长：丁素琴、左光远（2014年9月止）、徐荣林、龙跃、吴光旭（2014年9月止）、王强。

【护林防火】 编制完成《九寨沟管理局森林防火中长期发展规划》，针对春季森林火灾高发时期及“元旦”“春节”“清明”等节日期间组织相关森防单位和部门开展大规模巡山巡护活动；签订管护合同464份，签订森林防火目标责任书22

份，加强林政管护力度，强化林政管护责任，检查督促林政人员是否在岗在位，严格按照《九寨沟森林管护管理办法》《九寨沟护林防火预案》《九寨沟环境监测办法》《九寨沟居民烧香点管理办法》等相关制度规定，要求各保护站工作人员每日在责任辖区进行巡护检查，严格记录；加强烧香点、施工队等火源管理，严格用火制度，对景区烧香点、宗教活动场所、施工场所等重点防火地段加强监督管理，开展形式多样的警示教育；抓好重大节假日期间和高火险时段的防火宣传工作，重点以阿坝州森林防火指挥部在全州开展为期半年的《四川省森林防火条例》宣传活动为契机，结合日常工作实情、群众路线教育实践活动和安全生产具体工作，增强居民和游客的防火意识和法制观念，全年发放各类宣传资料约3000余份，更新防火标识牌50余个，入户宣传421次；全面落实扑火组织指挥、人员调配、机具装备、通信联络和后勤保障等工作，做好扑火队伍和物资的各项准备工作，防火期部门全员严阵以待，加大巡护密度，及时消除火灾隐患，堵塞漏洞；结合森林防火工作实际，针对未来防火工作面临的几个突出问题，以人防与技防相结合为目的，与省林勘院加强联系互动，经过10余次的不断修改完善，防火规划于2014年9月21日完成编制，并通过第三十八次局务会审核；狠抓防火工作标准化建设，将标准化管理工作与我区护林防火工作紧密结合，围绕着力提升防火工作水平，对《处置森林火灾应急预案》《森林防火管理办法》《护林防火值班巡查记录》《烧香点巡护记录表》《烧香点监控情况汇报表》等制度、标准、表格再修订再完善，统一制作一批消防器材库、防火值班户、护林防火期须知、保护站制度牌等标识、标牌，宣传牌安插到重点部位、制度张贴上墙，提升旅游服务和防火工作标准化水平；在管理上加强区内森林火灾隐患综合整治，预防控制森林火灾，区内设立的3个防火检查哨卡严格《检查登记制度》，禁止“无证”人员随意进入保护区内，强化区内基建施工单位宣传监督，签订《护林防火、生态保护责任书》，组织相关森防单位和部门开展大规模巡山巡护活动，严厉打击非法入区采集人员，杜绝深山无人区火灾事故发生；加强森林保险服务能力建设，9月19日与中航安盟财产保险公司签订续保合同；根据天气状况和重要防火时期，适时发布高火灾预警、经常性对要害、重点部位防火工作进行检查，促使各项防火措施得到落实，做好防火值班，按照森林火灾处置程序和报告制度，做好火情登记和火情调度；做好森林工作有关资料、台账及时整理、以备归档；与西南航空站加强合作，全年在全区及周边范围展开空中防火巡航护林工作，形成空陆立体式火情监测格局，提高森林防火预防与扑救的综合能力，并与九寨沟县气象局加强协调，在高火险期天气适时实施人工降雨增湿作业。

【综合保护】 防灾体系：有效治理泥石流，建立景区防汛及地质灾害群测群防机制，构建“保护处—保护站—各地段工作人员”防汛及地质灾害减灾三级联动机制，对景区33个地质灾害点安排专人看守。

园林绿化管护：在原始森林、箭竹海周边、五花海周边、长海至五彩池上车点通道栽植华西箭竹等本土植物约6000平方米，还对景区、村寨周边裸露地段进行植被恢复1800平方米，使九寨沟森林覆盖率和植被覆盖率分别达到63.5%和85.5%，保护区环境质量始终维持在国家一级标准以内；全年对景区内37万平方米的边坡修剪5次，完成沟口片区草坪管护和补植、沟口生态广场的花卉摆放、扎如大棚花卉种苗培育等工作，做好景区村寨绿化美化工作，为景区各村寨提供郁金香、三色堇、百日草、金盏菊、牵牛花等1000余箱、撒播波斯菊等混合草花种籽约40公斤，美化村寨人居环境，沟口生态广场分六批分别摆放郁金香460箱、三色堇850箱、牵牛花（金盏菊、百日草、一串红、万寿菊）720箱。

环境卫生保洁：严格按照“清洁化、秩序化、优美化、制度化”标准要求，贯彻落实九寨沟景区环境综合整治相关要求和部署，针对景区整治实际，严格实行问责追究制，加强制度建设，落实整治措施，为确保景区环境综合整治工作开展，按照《保护处景区环境卫生管理标准》《景区生态厕所管理办法》等管理制度，对景区各景点、湖泊、栈道、休息亭等垃圾死角进行彻底清理，清运景区垃圾约2200吨、粪便约1300吨，清运生活垃圾约2400吨，确保景区环境卫生工作制度到位、措施到位、责任到位、落实到位，保质保量完成2014年景区环卫工作，实现污染物零排放。

林业保护：联合局专职消防队、护办、公安、森林武警对非法进入景区挖药、盗猎人员进行排查、清理，全年开展大型巡护8次，清除非法进入景区采集野生药材62人，并根据《森林法》《自然保护区条例》等法律法规对其进行法制教育，起到警示作用；完成2011年中央财政林业补助资金100万元的资金使用、完成2013年中央财政林业补助资金100万元资金的专项设备采购及打桩工作，完成2013年国家重点生态功能区转移支付禁止开发区补助资金360万元的专项设备采购程序，并启动专项调查。

【自然保护】 坚持生物多样性监测巡护，掌握生态情况，生物多样性监测站完成2014年国家林业局下达的27条生物多样性固定监测样线，14条大熊猫栖息地巡护样线，完成每月一次的原始森林、日则、丹珠沟大熊猫主食竹6个样方的监测，3条小型两栖爬行及小型兽类监测样方，完成四川省林业厅下达的九寨沟保护区大熊猫栖息地走廊带监测项目，同时高标准推进日则沟大样地建设、监测工作；加强生态环境教育强化生态文明建设，4月22日至24日，在沟口生态广场举办“世界地球日”“世界环境日”为主题的“爱鸟周”宣传活动，通过九寨沟鸟类图片展览、LED大屏播放爱护鸟类宣传片、引导游客参与“我承诺：无痕游览九寨沟”签名和游客签写环保寄语等形式，使广大游客了解世界地球日及爱鸟周活动的相关知识，提高保护环境、保护鸟类和“无痕游览九寨沟”的意识；通过签写环保寄语活动，将九寨沟野生动植物的精美图片和环保倡议发向世界各地，让爱护地球、爱护鸟类、爱护九寨沟的理念得到广泛传播，举办“暑期环境教育讲座”“两岸环境智慧景区行动研讨会”等活动，加强人们的生态意识和行为的自觉性、自律性与责任感；严格梅花鹿饲养制度，执行《中华人民共和国野生动物保护法》，做到梅花鹿饲养管理工作的“三定”，每天对鹿场圈舍进行检查并对其生活习性、健康状态进行观察，并做好记录，现有36只梅花鹿（雄性6只、雌性25只、幼崽5只）。

【安全生产】 分管安全副处长每月用一周时间在员工上下班接送车上进行维护稳定、安全生产宣传，各保护站（场、队）工作人员在日常工作中再次强调，排查游览区域安全隐患，提高安全意识，强化安全措施，把安全工作放在首位，处长、副处长、站长、员工层层签订《安全生产目标管理责任书》355份，在景区镜海、熊猫海至箭竹海迷宫游览线路有安全隐患地段铺设栅栏约10公里，加强对坐、靠在护栏上的游客不文明行为劝告，针对游客，特别重点针对带小孩的团队及散客由安全员发放“请勿离开栈道、小心落水、危险路段观察通过”等为内容的安全宣传单5万余份，检查救生圈、救生杆是否放置在湖边、河沟便于及时救护地段，多举措排查安全隐患，避免安全事故的发生。每日在沟口2个大屏幕不间断播放安全宣传标语，全年发放安全整改通知单45起，其中整改的40起；按照《2014年九寨沟景区旅游市场综合治理总体方案》开展景区旅游市场专项治理，依法对景区内非法经营商贩违规行为进行制止，对进入景区的施工单位签订《生态保护责任书》，要求将破坏的植被恢复，否则将按照《生态保护责任书》相关内容，要求施工单位承担法律责任；对景区非在编员工进行为期7天的“城镇职工社会保险”宣传，非在编人员学习《社会保险法》《合同法》，就大家关注的社会保险相关问题作了重点讲解，针对非在编人员购买国寿综合意外伤害保险进行说明和签字确认。

【基础设施建设】 工程建设项目：龙梦职工周转房（公租房）建设项目1号楼已完成三层梁板浇筑，2号楼已完成四层梁板浇筑，3号楼已完成四层梁板浇筑，4号楼已完成梁板钢筋、模板制作安装，已完成1号、2号、3号、4号楼基础回填；诺日朗中心油污收集池建设项目7月18日由九寨沟县交易中心进行公开比选，确定施工单位，8月10日施工方进场，9月中旬完成主体结构回填，现已全面完工；《九寨沟风景名胜区（扎如景区）旅游基础设施建设项目》已完成29.9公里的给水管网改造；总规修编及西大门前期工作，已完成《九寨沟风景名胜区总体规划》评估实施报告，完成修编评审报告，2013年9月27日通过四川省住建厅评审，已报国家住建部待批复。2014年5月15日，以《九寨沟管理局关于评审修编‘九寨沟风景名胜区总体规划’等三项总规和‘九寨沟景区西入口应急通道社会稳定风险评估报告’费用的函》（九管局财〔2014〕18号）报州财政局对规划费用进行评审。

旅游基础设施维护：全年完成辖区内各类零星维修维护合计305起。其中，更换腐朽栈道板1248张、护栏95根；加固松动枕木155米、松动栈道板173张、松动护栏75根、松动立柱64根；安装拦人铁丝网150米，修补拦人铁丝网约30平方米；装饰工字钢7平方米，修补石板及生态砖约20平方米，维修完成率100%。水电管理工作，完成景区诺日朗餐厅电缆改造内容，完成沟口发电机输电电缆抢修任务，保证全局各系统的正常运行；对景区污水管网污水溢出进行及时处理，确保景区环境质量，完成诺日朗售卖区电源线路改造；完成树正水冲厕所管道安装400米，树正地下通道污水管安装50米；完成辖区内给水管维修维护及下水道疏通等60余起；完成景区居民电表更换45起，定期或不定期对局属区域内的水电基础设施以及锅炉设施进行全面检查，每月定期组织技术人员对沟内两座变电站（线路）及十台箱变电气设备进行维护检查，保障景区安全用电及安全运行，确保办公区及火地坝住宿区的正常供暖。

旅游风貌整治：村寨管理人员依照《风景名胜区条例》《阿坝州九寨沟风景名胜区管理办法》《九寨沟风景名胜区总体规划》《九寨沟近期建设规划暨村寨风貌整治规划》等要求，严格审查景区居民维修申请，维修建筑风貌要求保持景区村寨原始古朴风貌，杜绝各类违规建设行为的发生。全年审核景区居民申请维修28份，下发拆除通知书8份，每天对沟内村寨进行巡查，做好巡查记录与影像资料收集。

【干部队伍建设】 人事工作：对14名正科级干部进行轮岗交流锻炼，完成15名科级干部任免事宜；组织入党积极分子参加九寨沟县直机关工委培训班，全年发展新党员9名，预备党员转正9名，组织关系转入7名，转出6名，内部转移34名；组织符合条件人员参加2014年第一次科级领导干部任职资格考试；开展2014年度专业技术和工勤技能岗位竞聘工作，专业技术职务初聘、续聘、晋升93人次，工勤技能岗位初聘、续聘、晋升188人次，年度非在编职工竞聘上岗评分工作，年度上级相关部门专业技术职务评审工作。

培训工作：3月，组织北京大学教授程美东主讲“群众路线与中国梦发展战略”、泰和泰律师事务所律师李书平主讲“景区法的风险防治、新消费者权益保护法解读”等课程；完成西华师范大学野生动植物保护培训；5月，配合州人社局完成2013年度新进编人员入职培训工作；派员参加《事业单位人事管理条例》培训；完成非在编职工社会保险培训及团体意外险宣传工作；完成成都新东方学校的英、日、韩外语培训62人；北京联合大学精细化培训50人。

【机关内部管理】 标准化建设：完成《九寨沟管理局旅游标准体系》（2011版）的复审工作；

完成复审过程中提出的制定（修订）评审意见的297项标准制定（修订）任务；协助大九旅集团九寨沟旅游分公司完成《观光车运营管理办法》标准的制定任务；提出并制定的《九寨沟景区旅游高峰时段应急管理标准》，于2014年10月1日起实施；与上海师范大学旅游学院合作共同研制的《游客高峰时段旅游景区应对标准（A++标准)》，已经四川旅游标准评定委会2014年第3次会议审议通过；与四川省安全科学技术研究院合作，共同编制的《四川省旅游景区安全防护设施标准》《四川省旅游景区事故应急标准》完成制定工作。

评优反馈：开展2013年度“标准化先进集体”“优秀标准化管理员”“标准示范员”的评选表彰工作；发放专项检查计划12份，对121项标准进行专项联合检查，检查记录表7份110条，提出改进建议18份62条，收到部门反馈表58条；发放效果测评工作计划19份，对114工作标准和7项基础标准进行效果测评，效果测评记录21份129条，改进建议21份44条，收到部门反馈表40条。

智慧九寨：完成门禁票务系统的升级改造，于2014年4月1日试运行；改造工程应用云计算、大数据等新技术，采用分时进沟等新策略，多介质（纸质二维码、手机二维码、二代身份证、RFID卡）验证、智能终端（手机）加固定端（电脑）预订、自助机加固定售票站点销售、智能信息推送等多种新方式，引导游客文明旅游、诚信旅游、健康旅游、限量旅游，实现分时售验票和错峰接待；智能化监控系统是集森林防火、植被保护、沟内治安交通监控、景点游客监控、沟口门禁监控、票务窗口监控等多功能于一体的监控系统，新增44个监控点，景区内有监控点100个，监控录像的存储空间192TB，能保存15天的监控录像；在北斗课题基础上，与四川九洲电器集团有限责任公司合作开启“基于北斗技术的数字化景区首台套应用示范”项目，新增两台UPS主机保障运行，并对现有USP带动电源进行梳理、整合，并对数字信息中心的联合指挥中心机房和RFID技术应用研究实验室进行整改，对已有的机柜、服务器及网络进行整体、合理规划，对门禁系统检票通道的网络、电源进行布线，电源接入UPS电源，网络接入新光纤；九寨沟360生态监测项目对九寨风景区内的森林和生物资源进行7X24小时不间断的智能监控。

【社区管理】 投诉受理：在沟口设立投诉亭，对外公布投诉电话（0837—7739309)，实行24小时值班制，建立健全投诉管理制度，按照“一般投诉处理不过夜”原则，认真对待游客的每一起投诉，做好登记、调查，并及时将处理结果回复游客。接待游客门诊治疗2880人，急救抢险405人，意外239人，骨折141人，转上级医院290人，救护处理率100%，游客满意率99%；投诉处理制度健全，受理投诉13起，完成率100%，游客满意率99%，较上年投诉总量下降59%；游客建议35条，游客报失42件，帮助游客找回失物15件，游客表扬员工5例。

社会管理综合治理：按照《员工守则》《标准化守则》《安全监督管理处工作标准》规定及要求开展工作；制定《九寨沟管理局安全生产大检查工作实施方案》，按照“谁主管，谁负责”的原则与局属各部门、各居委会、下属企业、景区施工单位等签订《安全生产责任书》《车辆管理责任书》，层层落实责任；加强食品安全监督检查工作，组织局属相关部门，邀请九寨沟县食品药品监督管理局对诺日朗餐厅、九寨沟旅游分公司诺日朗职工食堂、贵宾楼水上餐厅、荷叶迎宾馆等进行食品卫生专项大型检查3次，由省、州、县食品药品监督管理局联合检查组对景区食品药品大检查4起，广东省食品药品监督管理局到九寨沟景区调研和交流学习食品安全1次；完善《九寨沟管理局应急预案汇编》内容，提升景区各类突发事件的应急处置能力。

【宣传营销】 节庆营销：开展“2014智慧旅

游年九寨沟首游式”主题年启动仪式、第九届国际冰瀑旅游节、中国四川九寨沟第九届民俗风情月、“爸爸妈妈去哪儿？——九寨扎如亲子游”等丰富多彩的节庆活动，助推冬季旅游市场。

网络营销：依托网络平台，实施精准营销。通过官方网站对景区进行营销宣传，依托微博、微信公共服务平台等网络平台对游客传递更加丰富的旅游信息，成为重要的营销方式。

拉动营销：实施拉动式策略，树立良好九寨品牌，实行3月15日当天“买一赠一”促销政策，开展“渠道营销”借助旅行社的渠道对景区进行宣传，针对旅行社，推出景区门票“买十赠一”的量价挂钩促销政策，即旅行社凡购买10张2013年1—3月份淡季门票，即可获赠1张2014年4—6月使用的旺季门票，对2013年网订门票四川排名前十、重庆排名前三、甘肃排名前三的旅行商实行满万奖百量价挂钩促销政策。2014年，接待游客4561775人次，比上年同期增长55.85%；实现门票收入75471余万元，比上年同期增长57.07%。

【区域合作】 旅游合作：加强国际合作，拓展入境旅游市场。采取“景区出政策，旅行社出渠道”的合作方式，与韩国HANATOUR和MODE TORUR签订2014年战略合作协议，与WENDY WU TOURS英国公司签订英国市场推广协议，开拓韩国、欧洲等入境旅游市场；与美通社、《香港商报》等境外主流社交网站、媒体开展专题营销，激发终端市场需求，提升九寨沟境外知名度；借助亚太旅游协会的渠道资源，拓展境外旅游市场，与亚太旅游协会签订《合作备忘录》；5月、10月，两次与韩国HanaTour旅行社合作，在韩国首尔宣传推广九寨沟旅游资源、旅游产品、地区特色产品，旅行社与公众达成《出行九寨沟协议》700余份；1月13日，借第五届智慧景区国际论坛召开之际，与全国35家顶级旅游景区共同发起并成立“中国智慧景区联盟”，共同发布“中国智慧景区联盟发起景区九寨沟宣言”。

科研合作：推进国家科技支撑计划——“跨区域多形态的实景三维智慧文化遗产及旅游综合服务系统研发及应用示范”项目建设；推进国家科技支撑项目——“智能导航搜救终端景区应用示范”项目建设；推动联合实验室的合作课题开展，完成联合实验室北大深圳研究生院张清涛在诺日朗群海、五花海电信塔高空环境监测设备的数据采集工作；参与《九寨沟水资源与生态安全关键技术联合研究》《基于移动互联和云计算地质灾害防治与预警系统研究——以九寨沟风景名胜区管理局实证》课题立项和课题研究；完成遗产地年度监测报告编制工作；完成“九寨沟大熊猫栖息地主食竹种群生态学研究及调查监测技术改进”报奖工作，项目获得阿坝州科技进步三等奖；推进“九寨沟钙华湿地保护及其在维护环境中的作用研究成果转化”等科研项目；完成国家科研项目“九寨沟生态——经济系统综合模型构建与旅游生态经济可持续发展研究”“九寨沟过去环境重建及旅游可持续发展系统构建”“中国西部钙华景观演化及其保护技术措施研究”项目申报工作；完成中国—克罗地亚生态保护国际联合研究中心筹建工作任务，参加在克罗地亚普利特维采国家公园举行的揭牌和签字仪式。

媒体合作：与电视、报刊、杂志、网络等媒介展开合作，全年上中央电视台新闻6条、中央电视台新闻30分1条、中央电视台东方时空1条、四川电视台新闻15条；四川四台2条，九寨沟台25条，康巴卫视25条。国庆期间，邀请到中央电视台国庆特别直通景区节目组，播报景区专题5次。

【旅游文化节】 为发掘和保护九寨沟本土民俗文化，为景区打造融自然生态和宗教民俗文化为一体的旅游品牌增添文化内涵，在景区扎如寺举办“嘛智文化节”，文化节期间举行僧人方队殿外转经、灌顶仪式、跳神舞仪式等藏传佛教仪式，特别举行法会“庆功”仪式。九寨沟景区举行日桑文化节，节庆期间举行高僧大德讲经、说道，举办抱青稞袋（负重跑步）、射箭、押加（围脖拔河）、噶他（投击）、摔跤、拔河、打土墙以及长跑比赛等传统体育竞技活动，同时举办丰富多彩的美食展、文艺会演等文化活动。

九寨沟县森林公园管理局

【机构】 九寨国家森林公园管理局内设办公室、接待科、保护科、多种经营科、科研宣教科、财务基建科。

【领导名录】 管理局党组书记、局长：李代生；副局长：谢飞、莫诚。

【环境整治】 加强环境综合整治工作，建设生态文明、环境优美的一流景区。对环境综合整治实行人员定片包干落实责任。对辖区内所有经营场所签订40余份《环卫协议书》，并不定期对九寨天堂所属甲番古城、甘海子、天堂酒店、神仙池景区等地进行环境整治检查，对查出问题限时进行整改。特别是在端午、五一、中秋、国庆期间，森林管理局职工步行沿路捡垃圾，确保节日期间公园的环境优美。全年集中整治卫生30次、检查卫生60余次，发放环境卫生整改通知书3份，清理各类垃圾70余吨。在公园内形成每日巡查、清理的长效工作机制，确保景区内环境优美、干净、整洁和有序。

【驻村帮扶】 继续驻村帮扶漳扎镇甘海子村。结合帮扶村的实际情况，在春节前夕，组织相关人员对公园社区的甘海子村、上四寨村、大录东北村及保护站职工进行慰问。在全县开展以“便民联系卡”为载体，深化“群众利益无小事”主题日教育活动中，到漳扎镇的郎寨村和甘海子村了解民情，并发放便民联系卡，提供政策咨询服务。在甘海子村召集全村党员、部分村民举行森林公园管理局“实现中国梦、共创和谐景区”动员大会。

【项目工作】 森林火险治理项目：4月11日，森林管理局重点工作《四川省阿坝藏族羌族自治州九寨沟森林重点火险区综合治理建设项目》建设工程正式动工，森林管理局同规划局和施工监理方一道，加强对项目的监督和检查，确保工程的质量。

甘海子保护站项目：九寨国家森林公园生态保护甘海子保护站项目的工程项目在9月22日正式动工，2015年完成。该项目的建成加强了园区内的基础设施建设，提升生态保护管理能力。

【景区资源保护管理】 森林资源及景区旅游资源的保护和管理是一项重要工作，在保护工作中始终坚持责任、执法、管理“三靠前”的工作原则。制止村民进入景区采药，在上四寨、神仙池入口处利用红外线视频监控系统，对入山人员进行科学化管理。全年检查登记入山车辆8953辆，入山人员46730人。针对春节、元宵、清明等节日期间村民烧香、祭祀等活动的宗教用火现象，各站加强巡逻，派专人守候，做到火灭人离。全年组织护林防火法律法规宣传15余次；在甘海子、甲蕃古城、上四寨、神仙池景区悬挂护林防火横幅5幅；组织辖区内的居民、商店负责人及职工召开护林防火工作会议1次；发放《森林防火条例》宣传手册100余份；发放景区温馨提示和景区旅游图7000余份；签订环境卫生责任书40余份；签订护林防火责任书200余份；对乱捕野生鱼、违章用火、乱挖沙取石、挖药等事件进行严厉制止，查处乱挖药材4起，查处乱捕乱钓80余起，没收捕鱼网12副、钓鱼工具30只，当场销毁捕鱼钓鱼工具若干。劝说违规游人100余人次；通过多形式、多渠道、多层次的宣传与巡护，提高人们护林防火、保护野生动植物资源和自然风景资源的意识。

【创新工作】 党员义务服务队进景区：以党员为核心在景区组建党员义务服务队，组织党员135人次，分别在“冰瀑节”“全域九寨一日游启动活动”、端午、“五一”“十一”期间，免费为游客提供导游、咨询等服务。

廉政文化进景区：制作神仙池风景廉政文化宣传牌30个，将廉政宣传引入神仙池景区。

科普文化进景区：与科协合作制作2个大型崇尚科学反对迷信的宣传栏，将科普宣传引入景区。

九寨沟旅游集团有限责任公司

【机构】 集团公司内设行政后勤部、资产管理部、财务管理中心；拥有九寨沟国际娱乐购物中心有限公司（注册商标“梦幻九寨”），九旅集团旅游出租车分公司，九寨沟县漂流有限责任公司、九旅假日酒店、九寨沟县瑞峰商贸经营管理有限责任公司、九寨沟九旅物业管理有限公司、九寨沟县九旅文化旅游有限公司、九旅产品开发公司、九寨沟旅游集散服务中心等多家分公司和子公司。

【领导名录】 董事长、总经理：赵锡峰，常务副总经理：邱贵才，工会主席：张建友。

【护林防火】 贯彻落实县政府关于加强护林防火文件精神，做好当前的护林防火工作，确保企业护林防火工作安全、有序的开展。通过多层次宣传《森林法》《森林法实施细则》《森林防火条例》《四川省森林防火实施办法》。结合企业实际情况，与企业各分、子公司签订护林防火安全责任书。召开消防安全检查会议14次，增强公司员工和出租车驾驶员法律意识和护林防火意识。

【安全生产】 年初及冬季与各部门签订安全生产责任书，落实责任到各部门，各部门落实到各片区责任人，做到安全生产责任落实纵横到位。召开黄金周安全会议4次，安全生产月会议4次。每月安全生产会议14次，组织安全检查6次，查找到的安全隐患问题及时进行布署，限期进行整改。工程部对公司各业态、辖区进行多次用电、用水等线路安全检修、检查工作，全年维修、检查2210余次，确保公司财产安全。

【内部管理】 作为公司承上启下的行政后勤部，凝聚起部门的全部力量，为保障公司档案的完整性，开展清理工作，从自我加强管理出发，严格要求相关部门，起到表率作用；行政人事部作为公司的一个幕僚部门，肩负整个公司的管理重任，不仅为公司正常的运转提供了服务平台，而且为公司的所有活动提供各种支持和服务。搞好各部门之间的综合协调，落实公司规章制度，沟通内外联系，保证上情下达和下情上报。根据政府年初旅游接待计划，深化实施经营目标责任制管理，参照上年工作进展情况和经营情况，公司各部门及分、子公司制定了详细的工作计划方案；推行精益化的管理理念，建立健全稳定有效的激励机制，集团与各分、子公司及部门进行目标责任管理，下达总计营业收入1760万元目标任务，年度完成1780万元的经营目标。

【基础设施建设】 对九旅花园防盗门进行维修及加固，及木桥栈道板进行维修；对梦幻九寨主配电室联络柜进行维修，保证用电安全。加固不锈钢楼梯护栏及商铺铁花门，对员工宿舍二楼男女公共卫生间安装隔板，及疏通、清理主排污管。顶楼板房安装浴室水电及钢架焊接、安装热水器、焊接及安装桥边护栏、安装及加固广告布、职工停车场安装主排水管，便利员工的生活。检查发电机房盖瓦，加固库房、餐厅门锁及维修、维护客房水电。

【年鉴编写】 按照“一年一鉴”的要求，编纂完成《九旅集团年鉴（2013）》，报送史志办。

【业务培训】 参加省、州及相关部门举办的业务、知识培训，提高业务人员的专业水平，全年派出2批人进行专业培训。

大九旅集团九寨沟旅游分公司

【机构】 公司下设总经办、人力资源部、财务部、营运部、导游部、修理厂、安全质量部、养路工程部、后勤保障部（下设燃供站）、党群工作部、接待部和市场拓展部。

【领导名录】 总经理：姚晓荣 ，副总经理：克克塔、邓芝慧 、梁巨龙、任跃林，总经理助理：冯德强，工会主席：钟晓莉。

【经营收入情况】 公司提前两个月完成集团公司下达的2014年经营任务考核指标，接待有价票游客452万人次，较上年同期的288万人次增加164万人次，增幅56.94%；实现营业收入4.28亿元，较上年同期的2.71元增加1.57亿元，增幅57.93%。

【安全生产】 公司继续坚持安全发展指导原则和“安全第一、预防为主、综合治理”的方针，创新监管方式，以强化责任落实、深化专项整治、推动隐患排查治理、强化安全执法等为重点，杜绝重、特大交通事故、重大消防事故、重大工程质量事故、重大治安事件、重大投诉，控制一般性事故的发生。全年发生观光车轻微擦挂交通事故23起，同比下降8%；查处安全违规违纪人员30人次，同比上升58%；处理合理投诉7起；受理游客受伤赔偿事故19起；抢险救援27次；公司安全生产大检查3次；消防安全大检查5次。

【工作面貌】 统筹谋划：公司准确把握旅游形势，分两批增购60台观光大巴，补充招聘临时性驾驶员120人，天天工驾驶员60人次，保证运力充足。公司结合旅游形势和游客预测情况，提前精心制定和调整观光车营运方案、调度方案，对公司运力准备、安全管理、人员分工、物资储备保障、讲解服务、应急维修、燃料供应及通讯联络、沟通协调等工作作详细周密的安排部署。

部门工作：营运部结合旅游形势，以旺季保运、制度建设、队伍建设、观光车性能检测、道路隐患排查、观光车路检路查、驾驶员管理、员工温馨服务、规范驾驶操作规程等为工作重点，为安全营运工作提供了有力的保障。全年观光车安全运行1601万公里。修理厂在做好日常维修工作的同时，旺季合理分配维修人员在景区值守，严格执行“小修不过夜”的工作要求，保证了观光车及时维修。全年完成各类维修1.5万台次。后勤保障部结合景区营运实际，确保公司物资采购、餐食供应、燃料供应、日常应急维修、观光车清洗、环境卫生等各项后勤保障工作。全年提供就餐43万人次，日常维修、维护3010余次，安排临时住房278人次，观光车燃料加注74378台次，清洗观光车7.5万台次，清理垃圾510余吨。导游部注重实效，贴近实际，做好员工教育培训、服务质量提升、VIP散客包车及政务接待等工作，未出现一起有影响的投诉事件。全年完成各级接待75批次。安全质量部以安全营运和优质服务为工作核心，以预防和减少道路交通事故为工作重点，加大景区内外营运安全、服务质量、食品安全检查力度，保安队坚持24小时值班巡逻制度，做好执勤区域的防火、防盗、防爆炸、防治安事故等安全防范工作，抢险队冒着生命危险在老虎嘴等弯道、飞石危险路段观察、值守、疏导交通，确保观光车安全运行。养路工程部开展景区道路巡查和养护工作，确保景区公路安全、整洁、畅通，为观光车提供良好的道路交通环境。全年清理景区公路垮方32次，清理道路边沟52公里，清理危树、危石6次，冬季除雪50余天。在工程建设方面严格履行工程建设招投标及建设施工的相关规定和程序，有序推进红石头山停车场建设、员工公共租赁用房前期立项备案、企业文化展厅和数字管理中心建设、崇牙职工宿舍屋面漏水处理、崇牙宿舍楼、燃供站宿舍楼管网改造维修等工程建设及维修项目。市场拓展部合理分工，强化管理，沟内包车业务、VIP包车业务、职工超市、职工活动中心经营及车用尿素生产等各项业务健康有序发展。全年实现包车收入4700余万元。生产车用尿素70余吨，为公司节约车用尿素购置成本30余万元。欣旅检测公司通过加强队伍建设、完善规章制度、开源节流、加大营销力度等工作，完成对内、对外各项机动车检测任务。全年对外检测机动车10453台，收入122万元，对内检测观光车2376台次。党群工作部开展党的群众路线教育实践活动、把好党员发展关口、发挥支部堡垒作用、加强公司廉政文化建设、强化纪检监察等方面开展党建工作。总经办立足部门职责，在搞好部门协调、上传下达、档案管理、小车管理、公文制作等工作的同时，参与企业文化建设、政务接待、OA自动化办公系统建设、G-BOS智慧营运系统建设等工作。

干部管理：旺季期间公司各级管理人员全部深入一线，率先垂范，靠前指挥，每日早上与员工一道进入景区一线工作，实时指导并开展实际工作，与员工并肩作战，同甘共苦，发挥带头作用，工作指令传达及时、应急处置有效，提高员工的工作积极性和工作效率。因游客接待量特别大，持续时间长，公司全体员工充分发扬艰苦奋斗、任劳任怨的优良作风，起早贪黑，不畏艰辛，连续作战，忘我工作，全力保服务、保秩序、保畅通。观光车每日运行350~400公里，驾驶员普遍腰酸背疼，调度员、讲解员普遍腿肿、嗓子哑；食堂员工每日凌晨2点开始工作，顶风冒雨为近千人送餐，晚上待全部人员用餐完毕后才休息；加油工、洗车工全天候为所有观光车洗车、加油；保安人员24小时巡逻值守，消防抢险队员冒着生命危险，在各危险路段观察值守，安检人员全部上路检查；修理工不停奔波于景区各个路段，及时抢修观光车。

【群教活动】 在党的群众路线教育实践活动中，公司采取集中学习、个人自学、专题讲座、知识竞赛、召开座谈会和专题组织生活会等方式方法，做到“规定动作”不走样，“自选动作”有特色。同时，公司经营班子带头，各级管理人员到基层大走访、大座谈，听取职工意见和建议，形成整改意见113条，除长期、持续推进的整改措施之外，其余全部整改到位，在员工工作环境、员工业余生活、员工成长路径、员工福利待遇等方面都进行优化和整改。

【科技投入】 为实现观光车智能化管理和调度，公司购置安装观光车G-BOS智慧运营系统，并结合景区营运实际研究系统数据的有效利用和二次开发，促进观光车管理、调度、考勤、核算等工作科学有序开展。公司建设完成OA自动化办公系统，规范各项工作流程、提高工作效率。公司投资建设公司数字管理中心，与G-BOS智慧营运系统、OA自动化办公系统、辖区监控系统、九寨沟管理局信息中心、门禁管理系统有效对接，公司管理工作科技水平有效提高。

【节支增效】 在确保营运安全的前提下，对观光车配件修旧复新，重新利用，节约维修费用55万元。通过招聘临时性季工、天天工、实习生等方式解决旺季人员空缺342人，节约大量人力成本。调整和完善观光车运行方案，合理安排投入营运车辆总量，科学调度运行车辆，提高观光车乘坐率，降低观光车维修费用及观光车辆燃油消耗。合理调整安排季节性用工、实习生、天天工住房，节约大笔租房费用。改变观光车油料独家供应模式，按照质优价廉的原则选择供应商，节约燃料购置成本。

【制度建设】 根据《劳动法》《劳动合同法》

等相关法律法规，结合制度执行情况，征求各部门意见后，完善《员工手册》等制度。规范和细化公司各项事务处理工作流程及相关监督机制，制定《公司各部门工作流程图》，使企业各项工作有章可循。将安全服务、优质服务、物质采购、工程招标、考勤、人事等所有公司事务及人员全部纳入安全质量部监督检查范围，监督检查无缝覆盖公司各个工作环节。全年，安全质量部参加公司物资采购比选39次、工程项目招投标6次，起到监督作用。

【企业和谐】 企业文化建设：为增强企业凝聚力和向心力，为公司发展奠定坚实基础，公司将2014年确定为“企业文化建设年”，制定公司CIS战略规划，成立工作领导小组。公司已完成企业文化基础建设、展厅布展及培训等工作，公司CIS战略进入实质性推导实施阶段。结合“企业文化建设年”的总体工作安排部署，公司通过组织观看著名培训专家李强的讲座视频及励志电影《当幸福来敲门》等，全面展开员工思想素质培训。

基层慰问活动及困难帮扶：公司修订完善《借款周转预备金的实施方案》，全年借款14.6万元，解决部分困难员工的燃眉之急，并组织进行特殊慰问45人次，员工伤病慰问68人次。

福利待遇：职工住房公积金单位、个人缴存比例均上调至12%，从2014年7月1日起执行；以工会会费为每位职工参加医疗互助保险，标准为80元/人/年；争取火地坝员工公租房建设项目，已通过州政府审批，进入工程招投标阶段。

九寨沟联合经营有限责任公司

【内设机构】 公司设股东大会、董事会、监事会、经理班子；内部管理机构设置：办公室、人力资源部、财务部、营销部、质检部、前厅部、餐饮部、商品部、动维部、安全环美部、物资供应部、后勤部、九寨木屋。

【领导名录】 董事长：尤里，监事会主席：能杰，总经理：赵锡刚，常务副总经理：尤仲布作(2014年4月止)，副总经理：王曲、作曲塔。

【供货招标】 为了规范物资管理、保证供货质量，2014年公司聘请招投标代理公司，面向社会对供货商进行公开招投标，通过十几家供货商的综合比选，确立供货商。在保证供货质量的同时降低供货价格，为控制成本奠定基础。

【廉政建设】 根据管理局《2014年党风廉政建设和反腐败工作实施意见》《纠风工作方案》等相关要求，抓好党风廉政建设和反腐败工作，纠风工作和道德教育和治理活动，开展廉政风险防控机制建设工作，把相关要求融入到日常工作中，转变工作作风，提高工作效率。

【目标任务】 根据年初既定的经营指标和董事会下达的经营任务，通过全体员工的共同努力，超额完成任务。游客满意度95%以上。实现“无影响投诉、无刑事治安案件、无重大安全事故”“安全、秩序、质量、效益”四统一，完成目标任务，达到健康、稳定、快速发展的目的。

【市场营销】 市场调研：进行市场调研、收集信息，分析市场动向、特点和发展趋势，制定合理、可行的营销策略，争取客源。

营销整合：进一步与九寨沟网络公司合作进行营销整合、优化激励机制、加强网络销售。

餐食销售：与散客旅行商合作推销餐食，在沟口设置餐票销售点。

宣传合作：在观光车内语音讲解中进行宣传，与国内知名的旅游网站协商开展合作。

【快餐售卖】 为了满足客人的需求，解决午餐时间客人用餐拥挤的问题，公司新购置两台快餐车，将健康、可口的餐食，运送到景点进行售卖，既解决游客的午餐问题，也为公司和股东增加收入。

【质量监管】 公司与中标供货商签订合同，严格管理，明确和落实供货责任，确保供货质量。加强成本控制，严格物资的申购、使用程序，对原材料、燃油、食用油的用量、餐厅用品用具的损耗等由财务部按部门核准成本率，每月定期进行盘点核算，直接与部门工作人员的工资挂钩，设立了超产奖、节约奖，加强管理，控制成本，增加收入。严把出、入库关，假冒伪劣和不合格的产品严禁入库、保管和加工；物质供应部遵循“先进先出”的原则，对原材料进行定期检查，杜绝过期霉烂现象的发生，时时了解、定期总结各部门原材料的使用情况，从而杜绝过期变质食品流入餐厅和在库房内发生腐烂变质，食品的卫生及安全得到绝对的保证，降低成本。在保证质量的前提下，提高物资利用率；注重低质易耗品的节约和合理回收利用，在全体职工中树立起成本意识和节约意识。

【安全工作】 安全工作是公司的生命线，因此必须牢固树立“安全就是效益，没有安全就没有效益”的理念。食品卫生安全方面，公司贯彻执行《食品安全法》《旅游餐饮业管理办法》等法律法规，对所有上岗人员进行健康检查，要求持证上岗，防止传染疾病的发生，保证食品卫生，确保就餐人员健康。配合各级卫生部门，搞好工作，经卫生执法监督部门检验，餐具、茶具、用品用具消毒合格，并坚持做好食品 48 小时留样工作；游客人身、财产安全方面，通过公司各部门的不懈努力，未发生一起让游客人身受损害和财产被盗的事件；突发事故及消防安全方面，公司制定切实可行的工作预案，组织员工加强消防安全知识和技能的培训；员工安全方面，加强对员工上下班和日常生活的管理和安全知识的宣传，增强安全意识；车辆安全方面，车辆随时处于最佳状态，并严格遵守交通法规，保证车辆运行安全。

【企业文化】 为了将九寨沟从风光旅游、大众旅游向文化旅游转型，公司在诺日朗服务中心大厅演艺区向游客进行民俗展演，让游客在品尝美食的同时了解民俗，传承和发扬民俗文化，为企业文化注入活力。

农 林 牧

农业水利

【机构】 农业水务局内设局办公室、农业水务股、政策法规股（挂行政许可股）、科教股，下设14个站（室），包括经济作物管理站、农村经营管理站、农机监理站、农村能源办、植保植检站、农产品质量安全检验检测站、种子管理站、农业技术推广站、地方电力管理站、水资源办、工程监理室、水保办、农业水务综合执法大队、防汛抗旱指挥部办公室。

【领导名录】 党组书记、局长：杨红军（2014年1月止）、出吾扎西（2014年1月起），纪检组长：李霖，副局长：唐平、李泽贵。

【粮食生产】 农村人均纯收入8482元，人均增收530元。全县种植类别总体分三类：粮食作物、经济作物和其他农作物。2014年，全县粮食播面49241亩，产量9804吨；经济作物播面17058亩，产量3207吨；水果播面9403亩，产量5300吨。2014年，良种补贴225497元，面积22549.7亩，补贴金额涉及全县17个乡镇，120个村。2014年，测土配方施肥田间肥效试验示范2个。其中，完成大录乡玉米测土配方施肥示范1个，示范面积210亩，发放肥料8吨；完成葡萄基础施肥试验1个面积100亩。甜樱桃果蝇防治面积3500亩；开展绿色防控技术，全县太阳能杀虫灯有1534盏，在蔬菜、果树上广泛使用，控制面积46300亩，与黄板500亩、生物农药100亩配合使用，控制害虫发生量。

【基地建设】 水果基地：指导各乡村修剪、涂白各类果树4500余亩，对计划种植蔬菜水果的地区进行初步规划并指导落实。2014年，新增蔬菜、水果种植面积2445亩，分别是：白河乡玫瑰种植25亩；罗依乡河坝村脆红李种植400亩，套种蔬菜400亩，顺河村酿酒葡萄种植700亩；黑河乡酿酒葡萄160亩；草地乡脆红李种植100亩；郭元乡枇杷、脆红李、甜樱桃种植510亩；安乐乡脆红李种植150亩。累计投入资金479万元，带动农户1031户。指导企业新建矮化砧木吉塞拉组培苗新品种甜樱桃园150亩，投入资金100万元；指导郭元乡沟里村改造甜樱桃园350亩，成立农民专业合作社，统一防治病虫害，实现两年大改变、收入上百万的目标；完成酿酒葡萄病虫害统防指导工作，实现葡萄产量增加50%的目标。开展酿酒葡萄地膜覆盖、配方肥施等试验工作；指导完成草莓种苗繁育20万株，发展草莓种植面积20亩；引进脱毒草莓种苗1万株，在大录乡开展高海拔地区夏秋草莓栽培试验。

蔬菜基地：加大蔬菜新技术、新品种的引进和推广，调动各乡镇、农户、企业的积极性，鼓励自行投资，参与建设蔬菜、水果基地，多方面争取补助，搞好基地建设，规划落实各乡镇经济作物种植面积。按照项目实施方案，完成种苗补助和基础设施建设任务，支持农民进行产业结构调整。关注高半山村寨外销蔬菜基地的发展，从品种选择、种植技术等方面进行指导，力争摸索出一条适合高半山发展蔬菜产业的路子。全县蔬菜种植面积9400余亩。

马铃薯基地：着重打造脱毒马铃薯生产基地，在全县建立脱毒马铃薯扩繁基地10000亩，采购脱毒马铃薯原种202.54吨，实际补贴马铃薯种子202.54吨，补贴涉及全县16个乡镇76个村上千户农户。

【农村能源建设】 2014年，全面建设完成国债项目沼气池100口，全县已建农村户用沼气池6515口。沼气适宜区建设基本趋于饱和，着重结合幸福美丽家园建设建设，抓好地方债沼气项目、农村服务网点、藏区炊事用能节约利用示范等项目建设和已建沼气池管理工作，制作农村户用沼气安全使用须知标牌112张。实现九寨沟县每个行政村都有一套设备，对全县194套沼气网点服务设备进行跟踪监督。

【农产品质量监管及植物检疫】 加大农产品质量安全宣传力度，学习宣传《中华人民共和国农产品质量安全法》，推进放心农资下乡进村。利用各种方式，加大科普宣传培训力度，普及农资识假辨假和科学使用知识、农产品安全知识等，提高广大农民识别假冒伪劣农资的能力和维权意识及农产品安全知识。开展农产品农药残留快速检测，对农产品生产基地、农贸市场的农产品农药残留抽查，每周平均抽检2至3次，根据九寨沟进沟人数多少启动不同等级应急预案，每次样本数至少15个以上，全年抽样1375个，合格率100%。采购快速检测仪7台分发6个重点蔬菜种植乡镇。开展“三品”专项整治，加强对无公害农产品、绿色食品、有机食品的监督管理。2014年，绿色食品认证1个（甜樱桃）。全县有15个农产品获得无公害认证。九寨沟柿子、九寨沟甜樱桃、九寨沟核桃等14个产品进入县农产品地理标志资源库。配合州执法大队，加大对农资经营企业、经营户、乡镇农资集散地的检查力度，和各生产基地及农资经营市场签订质量安全责任书和承诺书。加强植物检疫工作，调运检疫18批次，818.5吨。开展产地检疫，在黑河、玉瓦等乡对24个脱毒薯原种及生产种进行了产地检疫，检疫1926亩，2889吨，经检疫合格并签发产地检疫证书。

【农机管理】 签订责任书：加强领导，层层落实安全生产责任制，与各乡镇签订农机安全生产目标管理责任书。邀请农机操作专家就微耕机操作安全进行现场讲解，杜绝农机伤人事故发生。要求各乡政府与机手签订《农业机械驾驶、操作人员安全生产责任书》500余份。

农机购置补贴：2014年，中央、省、州下达九寨沟县农机购置补贴资金160.6万元（中央100万元、省14.6万元、州46万元），往年结转6.679万元，总规模167.279万元。截至10月20日，已完成补贴资金50.4万元。

光伏水源项目：太阳能提灌站试点项目由省下达项目资金80万元。完成太阳能提灌站的立项、勘察设计、实施方案编制工作。

农村道路安全：结合道路交通安全综合整治攻坚年行动，治理拖拉机超载超限工作、加强农村道路交通安全管理、建立拖拉机及驾驶人信息共享平台、加大农机安全宣传活动，杜绝重特大农机事故的发生。

【重点项目及重点工作】 生态山水花廊建设：此项工作涉及规建局、农水局、农办、经济商务局及宽庭集团等。规建局负责编制总体规划，2014年，完成咨询设计程序，做好规划公开招标的基础工作，挂网公开招标设计单位。农水局负责此段的重大项目实施，即漳扎镇、永乐镇白水江中小河流治理工程、白水江流域（左岸）水土保持生态治理工程、玫瑰产业培育项目、九寨沟县水土流失综合治理项目（川西藏区生态保护与建设工程），农水局负责的项目按程序，按进度落实。农办负责漳扎镇至县城村幸福美丽新村（家园）建设工程（沙坝村、新华村）、漳扎镇至县城幸福美丽家园巩固提升建设工程，有序进行。经济商务局负责白水江水上娱乐项目，2014年底，完成《白水江水上娱乐项目概念性规划报告》送交生态山水花廊规划编制单位。完成合作协议的框架文本。宽庭集团负责科技种植观光示范基地，2014年底，完成概念性规划的修订工作。

农业产业规划：确定规划编制公司；确定县级总体初步规划；由县人民政府召开协调工作会，对各单位的基础性资料和2013年产业发展基本情况进行收集。规划公司对相关部门产业规划的基础设施建设、产业发展、相关建设性质、单位投资、补助标准、项目涉及部门等再次进行核实；对九寨沟县产业发展布局和基地建设等相关情况进行调研，走访保华、罗依、郭元、双河、白河、陵江、黑河、玉瓦等乡镇。2014年底，编写完成全县现代农业总体规划初稿；16个乡镇各村产业项目规划设计初稿，并向相关部门第一次征询修改建议。

农经工作：配合县纪委到各个乡镇检查村级组织换届后财务移交情况。经检查，各乡镇都履行移交手续，但大部分没有建各村固定资产账目；草拟九寨沟县村级财务管理各项制度，村财乡管业务流程图。根据州村财民理乡监管暂行办法，和北京中农信息技术有限公司签订软件购销合同，在草地乡和永丰乡建立乡镇级“三资”管理平台，并对试点村财政所会计、出纳和报账员进行业务培训。加强土地流转报表统计工作，全县土地流转总面积8406亩，以出租的形式流转。流转入农户的面积606亩，流转入专业合作社的面积1714亩，流转入企业的面积6082亩，流转入其他主体的面积4亩。流转出承包耕地的农户数349户，签订流转合同的耕地流转面积8236亩。在全县推开农村承包耕地确权登记工作。完成招投标前期工作；在全县范围内试点推广政策性种植业保险宣传。

基层农技推广服务体系建设：乡服务站用房已全部落实，开展资产划拨相关工作，办公设备已全部采购完毕并投入使用，开展农技检验检测设备招投标工作。2014年，九寨沟县基层农技推广体系改革与建设补助项目又建立农业科技试验示范基地5个，遴选科技示范户331户，形成“专家+科技示范户+辐射带动户”的技术服务模式。

植保工程田间观测场及应急药械库建设：该项目总投资90万元，其中：国家投资72万元、地方财政配套18万元。建应急药械库200平方米；新建标准病虫观测场10亩，完善田间工程设施；购置仪器设备122台（套）。建设地点为白河乡太平村牌坊坝。完成立项工作。

【水利设施建设】 保华乡三合防洪堤工程：该工程批复总投资1369万元，下达建设任务投资1200万元，其中中央投资1100万元，地方配套100万元。修建防洪堤1614.01米，疏浚河道1100米，修建砼路1200米，修筑桥梁1座，灌溉设施3处。2014年6月9日开工，12月底全部建设完工。

漳扎镇中查村沟口上段防洪堤工程：漳扎镇中查村沟口上段防洪堤，新建防洪堤183.81米，新建下河梯步2处，恢复水生植被面积735.7平方米，保护面积0.015平方千米，保护人口68人，工程概算总投资130万元，工程招标控制价111.2395万元。项目6月20日开工，年底完成项目投资的20%。

九寨沟县侨兴大桥下侧右岸防洪堤病险加固工程：下游右岸120米防洪堤进行整治，总投资130万元。工程施工完毕，待验收。

中小河流防洪堤治理项目：中小河流防洪堤治理项目涉及3个工程，总投资5125万元，其中白水江中小河流防洪堤工程2080万元，修建堤防工程5.5千米，于11月9日开标，11月中旬开工。汤珠河、黑河中小河流防洪堤工程2处工程投资3045万元，12月底完成招标工作。

中央财政县级国有公益性水利工程维修养护项目：九寨沟县2013年度中央财政县级国有公益性水利工程维修养护项目，总投资200万元，涉及大录乡、郭元乡、安乐乡、白河乡、永乐镇、永和乡7处堤防维修养护项目，7处维修工程已全部开工建设。九寨沟县2014年度中央财政县级国有公益性水利工程维修养护项目，总投资100万元，涉及漳扎镇、白河乡堤防维修养护项目，正在进行实施方案编制工作。

农村安全饮水建设：九寨沟县2013年农村饮水安全项目，解决农村饮水不安全人口0.4845万人及教师学生饮水不安全人口0.7312万人，总投资559万元，到位资金447万元，其中中央投资447万元、省级资金46万元（待下达）、地方配套资金66万元（待下达），已经通过州局组织的专家审查并批复。

节水灌溉工程：九寨沟县2014年牧区节水灌溉示范项目，规划节水灌溉面积1700亩，已下达投资350万元，其中：中央预算内投资280万元、地方配套70万元。完成技术方案的编制工作。

山洪灾害防治县级非工程措施项目建设：完成水雨情监测系统土建部分、安装完成雨量站9处；完成预警系统建设；完成县级监测平台会商机房装修及显示大屏安装，该项目已进行项目完工验收和初步验收，工程验收合格。

白水江流域（左岸）水土保持生态治理工程：白水江流域（左岸）水土保持生态治理工程项目下达计划2030万元。营造水保林、经果林、玫瑰种植园、三维网植草护坡、封禁治理等。项目分三个标段，一、三标段已竣工验收，二标段已初验。

永乐项目区水土流失综合治理工程：项目总投资1125万元，治理水土流失面积1351.87公顷，完成招标工程量的80%。

安乐沟小流域综合治理项目：项目总投资681万元，治理水土流失面积611.91公顷。完成初步设计。

川西藏区生态保护与建设工程：该项目2014年建设任务为小流域综合治理20平方公里、坡耕地水土流失综合治理53公顷、监测体系建设。完成三个项目的实施方案勘察设计，并通过省级专家审查。

水保预防监督：九寨沟县列入全国第二批水土保持监督管理能力建设县，完善水土保持执法能力建设相关手续及资料的整理，7月验收合格。

2014年中央预算内投资水土流失重点治理工程：组织编制完成《九寨沟县安乐乡上安乐村小流域水土流失治理工程实施方案》。通过省发改委、省水保局联合审查，并由省水土保持局以《四川省水土保持局关于2014年中央预算内投资水土流失重点治理工程实施方案技术审查意见的函》明确项目建设任务和投资。

【防汛工作】 防汛措施：3—4月，联合国土、交通城建、安监等部门分别对水电站（水库）、沟渠、山地灾害、排水管网、涉水企业、交通要道、险工地段和在建工程等做全面安全度汛检查。对17个乡镇防汛准备工作即预案编制情况、汛期值班情况、各隐患点监测责任人落实情况、撤离路线撤离地点等情况进行全面检查。组织全县防汛暨地质灾害防治工作会议，层层签订责任书，抓好防汛物资储备，并落实好汛期24小时值班制度。

河道整治：完成漳扎镇火地坝隆康桥至九鑫山庄河段清淤2公里，完成大录乡八屯村段河道清淤1.5公里；完成县城堤防桥兴大桥段右岸病险堤防维修改造120米，草地乡下草地村堤防维修加固500米，漳扎、大录、安乐、永乐、双河、郭元、永和7个乡镇堤防维修加固工程，总投资200万元。规范河道采砂行为，加强对禁采区和可采区的现场监管。

【水政水资源及渔政管理】 水政及渔政：围绕“大力加强农田水利，保障国家粮食安全”的宣传主题，宣传《水法》《渔业法》《防洪法》

《水土保持法》等法律法规，印制各种宣传材料2000余份、宣传彩页300余份，制作宣传横幅2幅，各种展板3个，宣传画20余张，宣传手册400余份，免费向公众发放，助推宣传纪念活动的开展。召开春季禁渔动员大会，在主要江河地段加强夜间及周末巡回监督检查，严历查处电、炸、毒鱼等水事违法行为。

水资源费征收：按照财政部、国家发改委、水利部印发的《水资源费征收使用管理办法》《四川省水资源费征收管理办法》的规定，强化和规范水资源费的征收和管理。已审批的取水单位基本能依法按时缴纳水资源费，没有出现拖欠、拒缴水资源费等现象，在征收的过程中，也没有出现减征或免收现象。全年已征收水资源费450.18万元，年审取水许可证20套，行政审批取水许可一项。

【农业生产安全和水生态安全】 加强农资打假和监管工作的领导，建立打假责任制度；建立健全监管工作记录制度，对市场检查、受理举报等监管工作的开展情况如实记录。强化市场整治和监管，结合春耕备耕工作，加大对农资经营企业及经营户和乡镇农资集散地的检查力度，依法查处农资流通领域中的各类违法违规行为，突出抓好种子、农药、肥料等重点农资产品的专项整治。与相关部门加强协调配合，重点核查农资生产经营许可证、产品登记证、品种鉴定证书。依法对无证生产经营的单位和个人进行整顿。打击制售假冒伪劣种子、农药、肥料、地膜等农资产品和禁用农资产品的行为。加强河道规范管理，遏制河道乱采滥挖现象。全年农业执法出动执法人员141余人次，检查市场门店122家次，出动执法车辆52余次，对全县农资经营单位的种子、农药、化肥市场进行拉网式检查，调解农资纠纷1起；水务执法出动执法人员与车辆分别是160人次、61车次。制止“三乱”行为10余起，警告和现场教育30余人次，监督指导河道清淤疏浚3处、4公里，安装护栏300米。

环境保护和林业局

【机构】 2014年12月，机构改革前，九寨沟县林业局内设5个机构，直属管理单位4个。内设5个行政股室包括综合股（局办公室）、绿化造林股、林政资源管理股、野生动物保护股、计划财务科。县政府护林防火指挥部办公室设在县林业局。直属管理单位有四川白河自然保护区管理处、四川勿角自然保护区管理处、四川贡杠岭自然保护区管理处和森林公安局。下设事业机构10个，包括经济林木站、森林病虫害防治植物检疫站（参公）、林业科学技术推广站、林木种苗站、木材检查站、森林资源管理站、双河林业工作站、玉瓦林业工作站、漳扎林业工作站、城关林业工作站。

2014年12月，机构改革后，新成立的九寨沟县环境保护和林业局内设：办公室、绿化造林股（挂九寨沟县绿化委员会办公室牌子）、林政管理股、野生动植物保护与自然保护区管理股、环境保护股、污染防控股、行政审批股、计划财务股共8个股室。下设：环境资源保护中心（正科级事业单位）、环境监察大队（参公事业单位）、环境监测站、经济林木及种苗管理站、森林病虫害防治检疫站（参公事业单位）、林业科学技术推广站、林木种苗站、木材检查站、森林资源管理站、四个片区林业工作站（漳扎林业工作站、城关林业工作站、玉瓦林业工作站、双河林业工作站）13个股室（队、站）。管理：县森林公安局（正科级）、勿角自然保护区管理处（正科级）、白河自然保护管理处（副科级）、县政府护林防火指挥部办公室（副科级）、贡杠岭自然保护区管理处（正科级，代管拉交隆瓦、羌活林场）。

【领导名录】 九寨沟县林业局党组书记、局长：徐荣鸿（2014年3月起—12月止），副局长：王维（2014年12月止），田长彦（2014年12月止），纪检组长：徐璋（2014年12月止）。县环境保护局党组书记、局长：班秀武（2014年12月止），纪检组长：班海平（2014年11月止），副局长：宗琳（2014年12月止）。

九寨沟县环境保护和林业局局长：徐荣鸿（2014年12起）；副局长、环境资源保护中心主任：殷占军（2014年12月起）；副局长：王维（2014年12月起），田长彦（2014年12月起），纪检组长：徐璋（2014年12月起）；环境保护中心副主任：宗琳（2014年12月起）、张仲安（2014年12月起）。森林公安局局长：苗格方，教导员：徐荣鸿（2014年3月起）；副局长：高映安；玉瓦派出所所长：伍南蓬；双河派出所所长：杨志全，教导员：孙明洪；城关派出所所长：卢军。

【宣传教育】 开展法制宣传教育，提高全民法制意识和保护森林资源意识。全年发放各类宣传资料15000余份，张贴《护林防火公约》21000余份，展览国家重点保护鸟类图片60份，悬挂宣传警示横幅197条，张贴悬挂宣传标语1030余幅，设置警示标志20余块，制作《森林法》《森林防火条例》《四川省森林防火条例》语音宣传磁盘150张。每月向全县手机用户发送护林防火警示信息2~3条，发送保护野生动植物信息3次，县应急办每周向副科级以上领导发送短信2条；每天有1~2辆宣传车在全县各乡镇、村寨、景区、学校、寺院进行不间断轮回宣传教育和督促检查；在全县中小学校开设森林防火教育课，放寒假前，要求向全县中、小学生讲解森林防火注意事项；县电视台每天播放护林防火宣传、警示标语、森林防火知识、扑救森林火灾安全避险知识。做到路上有宣传车，电视上有图像，广播上有声音，手机上有信息，公示栏上有宣传、警示标语，宣传覆盖面100%。

【天然林资源保护工程】 *公益林管护*：制定切实可行的管护措施，层层签订责任书，将管护责任落实到山头、地块、人头。加大对239.3万亩公益林（国有135.8万亩、集体103.5万亩）管护力度，实行“双线”目标管理责任制，逐级签订年度目标管理责任书，层层分解任务，将森林管护责任落实到主体管护单位，实现森林管护任务的全覆盖，确保森林资源的可持续发展。103.5万亩集体公益林分布在全县各乡镇，森林生态效益补偿资金惠及17个乡镇、120个行政村。2014年度已兑现2013年集体生态效益补偿资金1467.28万元，兑现2011—2013年集体公益林补偿资金（第二批）73.02万元，兑现集体新增重点公益林效益补偿资金来源（2009—2010年）136.3万元。2014年，集体生态效益补偿资金已到位1503.38万元，将在年度检查验收后及时予以兑现。

护林防火：坚持“预防为主，积极消灭”的工作方针，层层签订森林防火责任书，坚持两项制度，完善扑火预案和健全扑火队伍；加强护林防火视频监控体系管理，开展航空护林作业80天，及时准确掌握森林火情动态，提高森林防火、生态环境、病虫害防治等的监测保护能力；加强护林防火巡护检查，做到严防、严查、严管，严格控制野外用火，扎实开展护林防火工作。2014年，发生森林火灾2起，其中过火面积0.18亩，受害森林面积0.06亩。经过全力扑救，将森林火灾损失率控制在0.01‰以内，实现连续27年无重、特大森林火灾和人员伤亡事故目标。

资源林政管理和林业公安：开展林业专项执法检查，依法办案，严厉打击涉林违法犯罪活动。2014年，立林业案件82起，破获82起，案件查处率100%，破获率100%。其中，刑事案件4起，森林火案1起破获（马家），盗伐林木3起，破获3起；林业行政案件78起，破获78起。收缴木材110立方米、黄杨木13株、烧火柴5拖拉机、猎套135个，为国家和集体挽回经济损失20余万元。严格审查报批征占用林地，加强对项目建设中占用林地的监督检查。转报征占用林地2宗（白河生态旅游建设项目已获得审批，海池山项目使用林地正在办理过程中）。加强村民建房用

材和生活烧材管理。严格实行限额管理，做好伐区规划设计。2014年度村民用材限额指标2万立方米，建房用材限额指标4000立方米（出材2000立方米），保障农牧民生产生活用材需要。强化道路运输检查，守好源头、口子。加强对建筑用材的清理。采伐运输时间截至10月31日，在护林防火警戒期内严禁生产建房用材和生活烧材，防止野外用火，确保森林资源安全。

林业有害生物防治检疫：加强产地检疫和调运检疫，防止危险性有害生物的扩散。全年接到南林局上山报检苗木25万株，树种有云杉、岷江柏、花椒等；接调运检疫申请4份，101.5万株，树种为云杉，经检疫均未发现林业检疫性及危害性生物，检疫率100%。开展林业有害生物越冬代调查，对云杉落针病发生面积13991亩、中华松针蚧发生面积2297亩进行全面防治。

【退耕还林工程】 落实退耕还林管护责任和措施，加强全县退耕还林73800亩地块的质量管理。完成全县退耕地还林补植补造面积2900亩，补植补造各种苗木25万株。全县2006年度退耕地还林面积2000亩（八年到期），已分别于2014年3月中旬、5月中旬通过省级阶段验收、国家重点核查验收，面积保存率100%，全部认定为合格。实施2013年中央预算内投资退耕还林配套荒山封山育林1万亩，制定封山育林管护制度，落实管护人员，与管护人员签订封山育林管护合同，明确职责。完成黑河乡、陵江乡、漳扎镇、白河乡、安乐乡、保华乡、双河乡、马家乡封山育林区林中空地补植补造面积1500亩，补植补造苗木13.5万株。完成鲁能集团征占用漳扎镇中查村、郎寨村退耕还林地284.082亩和白河保护区生态旅游项目征占用白河乡太平村退耕还林地273.82亩的置换调查规划工作。对全县17个乡（镇）和九寨沟内2000年以来所有年度退耕还林工程任务面积14.53万亩进行检查验收，其中退耕还林73800亩、配套荒山造林30500亩、配套封山育林41000亩，并及时兑现退耕政策补助。

【野生动植物保护和自然保护区建设工程】 湿地及野生植物调查：对全县湿地资源2568公顷进行实地勘察，除永久性河流湿地外（永久性河流的管理权限归农务水利局），其余2块湿地为甲勿池湿地和甘海子湿地，位于勿角自然保护区和贡杠岭自然保护区内，由各保护区进行日常管理，县林业局进行督促检查。开展重点野生植物调查，配合成都理工大学调查队对县境内的红豆杉、银杏（栽培）、独叶草、油麦吊云杉、岷江柏、水青树、领春木、连香树、杜仲（栽培）等重点野生植物的分布地、种群数量进行全面调查。

整治检查：1—10月，对漳扎片区和城关片区的宾馆、饭店、农家乐及集贸市场进行“集中打击整治破坏森林和野生动植物资源违法犯罪行为”专项检查。检查驯养繁殖户8户，发放宣传资料280份，检查集贸市场6家，检查宾馆、饭店、农家乐103家，签订承诺书28份。

野生动物救助：办理野生动物驯养行政许可3项。成功救助灰鹤1只。

保护处工作：环境保护和林业局管理勿角、白河、贡杠岭3个自然保护区管理处。保护处开展林业法律法规宣传，全面落实各项森林防火措施，加强野生动植物保护，监测保护区的森林动态，抓好保护区森林资源的保护和管理。开展白河自然保护区晋级工作，已完成申报全部工作，并通过国家林业局专家评审。勿角保护区在勿角林场豪猪沟完成2亩缺苞箭竹栽植实验工作。完成勿角保护区范围调整申报工作，保护区调整前总面积36280公顷，调整后总面积37014公顷，调整后保护区面积增加了734公顷。加强贡杠岭保护建设和管理，设巡护路线3条、监测路线16条，在保护区开展巡护监测工作。完成大熊猫国际资金项目可行性研究报告的编制，大录保护站与县民宗局大录寺管所合建项目一进入招投标前期准备阶段。

【绿化造林和种苗管理】 指导全县义务植树工

作，全县承担义务植树人数 3.52 万人、植树任务 16.32 万株。实际参加人数 2.82 万人，完成义务植树任务 13.94 株，尽责率 85%以上。完成云杉 2 年生苗木移床 70 亩 580 万株；完成油松盆钵苗 40 万株、华山松盆钵苗 10 万株、岷江营养袋 60 万株的苗木培育技术指导和成活情况检查。

【林业干果基地标准化建设管理】 对永丰乡、白河乡、保华乡、黑河乡进行核桃高改，完成 50 亩核桃嫁接任务。协助安乐乡、永乐镇、白河乡、双河乡等乡镇完成 1500 亩花椒和柿子介壳虫防治，发放农药 20 件。在马家乡、永和乡、草地乡、大录乡、罗依乡、黑河乡、陵江乡等开展送科技下乡活动，进行农村实用技术培训，全年完成 30 期 3000 人次培训任务，发放花椒冬季管理、核桃嫁接、施肥等技术资料 2000 份。培训核桃嫁接技术人 20 名。完成保华乡，永乐镇、草地乡、永和乡，等乡镇纳入生态建设面积调查工作。全县现有农业人口 52088 人，现有耕地 114969 亩，纳入高半山生态建设面积 66621 亩。指导陵江乡、玉瓦乡、安乐乡、永丰乡、永乐镇，完成花椒和核桃施肥，并发放果树专用复合肥 15 吨，针对安乐和永乐镇柿子介壳虫危害严重现象，现场指导果农防治柿绵介 500 亩，发放专用农药 50 件。

【生态治理】 基本完成了四川白河自然保护区生态旅游休闲度假区建设项目和四川白河自然保护区生态旅游景区建设项目前期准备工作，正在办理国土相关手续，待办理完后准备实施。甲勿海生态旅游开发项目，已进入项目总规环评的关键阶段。完成川西藏区生态保护与建设九寨沟县林业项目前期工作。完成九寨沟县第三次沙化土地监测工作。

【项目资金管理】 林业工程资金切实做到专户储存、专款专用，确保项目资金安全运行。

【建设项目环境管理】 严格把好“环评”审批关。2014 年审批登记表 34 个，办理排污许可证 20 个。加强全县重大项目环评手续办理协调工作，制定并实施《九寨沟县重点项目环境保护工作方案》。为落实中查、白河自然保护区开发、甲勿海开发、九管局基础设施项目等 6 个重大项目环评手续办理工作，多次前往省环保厅和州环保局开展协调，并邀请专家前往各项目单位进行实地考察，帮助业主单位办理环境影响评价审批事项的咨询和指导。强化对建设项目的后监督，确保各项环保措施落到实处。对辖区内 2012 年以来的建设项目进行清理、检查，清理检查建设项目 91 个。其中，属省级审批的建设项目 5 个，在建项目 2 个，未开工建设的 2 个，已完工未验收的 1 个；州级审批的建设项目 46 个，在建项目 13 个，未开工建设的 27 个，已完工未验收的 6 个；县级审批的建设项目 40 个，在建 11 个，未开工建设的 14 个，已完工并验收的 15 个。确保建设项目环评执行率及环境保护竣工验收率 100%。落实环境影响评价风险防范措施工作，确保环境安全。针对水电开发和金矿开采项目特点，坚持“预防为主、保护优先”的原则，结合环境保护工作现状，制定工作措施和相关预案，并指导完善《矿山安全生产管理办法》《重大危险源管理制度》等 7 个制度和 2 个工作预案。在日常工作中，加强对重点企业进行现场检查和环境监测，强化污染治理，确保环境安全。全年无排污超标情况和环境安全事故发生。依法实行建设项目和涉及民生项目环境管理的信息公开。2014 年，公开环保信息 94 条，实现环评和“三同时”工作的全过程公开、透明。

【污染减排】 按照全州主要污染物总量减排工作电视电话会议精神及州政府下达 2014 年主要污染物总量减排任务，责任目标分解落实到漳扎镇、甘海子污水处理厂、县城污水处理厂、规模化畜禽养殖等企业。督促每月、每季按时上报减排工作进度，完善运行台账、进出口浓度等记录。协同畜牧兽医局落实专人，加强规模化畜禽养殖减排管理。对照2014年主要污染物总量减排目标，截至9月，COD削减276.86吨，氨氮削减25.7吨，分别完成总任务的69.2%和52.4%。

【排污费申报和征收】 2014年，申报6家，已收排污费1家，金额12万余元。

【环保宣传】 以创建国家级生态县工作为契机，利用世界环境日，在17个乡镇进行重点宣传，环境、法律、生态乡镇的宣传教育工作。同时在总结九寨沟县生态县创建经验的基础上起草《“生态九寨”为“全域发展”保驾护航》《九寨沟县生态乡镇创建工作的实践与探索》（会议交流材料），加强对外宣传工作。利用群众路线教育实践活动契机，强化学习意识，突出学习重点，坚持每周二、五学习制度，不断丰富学习内容，既学习政治理论知识，又学习业务与法律知识，全面提高干部职工的整体水平，组织干部职工参加政治理论、法律法规、业务知识集中学习35次；出县培训31人次，出州培训15人次。开展乡镇环保知识培训4期、78人次。邀请宣传部副部长到局做党的群众路线宣讲1次。结合工作实际，到农村、社区、学校、企业发放环保宣传册、宣传品，宣传生态文明理念，提高全民生态环境保护意识。开展社会志愿服务，6月中旬，参与部门互动联合“学雷锋”志愿服务活动。11月5日，在城关二小开展“环保宣传进学校”活动。

【信访与日常监察】 以环保执法年为契机，开展集中式饮用水源地专项执法检查、整治违法排污企业保障群众健康环保专项行动等八大专项执法检查。加大环境隐患排查和整治力度并加大对重点企业的严密监控和执法监管，确保全年无一例环境污染事故发生。严格日常环境监察，强化环境管理。全年出动车辆230余次、600余人次，到全县宾馆饭店、污水处理厂、金矿企业和水电开发在建工地等排污单位现场巡查监察，制作《现场巡查记录》30余份，发出《整改通知书》9份，现场处罚决定书1份。按照《排污费征收使用管理条例》，结合实际，排污费征收工作有序开展。拓宽信访渠道，强化群众监督功能。重点是畅通环境信访渠道，做到接待、登记、办理、回复一站式服务，分派专人负责信访的接待、办理和回复。全年受理信访投诉19件，办结19件。对来信来访坚持做到“件件有着落，事事有回音”。

【农村环境连片整治】 实施农村环境整治，农村的生产、生活环境进一步改善。2014年，环保局向上级争取资金，实施农村环境连片整治项目和生态建设项目，到位资金1230万元。项目涉及全县漳扎、永丰等5个乡镇的16个行政村，直接惠及群众400余户1200余人。其中，永乐镇拔拉沟村、大岭村、清平二村农村环境连片综合整治工程项目总投资270万元（其中中央资金230万元、省级资金40万元），现已完成可研、立项工作，已进入图纸设计阶段。

【环境监测能力建设】 环保监测执法业务用房前期准备工作有序推进。已筹措到位资金225万元。前期准备工作已完成，经县人民政府同意已进入地勘和图纸设计工作阶段。国家重点生态功能区2014年转移支付资金九寨沟县环境监测能力建设项目（漳扎镇大气自动监测站等）4个，项目建设资金560万元全部到位。其中，漳扎镇大气自动监测站和白水江青龙桥出境断面水质自动监测站2个项目现已完成前期准备工作，正在开展公开招投标工作。九寨沟县重点生态功能区环境质量考核地表水和污染源水质委托监测和城镇集中式引用水源地水质委托监测2个项目监测工作开展。这些项目的实施将极大的提高环境监测能力，推动九寨沟县环境保护工作再上新台阶。

【国家级生态乡镇创建】 2014年初，县环保局在县委、县政府的领导和支持下正式启动“国家级生态县”创建工作。在总结省级生态县创建工作经验的基础上，完善措施，强力推进。加强领导，落实责任。起草并经县委、县政府审批同意印发《九寨沟县创建国家级生态县责任书》《国家级生态县建设工作实施方案》，成立县政府工作机构。与20个相关单位、17个乡镇签定《九寨沟县国家级生态县目标责任书》。环保局成立以局长为组长的工作小组，明确主管领导和专人负责。明确任务，加强指导。分解落实任务，对照国家级生态县建设指标体系（五项基本条件和22项建设指标），督促各责任单位、乡镇上报实施方案、工作小组名单、创建指标资料、重点工程等，完成国家级生态县建设进度计划。对17个乡镇的生态县创建工作人员开展4期工作培训，累计培训人员78人次。强化宣传，营造氛围。以创建国家级生态县工作为契机，利用世界环境日，在17个乡镇进行重点宣传，环境、法律、生态乡镇的宣传教育工作。扎实工作，有序推进。向上争取落实省级生态县专项资金450万元，生态乡镇"以奖代补"资金300万元，为推动下一阶段九寨沟县国家级生态县创建奠定更坚实的基础。先后两次邀请专家对国家级生态县创建进行指导。全县17个乡镇，已创建国家级生态乡镇16个、省级生态乡镇15个。同时，九寨沟县在5月被省人民政府授予"省级环境保护模范县"称号。

【"生态文明示范乡镇"建设】 省环保厅在2013年启动第一批14个四川省省级生态文明试点乡镇建设中九寨沟县漳扎镇作为世界旅游圣地和"第六批全国环境优美镇"被列为首批省级生态文明示范乡镇建设试点镇。环保局高度重视，组织精干力量，会同漳扎镇政府，收集资料，精心组织、科学规划，制定《九寨沟县漳扎镇省级生态文明示范乡镇建设总体规划（2013—2015年）（送审稿）》。3月25日，通过省环保厅专家组评审。标志着九寨沟县"生态文明建设"进入一个崭新的阶段。同时，为九寨沟县创建国家级生态县奠定更加坚实的基础。

【打击林区违法犯罪活动】 为有效扼制各类破坏森林资源的违法犯罪活动，森林公安局始终保持严打整治的高压态势，严惩毁林违法犯罪。以全省开展的"绿色旋风行动""绿剑行动""赣安一号""抓逃犯破大案"等一系列专项整治行动为契机，对区域问题联合整治，单一问题逐个击破，铁心硬手，狠抓森林案件查处。在整治方法和手段上采取"边界堵、路上截、源头清、专案查"，实行全天候、多角度联合行动。

源头管理：源头管理是森林资源保护管理工作基础，也是森林资源保护管理工作着力点。森林公安局树立变"山下堵""路上查"为"源头管"的执法理念，并以此为切入口，全警出动，深入源头调查摸底，搜集违法犯罪线索，通过发动派出所配合林业工作站开展源头伐区清理检查工作，并对群众检举揭发的盗伐、滥伐林木案件逐一疏理并认真调查，从而发现一批违法犯罪线索，由此查破一批盗伐、滥伐刑事案件。

边界整治：森林公安局与周边县森林公安加强合作和交流，健全联防、联谊工作机制，巩固案件协查机制，促进边界林区治安秩序稳定。

联勤联动：为创新农村所、队警务机制，有效整合警力，提高处置突发性事件和重特大案件的水平，提高社会面控制能力，九寨沟县公安、森林、交警三警联动，建立农村所、队联动联勤机制。

【执法服务水平】 森林公安局始终牢记执法质量是森林公安工作的生命线，树立"立警为公，执法为民"的执法理念，坚持公正执法、文明执法，创造良好的法制环境，努力为林农提供法律援助，依法保护林农的合法权益和切身利益，不断提升执法服务水平。

执法办案能力：为提高民警执法质量，森林公安局坚持每月一次的内勤法制学习班，并自费参加省、州主管部门组织的各项培训。同时，森林公安局每年还组织一次大练兵活动，分批组织全局民警进行集中学习培训，通过业务辅导、案例分析、案卷互查互评、经验交流、闭关考试及体能测试等多种方法和程序，切实增强民警的综合素质和能力。

民警执法行为：为促进森林公安执法规范化建设，克服在执法工作上的随意性和盲目性，森林公安局制订相关的制度措施，在《个案奖惩规定》的基础上，制订《民警执法能力等级评定实施办法》《执法质量工程工作方案》。为全面了解和掌握辖区的山情、林情、社情，切实为打击各类涉林违法犯罪、保护森林资源和维护林区稳定服务，森林公安局还专门制定《派出所规范化建设标准》，规定各派出所要加强林区护林组织的业务指导，与主要林区的毗邻乡镇建立护林联防区，建立案件协查区，加强与相邻派出所的工作联系，定期开展护林联防活动等。建立完善“山情”“林情”“社情”建设。为加强林区治安管理，森林公安局相继成立4个警务室，加大森林资源的管控力度，维护林农合法权益。建立完善局班子成员接待群众日制度，规定局长和局班子成员每月接待群众来访不少于2次。通过落实一系列制度措施，促进执法工作发展。

检查监督力度：森林公安局以执法公开化为重点，建章立制，阳光作业。在法律允许的范围内做到该公开的一律公开，做到办事程序和结果、处罚标准和依据，以及向社会作的承诺等一律上墙公布，增强执法的透明度。在每次林业专项整治行动中，森林公安局都会张贴宣传标语和林业专项整治行动通告，制作宣传牌和标语，设立现场咨询台，出动宣传车，广泛宣传林业相关法律法规。平时能够不定期地组织人员深入林区搞好法律宣传，上门服务，为林农释疑解难，提供法律援助。加强对民警执法行为的检查监督，对全局的执法质量进行全面监督检查，及时通报执法过程中存在的问题，制定好整改措施；向行风政见评议监督员座谈了解情况及征求意见和建设等方法，确保民警随时接受监督，促进了执法公正和执法水平的提升。

【森林警察基础工作】 2014年，森林公安局以“三基”工作为主线，高度重视基层基础和队伍管理工作，坚持“建设与保障同步、打击与规范并重、治警与安民共进”的工作思路，做到硬件建设与软件建设齐头并进，共同发展，垒实基层基础，创新警务机制，规范队伍管理。

基础工作：在“三基”工程建设中相继投入大量资金，为各所配备电脑、空调、相机、档案柜、电视机、办公桌椅，为各派出所都建立小食堂，办公环境和条件的极大改善，增强民警扎根基层、服务林业的信念。

警务机制：“三基”工作是一项基础工程，森林公安局注重垒实工作基础，加强与硬件相适应的所队规范化建设，不断探索贴近森警实战要求的警务机制，深入推进林区警务战略。建立“四个知道”制度，做到“心中有数”。要求片区民警对辖区情况做到知人（掌握涉林人员）、知林（掌握森林资源分布）、知伐区（了解采伐地点及作业设计）、知行业（掌握涉林行业），切实解决底数不清，情况不明和民警心中无数等问题。落实“五个统一”要求，做到“全面规范”。制订《九寨沟县规章制度汇编》，使基础工作逐步走上了规范化轨道。统一工作台账。重新核查登记辖区内山情、林情、社情，建立重点人员、重点行业、重点运输车辆等档案。统一内外观标识。统一制订制度及图表上墙，统一各所的外观标识。统一内务管理。落实民警值日负责制，确保了所容所貌、卫生整洁。统一接入公安网。通过加强派出所信息应用系统建设，接入公安内部网，实现信息情报资源共享。完善“五个见面”规定，做到警力“全面下沉”。针对基础工作流于形式，不少台账“活”不起来，不能发挥预防打击效能的情况，森林公安局通过绩效考评要求责任民警每月与村组干部见面一次，交流感情，布置防范工作；每月与信息员见面一次，收集情况，布置任务；每季度与重点人口见面一次，掌握动态，进行法制教育；每月与重点行业主见面一次，了解情况，依法宣传检查；每月与工作站、检查站等相关负责人见面一次，加强联系，互通信息。“五见面”规定的落实，推进警力下沉，促进基础工作有序开展。

队伍管理：“三基”工程建设归根结底实质是一项塑警工程，森林公安局突出以队伍建设为根本，从建章立制规范管理着手，改革考评考核机制，加强素质养成教育，全面开展练兵强警活动，推进队伍正规化建设。改革考核方式，提升履职水平。为促进单位和民警全面履职，森林公安局完善赏罚分明的目标管理考核制度，健全奖优罚劣的执法质量考评制度，建立奖勤罚懒的民警绩效考核制度，明确岗位职责，落实工作任务，扭转“干多干少一样，干好干坏一样”的状况，使民警个个肩上有担子、人人身上有压力。加强养成教育，提升规范水平。为强化作风养成，森林公安局制订队伍规范化建设标准，细化民警行为准则和管理标准，规范警容风纪和行为举止，以制度来约束、规范民警的言行，切实解决“稀拉松”“脏乱差”“冷硬横”等问题。及时查处违规违纪行为，推进队伍规范化建设。创新用人机制，提升工作激情。通过公开招考和竞争提升，展现任职的公平性和公开性，提高民警工作积极性，激发民警的潜能。

林区亮剑行动：对该项行动县森林公安局高度重视，及时召开党组会，讨论研究“林区亮剑行动”方案，成立行动领导小组和工作小组，加强组织领导，明确工作分工，搞好部署安排。推进“林区亮剑行动”开展。在专项行动开展的过程中，做到宣传到位，行动有力，战果显著。据统计，“林区亮剑行动”期间，县森林公安局警力579人次；悬挂宣传标语横幅145条，发放宣传材料1256份，设置警示标志32块，出动警车326台次。

阿坝州南坪林业局

【机构】 阿坝州南坪林业局内设局办公室、党委办、工会办、造林科、产业科、劳动人事科、财务科。下设5个林场及附属单位劳动服务公司。

【领导名录】 党委书记、局长：罗建伟，党委委员、副局长：黄泽明、梁东，副局长：李斌。

【森林管护】 实行一年一定的局与场、场与管护小组“两级森林管护目标责任制”，即：局每年在对头年森林管护责任制进行考核、修订完善责任制内容后，将本年度森林管护责任落实到各林场，林场将责任落实到各管护小组，小组再落实到护林人员。通过层层落实责任，签订责任书，使各自的管护责任明确，管护范围一目了然。做到“人员、责任、界线、图表、记录、奖惩”六落实。全局有护林站（点）24个，组成巡山护林小组36个，已形成纵向到底，横向到边，机构健全，布局合理，便于管理的天然林保护组织体系和管理体系。2014年度南坪林业局共规划管护面积2873072亩，签订管护责任书172份，签订管护责任面积2873072亩，管护责任落实率100%。各林场、管护站（点）将按每一个山头地块的管护责任落实到个人。2014年，南坪林业局辖区内没有出现大的乱砍滥伐、偷拉盗运、乱捕乱猎、火情火灾等大的问题，林区森林资源安全，秩序井然。

【公益林建设】 2014年，无人工造林正式计划，完成人工造林补植77公顷（干旱造林补植47公顷）幼苗抚育133公顷/次；在封林地1165公顷；义务植树1760株；完成大田育苗28亩（新播育苗16亩、新移植8亩）、营养袋育苗80万袋。

【森林防火】 各级领导高度重视森林防火工

作，把森林防火工作作为林业生产建设的首要工作来抓，及时调整充实防火组织机构，配齐专兼职防火工作人员，修订完善《森林防火目标管理责任书》和考核奖惩制度，并进行考核、逗硬奖惩；层层落实责任，加强火源管理。局与场、场与护林站层层签订《森林（消防）防火目标管理责任书》，人人订立护林防火公约，局对林场等下属单位签订《森林（消防）防火目标管理责任书》7份，林场对各巡护站点签订21份，签订防火公约500余份，建立森林管护责任卡130份；局防火指挥部和各林场主动与毗邻乡镇、住林区施工（生产、经营）单位取得联系，明确相互责任，签订联防协议43份，召开森林防火联防会28次；及时反馈卫星热点核实情况，按程序积极、主动归口上报森林火情、火灾；加强防火宣传，狠抓督促检查。利用重大节假日、“森林防火宣传月”等有利时机，宣传林业政策法规，开展宣传教育。全年南坪林业局派出宣传检查工作组14个（次），出动宣传车136台次，到场、站和17个乡镇98余个村寨以及林区施工工地播放森林防火宣传片和警示教育片18次，录制宣传光碟50张，在重点林区、村寨张贴标语456余条，走村串户宣传201人次，发放宣传资料380余份，对游客和外来人员宣传2000余人次；召开森林防火大小专题会议4次，下发防火文件17个，办墙报5期、简报8期。为及时反映南坪林业局开展森林防火宣传工作动态，积极向四川生态网站和州防火办提交宣传稿件3件（已采用）和新闻图片10张；贯彻执行森林防火指挥部领导带班制度和森林防火办公室工作人员24小时值班制度。没有出现较大森林火灾，南坪林业局20.2万公顷林木资源得到保护。

【林区产业发展】 传统经营项目：在做好加油站原有固定客源和正常售油的基础上，积极扩大进油、销售渠道，拓展经营业务，继续与九寨沟观光公司签订了定向购销合同，全年实现净利润107万元，售油量创造历史最好成绩；加大犀浦、绵阳、江油土地、铺面的租赁管理，提高租金标准，增加租赁收入。

旅游接待服务业：本着“优质、高效、务实、创新”的理念，不断总结经验，加强职工的思想教育和业务技能的培训，更新观念，扩大客源，树立企业形象，并结合自身实际，排除困难，开拓进取，全体职工辛勤工作、心系集体，各项工作步入了新的发展轨道。红岩林场招待所安置职工10人，劳动服务公司招待所安置职工4人，2014年两个招待所实现营业收入100余万元。

白水河水电站安全隐患整治：南坪林业局与松潘林业局、壤塘林业局达成的对白水河水电站安全隐患整治技改联合开发项目，现已完成了地勘、测绘、安全评审、水保评审、地质灾害评审、行洪论证、水生生物论证、环评报告等相关评审和论证，完成机电设备的招投标及合同签订，施工用钢架桥的修建通车等前期工作，正在积极筹集开发建设资本金、银行贷款及开展开工前的财评。

【党的群教活动】 按照党的群众路线教育实践活动要求和规范企业管理需要，完善《阿坝州南坪林业局公务接待及会务费管理办法》《阿坝州南坪林业局办公用品管理办法》《阿坝州南坪林业局车辆管理办法》《阿坝州南坪林业局会议管理办法》《阿坝州南坪林业局差旅费管理办法》《阿坝州南坪林业局关于职工个人劳动防护用品发放标准》《阿坝州南坪林业局职工教育培训实施意见》《加强职工劳动纪律的通知》等；加强信息、调研、督查、办文、办会、档案、后勤等工作；加强机关节能降耗工作，转变机关作风，机关存在的办事推诿、工作被动应付、缺乏全局观念等不良习气有所改观，机关服务质量和工作效率有所提升。

畜牧兽医局

【机构】 县畜牧兽医局内设局办公室、产业化办公室、科教股；下属机构：九寨沟县畜牧站、九寨沟县草原监理站（草原站）、九寨沟县动物监督所、九寨沟县动物疫病预防控制中心、九寨沟县畜产品质量安全监督检验检测站、17个乡镇畜牧兽医站。

【领导名录】 局长：刘明礼 ，纪检组长：王毅，副局长：张天双，副局长（执法大队长）：朱国成，达州援藏挂职副局长：向仁元（2014年7月10日止）。

【产业化工作】 2014年，推行“龙头企业+专业合作社+适度规模养殖农户”模式，引导龙头企业强化产业化经营调研、指导、协调与联系，加大畜禽产品品牌创建，新建立发展合作社1个。协调全县生猪养殖大户与成都会展中心中央厨房进行生猪销售工作。加强藏香猪、野猪、土鸡等养殖走上产业化道路。推进藏香猪、野猪、土鸡等畜产品的加工和包装，在九寨沟建立藏香猪山庄，使藏香猪肉走向餐桌。加强产业发展贷款，已成功贷款4批，受益贷款户（企业）17个，已办理担保贷款442.4万元（其中2户还没办理手续140万元），已通过政府常委会的贷款金额582.4万元。

【项目工作】 2014年，完成草原生态保护补助奖励政策省级配套项目建设。建打贮草基地1万亩，建畜改良点2个，建牲畜棚圈4000平方米，采购发放复合肥80吨。2014年，完成2013年现代草原畜牧业发展专项资金项目建设。建牲畜棚圈2400平方米，建标准化草场示范建设2000亩，种草0.2万亩，围栏安装6300米，采购发放复合肥16吨、机具94台套、围栏6300米。2014年，完成2013年游牧民定居工程公共救灾饲草基地、牲畜棚圈和贮草棚建设项目建设。建牲畜棚圈13680平方米，建草料架304个、4560平方米。建公共救灾饲草基地0.8万亩，采购发放良种草种32吨、复合肥64吨。2014年，完成九寨沟县扶贫开发和综合防治大骨节病试点成果巩固提升2013年产业培育项目的场地规划、场内设计、养殖管理、“一事一议”等相关工作。2014年，2013年生猪标准化规模养殖场（小区）建设项目快速推进，完成陵江乡大叶子村生猪标准化养猪场建设，并通过验收组验收，其余3个标准化场在建中。2014年，完成2012年扶贫开发和综合防治大骨节病试点移民安置支柱产业永丰乡双龙村棚圈改造项目的验收工作。项目补助资金24.58万元，改造棚圈面积819.3平方米。2014年，申报生猪标准化规模养殖场项目。项目总投资190万元，申请国家投资90万元，自筹100万元，涉及全县3乡3村。2014年，完成九寨沟县扶贫开发和综合防治大骨节病试点成果巩固提升2014年产业培育项目申报工作。项目包括：生猪、鸡、兔、中蜂养殖，项目总投资211.27万元，申请国家扶贫资金150万元，自筹61.27万元，涉及全县8个乡镇16个村。2014年，争取州级合作社建设资金30万元，涉及土鸡和中蜂养殖业。

【政务信息和统计监测】 2014年，狠抓政务信息和统计监测工作。加强生产形势分析、监测、预警和信息引导；主动与县统计局通衔接，做到数据准确、报送及时。及时报送突发公共事件信息，按时报送州局要求提供的信息、资料，设立公示牌、公开栏，公开干部职工的学习体会，意见、建议，工作开展情况，重大事项，畜牧业政策，法律法规等内容。同时，在县畜牧兽医局开办的九寨沟畜牧网、九寨沟畜牧业腾讯官方微博上编发畜牧业信息200余条，完成简报54期，推进政务信息公开力度。

【宣传与培训】 2014年，开展《畜牧法》

《动物防疫法》《草原法》等法律法规宣传120人次，张贴宣传标语480张、发放宣传资料3000余份、宣传手册500份；全年举办电子出证、产地检疫、重大动物疫病防控技术、基层畜业推广体系建设、中蜂、土鸡、生猪、獭兔等养殖技术、草原生态奖补等培训班40期，培训农民5150人，发放宣传手册（资料）5200余份，完成全年培训任务。

【畜牧工作】 2014年，加大畜禽改良力度，完成种猪人工授精配种360胎，年产仔3600头，引进牦牛种公牛50头。推进现代畜牧业深化试点和提质扩面，全面提升畜禽养殖标准化示范创建，开展现代畜禽养殖基地建设，加大适度规模养殖，全年发展生猪规模场4个、藏香猪场5个，规模鸡场（土鸡）6个。现有规模兔场3个，中蜂养殖基地2个，年出栏生猪（藏香猪）2000头，出栏鸡25000只，出栏兔30000只，年产蜂蜜5吨。2014年，九寨沟藏香猪养殖基地成为四川农业大学教学科研实践基地、四川农业大学博士工作站、西藏农牧学院动物科学学院教学实践基地、西藏农牧学院食品科学学院实践基地。

【动物疫病预防控制】 2014年，开展高致病性禽流感等重大动物疫病的强制免疫，全县免疫注射畜禽42.37万头（只、羽），群体免疫密度常年保持在95%以上，完成应免畜禽免疫密度100%，免疫抗体合格率70%以上，确保全县清净无疫。落实兑现强制免疫应激死亡牲畜及可疑重大动物疫病扑杀畜禽补偿资金1.1万元。2014年，牲畜保险应保尽保，全年能繁母猪入保491头，生猪参保1849头，牦牛参保1534头，羊参保150只 。

【动物防疫监督】 2014年，加强畜产品质量安全工作，执行《四川省畜产品质量安全监管目标考核细则》，加强动物卫生监督执法，加强兽医医证建设，严格兽药行业准入制度，强化GSP后续监管，完成抽样送检任务。完成4个规模养殖场动物防疫合格证的办理。完成全县19个检疫申报点电子出证的建设。开展旅游市场畜产品安全整治活动等行政执法140余次。开展流通环节、养殖瘦肉精检测，与养殖场签订《不使用“瘦肉精”承诺书》41份，抽样检测瘦肉精生猪尿液样品1485份。全面推行检疫电子出证，全年检疫畜禽23338头（只、羽），检查肉产品359.9吨，产地检疫以乡为单位的检疫面98%以上，生猪定点屠宰检疫面100%。全年无害化处理猪64头，禽6200羽。确保上市肉品检疫100%。

【草原及草原监理】 2014年，加强国家天然草原退牧草工程的后续管护和草原动态监测，建草原监测点2个，样方调查180个，全面完成2014年草原监测任务，加强对马脑壳金矿草原征占用情况进行核查，加强草场纠纷处理。推广各类良种牧草草种2000斤，种植面积1000余亩。落实草原防火措施，建立草原防火遇警机制，坚持24小时值班制度、零报告制度和生产性用火审批制度。储备背负式灭火机20台，往复式灭火水枪30台，常用防火工具180把，对讲通讯工具20部等防火、防护装备。印制宣传资料800份，张贴宣传标语400张，制作宣传光盘100碟，宣传覆盖面100%。实现防火期内无草原火灾发生。2014年11月5日，召开全县森林、草原防火工作会议，强化和落实草原防火各项措施，使草原防火工作进入常态化管理工作。

水 电 气

九寨沟县自来水厂

【机构】 县城自来水厂下设县城自来水厂、县城污水处理厂、漳扎镇水厂、漳扎污水处理厂。

【领导名录】 经理：李茂林，副经理：陶静、何朝军、杨燕生。

【营销】 县城自来水厂完成水费收入156万元，安装收入41万元；漳扎水厂全年生产自来水约109万吨，自来水费收入82万元；漳扎污水厂处理生活污水约120万吨，征收污水处理费108万元；县城污水处理厂2014年度日均进厂污水0.359万吨，日均处理污水0.30万吨，COD削减量日均0.402吨，出厂污水COD平均浓度36.75毫克每升，征收污水处理费68万元。

九寨沟县黄浦电力能源有限公司

【机构】 九寨沟县黄埔电力能源有限公司下设城关电厂、二道桥电厂、隆康二级电厂、隆康一级电厂4个发电厂；城关、九寨、玉瓦3个供电所；城关、九寨、玉瓦、黑河、勿角、牌坊坝6个变电站；公司机关内设总经理工作部、财务部、人力资源部、生产技术部、营销部、稽查部、材料采购部、项目协调办8个股室。

【领导名录】 党委副书记、总经理：余志勇，党委书记、副经理：张兴涛，经理助理：饶德全、胡江波。

【经营指标完成情况】 2014年，公司完成发电量13605.42万度，与上年同比增加610.83万度，完成全年计划的101.5%；外购电3949万度，与上年同比增加984万度，完成年度预算的108.9%，上网电量655万度，与上年同比减少368万度；实现供电量16445.5万度，比上年同期增加1836.5万度，完成全年计划的100.3%；实现电量回收14146.83万度，电量回收率86.02%；实现考核总收入9561.22万元，其中电费收入8216.8万元，安装收入1344.42万元，完成年度任务的95.61%；实现目标考核利润6351.28万元，完成年度任务的100.81%；

【生产营销管理】 电网改造：公司配合县经济商务信息化局开展九寨沟县农村电网改造工程建设，该工程政府投入主要设备，公司实施架设任务。完成包括大录东北村亚隆组、黑河头道城村、绕腊口村等40余个村寨的10千伏、0.4千伏输电线路、配送电台区、户表建设，累计完成10千伏输电线路新架设和改造约85公里、完成0.4千伏输电线路新架设和改造约45公里、配送电台区19个、户表改造450户的建设任务。经过两年多的建设，克服征地赔偿、资金匮乏等不利因素，在2014年7月全面完成城关至顺河16.6公里、城关至九寨41.7公里110千伏输电线路工程；同时，2014年11月提前完成九寨110千伏变电站的建设任务并投入运行。至此，公司投资建设的110千伏骨干输电线路、关庙沟110千伏变电站、九寨110千伏变电站已全部投运，不仅为今后汤珠河流域电源输出及九寨片区电力接收做好的通道，而且极大地降低了变电运行风险，为向客户提供优质电能、扩大公司的供电能力奠定基础。

维护管理：2014年，完成包括白河乡、移动公司办公楼、九水公司玉瓦电站、安乐乡中田山、九寨路灯、九寨博文等供区和客户的10千伏供电线路维护、迁移、变压器安装等工作；完成九寨沟千古情10千伏供电线路的敷设、九水公司玉瓦电站9台施工变压器安装以及788个高低压动力用户、普通照明用户的用电安装工作，完成797户智能电表的改造安装工作。

用电管理：在线损、电量管理中年初制定颁布“公司台区管理办法”，修改完善“供电所绩效考核办法”，把线路巡视及维护、电费、电量回收责任落实到各供电所班组，严格执行电量、电费回收情况统计分析例会。在电网调度和无功管理方面，公司针对2014年用电负荷分布不均和用电结构两极化严重，系统和外网故障率高等情况，加强负荷调节、削峰填谷，平衡峰谷电量和高低压无功补偿工作；同时各部门定期组织培训和考核，提升调度人员、运行人员故障分析、处理和总结的能力。在反窃电、反违章方面提高反窃电能力，查处偷漏电和违章用电案件14起，及时追收违约电费。在计量设备、表计校验管理工作中加大科技投入，投资15万元购置ZN-1024单相多功能电能表校检装置1台，并多次邀请计量方面的专业人员对计量工作进行指导和讲解，全面提升公司计量管理标准和管理水平。同时，加强电能表的检定和管理工作，严格执行计量电能表的年度、月度检定和校检计划。全年完成机械表和不合格的电子表更换200余只，完成单相电能表校验1920只，三相电能表校验228只；计量箱周期检定90台，集中器40台。加强电费回收，把电费回收作为工作中的重中之重。2014年，回收电费8162.5万元，同比增长9.1%，扣除九寨天堂因素，电费回收率100%。做好业扩报装工作，努力拓展用电市场。2014年，新增容量8210千伏安，各类用电业务办理788笔，业务完成率97%。

营销管理：2014年，公司新引进的A8营销管理系统在3月正式投入使用，提高营业厅与供电所工作效率，真正实现电力营销系统“数据集成、业务协同、管理集中”的管理要求，提升电力营销管理水平；同时，新的用电信息采集平台在5月份投入使用，对2250户用户的用电信息实现用电信息的实时监测、数据自动采集，并每天实时结算客户剩余电费情况。公司短信平台在7月投入使用，每月把用户自身的用电信息，缴费信息、欠费信息、停电信息、限电信息等用户十分关心的信息及时通知用户，解决了用户因不了解自己用电情况、电费情况和为什么停电等问题而造成群众意见非常大的难题，方便用户，提高公司优质服务的形象。

设备运行管理：公司每月向各电站下达生产任务，严格按照绩效考核方案进行考核，做到奖罚分明。各电站对自己的经济指标每月进行分解，落实到班组，并对运行中存在的问题，组织分析，拿出措施，逐月落实。生产部门针对设备状况，对设备运行的安全可靠性，很抓消缺和检修工作。随时检查，发现问题及处理。2014年，主要完成了隆康一级电站1#机主组、二道桥电站1#、2#机组的大修和110千伏变电站安装调试、努力做到设备检修大小缺陷及时处理，保证主设备完好率。在检修中严把检修工艺和质量关，明确质量标准，生产技术人员随时到生产现场了解设备状况，检查设备检修状况。

【生产安全管理】 公司高度重视安全生产，组织一系列安全生产专项整治工作，建立危险点预控台账及安全处理措施，不断加大安全工作监察力度，使公司的安全生产迈上新的台阶。年度完成各项安全检查20余次、线路整改2处、设备消缺21起，确保2014年企业无重大设备、火灾、交通事故和误操作事故的发生，确保了公司的安全生产。

签订责任书：结合集团下达的安全目标责任标准与公司四厂三所等基层单位签订2014年安全生产目标责书；2014年消防安全目标责任书；2014年护林防火目标责任书；使安全责任、消防责切实落实到位，做到人人身上有责任。

线路清理排查：在电网安全工作中，结合春、冬检工作在全县范围内对所有林区线路，包括110千伏、35千伏、10千伏线路以及对罗依、保华等各乡、村低压线路通道，对地安全距离、对经济林木安全是否合格，存在的安全隐患进行清理，并对各类线路所属杆塔、拉线、横担等设施进行了全面的隐患排查，同时配合县安监局、商务局对存在严重隐患的地方进行整改，通过这些工作，排除各类线路安全隐患，确保2014年企业安全生产。

设备在线监测：在电力生产和设备运行安全工作中，加强对设备的在线监测，减少设备缺陷的产生。加强安全管理，不断完善安全管理制度，明确各部门、岗位人员的安全职责。做好员工安全教育，学习安全管理规定、运行维护操作规程，结合实际总结经验和教训，制定相应预防措施，定期开展反事故学习。

防汛安保：加强防汛安保工作，确保安全渡汛。2014年度防汛工作在县委政府和集团的正确领导下，公司坚持以人为本，把人民群众生命安全放在首位，成立防汛领导小组和防汛抢险队，各生产单位全体员工齐心协力共同协战，制定防汛值班安排表，做到24小时防汛值班不离人。同时，加强与周边单位和群众的紧密联系，积极组织防汛保安演练和工作会，及时掌握和反馈堤坝的水位情况和安全状况，确保电厂生产安全正常运行。

【财务管理】 公司始终把成本控制视作生产经营中各项工作的重中之重，着力落实“精细化管理”，2014年加强对材料、资金、办公用品等方面的管理，规范和完善企业经营管理办法，强化财务管理和审计监督，严格执行资产管理、成本管理、绩效管理、薪酬管理等各项制度，强化预算管理，巩固成果。全年成本费用控制在6703.15万元。完成预算7368.69万元的91%。同时，加强财务审核作用，2014年，审减各类不合规费用2041元。退回不合理、不合规票据35次。对库存现金余额进行不定期盘点4次，保证公司财产不受侵害。

【人力资源管理】 2014年，围绕公司中心工作，切实做好培训、薪酬管理、绩效考核和社保事务，完成213个在职企业职工“五险一金”明细台账的核算、统计和缴费工作；完成了包括企业劳动保障年检、员工退职、退休、工伤、死亡手续办理、医疗费用报销。按时完成了向集团总部的“人事报表”报送、劳动用工和合同管理等工作；每月按时完成员工的考勤统计、审核以及法定节假日的值班、加班工资、补助的审核。制定年度奖金分配方案、增资方案、薪酬费用预算以及员工绩效考核方案的修改完善工作；完成2014年绩效考核标准的修定，并针对营销部门“A8营销收费系统”投入使用，完成“供电所绩效考核方案”和“供电所外线班组绩效考核方案”的制定；配合各部门抓好职工培训，切实提高员工素质，着力加强职工队伍素质提高，把职工培训工作放在重要地位常抓不懈。2014年，完成职工岗位培训700余人次，通过强化培训，职工的整体素质明显提高。

【行政后勤管理】 完成企业营业执照、组织机构代码等各类工商资质年检年审工作，确保公司相关资质证件、公司信息及时修改更新；做好各类文件的收文、发文、登记、分发、拟定、流转、归档和督办工作，对领导批示的公文做到及时处理，从不拖拉，全年收发文92余份，完成工作总结、文件资料、等各类综合性文件65余份；认真做好各类会议、活动的保障和支持工作；配合完成公司固定资产盘点工作，把控好库存；完成办公室用品的采购申请、领用发放工作；完成了办公网路、水电、接待费等日常行政业务结算和报销等工作；加强对17辆生产工作用车和驾驶员管理，严格费用审批制度，较好的完成了车辆和吊车的安全运行等工作，把每辆平均费用控制在2.8万元/左右；优化办公环境、保证办公秩序、职工小区环境等方面做到尽职尽责，为公司树立形象，起到窗口作用。

【企业精神文明建设】 加强企业文化建设，在公司党委的组织领导下完成年度“党员统计”“群众路线教育”等活动和工作，公司开展企业形象、企业精神文明建设宣传、开展创建“敬老文明号”的相关工作，弘扬企业文化、树立企业形象，完成企业党建工作。

九寨沟县天然气有限公司

【机构】 县天然气有限公司设总经理办公室、副总经理办公室、行政办公室。内设：办公室、财务部、供气部、工程部、维修部、安全部等部门。

【领导名录】 公司总经理：李东，副总经理：林涛、曾婷婷。

【管网安装维护】 公司工程部对九寨沟县城和沟口进行部分管网安装维护，全县管网进行检查维护，及时排除安全隐患，更换损坏管网，完成医药公司电梯小区、315工程、后山九寨人家、安置房小区的天然气地管安装工作。

【售后服务】 检查维修或更换用户不能正常使用的设施设备；采取多项措施，保证九寨沟县冬季供气需求；把外网检修人员分成5个小组，分片负责供气面积的检修工作；外网检修和公司值班室互相配合，每天24小时昼夜值班，防事故电话全天开通，保证检修人员随叫随到，维修成功率99%。

【收支情况】 2014年，公司经营效果欠佳(主要是民用气销售价低于购入价0.56元/立方米)，公司全年收入14023406.67元，支出14572377.82元，亏损548971.15元。

九寨沟县水电开发公司

【机构】 公司下设总经理工作部、财务部、计划合同部、工程建设部、生产运行部。

【领导名录】 董事长：张晓庆，副总经理：向东、余文杰、潘杰。

【项目建设】 2014年，完成双河水电站项目竣工验收需要的所有专题验收工作。完成青龙水电站枢纽工程竣工安全鉴定、工程档案专项验收、消防工程专项验收及临时用地复垦并移交地方工作。6月16日，完成多诺水电站二期蓄水安全鉴定，8月27日，完成二期蓄水验收。8月29日，多诺水电站二期蓄水暨应急处置现场指挥部工作会议在九力大厦召开，9月1日，开始电站二期蓄水，12月26日，蓄水至正常蓄水位2370米，完成二期蓄水工作。结合蓄水情况，对多诺改线公路塌陷及边坡垮塌采取应急措施，确保“若九”公路保畅工作。完成玉瓦水电站了征地移民工作，主体工程正式开工并实现工程截流，取得省人民政府建设用地批文，建设进度较计划提前。

【项目生产运行】 2014 年，投产项目生产运行情况良好，未出现安全责任事故。其中，黑河塘电站实现安全生产运行 2933 天，双河电站实现安全生产运行 2013 天，青龙电站实现安全生产 966 天，多诺电站实现安全生产生产 546 天。为保障每年汛期各站安全运行，除日常运行维护和消缺处理外，每年枯期各站进行相关大小修工作，为实现发电目标奠定基础。

【全年发电量】 2014 年发电量 142820 万千瓦时，累计上网电量 138059 万千瓦时。其中 6 月发电量最高，单月发电量均突破了 2 亿千瓦时，达到 2.23 亿千瓦时。

【缴纳税金】 2014 年，公司计缴各类税金总额 5090 万元，同时公司发包项目缴纳建筑业营业税 510 万元。

商业贸易

九寨沟县供销合作社联合社

【机构】 供销社内设办公室、综合业务基层指导股、财会股。

【领导名录】 党支部书记、主任、工会主席：蒋志祥，副主任：童伟（2014年1月起），郁刚。

【农资供应服务】 供销社采取多种措施，全力搞好以化肥为主的农用物资储备及供应工作；早计划、早安排、早部署，积极筹措资金，落实购销合同，组织调运优质化肥入库，搞好化肥的淡季储备；发挥农资主渠道作用，使农民随时能买到化肥；严格化肥进货渠道，从源头上严把质量关，并向社会公开举报电话；积极配合职能部门开展“农资打假专项整治行动”，开展农资市场整顿，确保农民买上放心农资。

【市场动态监测】 专人负责，及时准确掌握全县农资的储备、价格、销售等情况，并及时向县委、县政府、州社上报市场动态监测情况。

【供销社周边改造工程】 供销社周边改造工程是供销社联系的72项重点工程之一，近两年来该工程进展整体有序推进，根据项目实际积极联系项目负责人，加快项目推进速度。该部分项目为九寨沟县供销社家属院改造，为商住楼建设工程，本工程结构形式为框架结构，占地面积2035平方米，建筑面积8357.15平方米，建筑层数为地下一层，地上十一层，建筑总高度32米，已投入300万元左右。该工程在2014年10月初开工。

【驻村帮扶】 开展“走基层、解难题、办实事、惠民生”活动，供销社领导班子带头落实“结对认亲”“双联”制度，在“走基层”活动中，3次对和平社区进行党员义工活动，4次在新华村开展帮扶，开展1次换位大体验活动，全社干部职工全提走基层450天以上，为群众解决七难问题10件，资金帮扶2万余元。

【基层供销网点建设】 围绕“改造自我，服务农民”的要求，认真开展基层组织供销网点建设。供销社已新组建改造永乐镇镇南坪社区化肥供销服务中心、草地乡上草地村、郭元乡、永丰乡中寨村、安乐乡中安乐村、玉瓦乡、黑河乡头道城村化肥供销服务站（点）7个，使化肥供销覆盖到了各化肥使用主要乡镇。同时，供销社对各化肥供销服务中心、站（点）统一制作店招标牌识和标牌公告牌。

【安全工作】 县供销合作社与各股室及烟花爆竹经营、保管人员签订《安全工作责任书》，做到常检查常督促，针对州、县安全生产管理部门提出的各种整改意见及时作出整改措施。烟花爆竹的安全工作，严格按照《烟花爆竹管理条例》进行操作，全系统未出现一起安全事故。

粮食工作

【机构】 粮食局内设：办公室、财务内审股、仓储安全股、粮食流通监督检查股、调控股。

【领导名录】 局长：张茂生，副局长：龙真，三郎斯吉。

【业务工作】 大骨节病更换粮食：制定《2014年大骨节病更换粮食工作方案》，到17个乡（镇）对2014年大骨节病供应人口2880人、易地学龄儿童613人进行调查核实，并进行公示。完成对大骨节病患者口粮294.87吨的供应工作。

军粮、政策性粮食供应：军供粮3.75万公斤（大米2.83万公斤、面粉0.92万公斤）、春荒救济粮6.695万公斤。

储粮安全：加强领导，强化责任。层层签订安全责任书，将安全责任落实到企业、落实到个人。全年召开安全生产专题会议12次，参会人员135人次。开展安全生产大检查，按照《九寨沟县粮食局安全生产工作要点》及“四无粮仓”的标准，对全县基层粮库点进行专项安全检查12次（重点检查库点用火、用电等情况）。全年无一例安全生产事故和安全生产责任事故发生，全县粮食系统形势稳定，实现安全事故为零的目标。

粮油库存检查：按照粮油储存规定，为加强粮油库存监管。本着“有仓必到、有粮必查、有帐必核、查必彻底”的原则，在2014年4月按照粮油库存检查流程，对全县所有库存的储备粮油、商品粮油的数量、品种、质量和库存、账实相符等情况进行普查验收，确保了统计报表库存数据正确，粮食业务统计处理规范，手续完整、储备粮油管理规范有序，库存数量真实，库贷挂钩一致。

对国有粮食购销企业的指导和监督：创新管理制度。把法治管理和民主管理有机结合起来，解决企业组织结构、员工等问题，最大限度地激发企业职工的积极性和创造性，提高企业经营效益。调动职工参与企业经营管理的积极性。保障员工对重大问题的知情权、参与权，建立和完善员工利益表达渠道和对企业发展献计献策平台。加大财务工作的监督力度。定期对财务开支情况进行公示，接受群众监督，强化资金管理，规范专项资金分配、管理，监督业务操作规程，切实加强企业资产、负债管理，继续推进财务约束机制建设。

粮食质量、卫生安全监督管理：依据《粮食流通管理条例》建立了收购、储存、运输环节和政策性粮食购销活动中的粮食质量和原粮卫生监管制度。在春节、“十一”及其他重大节日期间，粮食局领导带队会同有关部门到全县各乡（镇）对个体粮油经营摊点、大骨节病区口粮供应质量进行安全专项整治行动。确保经营者和消费者的合法利益和身体健康不受损害。全年开展专项检查4次，出动检查人员49人次。

储备仓储管理：推广绿色储粮技术。以“一符、三专、四落实”为目标，积极应用电子测温、机械通风、环流熏蒸等储粮新办法，确保储粮安全。加强储备管理。2014年，完成储备补库任务861吨（州级储备大米361吨，县级储备大米250吨、小麦250吨）。按照州发改委、州监察局、财政局、农发行阿坝州分行《关于开展2014年全州粮食库存检查工作的通知》（阿州发改〔2014〕103号）文件精神，对国有粮食企业（九寨沟县粮油收储公司）的各级储备粮食和商品粮数量、品种、质量、粮权归属、信贷资金、政策性补贴、仓储管理和收购资格情况进行全面检查。

粮食法规、政策宣传：以“粮食科技活动周”“条例十周年”“食品安全月”宣传为契机，以“推进依法行政　倡导爱粮节粮”为主题，对《粮食流通管理条例》《四川省〈粮食流通管理条例〉实施办法》及相关法律法规进行宣传，发放宣传资料1500余份。

社会粮油及供需平衡调查：对1户国有粮食经营企业（粮油收储公司）和30家个体粮油经营户的经营、消费（销售）、粮食（最低最高）库存量进行检查，并对基础资料和销售台账进行核实。

学生口粮供应：根据州相关文件精神，直供全县中小学的学生口粮。

“放心粮油”网点建设：申报放心粮油示范销售店2家。

粮食应急：完善《九寨沟县粮食应急预案》，建立健全粮食流通监测预警应急机制，做好粮食消费、库存、储备、价格等市场动态的适时监测和预测，以不断提高全县粮食应急能力。

【基础设施建设】 完成安乐、双河、玉瓦、陵江、黑河等五个粮库“危仓老库”的维修改造工程。实施安乐粮库改扩建项目工程，资金145万元，已于2014年7月开工建设，已吊顶；安乐国家粮食储备库及附属设施项目总投资1250万元，第一期投资151万元已到位，已完成设计评审。

物资工作

【机构】 物资公司内设办公室、业务部、财务部、安全部、人力资源部、车队、民爆仓库、氰化钠仓库、综合仓库。

【领导名录】 党组书记、经理：杨三成，副经理：李清华（2014年1月止），吴红权（2014年1月起），王玉平。

【销售工作】 公司主要销售民用爆炸物品和剧毒物品。2014年，销售工业炸药748.128吨，销售工业电雷管0.83万发，销售工业导爆索0.9万米，销售导爆管雷管37.46万发，销售氰化钠209.3吨。全年实现营业收入1183.31万元，主营业务成本1208.78万元，销售费用170.04万元，管理费用132.32万元，净利润-25.68万元，实现国家税费65.92万元，实现劳动生产总值222.1万元，实现社会贡献总额234.3万元。

【安全生产】 公司在年初分别与各部门及相关责任人签订了《安全生产目标责任书》，把安全生产责任落实到一线、落实到操作层面和落实到操作员工，公司再对各科室落实安全生产责任制情况进行抽查；同时，按照上级监管部门对安全生产的有关要求，采取“年中测评，年末考核”的督查办法进行检查，对督查中发现的问题及时采用通报和公告形式予以提醒和警示。坚持把安全培训、学习和职工的思想教育放在首位，分期分批对干部职工进行学习培训，全年公司召开安全会议64次，参加县级以上安监部门举办的安全培训35人次，并取得相应的安全资格证书。坚持安全会议制度。参加人员有公司管理人员、在家的全体驾驶员和押运员，根据工作安排，重要会议不定时地通知仓库主任参加。同时，仓库也执行每周一次安全例会制度，加强仓库安全，提高全民安全意识。

【安全基金】 2014年，物资公司实现销售收入1161.3万元，按1%标准提取安全费11.6万元，支出13.47万元，主要用于安全培训、防雷设施设备维护、检测、防盗监控系统、犬防、专用车辆安检等。2014年，未发生安全生产事故，维护了公共安全。

烟草专卖

【机构】 九寨沟县烟草专卖局（分公司）内设综合办公室、客户服务科和专卖管理科。

【领导名录】 局长：吴晓成，副局长：杨海清。

【专卖监管】 加大市场检查频率，以主要市场和主要客户为重点，结合历史记录和销售动态进行研判，提高检查针对性。根据全省烟草打假“天府利剑”专项行动视频会议精神，把行动的重心放到对售假售非、无证经营的治理上来，寻找网络案件线索。加强烟草法律法规宣传，要求专卖人员利用走访、座谈等机会，开展下乡进村普法宣传活动，利用“3·15”“6·29”“12·4”法律法规宣传日为契机，开展烟草专卖法律、法规的宣传活动。采取挂横幅、树标语、设咨询台、进行假烟展示等方式，开展现场咨询服务。通过发放宣传资料、开展现场真假卷烟鉴别指导等活动，向广大消费者普及烟草专卖法律法规知识，提高广大消费者的维权意识。活动期间发放宣传资料630余份，提供咨询100人次。2014年全县有持证户457户，其中办烟草许可证156户、注销142户。全年查获案件51起，其中无证经营案件39起、销售假冒伪劣烟草制品案件3起、未在当地烟草专卖批发企业进货案件9起，涉案卷烟314.8条，案值64167.6元，罚没款11860.96元。亮证经营率100%、市场净化率100%、市场走访率100%、市场检查覆盖面100%。

【营销网建】 对县域卷烟市场进行全面调研，摸清消费动态，倾听客户诉求，初步选择具有可操作性的终端布局点44户，按照州局（公司）司关于2014年零售终端建设的通知要求，试点单位建成现代零售终端比例要求12%，全县零售户达到457户，在原定44户基础上增加10户，完成店招、货柜、货架的整改并验收合格的零售客户17户，其余正在建设当中。针对已验收零售终端客户使用零售终端管理系统现状，安装客户的使用系统率低，后台系统数据偏少，无法对工作起到分析参考和指导，确定“提高九寨沟县局（分公司）零售终端管理系统使用率”的QC课题，并上报完成州局（公司）下达的QC目标任务。全年卷烟销售销售3752.72箱，同比增加270.72箱，增幅7.77%；完成全年销售目标的107.77%；实现销售收入（含税）14，510.52万元，实现单箱销售金额38，667元，实现重点娇子品牌销售901.09箱，完成计划的106.39%，其中：一类娇子销售110.23箱，完成计划88.18%。

【综合保障】 在安全管理上，抓好管理体系运行。不断深化阿坝烟草管理手册和程序文件的贯彻，在具体操作中，做到“五个同时”（与业务工作同时计划、布置、检查、总结、评比）、强调“一岗双责”。组织职工对危险源进行梳理，开展管理评审，调整管理方案，实施持续改进。层层分解安全责任目标，细化安全值班、设备保管等日常安全管理责任。夯实“四个记录”（安全会议、安全检查整改、安全值班、安全教育培训），“两档一书”（车辆档案、驾驶员档案、安全责任书），“三证一单”（驾驶证、行驶证、上岗证、派车单），“三交一封”（交车辆钥匙、行驶证、上岗证，封存车辆）等基础工作。抓好安全教育培训。做到逢会必讲安全，每月开展全员和驾驶员安全教育培训，按周或按月开展部门、班组安全教育培训，抓好新进员工三级教育培训。将精神传达、知识宣讲、互动交流、警示教育等结合起来，保障培训效果和覆盖面。抓好隐患排查整改。坚持每月由分管领导、每季度由单位负责人牵头开展例行安全检查，节假日开展节前安全检查，针对车辆、食堂、线路、电器等重点区域和部位开展重点安全检查，结合“百日安全生产”“安全生产月”活动开展专项安全检查，坚持送货班组、食品卫生、安防设备、安全标识的定期安全检查，及时落实问题隐患整改。抓好突发应急管理。根据州局（公司）应急预案，及时对12个专项处置方案进行修订完善，每半年开展一次消防应急演练，适时开展地质灾害等其他应急演练。开展志愿消防队培训，普及消防“四懂四会”等应急知识，提高员工应急处变能力。建立台账，优化配置和存储，做好应急物资的保管、分发和维护。抓好相关方管理。注意加强出租商户、食堂工作人员、门卫、施工单位等相关方的安全管理，与他们签订安全协议，落实安全培训和告知，把相关方纳入到日常安全管理范畴，对他们的安全状态进行必要的验证，督促其完善必要的安防设施，及时落实隐患整改。

【信息宣传】 狠抓政务信息和新闻宣传的时效、内涵和品质，围绕中心工作抓好以文辅政，注重建立全员参与信息宣传工作的良性体系，在每个部门分别指定信息员，下达信息报道任务。全年完成政务信息28篇，图片新闻12篇，对外宣传报道2篇，对外宣传图片3篇，全年无一起安全事故、廉政案件发生，维护和谐稳定的发展氛围。

财税·金融·保险

财　政

【机构】 财政局内设办公室、预算股、国库股、行政事业股、企业股、投资管理股（挂财政评审中心牌子）、综合股（房改办、行政许可股）、监督股、采购监督管理股、乡财股。

【领导名录】 局长：龚学文，纪检组长：徐云峰，副局长：陈文楠、程龙、黄先述（2014年7月止）。财政国库支付中心主任：吴绍军。

【财政收入】 协调税务等部门组织收入，加强非税收入征收工作，实行非税收入网络化管理，2014年公共财政收入20008万元，返还性收入1276万元，一般性转移支付收入23268万元，专项转移收入58860万元，地方债券收入2230万元，上年结余4564万元，国有资本经营收入调入一般公共预算使用5688万元（其中门票收入2070万元），总收入115894万元。

【财政支出】 2014年，财政按照“集中财力办大事”原则，优化支出结构，安排公共财政预算和政府性基金预算，发挥财政职能，调整财政支出结构，多渠道筹措资金，支持教育、卫生、社保、民生、基础设施建设等重点支出。全县公共财政预算支出完成110241万元。

农林水事务：全县投入资金16494万元，促进农村发展、农业增效、农民增收。

教育：投入资金13161万元，主要用于完善义务教育经费保障机制和促进高、中等教育、职业教育、学前教育等教育服务均等化项目实施；农村义务教育学生营养改善计划、“两免一补”等投入目标完成。

文化：投入资金2567万元，推进文化惠民工程建设，加大文化遗产保护力度，完善惠及全民公共文化服务体系。

社会保障：投入社会保障资金5494万元，主要用于城乡居民养老保险、城乡居民最低生活保障、优抚救济及促进就业再就业等社会保障体系巩固提升项目实施，建立以社会保险、社会救助、社会福利、城乡低保、优抚安置为主要内容社会保障体系，城乡低保实现应保尽保，优抚标准稳步提高。

医疗卫生：投入医疗卫生资金9557万元，主要用于城乡居民基本医疗保障、基本公共卫生服务均等化、基本药物制度改革、基层医疗卫生服务体系建设，民族地区卫生发展十年行动计划，以及中医药发展、食品药品监管、基层医疗卫生机构化债等项目实施，城乡公共卫生服务差距逐步缩小，城乡居民基本医疗保险年人均最低补助标准逐步提高。

生态文明：按照省级财政对九寨沟县生态功

能区转移支付资金控制数，编制3年项目库。对2014年上报项目已批复，资金总额3080万元，公共服务部分923万元，项目建设部分2157万元。投入生态文明建设资金12031万元，其中：退耕（牧）还林（草）、天然林保护、自然生态保护、污染防治减排等重点生态工程建设投入资金8923万元；推进城乡环境综合治理，改善城乡人居环境投入资金1821万元。

基础设施建设：投入基础设施建设资金16055万元，主要用于预算内基本建设、县城新区、幸福美丽家园、交通、水利等基础设施建设项目。

城乡住房：投入城乡住房资金6757万元，主要用于廉租房、公租房建设、棚户区改造、游牧民定居工程等保障性安居工程。

惠民补贴：通过“一折通”发放粮食直补资金29.17万元，综合补贴资金309.17万元，9400余户，落实各项惠民补贴政策，增加农牧民收入。将九寨沟县主要实施惠民政策汇编成册，印制3000册，送到乡镇、村及农户。

维稳：投入维稳资金5267万元，完善政法经费保障机制改革。

政府性债务：按照《阿坝州财政局关于转发<财政厅关于开展地方财政对外借款清查工作的通知>的通知》文件要求，对九寨沟县财政对外借款进行清理，经请示县人民政府安排资金解决部分单位借款，减少财政预算内借款5779万元。

【投资管理】 办理中央政府公共投资、藏区专项、灾后重建结余等资金审核、拨付手续，资金监督管理；向上级财政部门报送中央政府公共投资月报、全县基建投资决算报表（其中：行政事业单位90个、国有企业11个）以及上级部门要求报送其他报表；执行政府性投资项目资金“先评审、后预算”“先评审、后招标”“先评审、后拨款”三原则，加强对项目资金源头管理，严防超规模、超预算等情况发生，提高财政性资金使用效率；加强已竣工财政性资金投资建设项目审核批复工作，已批复工程竣工结算审计项目19个，送审金额2927.49万元，审定金额2771.94万元，审减金额155.55万元，审减率5.31%。通过工程竣工结算审核，为国家节约建设资金155.55万元；全县建设项目预算价评审工作，已对全县98个项目预算价进行评审批复。预算送审金额18900.32万元，评审批复金额17556.06万元，审减金额134426万元，审减率7.11%。在评审过程中，按照国家有关法律、法规规定，要求业主单位完善项目评审报送资料和相关手续。加强对项目前期勘察、设计费用预算审核工作，对已报送17个项目勘察设计费用进行审核，预算送审金额862.82万元，评审批复金额647.26万元，审减金额215.56万元，审减率24.98%。已完成财务决算审核批复项目61个（其中灾后重建项目完成决算审核批复4个），对22个项目进行绩效评价考核。对要求解决建设资金报告进行事前审核。

【综合管理】 收集报送国有土地收支、廉租住房保障情况报表。加强对非税票据管理工作，按规定审核各执收单位票据领购证和发放各收执单位非税票据，对非税票据使用进行监督和审核，同时配合国库股加强对非税收入管理和土地款划拨审核工作。运回非税票据。加强对专项资金监督管理，督促资金使用单位按规定使用专项资金。督促开发商加快进度办理永丰花园A区产权证。根据相关政策办理原统建房产权证。完成州、县各项调研任务。

【国库管理】 国库集中支付实现资金支出28826笔、金额127288万元。其中，直接支付18556笔、金额120412万元，占集中支付94.60%；授权支付9590笔、金额6508万元，占集中支付5.11%；“公务卡”支付680笔、金额368万元，占集中支付0.29%。扩大内需、灾后重建支付5238万元，大骨节病综合防治、新型农村养老保险等和县级财政报账支出15585万元。中心审核会计每一笔业务，严把审核关，严审“三公经费”开支。拒付、退回不合理、不合法、或附件不完整开支302笔，金额386万元。对重点项目实行专账核算，执行县级财政报账制。中心对实施扩大内需、灾后重建项目资金、实行专账核算，按制度规定进行支付和核算；对实施单位已全部完成的财务决算项目进行账务移交；对扶贫资金和综合防治大骨节病防治资金实行财政报账制，并按照《阿坝州扶贫开发和综合防治大骨节病试点工作财政专项资金报账制管理办法实施细则》进行管理。

【行政教科文】 对文化事业投入，重点发展非遗、传统、民族文化；加快公共文化服务体系建设，支持广播电视村村通、农村公益电影、乡镇综合文化站、农家书屋、农民体育健身等，支持文化惠民工程建设。落实财政教育投入法定增长，贯彻教育优先发展战略，支持学前教育发展，落实义务教育各项政策，推进“9+3”免费教育，落实家庭经济困难资助政策。支持科技管理机制创新，推动科技自主研发，支持科普示范基地建设。支持基层政权建设，加强基层党建、城乡管理、公共服务、社区建设等经费保障。安排好资金，优化财政支出结构。协助相关股室细化、下达行政事业单位2014年部门预算指标，细化2014年行政、教科文部门预算及专项指标2000笔，金额36587万元。审核文体局等41个单位工资和退休费增减以及抚恤、遗属生活补助。针对教科文事业支出特点，建立科学合理、简便易行考评指标、考评标准和考评方法，探索绩效评价结果应用机制，逐步建立起评价结果与预算管理有机结合机制，配合相关业务股室做好财政支出绩效评价工作。加强固定资产管理，规范和整顿固定资产管理秩序，做好行政事业单位资产管理基础工作，做好资产报表编制、审核汇总等工作，确保2013年报表（以2013年12月31日数据为准）编报工作完成。

【行政政法】 对公安局城市监控系统增点升级改造项目资金进行项目绩效评价。编制2014年部门预算。报送2013年度固定资产情况。

【社会保障】 下达社保部门2015年部门预算指标。对社会保障资金收入存入财政专户和支出审查后予以核拨，编制并报送社会保障支出财务报表。2014年9月31日，机关事业单位养老保险收入1658829.65元，上年结余33877192.8元，支出141209.74元，滚存结余35394812.71元；基本医疗保险统筹基金收入13681111.7元，上年结余40545669.07元，支出9291646元，滚存结余44935134.77元；大病补充医疗保险统筹基金收入879222.38元，上年结余3804314.34元，支出200000元，滚存结余4483536.72元；公务员医疗补助资金收入584685.83元，上年结余9655972.1元，支出400000元，滚存结余9840657.93元；医疗保险个人账户缴费收入6280009.73元，上年结余33270632.81元，支出6000000元，滚存结余33550642.54元；城镇居民医疗保险基金账户收入2268741.87元，上年结余2883968.71元，支出3210634元，滚存结余1942076.58元；生育保险基金收入423630.12元，上年结余587167.86元，支出507523.21元，滚存结余503274.77元；新型农村合作医疗保险收入16534232.2元，上年结余161383.16元，支出15530012.95元，滚存结余1165602.41元；城乡医疗救助资金收入2182951.99元，上年结余1425031.02元，支出3600000元，滚存结余7983.01元；城镇居民最低生活保障收入10479671.94元，上年结余1845125.33元，支出11623946元，滚存结余700851.27元；农村最低生活保障收入5305604.64元，上年结余1641631.25元，支出6762555元，滚存结余184680.89元；再就业专项资金收入3289921.53元，上年结余1422210.07元，支出1768240元，滚存结余2943891.6元；城乡居民养老保险收入5908637.1元，上年结余15530594.44元，支出3461494.43

元，滚存结余17977737.11元。加强社会保障资金财务管理，提高资金使用效益，促进社会保障资金规范化管理，实行收支两条线，保证社会保障资金安全与完整。在基金使用过程中坚持用款审核制度，足额拨付每一笔社会保障资金，做到专款专用，使基金收支有章可循，有法可依。对各单位工资数据报送进行审核，督促各单位进行工资分解。

【农财】 下达2015年农口部门预算指标，清理2013年固定资产并上报，审核农业水利局等25个单位工资和退休费增减以及抚恤、遗属生活补助。拨付农业专项资金，拨付各类专项资金和经费补助12465.98万元。其中：完成森林生态效益补偿基金1562.24万元；完成草原生态保护补助奖励资金支出811.125万元；完成退耕还林财政补助资金1697.4万元；完成财政专项扶贫项目资金资金支出1382万元；完成扶贫开发和综合防治大骨节病专项（巩固提升）资金支出795.22万元；完成下达2014年幸福美丽家园建设巩固提升财政补助资金885万元；完成县村级公益事业建设一事一议财政奖补项目2014年规划及资金审批200万元。报送州局各种相关业务经费报表。转报农口及有关部门向上级争取资金请示。完成农村公共服务运行维护机制建设资金宣传和监督，完成九寨沟县惠民手册编制和各乡镇宣传考试。完成九寨沟县30个农村公益事业一事一议财政奖补项目，下达批复资金200万元，并督促相关部门及时报账。并将发生数据录入村级公益事业一事一议财政奖补资金信息监管系统。参加农口部门项目验收检查，并督促报账进度。

【预算管理】 完成2013年财政决算及2014年预算编制工作。年初与国库股密切配合，进行对账、算账、审核、汇总，完成2013年财政决算编制工作。抓好部门预算编制，科学测算、综合分析全县经济发展和近几年财政收入情况，编制2014年部门预算草案并于2013年12月18日通过县第十三届人代会第三次会议审批，明确财政工作目标任务。

财政增收：贯彻财政工作会议精神，明确财政收入目标任务。协调税务部门组织收入，加强非税收入征收工作，实行非税收入网络化管理，公共财政预算收入完成20008万元，为年初预算115.65%，同比增加3128万元，增长18.53%。其中，税收收入完成13568万元，同比增加1173万元，增长9.46%，占本级收入67.81%；非税收入预计完成6440万元，同比增加1955万元，增长43.59%，占本级收入32.19%。调整支出结构，筹措资金支持全县经济和事业发展。执行人民代表大会审议通过财政支出预算，确保工资正常发放和行政事业单位正常运转支出，保证法定支出、保证重点项目支出，根据工作时间进度适时下达行政事业单位基本支出、人员工资、住房公积金、政府采购和专项项目指标。2014年，下达公共财政预算110241万元。做好上级资金下达文件登记工作，向领导报告上级专项资金情况。做好日常资金审核、审批工作。加强项目资金管理，落实国家重点生态功能区转移支付资金项目、地方政府债券资金项目、革命老区专项转移支付资金项目申报工作。做好2014年财政收入预测和财政运行情况分析工作。细化管理，核实行政事业单位政府采购项目资金来源 。配合完成县审计局对2013年财政预算收支执行情况审计工作。开展财政支出绩效评价工作，拟定财政支出绩效评价推广工作方案，完成财政支出绩效重点评价项目10个（不含上级支出绩效评价项目）。做好民生工程执行情况上报工作，2014年10月，财政拨付民生项目资金24832万元。做好政府债务管理工作，按月上报到全省政府债务管理系统。完成2013年度财政供养人员统计、汇总和上报工作。做好灾后重建项目资金核实、对账工作。按规定向有关部门、股室提供报表和数据查询。归类、整理股内档案。

【企业管理】 完成上报国有及国有控股企业快报审核上报工作。完成 PPP 项目库建立和试点工作。完成会计职称和注册会计师报考工作。完成珠算协会年检工作。完成全县账簿年检和销售工作，提高会计信息质量。完成项目申报工作，促进与项目有关产业发展。管理农业产业结构调整资金、下岗小额担保资金和民贸民品贷款贴息工作，支持各民营经济发展。完成县属国企资产和财务管理日常工作。完成 2014 年粮食直补数据库建立上报以及粮食直补 9.17 万元、综补 309.17 万元、9400 余户兑付工作。完成石油价格补贴兑付工作。兑付补贴包括林业、城市公交、出租车和农村客运油补工作。 完成特色农业保险奖补工作。完成 2014 年省、州级粮食储备利息、费用拨付、县级粮食储备库采购、仓储等工作以及各粮库维修工作。配合上级部门对各级储备粮进行全面清理和检查。完成农村环境连片整治和生态自然保护区能力建设管理工作。完成财政性资金绩效考评工作。完成各项公路建设项目和资金管理工作。完成 2014 年度全国企业所得税税源调查统计上报工作。完成会计人员上岗证换证和年检工作，建立会计人员上岗证系统，会计信息纳入全省会计信息管理系统。完成地方金融“定向费用”、涉农贷款补贴和空白乡镇财政补贴审核和上报工作。做好“营改增扩大试点”工作。完成地方国有及国有控股企业基本情况统计调查工作，加强企业财务信息管理。完成大中型水库基金项目管理和水库移民后扶资金拨付管理。 完成漳扎、县城污水处理厂财政补贴测算工作。完成财政局企业股行政权力依法公开运行平台建设工作。完成村、社区财务培训工作，培训 120 个行政村和 4 个社区 124 人。完成 2014 年企业财务决算。

【采购监督】 加强政府采购监督管理，审批政府采购方式，对集中采购机构和采购当事人采购活动进行监督。在政府采购网上公布政府采购招标公告和招标结果公告。50 万元以上项目全部由州公共资源交易中心公开招标，50 万元以下项目由县政府采购中心实施采购，采购过程由财政局监督。审批 151 批政府采购项目，已签订采购合同 144 个，其中公开招标 29 次，竞争性谈判 59 次，询价采购 56 次。采购预算资金 7942 万元，合同成交价 7143 万元，节约采购资金 799 万元，节约率 10.06% 。采购项目有：PE 给水管、办公设备、办公家具、体育器材、通讯设备、医疗器材、绿化树苗、波形护栏、汽车、服装、防汛物资、农用物资等。 开展政府采购领域加强监管调研工作。为加强政府采购资金监督管理，提高资金使用效益，保证采购资金及时足额支付，催收各单位所欠采购款。对使用扶贫资金集中采购各类物资开展专项检查。加大《会计法》执行情况检查力度，规范会计信息质量，加强和完善会计信息质量真实性、完整性，对九寨沟县人民医院、公路运输管理所两个单位会计信息质量开展检查。为严肃财经纪律，维护正常财经秩序，加大从源头上预防和治理腐败力度，促进党风廉政建设，开展全县党政机关、事业单位、社会团体“小金库”专项治理工作。加强对藏区重大项目实施和资金管理、使用情况监管，促进藏区工作政策落到实处，加强资金使用和管理，做到专款专用、专户管理、专账核算，确保资金安全，提高资金使用效益，对九寨沟县 2014 年藏区民生工程项目资金进行全面自查。对预算单位财务管理情况进行监督检查。对九寨沟县山洪泥石流灾后恢复工作资金管理使用情况进行监督检查。为解决乱发钱物问题，严肃财经纪律，在全县范围内开展解决乱发钱物问题专项清理工作。对 2012—2013 年土地开发复垦整理项目资金管理使用情况进行自查。对整治拖欠群众欠款、克扣群众财物问题进行专项检查。

【乡镇财政】 安排部署 2013 年度乡镇财政决算工作。2013 年 2 月 25 日至 3 月 18 日逐一对全县 17 个乡镇乡镇决算进行审核、汇总、编报工作。对全县 17 个乡镇财政所建设情况进行标准化验收及检查指导。按照县财政局安排于2014年9月对玉瓦乡、黑河乡、白河乡、郭元乡等账务情况进行检查，问题大多出现在2013年，2014年比较规范。加强完善乡镇财政所建设，为改善和推进乡镇财政所建设，乡财股为17个乡镇财政所购置一些必备办公设备，通过政府采购统一为乡镇财政所采购1台笔记本电脑，便于更好开展工作。17个乡镇下拨115万资金，主要用于各乡镇财政所建设及资金监管方面资金，要求各乡镇做好财政所建设工作，用好管好各项资金。组织全县17个乡镇127个村（社）参加惠民政策宣传手册考试并向组织学习考试较好村民给予适当经济鼓励。配合农水局组织村级财务规范化核算试点工作，为加强财政所对村级财务管理做好指导工作。在2014年10月20日前举行5次培训（请金算盘老师对金算盘会计核算软件的操作及新旧会计制度转换接轨培训、视频培训新行政单位会计制度的培训、农村公共服务项目运行维护机制视频培训、举行九寨沟县2013年度权责发生制政府综合财务报告培训），州级举行1次培训1人次（2014年乡镇财政干部预算管理、总预算会计和资金监管专题业务培训班）。10月14—15日，县财政局组织全县各行政事业单位学习2015年度部门预算编制及固定资产软件操作流程培训等。至10月20日全县财政所人员参加培训计77人/次。

【国库支付中心】 2014年1—12月，国库集中支付实现资金支出28826笔、金额127288万元。其中，直接支付18556笔、金额120412万元，占集中支付94.60%；授权支付9590笔、金额6508万元，占集中支付5.11%；“公务卡”支付680笔、金额368万元，占集中支付0.29%。扩大内需、灾后重建支付5238万元，大骨节病综合防治、新型农村养老保险等和县级财政报账支出15585万元。中心审核会计每一笔业务，严把审核关，严审“三公经费”开支。拒付、退回不合理、不合法、或附件不完整开支302笔，金额386万元，使得报账工作程序化和规范化。中心对单位财务人员做到：认真指导、耐心、细致讲解，做到有问必答，有求必应。加强与各预算单位交流与勾通，争取对工作理解、支持、配合，创造和谐内外部环境。从而提高会计工作质量和工作效率。对重点项目实行专账核算，执行县级财政报账制。中心对实施扩大内需、灾后重建项目资金、实行专账核算，按制度规定进行支付和核算；对实施单位已全部完成财务决算项目进行账务移交；对扶贫资金和综合防治大骨节病防治资金实行财政报账制，并按照《阿坝州扶贫开发和综合防治大骨节病试点工作财政专项资金报账制管理办法实施细则》进行管理和动作。

【财政改革与管理】 财政改革：为预算单位开立零余额账户92个，实施公务卡改革，加强对公务卡使用质和量要求，实行预算执行动态监控。办理公务卡1121张，消费金额290万元。

财政支出绩效评价：拟定财政支出绩效评价推广工作方案，完成2014年财政支出绩效重点评价项目10个（不含上级支出绩效评价项目）。

财政投资评审：批复工程竣工结算审核项目18个，送审金额2917.81万元，审定金额2762.80万元，审减金额155.01万元，审减率5.31%。批复预算控价评审项目90个，送审金额16651.60万元，批复金额15367.12万元，审减1284.48万元，审减率7.71%。批复勘察、设计费用评审项目16个，送审金额845.80万元，批复金额633.64万元，审减212.16万元，审减率25.08%。

政府采购监管：监督政府采购审批124批政府采购项目，已签订采购合周95个，其中公开招标21次，竞争性谈判41次，询价采购33次。采购预算资金4657万元，合同成交价4274万元，节约采购资金383万元，节约率8.22%。

乡镇财政建设和管理：通过政府采购统一为各乡镇财政所采购1台笔记本电脑。下拨115万资金，主要用于各乡镇财政所建设及资金监管方面资金，要求各乡镇做好财政所建设工作，用好管好各项资金。举办九寨沟县惠民政策知识竞赛答题活动，全县120个行政村，6个社区村民272人参与答题。县财政局统一组织专人阅卷，评选出一等奖1名，二等奖4名，三等奖10名。

乡（镇）基层政权建设：九寨沟县郭元、罗依、永和等3个乡镇干部周转宿舍楼106套，建设面积3710平方米，计划投资928万元，项目已经州发改局立项，正在进行勘察设计工作。已完成安乐、永丰、保华、双河、勿角5个乡干部周转宿舍楼工程招标等前期工作，各乡政府具体负责施工及后续工作。5个乡干部周转宿舍楼工程正在建设中。

农村综合改革：完善村级公益事业“一事一议”财政奖补机制。申报“一事一议”101个建设项目，已录入村级公益事业“一事一议”财政奖补资金项目库，申请财政奖补资金935.35万元。下达30个建设项目财政奖补资金207.4万元，涉及14个乡（镇）29个村村内道路硬化1.43千米；村内排污及灌溉水渠12.46千米；村内饮水安全管线3.2千米；机耕道建设7.2千米；钢架桥3座；其他公益设施1个等项目，其中专项资金200万元，县级其它资金7.4万元。

财政业务系统平台建设：利用财政厅新会计制度视频课件对全县财务人员进行培训，举行5次培训。

控制“三公”经费和一般性公用经费支出规模：对2014年纳入县本级部门预算编制所有单位“三公”经费按比例进行压缩要求预算单位在上年“三公”经费决算数上减少20%，单位按预算控制数执行。

财政资金监督检查：对全县84个预算单位（乡镇17个、县级单位67个）“小金库”清理情况、会计基础工作情况、财务制度及内控制度建立及执行情况、会计核算真实性、准确性、技术性等工作进行全面检查，检查人员2批18人次，检查面100%。

规章管理制度：完善公务管理制度，规范会议费管理，节减会议费开支，印发《九寨沟县关于切实解决乱发钱物问题专项方案》《九寨沟县切实解决顶风违纪私设“小金库”问题专项方案》《九寨沟县行政事业单位会议费管理办法》《九寨沟县行政事业单位差旅费管理办法》。

国家税务

【机构】 县国税局内设纳税服务中心内设（内勤科、申报征收科、外勤管理科），保障及监督考评中心（保障、行政办公室、人事宣教监察办公室）。

【领导名录】 局长：林磋梅，副局长：敬晓霞，漳扎分局局长：廖开斌（2014年10月止），纪检组长：鲜波。

【税收收入】 2014年，截至12月29日，九寨沟县国税局完成税收收入7981万元，为上年同期的139.58%，同比增长2263万元，完成年度计划130.84%。其中，增值税完成6304万元；企业所得税完成1670万元；消费税完成1.7万元；车辆购置税完成3.7万元；加收滞纳金27.98万元；收入退税14.92万元；价格调节基金完成47万元。

【企业所得税汇算清缴】 5月末，汇算清缴60户A、B类企业和3户非居民企业，汇算面100%，汇算入库企业所得税税款39.3万元，完成上年度企业所得税汇算清缴工作。

【营改增】 2014年，国税同地税局进行衔接，组织人员入户采集“营改增”纳税人基础数据信息。为每户试点纳税人宣传有关税收政策，解答纳税人提出问题，告知纳税人所需要准备相关资料，做好发票票种和票量统计和测算工作；按照“营改增”工作要求，领导小组召开专题会议，利用广播电视、短信发布平台、门户网站等多种方式宣传“营改增”相关政策，确保“营改增”工作推行。

【创建依法行政示范单位】 为加强对依法行政示范单位创建工作组织领导，县局专门成立推进依法行政示范单位创建工作领导小组。政策法规科负责整个工作具体实施，制定工作方案和任务分解表，将基础、创新、评价等4大类10大项52条创建任务层层分解到科室分局，落实到人员项目，构建目标明确、分工负责、横向联动创建工作协作机制。依法行政工作中，要求广大干部职工不断更新服务观念，强化依法行政意识，自觉做到心中有法、言必合法、行必守法，做到严有据、宽有边、硬有度、软有界，既不不作为，也不乱作为。

【对口帮扶】 2014年，落实支部和在职党员到漳扎社区“双报到”开展志愿联系服务；单位出资20000元为社区 “两委”购买办公设备，改善办公环境；帮助社区党建提升工程，提升社区党组织制度建设，并制作藏、汉双语文字党组织建设管理方面制度。

地方税务

【机构】 地税局内设政策法规股、综合税政股、服务征管股、收入核算和财务股、人事监察股、办公室；5个派出机构：第一税务所（城关）、第二税务所（玉瓦）、第三税务所（双河）、第四税务所（九寨）和稽查局。

【领导名录】 局长：巴旦（2014年1月15日止）、吴雪峰（2014年4月17日起），副局长：陈刚（2014年4月17日止）、韩爱民、马刚（2014年4月17日止）、高钇（2014年5月12日起）、王锦毅（援藏挂职干部2014年6月10日止），纪检组长：高钇（2014年5月11日止）、奂洪波（2014年10月11日起）。

【地税收入】 全年组织各项收入总计31150万元。

【征管工作】 全局8户重点税源企业都纳入省级监控，建立重点税源和重点企业档案，采集有关数据信息，对相关指标与同行业、同类纳税人相比存在异常企业，与所属管理税务所进行沟通，加大监控与管理力度。加强重点建设项目税收税源管理工作，落实人头，落实责任、落实措施，落实制度，对重点建设项目进行分类监控、服务和征管，提升征管质量和效率。

【个人所得税申报】 加强年所得12万元以上个人所得税自行申报工作，截至3月底，有124人办理自行申报手续，缴纳税额42.3万元，完成收入12万以上个税申报任务。

【企业所得税汇算清缴】 做好企业所得税汇算清缴工作，2013年度实际参加汇算企业40户，应纳税额3103.57万元。

【稽查】 截至2014年12月25日，对3户纳税人实施全面稽查，稽查查补税款53.80万元、罚款26.74万元，滞纳金19.55万元，合计人库100.09万元，推行阳光稽查，查前要求企业进行自查，企业自查11户，自查税款入库242.20万元，两项（自查与稽查）入库342.29万元。净化税收环境，整顿税收秩序。

【税法宣传】 在4月全国第23个税收宣传月活动中，县局围绕“便民办税春风行动”这一主题，贴近基层，贴近纳税人，贴近社会，开展税收宣传活动。结合“党员义工日”开展一次纳税人权益宣传日活动。设置税收宣传点，发放宣传资料200余份，宣讲税收常识，同时，选派业务骨干组建“税收宣传服务团”，为纳税人“主动送政策、上门解难题”，听取纳税人对税收宣传、纳税服务等方面需求和建议。运用信息化手段，开展多元化宣传。通过网络QQ群、超级信使等交流工具，对纳税人进行税收政策宣传、对提出问题采取在线解答、邮箱解惑、个别辅导等互动方式，为纳税人答疑解惑。

【帮扶工作】 2014年，结对共建对象和平社区。局领导时常带队入和平社区与社区班子成员谈心交心、慰问老党员及困难群众，交流党建工作经验、共享党建信息资源，共同搞好党组织规范化建设。开展党的群众路线教育实践活动，实施“便民联系”活动，开展“走基层、解难题、办实事、惠民生”活动。通过推进开展“便民办税春风行动”活动，开展“双联”“双报到”活动。

中国人民银行九寨沟县支行

【机构】 人行九寨沟县支行内设办公室、综合业务股、基础业务股、保卫股。

【领导名录】 行长：王光平，副行长：潘建黎（2014年8月止）、王峰（2014年3月止）、李敏（2014年3月起）、马淑英（2014年4月起）。

【信贷资金投向实体经济】 截至12月底，全县贷款余额33.94亿元，为让信贷投放与九寨沟产业发展相契合，全年举行9次金融联席会、金融专业工作部署会，加强与党委政府、县直相关部门及金融机构沟通、协调。

【信贷资金对企业支持】 截至12月末，对县联社发放支农再贷款9100万元，其中90%资金投放到“三农”领域及特色产业，如种养殖基地建设、乡村旅游发展和新农村建设等。5月，推动县政府举办金融支持民营经济发展座谈会，为畅通政银企便捷沟通管道，破解融资贵、融资难瓶颈，加快地方经济发展搭建平台。

【扶贫开发金融服务】 4月，政府召开推进会，副行长范智勇、常务副县长郑明春出席会议，县直相关部门主要负责人参加会议。9月，经过多次考察，最终确定漳扎镇隆康村乡村旅游公司、马家乡汇康中药材种植基地和藏香猪养殖基地、白河乡獭兔养殖基地等为示范基地。7月，召开“万家千亿”项目融资对接会，县级金融机构与8家小微企业签订8600万元融资对接协议。11月，《九寨沟县扶贫开发金融服务方案》以两办文件正式下发，工作推进又迈入新阶段。与此同时，支行还加强对保险机构惠农政策的引导和落地，该工作亮点在于九寨藏香猪作为一项特殊险种参保在全州尚属首次。

【支付结算基础设施建设】 扩大助农取款点辐射面积，全年，设立助农取款服务点174个，消除96个金融服务空白村，完成“迅通工程”全覆盖。推进刷卡无障碍走廊建设，加大特约商户拓展、培训和风险管理，全县拓展特约商户447户，安装POS机具566台，稳步推进农村金融服务站建设，提升全县支付结算环境。加强“智能九寨”项目建设，发挥两个州级刷卡无障碍示范街区辐射作用，指导银行机构按中心支行非接触式金融IC卡使用商业圈，科学合理拓展特约商户，改善全县公务卡结算环境。推动建行、农行在景区建立2个自助售票中心，放置自助售取票机25台。截至12月31日，售票中心完成自助售票200444张，金额5919万元，游客在自助机上取票323091张，金额8162万元，服务游客52.35人次，提升九寨沟支付结算品质。

【财政奖补资金和贴息审核】 经支行申报，会同财政局完成2013年涉农贷款及支付结算财政奖补资金415.16万元审核工作，完成对九寨沟县高原食品公司民贸贷款贴息 18.82 万元，实现惠农政策落地。

【旅游文化产业信用体系建设】 重点开展对旅游文化经营单位、涉旅文化企业信用信息采集工作，并确定白河乡南岸村、芝麻家村乡村旅游公司等为九寨沟县信用文化基地，收集上报该村农户信息。

【金融债权维权行动】 到 12 月底，收回两项贷款 387 笔，金额 551 万元，占贷款余额 81.27%。

【“两账两库”及会计核算】 ACS 系统在支行上线并平稳运行，截至 12 月末，国库入库 6.85 亿元，同比增加 23277.54 万元；支出 11.06 亿元，同比减少 32578.68 万元。电子扣税业务保持稳定增长，国税、地税电子扣税业务笔数占总业务笔数分别 19%和 63%，国税电子扣税在全州业务推进中名列前茅。加强宣传、沟通和业务检查，做好“小面额人民币供应长效机制建设”、反宣币专项整治及冠字号码查询工作。

中国农业银行九寨沟县支行

【机构】 内设综合管理部、个人金融部、公司业务部、风险管理部，对外营业机构政府街分理处、新城区分理处、景区支行、支行营业部。

【领导名录】 行长：兰勇，副行长：席阳、唐斌、刘山林。

【业务经营指标】 存款：截至 12 月末，各项存款余额 155318 万元，较年初增加 377 万元。其中，个人存款 84713 万元，较年初增加 8010 万元；对公存款 70605 万元，较年初下降 9388 万元；同业存款 365 万元，较年初增加 176 万元。

贷款：截至 2014 年末，贷款总额 184231 万元（含信用卡透支）。其中，正常 86153 万元；关注类贷款 98078 元；提升关注类贷款 66200 万元，收回关注类贷款 7700 万元；不良贷款 0 万元，较年初下降 2500 万元，下降 1.31 %。实现不良贷款控制额零管理目标。2014 年，人民币到期贷款收回率 100%；潜在风险客户退出 2790 万元，完成计划 96.54%；风险控制水平再上新台阶 2014 年风险管理水平评价提升位至 A 类行。信贷管理综合评价保持 A 类行；内控综合评价继续保持一类行。全年无案件、重大责任性事故发生。结构指标完成较好。截至年末，A+级及以上法人客户贷款占比 98.1%，较年初增加 11.8 个百分点，全行信贷结构得以优化。融资平台贷款清收工作取得成效。截至年末收回 2500 万元。

中间业务及个人业务：截至 12 月 31 日，全年发放各类个人贷款 88 笔，金额 2144.8 万元。其中，个人经营类贷款 8 户，金额 1009 万元；消费类贷款 33 笔，金额 445.8 万元；新增一手楼住房按揭贷款 29 户、604 万元；农户贷款（含妇女创业贷款）13 笔，金额 64 万元；下岗失业人员小额贷款 5 笔，金额 22 万元。完成支行安排目标任务。12 月末，个人存款余额 84713 万元，较年初净增 8011 万元，完成任务数 110%。

信用卡业务：全年营销和激活卡 746 张；新增贷记卡 380 张（白金贷记卡 12 张）；新增准贷记卡 366 张（住房公积金联名卡 362 张、惠农信用卡 4 张）。

电子银行：新增个人电子银行活跃客户 8881。其中，新增有效个人网上银行客户 1458 户；新增个人消息服务客户 6523 户；新增个人掌上银行客户 900 户。实现电子银行收入 206 万元完成计划 108.6%。新增布放有效无线转账电话 29 部，其中：新建助农取款点 29 个；发展特约商户 44 户，布放 POS 机 47 部。

中间业务：2014 年，实现收入 677 万元，同比增加 37 万元，其中结算与清算手续费收入 218

万元，代理业务手续费收入125万元，银行卡手续费收入158万元，电子银行业务收入65万元，投资银行业务收入71万元，投资收益5万元，其他业务（固定资产租赁）收入15万元。

利润：资产总额266524万元，负债总额206606万元。全年实现拨备前利润6287万元实现拨备后利润12963万元。

保障指标：基础管理和内控工作落实，风险管控水平提高，企业文化建设深化，党风廉政及案件事故防范工作较好成效，全年无一例案件和责任性事故发生。

【工作措施】 业务：年初，根据省、州分行统一安排和部署，抢抓“两节”资金回笼旺季，将“伴你成长 金钥匙春天行动”“对公业务开门红”“四进两户”活动结合起来，成立以行长为组长活动营销领导小组，并结合当地具体情况及各网点资源特性，对任务进行分解，并适时召开活动动员大会，做到“早计划、早安排、早行动”。活动期间，细分市场锁定重点客户群，逐户制定综合金融服务方案，理清客户上下游产业链和客户链，吃透客户及其上下游需求，并根据同业竞争态势逐个制定个性化金融服务方案，落实具体营销目标、责任、进度和保障措施，制定服务、产品、客户、需求全覆盖差异化金融服务方案。以产品绑定客户，带来存款、贷款和中间业务发展，实现对公业务开门红。借助“千百工程”营销活动以及被确定为“211工程”重点县域支行之机，营销当地重大项目和优良客户，使中查沟、月亮湾、白河金丝猴、天源、九寨千古情等一批重大项目全部落地支行，以上项目业主同意进行融资，项目建设资金在上半年约4.8亿元归入支行，并保证资金使用在“体内循环”。2014年，内天源酒店建设项目获批并投放贷款1.1亿元，中查沟项目正在上报中，月亮湾项目拟准备在明年上报。

公存款营销：在存款考核方式变化情况下，细分客户市场需求，保存量、挖增量，注重日均增量。面对日益竞争加剧市场，对外加强营销和维护工作，对内提高服务水平，以产品绑定客户。首先是做好存量客户维护工作。一方面是维护好负债类客户，重点是财政、社保、交通等系统类客户，确保以上客户在存款份额；另一方面是加强对资产类客户收入归行管理，在确保既定目标基础上，提高份额，重点是九管局、大九旅等客户。通过营销和维护，虽然对公存款时点数受九管局归还财政借款、县财政资金入国库、企业归还到期贷款、社保资金上缴等因素影响，未能完成目标任务，但日均增量完成13498万元，完成目标任务355.2%。

小微企业金融服务：年初，就优良小微企业客户进行储备，以客户需求有序提供金融服务，重点是择优进行信贷支持。年内新营销天源、恒园机械和煜丰3户小微企业，新增贷款13200万元；对存量小微企业星宇、圣天新增贷款3900万元。

个人贷款：以农户小额、妇女创业、下岗失业贷款为抓手，争得地方党政话语权，与九寨沟县国有资产经营公司、县人事局、九寨沟县就业服务管理局、九寨沟县妇女联合会密切联系，恰谈合作相关事项。根据相关部门对妇女小额担保贷款申请人员推荐情况，结合银行信贷规定要求调查受理，审查相关资料。利用新设立薪资保障贷、房抵贷等行业竞争优势明显个贷产品展开营销攻势。营销个人助业、农村生产经营类贷款，支持和推动九寨沟县个体商户发展，解决此类客户融资难问题。营销并上报审批九寨沟县，九龙湾度假酒店置业有限公司开发“九龙湾避暑山庄”纯商铺项目按揭合作2000万元、绵阳祥辉实业有限公司开发“九寨金色时代广场”项目住房按揭合作3000万元。

信用卡、POS商户及代理业务：调动客户经理、利用各自关系资源，同时结合公务卡消费纳入财政报账系统及全县使用公积金联名卡查询账务等之际，主动营销信用卡产品。要求客户经理凡新增贷款客户在发放贷款时，对符合发卡条件坚持营销信用卡。加强公司、个人客户联动配合，对符合发卡条件均营销信用卡。采取上下联动、主动营销方式。2014 年，支行新发展签约特约商户 51 户，新增布放 POS 机具 56 台其中新签约分期付款商户 1 户，完成计划 335%。代理业务中，按照各代发工资单位要求，将其提供工资数据进行处理，生成委托交接单，并提供给网点，2014 年全年发放工资 5.5 万余户，金额 2.6 亿元，代扣医疗保险和社保 2300 户，代扣总额 320 万元，批量新开二代社保卡 4800 余户。

“三农”服务：县域是业务发展传统优势区域，“三农”客户公私联动营销，是整合“三农”和零售业务产品资源，实现县域客户资源价值回报最大化有效途径。首先做好惠农卡小额助农取款新增布点调查、选择、安装、维护等工作，计划新增助农村金融服务站 2 个，完成人民银行继定目标任务。保持“讯通工程”好做法，以“金穗惠农卡”“讯通工程”发展为契机，争取财政补贴资金“一卡通”兑付农户补贴资金，年内已向各相关部门报送配合实施方案，争取农户资金归行率。以“迅通工程”为契机，营销转账电话，推动惠农卡发行。按照支行年初既定目标。做好农户小额贷款投放工作，在控制好风险前提下，完成 2014 年投放任务。

信贷：2014 年，加强对不良贷款和潜在风险客户贷款清收工作，以不断提升信贷质量。年内现金收回不良贷款 2500 万元，使不良贷款余额降至零；收回潜在风险客户贷款 2790 万元，完成州分行下达任务；提升关注类贷款 66200 万元，收回关注类贷款 7700 万元。稳定核心客户贷款占比，年内新增贷款全部投放给合作关系良好、综合回报较高、风险可控的高价值客户。年末 A+级及以上法人客户贷款占比 98.1%，较年初增加 11.8 百分点，全行信贷结构得以进一步优化。

财务管理：学习新财务制度，严格审核各类票据真实性，把好各项费用开支第一关，保证业务费用服务于业务，控制业务招待费、业务宣传费、差旅费、会议费、修理费，加强成本管理，严肃财经纪律，费用开支做到“一支笔”“一本账”“一口出”财务审批体系；费用总额控制在州分行下达额度内。推进“三化三铁”创建工作，夯实运营基础管理。支行在组织领导、宣传动员、考评督导等方面加大推进力度，推进营业部“三铁”单位，营业部争创“运营基础管理先进单位”样板网点。实现“良好”单位 100%。加强三基培训，制定考核方案。为 2014 年“三基本”培训学习目标实现，以“三基本”为具体抓手，利用晨会、营业网点周会、运营主管例会等及时传导新制度、新业务、新要求，不断强化员工案件防范意识、自我保护意识和合规操作意识，确保其业务素质、操作技能、服务质量能够满足全行业务快速发展需要。一方面加强“三基本”业务培训与指导，开展业务培训及授课；另一方面利用网络学院系统及响应平台“每日一练”“自由测试”，组织“三基本”业务知识考试，验证培训效果，组织全行柜员及运营主管进行摸底测试，柜员“三基本”考试合格率 100%。利用人民银行出台有关在全省金融机构全面推广应用支付密码政策，动员各网点加强宣传和营销力度，对 2014 年新增开户单位存款人应开通支付密码，12 月 31 日前完成存量单位存款人支付密码推广应用。切实提高对账质量。做好客户账户对账协议签约工作，签约率 70.64%。做好每月、每季度对账单发出收回工作。2014 年，对账单发出收回率 100%，对账率 100%。

中国建设银行股份有限责任公司
九寨沟支行

【机构】 支行下设景区分理处、办公室、客户部、业务管理部。

【领导名录】 行长：何凤耘，副行长：丁世勇，风险经理：严巍，纪检监察特派员：高跃军。

【业务经营指标】 全口径存款余额 12.06 亿元，比年初增长 1.55 亿元，年增速 14.74%。其中，对公存款余额 7.79 亿元，比年初增长 0.83 亿元，年增速 11.96%；储蓄存款余额 4.27 亿元，比年初增长 0.72 亿元，年增速 20.18%。各项贷款余额 8.96 亿元，较年初下降 0.35 亿元，全年新发展小微企业贷款客户 5 户，小微企业贷款余额 2049 万元，较年初新增 253 万元。实现中间业务收入 645 万元，完成目标任务 115%。实现利润总额 2875.32 万元。

【内控管理】 在业务发展同时，支行坚持强化管理，严格内控，基础管理水平不断提高。落实内控管理各项规章制度，防范各类操作风险。开展案件专项治理，推进案件防控及整改工作，支行全年无案件、无重大违纪违规事件、无重大责任事故发生。做好维护稳定和信访工作，支行职工队伍稳定、和谐，全年无一例上访事件发生。不断加强风险管理，强化各级人员风险管控意识，依法合规经营，基础管理水平得到提高。

【案件防控】 支行层层签订《安全生产综合治理目标管理责任书》，与员工签订《员工遵章守规承诺书》。支行“一把手”每季度召开一次安全保卫工作例会，分管行领导每月召开安全管理例会，听取各部门有关安全保卫工作情况汇报，分析、研究和布置整改措施，落实责任人，明确下一阶段安全保卫工作重点和任务。

九寨沟县农村信用合作联社

【机构】 县联社内设“五部一室”即：营业部、稽核监察部、风控部、信贷管理部、财务信息部，办公室。

【领导名录】 理事长：王锡云，监事长：李晓蓉，副主任：施德全、赵彦。

【信贷资金营运】 截至 2014 年末，县联社各项贷款余额 65105.88 万元，增幅 24.76%，其中涉农贷款余额 58465.1 万元。不良贷款余额 2121.86 万元，占比 3.26%，较年初下降 2.08 个百分点。绝对额下降 662.66 万元。

【支农再贷款使用】 *种养殖业贷款*：2014 年，发放种养业贷款 3300 万元，其中种植业贷款 1880 万元，支持农户 1813 户（购买种子 360 万元，购买肥料 410 万元，购买农膜 230 万元，购买农药 260 万元，购买农用机具 220 万元），春耕其他贷款 400 万元；养殖业贷款 1420 万元，支持农户 539 户（购买仔猪及种猪等 550 万元，圈舍加固维修 220 万元，购买饲料 415 万元），农业产业协会担保贷款 200 万元，养殖业其他家畜贷款 235 万元。

农户加工业贷款：2014 年，发放农户加工业贷款 1700 万元，藏云露乳酒厂流动资金 100 万元，天鹏再生资源开发有限公司流动资金 300 万元，林红实业有限责任公司技改项目 800 万元，九农酒业有限责任公司 80 万元，其他农户加工业贷款 420 万元。

农户住房贷：2014 年，发放农户住房贷款 1620 万元，支持隆康新区农户微型宾馆项目改造贷款 580 万元，支持永丰特色农家乐 150 万元，支持玉瓦乡农房改造装修项目 210 万元，支持农户装修贷款 180 万元，支持其他农户住房贷款 500 万元。

农户其他贷款：2014 年，联社发放农户其他贷款 1360 万元，支持漳扎镇旅游环线农户经营宾馆、藏家乐、旅游产品销售等项目。为推动县经济发展，增加农民收入，将继续加大对农户其他贷款投放力度。截至 8 月底，已发放农户其他贷

款480万元。

【财务收支】 经营规模：2014年末，全县农村信用社各项存款余额80781.05万元，较年初增加12828.98万元，增幅18.88%，各项贷款余额65105.88万元，较年初增加12922.45万元，增幅24.76%。

风险防控能力：2014年末，全县农村信用社贷款损失准备金5677.68万元，贷款损失准备金覆盖率267.58%。

资产质量：2014年末，不良贷款余额（五级分类）2121.86万元，占比3.26%，较年初下降2.08个百分点。绝对额下降662.66万元。

盈利能力：2014年末，全县农村信用社实现利润（拨备前）2431.85万元，同比增长338.21万元，增幅16.15%。

自助设备建设：2014年，县联社新安装存取款一体机4台；新安装POS机30台，金融服务已覆盖全县17乡镇59村，覆盖率百分之百，完成迅通工程建设三年规划第三年任务目标。

【稽核监察】 县联社稽核部通过序时稽核和专项稽核发现违规问题38个，处罚责任人38人次，经济处罚6950元。加大对安全保卫投入力度，全年投入安防建设资金28万元，比同期减少12万元，安装新建营业部业务库指纹锁门2个，全辖增设监控点4个，新增110联网4个；技防系统建设升级情况，全辖安装视频监控系统、报警系统、其中新增4处、全辖只有视频监控系统、报警系统进行互联。全年举行防火、防抢劫安全演练2次，提高安全防范软硬实力。

【安全保卫】 制订金库管理制度，重新修订完善处置突发事件应急预案和押运制度、印发省联社出台一系列安全保卫相关制度，明确各岗位人员职责，要求做到制度上墙、措施到位、技能熟练、内容清楚。县联社年初就与公安局签订安全防范责任书，并与各社层层签订《安全防范责任书》《社会治安综合治理责任书》《消防责任书》，各社与友邻单位签订《联防协议书》。

【人事】 随着统一法人改革工作完成，县联社组织框架也已搭建完成，岗位职责、规章制度日趋完善。在党员教育管理上，坚持“三会一课”制度。严把入党关口，坚持和完善发展党员公示制度，对吸收的每一名预备党员和转正党员均张贴公示，征求广大群众意见，保证党员质量，联社支部吸收中共预备党员2名，转为正式中共党员2名。通过建立健全“党员组织生活”“党员民主评议 ”“党内监督”“入党积极分子教育培养”“创先争优”“党内考评”等制度，规范基层党组织主要任务和职责，加强和改进组织制度，探索新领导方式和方法。为提升队伍建设专业化、知识化、年轻化，结合制度落实年活动开展，县联社全年举行涉及财务、信贷、稽核、安全、党建、文秘等相关知识培训8期，培训260余人次，参加省联社、州办事处统一组织各类培训30余人次，选派3人参加成人专升本考试已被录取。提高员工队伍文化素质。

中国人民财产保险股份有限责任公司九寨沟支公司

【机构】 公司内设综合部、业务一部、业务二部、漳扎营销服务部、农险部、理赔部。

【领导名录】 经理：肖安宁；副经理：鞠津坪、肖兴才（2014年2月止）。

【保费收入】 2014年，九寨沟支公司实现保费收入2179.58万元，其中农险实现保费收入

28.49 万元。在抓主险车险同时不放松其他险种发展，涉农保险取得发展。

【风险管控能力】 强化内控，持续推进依法合规建设，提升风险管控能力。据实全额入账保费收入，确保业务数据真实可信，不虚挂应收保费。据实列支手续费佣金，确保中介业务真实可信，不委托未取得合法资格机构或个人从事保险销售活动，不向不具有合法资格机构或个人支付手续费佣金。遵守财经纪律，做好财务预决算，不做账外账，不设小金库，不使用虚假票据，严格审核报账票据，报账人员能清楚说明报账明细，避免任何人报销虚假费用。列支公司各项成本费用，确保财务数据真实可信。

【涉农保险】 2014 年，支公司发展涉农保险业务，将中央、地方惠农政策落实到实处。在发展传统涉农险业务同时不断创新发展新险种。2014 年，能繁母猪保险，育肥生猪，政策性牦牛保险，藏系绵羊保险都取得发展。在 2014 年九寨沟县有 70%农户在支公司办理政策性农房保险。

中国人寿保险股份有限公司
九寨沟县支公司

【机构】 公司内设经理室、工会、综合管理部、客户服务部、个险部、团险部、松潘县营销服务部。

【领导名录】 经理：高富平（2014 年 6 月止），副经理 ：张夕键。

【保费收入】 总保费：2468 万元，其中续期保费 1180 万元，新单保费 1118 万元，短期险保费 1121 万元。

个险渠道：首年期交 167 万元；短期意外险 43 万元，短期健康险 127 万元。

团险渠道：总保费 951 万元，短期意外险 837 万元，短期健康险 114 万元。

理赔数据：全年理赔件数 1554 件，理赔金额 342 万元。

【经营工作】 个险渠道经营：完善管理制度，加大管理力度，加强员工制度化、规范化管理；加强培训，提高营销队伍整体素质；推进客户经营常态化，提高客户服务理念；加强团队自主经营意识，优化险种，调整结构，提高公司业绩。团险渠道经营：农村小额意外伤害保险、女性安康险、旅游景区人身意外险、建筑工程险、小额信贷险、学平险等项工作有序开展。

【后勤保障】 客户服务：为跟进后勤支撑，公司客户服务逐步完善各项客户服务措施，强化员工服务意识，不断提高服务质量和工作效率，加大保全服务、查勘理赔、回访工作力度，柜面管理更规范化、标准化，提高柜员素质。

综合管理：公司财务遵照执行财务管理制度及法规，规范操作流程，加强费用管控，做好税金申报等日常工作；单证、印章管理执行上级公司相关管理办法及要求，规范管理和使用流程；信息技术同步跟进公司整体运转，保障信息及系统办公畅通。

【劳动人事】 按照国家《劳动法》和上级公司相关规定，为公司员工签订劳动合同，执行法律、法规规定劳动者工作、休息时间和请、休假规定；为聘用员工购买养老、医疗、失业、生育等社会保险，办理住房公积金，解除员工后顾之忧，同时建立公司激励机制，激发员工工作积极性和主观能动性。

【内控合规】 坚持依法合规，防范经营风险是公司立足根本。根据上级公司合规管理文件精神及要求，公司加强组织领导，落实责任，开展第三次财务真实性数据自查自纠、综合治理销售误导工作自查自纠、内控合规自查自纠、重要单证管理自查自纠、印章管理自查自纠及其复查等工作。做好反洗钱工作，开展诚信守信宣传活动，全面依法合规确保公司业务正常发展和整体规范运作。

城乡建设

城乡规划建设和住房保障

【机构】 2014年8月，城乡规划建设和住房保障局下设机构规划市政设计所更名为村镇规划建设管理服务所。县城乡规划建设和住房保障局内设办公室（行政许可股）、城乡规划与监察管理股（风景名胜管理股、世界自然遗产管理办公室）、城乡建设管理股、住房保障股；下设直属副科级事业单位：县城建监察大队、县城乡环境综合治理办公室；下设站、所：县村镇规划建设管理服务所、县建设工程质量安全监督站、县建筑造价站、县建设工程质量检测所、县房屋产权管理所、县漳扎规划建设管理服务所、县永乐规划建设管理服务所。

【领导名录】 党组书记、局长：殷占军（2014年12月止）、高水平（2014年12月起），纪检组长：彭江，副局长：汤丽、程杨、吴全贵、刘先林（援藏、2014年7月止）、张佃春（援藏、2014年8月起），城建监察大队大队长：高子星。

【城乡规划管理】 2014年8月，完成《九寨沟县漳扎镇至县城生态山水花廊建设》项目编制，已通过专家评审。该项目以生态休闲农业塑造生态长廊，以沿线村寨塑造人文景观，围绕白河流域的景观主轴线，形成生态、自然人文融合的景观生态长廊，建设范围从漳扎镇隆康桥至县城岭岗岩隧道口，全长40公里。已完成前期的规划单位的招标工作，中标单位进行该项目规划的编制工作。漳扎镇7个村庄规划修编初步完成，经村委会讨论通过，按征求意见修改完善，报政府审批。

设计方案审批：对一般项目的建筑单体方案采取风貌委初审、规委会备案；对重要项目的选址和方案提交县城乡规划管理委员会集体研究决定。2014年，全年组织县城乡规划管理委员会2次，评审重要项目10余宗。

规划审批：2014年，全年办理《建设工程选址意见书》10份，办理建设用地规划许可证224份，办理建设工程规划许可证156份，办理乡村规划许可证7份，办理建设工程规划核实合格证107份。

违规建设整治：落实执法工作责任。采取划片包抓的办法，将执法监察任务分解落实到中队。漳扎中队具体负责漳扎镇规划建设执法监察工作。永乐中队具体负责永乐镇及安乐乡、永丰乡的村镇规划建设执法监察工作。每个中队又细化责任区域，将违章查处责任具体分解落实到每位执法人员。建立执法监督制度，加强日常巡查，各中队每天在各自的责任区内进行巡查，安排双休日、节假日加班，做到全天候全方位监管。巡查过程中填写《执法巡查日志》，及时发现和制止违章建设行为。强化内部督查，定期督查各中队违章案件查办情况，对督查中发现的执法人员对违章建筑监管不到位、处理不及时等问题按照《执法责任追究制度》《文明行业创建评比办法》有关规定进行惩处。全年处罚13个建设、施工及监理单位，17户村民违规建房，其中依法拆除2户村民违规建房，拆除总面积383.6平方米，罚款322390.72元。

【城乡建设管理】 建筑行业发展：全年建筑业总产值比上年同期增长13%。

建筑项目审批：2014年，受理工程项目报建45个，核发施工许可证37份，建筑面积140018.4平方米。办理合同备案73起，其中施工合同34起、设计合同22起、勘察合同17起、监督压证施工36起。参加公建项目公开招投标、公开比选、竞争性谈判监督工作31起，招标文件备案31起；中标通知书备案30起。施工图图纸审查备案22起，初步设计评审8起。

建筑市场监管：规范整顿全县建筑市场秩序。开展建设工程综合执法大检查，重点检查建设工程质量安全和各方主体的市场行为。2014年，针对市场行为、工程质量、施工安全3个方面组织质量安全大检查7次，对在建工程检查出违规建设项目6个，对查出来的问题进行查处。

【安全生产监管】 加强施工质量安全管理，依据《建设工程安全生产管理条例》及其它相关法律法规，将施工安全隐患排查和安全监督有机结合。配合“百日安全生产活动”“安全生产月”、汛期、节假日以及其他重点时期的安全生产大检查，到施工现场安全专项检查88余次，下发整改通知32份，停工通知5份，整改合格率100%。办理报监登记手续34个，建筑面积53716万平方米；签订《安全生产责任书》34份，受监率100%。落实项目负责人质量终身负责制度，要求各项目五大责任主体（指承担建设工程项目的建设单位项目负责人、勘察单位项目负责人、设计单位项目负责人、施工单位项目经理以及监理单位的总监理工程师）直接对项目质量终身负责。在工程项目开工前，五方责任主体的法定代表人必须签署授权书，明确项目负责人。下发《关于进一步加强我县房屋建筑及市政基础设施工程汛期安全生产的通知》，要求各安全生产责任单位认真制定汛期安全生产预案，落实安全生产责任制，加强汛期安全生产。到各施工现场进行汛期检查7次，下发整改通知6份，整改事项9项，整改合格率100%。

【工程款清欠】 根据国务院、省、州有关解决建设领域拖欠工程款的通知要求，继续开展解决拖欠工程款、民工工资专项治理工作。建立协调机制，制定清欠计划和工作措施，组织落实。

【燃气市场整顿】 全年开展3次燃气安全大检查，每月对管道燃气、灌装气经营场所进行不定期检查。发现安全隐患的，即责令限期整改，排除安全隐患，确保燃气安全生产，全年未发生过任何燃气安全生产事故。核实证件是否齐全，2个燃气供应点均取得燃气供应许可证，燃气操作人员都获得技术质量监督部门颁发的特殊行业上岗证。对硬件的检查，燃气硬件设施较完善，压力容器、安全附件、计量器具基本都能按期检验，燃气安全警报系统状况良好，消防设施基本符合规范要求，重要设备基本处于正常使用状态。制订安全规章制度和应急预案，未发现对超期未检、改装或不合格钢瓶进行充装。燃气储配库进行24小时值班制，做好燃气安全记录档案，对未取得燃气经营许可的九寨沟县威胜液化天然气销售有限公司进行专项调查，责令整改。

【重点项目建设】 漳扎镇人车分流系统建设项目：人车分流建设项目按照实施方案分为四期建设，到2017年全部建设完成，2014年重点进行一期建设。总项目已完成规划方案的编制，地质灾害评估报告的编制，正在进行可行性报告的编制。人车分流一期已完成可行性研究报告的编制及评审、地质勘测、土地预审、初步设计编制及评审、施工图设计、审查、清单控价编制、财政评审等工作；漳扎镇沟口辅助道路及桥梁改造工程完成监理比选，确定监理单位，两项目施工标正在评标结果公示阶段。

东山综合市场和东山市政道路（永乐镇道路桥梁）建设项目：该项目完成项目可行性研究报告、前期立项、地勘设计财政评审、地质灾害评估报告等前期工作，待土地利用总体规划调整后，编制初步设计方案，以便对项目建设方案尽快调整，更快的推进项目的全面建设。

九寨云顶建设项目：该项目会所、山门已基本完工；别墅主体结构、悦榕庄酒店主体结构完成；屋面工程、抹灰、保温工程、地面工程完成；总平景观园林铺装材料进场，开始铺装；水景主体结构、休闲平台砌筑、洗车房储藏室、会所前园路进行施工；云杉移植，落叶松、核桃树种植。

【保障性住房建设】 2013 年，续建的 60 套廉租住房，已经竣工。根据州委、州政府在 2014 年下达九寨沟县的 610 户藏区新居建设（农村危房改造）工作，正在实施。根据州委、州政府下达的 2014 年，民生工程目标，新建公租房建设目标任务为 409 套（九管局实施 45 套、观光公司实施 300 套、移动公司实施 24 套、县政府实施 40 套）。完成 40 套建设任务。根据《廉租住房保障办法》《公共租赁住房管理办法》《九寨沟县廉租住房管理实施细则》，复审上年 132 户廉租房住户，审减 10 户不符合入住条件的住户；受理本年度廉租房和公租房申请，正在进行审查。起草并通过《九寨沟县第一批公共租赁住房配租方案》《九寨沟县 2014 年藏区新居建设（农村危房改造）工作方案》《九寨沟县城市棚户区改造工程实施方案》。

【村民违规建房查处整治】 转变执法观念，加强组织领导，强化工作措施，提高文明执法水平。以规范为目的，原则上不"以罚代管，以罚代批"，未经审批的建设项目不允许擅自修建；以服务为宗旨，督促建设项目和其他重点项目按程序办理规划建设审批手续，引导村镇居民按规划合理建设村民住宅；以严管为手段，严禁在公路沿线和重点项目区周边乱修乱建；以法律为依据，对屡禁不止，违规修建的房屋，依法组织拆除，坚决维护规划的权威。落实执法工作责任，采取划片包抓的办法。监察大队办公室人员具体负责九环沿线及双河、永丰、安乐、白河 4 乡规划建设执法监察工作，漳扎中队具体负责漳扎镇规划建设执法监察工作，永乐中队具体负责永乐镇规划建设执法监察工作。每个中队细化责任区域，将违章查处责任具体分解落实到每位执法人员。要求谁的管辖范围内发现违章建设行为由谁负责立案报批和查处纠违；谁的管辖范围内出现管理空档，将严肃追究谁的行政不作为责任，使执法人员人人有负担，个个有压力，尽职尽责搞好本职工作。执法监督制度，加强日常巡查，要求各中队坚持每天在各自的责任区内进行巡查，双休日、节假日要合理安排加班，做到全天候全方位的监管。在巡查过程中要填写《执法巡查日志》，及时发现和制止违章建设行为，将违法建设行为控制在萌芽状态。强化内部督查。定期督查各中队违章案件查办情况，对督查中发现的执法人员对违章建筑监管不到位、处理不及时等各类问题将严格按照《执法责任追究制度》《文明行业创建评比办法》有关规定进行惩处。规范行政执法行为，在案件查办过程中严格遵循"立案审批—调查取证—行政处罚决定报批—事先告知—作出行政处罚决定—送达—执行"的办案程序。做到程序规范，事实清楚，证据确凿，适用法律准确，处理恰当，执法文书制作规范。建立统一的行政执法案卷保管制度，并由专人负责执法案卷整理归档工作。严格执行持证亮证制度。大部分执法人员，均经过培训考试合格后，申领行政执法证。在行政执法过程中，必须持证亮证执法，严禁不具备执法资格的人员从事行政执法活动，提高依法行政水平。2014 年，对 13 个建设、施工及监理单位及17户村民违规建房进行处罚，其中依法拆除2户村民违规建房，拆除总面积383.6平方米。罚款322390.72元。其余在建户全部实现按照审批依规建设。

【房地产管理及物业管理】 加强《房屋权属登记办法》《城市房地产抵押管理办法》《四川省城镇危险房屋管理办法》及有关法律法规的宣传工作。根据《中华人民共和国城市房地产管理办法》《房屋权属登记办法》在全县发放房产证810本。其中，办理房屋转移登记702起；办理初始登记102起；办理变更登记和遗失补证各6起。根据《城市房地产抵押管理办法》《担保法》开展房产抵押登记工作，受理抵押登记185件，发放房屋他项权证185本。根据《城市房地产管理法》和国家有关法规、规章的规定，办理商品房预售许可证2件。起草《九寨沟县规划建设局物业管理工作实施方案（草案)》，已经向县政府提交。根据《中华人民共和国物权法》《物业管理条例》等相关法律法规调解居民和物业公司的纠纷20起，缓解矛盾。

【干部队伍建设】 完善《考勤管理制度》《请销假制度》等一系列制度。对内部职能股室进行调整，对人员进行优化组合和责任分工，以调动广大干部职工的工作积极性。贯彻落实中央“八项规定”，并结合全县群众路线教育实践活动的开展，听取意见建议、查摆问题、强化自身学习、全力提高为民服务意识，从干部职工的思想教育、局机关日常管理、办公用品的节约使用、股室选人用人机制、办公室文件资料的规范管理等方面入手，转变干部职工的思想，促进干部职工的作风转变。强化干部职工的学习培训，对全局工作人员进行《中华人民共和国城乡规划法》《四川省城乡规划条例》《行政处罚法》《行政复议法》《行政诉讼法》《四川省城建监察规定》等法律、法规知识的培训。通过各项活动的开展，增强服务意识、履职尽责。

城市管理

【机构】 县城市管理局设办公室（挂行政许可股牌子)、市容环境卫生管理股、市政公用设施管理股、园林绿化管理股4个职能股室。

【领导名录】 局长、党组书记：陈登华，纪检组长：刘红平，副局长：王秋平、唐蜜（2014年9月止)。

【市容环境管理】 在城区环境卫生和市容市貌治理过程中，立足当前，着眼长远，将集中整治与长效管理有机结合，充分履行职责。在加大日常环境卫生保洁的基础上，将整治重点放在卫生死角、背街小巷等环境卫生的清理、治理上。按照城乡环境综合治理要求，督促环卫保洁承包商，提高城区街道清扫保洁质量，并实行城区内主要道路每天三班三倒18小时保洁制度，次要街道二班三倒16小时保洁制度，严格按照五级网络管理模式和重点特殊路段督查制度进行督促检查。洒水车根据季节变化和天气情况在24米大道及城区主要街道进行洒水作业。加大垃圾清运力度，及时清理城区内建渣、果皮箱内垃圾等8000余吨。督促环卫保洁承包商安排专人清理城区内“牛皮癣”小广告10000余张。定期对河道边白色垃圾、白色漂浮物等进行清理，保证河道周边的环境卫生。为保障高效、系统的管理城区内环境卫生保洁、园林绿化管理，调动环卫工人积极性、主动性，推行以人为本管理理念，向县人民政府申请增加环卫保洁、园林绿化管理承包经费，加大环卫资金的投入力度。城区的环境卫生保洁、园林绿化管理全部推向市场化进行管理。以“群众路线教育实践活动”“党员义工日”等活动为契机，推进环境卫生治理工作，净化城市环境，亮化城市容貌，美化城市风景，提升九寨旅游城市形象。

【市政公用设施管理】 本着“发挥功效、逐步完善、彰显特色”的原则进行规范有序的管理，严格执行《市政公用设施管理制度》，不断加大市政公用设施的管理力度。坚持日常巡查。配备专用车辆，加大城市道路、光彩工程设施等巡视检查频率，每日对管护设施巡视在2~3次以上，确保及时发现和修复市政设施缺损、移位、丢失现象，从源头上消除市政设施损坏带来的安全隐患。整治城区内经营性房屋安全及外观风貌整治工作，规范城区内落地店招及破旧的店招店牌等，提升城市形象和城市品位。加强市政设施安全隐患排查，做好防汛等工作，在上半年汛期期间，值班人员对城区重点地段及路段、下水道管网、市政设施（包括灯杆灯箱等）、河堤灯安全隐患进行排查，并在防汛重点部位制作20余个警示牌。并对城区地下管网，循环进行疏通清理、排涝等工作，避免管网无法正常发挥作用。光彩工程方面，坚持实行夜间巡查，发现问题及时处理，确保全城任何一处路（街）灯不发生连续三晚不亮的情况，新区、24米大道亮灯率98%，老城区亮灯率95%。加强对市政井盖、光彩工程等市政设施进行重点维护和管理，更换河堤灯、玉兰灯、1号桥桥头灯、中华灯、琵琶灯等更换2000余盏，更换景观灯1000余套，河堤灯罩700余个，景观灯玻璃500余张，维修更换市政井盖100余套，更换电缆线路100余米，路灯线路约3000米，城关大桥桥头设置玉兰灯杆4根。及时修缮市政公用基础。在强化公共厕所、市政井盖、光彩工程等重点市政设施维修、维护的基础上，加大对水景观、人行道、公厕等基础设施的维修与维护，维修人行道地砖800余平方米，维修木栈道1000余平方米，木栏杆100余米，更换景观钢化玻璃50余组，维修、更换公厕设备100套，有效地保证市政公用基础设施高效运转，并安排专人负责对公共厕所进行环卫保洁、巡查和维护。张家湾垃圾中转站维修工程，清理建筑垃圾896立方米，维修垃圾中转房1座，总投资18.84273万元，现已投入使用。市政基础公共设施建设。为完善市政基础公共设施功能，县城内市政基础公共设施现状，草拟出方案，已上报政府。经县委、县政府主要领导现场办公及批示，同意建设方案。苟家地生态停车场建设工程、雪莲停车场改建工程已基本完工；九寨沟县新区市政公共设施提升工程（二期）改造项目也处于前期准备建设工作中。

【园林绿化】 在园林绿化进行市场化管理过程中，按照“布局合理、设施完善、管理现代，生态专业与景观环境相协调发展的管理格局”管理目标。坚持实施日常养护为基础，强化园林绿化的技术性、艺术性管理，力求以园林绿化为支撑提升城市品位，彰显城市特色。在日常管理养护中，制订《九寨沟县园林绿化管理考核标准》，督促承包商按《九寨沟县环卫保洁、园林绿化管理招标文件》《九寨沟县环卫保洁、园林绿化管理合同》落实园林绿化管理，对园林绿化进行浇水灌溉、开展病虫害防工作、清理干枯树枝、对园林绿化区彻底进行卫生清理，确保所管园林绿化区域的干净、整洁，保证存活率。依照“技术化、艺术化、优美化、洁净化”标准，对城区管辖范围内的园林绿化进行集中管理，强化树木的造型、乔（灌）木及花草的协调搭配，做到搭配协调、错落有致，凸显美感和艺术性，彰显“艺术化”风格；及时对未成活的乔（灌）木及被破坏、老化的草坪进行翻种、补栽，上半年补植乔木25株、桂花树11株、乐昌含笑2株、灌木（万年青700株）35平方米、草坪660平方米；修剪草坪、乔木带20余次，清除杂草1200余人次；清理干枯树枝600余人次；浇水人工投入达1500余人次；开展病虫害防治工作共7次；驱赶啃食园林绿化牲畜近200头。

【城市监察】 按照“依法管理、文明管理、严格管理、高效有力”的市容管理要求，在推进城市市容管理过程中，坚持“疏堵结合、机动灵活、服务热情、教育为主”的工作方式，不断推进城市管理的规范化、秩序化。组织干部职工学习《城乡环境综合整治条例》《城市道路管理条例》等城市管理工作相关的法律法规，依法管理，狠抓突出问题重点整治。按照要求，加大对乱倒建渣、“抛撒滴漏”的查处力度，及时制止乱倒建渣50余起。疏堵结合，整治占道经营、跨门经营及乱停乱放。对滨江路、防洪沟临时摊点进行常态化整治，并于各经营户晚上收摊后，集中对遗留在摊区的泡沫、砖头、伞墩等杂物进行集中清理。强化对占道经营、跨门经营、夜市烧烤及流动摊贩的治理。为确保城市管理工作的正规、依法，要求城管大队工作人员统一着城管制服上班。按照城区非机动车辆停放要求，加强对非机动车辆停放的规范管理力度，规范非机动车辆停放5000余人/次。严格广告、店招店牌、横幅悬挂审批。严格按照《九寨沟县户外广告招牌设置管理实施细则》《九寨沟县建筑物外观风貌实施办法》规定严格审批横幅、广告、店招店牌，加大城区主要街道门面的店招店牌、橱窗、广告灯饰、标语牌、遮阳（雨）篷、横幅的管理力度，整治不规范横幅30余条，占道宣传、破道等12次。强化内部管理，严格管理。对市容管理工作人员进行划段分区管理，制定考勤制度，力求制度管人。对重点、难点地段实行重点监控，坚持值班守点制度，防止乱设摊点反弹，规范城管执法行为，改观城市秩序。

【机关工作】 2014年，明确工作职责及安全生产责任，完善《九寨沟县城市管理局安全生产责任明细表》《九寨沟县城市管理局工作职责明细表》。公布投诉电话，及时接听市民投诉和加强城市管理的意见和建议，动员全社会力量对城市管理工作进行监督；对接到的信访热线和相关部门反映的关于市容环卫、市政设施丢失、损坏以及管网堵塞等问题，快速反应，及时调查处理，下水道堵塞30余处，日办结率95%，对不能及时办结的投诉案件及时跟进和处理，投诉处结率100%。根据“一张笑脸相迎、一声问候请坐、一杯茶水解渴、一个满意答复、一声再见相送”机关工作要求，做好机关内务工作，提高办事效率，增强服务功能。加强城市管理宣传教育，撰写九寨城市管理工作信息10余期，县政府门户网站采用多期。

交通运输·邮政通信

交　通

【机构】 县交通运输局内设办公室（挂行政审批股牌子）、财务审计股、交通建设管理股、交通安全运输股4个股室。设交通质量检验监督站、农村公路养护管理办公室2个事业单位。

【领导名录】 局长：陶晓禾，纪检组长：彭世涌（2014年11月止）、张艳（2014年12月起），副局长：蒋平、马瑞志、邹华（2014年6月止）、夏奇仕（2014年8月起援藏挂职）。

【交通基础设施建设】 项目储备：按照《九寨沟县交通建设十二五规划》，加强项目储备工作。迭九公路县境内全长18.20公里（不含隧道），截至2014年12月迭九公路工程（四川段）已完成预可行性研究报告，并上报省发改委、省交通运输厅进行行业审查。县道九若公路全长135公里，向上级申报将九若路纳入路网规划调整，该道路已由XU03调整S445永和（九寨沟）—若尔盖段。

项目协调服务：绵九高速公路已完成初步设计，正在进行工可调整编制；九武高速公路（建设内容主要在甘肃陇南境内）已编制完成工可，正在进行评审；汶九高速公路已完成初步设计。配合项目业主（阿坝州公路局）做好漳（扎镇）上（寺寨）路、川九路路面改造工程的建设协调服务工作，2014年12月该两项工程已全面完工。

黄土梁隧道工程建设：黄土梁隧道主体工程全长4910米，九寨沟县段隧道路线长2772.5米（隧道长2447.5米），建设工期3年。该项目于2011年4月开工建设，由于设计深度不够，地勘不详，造成设计围岩等级与现场围岩等级不符，导致工程进展缓慢。截至2014年12月30日，完成主洞2000米，平行导洞2109米，累计完成投资18720万元，占总投资的78%。

交通部扶贫项目：甲勿池公路全长8.977公里，起于勿角乡甲勿口，止于甲勿海下的二道坪，道路采用山岭重丘四级公路技术标准设计，设计速度20公里/小时，路基宽度6.5米，路面结构5厘米厚沥青混凝土路面。州交通局批准预算3747.3546万元。该项目于2014年9月完成公开招投标，确定监理单位为四川四强建设项目管理有限公司，施工单位为四川祥誉建设工程有限公司（一标段）、四川创海建筑工程有限公司（二标段）。2014年12月30日前完成路基挖方7万立方米，完成工程投资400万元。安乐乡道上桥重建工程，路线全长76.44米（其中桥梁全长48.04米），桥宽12米，桥梁上部采用2×20米预应力砼简支小箱梁，下部为桩式桥墩盖梁轻型桥台，预算总投资517.3156万元，工程于4月11日进场施工，截至2014年12月已完成工程投资240万元。

其他交通工程项目：漳扎镇转盘疏散通道，该应急工程涉及2处（彭丰、九通），全长0.605194公里，建设投资约170万元。该项目于2013年9月10日进场施工，2014年4月28日全面完工。126林场公路工程，该项目起于K0+000神大路，止于k6+169（126林场场部），全长6.169公里。按山岭重丘四级公路标准建设，设计速度20km/h，路面有效宽度为4.5米。该项目通过公开招投标，2014年5月全面完工。漳扎镇郎寨桥梁工程，郎寨村桥是漳扎镇郎寨村与S301线的连接工程，是郎寨村最重要的基础设施。该桥全长22.04米，宽7.5米，桥面采用水泥混凝土。经九寨沟县发改局批准立项，于2014年7月9日完成比选，确定施工单位为四川利德建筑工程有限公司（中选价50.02万元）；监理单位为德阳市四维公路工程咨询监理有限责任公司（中选价17596元）。截至2014年12月该工程已完工。

农村公路（通村连户路）建设：2014年，实施整县推进农村公路建设。开工建设农村公路（通村连户路）项目20个，总里程58.36公里，计划建设资金1482.22万元。资金来源为历年上级农村公路建设补助资金和结余的水毁补助资金。该20条道路按照“政府主导、村民自主”的原则，采取“一事一议”的方式，由乡（镇）村承担业主并组织实施，县交通局负责道路建设的技术指导和质量监管，截至2014年12月底全面完工。

农村公路安保工程：为提高农村公路安全保畅能力，结合“全省民族地区农村道路建设示范县创建”工作方案，2014年计划安装99.86公里的波形护栏。县乡道公路安保设施（路侧护栏）里程49.068公里，建设资金1553.4407万元。该项目于2014年11月7日在阿坝州交易中心开标（2014年10月14日第一次招标流标），按照招标程序，现已进场施工，截至2014年12月完成10公里。村道公路安保设施（路侧护栏）村道里程50.792公里，建设资金1313.91万元。该项目于2014年9月完成采购公开招标，现已完成5公里，截至2014年12月完成30公里。

道路运输站场建设：按照全省运输站点规划布局要求以及“全省民族地区农村道路建设示范县创建”工作方案，加强客运站点建设。截至2014年12月九寨沟县城、九寨沟口2个县级客运站提升改造项目正在办理前期相关手续；漳扎镇公交车招呼站和乡村客运站正在开展选址和风貌设计等工作。

【运输管理】 截至2014年9月，完成货物运输量23.5万吨，货运周转量6110.1万吨公里；旅客运输量完成235.6万人次，客运周转量完成32908.6万人公里。

运输市场监管：2014年5月30日起与公安、交警、旅游等部门进行联合执法，查处非法营运等各种交通违法行为，规范、净化交通运输市场。截至2014年11月，出动执法车1000余车次，上路执法5000余人次（包括公安、交警、旅游执法人员、协管员），路检路查车各种车辆6500余辆（涉嫌非法营运车辆150余辆），处理投诉案件60余起，警告教育违章车辆300余辆。按照相关规定，按标准将油补资金足额发放到91辆农村客运、22辆城乡公交车、242辆出租汽车的经营车主手中。

交通运输服务水平：2014年春运期间，投入车辆3000余辆（包括出租车、公交车、班线车、旅游车），运输旅客13.08万人。严格实行24小时值班制度，做到及时受理旅客或经营者的投诉，接旅客投诉12起，处理投诉案件12起，做到及时受理，及时查处，有报必查，查实必纠。10月1—7日，投入车辆2633台次。其中，摆渡车辆135台次，运行1200趟次，疏散旅客5.6万人次；班线车辆311台次；观光旅游2187台次，为过往游客提供舒心畅通的交通环境。

【交通安全监管】 交通安全源头管理：执行“三把关一监督”“三品检查”“五不出站”制度，加强企业管理人员、从业人员的宣传教育和安全意识培训，采取明查暗访、联合大检查的形式，加大交通安全工作的宣传、监督、管理。截至2014年12月开展交通安全生产宣传咨询活动4次，悬挂安全生产宣传横幅2幅，出动宣传车4次，出动执法人员32人次，发放宣传资料100余份，查处并整改安全隐患22处，与各施工项目部签订《道路安全畅通责任书》7份。

道路运输的巡查：对县境内危桥险路进行全面排查和整治，截至2014年12月修复护栏（索）立柱316根，校正安装护栏（索）500米；设置临时警示标志标牌18处，校正公路标志标牌2处。年初结合“百日安全生产活动”，购买工业盐37吨、防滑草垫1000余捆，做好冬季道路打冰除雪，完成“春运” 的道路安全保畅工作。

应急抢险保障：组建公路应急抢险队伍，进行应急物资贮备，机具车辆合理摆放。建立灾害情况日报制度、维稳值班制度、汛期值班制度，制定完善《汛期抢通保通工作预案》、完成重大道路保障任务8次。2014年，启动防汛预案20余次，干线道路累计投入机械台班68个，清理垮方31032立方米；农村公路累计出动养护机械120余台次，运输车辆256车次，投入人工2160个工日，清理山体垮塌物925处，清理垮方93210立方米，清理边沟56公里，除杂草120公里。

【交通公路水路环境整治】 加强国省干线道路巡查和日常养护保洁工作，确保路面、路肩、边沟、桥涵、边坡整洁，道路安全畅通，每月路面保洁175公里，截至2014年12月，清捡垃圾60吨，清理公路乱堆、乱放12处，处理违法违章行为14起。加强对客运企业站前广场、人车进出通道、候车售票厅、停车场卫生的管理，完善无障碍通道、标志标识、广播公示等设施；要求维修企业、洗车场、驾校等做好场地内的环境卫生，合理规划和合法利用作业场地，杜绝占用公路路面修车、洗车和随意摆放配件工具污染场地。以“创建民族地区农村公路建设示范县”为契机，指导各乡镇加强县乡道路养护管理，做好日常养护保洁工作，加强对桥梁、排水沟、涵洞内的杂物清理；并制止路面两侧乱堆乱放、取石取土、乱搭乱建等行为，确保道路干净、整洁、安全、畅通。要求各交通工程施工单位加强施工现场管理，严格做到施工现场公告牌和安全标志牌清晰规范、指示明确，进场材料堆放合理，施工机械摆放整齐，严格控制噪音污染和扬尘污染。按照“门前三包，门内达标”的要求，坚持每周集中清理1次机关卫生，每月集中打扫2次责任片区。

【行风建设】 在全系统干部职工中开展“党的群众路线教育实践活动”“走基层、送温暖”“党员义工日”等活动，完善九寨沟县交通运输局的《考勤制度》《公务车辆管理办法》《公务接待管理办法》《公文办理管理办法》《工程款计量、支付流程》《工程项目变更审批程序》等制度，开展行风建设、纠风工作，开展创建“文明车站”“文明窗口”“文明道班”等活动；在行政执法人员中全面开展实行“五项禁令”制度，在全系统开展创建“学习型执法队伍”活动；在重点工程建设领域，继续实行“双合同”的制度。创建白河、牌坊坝2个县级文明养护站。开展行政效能建设，按照服务经济、服务基层、服务群众的“三服务”要求，做好行政审批事项的清理，要求公路分局、运管所做好行政处罚等事项的清理规范以及公开；做好局党务、政务、财务三公开，做到建设项目、办公用品采购、资金使用安全透明。

【教育职工培训及交通宣传报道】 2014年，加大对系统内科技、教育的投入，截至2014年12月已送工作骨干赴外参加学习培训16人次，提高职工的业务知识。加强宣传报道，截至2014年12月已经上报政务信息35期，上报“富民路·连心桥”简报35期，上报党的群众路线教育实践活动信息23期。办理人大代表和政协委员的意见和建议9件；受理群众、游客的来电来信152件。

公路管理

【机构】 公路管理分局设行政办公室、党支部工会办公室、路政安全股、工程股、财务股、机料股、劳动人事股，养护站 16 个（朝阳、上甘座、勿角、勿角林场、黄土梁 、郭元、安乐、牌坊坝、白河、松林坝、沙坝、达基寺、九道拐、红岩、塔玛、二道岭）。

【领导名录】 局长：冯忠荣，党支部书记兼工会主席：任柯宇（2014 年 1 月止）、吴俊波（2014 年 4 月起），副局长：李军（2014 年 6 月起），李鹏（2014 年 8 月止）。

【干线公路管养】 小修保养：按州局下发养护目标责任及县民生工程目标责任要求，省道 205、301 线管辖公路路面综合状况 PQI 值 85。整治省道 205 线路面沉陷、坑凼约 1.5 万平方米。清理边沟 9518 米、清理涵洞 1 道、维修涵洞 12 道。维修治理损毁桥梁护栏 1 处，全县桥梁护栏（栅）涂漆约 3171 平方米。

大中修工程：应急抢险修复省道 301 线 K63+799~K63+894 段路基缺口挡土墙 602 立方米。治理 K71+300~K71+320，K52+780~K52+820 路基缺口。上甘座超限检测站及养护站建设工程项目进入实施阶段。

公路绿化美化：巩固省道 301 线九寨沟沟口至九寨沟县城段 35 公里 GBM 工程示范路段和省道 301 线川九路文明样板路 56 公里示范路段公路绿化和美化成果。完成省道 301 线九寨沟县城至沟口沿线绿化撒播草种约 40000 平方米。

防洪抢险：全年水毁累计 31032 立方米，投入机械台班 112 个。

【农村公路管养】 为实现“建、管、养、运一体化”，细化、完善农村公路管理养护办法，加强农村公路的管理与养护。按照县委、县政府的要求，县交通运输局与全县 17 个乡镇签订《农村公路养护目标责任书》，将全县 589.58 公里的农村公路都纳入管养范围，由乡（镇）人民政府进行日常管养；县交通运输局则根据职能职责以及相关规定开展定期或不定期的巡查、考核，并实施应急抢险工程和跨方清理等工作，确保县境内所有农村公路的安全畅通，解决群众出行困难的问题。

【路政管理】 为维护公路路产路权不受侵犯，路政执法人员定期和不定期对农村公路进行巡查，对占用、利用、破坏公路等行为依法处理，加大《公路法》《路政管理条例》宣传，提高广大人民群众爱路护路意识。2014 年，路政执法人员上路巡查 700 余人次，发生占用公路及公路用地 14 起（处理 14 起），拆除非法设置非公路标志标牌 17 起，清障排障 102 处，处理公路接道 3 处、违章建筑 2 处。发生损坏公路及其设施案件 14 起（处理 14 起），挽回路产损失 10.5020 万元。

【安全生产】 2014 年，未发生安全事故，三项指标严格控制在上级下达的控制数内。年初，结合“百日安全生产活动”，购买工业盐 37 吨、防滑草垫 1000 余捆，做好冬季道路打冰除雪工作。今冬贮备工业盐 33 吨、防滑草垫 530 余捆，贮备涵管 12 根，全力做好今冬明春安全生产工作。

运　管

【机构】 县运管所内设办公室、财务统计股、运政业务股、安全驾培股、漳扎镇公路运输管理站。

【领导名录】 所长：侯红荣（2014 年 1 月起），副所长：粟旭芳。

【指标任务】 道路运输行业安全生产：2014年，全县营运车辆未发生1件源头在九寨沟县的道路运输交通事故。完善应急处置方案，完成春运、黄金周运输组织任务；开展客运企业质量信誉考核工作，建立健全考核档案。并结合维修企业年度审验工作，对驾培和维修市场进行整顿，提高服务质量；开展道路旅客运输企业安全生产动态考核，抓好道路运输企业、客运站安全生产评估工作，落实客运站源头安全生产管理责任，落实企业安全生产主体责任。

道路运输站场建设：与交通局开展2个县级客运站提升改造项目的前期工作。由于绵九高速、川九高速、火车站规划，现有五级站到时必将无法满足客运需求加之永丰乡、安乐乡离县城较近，新建客运站利用率不高，因此，本着在群众出行的同时有效、合理地利用现有资源的原则，已向县人民政府申请将永丰客运站、安乐客运站的建设地址和投资规模调整至永和乡、马家乡。漳扎镇公交车招呼站已完成前期的选址和风貌设计工作。财务、票证管理：严格按照上级下达的工作目标，健全各项财务制度，在票证管理上，严格把关、领发、使用、缴销，实行专人专管，票据填写规范且没有丢失现象发生，做到及时上缴，及时缴销，在规定的时间内上缴工本费。

【主要措施】 运输市场的培育和监管：全面落实费改税后国家实施的财政燃油补贴政策。按照州处要求，对农村客运、公交车、出租汽车燃油消耗情况进行统计，全县有农村客运91辆（小型车85辆、中型车6辆），公交车22辆，出租汽车242辆。按时完成客运车辆燃油补贴的发放工作，严格按照上级的通知精神，专款专用，按标准足额发放到各个经营车主。抓好春运工作。按照州运管处、县委、县政府的要求，精心组织，强化监管，完成2014年春运工作任务，实现构建“平安春运”“和谐春运”的目标。据统计，2014年春运期间，投入车辆3000余辆（包括出租车、公交车、班线车、旅游车），运输旅客13.08万人。严格实行24小时值班制度，做到及时受理旅客或经营者的投诉，接旅客投诉12起，处理投诉案件12起，做到及时受理，及时查处，有报必查，查实必纠。打击非法营运，维护运输市场秩序。与公安、交警、旅游等部门进行联合执法，针对非法营运车辆现状在全县范围内开展打击非法营运工作。完成“十一”黄金周旅游保畅工作，负责道路保畅、车辆停放和游客疏导、负责摆车辆的调派、临时征用旅游大巴等工作。10月1—7日，投入车辆2633台次（其中摆渡车辆135台次，运行1200趟次，疏散旅客5.6万人次，班线车辆311台次，观光旅游2187台次）。

道路运输行业安全管理：组织安全生产年活动。重点组织开展安全生产活动，组成汽车站、道路运输企业、汽车修理企业、驾培企业隐患治理工作组，到安全生产基础较薄弱的企业开展活动。做好交通运输行业汛期安全管理工作。针对高温雨季集中的特点，分析汛期有可能给交通道路运输行业带来影响的各种因素，坚持汛前检查制度，制定《九寨沟县汛期安全应急预案》，采取措施做好防汛准备工作。

维护交通行业社会稳定：按照“谁主管谁负责”的原则，加强领导，落实责任，定期排查，强化调处，及时妥善处理好行业管理不规范问题、企业矛盾问题等容易引发不稳定因素的问题，以及运输市场出现的新矛盾新问题，采取抓住关键环节、重点领域、重要时段维稳工作的措施，及时化解矛盾纠纷。

邮　政

【机构】 内设市场部、监督检查部、综合办公室，下设漳扎邮政支局。

【领导名录】 局长：郭永利，局长助理：袁雯晴（兼职市场部主任）。

【业务收入】 总收入：2014年1—11月，全局邮政业务总收入152.21万元，完成年计划收入的82.21%，差计划17.79百分点。

单项业务收入：在三大业务板块中，邮务类业务收入完成69.85万元（无门票收入），完成州局计划85.51%，同比下降11.28%；代理金融类业务收入完成41.95万元，完成州局计划87.4%，同比增长12.02%；代理速递物流类业务收入完成17.6万元，完成收入计划55%，同比下降31.03%。

【邮务类板块】 函件方面：以游客为主导消费群体和目标，以旅游经济带动邮务类业务。抓好通信票的销售和宣传，满足游客寄递无资明信片的需求；开发制作以九寨美景为题材的邮资明信片、邮资封产品，丰富邮政旅游产品市场，成套或单枚销售以满足游客的不同需求；推动个性化定制产品市场，以校园为突破口，打开个性化相册的销售市场；重点发展国内小包和经济快递业务，用快捷低资费来抢占物品寄递市场。以普通包裹的低资费和百年邮政老字号品牌为优势加强邮政包件宣传，促进邮政包件业务。在做好新邮预订和新春贺岁邮品销售工作的基础上，着力于旅游市场纪念邮品的开发，以游客消费习惯和心理为出发点，发挥九寨沟纪念邮票名片优势，开发丰富的中低档价位集邮产品（如：九寨套票型张邮折、九寨方连型张邮折、九寨专题邮册等），配以九寨沟6枚专用纪念邮戳做好做大邮品销售。继续做好机票、火车票、客车票的订票宣传工作，扩大邮政票务影响力度和占有比。

代理金融板块：继续抓好代理邮储业务，在稳定现有储户的基础上，广挖储源，发展新储户，促进漳扎代理网点储蓄余额发展稳中有升，合理调整储蓄业务种类结构，合理利用业务资金，争取企业收益最大化。

代理速递业务：全县境内5家社会物流快递公司（韵达、中通、圆通、天天、宅急送）相继开业，另有申通正在筹建中，社会物流快递公司以收费低和每日运输等便利吸引大量顾客群体，邮政速递倍受影响，速递业务收入成下滑趋势。做好邮政速递宣传和服务工作，以百年邮政的品牌优势稳定公函、证件及贵重物品寄递群体，逐步扩大带动新的消费群体。

分销业务：继续以产品质量优势做推手，做好酒水、日化和粮油产品的推广和销售工作。

【安全生产】 安全工作重于泰山，在抓好生产工作的同时狠抓安全工作，坚持“安全第一，预防为主”的方针，着力抓好用车、用火、用电、及工作场所安全防范管理和教育等基础工作。抓好安全生产、安全保卫、等日常工作，抓好长效管理和教育，抓好规范管理和制度建设，巩固成果，提升管理水平，加强薄弱环节的管理，把工作抓紧抓实。

电 信

【机构】 下设政企客户销售组、渠道客户组、网络运营组、双河支局、光网分局。

【领导名录】 总经理：周文龙（2014年11月30日止）、刘建（2014年12月1日起），副总经理：罗红霞。

【通信能力】 2014年末，全县电信网络（固定电话、宽带、CDMA移动网络）覆盖1镇（永乐镇）9乡（永丰、白河、安乐、双河、勿角、马家、罗依、保华、郭元，实现全县景区和九环线主要乡镇的4G网络覆盖。

【经济效益】 2014年，围绕“一去两化新三者”核心战略方向，加快实现划小变革、降本增效、区县抢盘、流量经营、服务领先等工作，牢牢把握“三抢三抓”总体工作方向，结合“两情系、一转变”治企理念，创新发展、务实进取，各项工作有序开展，实现收入目标。

【基础设施建设】 2014年，全县建4G网移动基站12个，实现全县主要交通干道和居民住宅区的无缝覆盖。光网建设已经实现全光县城。光进铜退建设完成S1240的关电退网工作。完成勿角、郭元、双河光网宽带建设。完成县城机房的标准化建设。

移动通信

【机构】 移动公司设综合部、市场部、网络部、政企客户部、渠道、代维。

【领导名录】 总经理：孙剑飞。

【运营收入和通讯能力】 2014年，累计运营收入3700万元。集团客户1.3万户，累计上网用户4.2万户。

【企业管理】 坚持“原创是创新，学习是创新，应用是创新”的管理理念，并在经营管理中不断积极实践，以创新成就卓越。营造创新文化，从技术创新、管理创新、业务和服务创新着手塑造创新型企业。公司建立起科学高效的决策机制和运营管理体系，通过实施战略管理、预算管理、绩效管理、集中化管理、风险管理、省市一体化管理、信息化管理、打造学习型企业等一系列高效管理举措，实现全方位的企业管理改进和提升。

【基础管理】 2014年是“转型发展”年，结合行业内外竞争形势，单纯依靠新增客户和传统业务增长带动公司快速发展的模式难以为继，只有以改革创新为手段，才能推动转型，实现可持续发展。必须做到“四个快转”：思想观念要快转、能力建设要快转、组织架构要快转、战略执行要快转，并坚持要求县公司全体干部员工切实做好思想和行动上的转型，“不迟疑、不观望、不拖延、不甘落后，直面问题、攻坚克难、千方百计、加快转型，提升竞争力”，落实“工作以市场为中心，管理以财务为核心，产品以客户需求为导向，服务以客户满意为标杆”的总体思路，真抓实干、务实精进，以良好的精神状态和过硬的业务技能，确保“换挡”不“失速”，实现“弯道赶超”。

【“宽带乡村”工程】 “宽带乡村”工程是践行国家“宽带中国”战略、推动宽带公共基础设施在农村发展与普及的重要举措，更是促进城乡经济一体化发展的重要基础。九寨沟县将在全县所有乡镇具备开通光纤宽带的地方铺设光缆宽带网络。在已通光纤宽带的区域，推广FTTH光纤入户，提升农村宽带接入能力，开展农村信息服务，为群众提供综合信息服务，打造集移动通信工具与固定通信工具相结合的综合业务区。

【“村通”工程】 完成全县所有未通行政村移动通信覆盖，阿坝州行政村移动通信扶贫工程宣告全面完成。村通工程实施以来，公司建成村通GSM基站67个，解决全县17个乡镇、120个行政村的网络覆盖。全县行政村覆盖率100%。

【网络建设】 截至2014年底，全县2G网站点167个、3G站点65个、4G站点93个，覆盖120个行政及10户以上自然村。覆盖风景区、漳扎镇、县城区、县城周边部分乡镇。2014年，启动4G建设项目以来，九寨沟县已经完成93个站点建设、宏站79个、室内分布系统14个，主要覆盖县城区、漳扎镇、风景区。县城区平均覆盖密度为小区半径300米，漳扎镇平均覆盖密度小区半径370米基本满足连续覆盖，鉴于高频段的TDD制式穿透能力不足，室内、低矮楼层覆盖效果还比较差。风景区内已经覆盖景点、游客休息区、聚集区。由于管理局对生态环境管控严格，4G 一期主要以共址建设为主，通过多方协调仅批准新建基站 3 个。

联　通

【机构】 联通公司内设综合办公室、客户服务中心、营销中心和运行维护中心。

【领导名录】 总经理：高亮（2014 年 12 月 19 日止）、高镔（2014 年 12 月 20 日起）。

【重点工作】 年初，与九寨沟县广播电视台签订互联网手机电视业务；又与九寨沟县电视台达成本地新闻上传互联网专线的租用协议。5 月，完成黄埔电力公司 E 信通业务的开通；6 月，加入到马脑壳金矿综合通信业务的竞争当中，最终凭借的多年合作的关系和优质的方案争取该用户的续约，并且提升该客户的贡献收入；按照公司的要求重点工作放在“智慧九寨”战略合作协议的签订上，于 8 月 19 日与九寨沟县人民政府达成一致协议，完成该框架协议的签订，为以后的集团行业业务突破打下坚实的基础；9 月，在集团标准化行业应用产品推广上也取得突破，蓝信标准化产品，在九寨沟县第一小学使用。

【网络提升】 在黑河、玉瓦完成节点站的建设，调整传输组网结构，改变以前简单的串联式的组网方式，利用节点站和同缆，完成双路由的保护。针对马脑壳金矿大客户网络运行专项保障，优化黑河至马金矿的传输组网，为该大客户的续约打下坚实的硬件保障基础，是谈判成功的重要砝码；优化提升勿角片区的网络运行稳定性，同样在勿角完成节点站的建设，打通勿角至黄土梁隧道的直连通道，保证该片区，重点基站和业务的稳定运行。7 月，完成九寨沟新区 3G 广覆盖的优化项目，完成新区建行、九力大厦站点搬迁硬件扩容，九寨新城、广播电视台、中医院的小区覆盖调整。完成若尔盖至九寨沟干线建设的协调工作，该项目的光缆建设已经完成，正在进行紧张的设备安装及调试工作。

【员工综合素质提升】 采用每周的定期学习计划，不光在平时组织学习公司的业务知识，还培训活动中加入一些加强团队竞争和协作的拓展训练活动科目，以每周员工轮流出题和主持的模式，来加强员工之间相互帮助、团结向上的精神活力，在培训时让大家更容易、更直观地认识团队协作的重要性，从而达到举一反三的目的，加强平时工作中未曾注意到的细节，改变工作作风，从而达到整个综合素质的提升。

【渠道建设情况】 4 月，新区营业厅装修后完成招商工作，5 月 1 日开店营业，九寨沟县实体厅店 2 家。对县辖内的便利性渠道重新布局和新建，截至 11 月，累计新建便利性渠道 15 家，便利性渠道 33 家。

【客户维系】 承接州公司对客户经理的考核体系，抓好 3GVIP 用户维系，1—9 月完成公司 75%的保有目标，全年计划保有目标 71%。

教 育

九寨沟县年鉴 2015

教育管理

【机构】 县教育局内设综合办公室（挂学校安全管理办公室牌子）、人事监察股（挂行政许可股牌子）、教育管理股（挂县语言文字工作委员会办公室牌子）、计划财务股、大学中专招生委员会办公室、县人民政府教育督导室设在县教育局。教育局设直属教育事业单位4个：九寨沟县教育局电教教仪站、九寨沟县教育局教研室（挂九寨沟县教育局中小学心理健康教育研究室牌子）、九寨沟县教师进修学校、九寨沟县学生资助管理中心。下设机构各级各类学校23所，其中高完中1所、初级中学2所、小学17所、幼儿园2所。

【领导名录】 党组书记、局长：高恺衡（2014年12月22日止）、段季康（2014年12月31日起），纪检组长：彭波，副局长：杨茂和、李家琪（2014年9月22日起），招办副主任：刘君。

【教育发展】 2014年，学前一年儿童入园率91.37%，学前两年儿童入园率87.1%以上，学前三年儿童入园率83.32%。全县小学正常适龄儿童入学率99.9%，辍学率控制在1%以内，毕业率100%，完成率98.76%，文盲率0；全县13—15周岁适龄少年入学率94.37%，辍学率控制在3%以内，毕业率100%，完成率92%，全县7—15周岁“三残”儿童入学率90%，高中阶段入学率84%。

学生资助：完成贫困学生家庭的入户调查、建档，普通高中国家助学金的认定、资料收集和资金发放等工作；2014年，普通高中国家助学金资助高中学生1662人次（春季854人、秋季808人），合计发放资助金124.11万元（750元/生）；对省属高校毕业生16人进行奖补学费，兑现资金17.4万元；为95名贫困大学生办理生源地助学贷款，落实资金57万元；对152名学前幼儿（包括村级幼儿）500元/生进行资助，兑现资金7.6万元；资助优秀高中毕业生540名，兑现资金120.2万元，分别按照500元、1000元、2000元、3000元/生的标准资助小学、初中、高中、大学生422名，兑现资金60.6万元。

营养改善计划监管：严格实行营养食品验收制度，加强食品安全监管，提高学生膳食质量，确保营养改善资金全部用于学生。2014年，享受营养餐学生8233人，其中义务教育阶段学生7453人、乡镇学前教育学生780人（午餐补助），全年累计使用营养改善资金3896895.98元。

国家“免减补”等政策：做好义务教育“两免一补”、高中“两减一助”、学前教育的“一免一补”、高海拔取暖补助、藏区“9+3”招生，开办村级幼儿教学点等工作。为7453名义务教育阶段学生免除学杂费547万元，落实生活补助

704.59万元；减免高中生学费100.192万元，书费60万元；免除学前教育学生保教费158.625万元，落实午餐补助106.1168万元。加强对三项资金的使用监管，确保惠民政策落到实处。完成藏区“9+3”招生157人。落实1400人高海拔取暖补助金28万元。

义务教育：均衡配置教育资源，合理调配师资，加强城乡教师交流，严格控制班级规模，实现义务教育均衡发展，2014年秋季第一小学、第二小学起始年级招生班级规模控制在45人以内，指定第四小学为外来务工人员子女就读学校。

【素质教育】 全面发展：始终突出德育的首要地位，坚持从培养学生的基本道德品质和基本行为习惯入手，强化文明行为习惯养成教育，突出心理健康教育，侧重培养学生可持续学习的能力，继续在全县中小学开展“每天锻炼一小时 健康生活一辈子”的主题教育活动，组织春、秋学期运动会，增强学生体质，开展美育教育，促进学生体艺素质的增强。2014年3月17—21日，组织5444人（小学六年级、初中、高中学生），分5批次开展“故乡情 九寨行”社会实践活动，增强学生爱家乡的情感；组织“童年阳光梦想”庆“六一”表彰暨文艺汇演活动。开展“走复兴路 圆中国梦”“中国梦 九寨梦”“故乡情 九寨行”“三爱”等征文活动；“走复兴路 圆中国梦”讲故事及演讲活动；“学雷锋志愿服务队”活动及“讲文明 树新风”活动，促进学生全面发展。

地方教材：坚持以课堂为主渠道、主阵地，加强地方课程建设，将地方文化渗透进课堂教学，“千把琵琶进校园”活动成为学校的一道亮丽风景线。

教育督导：建立教育督导机制。委托懂教育、热爱教育的社会人士、退休教师开展教育督导，聘请3人为教育社会监督员，加强对依法执教的监督。

【队伍建设】 师资队伍建设：落实各项政治、业务培训学习，开展师德师风专项教育活动，转变工作作风，加强校风、教风、学风建设；修订、完善教师绩效考核、评先评优、岗位聘任细则和职称评定方案；充实教师队伍，确保教育教学的基本需要，2014年，新增教师13名（外县调入5名、安置“9+3”毕业生8名）；继续加强县校合作，改进培训方式，提高培训效果，落实各级培训任务，825人次参培（国家培训127人、省级培训78人、州级培训467人、县级培训153人）。

校长治校水平：强化校长培训，采取“请进来、走出去”的培训模式，组织学校行政人员在川师参加教育行政管理培训，提高校长的管理水平；做好中小学校长及中层干部选拔任用工作，通过公开考核的形式考选校长后备人才10名；举办校长论坛，搭建管理经验交流平台，促进管理能力提升；建立目标考核机制，实行校长任期目标责任制，将校长任期目标任务完成情况作为对校长奖惩、交流、任免、提拔的重要依据，对工作不在状态、慢作为的陵江小学、双河小学班子及时进行调整，从校长后备人才库中提拔任用2人担任校长。

教辅人员管理：加强临时人员管理，制定《住管员、炊事员、保安员管理办法》，规范编制外人员的聘用、辞退工作，对教辅人员实行政治素质与品德、工作能力与绩效、工作态度与纪律等全面考核，促进其热情待人，耐心细致，主动服务，优质高效的意识。收回九寨沟县中学外包食堂，聘用炊事员32名，加强全县学校工勤人员队伍建设。

教师队伍激励机制：落实《九寨沟县教育跨越发展规划》，对名优骨干教师实施奖励政策，评选并表彰奖励名教师14名、优秀教师50名、骨干教师100名、优秀教育工作者10名；组织评选推荐“四川省优秀教师”2名，“阿坝州优秀教育工作者”4名，“阿坝州优秀教师”6名、“四川省农村义务教育学校贡献奖”2名。

【教育教学质量】 提升学校内涵：抓住第一小学创建“语言文字示范校”契机，在全县学校范围内推行说普通话，写规范字的活动，举办中小学“汉字听写”大赛。为迎接2015年的义务教育均衡发展示范县验收，各校按照“品位高雅 文化浓郁”的要求，认真审视学校的办学理念，加快校园文化建设进度。

提高教育质量：要坚持抓好有效课堂教学。本着“以学定教、为学而教、先学后教”理念，紧扣“基础性、主体性、有效性”要求，加速有效课堂教学模式的探索，组织一小、二小教师送教下乡5次，累计300余人次参加教学研讨会。坚持抓好有效质量监控。把监控的着力点落实到教学流程管理中，以监控管理环节的有效性增强教学质量的有效提升。督促专兼职教研员经常到学校及课堂指导教育教学工作，保证质量的持续稳定提高。2014年，小学初中教学质量继续保持稳中有升势头，高考成绩名列全州前三，其中文理科硬上本科线66人、艺体类本科文化专业硬上省线8人。

【教育管理水平】 财务管理与监督机制：健全财务管理责任制和责任追究制，实行重大财务事项集体决策和审批制度，加强校长离任审计。人事、财务、纪检等相关股室对调整、调离的校长进行财产、财务移交监督。完善校产管理制度，规范校产管理程序，对全县学校校产进行再次清理核实和维护，提高校产管理水平和使用效益。

督导检查：局党委和纪检组召开行风建设推进工作会议，对群众反映的学校班子不力、食堂饭菜质量问题、教师有偿补课、村幼教人员行为不规范、个别教师家庭麻将等问题进行专题调查处理，维护教育形象。

【教学环境】 安全排查：为加强安全工作，保障广大师生的生命财产安全，营造良好的教育教学环境，构建和谐校园，教育局与各校签订安全责任书，各校开学之前排查存在的安全隐患，制定措施得当的预案，开展安全防灾减灾应急演练活动，提高中小学生防灾、减灾、自救、逃生能力。教育局联合相关部门开展校园周边环境综合整治，给学校营造一个安宁的教育环境，给师生一个舒适的工作学习环境。

维护教育系统稳定：做好信访维稳工作。畅通诉求渠道，妥善解决矛盾纠纷和群众困难，做好来人来访人员的政策解释工作。加强对重大节假日、敏感时期维稳工作，加强舆情信息收集分析判断，建立维稳值班制度，坚持24小时值班。完成解放以来786名代课教师的清理补偿工作，补偿资金405.264万元。

【基础建设】 完成校舍及校园附属建设项目3个，完成项目投资720万元，新增教学用房1820平方米、教师周转房58套2026.5平方米、其他建筑面积864.5平方米。完成漳扎镇小学引水工程，永和、大录、玉瓦小学室外配套设施及玉瓦小学、县第二小学校舍维修改造项目，完成项目资金82.6万元。安乐乡中心校教学用房及附属工程、郭元乡中心学校边坡治理及室外配套设施项目相继完工；完成投资260万元的行动计划项目勿角中心幼儿园及附属工程建设，建筑面积1030平方米；完成黑河中心校、县中学、漳扎小学、玉瓦中学、双河小学食堂改造项目计划，改造面积7000余平方米，投资300余万元。投资40万元完成第四小学校门口人行通道及附属工程项目；完成马家幼儿园改造工程。为各村级幼儿园采购安装价值102万元的幼儿图书、柜架、教玩具，投入48万元配备一批远程教育设施设备；完成价值105万元的十年行动计划设备设施采购项目；投入92万元添置一批课桌凳；投入118万元添置学生床上用品4000余套；完成第二轮十年行动计划（2011—2020）规划工作。

【亮点工作】 “两下一访”活动：密切机关与学校、县城与乡镇、学校与家长的联系。在教育系统开展“机关下学校、县城下乡镇和大家访”

活动。局班子成员及股室到各校园开展走访、调研、指导工作，收集基层学校及教职工的意见和建议40余条，撰写工作调研报告4篇；全县中小学教师到学生家中，与家长交流培养学生成人成才的有效方法，反馈学生的在校表现，密切家校联系。

“三心”活动：强化师德教育。结合党的群众路线教育实践活动，利用周前会、职工会和集中学习时间加强教师的职业道德及法制教育，让每位教师知法、守法、用法，严格依法执教。规范办学行为。严格落实省州有关办学行为的规定，开展形式多样的教师职业道德及“三风”建设教育活动，严肃查处工作敷衍、有偿补课、乱收费等违纪违规事件。强化教育科研。各校落实每周一次的主题教学研讨活动，通过公开课、优质课、研究课等活动，提高教师的教育教学能力；以开展课题研究为抓手，提升教师的教学研究水平，增强对教育教学的指导作用，组织评审验收21个县级课题。申报州级教育科研课题10项；推进教师教育教学成果交流平台建设，推荐35项教师优秀论文、教学设计、优秀课例参加省州评选；组织南中、一小、四小、一幼、二幼学科教师积极参加省州赛课活动，九中参加高中各学科教师课堂教学技能竞赛，四小教师获主题班会活动竞赛省二等奖；召开一、二小毕业年级管理、教学和复习阶段研讨会；协助州教科所完成了县中高三年级备考调研工作；高考前筹集资金10万元解决高中毕业年级的经费困难。

素质教育：推进课程改革实践，继续实施高中课程改革，按照课程标准，开齐开足课时，培养学生的创新能力、实践能力、分析解决问题的能力，落实省教育厅《加强体育工作意见》。通过开设第二课堂，建立兴趣小组等方式，丰富学生的课外活动；依托乡村少年宫培养学生的科技创新能力，让学生在快乐的活动中增强素质。

九寨沟县中学

【机构】 县中学内设办公室、教导处、德育处、后勤处、校团委、现代教育科技中心、教研室。

【领导名录】 校长：崔照华，副校长：赵志刚、王林、胡学勇、金戈、王生（援藏干部2014年7月止）、张建华。

【德育工作】 德育工作以《中小学德育大纲》为指导，坚持立德树人，树立“育人为首，德育先行”的育人理念，优化班风、校风、教风、学风建设，以抓好学生行为规范教育为前提，构建平安、和谐、文明校园为主导。开展“我的中国梦”，践行社会主义核心价值观等主题教育实践活动，开展学生社团活动，推进校园文化建设，培养学生团结、文明、健康、向上的精神品质。加强德育队伍建设，不断提高德育队伍的整体素质。加强班级管理，促进德育工作稳步发展。加强校园文化建设，优化育人环境。加强学生的思想道德教育和行为习惯的养成教育。拓宽德育渠道，发挥“三结合”教育优势。通过参加各级安全工作培训、德育工作培训，使广大教育工作者拓宽了视野，提高应对风险处置能力、管理能力和各项活动的组织能力，从而提高学校教育水平。

【教学常规及教研管理】 教学常规管理：继续抓好教学常规管理工作，贯彻执行上级部门相关课程计划，加强学籍管理，加强教师常态课的课堂常规管理，加大对备课、上课、作业批改、课后辅导的检查或抽查力度，并将结果及时反馈，以促进行教师责任心的提高。以“高考、会考”复习备考工作为主线，提升复习备考效率，提高会考与高考的成绩。搞好大型考试的组织工作。加强第二课堂、研究性学习、综合实践活动，同时重视劳技教育和艺术体育教育，加强对学生的环境保护教育及心理健康教育。

教研管理及教师培训：加强备课组的管理。加强教师教学技能提高。加强教学研讨、研究工作。组织教师参加上级教育主管部门组织的各类教师培训活动及教学研讨会，并邀请专家、学者到校举办讲座，进行交流，传授教学经验。外出培训学习教师回来后在校内或组内进行交流汇报。同时，通过课题研究的示范带动，引导教师深入研究，积极合作，不断提高教研水平。2014年，有2个课题获县一等奖，2个课题获县二等奖，另有一些省、州、县课题已经立项或正在研究中。

【招生及教学质量提升】 加强对招生工作的规范管理，学校成立招生领导小组，组织相关人员加强招生宣传工作。2014年，高、中考的成绩稳中有升。高考参考656人，硬上省本科线66人（其中重点本科），软上（加照顾分）省本科线达104人，有513人达到省专科参考线，本科录取110人，专科录取500人，二专以上总录取率96.2%。

【党组织建设及群团工作】 学校党建工作以开展党的群众路线教育实践活动为重心，按上级要求完成每个阶段的工作任务。开展学生业余党校的培训、组织学员开展社会实践等活动。加强党员新生力量的培养工作，确定入党积极分子培养对象教师1人、学生4人，转为预备党员1人。同时，加强对工、青、妇及职代会工作的领导，发挥各群团组织的民主监督作用，履行参政议政、民主管理、民主监督职能（学校重要制度、方案均通过职工代会讨论通过后施行），使学校管理逐步走向依法管理、科学管理和民主管理的轨道。

【党务、校务、财务公开】 利用校园网络平台、公示栏、教职工大会等途径，及时对学校党务、校务、财务进行“三公开”，对学校重要决定，财务收支管理情况，学校各项制度、方案等进行及时公示，让广大教职工及时知晓，及时得到贯彻落实。同时按时足额发放各类助学金及寄宿制经费。

七一南坪中学

【机构】 七一南坪中学内设德育处、教务处、后勤处、办公室。

【领导名录】 校长、党总支书记：马正平，党总支副书记：杨路军，副校长：周蜀坪、何建辉、蔡锡华。

【教学教研】 抓好教学常规，强化落实。作息时间及课程安排。完善制度，下达要求。每月进行一次常规检查，及时反馈信息。加强教研组、备课组管理。 规范教师教学行为。本学期教务处在校长的指导下进行查课，密切关注各教师执行常规及各班课堂教学情况。 开展“名优教师展示课活动”、教学开放日活动，唱好课堂教学重头戏。严格考试管理，确保考试检查的可信度和权威性。“扎实”抓好初三教学工作，努力提升教学质量。从学校的实际情况出发，教务处根据初三年级的实际情况进行调整、增加初三学生的课时数。为全面提升初三年级成绩打下基础。针对上学期末各科考试成绩，特别召开初三质量分析会。召开初三家长会。以研兴教，提高教科研能力，促进教师专业化成长。加强理论学习，提高教师自身知识修养和文化内涵。开展名优教师展示课，教师相互听课180节。上报2个“州级课题”在研州级课题1个，校级课题8个。推进创建“书法特色学校”活动。学校组织县级教学经验交流大会。推进教师交流，国培9人次，省培38人次，校本培训120余次。2014年，初三毕业班在中考中全县前100名，进入67人。初一、初二年级在无前100名的情况下，初一进入60人、初二进入42人。

【德育工作】 加强德育队伍和制度的建设。完成对2014级16位班主任工作选拔和聘任工作。继续坚持每周周一的班主任例会制，及时传达上级精神、安排近期工作和班主任培训工作。定期召开德育工作例会，加强了学生常规管理工作和安全工作的落实以及各部分工作的衔接。坚持对升旗仪式、专题教育、收假、班主任例会等的考勤制度，强化工作纪律。完成德育考核制度，制定星级班级评定制度。每周对班级管制刀具、卫生、教室布置、班级文化，学生校牌、校服着装、仪容仪表等进行常规检查。建立家校联系，形成教育合力，提高教育效果。学校重视安全教育活动，由学校领导小组，安办组织的大规模排查10次；安全小组组织巡查、检查平均每周1次；消防安全实行24小时值班；校内保安在校随时巡查。组织安全教育活动16次；撰写安全教育简报16期；组织安全疏散演练8次。各班组织黑板报1次。法制专题教育活动4次。国旗下讲话4次。组织全校师生网络安全知识竞赛1次。组织全校学生安全知识竞赛1次。开展校内安全、交通安全、禁毒防艾、消防安全、法制教育、森林防火、防灾减灾、防恐反暴、打非治违等安全教育活动。举办一年一度的学生才艺展示活动，并在“一二·九”举办七一南坪中学“第四届艺术节”活动，全体教职员工、学生得到锻炼，得到欢声笑语。

【党务及群团工作】 加强执政能力建设为主线，全面提升党员综合素质。加强政治理论学习。推进学习型党组织建设。加强基层组织建设为目的，全面落实党建目标责任制。落实党建工作责任制。抓好支部班子建设。坚持制度规范管理。深化创先争优活动。加强党组织的建设。以加强党员队伍建设为重点，全面提升为民服务本领。做好党员发展工作。加强党务干部建设。做好党建常规工作。以保持党的先进性纯洁性为目标，全面加强党风廉政建设。加强党员干部作风建设。落实党风廉政建设责任制。以发挥群团作用为桥梁，营造健康向上的氛围。发挥工会优势和群团作用。加强学校和谐文化建设。革命优良传统教育常抓不懈。开展环保教育。 定期召开团委会、民主生活会、团支部书记大会，做好团员登记，建立团员档案，搞好团员注册，按时如数向团县委上缴团费，如数订阅团报团刊等。组建学校陈列室，创办“环境友好学校”，创办“素质教育学校”。接受四川省“素质教育评估”合格，接受教育局年终“目标管理检查”等。

卫 生

卫生和计划生育

【机构】 11月27日，九寨沟县卫生局和九寨沟县计划生育局，因机构改革合并为九寨沟县卫生和计划生育局。办公室（信访办）、规划财务审计股（项目办）、行政审批股（行政审批、政策法规、宣传）、卫生应急办公室（疾病预防控制、爱卫办）、人事股（科技教育）、医政药政股（九寨沟县献血办公室）、计生与妇幼卫生股（信息化与统计）。下辖医疗卫生计生机构30个，其中县级综合医院2所（县人民医院、第二人民医院），县级民族医院1所（县中藏医院），公共卫生机构5所（妇幼保健院、县疾控中心、新农合办公室、卫生执法监督所、计划生育技术服务站），镇医院1所，中心卫生院2所，乡卫生院15所，社区医疗服务站3个，口腔门诊1所。

【领导名录】 卫生局局长：刘义芳（2014年11月止），党组书记：高灵杰（2014年12月止），副局长：熊波（2014年8月止）、赵素兰（2014年12月止）、张莉（2014年12月止）。人口和计划生育局局长党组书记、局长：殷剑虹（2014年12月止），纪检组长：蔡兴全（2014年12月止），副局长：刘萍（2014年12月止）、欧燕（2014年8月止）。卫生和计划生育局局长、党委书记：李昌勇（2014年12月起），纪检组长：李德军，副局长：张莉（2014年12月起）、刘萍（2014年12月起）、李刚（2014年12月起）。新农合办公室主任：党国庆。卫生执法监督所所长：张茂良。

【医药卫生体制改革】 基本医疗保障制度：为着力解决群众“看不起病”的问题，逐年提高新农合覆盖率，降低报销门槛，提高报销比例，减轻群众个人支付的医药费用负担。2014年，全县应参合人数49197人，参合农牧民人数49197人，参合率100%。截至12月31日，到位资金1923.66万元，上年结余资金129.74万元。全县报销医药费1919.42万元，参合农民受益人次106194人次，收益面占参合总人数的216%。资金滚存结余133.97万元。

县级公立医院改革：2014年3月，九寨沟县被确定为全国县级公立医院综合改革第二批试点县。全面启动取消药品的加成，推行县级综合医院院务公开和平安医院的创建工作，开展卫生系统纠风工作，加强对医疗药品挂网采购工作的管理和监督，执行收费标准，实行药品网上集中招标、阳光采购，增强医疗收费透明度。

公共卫生服务均等化：加强健康档案管理，全县建档71358人，完善建档67676人。老年人管理5942人，高血压管理2225人，糖尿病管理262人，重性精神病管理46人。加强健康教育健康促进工作，全年开展公卫进农家156次，健康咨询 62800 人次，发放宣传资料 10 万余份，发送健康知识短信 65000 条。率先在全州开展乡村医生签约服务，为老百姓提供便捷的公共卫生及基本医疗服务。

实施分级诊疗制度：九寨沟县率先在全州实施分级诊疗，为确保双向转诊工作实施，鼓励患者在基层就医，及时开通绿色通道，并免收挂号费、一般诊疗费及下转患者住院门槛费，冲减上转患者住院门槛费。

【疾病预防控制】 疾控中心通过二级乙等标准化建设等级评审。截至 12 月 31 日，九寨沟县无甲类传染病发生，报告乙丙类传染病 10 种 149 例，发病率 179.13/十万，与上年同期比下降 19.46%，发病数和发病率均为全州排名最低。完成一轮麻疹和两轮脊灰疫苗补充免疫工作，接种 18577 针次，接种率 99.42%。艾滋病、结核、乙肝等重点传染病防控工作加强。包虫病管理 13 人，对农牧民开展 B 超检查 7450 人，学校儿童 B 超检查 3898 人。马家乡创建为四川省卫生乡镇，漳扎镇彭丰等 9 个村创建为四川省卫生村。在永丰乡新坪村等建设无害化卫生厕所 300 座。

【计生服务管理】 2014 年，全县实际出生 781 人，占任务数的 72.3%；符合政策生育率 97.1%；人口自然增长率控制在 6.94‰，基本实现低出生、低死亡、低增长。“三结合”工作州下达的任务数 420 户，其中新增 86 户；实际落实 420 户，其中新增 90 户，分解到 17 个乡镇，并与帮扶部门直接挂钩，全面落实“三结合”任务。计划生育家庭奖励扶助对象 309 人，特别扶助对象 34 人，“少生快富”工程确定 12 户，实现奖励扶助对象“零”误差；县级财政投入计划生育经费人均 12 元。孕前检查在农村全覆盖的基础上将城镇居民纳入参检，参检人数 110 对。各项指标均在目标控制范围内，完成目标任务，推动人口计生工作健康、持续、稳定发展，荣获州目标考核一等奖。

【医疗服务】 县人民医院借“二甲”复审之机打造数字化医院，中藏医院通过中医医院“二级甲等”达标评审。基本建成“1 小时医疗服务圈”，并完成《九寨沟 1 小时医疗服务圈实践与探索》专题片拍摄，且荣获全州二等奖。开展“服务百姓健康”活动，提升服务能力和群众就医感受，全年诊疗患者 303870 人。完善义诊巡诊常态化机制，开展巡诊义诊 49 次，义诊 12126 人次，免费发放药品价值 10 万元，免费检查 10563 人次。完善城乡对口帮扶机制，提升基层医疗服务能力。组织无偿自愿献血人数 160 人次，献血量 42000 毫升。

【妇幼保健】 全县妇幼保健工作稳步推进。全年发放农村孕产妇住院分娩补助经费 20.25 万元，产妇系统管理率 90.5%；免费发放叶酸 1855 瓶，全县孕产妇叶酸服用人数 443 人，服用率 58.9%；住院分娩率 96%，孕产妇建卡 726 人，建卡率 96.5%；产后产妇访视 731 人，访视率 97.2%；孕产妇 0 死亡；新生破伤风 0 死亡；围产儿死亡 9 人，死亡率 11.8‰；7 岁以下系统管理 5733 人，管理率 88.3%；新生儿访视 733 人，访视率 97.6%；3~6 岁儿童体检 1674 人；妇女病普查 7697 人，普查率 57.3%；完成免费 HIV 筛查 621 人，感染者所生新生儿免费接种乙肝免疫球蛋白 30 人。婚前免费医学检查 16 人次。

【卫生监督】 为确保广大游客和人民群众的身体健康，加大对公共场所、学校等单位的监督检查力度。全年检查公共场所经营单位 1100 余户次，发放卫生监督意见书、责令整改 67 户，卫生行政处罚 1 户，罚款金额 2000 元。公共场所量化分级管理评级 142 户，评定指标 95%。采集送检水样 25 个。集中开展医疗机构监督检查 4 次，不定期抽查数次。制定下发《2014 年药店坐堂行医整治工作实施方案》，杜绝药店非法行医。对开展放射诊断的 3 家医疗单位专项检查 4 次。

【基础设施建设】 村卫生室建设项目：98个，规划总投资686万元，经审议调整后80个，已开工68个，开工率85%。

乡镇卫生院周转房建设项目：5个，中央资金115万元，总建筑面积805平方米。调整后周转房建设项目2个。陵江乡卫生院周转房前期可研批复完成；隆康卫生院周转房项目前期实施方案批复完成。

急救中心建设项目：规划总投资183万元，急救车辆2台已投入使用，土建工程施工图纸设计已完成。

区域中心建设项目：规划总投资2000万元，新建医技综合楼8366平方米，已完成项目招投标。

疾控中心实验楼建设项目：估算总投资300万元，新建实验楼1200平方米及附属工程，施工图纸设计完成。

【人才队伍建设】 通过“天使计划”“直招”等，多渠道招录充实专业技术人才30人。选派到国家、省级卫生机构及三级医院进修学习医务人员10名，参加短期各级各类培训班30人次。远程会诊3次，专题教学18次，远程教学6次，参训150人次。全科医师专岗培训7人。乡村医生参加阿坝卫校中专学历教育53人。卫生局举办专题业务培训班2次，乡村卫生人员业务培训170人。乡镇卫生院到县级医疗机构进修20人。

妇幼保健

【机构】 县保健院内设办公室、妇产科、妇保室、儿保科、B超室、治疗室、检验室、药房、男性婚检室、女性婚检室。

【领导名录】 院长：侯元辉。

【医疗诊治】 2014年，加强妇女儿童保健工作，对县城托儿所及幼儿园体检1442人次，检查率86%。全年门诊人次6990人，收治住院120人次，病床工作日527床日，下乡指导妇幼保健工作130天。孕产妇752人，建卡726人，建卡率96.5%；早检704人，早检率93.7%；产检715人，产检率95.2%；住院分娩721人，住院分娩率96%；产后访视731人，访视率97.2%；孕产妇系统管理680人，管理率90.5%，无孕产妇死亡。

【妇女儿童管理】 7岁以下儿童管理5733人，管理率88.3%；3岁以下儿童管理2895人，管理率89.5%；5岁以下中重度营养不良0人，5岁以下儿童血红蛋白检查1442人，中重度贫血5人。出生低体重儿20例，百分比2.66%。婴儿死亡3人，死亡率3.99‰；新生儿死亡3人，死亡率3.99‰；围产儿死亡9人，死亡率11.8‰；新生儿苯丙酮尿症筛查713人，新筛率94.9%。20—64岁妇女病普查7697人次，比例57.3%，查出妇科病2134人次，妇科患病率27.7%，阴道炎人数1247人，妇科患病率16.2%，查出宫颈炎人数808人，患病率10.5%，乳腺癌4例，尖锐湿疣3例，子宫肌瘤72例，无淋病、宫颈癌。

疾病预防控制

【机构】 内设办公室、疾控科、卫生科、综合科、检验科。

【领导名录】 主任：赵寒秋，副主任：哈煜、姜玉晓（2014年12月12日起）。

【传染病管理】 2014年，无甲类传染病发生，报告乙丙类传染病10种149例，发病率179.13/

十万，无死亡；与上年比下降19.46%。排名前五位的病种为肺结核51例、病毒性肝炎36例、细菌性痢疾25例、梅毒10例、手足口病9例。较上年发病病种减少2种，为伤寒和流行性感冒。无甲类及按甲类传染病管理的乙类传染病发生。由专人负责传染病管理和疫情报告，及时审核疫情，按照规定进行网络直报，年度撰写疫情简报12期，加强对夏秋季和冬春季传染病预测预报，半年和年终进行疫情综合分析。

【免疫规划】 接种门诊每日开展适龄儿童的预防接种工作，各乡镇卫生院每月进行预防接种。年初，对全县所有乡镇防保人员和乡村医生108人集中进行培训，到各乡镇接种点进行业务督导检查工作，巡回业务督导64次。全县有预防接种点19个，其中AA级预防接种门诊5个、A级预防接种门诊14个。

【健康体检】 对全县从事饮食及公共场所的从业人员1958人进行健康体检，并对体检合格者办理健康证。

【饮用水监测】 对全县集中式供水单位、部分乡镇、宾馆饭店自备水的水源水及管网末梢水28份进行感官、理化、微生物等的监测，对检出结果进行卫生学评价。监测结果表明所有检测的生活饮用水浑浊度都超过生活饮用水正常标准，提出相应建议，要求相关部门完成生活饮用水的消毒、沉淀过滤工作后方可饮用。

【餐具监测】 对漳扎镇和永乐镇片区的部分宾馆饭店、餐具消毒配送中心206个餐具样品进行随机抽样监测，监测结果表明206个样品中合格188个，合格率91.26%。

【消杀灭工作】 对县城各机关单位、宾馆饭店、学校、农贸市场、街道等公共区域进行大范围的灭蝇灭蛉工作，喷洒面积约52万平方米。在考试前出动专业人员对各考点环境进行消杀工作，消杀面积4500余平方米。

【大骨节病防治】 对全县现有919名大骨节病患者发放骨筋丸胶囊、维生素E胶囊、复合维生素B片、美洛昔康片等药品，进行对症和改善关节功能治疗工作。对大录乡的香扎村、芝麻村，玉瓦乡的班藏村，马家乡的胜南新村，安乐乡的大寨村的7~12岁儿童随机抽取135名进行手部X线片的拍摄，无阳性片，其中选取10名儿童采集发样、采集主食粮样6份进行检测。

【艾滋病防治】 2014年，主要开展艾滋病综合防治示范区项目，以项目开展带动日常艾防工作的进行。县电视台每月播放宣传片不少于2期；手机发送宣传短信60000余条；在县城黄埔大酒店和九力大厦摆放130个宣传卡；制作购物袋、笔袋14000个发放给广大群众。对143名乡镇医务人员及乡村医生开展专题培训；对115名公共场所和宾馆饭店服务人员进行艾滋病基本知识培训。高危场所干预62人，115人次；对高危场所的37名高危人群开展检测工作，未发现HIV阳性。检测2121人，其中自愿咨询监测（VCT）660人、其他人群950人、孕产妇511人，已检出HIV阳性1人。规范管理艾滋病感染者和病人，定期对接受抗病毒治疗的6名感染者及病人进行药品发放、随访和观察，并对其开展关怀活动4次，CD4检测4人。

【结核病防治】 初诊结核病人65人，痰厚涂片镜检189人次，痰厚涂片镜检212张，诊断活动性肺结核病人57例，重症涂阴患者51例，初治涂阳及重症肺结核病人治疗覆盖率100%，对初治涂阳患者及重症涂阴患者全部落实督导化疗管理制度，初治涂阳病人治愈率100%，重症涂阴治愈率97.83%。

【碘缺乏病防治】 完成300份的碘盐监测任

务，合格291份，碘盐合格率97.00%，碘盐覆盖率100%。

【包虫病防治】 开展包虫病农民B超检查7450人，学校儿童B超检查3898人，未发现包虫病确诊病例；开展针对传染源犬的管理和治疗，其中对2893只犬实施药物驱虫；收集犬粪580份，送州疾控检测；家畜内脏监测300份，无阳性。包虫病病人管理13人，死亡3人，治疗观察8人，治愈2人。

【黑热病防治】 新发黑热病3人，对新发现病人进行个案调查、详细记录、及时诊断、治疗及疫点处理。开展爱国卫生运动，改善环境卫生，减少白蛉的滋生繁殖场所。配合全军疾控中心、第二军医大学及美国新墨西哥州立大学的虫媒传染病媒介研究专家一行对全县媒介昆虫进行较为详细的调查工作。本次调查选取永丰乡的黑格朗洞、獭兔养殖场及县城东山海拔2200米处为调查点，采用灯诱法每晚采集数百只到千余只不等，发现白蛉和按蚊的密度较高，白蛉和按蚊的密度与周边人群、宠物和养殖业有密切关系，作为黑热病和疟疾等虫媒病的传播媒介，会给本地居民和游客带来潜在的健康威胁，其风险指数较高。

【食品安全风险监测】 根据国家食品风险监测要求，为及时了解全县食品中主要污染物及有害因素的污染水平和趋势，掌握和分析食品安全状况，及时发现食品安全隐患，采集熟肉制品类、坚果类、饮料、酒类、食品包装材料、粮食及其制品、餐饮食品等155个样品进行食品中化学污染物和有害因素、食品微生物及其致病因子和致病菌常规的监测，监测554个项目。

【健康教育与健康促进】 2014年，举办6期疾病防控知识综合培训班，参加培训学习人员581人次。安排18次，43人次参加省、州等上级业务机构举办的传染病防控、包虫病防治、艾滋病防治、食品安全监测等业务培训。分别对各乡镇健康教育工作开展情况进行督导检查，对查出的问题要求其限期整改。利用“3·24”结核病日、“4·25”计免宣传日、“5·15”碘缺乏防治日、世界精神卫生日等活动及单位电子显示屏开展学校传染病防控、人群重点传染病防治知识等健康教育工作。发放宣传单（品）34500份、发送手机短信190000条、摆放展板16个，播放音像资料79次，发放印有“接种疫苗 保障健康”宣传字样的小书包2000余个，发放宣传物品（围腰、购物袋、笔袋）2500余份，接受咨询群众1530余人。

县医院

【机构】 门诊科室：急诊科、内科、外科、口腔科、五官科、药剂科、放射科、检验科、病理科、B超室、治疗室、胃肠镜室、收费室、多功能检查室、肺功能室。住院部：内科、儿科、外一科（普外、胸外）、外二科（骨外、脑外）、妇产科、麻醉科、手术室、感染科。行政后勤：党支部、院办公室、医务科、护理部、院感科、财务室、总务科、信息科、预防保健科、体检科、设备科、病案室、院工会。

【领导名录】 院长：高九安，副院长：左国平、张书兵、李远勇（挂职2014年1—7月止）。

【业务工作】 2013年11月25日—2014年11月25日，完成门急人次94283人次，同期减少8.14%（其中急诊8364人次，同期增长5.98%），出院6990人次，同期增长1.57%，入院7079人次，同期增长5.28%，住院床日44611天，同期增长1.09%，病床使用率82.5%，同期增长2.94%，出院患者平均住院日6.4天，平均每张床位工作日302.1天；住院分娩690人次（剖宫产

371 人次、顺产 319 人次)，新生儿乙肝注射 690 人次，新生儿筛查 670 人次；手术 1012 台次，同期减少 9.4%，麻醉 1628 例；医疗收入 3010 万元，同期增长 13.54%。

【民生工程】 继续开展巡回医疗工作，组织医院业务骨干下乡巡回医疗 528 天，诊治人次 2528 人次；测血压 187 人次；测血糖 37 人次；B 超检查 326 人次；发放宣传资料 5000 份；免费发放药品 17097 元，提供免费检查金额 33096 元。对安乐乡甲勿村的“帮扶”工作，走访慰问甲勿村的五保户 2 户、特困户 3 户，每户发放 50 斤大米，10 斤菜籽油。开展公共卫生服务，全年给 68 个单位职工进行体检，体检 2266 人次（“9+3”学生体检 172 人次、高考体检 628 人次、征兵体检 127 人次、其他体检 1339 人次)。加强紧急救援能力，全年出诊 132 次，接回病员 140 人次，诊病 11648 人次，住院 29 人次，留观 1548 人次，洗胃 26 人次，清创 761 人次，“120”出车率 100%。完善医疗保障体系建设，开展新农合医疗服务，2014 年度收治城镇职工（在职、退休）医保住院病人 283 人次，总费用 1000209.56 万元，报销金额 654283.95 万元；收治城镇居民医保住院病人 386 人次，总费用 940008.98 万元，报销金额 580528.33 万元；城镇居民门诊挂号（6 元）补偿 482 人（2014 年 1—11 月)，补偿金额 289 元；新型农合住院病人 4508 人，总费用 12804890.15 万元，发生直补款 6503977.7 万元；新型农合门诊挂号（6 元）补偿（2014 年 1 月至 11 月）18931 人次，补偿金额 113586 万元。

【医院管理】 强化医德医风建设。先后开展“党风廉政建设”“党的群众路线教育实践”等活动。院部与科室签订了《医德医风、党风廉政责任书》，组织全院职工医德医风培训 2 次，住院病人满意度 96.8%、门诊病人满意度 96.5%。加强内部管理管理，修订和补充多种制度、预案、流程，与科室签订目标管理责任书。做好乡镇卫生院帮扶指导工作，本年度下派业务骨干 14 人对乡镇卫生院进行帮扶指导。强化医院感染，开展目标性监测：手术切口、导尿管相关性尿路感染、呼吸机相关性肺炎、新生儿院内感染的监测、多重耐药菌检测，对全体医务人员、全体护理人员、新上岗人员及实习生等进行“手卫生与医院感染”“抗菌药物的临床应用及管理”“岗前院感知识培训”等 13 次培训，制作并发放卫生手册 100 余份，下发《院感通讯》12 期。不断建设优质护理。护理部补充修订各项制度 20 余条，完善质量检查标准 5 个，护理业务查房 15 次，下发质量简报 10 期，组织培训学习 24 次，住院病人健康教育覆盖率 90%，基础护理合格率 95%，特级、一级护理合格率 97%，护理文件书写合格率 100%。

【事业发展】 继续加强医疗对口支援工作，继续与成都大学附属医院、成都第三人民医院建立对口支援协作关系。成都大学附属医院选派 7 名（麻醉、神经内科、护理、呼吸内科）专家到县医院开展对口支援工作；成都市三医院选派 1 名放射医学专家到县医院开展辅导工作；达州援藏干部（3 名）开展为期 2 年的支援工作，其专业有普外、内科、妇产科；支援专家开展各类技术指导课 10 余次。注重人才培养和新技术应用开展，选派 12 名医务人员分别到华西医院、成都大学附属医院进修学习普外、放射、护理等专业；继续教育（短期培训）37 人次；开展远程会诊 5 例；专题教学 18 次；开展全科医生培训 8 人次。为不断加强自身建设，提升服务能力。本年度安装费用查询系统、病人自助取报告单系统、安装 OA 办公软件、电子图书、移动护士工作站、医用扶手、病床隔帘；新购置婴儿辐射保暖台、糖化血红蛋白分析仪、牙科 X 射线机、牙科治疗设备、脉动真空压力蒸汽灭菌器、二氧化碳细胞培养箱、手术吊塔、超声骨强度仪医疗设备；新开展糖化血红蛋白测定（微注凝胶）、超敏 C 反应蛋白（精标定量)、微注凝剂配血试验、MRI 检查、骨密度检查、心肌标志物的定量检测、男（女）性肿瘤标志物检测。

第二人民医院

【机构】 设有内科、外科、儿科、妇科、急诊科、药房、B超、检验科、放射科、CT、中医骨伤科、针灸理疗室、公卫科等。

【领导名录】 院长：杜云峰。

【理论和业务学习】 新进人员岗前培训15人次。主要培训医院相关规章制度和《传染病防治法》《执业医师法》《医疗事故处理办法》等。利用每周四晚7—9点开展院内业务相关专业知识培训，累计60课时，培训1986人次。结合群众路线教育实践活动，开展政治理论学习40课时，专题讨论8次，累计880人次。请酒店相关专业人员，对全院职工开展礼仪培训8学时。

【医政工作】 药品、材料全部实行零差率销售，基药比例80%，并全部实行集中采购。将医疗收费项目和药品价格在院内电子显示屏上滚动公示。根据上级要求，购买岗位设置软件，按照因需设置、按岗聘人、合同管理的原则落实了竞聘上岗工作。

【医疗业务】 医疗总人数16163人次，其中急诊8089人次、普诊8074人次。收住院342人次，床日1026天。门诊留观756人次，观察天数1209天。各类手术403例，急救病人176例，抢救急重病人59例，死亡18例（其中14例在进入医院前已死亡）。120接诊电话513次，出诊513次，出诊率100%，接送病人566人。全年业务总收入2252151元，其中药品633954元、医疗收入1618197元。进购巡回医疗276天，诊病1536人次。派出2名（医、护各1名）去华西医院进修；4名医护人员到成都第一人民医院进修；5名到县人民医院进修；1人到县中藏医院进修。

【公卫工作】 计免：一类疫苗接种737人，二类疫苗接种122人次，新建卡29人，强化免疫中脊灰101人次，麻疹43人次。开展入户调查2次，涉及103户。

妇幼保健：对14名孕妇进修建卡管理，进行高危筛查。0~7岁儿童进行系统管理119人。叶酸发放126人次。

传管：半年进行传染病自查12次，上报传染病12例。对学校访视18次，对学生宿舍及食堂进行检查各3次。在学校举行专题讲座2次，发放宣传册180余份。

居民健康档案：截至10月20日，完成建档2563人，并对所有档案进行维护和完善，其中高血压病102人、糖尿病11人、冠心病3人、慢阻肺8人。新增0~13月儿童建档9人，孕妇新增8人。

健康教育：完成健康教育专题宣讲12期，在学校及社区开展健康教育专题讲座5次，开展住院教育355人次，门诊健康咨询6138人次，发放健康宣传资料1200余份。

村医疗室管理：对辖区内3名村医开展以会代训2次，现场业务指导5次。日常例行检查基本做到每月1次，提出整改意见和措施12条。全年村医累计购药14558元，诊病2715人。

【新合医保】 新合收住院239人，总费用185742元，实际补偿151309.9元，人均报费633元。县外报费人数60人，总费用542539.3元，实际补偿220969.7元。门诊挂号补偿127人，总费用852元，慢病23人，总费用36403元，实际补偿27917.7元。分娩定额补偿1人600元。医保工作新增网络直报、公示栏、宣传栏，方便患者。

【其他工作】 完成伙食团筹建工作，并于4月

6日正式投入使用。完成医院财务软件更新，为医院提档升级打下坚实基础，也使财务管理更加规范。完成洗浆房楼上宿舍改造工程。完成第二人民医院牌、匾、宣传专栏及各种证件、章的更换。完成36万余元专项医疗设备采购并安装完毕。完成院内部分绿化改造工程，院内花台拆除与修复。持续开展服务评星及五个一活动，完善医德医风考评细则，全院开展技能考核3次，急救演练3次；下乡义诊和巡回医疗各一次。

中藏医院

【机构】 门诊部设中医内科、中医儿科、针灸康复科、中医痔瘘科、中医骨伤科、藏医科、急诊科、内科、外科、儿科、放射科、检验科、药剂科、B超室、心电图室、胃镜室、供应室、公卫科、治未病科19个科室。中医特色科室，以中医针灸理疗科、中医骨伤科为两大州级中医特色重点科室。住院部设立内科、普外科、麻醉科、手术室、新设立骨伤科。行政后勤相关科室已设立财务室、护理部、医务科、院感科、质控办、后勤科、设备科、病案管理室、档案管理室、院办公室、新合医保科、信息科、人事科、收费室、新设立党办室。

【领导名录】 院长：吴树林，副院长：王源、黄云。

【诊疗工作】 以“全心全意为人民服务”为宗旨，立足岗位，完成县委政府、县卫计局安排的各项目标工作任务；完成2014年中医医院等级达标工作目标。截至9月30日，医疗收入813.23万元，与上年同期比较增加193.93万元；药品收入197.27万元，药品占总收入的36.55%；中药饮片收入120.8万元，中药饮片收入占总收入14.85%；中药饮片收入占药品总收入40.63%；门诊量43339人（次），与上年同期相比增加465人次；收治入院病人1683人（次），病床使用率73.19%；病历书写率100%，甲级病历98%以上，处方合格率100%。加强院感质量管理工作，控制医院院感发生；严格传染病管理，进行4次全院传染病知识的培训及考核，加强对H7N9、埃博拉出血热、中东呼吸综合征等疾病的防控工作。加强卫生应急工作，深化“1小时医疗服务圈”“30分钟医疗急救圈”措施；开展急救培训、应急演练，提高医护人员的急救能力；完善应急物资的贮备，院前急救小组保持常态化。8月29日，和同胞兄弟单位一起协助县卫生局召开“全州构建1小时医疗服务圈会务”。开展中医临床医疗路径，按照国家中医药管理印发的诊疗方案，内科、外科、骨伤科、针灸推拿科开展6个病种。加强中医骨伤科、针推科中医特色科室建设，中医骨伤科病区8月8日—10月23日开办以来，已收住院病人378人次。严格执行医保、新农合政策，优化新型合作报账流程，加强医保工作的管理，严把住院病人“入出关”及结算“审计关”，做到当日结算、兑付，增设城镇职工刷卡窗口，满足群众就医需求。截至10月23日，新农合医保门诊报账核算总金额（含挂号费）122万元，报销总金额（含挂号费）76万元，报账人次29596人次；住院报账核算总金额240万元，报销总金额135万元，报账人次1428人次。截至10月23日，居民报账核算总金额19万元、报销总金额12万元，报账人次182人次。截至10月23日，城镇职工报账核算总金额26万元，报销总金额17万元，报账117人次。医院组织专业技术骨干医疗队到双河片区草地、永和、郭元、罗依等9个乡镇，开展巡回义诊服务、健康教育知识宣传等工作。诊病人数552人，B超检查521人次，血糖检查284人次，免去诊查费、体检费、仪器检测费等43468元；免费发放药品10194元，健康宣传人数1137人，发放宣传资料1453份。加强对支援乡镇医院和乡村医生的中藏药适宜技术推广培训与指导，继续开展中藏医适应技术的推广10次，培训268人次；加强对“治未病”及健康知识的宣教，为老百姓提供中藏医便捷、高效的医疗服务。加强对口支援乡（镇）卫生医院规范管理和业务指导。2014年，派出临床医师3人、护士2人分别前往安乐、勿角乡，开展为期6个月的对口支援基层医疗服务工作。规范乡镇卫生院“慢病”管理、传染病防治、居民健康档案管理；提高了乡镇卫生院1小时“医疗服务圈”工作能力，加强县乡村医疗联动服务，为广大群众提供医疗保障，提高乡镇卫生院管理及整体服务能力。贯彻落实国家中医药管理局《中医医院中医护理工作指南》，紧密结合医院实际工作，全面加强医院中医临床护理工作，提升护理质量。开展老中医传承教育及中医拔尖人才以授课和一对一传承的形式传授中医知识，提高职工学中医的学习气氛，开展中医学术讲座3次，参训人员60余人次。

【行政后勤】 加强城乡环境综合治理工作、消防安全生产工作。为巩固“省级文明单位”“二级甲等”中医医院等荣誉称号，提高干部职工综合素质。全面提升医院管理、服务能力；加强医院规范化、制度化管理；改善服务态度，优化服务流程，提升医疗质量，做好“三好一满意”工作，受社会监督。继续加强院科分级管理，与各科室签订好院科分级管理责任书，结合院科分级管理综合质量考核标准每月进行月考核，年底进行总评，并与医护人员绩效工资挂钩。医院一切重大事宜，严格执行落实“三重一大”规定。提高医院信息化管理。继续完善华西网络信息平台的建设，加强信息网络人员学习培训，提高医院信息化管理能力；利用华西网络教学平台，加强院内继续教育学习，提高医护人员继续教育业务技术水平；利用远程会诊功能，为临床解决疑难问题提供便捷渠道。利用华西远程教学网络进行继续教育，开课6次，参学人员150余人次。5月底建立中医适宜技术平台，利用该平台加强中医适应技术推广网络平台学习，使全院医务人员中医知识及中医适应技术得到良好的学习及提高，参加中医平台学习88人次。文化建设，医院定位于中藏、西医相结合，凸显中藏医药特色的发展方针，加强中医类人才培养，加强中医临床路径工作的开展，加强中医特色专科和重点专科建设，加强“治未病”工作的宣传教育。在门诊大厅、各科室候诊区内，增设中医药文化宣传栏，突显中医文化内涵。加强医护人员的职业道德教育，不断加强医疗质量管理、规范医疗行为，坚决杜绝医疗药品、设备、器械采购中的商业贿赂行为；加强医德医风行风建设。工作人员实行挂牌服务，设立投诉箱、开通投诉电话（7733641），自觉接受患者、群众监督。制定救护车、驾驶员相应的管理办法，加大医院救护车及驾驶员的管理力度，细化救护车日常检查及出行记录，做好救护车安全出行的保障。加强控烟工作力度，宣传全面禁烟的重要意义，各区域、楼层控烟标识明确，并通过社会舆论监督，推动医院禁烟工作的开展。2014年，固定资产无增加，固定资产总额1042.4万元（固定资产累积折旧263.42万元）。

综合政务

人力资源和社会保障

【机构】 九寨沟县人力资源和社会保障局内设公务员管理股、事业单位管理股、工资福利退管股、政策法规与调解仲裁股、劳动综合股、社会保障和基金监督股、办公室；下设九寨沟县公共就业和人才服务局（2014 年 8 月 14 日，由九寨沟县就业服务管理局更名）、九寨沟县社会保险服务管理局、九寨沟县医疗保险服务管理局、九寨沟县城乡居民养老保险事业管理局、仲裁院 5 个副科级事业单位，劳动保障监察大队、信息网络中心 2 个事业股室。2014 年 12 月 23 日，撤销人才交流中心。

【领导名录】 党组书记、局长：任克，副局长、公务员局局长：蔡学富，副局长：张竞，公务员副局长：韩蓉（2014 年 2 月起）。

【人事人才】 干部管理：完成提请人大任命的议案 2 件，其中县级干部任免 3 人次，科级干部任免 13 人次。为关心关爱乡镇干部职工，对全县乡镇有调动意愿的人员进行调查统计，有 22 名人员有调动到县城工作的意愿。为加强股级干部管理工作，全面提高干部管理工作水平，研究制定《九寨沟县行政事业单位股级干部管理暂行办法》，按照管理办法严格程序任命股级干部 59 名。为明确机关事业单位休假工作，下发休假工作通知，以规范监督单位带薪年休假、探亲假、婚丧假、病假等假期的执行情况，并纳入目标考核。为解决超龄驾驶员调岗后驾驶岗位空岗问题，制定机关事业单位驾驶员调岗后新聘驾驶员建议方案，全县有 10 个单位有 55 岁以上驾驶员 12 人，已按《管理办法》转岗；6 个单位有 52 周岁以上驾驶员 7 人，2 人已申请转岗，5 人身体状况良好，未申请转岗，仍在从事驾驶工作。

公务员管理：经县委、县政府审核同意上报 2014 年公务员需求计划 25 名（上半年 19 名、下半年 6 名），其中县级参公单位 12 名，面向优秀工人考录乡镇公务员计划 1 名。对报考九寨沟县藏汉双语职位的 28 名考生进行安多藏语口语测试，经测试 27 名考生测试结果为合格，1 名考生测试结果为不合格。对 2013 年招录的 23 名公务员和 2 名面向“9+3”退伍士兵招录的公务员分期进行公务员初任培训，组织 6 名“9+3”公务员参加州上组织的“9+3”人员能力提升培训。组织全县 1272 名公务员（参公人员）开展“培育社会主义核心价值观、做人民满意公务员”为主题的培训。对 1 名长期无故不在岗的参公人员和 1 名请假期满逾期不归公务员进行辞退处理。对 2013 年年度考核优秀的 94 名公务员（参公人员）和连续三年考核优秀 13 名公务员按程序报县人民政府进行嘉奖和记三等功。对 2013 年新招录 27 名公务员（其中“9+3”公务员4名），进行试用期满考核任职并办理公务员登记手续。

项目人员管理：与8名志愿者转聘为“一村一大”人员签定聘用合同，为23名招聘到事业单位工作的“一村一大”人员办理辞聘手续。“一村一大”计划人员66人。

事业单位公开招聘计划上报：6个事业单位申报公开考核招聘紧缺专业技术人员37人（卫生类27人、综合类10人）。报请县政府同意后上报2014年乡镇事业单位公开招聘工作人员计划定向“9+3”毕业生19名（教育4名、卫生2名、综合类13名）。

公开考核招聘紧缺专业技术人员：考核招聘27名事业单位紧缺专业技术人员。

事业单位聘用合同鉴证和事业单位岗位设置变更：2014年，鉴证事业单位岗位聘用合同145份。因工作需要，对县民政局、民兵训练中心、城乡规划和住房保障局等事业单位做好岗位设置变更申报工作。

岗前培训：组织2013年新招事业单位卫生类、综合类工作人员及2013年新招“9+3”工作人员参加培训，根据参训人数和专业情况安排6期培训班，参训人数59人，其中卫生类二期17人、综合类三期42人。

职称改革：初定8名初级职称任职资格；转发中、高级职称资格通知22名（中级资格9名、高级资格13名），下发86名岗位聘用结果确认通知；做好申报评审高级专业技术资格22人（教育7人、卫生11人、其他4人）材料申报条件，资格等相关要求进行审核；完成2184名事业单位工作人员的年度考核确认工作。

机关事业单位工人技术等级考评合格人员办证及聘任：公布2013年度工人技术等级考试结果，对81名（技师21名、高级工35名、中级工21名、初级工4名）工人办理等级证书。

其他工作：开展农村实用人才统计工作，做好网络培训以及《事业单位人事管理条例》学习宣传工作，组织全县1809名专业技术人员网络培训工作。

【工资福利退管】 工资日常审批：完成对司法助理员岗位津贴增加工资的审批。完成对工龄认定和取得较高学历调整工资的审批，共计58人（工龄认定39人、取得较高学历19人）。审核审批人民警察法定工作日之外加班补贴（涉及4个单位252人）。审核审批人民检察院26人工作人员法定工作日之外加班补贴。审核审批安监局13人安全生产监管监察岗位津贴。调整密码人员岗位津贴标准（10人）。完成2014年工资正常晋升工作（87个单位）。审核全县85个单位的目标绩效奖。完成对39人行政职务变动和168人专业技术职称变动调整工资的审批。清理转移工资关系245人次。调整高海拔临时岗位补贴34人次。计算2人的解聘补偿金。辞职、判刑停发工资3人。审批全县632人的高海拔折算工龄补贴。审批3个单位143人享受有毒有害保健津贴。

福利审批：审核审批去世人员一次性抚恤、丧葬费和遗属生活困难补助（18人）。对符合政策的人员进行工龄认定（39人）。清理和调整遗属生活困难补助（4个单位7人）。

离退休人员管理：审核审批机关事业单位退休10人（公务员6人）。审批社保退休人员36人（企业10人、自由职业者26人）。

【劳动保障】 劳动关系：加强和规范用工管理，为35个用人单位新签续签劳动合同，29个用人单位进行用工备案，新签续签劳动合同1320人，解除和终止劳动合同10人。开展辖区所属企业劳动用工年检工作，年检企业60户，涉及劳动者6234人，纠正用人单位违反劳动保障法律法规行为3件，督促2户用人单位补缴社会保险。

工伤认定和劳动能力鉴定：受理工伤案件46件，做出工伤认定决定43件；办理申报劳动能力鉴定4件，并按照规定的程序上报阿坝州劳动能力鉴定委员会。

企业职工退休审核：审核正常退休32人，审核上报特殊工种提前退休4人。

基金监督管理：对全县养老、医疗、失业、工伤、生育保险基金在征缴、管理和使用中的真实性、合理性、合法性进行监督；开展社会保险经办机构内部控制评价，强化基金监管，做到监管有力，控制基金的使用范围，防止违纪行为的发生；执行社保基金收支两条线管理规定，按时向财政部门申报各项社保基金的支出情况，采取现场监督（已对2个医保局、城乡居保局实施4次现场监督）和非现场监督方式，加强对社会保险基金征缴、支付和管理运营各个环节的全程监督，确保各项基金专款专用和平稳运行。

劳动保障监察：累计监察用人单位665户，涉及劳动者1.93万人；立案调查劳动保障违法违规案件64件，结案64件，结案率100%。审查用人单位报送的资料76户，责令30户企业对规章制度中存在的问题进行修改。督促52户建设施工单位办理农民工工资保证金担保，担保金额14512.58万元。接待来信来访72起，涉及企业72户，涉及劳动者882人，协调解决拖欠农民工工资1263.96万元。开展遵守劳动用工和社会保险法律法规专项检查2次，检查用人单位169户，督促34户用人单位在法定时限内办理社会保险登记及缴费事宜。与县公安局、工商局等部门组成工作小组，开展清理整顿人力资源市场专项行动1次，对1家职业介绍所和32户用人单位的招用工行为进行全面清查，打击非法职介、违法职介和通过招用工骗取钱财等违法活动。会同县总工会开展工资集体协商工作，已指导164户企业与工会进行工资集体协商，签订工资集体协商协议138份。开展劳动保障法律法规知识集中培训工作，用2天时间对150家用人单位的人力资源分管领导、工作人员及全县机关单位办公室负责人、乡镇劳动保障员进行培训。

劳动争议调解仲裁：处理劳动争议案件13件，2件立案仲裁，其余11件调解处理，结案率100%，涉及人数37人，涉及金额140万元。

行政审批：接到申请实行特殊工时制企业9户，作出行政审批9件、涉及劳动者2511人。

工勤人员档案管理：按照档案管理制度做好全县机关、企业2494名工人档案的管理利用工作，查阅档案500余人次，新产生档案材料装档130余人。

行权平台：完成清理行政权力65项，其中行政审批7项，行政处罚36项，行政征收1项，行政给付5项，其他行政权力16项；行政权力系统录入42项（行政处罚36项、行政征收1项、行政给付5项）。

【宣传工作】 在“九寨沟门户”网站上公布本单位相关信息82条（政策法律法规52条、表格30条）。在九寨沟县人力资源和社会保障局网站上传文件45篇。录入工作动态信息16条（社会劳动保障体系3条、就业创业工作13条）。报送信息32期，被县门户网站采用9篇。录入政务公开信息91条。发放二代社保卡34278张。

【政风行风建设】 制定《九寨沟县人力资源和社会保障局政风行风专项行动工作实施意见》，加强机关政风行风建设，改进工作作风。制定《九寨沟县人力资源和社会保障局政风行风建设专项行动工作督导检查方案》，对局内各股室、各经办局、各经办局窗口和17个乡镇劳动保障所进行专项检查，进行专项检查4次，并对检查出的问题进行督促整改。

社会保险

【机构】 九寨沟县社会保险事业管理局内设办公室、财务股、机保股、退管股、统筹计划股、稽核股、工伤生育股。

【领导名录】 局长：汪洋（2014年10月止）、陈刚（2014年10月起）。

【目标任务及各项工作完成情况】 2014年1—12月，城镇职工基本养老保险参保6385人，完成目标任务（6380人）的100%，征缴基本养老保险费（企业）3558万元，完成目标任务（4000万元）的88%，征缴基本养老保险费（机关）1084万元，完成目标任务（940万元）的115%。工伤保险参保职工5275人，完成目标任务（5270人）的100%，征缴工伤保险费224万元，完成目标任务（224万元）的100%。生育保险参保职工3250人，完成目标任务（3240人）的100%，征缴生育保险费50万元，完成目标任（50万元）的100%。严格把关，及时审核支付各项待遇，确保参保人员“老有所养”“伤有所助”“生有所补”。1—12月，为1003名退休人员发放月养老金180万元，累计发放养老金2052万元；审核支付工伤保险待遇180万元；审核支付生育费用65万元。强化目标管理，有序推进各项工作落实。对州局年初下达的2014年社会保险工作目标，早安排、早部署、早落实，层层落实工作责任，形成任务明确，措施有力，部门联动的工作格局；上门服务，到九寨沟各大宾馆、饭店及社区、村寨进行养老、工伤、生育保险政策宣传，加强目标管理，有序推进州局下达的目标工作。强化基金管理，确保基金安全运行。加强基金的监督管理工作。规范基金收缴及支付流程，明确岗位职责，落实社保基金支出初、复审，办公室复核把关制度，在加强对外稽核的同时增加对内的稽核业务，内核由稽核科牵头，分管领导参与，对各个业务科室具体业务操作把关环节进行核查，完善基金支出程序，确保基金收支无风险运行。严把社会保险出口关，稽核享受社会保险待遇的条件、项目、标准、支付情况及是否存在重复享受、冒领和骗取社会保险待遇等。

【目标管理】 对年初下达的2014年社会保险工作目标，早安排、早部署、早落实，层层落实工作责任，形成了任务明确，措施有力，部门联动的工作格局。上门服务，到九寨沟各大宾馆、饭店每月进行征收养老、工伤、生育保险费，加强目标管理，推进州局下达的目标工作。

【社会保险宣传】 开展大型集中宣传活动。开展2次《社会保险法》宣传活动。通过组织相关股室人员组队到九寨沟各大宾馆、饭店等企业发放《工伤保险条例》《社会保险法》等宣传资料，提供相关政策咨询。零距离、面对面宣传《社会保险法》及新型农村社会养老保险等社保政策，发放社会保险法宣传资料150余份，接受咨询20余人。在服务大厅专栏，上挂《社会保险法》《社会保险法释义》《社会保险法知识问答》等社会保险政策法规。

【社会保险稽核】 为了堵塞基金“跑冒滴漏”，在原有的工作机制的基础上，加强社会保险扩面征缴稽核工作力度。开展实地稽核，实地稽核参保单位5家，查出少报、漏报参保人数26人，少报、漏报社会保险基数20.5万元。开展社会保险缴费基数书面审核工作，采取一系列的工作措施，通过以稽核促扩面、助征缴，全面完成社保扩面、征缴任务。

【基金管理】 加强基金的监督管理工作。规范基金收缴及支付流程，明确岗位职责，落实社保基金支出初、复审，办公室复核把关制度，在加强对外稽核的同时增加对内的稽核业务，内核由稽核科牵头，分管领导参与，对各个业务科室具体业务操作把关环节进行核查，完善基金支出程序，确保基金收支无风险运行。严把社会保险出口关，稽核享受社会保险待遇的条件、项目、标准、支付情况及是否存在重复享受、冒领和骗取社会保险待遇等。

【基础管理】 在学习计划的基础上，制定业务学习计划，严格各险种业务知识的学习，为提高工作效率、提高服务质量奠定坚实的基础。通过边学习边实践，各股室岗位人员对自己应该掌握的社会保险方面的政策法规有了更深的了解。按照州局“服务窗口”规范化建设要求，展现“社保新形象”，着力规范股室服务。在保证基金安全的同时，缩短工作时限，统一制作工作人员监督岗牌子、党员示范岗牌子，明确党员示范窗口建设，规范党务公开栏、政务公开栏，并及时将各类政策性文件张贴公布。通过加强队伍建设提升社会保险经办机构能力建设、服务质量、工作效率。

医疗保险

【机构】 内设办公室、审核结算股、统筹计划股、基金管理股、综合信息股。

【领导名录】 局长：冶平。

【城镇职工基本医疗保险】 截至2014年12月，职工基本医疗保险参保总人数10302人（在职8804人、退休1498人），已完成目标任务10300人的100%；城镇职工基本医疗保险基金征收3674万元，完成目标任务2520万元的145%；支付城镇职工基本医疗保险基金1977万元。城镇居民基本医疗保险参保情况，截至2014年12月，城镇居民参保人数为5970人（正常成年人1491人、低保成年人860人、学生儿童3306人、低保学生儿童215人、重度残疾3人、三无人员95人），已完成目标任务5970人的100%。城镇居民基本医疗保险基金征缴、支付情况，截至2014年12月，城镇居民基本医疗保险基金征收283万元，支付城镇居民基本医疗保险基金302万元。

【城镇居民医疗保险】 根据《阿坝州城镇居民基本医疗保险试行办法》和阿坝州人力资源和社会保障局《关于公布2014年度阿坝州城镇居民基本医疗保险缴费标准的通知》（阿州人社办〔2013〕192号）文件规定，县人力资源和社会保障局以《关于开展我县2014年度城镇居民基本医疗保险缴费工作的通知》《关于在我县中（小）学校、幼儿园开展城镇居民基本医疗保险工作的通知》向各乡（镇）人民政府、县级各机关、学校、企事业单位及各社区居民委员会安排部署2014年度城镇居民医疗保险工作。为使所有居民不出现断保、漏保等情况，到各中小学校进行新入校学生城镇居民参保工作，做到应保尽保，力争完成目标任务。

【城镇居民基本医疗保险普通门诊统筹】 县医保局与九寨沟县中藏医院签订城镇居民医疗保险普通门诊统筹的服务协议书，明确双方在医疗服务范围、内容、要求、费用支付等方面的权利和义务，确保及时向参保居民兑现符合报销的门诊医疗费用。截至2014年12月，享受城镇居民医疗保险普通门诊统筹待遇人数60人次，就诊60人次，报销门诊医药费用2323.95元。

【全州异地就医即时结算工作】 2014年10月1日，异地就医即时结算正式上线省级平台，在成都市范围内联网结算的定点医院有22家。凡参加阿坝州城镇职工基本医疗保险，在异地退休安置居住、异地工作和异地转诊人员，经参保地经办机构批准后，可享受异地就医即时结算服务，凭社会保障卡到定点医疗机构刷卡就医，并即时结算医疗费用。

【州内外定点医疗机构医疗结算协议】 为了更好地执行国家和省、州关于建立城镇职工基本医疗保险制度的各项规定，方便县城镇职工、退休后州外居住职工、都江堰干休所、江油干休所、双流干休所退休职工州外就医医疗费用的报销，为更好地给参保者提供优质的服务，与县域内21家医院（含17所乡镇卫生院）和都江堰、绵阳、江油的10家定点医院签订《城镇职工医疗保险州外定点医疗结算协议》，与14家药店签订《城镇职工基本医疗保险定点零售药店服务协议》，并加强对定点结算医疗机构和定点零售药店的全面监管，确保城镇医疗保险基金的安全使用和运行。

【定点医疗机构管理】 为加强县城镇职工基本医疗保险定点医疗机构和定点零售药店医疗保险业务管理，确保县城镇职工医疗保险工作的正常开展，每季度对全县4家定点医院和14家定点零售药店进行专项检查并不定期进行抽查。重点查看医院是否存在挂床、冒名顶替、住院病历和费用清单不相符等违规行为，药店是否有通过刷卡出售医保报销范围外物品、以药易药、套现等违规现象。在下步工作中，采取多种形式进行监督检查，建立举报制度和医保“两定”单位违规退出机制，要求各定点医疗机构和零售药店，严格执行医疗服务的协议的各项规定，加强内部管理，规范医院和药店的运作，把各种违规现象消灭在萌芽状态，保证参保人员的医疗需求，确保医保基金的安全使用和运行，促进县城镇医疗保险制度的健康发展。

【参保职工个人账户】 向参保职工提供随时查询个人账户的服务和办理个人账户转移、终止业务，在年初向参保单位公布上年度个人账户支出和结余情况。截至2014年12月，按照要求规范办理转移接续手续323人。

【财务和统计报表】 按时报送县城镇医疗保险会计、统计的月报和季报表，报表数据做到准确、及时、真实，报表表种齐全、分析全面，报表之间、数据之间的平衡关系、逻辑关系正确，财务的报表数据与报财政数据一致，实现真正意义上的“数据医保”。

【医疗保险基金内部控制制度】 按要求建立内部控制制度，严格执行国家、省、州有关业务、财务、档案、统计、信息等法规政策；严格审核医疗保险参保单位申报的缴费人数、缴费工资、及时征缴医疗保险费和待遇发放；对医疗保险业务、财务、统计、稽查、信息系统管理等岗位进行合理配置；财务人员能严格按照《会计法》规定执行；全局职工严格遵守国家法律法规、无违纪违规现象发生，且依法履行职责。

【医疗保险待遇及时结算】 截至2014年12月，审核药发票8347人次。其中，职工7481人次（特殊门诊735人次、普通门诊5563人次、住院1183人次），居民866人次（特殊门诊117人次、住院749人次）。

【服务窗口管理】 加强内部管理，做到办事程序公开，办事时限和制度上墙；实行挂牌上岗和文明礼貌服务；建立健全单位内部规章制度、考勤、现金、票据管理制度；工作人员职责分工明确，严格按照政策规定办理职能范围内的有关事项，实行“首问负责制、限时办结制责、任追究制”，对服务对象做到“一张笑脸、一杯热茶、一根凳子”，各项工作做到医疗保险各项业务阳光下作业。

【离退休人员上门服务】 继续开展每月到州外3个干休所为离退休人员“上门宣传、上门收单、上门送单”活动，并在七个工作日内将收回的医药发票产生的费用审核后通过银行汇到离退休患者提供的银行账号中，使离退休人员能及时到解最新医保政策，咨询医保相关问题。方便、快捷地为离退休人员报销药费，缩短待遇支付时间，从经费上保障离退休老人的身体健康。

【业务档案达标验收】 2014年12月18日，由州档案局、州医保局以及九寨沟县档案局组成的工作组，对县医疗保险业务档案进行达标验收。验收小组首先查看档案库房、查阅室、办公室以及相关设施设备，同时抽查业务档案归档相关资料，听取医疗保险业务档案管理工作情况汇报，并严格按照社会保险业务档案达标验收内容和得分标准进行评估。通过验收组全体成员严格评分，九寨沟医疗保险业务档案基本实现标准化、规范化管理，通过达标验收，最后得分93.5分，达到优秀等级。

公共就业和人才交流

【机构】 2014年8月7日，县就业服务管理局更名为县公共就业和人才交流服务局。内设6个机构：办公室、失业保障股、就业培训股、职业指导股（挂职业介绍的牌子）、农村劳动力开发股、人才交流股。将原县人才交流服务中心承担的依法办理人才交流中介服务职责全部划入县公共就业和人才交流服务局。

【领导名录】 局长：胡学颖（2006年12月26日起）。

【主要目标任务完成情况】 全县城镇新增就业人员660人，完成目标任务（660人）的100 %；城镇失业人员实现再就业61人，完成目标任务（55人）的110 %，就业困难人员实现就业人数40人，完成目标任务（20人）的200%；失业率控制在3.49%（完成全年目标任务3.8%的108%）。失业保险参保6760人，完成目标任务（6580人）的102%，新增扩面603人；全年基金征收698万元，完成目标任务（405人）的172%；开展农村劳动力技能培训1181人，完成目标任务（500人）的236%。开展创业培训239人，完成目标任务（25人）的956%。开展品牌培训290人，完成目标任务（100人）的290%。建立高校毕业生见习基地5个，完成目标任务的（3个）的166%，组织20名高校毕业生参加就业见习。促进高校毕业生实现创业31人（完成全年目标任务3人的1033 %）。成功发放小额担保贷款105万元。开发公益性岗位322个，完成目标任务（185个）的174%。农村转移就业劳动力数据入库数25351人（完成全年目标任务1.24万人的204%），农村劳动力转移18830人（完成全年目标任务1.61万人的117%）。

【就业促进民生工程】 全面完成目标任务。分解落实就业促进民生工程目标任务，按月调度，及时了解进展情况，加强督查检查，确保目标任务全面完成。建立空岗信息报告制度，向各类用人单位推荐介绍求职者，举办各类招聘活动；帮扶失地农民，城镇失业人员和残疾人员，通过帮扶实现就业，加大就业服务和就业援助工作力度，多渠道开发公益性岗位；做好小额担保贷款发放，认真组织审批审查。引导高校毕业生树立正确的就业观念，打破老式的社会就业观念，促进高校毕业生就业创业。加强离校未就业高校毕业生实名制动态管理工作，及时提供就业服务。落实更加积极的就业政策。做好享受政策的企业实体、个人的认定和凭证发放工作；加强政策宣传，按照《阿坝州公共就业服务标准》的相关规定，全面落实各项扶持政策。严格执行就业专项资金的支出范围、支出项目、支出标准、申领和审批程序等，用好管好资金，发挥基金促进就业的效益。规范就业困难人员申请、认定程序，做好就业困难人员就业援助工作。通过摸排认定就业困难人员60人，促进牧区无业青年就业，实施牧区无业青年实名制动态管理制度，制定个性化的就业援助方案，采取有针对性的措施，强化对牧区无业青年的就业、创业服务，全面提升牧区无业青年的职业技能和创业能力。促进藏区“9+3”学生就业，及时掌握藏区“9+3”免费教育计划毕业生就业实名制信息。落实促进藏区“9+3”毕业生就业的政策，加强就业指导、岗位对接等公共就业服务，“9+3”学生回县就业率95%。促进高校毕业生就业创业。加强离校未就业高校毕业生实名制动态管理工作，及时提供就业服务。落实好高校毕业生创业扶持政策。申报高校毕业生创业园区（孵化基地），落实高校毕业生创业补助资金，落实小额担保贷款、税费减免等扶持政策，强化创业培训和创业服务，帮助高校毕业生自主创业。规范高校毕业生就业见习基地申报、认定和管理，落实参加见习高校毕业生人身意外伤害保险、生活补贴等政策。建立高校毕业生见习基地5个，组织20名高校毕业生参加就业见习，并办理高校毕业生人身意外伤害保险。对自主创业资金不足的3名高校毕业生发放小额担保贷款30万元，扶持31名高校毕业生成功创业，并给予每户1万元创业补贴。同时，协调工商、税务对证照工本费、管理费、税收等费用进行了减免。强化就业援助。抓好零就业家庭帮扶、灵活就业人员社保补贴申领、公益性岗位管理等重点工作，建立健全就业援助长效机制，做到动态消除零就业家庭。为使民生工程落到实处，切实解决就业困难人员、“9+3”毕业生、未就业高校毕业生等群体的就业问题。根据阿坝州人力资源和社会保障局《关于印发<阿坝州公益性岗位管理暂行办法>的通知》（阿州人社发〔2013〕238号）的规定，按照“谁用人、谁管理、谁开发”的原则，在全县开发公益性岗位322个，主要由临时用工较多的教育、公安、城管、民政等部门开发管理使用。

【以创业带动就业】 加强创业政策宣传。开展创业先进典型宣传活动，激发创业者创业愿望，营造创业氛围。通过网络、电视、乡镇（社区）信息栏、户外电子大屏等，以老百姓喜闻乐见的形式，加大小额担保贷款扶持创业、促进就业政策的宣传力度，尽可能地让广大创业人员和劳动密集型小企业知晓政策，用好政策。开展创业促就业工作。为加快推进全县青年（大学生）就业创业工作，制定“九寨沟县青年（大学生）创业园区实施办法”，并按照“一园多点”的发展模式，建立“天堂口青年（大学生）创业基地”，成立九寨沟青年（大学生）创业联盟，形成鼓励和扶持青年（大学生）就业创业的浓厚氛围，吸引一批创业新颖、年轻有为、敢想敢干、能力突出的优秀年青人就业创业。为了提高创业者创业的成功率，减少创业的盲目性，全年举办创业培训班8期，将239名有创业意愿的城乡劳动者组织起来进行创业（SIYB）培训。对自主创业资金不足的给予小额担保贷款扶持。批准发放小额担保贷款105万元，直接扶持16人成功创业，带动42名城乡劳动者实现就业，实现创业带动就业的倍增效益。

【公共就业服务】 继续完善空岗信息收集制度，培育人力资源市场。为更好地满足进城务工人员就业需求和企业用工需要，“搭建供需平台，促进转移就业”，解决联系服务群众“最后一公里”问题，安排专人定期向用人单位收集空岗信息，掌握用工单位就业岗位状况，及时对外公开发布，引导用人单位和有求职愿望的劳动者进入人力资源市场开展招聘、求职活动，培育人力资源市场，定期开展招聘活动。于每月15日和30日定期在就业和社会保障服务中心免费举办招聘会，为用人单位和求职者搭建“有形”的人力资源市场平台，建立规范、统一的人力资源市场。满足用工单位用工需求及城乡劳动者的求职需求，发挥市场调节就业的作用。收集2593个空缺岗位，公布用工、求职信息2120条次。开展就业服务专项活动。抓住群众路线教育实践活动的有利时机，集中开展“就业援助月”、6场“春风行动专场招聘会”“民营企业招聘周”“高校毕业生就业服务月”等公共就业服务专项活动，动员5户企业开展“送岗”下乡、“走基层、送温暖”等活动。走村串户大力宣传就业政策、就业培训、劳务输出等群众关心的热点难点问题，将帮扶政策、岗位供求信息、务工基本常识送到求职者手中，服务4000人次，职业介绍指导成功就业350人（次），印刷1.3万份各类宣传资料分发到各乡（镇、村），使广大求职者及时获得就业信息和就业服务。加强就业失业登记和就业信息监测。扩大就业失业登记的覆盖面，规范就业失业登记证的发放、管理。加强业务经办、信息处理、数据上报等工作环节的质量，提高就业信息监测数据质量，降低统计报表与监测数据的误差率。在全州实行统一的就业失业登记制度，核发全国统一的就业失业登记证。规范证件发放、管理和使用，做好新老证信息的前后衔接，保证个人信息在转记过程中的准确完整。核发就业失业登记证 1263 本。

【职业技能培训和创业培训】 统筹开展各类培训。根据经济结构调整和产业升级转型的需要，推行就业导向的培训模式，针对城乡劳动者不同层面的需求，制定以“围绕需求办培训，提高技能促就业”的工作思路，分类开展就业技能培训，将就业培训作为实现和增加就业的重要途径，为城乡劳动者举办挖掘机专业职业技能培训、乡村旅游讲解员培训，中式烹调厨师培训等农村劳动力技能培训 1181 人；开展品牌培训 290 人，提高培训的实用性、针对性和有效性。推进创业培训。加强创业培训师资队伍建设，提升培训质量，建立创业实训基地。为创业培训学员和创业者提供创业实训并提供创业政策咨询、创业培训、项目推介、开业指导、场地安排等服务。对有创业愿望的登记失业人员、牧区无业青年、高校毕业生、返乡农民工组织开展创业培训 239 人，完成目标任务（25 人）的 956%，培训合格率 90%以上。并抓好职业培训实名制管理系统的使用管理，提高培训管理的信息化程度。抓好培训规范管理。建立健全就业创业培训管理办法，强化对培训过程的质量监管和对培训结果的综合评估，提高培训补贴资金的使用效益。做好职业培训补贴实名制管理工作，确保享受培训补贴政策的人员和单位全部录入系统。

【城乡统筹就业】 加强农村就业工作。构建县、乡（镇）、村（社区）“三级”就业服务体系，将就业服务延伸至村社。按照机构、人员、经费、场地、制度和工作“六个到位”的要求，加强乡（镇）劳动保障机构建设，发挥基层劳动保障所的重要作用。新闻单位继续通过广播、电视、报刊、互联网、手机等多种形式宣传就业政策和就业形势，宣传劳动力转移就业的先进典型，引导广大农村劳动力转变就业观念，依靠自身努力多渠道就业。完善培训体系，转变就业观念和提高就业技能。根据全县劳动力的文化层次、技能水平、操作能力的差异，整合全县各类培训资源，从就业方向、就业岗位和培训层次等方面作具体区分开展培训，使受训人员的就业技能都得到有效提高。对掌握一定技能、积累一定资金的农民工开展创业培训，以创业带动就业。推进县域经济发展，促进劳动力就近转移。发展劳动密集型农业产业，提高农业综合开发能力，实现农村劳动力充分就业；加快城镇化建设步伐，促进人口和产业向城镇转移，带动各类服务业发展；在招商引资项目中，实现农村劳动力就近转移。建立城乡统筹的人力资源数据库，依托公共就业服务平台，按照“一人一表、一村一册、乡镇录入、分级汇总、动态管理”方式，年初会同 17 个乡镇对劳动力资源情况及重点企业用工情况作了详细的摸底调查，做到底数清、情况明，完成农村劳动力转移就业实名制登记入库工作，确保入库 25351 人。为建设“数字人社”“全员就业”工作打下基础。结合推进新农村建设，组织引导返乡农民工参与基础设施建设，最大限度地吸纳农民就地就近转移就业。转移 18830 名农村富余劳动力就业，实现劳务收入 2.82 亿元。

【失业保险】 做好失业保险扩面征缴和待遇发放工作。坚持以农民工、非公单位和私营企业作为失业保险参保扩面的重点，规范缴费基数，加大清欠力度，确保保费应收尽收。1—12 月，失业保险参保人数 6760 人，征缴失业保险费 698 万元。依法及时调整失业金标准，确保失业保险待遇按时足额发放。做好领取失业金人员代缴城镇职工基本医疗保险工作。办理失业保险关系转移 34 人。按规定审核失业人员享受失业保险待遇的条件，及时足额发放各项失业保险待遇，做到应发尽发。审核享受失业保险待遇 307 人，发放失业保险救济金 181.27 万元。加快失业保险信息化建设。全面使用信息系统中失业保险模块的功能，提高业务软件的应用程度，努力实现失业保险经办业务的全程信息化。做实失业保险联网基础指标的数据采集，全面提高失业保险联网数据上报的质量和数量。做好失业动态监测和失业预警试点工作。做好监测数据采集、审核、汇总和报送工作，加强数据分析应用，优化监测企业样本，逐步扩展监测范围。建立完善个人缴费记录，提高失业保险工作精细化水平，做好失业动态监测上报工作。强化基金管理。严格执行基金财务会计制度，加强基金管理、检查和内审，依照程序和要求，核定基金支出范围、支出项目、支出标准；健全失业保险稽核工作制度，扩大稽核范围，严防套取、冒领等各种违法行为发生，确保基金的安全完整。做好基金预决算工作，强化预算执行管理，确保预算执行的及时、均衡、有效和安全。提高失业保险业务经办能力。完善工作制度，建立健全内部控制机制，严格执行基金财务会计制度，加强稽核、审计工作，优化业务流程，改进工作手段，强化服务意识，全面提高失业保险管理水平和服务质量。加强业务培训，加强大厅服务窗口建设，不断提高队伍政策水平和依法办事能力。

【基础工作】 加强就业服务信息化建设。加快推进就业服务信息网络向有条件的乡镇延伸。完成对“阿坝州就业服务网”的全新改版，突出“服务”职能，完善各项功能模块，培育和发展“无形”的人力资源市场。全面使用就业服务信息管理系统功能模块，实现主要业务上网经办、统计报表网上生成。加强统计工作。全面执行就业、失业保险、创业、培训等统计报表制度。做好数据收集、汇总、分析、上报等工作，加强统计数据质量管理，按时保质完成各项统计任务。全面启用失业保险统计报表软件；逐步建立以信息化为基础的就业服务统计制度。加强就业服务宣传工作。采用多种形式，广泛宣传就业服务战线的新举措、新成效，宣传就业形势、就业政策和重大活动。加强就业服务网站建设和监管，及时准确发布信息，不断提高宣传工作质量和舆情导向能力。做好政务信息采编和报送工作，总结、交流、推广各地的好经验、好做法。做好劳动力市场供求分析报告发布工作。应用统一软件，规范数据标准、分析项目、发布内容，提高分析报告质量。

【政风行风建设】 落实县委关于改进工作作风的有关规定，牢固树立以人为本、执政为民的理念，以开展党的群众路线教育实践活动为载体，以为群众提供更加优质、高效、便捷的服务为目标，按照“谁主管谁负责”“管行业必须管行风”的原则，坚持正风肃纪、纠建并举、上下联动、整体推进，切实整改问题，完善相关制度，构建长效机制，推动政风行风持续好转、群众满意度提升。改进工作作风。贯彻落实省、州关于改进工作作风密切联系群众的有关规定和社会保险工作人员纪律规定，以良好的工作作风取信于民，不断提升群众对公共就业服务的满意度。严格执行和落实《公共就业服务窗口单位服务规范》《公共就业服务窗口单位纪律要求》规范窗口服务行为，并把服务规范纪律要求制作上墙。加强党风廉政建设。贯彻落实《廉政准则》，严格落实党风廉政建设责任制。开展廉政风险点排查，加强对就业专项资金和失业保险金拨付、使用情况的监督管理。落实重大问题报告制度。加强党组织建设。学习贯彻中共十八大会议精神和新《党章》。加强对党员的管理教育，增强党性意识，开展党员“创先争优”活动。加强干部队伍建设。加强干部培训，不断提高政治素质和工作能力。

城乡居民养老保险

【机构】 内设办公室、财务股、统筹计划股、稽核股、待遇领取审核股。

【领导名录】 局长：许云平。

【参保情况】 2014年，全县参保人数25428人，其中养老保险待遇领取6315人，参保缴费18327人。

【基金收支】 2014年，基金总收入897.55万元，其中政府补贴收入529.7万元，个人缴费收入286.5万元，集体补助收入17.2万元，利息收入64.15万元；基金支出489万元，其中基础养老金支出448.8万元，个人账户养老金支出34.2万元。

【信息平台建设】 加快基层信息平台建设，于2014年9月将城乡居民养老保险管理信息系统延伸到17个乡镇，并到乡镇指导劳动保障员使用系统，要求全面启用信息系统办理城乡居民养老保险业务。

【档案管理验收】 按照阿坝州档案局和阿坝州社保局共同下发的《关于开展社会保险业务档案管理达标验收工作的通知》（阿州社险〔2013〕16号）要求，安排专人对历年的业务档案进行整理、归档和立卷，建立和完善档案管理相关制度，按达标要求对档案室进行改造并购置档案管理专用设备，通过州档案局和州社保局的档案达标验收。

【社会保障卡发放使用】 根据州、县人社局的安排部署，与九寨沟建行联系办卡事宜，现已两批次办理社会保障卡21000余张，并通过乡镇发放到参保人员手中。从8月开始启用社会保障卡发放养老金待遇。

【业务培训】 由于乡镇劳动保障员流动性强，每年需组织业务培训。2014年，组织2次乡镇劳动保障员政策和业务学习，对管理信息系统操作进行指导，提升经办人员的政策水平和经办业务能力。

【资格认证】 为确保社保基金安全，防止冒领、多领养老金现象的发生，组织业务骨干走村入户，对各乡镇待遇领取人员资格认证工作开展情况进行全面抽查，确保认证工作不走过场，取得实效。

【内控措施及基金安全】 开展基金征缴和基金运行自查工作，建立和完善基金管理内部控制和稽核制度，规范操作流程，加强基金征缴、支付等环节的安全防范，确保城乡居民养老保险基金安全运行。

民政和扶贫移民

【机构】 2014年，设立九寨沟县民政和扶贫移民局，挂九寨沟县老龄工作委员会办公室牌子。内设办公室、救灾和社会救助股、优抚安置股（含县双拥领导小组办公室牌子）、区划地名和基层政权建设股、社会事务与社会福利股（民间组织管理、老龄工作）、扶贫开发计划股、移民规划安置于后期扶持股、行政审批股。管理7个事业单位：九寨沟县救助福利服务中心（挂九寨沟县儿童福利指导中心牌子）、九寨沟县综合防治大骨节病领导小组办公室、九寨沟县流浪乞讨人员救助站、九寨沟县殡葬服务站、九寨沟县慈善分会、九寨沟县民政服务中心、九寨沟县扶贫移民工作中心。

【领导名录】 局长：泽仁地果，副局长：尚忠贞、冯桂菊、杨文新（2014年12月起），纪检组长：刘宗（2014年12月起），老龄办公室专职副主任：陈晓兰。

【城市低保】 推进城市低保工作制度化和规范

化建设，保障水平和动态管理质量均得到较大提升。低保工作实现动态管理下的应保尽保，低保金按时足额发放，城市低保工作运转正常。城镇低保 7189 人，人均补助 196 元，兑现低保金 1691.48 万元，做到“有保必保、应保尽保”。城市低保数据库实现民政联网，通过建立低保信息数据库，提高政府宏观决策水平和监测能力，加强社会救助资金的管理和使用，提高工作效率和工作质量以及公共服务水平。

【农村低保】 农村低保 7835 人，已参合 7842 人，人均补助 90 元，全年兑现低保金 852.72 万元。

【救灾救济】 2014 年，对全县 2013 年受灾户和民政对象进行摸排统计造册，发放春荒救济粮 67450 公斤，冬令口粮 66302.5 公斤。对草地乡、永和乡、玉瓦乡 3 个救灾储备点进行挂牌及物资的储备，对县救灾储备库进行规划及各项规章制度上墙，并采购与补充物资。2014 年，全县遭受不同程度的干旱、洪涝、风雹、山体滑坡等自然灾害，尤其是进入汛期后，大部分乡镇频繁遭受暴雨洪涝、冰雹等自然灾害，经济损失严重。经统计，截至 12 月底，全县因各类自然灾害造成 8777 人次受灾，其中 192 户房屋不同程度受损，损坏房屋 308 间；农作物受灾面积 2175 亩；基础设施损毁严重，其中三级公路及国道 213 县损坏 19.5 千米，冲毁堡坎 8 千米，冲毁村道 15.4 千米，冲毁人畜饮水管道 19.7 千米，桥梁 4 座（其中 213 线国道主桥梁 1 座）；经济林亩受灾 280 亩。灾害造成直接经济损失 4919.39 万元，给受灾群众生产生活带来很大影响。灾情发生后，对灾情进行核查，第一时间上报州民政局争取上级自然灾害资金的支持，并发动灾民开展生产自救，确保灾区群众的基本生活所需得到及时供应，维护灾区的社会稳定。继续落实好政策性农房保险工作，全县政策性农房保险参保率 95%。开展保险赔付的工作，截至 12 月，全县参保农房中发生 17 起火灾，理赔 164290 元。城乡医疗救助工作稳步推进。坚持把落实医疗救助政策作为保障和改善民生的重要举措，不断完善规章制度，规范工作程序，初步形成面向全县困难群体，科学合理、公平公正、管理规范的医疗救助体系（即“资助救助、门诊医疗救助、住院医疗救助、临时医疗救助”四位一体的医疗救助体系），解决群众看病难、看病贵的问题。2014 年，全县累计救助 16253 人次，救助金额 428.46 万元。其中农村医疗救助 9014 人次，发放救助金 307.2 万元；城镇医疗救助 7239 人，发放救助金 121.26 万元，资助城乡低保及五保对象参加医保和新农合率 100%。

【优抚安置】 落实重点优抚对象的抚恤政策，优抚经费实现社会化发放。全县有优抚对象 2210 人，其中烈属 9 人、残疾军人 29 人、在乡复员退伍军人 34 人、带病回乡退伍军人 20 人、参战退役士兵 11 人、抗美援朝老战士 6 人；有驻县部队 6 个。在优抚工作中，建立优抚对象定期定量补助的自然增长机制，所需经费已纳入县财政预算，对前来九寨沟观光的现役军人、烈属、残疾军人均实行购票优待政策，连续 23 年实现送兵送优待，标准为入伍前上年度农民人均纯收入 100%。做好优抚安置工作。为了确保退役城镇义务兵和转业士官第一次就业，对 2013 年退役义务兵 40 人，全部进行货币安置。

【基层民主政治建设】 基层民主政权建设工作全面推进。下发《关于进一步加强村务公开工作的实施方案》的通知，6 月中旬对全县 15 个乡镇的 120 个行政村的村务公开工作进行一次全面的指导检查。通过听取汇报、现场查看和走访等形式，对存在的问题要求限期整改，规范和提高村务公开、民主管理水平。按照县委组织部要求对县村（居）委会干部 2014 年的报酬补助进行社会化发放，发放 1248 人次，发放资金 6798672 元。对第九届村（居）委会换届选举之后产生符合条件的离任村干部进行统计，对全县548名离任村干部发放生活补助986400元。在党校对全县新当选的村委会、居委会干部进行培训。带领全县10个社区中的9个社区社区主任参加全州的社区主任培训，提高村（居）委会主任的管理水平。启动九寨沟县新型村级治理工作，并确定全县7乡2镇21个村1个社区为试点，制定村民议事会、监事会、村规民约，探索新型村级治理工作方法。

【社会行政事务管理】 加强对社会公共墓地的规范管理，办理公共墓地入墓登记10个，加大对群众祭奠活动和殡葬市场的管理。推进依法行政，强化婚姻登记工作规范管理，结婚登记455对，离婚登记79对，补办结婚299对，补办离婚证200对，出具单身证明842个。办理收养登记2个。加强救助站内部管理，完善各项规章制度，落实目标责任制，开展救助引导工作，救助流浪乞讨人员256人次，发放救助金66461元，维护社会的稳定。按照《四川省<农村五保供养工作条例>实施办法》，妥善解决五保户的基本生活困难，确保五保供养工作规范、有序、有效进行。截至12月，全县有五保户290人，其中分散供养对象每人每月发放供养金260元，集中供养对象每人每月发放供养金400元。福利彩票发行与募捐工作，狠抓福彩销售网点建设，建立销售网点1个。

【民间组织管理】 加强民间组织管理，对全县登记注册的33个民间组织进行清理排查和指导，民间组织规范、有序的开展工作。新登记民间组织5个，注销民间组织2个，撤销不属于民政部门管理的民间组织3个，对28个社团进行年检，5个新登记民间组织当年不需要参加年检，年检率100%，合格率100%；开展民间组织“小金库”清理整治工作，促进全县社团健康发展。

【区划地名】 开展撤乡设镇工作，严格按照国务院、省、州有关要求，组织审查和修改完善各种申报材料，核实相关数据，制作相关图片。按照省州工作安排，完成川甘边界的联检工作。继续按《国家地名数据库》所录地名信息的要求，补充完善地名和区划数据信息，提高地名属性数据库与图形数据库的关联度。下半年启动全国第二次地名普查工作，九寨沟县已完成前期准备工作，正按照省州方案稳步进行。

【老龄工作】 在春节、重阳节期间，走访慰问贫困、高龄、孤寡等老人228人次，发放慰问金45600元；全年免费给216名年满60周岁以上的老年人办理老年人优待证；落实生活救助政策，做好全县高龄老人的申报调查、审核和审批工作，全年四季度分别751位、756位、765位、775位高龄老人兑现473310元高龄津贴，让全县老年人共享改革发展成果，推动老龄事业的发展；推荐草地乡上草地村王玉元老人获得阿坝州首届“十佳老人”荣誉称号。

【连片扶贫开发】 2014年，连片扶贫开发项目拟于罗依乡境内组织实施该项目建设，涉及农户742户、2862人，贫困户168户，贫困人口789人。项目围绕该乡水果、蔬菜种植基地实施连片扶贫开发项目，主要建设灌溉水渠、机耕道、围栏以及土地整治和果苗种植等，整个项目总投资1018.14万元。其中，争取国家投资500万元、整合行业部门资金213.14万元（主要是农水局项目资金以及扶贫移民局项目资金）、农户投工投劳折资305万元。500万元资金已到位，项目正推进中。

【整村推进项目】 2014年，整村推进项目有5个村。整村推进项目具体包括勿角乡甲勿村，双河乡张家梁村、罗依乡大寨村、黑河乡碧历村、永丰乡新坪村。项目具体落实在村内道路、堡坎、排水等基础设施和产业配套设施建设，区覆盖农户总数773户、2698人，贫困户224户，贫困人口729人。项目主要实施村寨内公共基础设施及产业结构调整项目，整个项目总投资1563.2万元，其中：争取国家投资500万元、整合行业部门资金508.1万元、农户投工投劳折资555.1万元。这些村也已基本完成项目建设，永丰乡新坪村整村推进项目正在推进中。

【精准扶贫】 按照国务院扶贫办《关于做好2013年度扶贫对象建档立卡数据上报工作的通知》要求，为建立健全扶贫对象识别机制，坚持扶贫开发和农村最低生活保障制度有效衔接，在贫困村、贫困户做好建档立卡基础工作，对贫困村、贫困户实行动态管理，实现精准扶贫，确保扶贫对象得到有效扶持，达到专项扶贫措施要与贫困识别结果相衔接，分析致贫原因，逐村逐户制定帮扶措施，集中力量予以扶持，做到扶真贫、真扶贫，确保在规定时间内达到稳定脱贫目标。已经全面完成1个贫困县、48个贫困村、2225户7177人贫困资料建档立卡录入系统的工作。2014年，省、州下达九寨沟县脱贫解困人口1124人，任务已分解到各乡镇，已全面完成脱贫解困人口1124人的任务。

【扶贫开发和综合防治大骨节病试点】 根据阿坝州扶贫开发和综合防治大骨节病试点工作领导小组《关于阿坝州扶贫开发和综合防治大骨节病试点工作成果巩固提升财政专项扶贫资金2014年项目计划方案的批复》（阿开综〔2014〕1号）的要求，编制《九寨沟县扶贫开发和综合防治大骨节病试点工作成果巩固提升财政扶贫资金2014年项目实施方案》并获《阿坝州扶贫开发和综合防治大骨节病工作领导小组批复》（阿开综〔2014〕11号）。九寨沟县扶贫开发和综合防治大骨节病试点工作成果巩固提升财政专项扶贫资金2014年项目涉及更换粮食、卫生防治和产业培育3个子项目。批复巩固提升财政专项扶贫资金895.22万元。更换粮食投入巩固提升财政专项扶贫资金156.87万元。继续给予病区2880人口粮供应，按照农区和半农半牧区每人每年96公斤的标准，年度供应粮食27.65万公斤；继续供应613名易地育人学生在家2个月的口粮（每人每年30公斤），年度供应粮食1.839万公斤。产业培育投入巩固提升财政专项扶贫资金630万元。在全县病区缺乏主导产业的村和尚未形成主导产业的村培育提升种养加、果蔬药、游购娱等支柱产业。建设猪、鸡、兔、中峰养殖业基地、特色产业提升蔬菜、水果基地、乡村旅游配套设施项目。养殖业投入巩固提升财政专项扶贫资金150万元。养兔在白河乡新华村、安乐乡中安乐村、永和乡大城村，建兔舍500平方米，兔笼500孔，引进种兔300组，配套沼气池、化粪池80立方米，兽医室、场地硬化等防疫及附属设施建设150平方米。生态鸡在草地乡杨家湾村、双河乡黄阳村、白河乡王树坝、安乐乡上安乐村、永乐镇大岭村及勿角和羌活林场辐射带动周边村寨，建标准化鸡舍1640平方米，化粪池50立方米，兽医室、饲料房等防疫及附属设施200平方米，购脱温鸡3000羽。猪基地在郭元乡抹地村、郭元二村、陵江乡大叶子村、双河乡张家梁村、罗依乡顺河村及大寨村，建标准化猪舍1400平方米，沼气池60立方米、化粪池50立方米，兽医室、饲料房等防疫及附属设250平方米，引进公猪6头、母猪30头。中蜂在白河乡太平村、双河乡下甘座村，培育中蜂180群，场地硬化、建兽医室、消毒室、饲料车间60平方米，采购设备摇蜜机30个，蜂箱540箱。种植业投入巩固提升财政专项扶贫资金300万元，在安乐乡实施巩固提升蔬菜基地200亩、特色水果基地500亩，在大录乡实施特色种植基地800亩。旅游业投入巩固提升财政专项扶贫资金50万元，在双河乡各条村实施乡村旅游配套设施45户房屋改造5625平方米、观景通道建设250米。种养业，投入巩固提升财政专项扶贫资金130万元，在大录乡大录村建设蔬菜标准化基地30亩，田型调整30亩，平均加厚土层0.2米，建设牲畜围栏1000米；在白河乡斜务家村建设党参标准化基地72亩，建设蔬菜种植基地70亩；在永乐镇拔拉沟村建设跑山鸡圈舍

200平方米，养殖跑山鸡5万只，技术培训50人次；在马家乡胜利村建设养殖标准化基地，养殖户技术培训；对胜利村种植基地的引水渠、护栏等基础设施进行建设。卫生防治投入巩固提升财政专项扶贫资金8.35万元。医疗救治，继续给919名大骨节病现症患者每人每年80元的对症治疗医疗补助。病情监测，继续开展数据库维护。已下达项目资金795.22万元，其中更换粮食156.87万元，产业培育630万元，卫生防治8.35万元。更换粮食项目完成粮食发放对象的统计核实。卫生防治项目完成对5个大骨节病监测点（大录乡香扎村、芝麻村，玉瓦乡班藏村、马家乡胜南新村、安乐乡大寨村）的7~12岁儿童右手正位X线片拍摄，进行发样和粮食样的采集，用DR机拍摄手片135人，采集发样6份，采集病区粮食样10份。乡村旅游业，在大录乡东北村84户进行乡村旅游项目，该项目投入资金100万元，正在实施进行中。

【水电移民及后期扶持】 因黑河塘电站建设产生移民80人，其中燕子桠村77人、河口村2人、勿角新增人口1人；因双河电站产生移民8人，其中草坪村7人、保华乡半山村1人；因青龙电站39人，其中双河乡中和村24人、郭元乡青龙村15人；多诺水电站还未纳入后扶人口，纳入后扶并已兑现后扶资金的人数127人。2014年，已兑现第一、二、三季度资金5.715万元，第四季度资金将在12月兑现1.905万元。玉瓦电站为拟建的小型电站，已完成征地工作，正在施工中。

民族宗教事务管理

【机构】 县民族宗教局设办公室、宗教事务股、民族事务股、两项资金管理股。

【领导名录】 党组书记、局长：泽仁果，党组成员、纪检组长：马铭（2014年12月30日起），党组成员、副局长：王永江、龙双贵、王国庆。

【宗教工作】 *藏传佛教领域稳定*：把藏传佛教领域稳定作为压倒一切的任务，贯彻落实到依法管理宗教事务的各个环节，做到思想认识到位，工作部署到位。全面落实重点寺庙、重点人员管控措施，全面落实“三包一贴”（包僧人、包扎康、包经师、帖重点人员）管控工作，规范宗教教职人员日常行为，严格执行宗教教职人员外出请销假制度。抓好外来僧人和外出僧人的摸排和管理工作。在全国“两会”期间和“3·10”等敏感时段，到各乡镇、各寺庙开展宗教事务管理和维稳工作，严格执行维稳及节假日期间值班制，全体干部职工做到24小时值班制，巩固宗教领域和谐稳定的局面。

信息收集、研判、报送：创新情报信息收集工作方法，建立健全片区负责人包片，在寺庙安排情报信息员，与统战、国安、国保大队互通信息的情报信息收集网络机制，加强情报信息工作，准确地掌握宗教领域的动态，分析和排查有可能存在的隐患，做到问题有人报告，遇事有人负责和处理。修订完善《九寨沟县民族宗教领域突发事件应急预案》，强化处置民族宗教问题突发事件的应急措施，加强群体性事件等不稳定因素的排查，杜绝不稳定事件的发生。

宗教活动场所社会治安综合管理：配合县委政法委、县综治办、县维稳办、县公安、县安监等部门把宗教活动场所纳入社会治安管理单元，纳入所在地乡镇社会治安综合治理单元。签订综治、维稳管理责任书，落实专人负责，把治安、消防、卫生防疫、安全等统一纳入管理责任之中，定期开展检查督导考评工作，使宗教活动活动场所管理纳入规范化轨道。

寺庙消防安全：年初，与县委统战部、县消防大队到全县12座寺庙对消防安全隐患进行排查，特别对寺庙建筑、电路电线、消防隐患等易于造成重大事故的设备、设施进行检查，了解掌

握各寺庙消防安全工作的具体情况，向县委、县政府报告存在的隐患与急需解决的问题，为全县12座寺庙解决消防机6个，粉墨灭火器240个。

宗教活动场所管理：加强寺管会班子建设，整治软弱涣散寺管会班子。指导寺庙民主选举政治上靠得住、宗教上有造诣、品德上能服众、管理上有能力的僧人进入民管会班子，使寺庙的领导权牢牢掌握在爱国爱教人员手中。2014年，对大录寺和八屯寺的寺庙民管会进行民主选举。抓好宗教活动场所人员、治安、消防、文物保护、卫生防疫和安全、财务等12项制度的落实，建立重大事故、事件的防范和报告制度，使宗教教职人员言行和宗教活动纳入规章制度的管理之下。

宗教教职人员认定备案：执行《国家宗教局藏传佛教寺庙管理办法》《阿坝州宗教事务条例》等有关僧尼入寺管理的各项规定，严把公民入寺为僧关，规范僧人新增履行申请、备案手续，严禁未成年人入寺为僧。完成第三批僧尼认定备案登记工作，对11名藏传佛教僧尼进行备案认定工作，2014年藏传佛教僧尼的认定备案率100%。通过认定备案工作，规范宗教教职人员管理，依法清退不合格的人员，为不断提高宗教教职员整体素质打下基础。

宗教界人士的爱国主义、社会主义教育：利用宗教节日和宗教活动等开展宣传教育，加强对宗教教职人员及信教群众进行党的宗教政策及相关法律法规的宣传、引导，通过在宗教界开展“宗教政策法规学习月”、组织宗教界人士和信教群众爱国主义和宗教法律法规的宣传教育，及时传达学习上级有关方针政策，加强自身建设。全年开展宗教政策法规学习活动24次，受教育4000余人次。增强藏传佛教界宗教界人士和信教群众的爱国爱教、遵纪守法和服务社会的意识，促进宗教和睦、社会和谐，维护社会稳定。

宗教事务管理：坚持“谁主办、谁负责”和“就地、小型、分散”的原则，强化宗教活动管理，不断完善佛事活动台账制度，坚持佛事活动审批及维稳风险评估报告制度。年初，对全县9座藏传佛教寺庙开展的54个内部常规性佛事活动建立了台账，并经相关乡镇初审，县佛教协会和和民宗局审核后由县人民政府审批，做到底数清、情况明，确保宗教活动健康、有序。每逢各寺院举办活动都要亲临现场对场所涉及安全问题如消防、食品卫生、活动秩序等进行专事监督指导进行重点防范，杜绝不必要的事件发生，确保活动的顺利进行。2014年，各寺庙的宗教活动开展正常、有序，既满足信教群众的宗教生活需要，又确保宗教领域稳定。

宗教活动场基础设施建设：落实2013年中央预算内投资计划项目2个：九寨沟县藏传佛教寺庙基础设施建设，总投资675万元（中央562万元、地方投资113万元），建设内容为9座藏传佛教寺庙基础设施建设，包括供水管网58公里，蓄水池12口，水井1座，变电器1台，道路6公里，寺庙书屋8个。现已全部完工。九寨沟县大录寺管所业务用房项目建设，总投资240万元（中央160万元、地方投资80万元），正在进行项目的前期准备工作。

宗教教职人员社会保障：为使宗教教职人员病有所医、老有所养、共享改革发展成果，协同民政、社保等相关部门解决教职人员的社会保障。全县已有4名教职人员纳入城镇最低生活保障，14人纳入五保供养，130人纳入农村最低生活保障，3名教职人员参加城镇职工医疗保险，7名教职人员参加企事业职工医疗保险，32人参加城镇居民医疗保险，275人参加新型农村合作医疗，151人参加新型农村社会养老保险。

【民族工作】 *民族团结宣传活动*：利用藏历新年、古尔邦等各种民族节日和重大节庆，采取群众喜闻乐见的方式方法，开展群众性的民族团结宣传教育活动。加强普法宣传，配合相关部门，继续把《中华人民共和国民族区域自治法》《阿坝藏族羌族自治州自治条例》《城市民族工作条例》等法律法规及民族政策纳入“六五”普法内容之中，到少数民族乡村和社区以及外来少数民族群众人口集中的地方进行普法宣传教育。宣传藏区经济社会发展成就、民族团结先进典型，利用广播、电视、网络等宣传媒体采取多形式、多途径对省、州民族团结进步模范个人和2013年民族团结进步模范村在全县范围内进行宣传，用典型事迹引领各族人们，在全县上下形成各民族和谐相处，共同团结奋斗、共同繁荣发展的氛围。全年开展民族团结宣传活动12次，发放宣传光盘10个，发放宣传资料3000余份，悬挂横幅4幅，免费为各乡镇和县级各部门征订《民族杂志》31份。

民族团结进步模范村（社区）创建活动：成立由县人民政府副县长为组长，县民族宗教局局长为副组长，相关部门及乡镇主要负责人为成员的领导小组，及时召开联席会，安排部署创建工作的有关事项。制定下发《九寨沟县2014年开展创建民族团结进步模范村工作方案》，确定勿角乡阳山村、白河乡南岸村、大录乡大录村为民族团结进步模范创建村，九寨沟管理局扎如社区、漳扎镇漳扎社区为民族团结进步创建社区，明确了模范村（社区）创建标准，确定创建活动具体工作措施、检查验收办法。在创建过程中，通过召开村民大会、发放宣传单、出板报、悬挂横幅等方式向干部群众宣讲创建民族团结模范村的目的、内容和形式，使创建模范村工作做到家喻户晓；将创建活动列入全县各乡镇年终目标考核和精神文明建设内容和村规民约；创建活动与“幸福美丽家园”建设紧密结合，加大基础设施建设力度，注重对民族文化的发掘和弘扬，加快模范村经济社会发展，实行一村一策，形成各具特色的发展路子和发展模式。为各民族“共同团结奋斗、共同繁荣发展”创造社会环境。

少数民族成分变更审核：严格按照国家民委、公安部《关于中国公民确定民族成分的规定》等文件要求做好民族成分更改工作，加大宣传力度，规范民族成分更改工作程序，理顺工作流程。做好少数民族考生族别认定工作，办理少数民族成分更改7人，审核少数民族考生族别100人。在审核把关过程中，没有出现一例弄虚作假行为，维护民族政策的严肃性。

藏文社会用字的规范化管理：加强对全县全县各机关和企事业单位的印章、牌匾、证件、文件头、地名等，县城、各乡镇、旅游沿线的城镇广告、公共场所名称、经营部门和个体工商称谓标牌等少数民族社会规范用字的规范化管理，将规范使用少数民语言文字社会用字纳入全县、相关部门经济社会发展的总体规划，纳入对相关部门的目标管理，形成长效机制。到九寨沟风景名胜区管理局和森林公园管理局对景区内的指示牌、说明牌坊、交通道路指示牌、票据等藏文用字认进行了清理整顿，整治和净化语言文字环境，提升对外形象。

【两项资金管理】 两项资金：争取2014年两资项目11个，补助资金757.5万元。民族地区教育十年行动计划项目，三州开发资金补助116万元；九寨沟县玉瓦乡班藏村内道路建设项目，三州开发资金补助22.5万元；九寨沟县草地乡杨家湾村人行便民桥建设项目，三州开发资金补助24万元；九寨沟县玉瓦乡玉瓦寨村便民桥建设项目，三州开发资金补助28万元；九寨沟县太阳能热水器项目，三州开发资金补助130万元；九寨沟县金榜柿系列产品综合开发项目，三州开发资金补助200万元；九寨沟县永丰乡菜园村民族文化传承推介工程，三州开发资金补助17万元；九寨沟县安乐乡阳坡村内道路建设项目，三州开发资金补助45万元；九寨沟县陵江乡吊坝村桥梁建设项目，三州开发资金补助45万元；九寨沟县永和乡联合村饮水灌溉工程，三州开发资金补助60万元；九寨沟县大录乡八屯村泥结碎石路建设项目，支援不发达地区发展资金补助70万元。

少数民族发展金：争取少数民族发展金3个，补助资金110万元。永丰乡下寨村机耕道建设项目，少数民族发展资金补助30万元；保华乡灵保村泰康中药材种植建设项目，少数民族发展资金补助50万元；安乐乡中安乐村土鸡养殖建设项目，少数民族发展资金补助30万元。

社会事业

科 技

【机构】 九寨沟县科技局内设办公室综合股、科技信息服务中心。

【领导名录】 局长：谭国平，副局长：李炳秀。

【科普宣传】 2014年，利用“科技之春”科普宣传月活动、“科技活动周”、“4·26”知识产权宣传周活动，组织农牧、林业、食品药品、卫生计生等部门，通过发放科普书籍，悬挂宣传标语，接受群众咨询、发放宣传资料、展示科普挂图等方式，发放宣传资料5100余份，实用技术光碟110套，发放科普书籍1060余册，接受群众咨询800余人（次），悬挂宣传标语8幅，展示科普挂图55套（幅），为群众义诊650余人（次），赠送药品价值1000余元。为增强广大人民群众的防灾减灾意识，提高紧急避险和自救互救能力，开展由学校、机关干部组成的防灾救灾科普知识宣传活动。落实《中华人民共和国科学技术普及法》《中共中央国务院关于加强科学技术普及工作的若干意见》，推动科普基础设施发展，在老县城人口较集中的城关桥侧选定一处地址用于科普画廊建设，科普画廊既是面向公众普及科学知识、宣传科学思想、传播科普信息的重要渠道，又是一个城市的一种文化景观，更是社会文明进步的一个重要标志，推动创建文明城市建设。

【科技培训】 2014年，根据民生工程目标任务及各个乡（镇）资源优势，结合农村实际，主要从种植业、养殖业、劳动技能等方面对农牧民进行培训。全年培训12期，培训4120人次，推广实用技术2项。

【道地中药材基地建设】 按照州科技局下达九寨沟县中药材基地建设目标任务，县科技局规划中药材种植基地建设1000亩。已建设中药材基地1286亩，其中党参420亩、猪苓56亩、羌活230亩、玛卡470亩、育苗基地110亩。为确保独具特色的中药材产业健康发展奠定基础。

【申报科技项目】 科技惠民计划项目：申报科技部科技惠民计划项目1个，四川省九寨沟县生态恢复与可持续发展技术集成应用示范，申报项目资金3000万元，项目申报中。

科技支撑计划项目：申报科技厅支撑计划项目1个，九寨沟县特色中药材基地建设科技示范，申报项目资金200万元，到位资金200万元。

川西藏区项目：申报川西藏区项目1个，党参规范化人工种植基地及良种繁育基地建设，申报项目资金115万元，项目申报中。

州级研发资金项目：申报州科技局研发资金项目3个，玛卡标准化种植技术应用与示范、猪苓标准化种植技术应用与示范、九寨惠农果蔬基地建设技术应用与示范，到位资金30万元。给九寨沟县灵鑫中药材有限公司补助玛卡标准化种植基地建设资金10万元。

大骨节病试点项目：申报试点项目1个，试点项目中药材产业巩固提升，申报项目资金195万元，项目申报中。

【科技项目实施工作机制】 规范项目资金管理，提高项目资金使用效益，2014年制定科技局项目资金使用管理制度，完善项目实施前、实施过程中、实施完工后的监督跟踪、验收、绩效评价。坚持公示制度。对于任何一项科技项目，在项目实施前，项目实施中主动公示项目建设内容和资金等情况。检查验收制度。科技项目实施完工后，组织相关部门对项目的质量、财务等情况进行验收。加大九寨沟特色中药材种植农户扶持力度，提高农户的积极性，2014年以科技服务民生为主题，鼓励农户及中药材种植专业合作社大力开展中药材基地建设，促进全县中药材产业发展。经了解核实，给18户农户11个专业合作社补助中药材种植基地建设资金42万余元。

【科技创新】 加强人才队伍建设。实施“人才强县”战略，坚持“用好现有、引进急需”的原则，不断壮大科技人才队伍。加强对优秀青年科技工作者、科技带头人的选拔和培养工作，营造鼓励创新、支持竞争的良好环境，调动广大科技工作者的积极性。扶植壮大特色产业。发挥特有自然气候资源，不断壮大中药材、小水果等特色产业。在做优特色产业，规模化产业化发展方面下功夫，不断提高科技支撑县域经济发展的作用。稳步提升农业产业。加大对优新品种的引进力度，开展关键技术开发和集成配套，提升农业产业化水平。

【科普统计】 组织17个乡镇及县级相关部门，完成2014年科普统计工作，摸清全县科普工作现状和存在的问题，为全县科普工作发展提供依据。

文化体育广电新闻出版

【机构】 内设局办公室、新闻出版股（县“扫黄打非”办公室）、体育股、非遗保护股、事业发展股（产业发展股）、广播影视股、文化股、市场管理股（行政审批股）。下属事业单位：文化馆、文化艺术服务中心、文化市场综合执法大队、业余体校、新华书店、电影公司。

【领导名录】 局长：徐棕（2014年12月30日止）、泽军（2014年12月30日起），纪检组长：薛祖宁，副局长：罗琼、王国彦（2014年12月24日起）。

【文化体育事业和文化产业】 2014年，完成1个乡镇综合文化站建设（马家乡）、4个村级综合文化站建设（永丰乡中寨村和永乐镇清平一村、草地乡下草地村、杨家湾村）、1个社区书屋建设（南坪社区）、120个村农家书屋书籍更新（13000册书）。2014年，承建的大录乡综合文化站、7个村级综合文化活动室、11个村村响广播设备、8个社区书屋建设任务，所有设备已经通过政府采购将在12月份安装调试完成。按照县委、县政府安排，制定《九寨沟县2014年“文化强县”工作目标任务分解表》，并下文实施。为贯彻落实县第三次党代会和县委三届六次全会精神，推进“文化强县”工作，修改完善《九寨沟县“文化强县”战略发展十年规划（2014—2023）》，县政府已原则同意通过，按照要求已作再次修改并报政府。九寨沟县文化产业园区规划，通过多次修改现已报县委常委征求意见，待修改意见反馈后作再次修改，12月份邀请专家再次评审。规范九寨沟演艺产业集群，中旅与浙江宋城集团合作斥资3.6亿建设的九寨宋城项目完成，其倾力打造的《九寨千古情》于2014年5月1日正式向市场推出。截至10月26日，观看九寨沟藏羌风情晚会的游客106.2万人次，产值1.64亿元。2014年，8个乡镇15个村级农民健身工程建设任务，相关乡镇正在组织实施，15个村现已完成场地硬化，篮球架已到位。

【文化市场管理及新闻出版】 文化市场整治工作按照上级关于整顿和规范文化市场经营秩序的工作部署，对网吧和演艺市场等进行集中整治，履行文化市场监管职能，一手抓繁荣，一手抓管理，促进文化市场健康发展，遏制违规经营、非法经营蔓延的势头，规范文化市场的经营秩序，为净化社会文化环境创造条件。

年检办证：开展文化市场的申办审批等工作，2014年，办结24家网吧、21家娱乐场所经营单位和10家营业性演出团体的有效期延续审核事项，办结1家网吧、3家娱乐场所经营单位、1家音像制品零售单位的审批工作，办结5家网吧和1家歌舞娱乐场所的变更事项。

网吧市场整治行动：要求全体执法人员要将抓好网吧监管作为文化市场管理工作的核心任务来完成，并根据以往工作中发现的问题，明确工作重点，即以加强网吧对上网人员身份制度的管理为切入点，把好防范未成年人进入网吧的第一关，开展大规模的网吧专项整治行动，加强对网吧市场的日常巡查力度，落实对重点地域、重点时段、重点场所的监督检查制度。2014年，检查网吧418余家次，查处网吧违规经营3家，罚款1100元。打击网吧市场中的违规违法行为，规范市场经营秩序。

演出市场管理：为更好地推进九寨沟县演艺市场管理工作，将演艺市场规范管理工作作为2014年全县重点工作之一。3月，县委、县政府领导多次带领文体广新局、物价局等部门负责人就营业性演出团体门票票价与演出场次进行调研，并召开座谈会听取营业性演出团体负责人关于演出票价与演出场次的意见和建议，形成《关于进一步加强演艺市场规范管理的情况报告》，并呈报上级部门。5月30日，在九寨沟漳扎镇藏羌风情歌舞晚会票务中心召开九寨沟县景区文艺演出协会代表大会，通过新修订的《九寨沟县营业性演出团体协会章程》。根据新章程，会议决定九寨沟县景区文艺演出协会更名为九寨沟县营业性演出团体协会，并进行协会新一届领导选举。与县政府法制办沟通、协调，废止《九寨沟县人民政府办公室关于<印发九寨沟县关于进一步加强旅游景区营业性演出市场管理工作实施意见>的通知》（九寨沟府办发〔2009〕76号）文件及相关部门规范性文件。完成演出场次申报和演出门票价格备案工作。从7月起，由县文体广新局、县物价局、县旅游执法局、县地税局组成的联合执法检查组对九寨沟县开展营业性活动的8家演出团体进行综合执法。加强对各营业性演出团体节目的审查力度，严防演出节目含有《营业性演出管理条例》第26条所列举的情形。

净化校园周边文化环境：联合工商、公安等部门，组织开展校园周边文化市场专项治理活动，以校园周边的网吧为清理重点，对违规接纳未成年人的网吧实行严管重罚。强化市场监管力度，特别是对中小学校周边的出版物市场进行重点清理。通过专项治理，严厉打击校园周边违规经营的文化经营场所，净化校园周边环境。

文化市场安全隐患排查治理：高度重视文化市场的安全生产工作，局领导多次召开安全工作会议，要求各文化经营业主牢固树立安全生产"重于泰山"的理念，做好坚持把隐患排查治理工作与严格实施行政许可相结合；坚持与打击各类无证经营、违法违规经营活动相结合；坚持与日常巡查和专项治理相结合；坚持安全生产教育和培训相结合；坚持平时管理与应急管理相结合的原则，强调维护文化市场的安全稳定和谐局面的重要性。联系工商、公安和消防部门对网吧、娱乐场所、演艺市场等公共文化场所的安全生产管理、安全应急预案制定、安全标志设置、安全责任书签订等情况进行检查，对检查中发现安全隐患的文化经营场所，要求进行限期整改，消除安全隐患，确保文化市场经营场所安全运行。2014年，出动执法人员3274人次，检查文化经营场所1667家次，其中处罚网吧违规经营3家，罚款1100元，收缴各类非法音像制品890余张（盘），对违法违规经营者起到一定的震慑作用，保证文化、新闻、出版市场的良性发展。

“扫黄打非”专项治理：坚持执法与管理并重的原则，简化办事程序，完成10家打字复印单位、1家印刷企业、5家出版物零售单位和7家音像制品零售单位的年审工作，新审批2家出版物零售单位，通过年审工作来加强对经营户的监管。加强市场监管、突出重点，统筹兼顾，加大监管和执法力度，开展“清源2014”“净网2014”“秋风2014”、涉藏非法出版物及反宣品整治等各项专项行动。2014年，专项行动和日常检查出动152人次，发放宣传资料100余份，组织培训1次，与经营单位签订管理责任书23份。

【群众性文体活动和文物保护】 *群众性文化活动*：按照县委、县政府安排部署，2月14日，组织举办一年一度主题为“农村文化进城”的元宵文艺歌舞晚会，经晚会组委会精心组织、编排，为群众奉献一场精彩的文艺节目。参加晚会演出的有600余名群众演员，观众1万余人。3月2日，举办“我们的节日——九寨沟县藏族群众喜迎藏历木马新年”文艺演出，藏族群众载歌载舞欢庆藏历新年。按照县委宣传部“三下乡”活动统一安排，在农历新年即将到来之际，县文化馆组织演员分别到永和乡、黑河乡送文化下乡演出，丰富广大群众文化生活。指导各乡镇开展年文化活动，营造节日氛围。按照九寨沟县党的群众路线教育实践活动领导小组安排，启动以“鱼水情——文化有约”为主题的系列文化活动，把丰富、精彩的文化节目送到村寨、社区，继续开展每月1次的文化展演活动，送文化下乡和文化展演39场次。配合州文工团、州文化馆在九寨沟县开展送文化下乡5场次。按照县委、县政府安排部署，精心组织编排沟口文化展演，6月初起每日在九寨沟沟口生态广场开展演出。每日在张家湾、老城区、新城区等7个点开展跳九寨锅庄、交际舞和健身操等群众性广场文化健身活动，参加活动的群众日均400人左右。为了更加方便群众借阅图书，保障群众享受免费借阅图书权益，4月17日，九寨沟县图书馆原老城区阅览室搬至新城区新华书店二楼，图书借阅率和借阅人次明显增多。2014年7月，和文化馆利用假期免费为各界人士举办3期南坪琵琶弹唱培训，每期培训10天，参加培训120人次，对南坪琵琶的弹奏方法、识谱及一些曲目的演唱进行培训，更好地传承和保护国家级非物质文化遗产南坪曲子。

群众性体育活动：2014年，元宵节开展“龙腾狮跃闹元宵”活动，部分乡镇、村也开展此项活动，丰富节日气氛和文化生活。3月6日，欢度“三八”国际妇女节暨健身操比赛在政务中心运动场隆重举行。经过县文体广新局和县妇联的精心组织，来自全县各条战线的女职工参与。通过此项活动的开展，增强健身意识，体现新时代女性风采。4月19日，举办为期5天的“党的群众路线教育实践活动”斯诺克台球比赛，参加人数30人。5月20日，举办“党的群众路线教育实践活动”中国象棋比赛。按照“第六次全国体育场地普查”要求，成立由县政府副县长挂帅的普查工作领导小组和普查办公室，抽调4个责任心强、懂业务的工作人员组成普查小组开展普查工作，截至4月30日，完成全县体育场地数据、信息采集工作，5月4日，完成计算机录入工作。普查汇总的数据为普查登记表甲表47份，乙表64份，涵盖各种类型和性质的8类体育场地，其中体育场1个、小运动场3个、游泳馆1个、室外篮球场58片、室外网球场3个、室外排球场2个、室外羽毛球场1个、全民健身路径5条。按照阿坝州委、政府要求，组队于9月下旬至10月上旬在马尔康参加阿坝州2014年“党的群众路线教育实

践活动”农牧民及职工篮球运动会，通过队员们顽强拼搏，农牧民队取得第八名的成绩。按照县委、政府的要求，经过一个多月的筹备，2014年九寨沟县全民运动会于10月25日至11月5日举行，比赛项目设有篮球、排球、羽毛球、乒乓球、桥牌、中国象棋、围棋、跳棋、拔河和押加10项，由乡镇和系统组织的31支代表队近千名教练员和运动员参加。

文物保护：2014年，基本完成各级文物保护单位的“四有工作”，完成4个省级、州级文物保护单位标识标牌树立工作，对全县54个文物保护单位按区划与有关乡镇签订文物保护责任书，并与各文物使用单位签订文物使用责任书。对全县各级文物保护单位开展安全巡查，派人参加全国可移动文物信息登录平台和各类培训，完成疑似可移动文物鉴定工作。

【重点工作】 按照全县72项重点项目工作安排，负责非物质文化弘扬、文化市场整治、文化产业及大录、八屯、芝麻藏寨保护开发4项工作。

非物质文化弘扬：非遗展演如火如荼，将非遗项目纳入九寨元宵晚会、文化下乡、每月1次的文化展演等文化惠民工程，结合2014年推出的“全域九寨”一日游，开展非遗项目活态展演，传承和发展民间传统文化。鼓励并指导各乡镇举办各具特色的民俗节庆、传统文化活动，以传承和发展民间传统文化为主旨，形成一批独具九寨沟非遗文化特色的文化活动精品，为宣传非遗项目、扩大知名度起到重要作用。非遗宣传亮点十足，文化遗产日成为宣传非遗保护成果的平台，在文化遗产日活动期间通过在电子显示屏播放活动主题、宣传标语；在电视台等媒体滚动播出《非物质文化遗产法》等法律法规；通过在县城主要街道和人员密集场所散发非遗各类宣传资料和设置展板等形式宣传文化遗产保护理念。开展以“让文化遗产活起来”的非遗文化节目展演，通过多种形式扩大非遗影响。与广播电视台联合开办《九寨记忆》大型专题栏目，全面展示文化名人的风采，并对民间艺人的影像资料进行抢救性保护。利用县级刊物《九寨》、相关非遗网站、九寨官方微信等媒体扩大非遗的受众面，宣传各项非遗项目和非遗活动，让更多的群众了解非遗保护传承工作并参与其中。鼓励民间文化的传播和交流，通过精心组织和悉心指导，九寨沟县的白马山歌组合通过初赛、复赛，进入由国家文化部主办的第七届中国原生民歌大赛决赛并获得大奖。非遗项目深挖细掘，挖掘非遗项目，开展第四批县级非遗名录申报工作。经过各乡镇的推荐申报，工作人员到各乡镇，挖掘、搜集和整理出26项县级非遗项目，涉及民间手工技艺、民间信仰、民间音乐、民间体育、民间文学、民俗等类别，完善县级非遗库。通过申报，州级非遗项目“涂墨节”升至省级非遗项目，省级非遗项目“熊猫舞”已通过文化部专家评审并公示，将正式成为国家级非遗项目。加强文化遗产资料档案建设，创新档案资料保存方式，投入10余万元建立文化遗产保护数字资料库。通过摄像机、照相机、录音笔对历史事件亲历者和文化传承人进行有计划地采访，用录像和文字逐字记录的形式，抢救具有珍贵史料价值的“活历史”“活档案”。非遗阵地日趋完善，完善南坪曲子传习所硬件设施建设，改造成为集传承、展示、休闲于一体的非物质文化遗产综合展示平台，通过开展非遗传习活动，成为非遗展示新阵地。南坪曲子传习所被省文化厅命名为四川省第一批非物质文化遗产传习基地。

文化市场整治：围绕创建和谐稳定的社会文化环境为目标，以保护知识产权，维护未成年人合法权益及身心健康以及保障经营场所安全为重点，全面推进各项工作。

大录、八屯、芝麻藏寨保护开发：大录藏文化原生态展示区正在进行有关规划工作。

文化艺术中心工程：县文化艺术中心经过前期准备工作，已完成初步设计。

【广播影视管理】 卫星广播电视地面接收设施管理及广播电视有线网络转播传输：针对县境内

电子产品销售市场进行不定期的检查，未发现违规非法销售的现象。通过对全县境内农村、机关、部队、学校、企事业等单位检查，无新增私自非法违规安装建设卫星广播电视地面接收设施的情况，无非法违规接收卫星广播电视境外节目的情况。同时，针对县境内三星以上宾馆饭店已许可接收境外节目的九寨天堂会议中心、中旅大酒店、格桑宾馆、九寨沟宾馆、九鑫山庄、喜来登国际大酒店6家涉外宾馆饭店，进行定期督察检查，并向州局报告检查情况。随时了解掌握县境内特别是农牧民2008年以前已许可安装设置的900套摸拟接收设施的接收情况，并对其接收内容加以监督管理。另外，此900套摸拟接收设施，以广播电视直播卫星"村村通"设备置换42套，现有摸拟接收设施850套左右。有线电视转播传输监督方面，重视安全播出和安全传输工作，随时了解掌握安全播出和安全传输情况，没有发生安全播出和安全传输事故。

广播电视直播卫星"村村通"建设、维护维修：5月31日前，完成州局下达给九寨沟县278套广播电视直播卫星"村村通"设备的规划、信息录入、设备发放、安装调试及部分工程建设资料的整理建档工作。截至10月底，维护维修"村村通"设施设备500余台次，基本保证"村村通"用户收听收看广播电视节目不受影响。

农村电影"2131"放映工程：年初，制定各片区全年放映计划，制定相关管理制度，加强监督，严格审核，保证所放映场次真实有效如数到位。利用放映登记月报表机会，进行小结和业务技术交流学习，截至10月，底放映电影1384场。

【新华书店】 新华书店上半年全店销售19.3万册，码洋295万元；给永和乡群众免费发放各种书籍737册，码洋4236.2元；给黑河乡群众免费发放各种书籍819册，码洋5114.28元。

【人才培训】 重视人才培训，2014年，先后派出24批次45人次，到成都、北京清华大学等地参加各种文化培训和学习，提高干部职工知识素养和文化管理能力。

广播电影电视

【机构】 九寨沟县广播电视台内设办公室、总编室、采访部、专题部、编辑制作播音部、通联外宣部、民族语言译制部、技术部、市场营销策划部、九寨沟县信息网络有限公司。

【领导名录】 台长：郎介，副台长：刘健、刘县武。

【新闻宣传】 推出《解读》系列专栏，对于各个重要会议和活动的精神实质、指导思想、深刻内涵以及目标要求进行全面梳理，整合亮点，在《九寨沟新闻》中一一解读。落实中共十八届三中全会精神的宣传报道，紧贴宣传主题，发掘工作亮点，宣传开展学习贯彻落实中共十八届三中全会精神的重大举措、工作动态、成功经验和先进典型，在《九寨沟新闻》中开辟的《学习贯彻十八届三中全会精神》专栏，围绕主题及时报道各单位部门开展学习贯彻活动情况。在两个频道中制作播出学习贯彻落实中共十八届三中全会精神的相关标语20条350次。同时，在开办的《党旗飘扬》专栏中播出优秀共产党员以及基层党组织的先进事迹，树立榜样，起到典型引路的作用，营造舆论氛围，让学习贯彻落实中共十八届三中全会精神真正深入人心。在全国两会召开之际，推出《九寨儿女关注两会》专栏，报道各族群众密切关注全国两会进程，领会两会精神实质。开辟《为民、务实、清廉，开展党的群众路线教育实践活动》专栏，并在其中设立《时实动态》《群众中线大家谈》《精神解读》3个版块，《精神解读》详细阐述开展"第二批党的群众中线教育实践活动"的历史背景、本质和内涵，及时转发新华社、人民日报、光明日报的相关评论员文章，权威专家精辟解读群众路线，将主题教育活动的目的和意义传达到千家万户；在《时实动态》中全面宣传开展“党的群众路线教育实践活动”各阶段开展情况，营造团结、向上、奋进的浓厚氛围，激发全县各族群众干事业的积极性、主动性和创造性；《群众路线大家谈》通过专访部门领导、普通职工、基层百姓来谈如何践行党的群众路线，将贯彻落实党的群众路线宣传报道深入推进；策划制作相关宣传公益广告和标语，以定时与不定时插播的形式，让主题教育活动家喻户晓。为培育和践行社会主义核心价值观，推出《九寨行，故乡情》系列报道，跟踪报道全县5000余名青少年游九寨美景，看家乡变化的全过程，进而激发广大青少年爱家乡、赞家乡的热情，运用这样寓教于乐的形式更好地传播正能量，弘扬真善美，让广大青少年牢记社会主义核心价值观。春节期间，组织多个摄制组到基层和农村对全县17个乡镇开展的迎新文艺演出进行全程拍摄，并节选优秀节目在《九寨沟县年文化展演》文艺专栏中播出，通过一个个精彩的节目，展现各族人民群众迎新年、庆新年的热烈场面，反映近年来人民生活水平普遍提高，文化生活日益丰富的现实。元宵节全台职工通力合作，采用全新数字技术，使现场直播合成音视频效果有了大幅度提升，完成正月十五元宵晚会现场直播和实况录播任务，通过镜头生动展现全县政通人和、百业兴旺，人民安居乐业，物质精神文化齐发展的大好形势和广大群众崭新的时代风貌，并将欢庆元宵佳节的新闻及时上送央视、川台和州台播出。为大力倡导全民健身，在《全民健身在线》专栏中分两个时段播出健身操、广场舞、少儿韵律操、瑜伽等多种健身运动，还滚动播出《我运动我健身》《爱动才健康》等7个公益广告和全民健身运动宣传标语，营造全民健身共同参与的氛围。对全县领导干部党风廉政建设活动的开展情况进行报道，开辟《廉政效能之窗》专栏，通过播放廉政法规、廉政漫画、廉政歌曲、廉政标语的形式，加大廉政文化宣传，促进廉政效能建设。为维护文明城市创建成果，树立九寨良好形象，在《曝光台》专栏继继续加大力度关注城乡环境，特别是城乡结合部的环境治理工作。对环境卫生发生反弹，治理不善等予以及时曝光，起到舆论监督作用，并将文明新风尚，身边的好人等先进典型，进行直观梳理，在全社会营造人人参与维护文明城市的良好风尚。在两个频道继续滚动播放文明劝导宣传片《文明标杆》《文明用语》《文明不差那么一点》《文明礼让》和公益歌曲《文明在那里》，运用多种多样的宣传形式，营造舆论强势，吸引广大市民热情参与，维护创建成果。在《全域九寨，全域旅游》专栏，对旅游业发展振兴进行持续关注。在清明小长假、“五一”小长假、端午小长假等重要节假日，对前来旅游的人员结构，旅游方式转变，旅游服务的提档升级，以及节前、节后开展的旅游综合整治情况进行跟踪报道，不再浮于人数的增加与否，而是更为客观、全方位地展现九寨沟县旅游的成熟发展。为进一步推进“走基层 转作风 改文风”活动开展，在《走基层，看民生》专栏中增加《记者蹲点日记》版块，通过新闻记者到基层一线，倾听百姓心声，以记者的视角，日记体的模式，揭示基层群众生产生活，看百姓生活变迁的方式，以农牧民群众自我讲述的形式，以变化为切入点，对现在百姓生活巨变进行朴实的报道，栏目重点对各项民生工程、惠民利民措施进行关注。在《重点工程进行时》专栏中继续关注各项重点工程，对各项重点工程建设情况采取跟踪报道与阶段性成效报道相结合的方式进行重点宣传报道。配合社会治安综合治理宣传月、“3·15”消费者权益保护日、“3·12”植树节、安全生产宣传月、三电设施保护宣传月及各个主题日活动组织一系列宣传报道，使这些活动本身及其意义更加深入人心。“五四”青年节至“六一”儿童节期间，集中报道全县少年儿童欢度节日开展的丰富多彩的文艺活动，编播一批反映党和政府对未成年人的关怀以及社会各届对少年儿童的关爱的新闻稿件，渲染喜庆欢乐的节日气氛，呼吁全社会共同关注未成年人的身心健康和成长。同时，紧紧围绕县委、县政府中心工作，对创建全国文化强县、生态环境保护、安全生产、护林防火等工作进行宣传报道，并且向上级台积极上送优秀新闻，2014年，中央台采用上送稿件7条，省台采用47条，康巴卫视采用126条，州台采用374条，本台发稿近2300条。制作《四季九寨欢迎您》《维护文明城市创建成果，树九寨良好形象》《拓景扩容，提质增效》《弘扬社会主义核心价值观》《文明城市》《创建法制县》等10余个宣传片和各类宣传标语100余条在自办台滚动播出。

【专题宣传】 专题节目推陈出新，专题从栏目定位、前期策划、栏目包装等方面均有较大改观。2014年，制作完成《关注》31期，《九寨零距离》12期，《九寨风情》2期，《媒体聚集》10期，《九寨记忆》2期，《优秀村干部访谈录》7期，还制作《童话世界 魅力九寨》《创建全国文化先进县汇报片》等多部汇报片。

【影视节目】 影视剧的引进注重节目内容与形式的多样化和知识化，最大限度地满足不同层次电视观众的收看需求。按照题材多样、内容健康、画面清晰的标准，2014年先后购进、交流、审查及编排播出电视连续剧8部230集，电影光盘35部，丰富电视荧屏，满足广大人民群众收看文艺节目的需求。

【净化荧屏声频】 严格控制不适合未成年人的广播影视节目播出，坚决把住影视节目审查的关口。建立健全严格的节目审查制度和节目播出程序，精心选调高素质节目审查人员，组成强有力的队伍，禁止播出不宜于未成年人观看的影视剧、影视动画片和纪实电视专题节目。严格落实好节目审查制度，实行稿件初审、成品节目审查、播出前审查的三审制，做到层层把关。防止广播电视节目低俗媚俗之风对未成年人造成的不良影响。整治不良广告。制定明确具体的广告审查细则，健全广告刊播审查制度。建立完善广告内容审查制度。按照相关法律法规和政策要求审查广告的文字和图像内容，坚决删除不符合要求的广告内容，还市民一个健康的视听环境。

【网络建管】 为了保证广大用户能收看到稳定、高质量的电视信号，加大有线电视的建设与管护力度，开展有线电视优质服务活动，增强服务保障能力，提升服务质量和信号传输质量，提高综合实力，增加有线电视用户，推行网络精细化管理，完善全县统一的客户服务体系，实行分片定人定责维修服务方式和服务承诺制，对报装用户3日内完成，对报修一般故障当日修复，处结率100%，做到职责清晰，服务便捷。狠抓广播电视基础建设，提高广播电视覆盖率，加强有线电视网络改造、维护、巡查、检修，保证有线电视传输网络的安全。及时为各乡镇农村广播电视管理提供业务指导。加大有线电视收费工作力度和对私拉乱接的查处力度，规范有线电视管理秩序。实施有线电视网络延伸覆盖工程。新增有线电视用户70户。定期对有线电视机房进行维护维修，保证有线电视信号高质量传输。

【重点项目建设】 数字电视建设：根据县委、县政府提出的重点建设项目要求，2014年数字电视建设工程分为两个阶段完成。在第一阶段完成编制模转数建设方案，模转数前端设备采购方案，并通过阿坝州广播电视学会评审。有线电视模转数前端安装调试完成，传输108套广播电视数字信号，发放机顶盒2000余个。

广播电视业务用房维修工程：按照建设管理程序，九寨沟县广播电视业务维修工程完成施工图设计、通过施工图审，完成施工图纸在县投资项目图纸审查委员会备案工作，编制完成工程量清单及工程招标价；并在阿坝州公共资源交易中按照建设管理程序心挂网，5月21日进行开标确定中标建筑公司；6月10日，按照县发展和改革局关于监理招标的批复，与监理公司签订监理合同。

防震减灾

【领导名录】 局长：郭关贵。

【防震减灾】 加强业务学习和培训。通过经常性的政治理论和业务知识的学习培训，保证政治上的坚定、工作上的创新。开展机关作风建设，干部职工讲大局、讲原则、讲团结，提高政策理论水平和解决问题能力。加强党风廉政建设。把学习“党的群众路线教育实践活动”放在突出位置落到实处。建立健全各种制度。履行职责，全面推进防震减灾工作，坚守地震监测岗位，确保监测工作正常运行。地震监测值班工作人员坚持24小时不间断震情值班和节假日震情值班双岗制度，及时掌握、上报震情、灾情，为地震应急提供科学依据。

【地震安全性评价管理和抗震设防】 领会防震减灾工作的重要性，按照《中华人民共和国防震减灾法》《汶川灾后重建条例》有关规定，推进九寨沟县建设项目的立项、抗震设防设计审查、审批标准化、服务化建设。按照受理一件、审查一件、合格一件、办理一件的原则。2014年，防震减灾局受理灾后重建抗震设防立项、审查、审批项目20件，办结20件，其中抗震设防审查、审批7件，立项审批13件。

【民居建设安全工程】 为了推进农村民居地震安全工程和农村民居地震安全工程涉及九寨沟县所有乡镇，事关农民群众的生命安全和切身利益。防震减灾局与相关部门密切配合，到双河乡各条村，按照抗震设防要求，从选址、设计、技术培训、建设等方面对异地搬迁进行指导，确保搬迁质量，使搬迁户“搬得走、修得起、坐得住、富得起”，2014年底，该村45户搬迁户完成建设主体工程建设。

【地震次生灾害地质灾害监管】 加强地震次生灾害地质灾害监管。“5·12”汶川特大地震对九寨沟县造成严重地质灾害，为加强地质灾害管理，确保人民群众生命财产安全。2014年，18次到乡镇对全县地质灾害点（灾害监视区）进行仔细检查指导。各个乡镇成立地震次生地质灾害领导小组，制度、措施、预案健全，当地群众对该地地质灾害的性质进行了解，明白避让措施和方法，加强监管措施。

【防震减灾知识宣传教育】 为了加强九寨沟县防震减灾科普知识的宣传教育。防震减灾局按照“主动、慎重、科学、有效”的原则，到各乡镇开展地震科普知识宣传活动，活动采取发放宣传资料、开展科普咨询等方式，重点加强地震科普知识、应急避险知识、农村民居建设、建设工程抗震设防等宣传资料，还向前来咨询的群众着重讲解当遭遇破坏性地震时应如何自救、互救等抗震救灾常识，发放各种宣传资料5000余份、光碟1000张、挂图136幅，接受防震减灾知识、法律法规知识咨询1000余人。主要从农村房屋抗震设防、自救互救、地震法律法规等方面进行宣传。通过开展宣传活动，增强广大群众的防震减灾意识，宣传防震减灾自救互救知识，提高人们避险自救和互救的基本技能。

【地震应急系统建设】 坚守地震监测岗位，确保监测工作正常运行。地震监测值班工作人员坚持24小时不间断震情值班和节假日震情值班双岗制度，及时掌握、上报震情、灾情，为地震应急提供科学依据。强震台数字监测仪器运行良好，数据稳定、实时地传输到省台网数据处理中心，达到省台“十二五”数字强震台测震网络项目技术指标及测震分项验收细则的要求。建立防震减灾联络员和地震宏观观测员工作制度，对地震的影响和地震前兆异常情况进行及时核实和上报。全县每个乡镇确定1名防震减灾助理员，120个村、4个社区确定1名联络员。

【抗震设防执法】 2014年，防震减灾局多次到电站、桥梁、隧道、矿山等建设工程中进行抗震设防检查。在检查中，针对各项工程震害防御中存在的相关问题提出要求，各项工程是九寨沟县重点工程和生命线工程，要严格按照全县区域的抗震设防标准、措施、要求进行施工，确保工程质量；要做好地震宏观观测收集，发现异常现象，要及时上报相关部门；要建立健全地震应急机制，完善该工程地震应急预案，组织应急队伍，发现问题，及时应急，避让处理，确保生命和财产安全；要严格按照《中华人民共和国防震减灾法》的相关规定来建设，坚决取缔建设中违反抗震设防规定、擅自改变隧道走向和抗震设防标准的违法行为。

【地震应急避险疏散演练】 在“5·12”汶川地震六周年之际，为人民的生命财产带来了极大的破坏。为提高学生的地震应急避险能力，引导学会在地震时采取有效措施避险防身、疏散逃生，最大限度地减少地震对人身的伤害，2014年5月1~30日，全县23所中小学、幼儿园由县委县政府牵头，县教育局、县防震减灾局、县红十字会等部门参加，进行23次地震避震逃生疏散演练。

气　象

【机构】 内设办公室、测报股、预报股、防雷中心、科技开发中心、人工影响天气办公室。

【领导名录】 局长、党支部书记：蒋建强，副局长：柏利军。

【安全生产集中学习教育整治】 开展“百日安全生产活动”。活动期间，组织职工集中学习各类安全生产各项法律法规和规章制度。加强局内公务用车、人影安全、气象档案、网络运行、用电安全、以及建设施工等各方面的安全隐患查找和整改，推动安全生产各项工作的落实。配合九寨县安监局开展安全知识宣传活动，宣传普及气象与防雷减灾等知识，累计发放宣传资料300余份。

【藏区项目建设工程】 完成藏区项目建设工程的施工、公开招标工作，业务用房施工进展顺利。

【气象服务和预报】 加强气象服务和预报工作，建立公益服务为主，多种服务并存的服务模式；建立多渠道的气象信息发布和防灾减灾宣传体系；完善气象灾害监测、预警业务工作流程；建立健全气象服务机制。服务工作做到早安排、早部署，做好专业气象服务。

【气象观测基础业务】 加强测报基础业务管理和质量控制，组织测报人员开展多次业务集中学习和规章制度学习。年测报错情率和报表预审错情率为零。

【防雷工作】 为全面推进防雷技术服务规范化建设，提升防雷技术服务能力，按照上级部门安排，完成防雷中心的规范化建设工作。规范机构职能、规范装备配置、规范服务流程、规范技术报告、规范收费行为。提升防雷技术服务社会的形象，提高防雷技术服务科技的内涵，增强防雷技术服务能力的水平。

【人工增雨雪作业】 为有效降低九寨沟县森林火险等级和抗旱，年内多次开展人工增雨（雪）作业，作业效果明显，取得良好的社会、经济和生态效益。

档　案

【机构】 县档案局内设办公室、指导股、现行文件中心。

【领导名录】 局长：杨富贵，副局长：江茂瑛、杨友清（2014年10起）。

【档案宣传教育、执法检查、达标复查】 结合“6·9”国际档案日，开展档案法制知识竞赛和法制短信宣传活动，机关干部职工900余人参加竞赛。利用县司法局法制宣传平台和移动、电信短信平台，向全县副科级以上领导干部、村干部及各单位档案人员开展为期一周的档案法制短信宣传活动，发送短信5600条次。开展档案业务指导工作150余人/次。8月下旬，组织检查组在全县范围开展新农村建设档案工作省级示范县创建及档案执法检查工作，检查全县82个机关单位，对51个机关档案室规范化管理工作进行复查。

【重点建设工程档案指导监督】 抽派人员进行九寨沟县重大建设项目检查，对建设项目档案进行检查和复查，对2014年在建的26个重点项目进行登记，完成34个项目的初验，参与省级重点建设项目“青龙水电站”档案验收工作，完成灾后重建和扩大内需7个工程项目的档案专项验收工作。

【新农村建设档案】 按照创建考核细则，下发创建新农村建设档案工作示范县相关文件通知，组织档案业务人员对各乡镇、涉农部门创建工作进行检查调研，由县政府牵头召开创建省级社会主义新农村建设档案示范县工作推进会，开展部分乡镇村级档案业务培训，开展新农村建设档案工作省级示范县创建督查工作，12月26日，通过九寨沟县创建四川省社会主义新农村建设档案工作省级示范县验收。按照社会主义新农村建设档案工作示范乡验收标准，指导完成永乐镇新农村建设档案工作示范乡验收任务。

【档案馆信息化建设】 2014年，开展照片档案整理工作，扫描编辑照片7000余张，编制照片、印章电子目录7000余条，录入文件级档案目录44888条。向县委、县政府、县委宣传部、州档案局等报送工作信息21篇、业务论文1篇、调研报告3篇。利用馆藏编制完成《九寨沟县漳扎镇2014年拆迁整治工作文件汇编》的参考材料。

【档案馆建设、安全防患工作和对外利用服务窗口建设】 按照档案馆库房安全管理体系建设要求，坚持安全消防值班制度、巡查制度、库房温湿度监控制度，馆内档案安全，无事故发生。开展涉民档案和专门档案的接收工作，丰富馆藏资源，接收进馆县经济商务局、农水局、审计局、国土局等单位档案合计2600卷（盒、件），其中文书档案25卷、780盒（15359）件；会计档案381盒；项目档案1179盒；业务档案（审计、水利普查）232卷（盒）；照片档案1盒（85张）；实物档案2件；整理进馆资料394册。为社会各界提供利用档案599卷次、144人次。

【档案业务培训】 组织单位职工集中教育学习活动，安排职工和机关档案人员参加省、州、县各类培训。组织九寨沟县5名机关、企业档案管理人员参加省档案局举办的两期档案业务培训班，选派2人参加省局档案基础业务建设研讨班，2人参加州、县党务工作人员培训，组织单位干部职工6人参加2014年“培育社会主义核心价值观、做人民满意公务员”主题培训。举办1期机关档案室基本情况年报表填报培训，21人参加培训；举办3期村级档案业务培训，63人参加培训。

史志工作

【机构】 县史志办公室内设综合股、县志股、党史股。

【领导名录】 主任：哈文，副主任：寸丽珍（2014年9月止）、米慧（2014年9月起）、宛严勇（2014年9月起）。

【党史】 《中共九寨沟县历史》编写：《中共九寨沟县历史（1935—2005）》进入出版前期准备工作阶段，按照工作要求，成立九寨沟县党史编纂委员会，请相关专家对党史中序言、综述及1—6章节进行修改、补充、完善，修改工作基本完成。样书已出稿，请领导审阅后，按程序出版。出版《中共九寨沟县历史（1935—2005）》的资金已经到位，已进入政府采购，招投标阶段。

口述历史：根据《阿坝州口述历史领导小组办公室关于报送2014年口述历史纪录片候选选题的通知》的文件精神，落实罗振华书记作出“选题要切合生态保护和开发”“抓一精品选题，体现九寨全国水平”“瞄准省级金熊猫奖或全国性奖项”三个批示，落实“守护绿色生命——九寨沟县生态保护与开发”“登嘎甘㑇”2个命题拍摄任务。3月，召开专题会议，对涉及部门划分资料收集任务，随后向县委政府报告，落实拍摄资金，根据收集的相关资料，走访口述人，完成口述历史拍摄工作。召集相关参与单位对两部口述历史片进行3次审片，提出宝贵意见和建议，并报州口述办进行审片。州口述办已对两部口述片进行反馈，根据反馈情况与拍摄公司进行交流反馈。

其他工作：按时完成向州委党史研究室提供的2013年度《中共九寨沟县执政实录》稿件。

【地方志】 年鉴编写与出版：2014年，完成《九寨沟县年鉴（2011）》，约46万字，编辑图片20个版块、273张图片，该书于2014年4月由中央民族大学出版社出版，印刷1000册。《九寨沟县年鉴（2012）》已完成总纂工作，总纂稿约45万字，编辑图片21个版块，图片515张，该书于2014年11月由中央民族大学出版社出版，印刷1000册。完成《九寨沟县年鉴（2014）》初稿50万字。

抗震救灾志编写：按照出版社要求，已完成《九寨沟县抗震救灾志》灾后重建部分的修改、补充、完善和图片编辑工作。编辑图片5个板块（地震灾情、领导关怀、抢险救灾、赈灾援建、灾后重建）150张。

地情资料收集整理：对《采花——九寨南坪曲子集》一书进行整理、编辑，完成总纂工作，并于2014年4月出版，印制2000册，12.8万字。《采花——九寨南坪曲子集》收录由南坪民间老艺人在传承传统及接受和改编外地曲子基础上创作的民间歌谣68首（包括词曲）。收集、整理《白马民俗拾遗》资料10万余字；收集、整理《绚彩南坪》资料8万余字。这两本书已经完成总纂和招投标工作。

业务指导：对全县124个乡镇、部门和企事业单位年鉴编写工作进行指导，采取“谁负责、谁把关、谁指导”原则，各位编辑按照年初分工，通过上门指导、电话指导和网络指导等方式开展业务指导和催收工作。截至10月23日，已收集2013年部门年鉴122本。

其他资料编写：编写完成《阿坝州年鉴（2014卷）》、2013年九寨沟县地情概况资料3万余字、九寨沟县地方志三十年回顾资料1万余字。

【史志工作信息】 截至2014年10月23日，史志办编写《地方志工作信息》39期，及时向州党史研究室、州志办及县委、县政府、纪委、组织部、宣传部等部门报送工作动态。

【史志、地情书籍利用】 截至2014年10月23日，发行志书、年鉴、地情书1181册，其中

《南坪县志》87册、《九寨沟县志》102册、《九寨沟县年鉴（1986—1998）》62册、《九寨沟县年鉴（1999—2005）》57册、《九寨沟县年鉴（2006—2008）》72册、《九寨沟县年鉴（2009）》62册、《九寨沟县年鉴（2010）》67册、《九寨沟县社会风土志》58册、《九寨沟县辉煌50年》57册、《九寨沟县民俗文化村志》1册、《九寨故乡月》55册、《九寨沟县情200问》56册、《九寨沟县土特山珍》57册、《九寨沟县旅游总览》62册、《阿坝州年鉴（2013）》8册、《中国共产党九寨沟县历史大事记（1935—1987）》57册、《采花——南坪曲子集》133册、《九寨沟县年鉴（2011）》128册。

【档案管理】 遵守文书处理办法和归档整理制度，各门类档案按其体系分类整理上架。按规范编目、编号、装订，做到分类科学、装订规范、排列有序、编目编号系统规范。2014年，完成2013年资料档案（志书、史书、政策法律法规、杂志等）101（册、本）、荣誉档案1个归档上架工作以及不需归档但进行三孔一线装订各个单位来文9册；完成文书档案整理、组卷、装订、归档工作，文书档案22盒，其中永久4盒、30年16盒、10年2盒。文书档案录入工作已全部完成。开展档案利用工作，先后为年鉴编写、了解九寨沟县历史、工作查考等查阅利用9次。整个档案工作做到防患于未然，确保档案资料安全。完成九寨沟县史志办2013年大事记、组织机构沿革编写工作。实行计算机管理和档案检索，按不同门类、载体和保管期限，检索工具系统、科学、准确，编有《案卷目录》《归档文件目录》等。按时上报各种计划、总结、简报、检索工具、机构沿革、大事记、上年度已归档档案电子目录等材料，定期向档案局上报档案工作信息。按规范化档案室建设要求，做到防盗、防火、防潮、防霉、防虫、防鼠，硬件设施满足永久存放档案要求，档案员经常打扫库房，确保库房干净、整洁、管理有序。档案存放整齐统一放在铁柜架中，均符合规范。做到每月一次对档案室大检查，每天温湿度记录时小检查，防止霉变、尘污及虫蛀鼠咬现象发生，定期更换防虫药，编写每月一期检查记录。

新华书店

【机构】 经理室、财务室、办公室、教材业务部、门市部（永乐镇门市部、新区九寨书城门市部）。

【领导名录】 书店经理：钟丽玲。

【业务工作】 2014年，门市一般图书销售60354册，金额924218元，完成目标任务的25%。A店超销售目标（30万元）任务135470元，B店超销售目标（40万元）任务88748元。以高度的责任心和政治责任感及时征订、上报、发行教材教辅，保证学校"课前到书，人手一册"。2014度教材发行356390册，码洋2163980元（其中免费教材发行166747册，码洋1090300元）。2014年度全店销售图书教材96万册，码洋308万元。

【安全卫生】 平时加强职工安全意识教育，注意防火防盗，让职工掌握化解矛盾的要领，严格按照有关要求做到经常性排查与定期排查相结合，重点排查与普遍排查相结合，内部排查与配合有关部门排查相结合，对重点问题（特别是主管局和县委、政府交办转办的问题）实行一问题一排查。在重大节庆日、重大政治活动及特殊时期实行专项排查，做到不稳定问题早发现、早控制、早化解，维护社会大局稳定。本年度无安全事故发生。

乡 镇

漳扎镇

【机构】 漳扎镇内设党政办公室、综治维稳办、城市管理办（下设城管中队和城市监察中队）、林业资源保护办、综合发展办。

【领导名录】 党委书记：汪世荣，副书记：海滢（2014年10止）、汪磊（2014年11月起）、毛小平、泽仁机（2014年3月止）、林马建在（2014年12月止）。镇长：杨飞雄，副镇长：肖勇、白建安（2014年11月起）、常勇（2014年11月起）、马海生（2014年11月止）、格措（2014年11月止）、侯春生（2014年11月止）。人大主席：狄小平（2014年7月止）、林马健在（2014年12月起）。

【基本概况】 漳扎镇位于九寨沟外围核心区域，幅员1540平方公里，全镇1260户，5614人，常年外来务工流动人口20000人左右。随着九寨沟景区的蓬勃发展，漳扎镇旅游经济也迅速发展，全镇以旅游业为支柱产业，也是漳扎镇居民的主要增收来源。全镇有星级宾馆13家，其中五星级宾馆3家、四星级宾馆5家、三星级宾馆5家，其他乡村旅游宾馆300余家。漳扎镇人民政府全面负责漳扎镇内城市管理、规划建设、应急处突、旅游发展、村寨管理、维护稳定等方面工作。

【班子建设】 坚持民主集中制管理模式，执行党委议事原则，坚持集体领导和分工负责相结合，凡一切重大问题的决策，由党委集体讨论决定，完善“三重一大”决策制度，班子成员之间形成坦诚相待，密切协作，精诚团结的氛围。加强干部队伍建设。结合效能建设，一手抓思想政治教育和党性教育，一手抓知识更新和业务培训。在加强干部教育管理方面，完善干部职工学习、考勤、值班、请销假等规章制度，达到以制度管人、靠制度落实工作任务的目的。加强“三联”制度建设，开展领导干部联系镇、村，一般干部驻村制度。分别于春节、“七一”建党节等各种节日对农村（社区）离任老干部、“三老人员”、贫困党员、“五保户”走访慰问，使村级组织在群众中的凝聚力、向心力和战斗力得到体现。

【基层组织建设】 落实以党委书记为直接责任人的责任制，加强对党建工作的领导。对13个行政村和4个社区村级活动室进行管理与维护。落实加强村干部坐班制度。加强对4个社区的建设。

【党建】 漳扎镇辖13个行政村，1260户，5614人，镇党委、政府领导班子9人。全镇391名党员（27名预备党员），18个支部，机关党员

43名，农村党员248名（含社区党员15名）；女党员93名，占23.79%；少数民族党员295名，占75.45%；35岁以下党员165名，占42.20%；大专以上文化党员92名，占23.53%；申请入党人员38名。全镇有17个党员活动室，为开展各类活动提供了场所，发挥阵地作用。

【思想制度建设】 推进社会主义荣辱观教育、未成年人思想道德建设，深化“千里文明走廊”建设，强化群众思想政治工作，开展“十星文明户”“九寨最美邻居”等活动，加强党委制度建设、规范化建设、思想建设、作风建设和队伍建设，落实“三会一课”制度、党员民主生活会制度、党员目标管理制、党支部大会等制度，提高公民民主法制意识、道德素质。

【乡村旅游】 完成旺季旅游接待任务。九寨沟旅游持续升温，日均接待游客25000人以上，尤其在7—8月期间连续50余日游客量超过35000人，通过精心、细致、周密的安排部署，漳扎镇旅游秩序井然。乡村旅游业持续发展，乡村旅游接待能力突破40000个床位，提高九寨沟的游客接待能力，辖区内藏家乐全方位提档升级，接待游客累计超过100万人次。乡村旅游业态的提升使群众的收入不断增加。开展旅游市场秩序整治，对九寨沟旅游市场尾随兜售行为，组织镇机关干部职工1000余次，到沟口和甘海子开展尾随兜售行为整治活动，打击尾随兜售行为，规范旅游经营市场，提升九寨沟对外旅游形象。

【创先争优】 创先争优活动以服务人民群众为主题，各党组织和广大党员紧紧围绕主题，呈现出启动迅速、推动有力、主题鲜明、切合实际、创争有序、进展顺利的态势，有利地推动经济建设、社会建设和党的建设。

【“强乡兴村”党建提升工程】 以全面提升村级班子服务基层群众、服务跨越发展和服务社会稳定的能力为目标，以有效提升村级班子“五种能力”为主要内容，以加强组织领导、检查指导和制度建设为保障，推进“强乡兴村”党建战略工程，甘海子社区作为后进基层支部，年末完成提升。

【“三学三强”基层党员提升工程】 以贯彻落实党员教育培训规划和“双育工程”为主线，以基层组织建设年为契机，以藏区千村党建提升工程为抓手，坚持党性教育和能力培育、党校集中教育和远程教育终端站点分类教育、课堂教学和实践教学、典型示范和全面实施相结合，对基层党员开展大规模的党性教育和技能培训，不断提升基层党员的党性观念、政策水平和致富带富能力，完善基层党员教育的服务平台和网络体系，规范运用信息化手段推进党员教育的运行保障机制，提高党员教育的针对性、有效性、及时性和吸引力、战斗力、影响力，提升党员教育的制度化、经常化、科学化水平。

【“党的群众路线教育实践”活动】 漳扎镇按照省、州、县委的统一部署，在县委第八督导组的精心指导下，以为民务实清廉为主要内容，贯穿“照镜子、正衣冠、洗洗澡、治治病”的总要求，严格遵守执行上级有关作风建设的相关规定，坚持学习为先、教育先行、打牢理论思想根基，开展教育实践活动。完成学习教育、听取意见，查摆问题、开展批评，整改落实、建章立制3个环节的各项工作，教育实践活动重点突出、特色鲜明、成效明显。通过群众路线教育实践活动的开展，镇班子成员相互提出意见建议272条，整改“四风”突出问题30个，通过活动的开展，镇政府班子人心更齐，达到风清气正的标准。

【维稳、综治、信访】 开展专题矛盾纠纷排查化解工作，实行党政一把手亲自过问、督促检查落实上级部署的各项工作制度。全面落实维稳、综治和信访各项措施，按照“小事不出村、大事不出镇”原则，对辖区发生的各类矛盾纠纷第一时间了解情况、靠前指挥、及时化解，使矛盾纠纷发现得早、控制得住，确保矛盾纠纷不上交、不扩大。完善矛盾纠纷排查调处机制，与辖区内各村、各机关单位、施工单位、宾馆饭店以及娱乐场所签订社会治安综合治理责任书、禁毒责任书、安全生产责任书、农机安全生产目标管理责任书800余份，签订边界联防协议6份。调处化解各类矛盾21件，稳控重大涉稳事件7起，开展打击非法营运专项行动，整治治安热点问题，开展各项创建活动，夯实基础社会治安管理基础，确保社会和谐稳定，为经济发展提供良好的社会环境。

【党风廉政建设和反腐败】 全面落实党风廉政建设和反腐败工作责任制，把党风廉政建设和反腐倡廉工作与密切干群关系，保持党和人民群众血肉联系相结合，坚持惩防并举，从源头上治理和预防腐败的发生，制订漳扎镇惩治和预防腐败体系框架图，完善相关制度。增强领导干部责任感，推进廉政文化建设，利用会议、交心谈心等形式加强领导干部廉政教育工作，筑牢干部反腐倡廉思想防线；做好纠风工作，坚决纠正损害群众利益的不正之风，查处不作为或乱作为行为，维护好基层党组织在人民群众心中的形象。宣传和执行党员干部在反分裂维稳工作中“八不准”“七要七不要”规定、中央八项规定、六项规定、十项禁令等相关政策法规，将反腐倡廉工作落在实处。对牧民定居计划项目、扶贫开发和综合防治大骨节病、新型农村合作医疗、城镇居民医疗保险、粮食直补、退耕还林资金贯彻落实情况进行监督检查。做到财目清楚、手续完备、公开公正、发放程序规范、给群众一本明白账。坚持领导干部外出书面请假制度、干部职工上班签到制度、农村基层党风廉政建设责任制制度、党风党纪建设制度、联席会议制度、政务公开制度、党务公开制度、村务公开制度、领导班子自身建设规定、民主评议党员制度、党内监督的若干规定、镇村干部重大事项报告制度；加强干部职工参与赌博、借取婚丧、乔迁喜庆等事敛取钱财的监督管理。制定《漳扎镇党风廉政建设和反腐败工作实施方案》，分阶段贯彻落实各项任务，加强监督管理。

【幸福美丽家园巩固提升工程】 漳扎镇沙坝村和二道桥村实施幸福美丽家园巩固提升工程，两村以特色产业为核心，发展乡村旅游业，加大农村基础设施建设力度，提高乡村旅游接待能力，改善群众的生产生活条件。沙坝村和二道桥两村幸福美丽家园巩固提升工程，完成8600米饮水管道的安装，600米护栏的安装，硬化道路2450米，绿化村内面积8584立方米，修建桥梁2座，安装排污管道2000米。通过工程建设，两村人居环境得到改善。

【规划建设整治与管理】 加强规划建设管理力度，违建整治工作取得实效，年内做到见违就拆，及时发现违章建设137起，拆除面积2700平方米，实现村民建房“零违规”的目标。树立党委、政府的威信，增强村民的法制意识，依法办事观念深入人心。

【基础设施建设】 完成上四寨村民族团结进步新村建设，改造上四寨村房屋外观风貌174户，硬化入户路5200米，修建藏式寨门1座，安装路灯120盏，安装健身器材2套，修建活动广场2处。上四寨村村容、村貌得到改善。持续推进中查沟开发工作。中查沟“国际会议度假中心”正式开工以后，攻坚克难，解决征地搬迁中的各类矛盾，确保工程推进，为2015年中查国际会议中心一期工程的建成奠定基础。建设完成隆康至漳扎核心区的路灯建设，提升旅游品质。

【群团】 工青妇群团组织按照各自章程，围绕中心工作履职。镇工会、共青团组织发挥党联系群众的桥梁和纽带作用，开展好维权工作，发挥青年突击作用，在团中央号召和组织下开展“大团委”建设工作，漳扎镇在原有13个行政村团支部的基础上新建20个团支部，不但完成新建任务，同时也壮大团组织力量。团结、教育、广大职工、青年投身于各项中心工作。镇妇联以妇女、儿童维权为重点，调动广大妇女投身“城乡环境综合治理进家庭”工作。组织广大妇女投身于社会建设各项工作中，组织宣传“两纲”“两法”，组织协调广大妇女参加各类技术培训、计划生育、创建平安家庭、文明家庭、艾滋病支持与关爱、环境卫生综合整治等活动，为全面创建平安和谐社会，促进社会经济发展发挥作用。

【林政与护林防火】 年内对15万亩退牧还草围栏进行全面的维修；落实《退耕还林条例》，加强对退耕还林的牲畜管护，完成全镇1.26万亩退耕还林补植及管护工作，并通过国家和省检查组的验收。为加强森林资源的保护，创建平安林区，镇政府高度重视护林防火和林政管理工作，开展《森林法》《森林防火条例》《野生动物保护法》等相关法律和政策的宣传，与13个村签订护林防火工作责任书、与辖区内各单位、宾馆签订创建平安林区责任书100余份，明确责任。加强全镇40余名护林巡山人员管理，在全镇辖区重点林区和各村寨开展护林防火和林政管理工作，继续巩固省级安全示范镇和千里文明走廊示范点的成果，为旅游业的发展、经济建设保驾护航。

【经济】 2014年，农民人均纯收入12257元，较上年增加1627元。粮食播面1390亩、产量350吨。马铃薯播面562亩，蔬菜播面153亩。牲畜出栏7251（头、匹、只）。利用春播时节向农民群众讲解科学栽培技术，加大对蔬菜和果树病虫害防治指导。鼓励养殖业发展，提高养殖户抵御风险能力，为养殖户的能繁母猪23头购买保险。各村防疫员出诊60余次，出诊率100%，治愈率97%。

【环境整治】 漳扎镇地处九寨沟外围核心区域，城镇环境的优美整洁和旅游秩序，不仅事关漳扎镇发展大事，更关乎九寨沟的旅游形象。高度重视城乡环境综合整治，将其上升到“抓环境整治就是抓发展”的高度，通过对顺吉园林绿化保洁公司的管理，改变过去政府大包大揽做环境综合治理工作的状态，平稳过渡为科学、规范的公司化管理和运作，该公司负责从弓杠岭至返修桥的路面保洁、垃圾清运、绿化、市政设施维护等工作，镇政府对公司实施严格监督和绩效考核。镇副科级领导按照包片领导负责制，驻村干部和大学生村官负责各自村寨卫生，镇政府1名副镇长专职负责环境整治监管工作，在这种运行机制下，全镇城乡环境和经营秩序改善。制定并同13个行政村签订《漳扎镇驻村干部管理责任书》《漳扎镇村（组）干部管理责任书》，强化和落实城乡环境综合治理责任，清理并规范村寨乱堆乱放柴火等杂物200余处、圈棚30余处、乱挖滥采4处、卫生死角20余处。与县规划建设、国土、旅游、工商、卫生、物价、环保等相关部门密切配合，对全镇的规划建设、环境卫生，藏家乐、流动商贩、包包族等进行综合整治。

【安全生产及社会治安综合治理】 成立镇、村（社区）安全生产领导小组，落实层层责任，宣传安全生产和安全生产大检查，使安全生产的重要性深入民心。重视消防工作，与辖区内各住户、宾馆饭店、商铺签订《消防公约》1000余份，组织消防及安全生产大排查20余次。农机安全、能源消防安全工作常抓不懈，建立消防安全网格化管理体系，绘制消防安全网格化管理示意图，明确责任落实。结合“安全生产大检查”启动工作，排查安全隐患30处，并进行整改。完成省级安全社区建设及验收。

【防灾减震】 建设防灾减灾体系，加强防灾减灾体系和综合减灾能力建设，提高灾害预防和紧急救援能力。落实专人对滑坡、崩塌、泥石流等地质灾害隐患点的排查和监测，想方设法地治理险情紧迫、危险性大、危害严重的隐患点，全镇41个地址灾害隐患点落实58人负责日常监测。处置牙扎“7·29”泥石流和上四寨“9·17”泥石流突发地质灾害，两起泥石流均无人员伤亡，积极抢灾救灾，将损失降到最低。加强紧急救援救助能力建设，充实救援力量，提高装备水平，健全抢险抢修和应急救援救助专业队伍。全镇现有地质灾害营救队、护林防火扑火队、民兵应急处突队等队员300余人。

【民生、民政及劳动保障】 坚持扶贫开发战略，争取各项扶贫资金，执行“草原生态补奖”政策，发放全镇13个村的“补奖”资金。全年发放救灾口粮9000公斤，清油100桶，棉被50床，退伍军人补助6500元，烈士家属补助4500元，重阳节困难老人补助5人500元，残联重阳节补助5人1500元，国庆节慰问4人1200元，享受大病补贴政策98人10万余元。建党节发放“三老”干部慰问金20000元。落实加大就业、再就业工作力度，做好公益性岗位就业援助和社会保险特殊待遇优惠政策，全镇落实公益性岗位54个，实现农村劳动力转移1080人。抓好农民健康教育，协助县疾控中心为漳扎镇13个行政村卫生员、妇干、团干等100人开展艾滋病、包虫病防治培训。落实加大就业、再就业工作力度，做好公益性岗位就业援助和社会保险特殊待遇优惠政策，全镇落实公益性岗位54个，实现农村劳动力转移1080人。完成新一轮新型农村合作医疗参保工作，全镇新增参保120人。全镇有4603人享受新合医疗补贴。加强“富民惠民”政策宣传，搞好党务、村务、财务公开，全镇13个村4个社区全年累计公开事项100余件，村级财务公开、透明。把农民技能，技术培训作为富民工程来抓，开展多层次、多渠道、多形式的农民培训，结合乡村旅游方面知识，完成实用技术培训988人，使受训人员掌握1~2项实用就业技能。

【人口与计划生育】 2014年，计划内出生人119人，催收超生款34480元，完成年内任务。组织全镇700余名育龄妇女开展“三查”，保障妇女健康。核查修改系统重复人口800余条，宣传孕前检查5次，新增三结合帮扶户6户。按照属地管理原则，对辖区内各街道、各门面、各市场、各村流动人口进行清理，建立和完善流动人口计划生育管理长效机制。利用多种形式加大对人口与计划生育政策的宣传，向各村发放固定宣传画（册）200余份。

【普法综治】 开展普法综合工作，在各村利用墙报、公开栏等，对《宪法》《民法通则》《环境卫生保护法》《未成年人保护法》《四川省人民调解条例》等法律法规进行宣传；在各村主要交通要道，张贴大量的图片、标语；并利用召开村干部和党员大会之际，组织普法骨干学习国家的法律法规。2014年，召开普法宣传会议10次，进行法律法规宣传达27次，受教育面100%；组织培训普法骨干20人（镇干部与村干部）；举办法制宣传栏4期（每村各4期）；张贴标语200余张、宣传资料1000余份，利用各种法制教育资源，完善普法方法，激发社会各界参与普法，形成全民普法的局面。

【教科文卫】 抓好青少年入学率、巩固率，小学适龄儿童入学率100%，毕业率100%。利用三项宣传、农村夜校、远程教育及科普宣传栏，采用集中学习、分散学习形式，开展农村实用技术培训、科普知识宣传，全年培训2400人次。加强农村疾控防治，抓新型农村合作医疗参合工作，参合4603人，参合率98.1%。建立农村健康档案4840人次。提高医疗、卫生水平，增强公共卫生意识。丰富农村文化娱乐活动，健全13个村农家书屋各项规章制度，落实专人负责管理农家书屋，各村在春节、元宵节等节日举行舞龙、文艺会演等活动进行庆祝。

【禁毒工作】 要求禁种铲毒小组成员和驻村干部、村干部加强配合，密切注意可疑人员的动向，发现可疑情况及时处置，把问题解决在萌芽状态；禁毒领导小组经常到基层，对所辖村进行走访、调查，教育引导广大群众认识毒品的危害、增强拒毒、防毒的意识和能力。动员广大群众共同参与、共同防治，齐抓共管，组织人员150余人次，不定时地对辖区内可疑地域进行踏查。

【武装】 严格党管武装制度，做好年度民兵工作，加强民兵组织建设。2014年9月，征兵工作严格把关，选出学历高、思想健康、政治素质好的4名优秀青年，为部队输送兵员，完成上级交办的征兵任务。在民政和扶贫移民局的支持下，开展军烈属、优秀士兵、退伍军人走访慰问活动，发放慰问金17200元，送去党和政府的关心与问候。

永乐镇

【机构】 永乐镇内设党政办公室、镇财政所、社会事务服务中心、经济发展服务中心。

【领导名录】 书记：王剑（2014年1月止）、杜宇（2014年9月起），副书记：黎学松（2014年1—11月）、郭莉（2014年11月止）、赵勇（2014年11月起）、李继明。镇长：杜宇（2014年9月止）、张迎凤（2014年12月起），副镇长：赵勇（2014年11月止）、焦伟、钟佳玲、李晓红、黄平（2014年11月止）。人大主席：童伟（2014年1月止）、张迎凤（2014年1—12月）、秦远康（2014年12月起）。

【基本概况】 永乐镇地处四川省阿坝州九寨沟县东部，平均海拔1500米左右，背靠西山，面临白水江，对岸是东山梁，依山地势较平坦。城区面积4.2平方公里（其中旧城区1.89平方公里、新城区2.31平方公里）。地理坐标是北纬33°15′，东经104°14′，是九寨沟县政治、经济、文化中心，也是一个藏、羌、回、汉等多民族聚居镇。辖上街、下街、中街、政府街、顺城街、交通路、防洪路、张家巷、张家湾等街巷。东与永丰乡相邻，西与白河乡太平沟金丝猴保护区相连，南与保华乡接壤，北与安乐乡接壤，距世界自然遗产九寨沟风景区只有40公里。辖区内有8个自然村3个社区：清平一村、清平二村、清平三村、和平一村、和平二村、梨花村、大岭村、拔拉沟村、和平社区、梨花社区、南坪社区。民族文化蕴含深厚，全镇大部分群众非常喜爱并能弹唱南坪小调、弹奏南坪琵琶。

【党建】 全镇有11个基层党组织，全年发展党员13人。开展党的群众路线教育实践活动“回头看”，对照实际情况，逐项对照自查。组织学习《厉行节约、反对浪费——重要论述摘编》《论群众路线——重要论述摘编》及中央、省、州、县领导讲话精神等内容，由镇党委班子成员轮流进行主持宣讲。制定《永乐镇深入开展党的群众路线教育实践活动整改落实方案》，明确全面整改措施及整改时限。落实“一岗双责”，把活动牢牢抓在手上，把责任扛在肩上，以身作则，靠前指挥，不搞“权利下放”，不当“甩手掌柜”，做到在认识高一层、学习深一步、实践先一招、剖析解决突出问题高一筹，确保整改取得实效。镇党委向组织汇报28条问题的整改落实情况，已整改27条，占96.42%；机关支部汇报问题15条，已整改12条，占整改项目的80%，拟定在2014年月底完成的占100%。针对长期整改的问题，制定11项工作制度，将问题进行常态化的整改。专项整治，有的放矢。制定《永乐镇关于深入开展“四风”突出问题专项整治的工作方案》，明确专项整治重点任务，对文山会海、“治慵治懒”、整治“门难进、脸难看、事难办”“三公”经费、镇内工程类项目建设管理等问题亮剑。开展多次专项整治活动，出台《永乐镇一把手不直接分管人事、重大事项等四项工作的实施方案》《永乐镇村级集体资金使用制度》等，对工程类项目建设管理、厉行节约反对铺张浪费等作出具体要求。开短会、讲短话、开节俭的会、开有效的会已经成为常态。建章立制。依据《永乐镇党委班子解决"四风"突出问题制度建设计划》，结合实际做好制度的"废、改、立"工作，镇党委制定、修订《永乐镇关于贯彻落实改进工作作风密切联系群众的实施方案》《永乐镇干部绩效考核方案》《永乐镇关于集中开展厉行节约反对铺张浪费专项活动工作方案》《永乐镇机关管理制度》等制度，内容涵盖镇党委人、财、物、事的科学规范和健康运行，逐步建立健全便于遵循、便于操作、便于落实的制度体系。强化执行。制度贵在执行、难在执行、效在执行。全镇上下立足实际，对照检查制度执行中存在的问题，坚决纠正"边走边看，边等边拖"等问题，坚决摒弃松散疲沓、反应迟缓、执行不力等不良习气。在开展教育实践活动过程中，始终坚持两手抓、两推进，一手抓工作，一手抓廉政；一手抓征迁，一手抓民生；一手抓制度，一手抓执行。

【纪　检】 利用"百千万人才培养大课堂""农村夜校"等平台，抓学习教育。全年开展会前学习24次，重点学习十八大精神，中央"八项规定"，省委、省政府"十项规定"，省纪委"二十二条"，县委"六条规定"等。利用"三项宣传"进万家、"便民联系"等活动开展形式多样的党风廉政宣传，发放《九寨沟县领导干部党纪政纪法纪知识手册》11本、廉政年画1800余份。镇党委、政府多次召开党委会和班子会学习规定内容，组织机关干部和村、社区干部学习规定内容，向各村、社区印发学习资料。

【群团】 工青妇群团组织按照各自的章程，围绕全镇中心工作履职。镇工会、共青团组织发挥党联系群众桥梁和纽带作用，开展好维权工作，发挥青年突击作用。团结、教育、广大职工、青年投身于全镇各项中心工作。为实现"富民增收、创优升位"的目标做出应有贡献。镇妇联以调动广大妇女投身"三个文明"建设为重点，开展好妇女、儿童维权工作。开展以"城乡环境卫生进家庭""整治环境我参与、我奉献、我分享"为主题的活动，组织广大妇女投身于各项工作中，组织宣传"两纲""两法"，组织协调广大妇女参加各类技术培训、计划生育、创建平安家庭、反邪教组织、文明家庭、艾滋病支持与关爱、环境卫生综合整治等活动，为全面创建平安和谐社会，促进社会经济发展发挥作用。

【农业经济】 利用现有耕地，抓好种植业发展，搞好产业结构调整。全镇农作物播种面积1472亩，其中粮食作物播种面积1216亩（玉米716亩、马铃薯500亩），其他农作物256亩。利用春播时节向农民群众讲解科学栽培技术。加大对蔬菜和果树病虫害防治指导。完成粮食直补兑现及农资综合补贴兑现9776.88元。全镇经济总收入3641.57万元，其中第一产业收入566.77万元、第二产业收入32.02万元、第三产业收入3042.78万元。

【畜牧业】 提高村级防疫员及养殖户业务技能，组织人员参加业务培训7次。鼓励养殖业发展，提高养殖户抵御风险能力，为全镇养殖户的100头能繁母猪购买保险。各村防疫员出诊173次，出诊率100%，治愈率96%。

【林业】 建立健全森林、草原及退耕还林工作领导机构，落实工作责任制，宣传森林、草原相关法规、政策，分片区落实森林、草原护林、防火人员和经费，做好护林防火及林政管理工作。同时，开展落实草原生态保护补助奖励政策和集体公益林补偿基金兑现工作。

【城乡环境综合治理】 与各村、社区、寺庙、学校签订《永乐镇城乡环境综合整治工作责任书》

16份，实行目标考核制度；与各驻村领导及驻村干部实行责任制管理，签订《永乐镇驻村干部管理责任书》，实行镇领导包村，驻村干部和村两委会干部包片制度，将工作开展情况作为年度考核的重要依据。继续实行村（居）民门前“三包责任制”，确定23名专门保洁人员，对村寨道路实行动态保洁，加强村级保洁人员的管理，建立奖惩制度，以检查考核情况，每两月兑现补助。围绕以家庭环境的整洁、健康、舒适、优美为标准，在各村（社区）家庭中开展清洁卫生宣传教育活动。全镇各村、社区妇代会印发环境整治倡议书、宣传小册子和家庭卫生标准等资料2000余份，发放倡议书800余份，与妇女群众签订《承诺书》1000余份，开展家庭卫生死角大清除活动12次，集中交叉检查6次。

【教科文卫及宣传】 组织群众文艺节目送县元宵晚会演出，其中梨花村的文艺节目获得优秀奖，开展庆“三八”趣味等活动，丰富群众的精神、文化生活。推进“百千万”人才培养计划，组织干部职工参加县人才大课堂培训。1700人次参加各村组织的农村夜校培训。开展“百千万”作风转变工程，全镇45名干部职工下基层天数累计3733天，解决问题累计198个。开展“三项宣传”进万家活动，举办政策宣传80场次，受益群众2216人次，举办法律宣传20场次，受益群众600人次，举办科技宣传30场次，受益群众880人次，报送工作信息240期。坚持科学技术是第一生产力，落实党政一把手抓第一生产力的责任。“两基”工作得到巩固和加强，无失学儿童及辍学学生，并做好教育督导工作。加强领导，建立健全千里文明走廊组织机构，加大创建宣传力度，加强对学生的管理和禁毒宣传力度，与各户签订禁毒责任书。提倡科学文化，开展爱国卫生运动。对辖区内的卫生进行督促检查，发现卫生死角立即督促整改。

【民政及劳动保障】 春荒粮食慰问5000公斤。春节期间慰问烈属、老战士、优秀士兵、退伍军人72人，发放慰问金7200元。对全镇低保户进行新农合补助，共计268户，发放资金18760元。2014年温暖万家行、助残日慰问残疾人6名，慰问金1200元。2014年，中秋国庆慰问17人，发放慰问金5100元。重度残疾人护理补贴发放24人，发放资金9360元。残疾人燃油补贴发放7人，每人365元。拔拉沟村搬迁补助发放7户，每户2500元。推动劳务输出工作，劳动力转移819人，实现劳务收入780万元。

【安全生产】 坚持把安全生产放在首位，成立镇、村（社区）安全生产领导小组，落实层层责任，到基层进行安全宣传和安全生产大检查，发放宣传资料830份，使安全生产的重要性深入民心。重视消防工作，组织人员对全镇8个村、3个社区配备的消防设备进行集中保养维护，与辖区内各住户签订《消防安全公约》1150余份，组织消防及安全生产大排查6次，与农户签订《食品安全公约》1100份。

【普法】 开展“六五”普法宣传工作，宣传相关法律法规，发放《普法宣传手册》2800册，发放法律宣传资料450份。调解纠纷32件，成功调处30件，落实“两劳”回归人员帮教安置工作，落实刑释解教人员、监控帮教措施，进行不定时走访。

【禁毒】 与各村（社区）签订《禁毒目标责任书》11份。成立专门巡查禁毒队伍开展禁毒工作，组织大岭村、和平一村和拔拉沟村村两委人员对大岭村、西山、东山进行排查，落实专门经费予以保障。加强对社区范围吸食毒品等违法行为的检查巡查力度，开展“远离毒品，珍爱生命”宣传活动，制作禁毒宣传栏4个，印发相关宣传资料2600余份。

【防汛】 成立地质灾害及抗旱防汛工作领导小

组，对重点地域安排8名地质灾害监测人员，拟定相关工作预案，加强汛期值班制度，确保广大群众的生命财产安全。在关庙沟开展“突发泥石流”的应急演练。

【信访】 成立信访和综治维稳防邪领导小组，安排专人负责日常工作，责任层层落实，做到小事不出村，大事不出镇。根据各村（社区）实际情况，划分综治维稳责任片区，划分4个镇级责任片区，落实责任人5人；划分13个村级责任片区，落实责任人13人；划分58个包户责任片区，落实责任人58人，包户3049户。按照“一片一长、一院一长、一楼一长”的管理原则，全镇设包户片长58名、楼院院长99名，治安中心户长68人，连铺铺长31名（全镇开业铺面584间），并发放工作联系卡231张。片长、院长、铺长及时掌握上报外来人员信息和矛盾纠纷隐患苗头，实现分点分类管控。镇综治维稳办公室负责加强与片长、楼院院长、铺长进行工作联系，形成干部职工、村社干部包片包户责任制。

【宗教】 制定宗教工作计划及管理相关制度，与风成寺、清真寺签订安全责任书，尤其是加强对风成寺、清真寺管理，落实相关工作具体责任人。

【人口与计划生育】 利用多种形式加大对人口与计划生育政策的宣传，张贴标语32幅，悬挂横幅6幅，计生政策做到家喻户晓，计划生育奖励扶助政策深入人心。全镇出生人口166人，其中计划外生育4人，人口自然增长率6.7‰，死亡人数76人，计划生育率97.6%。综合节育措施总人数2741人，综合节育率99%。落实计划生育“三结合”新增户6户，联系户6户。继续享受计划生育家庭奖励扶助对象13人，特别扶助对象5人，享受独生子女一次性奖励1人，双女户一次性奖励3人。2015年，家庭奖励扶助预调查1人，申报特别扶助2人。做好流动人口管理服务。

【城乡规划建设】 严格按照九寨沟县村民建房管理办法，努力制止非法乱建、砂石占道。全年已办理规划建设许可证107户、集体土地使用证70户、国有土地使用证8户、建设工程规划许可证8户、图纸送审42户。有4户建房户违规建房，已全部拆除，拆除违规建筑540平方米。规划建设管理服务所的工作人员在村庄建设中，严格按照程序办事，一视同仁。

【“幸福美丽家园”建设】 2014年，大岭村、拔拉沟两村被列为“幸福美丽家园”巩固提升工作建设村寨。根据建设要求，于年初制定切实可行的方案，全力进行“基础设施建设和产业发展项目”，按照驻村领导负责制。截至10月底，大岭村新建堡坎250立方米、护栏网450米，产业项目中老寨子耕地灌溉网正在实施；拔拉沟村金榜柿子基地已建成，老寨子机耕道及堡坎，跑山鸡养殖围栏正在实施中。

【旅游产业】 发展乡村旅游，按照县旅游工作总体思路，协调全镇沿河6个村寨按照“四有五统一”的组织模式，全面实行“统一管理、统一品牌、统一价格、统一服务、统一营销”。已成立乡村旅游公司2家，通过乡村旅游公司牵头，将老城内零散客房和沿河6个村群众闲置空房进行房源资源整合，降低经营成本，增强旅游综合竞争力。打造特色“文化走廊”，投入50余万元打造和平二村琵琶弹唱及休闲娱乐中心，投入150万元提档升级打造和平一村“九寨人家”片区旅游基础设施提档升级建设，为九寨人家片区78户，每年每户直接增收1.5万元。

【拔拉沟村搬迁】 拔拉沟村全村86户，263人。拔拉沟村异地扶贫搬迁主要采取集中安置和插花抽丁安置两种方式，均由群众结合自身条件自愿选择。确定插花抽丁安置29户、集中安置57户。确定安置房层数定为4层，房屋建筑单套面积125.6平方米，建设单价1310元/平方米。年底，1、2号楼的主体竣工，完成外观风貌。

【廉租房配租】 永乐镇南坪、梨花、和平3个社区居委会和镇工作人员配合住房保障局工作人员完成廉租房配租申请户的初审、复合、公示。登记73户（南坪社区13户、和平社区39户、梨花社区16户、教育和自来水厂5户）。

【其他工作】 做好事务中心管理工作，加强对农村财务管理，实行村务公开制度，做到村务财务公开化、透明化。加强老城环境综合治理工作，为创建“国家级生态乡镇”“卫生城市”“省级文明城市”做出努力。

永丰乡

【机构】 永丰乡内设党政办、综合发展办公室（挂财政所牌子）、经济发展服务中心、社会事业发展服务中心、就业和社会保障服务中心。

【领导名录】 党委书记：出吾扎西（2014年1月止）、龙凤莲（2014年9月起），副书记：刘启明（2014年1月起）、黄华（2014年11月起）。人大主席：郭文华。乡长：龙凤莲（2014年9月止）、方燕明（2014年10月起），副乡长：任江林、旦真王甲、田源丰、姜玉晓（2014年12月止）、陈兴娟（2014年11月起）。

【基本概况】 永丰乡地处九寨沟县城东南部白水江畔，位于城乡结合部，与新城区紧密相连，东部以野猪梁子为界与甘肃省文县中寨相接，南以大山为界与双河乡接壤，西南以白水江为界与保华乡隔江相望，西北部与永乐镇相连。全乡平均海拔1437米，幅员面积65.29平方公里。主要民族是汉族，辖菜园、下寨、中寨、上寨、双龙、新坪6个行政村，15个村民小组，有2个村位于高半山，村村通公路，通自来水，村村安装了程控电话。永丰乡气候湿润温暖，平均日照时间8个小时适宜多种农作物利药物的生长。主产玉米、小麦、洋芋等粮食作物，盛产花椒、苹果、核桃、柿子等经济林木。2014年，全乡经济总收入4352万元，人均年收入8034元。

【党建】 2014年，做好基层党建工作，促使基层党建工作步入规范化、制度化轨道，使基层党建工作呈现4个亮点：打破常规抓党建，从思想引领上提素质。开展“五学五夜”活动，帮助群众解决热难点问题20个；为群众做好事、办实事68件，收集民情意见11个方面287条。推行党建网格化管理模式。按照整合资源、条块联动，分片负责的工作思路，合理划分网格，探索出“组团式”“一站式”服务模式，推行在职党员“联亲管理法”，把70余名在职党员编入志愿者服务队，开展志愿服务活动，为特殊群体和困难家庭提供帮助。完善“六村三规范”机制。2014年9月24日，全县基层党建工作现场会在永丰乡举办，主要做法是：党建带村，突出“思想、示范、帮带三个引领”；依法治村，突出“巡逻、宣传、调解三支队伍”；民主管村，提升群众参与村级事务管理的积极性；旅游富村，突出“风貌、素质、服务三个提升”；文化强村，突出“民俗、餐饮、民居三个发扬”；文明兴村，探索“党员、农户、经营户星级管理”。跳出党建抓党建，从增收致富上惠民生。抓党建就是抓发展，抓发展必须抓党建，党建工作和群众增收如‘鸟之两翼、车之双轮’，缺一不可。群策群力抓党建，从队伍建设上出成效。搭建反映群众诉求平台。通过设置意见箱、发放便民联系卡、发放意见征求表，构建“民情快车”工作平台，征求群众对抓党建的意见和建议。建立党员干部服务基层常态化机制。探索建立“联、访、送”工作机制联片包村、联村包组、联组包户“三联机制”，“接访、走访、回访”的“三访活动”、“送政策、送项目、送温暖”的“三送活动”；通过完善落实党员联系群众制度，征求党建方面的合理化建议12条。在帮带致富方面，实现全乡1500余户群众的帮带全覆盖，123户贫困户进行结对帮户。注重质量，狠抓党员发展工作。以促进农村经济社会的发展为切入点，发挥党员的示范作用和“双带”作用，结合支部加协会和各项农村产业的发展，发展生产一线党员。2014年，全乡发展党员8人，其中农村生产一线党员6名，占新发展党员总数的75%。

【群团】 工青妇群团组织按照各自章程，围绕全乡中心工作履职。乡工会、共青团组织发挥联系群众的桥梁和纽带作用，开展维权工作，发挥青年活力作用。团结和教育广大职工青年投身于全乡各项中心工作。2014年，组织妇女参加年文化等各种娱乐活动，发动和组织动员全乡广大妇女、家庭成员参与支持城乡环境卫生综合整治工作，提升全乡整体环境质量，加强城乡居民文明素质，结合实际开展妇女干部群众和学校师生心理服务工作。

【基础设施工程】 2014年，争取1000余万元资金，用于全乡民生建设工程。解决“行路难”让群众满意。争取资金100余万元，重点解决菜园村1200米村寨内联户路硬化工程，解决下寨村和新坪村28户入户路建设，受益群众近1000余人。建设脆红李观光便道1.5公里，金榜柿观光便道4.8公里，方便群众的采摘和运输。结合乡村旅游发展，投资100万元完成上中下寨3村8338米排污渠建设，解决群众排污难的问题。解决“饮水难”让群众满意。重点在新坪村安装饮水管道1300米，新建饮水水池1口，解决300余人饮水问题；在菜园村安装饮水管道800米，新建饮水水池2口，解决300余人饮水问题。

【乡村旅游经济】 作为九寨沟新县城的“后花园”，发展休闲型乡村旅游是永丰乡群众增收致富的必然之路。抓服务质量。全乡有农家乐21家，乡村客栈92家，客房1280间，床位2560个，旅游服务从业人员457人。邀请就业部门对旅游规范管理、服务礼仪、烹饪技术、食品安全等方面分3批次进行系统培训，培训1000余人；与农家乐、乡村客栈签订《诚信经营承诺书》113份，规定客房服务实行一客一换，餐饮服务实现留样检查，环境卫生实行日扫日清，做好游客满意舒适，防止旅游投诉发生。全乡涌现出拾户农庄、曲子楼、小九寨农家等一批服务质量优质户，并被州旅游局评为三星级乡村旅游荣誉称号。乡村旅游规范后，迎来不少考察团学习，接待100人以上观光学习团体3次，30—100人观光学习团体4次，30人以下观光学习团体14次。查举牌拉客。专门设立乡村旅游咨询点，对举牌拉客的村民进行教育和规范，发放乡村旅游宣传资料4000余份，提供咨询服务13000余人次，“十一”黄金周期间，将乡村旅游服务咨询点增加至5处，全方位介绍乡村旅游，为群众提供快捷的游客需求信息。保游客安全。在菜园、下寨、中寨和上寨组建4个“红袖标”巡逻队，抽调10~15人村民兵连和经营户代表，统一佩带“安全巡逻队”袖套，在所辖区内开展24小时安全巡逻，开展“红袖标”巡逻120余次，帮助游客解决困难7件次，帮助游客解决困难和维护安全秩序。乡派出所加大乡村巡逻提高见警率，给游客营造一个安全、放心的乡村旅游环境。想旅游发展。有文化内涵的旅游才能吸引游客，才能留住游客。从文化互动旅游入手，借助棚户区改造工程，率先在菜园村启动，融入文化理念。首先，以文化为魂，旅游为体的改造定位。将“采花之乡、情歌之乡、柿子之乡、神绣之乡”作为载体，建设从下桥至菜园停车场430米文化走廊，展示南坪曲子清明上河图及永丰民俗文化，寨内主要街道和拐角地方，我们展示文化符号，由墙体改造，文化展示，雕塑点缀等构成，凸显永丰文化旅游的魅力；其次，以环境为根，发展为基的需求定位。借助这次棚户区改造，拆除有碍观瞻的圈舍旧棚，群众自愿做好自己庭院的光亮工程，规范院内环境卫生，营造一个环境优美、舒适的菜园农家小院。在全乡建筑风貌改造上，贯彻实施《中华人民共和国城乡规划法》《中华人民共和国土地管理法》的同时，与旅游发展相融合，对行政区域内11户村民建房行为监督管理，及时制止违规建房行为，对3户外观风貌违规建房进行整改拆除工作。制作畅游永丰导览图，标注餐饮娱乐景点功能区，方便游客观赏游览；最后，以功能为先，服务为优的经验理念，在菜园村乡村旅游发展中，科学划分民俗体验区，住宿区，美食区，游人互动区，体现旅游多样性，在客房上做减法，完善其他功能区建设，打造互动参与式旅游，实现文旅交融互动发展。

【农产业发展】 2014年，在农产业增收上，重点抓好两项国家地理标志产品，一项是中药材产品九寨刀党，另一项是金榜柿。九寨刀党已发展至3295亩，主要分布在中寨村、上寨村和双龙村；建成1020亩金榜柿子基地，形成金榜柿子观光区。继续抓实上寨、中寨150亩大棚蔬菜基地建设，新建大棚蔬菜100亩，发展绿色无公害蔬菜670亩，搞好脆红李基地建设510亩，种植优质马铃薯1900亩，抓好上寨、新坪、双龙建立优质酿酒葡萄、红富士苹果特色水果基地900亩。

【扶贫解困工程】 解决“民生难”让群众满意。开展2014年养老保险缴费征收工作，参加城乡居民养老保险人员2034人，收取养老金211300元，其中60岁以上待遇审批人员528人，做到应保尽保。本着“有灾救灾，无灾扶贫，扶贫扶志、增加造血功能”的原则，为困难百姓办实事，解决实际困难，开展扶贫工作及拥军拥属、拥政爱民活动，慰问军烈属、五保老人、老干部、低保老人。全乡106人申请大病医疗救助；向缺粮户发放春荒救济粮5000公斤。

【就业促进工程】 加强农村富余劳动力转移，输出2095名劳务在外务工，实现劳务收入1000余万元。协同县就业局为村民搭建就业平台，21人被九寨天堂洲际大饭店聘用。通过多措并举的方式，提高群众满意度，增加群众的就业率。

【生态建设】 构筑新县城生态屏障，改善人居环境是工作的重心，也是主要职责。通过落实退耕还林、封山育林、公益林补偿等一系列林业建设工程，不断加强生态建设，提升居住环境。全乡森林总面积12万亩，其中退耕还林面积9772.1亩，森林覆盖率68.82%。并通过强化林政管理、构建林业生态屏障等措施开展名木古树普查，对全乡200余棵名木古树实施挂牌保护，不断积淀生态底蕴。加快基础设施建设，全乡辖区内道路、通信、供水、供电、排水、排污及文化体育设施等基础配套设施日趋完善。还加强农户庭院美化、绿化，实现人畜分离，推广使用清洁能源和可再生能源，在6个村建成沼气池300余口；引导群众转变观念，重视生态环境保护和建设工作，倡导低碳生活方式，形成全社会关注、参与和支持低碳经济发展的浓厚氛围，维护生态优美乡镇的荣誉称号。

【林业】 抓退耕还林、小流域治理工程、抓好护林防火和林政管理工作，确保生态建设成果。成立乡退耕还林领导小组，落实专人负责退耕还林规划实施和档案管理等日常工作，做到规范有序，并层层签订责任书，实行乡抓村、村抓干部、干部抓农户三级责任制，将退耕还林、小流域治理工作与各村干部年度考核、补助粮款兑现相挂钩，定期抽调人员检查苗木成活情况及管护情况，确保苗木保存率95%以上，发动退耕农户做好退耕还林补植、补种和管护工作。搞好全乡护林防火和林政管理工作，加大宣传力度，树立“护林防火和林政管理要警钟长鸣”的观念。制定防火预案，建立健全各项规章制度和组织机构。全乡分村、分片落实护林人员，责任落实到人头地块。严禁违章用火和毁林开荒，坚决制止乱砍滥伐林木，确保生态建设成果。与村签订护林防火责任书6份，与农户签订护林防火公约1753份，确保森林火灾的发生。

【畜牧业】 高半山村寨大力发展生猪养殖和特色獭兔养殖。已发展獭兔养殖1户，生猪养殖1户。做好秋季动物疫病预防工作，生猪存栏800头，完成猪瘟疫苗注射560头，猪口蹄疫苗注射556头，猪蓝耳疫苗注射570头；牛存栏100头，牛口蹄疫苗注射100头；生猪入保160头，母猪入保35头。并对各村的畜禽圈舍实行统一消毒，消毒药剂使用2000克，消毒面积2000平方米。

【环境综合整治】 以环境卫生整治为契机，改善村容村貌。继续加强环境卫生及旅游环境整治力度。将此项工作纳入常态管理，成立领导小组。与各村签订环境卫生责任书，分片区落实责任；各村与农户签订“门前三包”责任书，实行动态保洁，每个月乡政府对各村进行定期不定期的检查，在全乡范围内评比，乡政府还组织各村干部进行交流检查学习，确保各村村容村貌干净整洁有序。重点整治辖区内摊点乱摆、车辆乱放、物品乱堆、工地乱象等。租赁装载机对菜园村公路两边、九旅校通村公路、上寨、中寨通村公路上堆砂石、建材的进行集中整治。还对村寨内破损的排污渠及路面进行维修；对太阳能路灯等基础设施进行检修；对农户院落杂物乱摆、柴草乱放、粪便乱堆、垃圾乱倒、污水乱流、畜禽乱跑进行规范；加大垃圾收集和清运力度，做到日产日清，改善乡村环境卫生状况。由乡派出所、综治办、司法所牵头，对占道经营、出店摆放、撑杆搭棚等行为进行整治，对各种乱停乱靠、乱堆建材、堵塞交通的行为进行规范；动员和组织村民拆除乱搭乱建，搬迁遗留下来的残墙断壁；清理占道堆放的建筑材料、粪便、土堆、柴火及房前屋后堆放的杂物；规范家禽、牲畜饲养和清洁卫生管理，减少禽畜粪便污染；开展庭院整治，着重治理乱搭乱建，乱堆乱放问题。2014年，清理卫生死角160处，牛皮癣10处，挂横幅6处，发放相关宣传资料1500余份。加大环卫基础设施建设和环卫设备投入力度，建成垃圾中转房4座、临时垃圾池3座、公共厕所4座，配置垃圾桶60余个，修建2个定点垃圾焚烧池和14辆人力手推垃圾收集车。抓好36名专职保洁员的管理，加强环境卫生的督查，并与其签订目标责任书，定期或不定期的进行监督和检查，对寨内卫生实行全日制巡回保洁，完善各村月评月选月公示环境卫生考评机制，确保了环卫工作“无空档、无盲点”。将环保工作纳入重要议事日程，坚持规划先行理念，编制《永丰乡2014年度环境规划》。

【教科文卫】 乡政府加大教育工作力度。全面实施教育资助行动，全乡“两免一补”小学生817人，享受率100%。乡党委政府配合乡中心校，在学校开学前就组织干部到各村了解学生情况，对家庭困难的，及时安排列入贫困生救助计划，对自己不愿入学的，因厌学而辍学的学生，做好教育工作，2014年，帮助贫困大学生资助申请4人。

【医疗卫生工程】 狠抓医疗保障工作。全乡新农合参合户数1367户，参合人数4851人，参合人数99.2%。

【计划生育】 努力实现低生育水平，乡政府加大计划生育政策宣传力度和执法水平，引导群众树立新型婚育观念，坚持“三不变”原则，贯彻“三为主”方针，推行“三结合”工作，推进计划生育村民自治，全乡计划生育目标完成较好。

【禁毒】 加大禁毒宣传力度，明确各村山头界限，采用分片包户包山头的形式，成立由分管副乡长为队长的8人专职巡山踏查队，在全乡范围内开展巡山，全年累计出动人员614人次，巡山80余天，并与各村签订责任书6份、村与农户签订禁毒工作承诺书1753份，达到罂粟“零”种植目的。

【防汛】 加大防汛抗旱工作，制定工作预案，加强值班制度，落实重点地段的监控力度，确保群众的生命财产安全。

【安全生产】 按照“安全生产，责任重于泰山”指导思想，搞好安全生产工作。动员每位群众行动起来，主动参与争创安全文明村活动，全乡无一例重大安全事故发生。加大矛盾纠纷的疏导调解力度，防止矛盾激化。强化乡村两级干部的安全意识，将安全生产领导小组调整为安全生产委员会，层层落实责任，签订安全生产责任书，做到横向到边，纵向到底。搞好安全生产宣传，强化全民安全意识，开展六月“安全生产月”活动。开展各项专项检查，为了及时消除各种不安全隐患，每月安排各村进行1次自查，每逢节日期间都由乡党委政府主要领导和分管领导带队进行拉网式大检查，对检查出的问题及时进行整改。搞好以森林防火、夏季防汛、泥石流等专项治理工作为抓手，开展消防救援现场演练宣传，全乡无一例重大安全事故发生。

【廉政建设】 严格廉政建设“高压线”，警醒党员干部自律。经过统一梳理各类公开内容，分类制定党务公开目录42项、政务公开37项、村务公开37项。涉及党务公开的17项内容分别包括党的思想、组织、作风、制度建设及反腐倡廉建设情况等，开展规范公开形式、内容、时限、程序，确保党建工作、廉政建设与发展规划、财务收支、惠民救扶等群众关心的公开内容更加全面性和真实。设立党务公开栏8个、设立“党务公开征求意见建议箱”8个，实现全方位公开。财务“监管”无小事。严格执行“三重一大”“四个不直接分管”等制度，乡级财务管理由副职领导直接分管。严格按照“村财民理乡监管”制度，对村级财务开支的合理性、真实性、适度性进行严格审计，及时对所用资金进行公开公示。在全县率先实行村级“三资”微机动态规范化管理，对村级“三资”情况与县级农口部门进行数据共享，及时实行网上公示，接受全社会的监督。实行“一岗双责”制度，与辖区内各院、所、校、村等9个单位签订《2014年党风廉政建设责任书》，坚持每季度研究部署党风廉政建设和反腐败工作。全年召开专题会4次，开展廉政谈话6次，开展日常约谈11人，规范村官滥用村级财务开支的情况，杜绝贪污腐败现象的滋生。解决“四风”铭记心。按照“9+2+2”专项整治工作要求，开展“违规经商办企业专项整治”“深化正风肃纪、严明财经纪律”“关于对惠民政策贯彻落实情况全面排查”“整治拖欠群众欠款、克扣群众财务问题”等自查自纠工作。签订《领导干部违规经商办企业自查承诺》7份，《干部违规经商办企业自查登记承诺》21份，《反四风承诺书》79份，《村（社区）干部承诺书》12份，《领导干部拒收不送红包礼金承诺书》63份，全乡8名副科级以上领导干部作出《单位党员领导干部承诺不出人私人会所、不接受和持有私人会所会员卡情况报告》《个人会员卡零持有报告》的承诺。

【综治维稳】 永丰乡是全县重点维稳乡镇，全乡6个村6000余名群众，外来人口1000余人，过去是出名的“上访乡”“难管乡”。在“稳”上下功夫。从新城区开发，失地群众房屋建设、就业、基础设施、利益诉求等突出问题入手，重点做好“稳”定民心大事。主要表现在安抚民生上，解决106人大病医疗救助，向缺粮户发放春荒救济粮5000公斤；及时兑现全乡625人的农村低保资金和10名五保户的补助金；完成“两免一补”小学生达817人，享受率100%；新农合参合户数1367户，参合人数4851人，参合率99.2%，新增城乡居民社会养老保险参保人数200人，基本医疗保险参保率99%。抓好辖区内学校周边环境治理整顿，营造良好教学环境。推行“两免一补”政策。通过一系列举措，既解决影响社会稳定的就业等难题，也为实现永丰社会的长期稳定和健康发展奠定坚实基础。在“准”上下功夫。加强乡村主要领导干部职工理论、法律和政策学习，举办10次法制宣传，报板宣传12期，发放宣传资料554份，上法制课13课时；民事纠纷调解12起，完成调解12起，调解率100%，调解成功率100%。在“狠”上下功夫。加大对乡内流动人口及出租房屋管理力度，建立由乡领导包村、村干部包户、邻里监督和派出所干警包户的四级监控网络，落实治安巡防制度，加大重点场所的治安力度，加强日常的治安管理，派出所执行24小时值班制，配合驻村干部经常到各村，随时维持村内治安。

保华乡

【机构】 保华乡内设党政办公室、林政站、农技站、纪委办公室、团委办公室、人大主席办公室、副乡长办公室、党委书记办公室、司法所、财政办公室、乡长办公室。

【领导名录】 党委书记：夏茂辉，乡长：唐良凤，人大主席：杨忠林。副书记：谭峰（2014年11月止）、杜春熙（2014年11月起），维稳副书记：杨慎敏。副乡长：龚喻广、何晓明、刘明丰。

【基本概况】 保华原名月南山，位于县城西南部，距县城7.5公里的高半山，平均海拔1806米，幅员面积38.75平方公里，全乡有5个行政村、11个村民小组，644户、2715人，主要民族有汉、藏、回等。现有耕地面积2688亩，退耕还林面积7386.86亩，甜樱桃基地1520亩。主要经济收入以种植业、养殖业为主，主要农副产品有玉米、洋芋等。

【思想工作】 依托“九寨·云顶高尔夫球场”发展特色农业，打造九寨后花园的发展思路，发展促进农业增效、农民增收、农村面貌改善的社会各项事业，开创全乡经济、社会又好又快发展局面。

【基础设施建设】 灵华村内道路硬化400平方米，排水管网建设180米；土门村内道路硬化1000米；灵保村一组至二组道路堡坎480立方米的维修加固；半山村排水渠道建设500米。三合村河堤建设1400米，架桥1座，硬化道路1200米。

【党建】 执行党风廉政建设责任制，按照《党风廉政责任制》《认真落实党员领导干部廉洁从政若干规定》的各项要求，狠抓作风建设、抓教育、重自律、强管理。党委班子对党风廉政建设分工负责，责任明确，形成党委、政府统一领导，齐抓共管。

【普法信访】 按照2014年普法工作要点安排，制订年度法制宣传教育依法治理工作计划，并对照计划逐步逐项落实。继续坚持党政干部集中学法活动，利用每周一下午例会时间，每月安排1~2次学法内容；组织保华中心小学开展法制教育活动4次；督促各村采取专栏、会议、广播等形式开展法制宣传活动，张贴宣传画30张，发放法律法规及政策等宣传资料800余份。2014年，接访群众46人（批）次，办理县信访转办2批次2人，调处各类矛盾纠纷19件，调处率100%。

【农业】 抓好春耕备耕工作，农作物播种面积5388亩。其中，完成油菜种植120亩，总产量11吨；粮食1700亩，总产量400.1吨；杂交玉米900亩；马铃薯700亩，总产量840吨；优质蔬菜950亩，总产量3230吨；水果1700亩，总产量800吨。组织党员干部群众到5个村为农户做好春耕犁耙，引导群众科学灌溉农田；新购置微耕机5台。全面落实对种粮农户的粮食直接补贴126123.9元、良种补贴9120元、退耕还林资金1610000元。

【牧业】 加快传统养殖业规模化养殖的步伐。新建养猪场2个300余头猪。抓好犬只专项整治工作，灭犬47只、注射疫苗54只，防范黑热病、狂犬疫情发生，保障广大人民群众身体健康和生命安全；加强禁牧工作，禁羊110余头，保护生态环境。

【林业】 退耕还林管理：全乡退耕面积6197.29亩，林地面积3262公顷。加大宣传力度，不断提高村民执行退耕还林政策的自觉性，提高村民改善和加强生态建设的自觉性，严格依法办事，对违反政策的绝不姑息养奸。加强目标责任管理，与各村签订目标责任制，与村干部的补贴挂钩，并将退耕还林作为干部考核的重要内容，从而形成乡、村互动的管理局面。

护林防火：林政管理重点是遏制和严厉打击各种破坏森林资源的不法行为，确保林区治安有序。建立健全林政管理规章制度，实行责任承包，加强护林人员自身建设，加强宣传教育，在护林防火警戒期内通过补贴标语作宣传签订公约。严格出入林区登记制度，组织护林人员上山巡查，加大对违法乱纪行为的打击力度。各村护林员坚持每月22次以上上山巡查，并做好巡山记录。

禁毒：加强禁毒宣传，营建禁毒氛围。召开3次班子会议，研究部署全乡禁毒工作。宣传活动期间全乡张贴禁毒的宣传挂图30份，临时标语200条，简报10期，形成禁毒严打整治斗争的高压态势。巡山踏查，排除隐患。为全面开展禁毒工作，采取有力措施，开展地面全方位踏查铲毒行动。2014年，组织全乡干部职工巡山2次、禁毒人员巡山6次，促进“无毒乡”的巩固工作。

【科技】 重视农村实用技术培训，推广科学技术，对全乡进行水果管理、玉米种植、养猪技术培训、樱桃培训等技术的培训，全年培训2100余人次。

【教育】 抓好“普九”教育，巩固提高“普九”成果。坚决执行“两免一补”政策，通过宣传发动、检查指导等多种形式，全乡小学入学率99%，中学入学率98%，15周岁受初等教育率100%。完成学校教学楼背后堡坎新修147立方米，消除安全隐患；投资5000元维修饮水管道4次，为师生生活提供保障。

【民政】 加强农村低保五保的管理，坚持推行“分类施保”，做到应保尽保。对重病、重残和无经济收入等低保家庭给予重点救助的原则，开展对困难党员、困难群众以及病残老弱孤寡等社会弱势群体进行慰问活动，加强民政优抚工作。2014年，及时足额发放五保金、低保金，全乡享受农村最低生活保障429人；享受五保户15人，其中：分散供养14人、集中供养1人；享受城镇最低生活保障39人；享受80岁老人补贴26人、90岁以上补贴2人，让困难群众生活得到保障。完成残疾人统计55人，其中：农业户口54人、非农户口1人。享受重度残疾人护理补贴37人、“阳光家园”4人、残疾人无障碍房屋改造1人等残疾人政策。

【维稳】 为保证群众能安居乐业，全心全意发展经济，在全乡范围内做好矛盾的排查工作，对排查的各类矛盾问题梳理排队，逐步解决，采取扎实有效措施，实行领导小组包办案，乡党委、政府和各驻村领导进村入户，了民情、解民怨，变上访为下访，将矛盾和问题处置在基层，处理在萌芽状态。2014年，接访群众46人（批）次，办理县信访转办2批次2人，调处各类矛盾纠纷19件，调处率100%。

【计划生育】 为使计划生育工作健康有序的开展，形成全年“一盘棋”的工作格局。按照县上的要求，自然增长率控制在7‰以内。全乡新生儿37人，申请办理特别扶助2人，县级一次性奖补6人，新增三结合帮扶户5户，完成孕前优生健康检查指标5对。

【防汛】全乡12处地质灾害点，防汛方面主要涉及泥石流地质灾害点5处地质灾害点，分别是张家沟泥石流、周家河坝泥石流、三合沟泥石流、灵华灵保大沟泥石流、土门大沟泥石流，每处泥石流监测员2名，已与10名监测员签订责任书，要求雨前做好排查，雨中做好监测预警，雨后做好巡查上报。参加由国土局地质灾害牵头的2014年，监测员培训以及联合学校开展2014年学生地质灾害演练，加大防汛知识宣传，增强防汛知识。

【安全生产】与5个行政村和学校、卫生员签订2014年安全生产责任书、道路交通安全责任书、食品药品安全责任书、农业农机安全生产责任书、消防安全责任书，与全乡153名驾驶员签订保华乡2014年道路安全责任书。联合乡派出所进行道路交通安全检查28次，教育210人；对各村婚丧嫁娶重大宴席进行报告制度30次；对全乡11个小卖部、2个村医疗室进行过期食品、药品的检查，有问题的要求立即整改。全年没有发生安全事故。

罗依乡

【机构】罗依乡内设党委办公室、团委、妇联、武装部、综治办、政府办、两基办、退耕还林办、经济事务中心办公室。

【领导名录】党委书记：李勇，副书记：唐承海、黄华（2014年11月止）、何茂平（2014年11月起）。乡长：蔡宏，副乡长：格让珠、徐开红（2014年12月止）。人大主席：何玉林（2014年9月止）、王杰（2014年12月起）。

【基本概况】罗依乡位于九寨沟县西南偏沟，地处九寨沟自然保护区、白河金丝猴保护区、勿角、马家大熊猫自然保护区接壤之地，东连双河乡，西邻马家乡，南靠勿角乡，北接保华乡。属藏汉杂居的高半山村寨，距县城22公里，总面积62平方公里，现有乡道（沥青路面）4.7公里，宽4.5米。全乡辖4个行政村，11个自然小组，811户，2909人。有大骨节病12例，1013人参加新型农村养老保险，新增71名。奖励扶助贫困大学生4人，城镇低保50人，农村低保496人。

【农业】2014年，在坚持农户经营权长期不变，坚持依法、自愿、有偿进行土地流转的基础上，动员全乡群众进行土地流转变分散经营为集中经营，按照500元/年/亩的价格流转土地7700亩，成立鑫海种植专业合作社、云村牧业合作社、大顺果蔬种植专业合作社3个大型合作社，建立李子种植基地、顺和村养殖场、大寨村种养殖基地3个种养殖基地，种植青脆李、脆红李52000株，林间套种辣椒400亩，酿酒葡萄1200亩，各类瓜果蔬菜200余亩，马铃薯800余亩，放养鲤鱼、草鱼、鲫鱼、鲢鱼等多个品种鱼类40万尾；三大基地年用工量22522余人次。开展各类农业科技培训1000余人次，开展各类就业服务培训70余人次。多措并举，增加全乡村民收入。

【扶贫开发和综合防治大骨节病】加强大节骨病防治工作，全乡大骨节病12例，全部纳入低保对象，并纳入国家相关惠民政策。

【促就业工程】开展农村实用技术人才培训工程，免费或者减免费用，培训水电工、钳工、焊工、宾馆服务、汽车驾驶等技术岗位200余人，增大劳务输出，增加劳务收入，缓解就业矛盾。

【文化教育事业】坚持科教兴乡战略举措，加大教育投入，巩固“普九”成果，全乡小学适龄儿童的入学率、巩固率100%，初中入学率、巩固率98%；中心校学生享受“两免一补”的惠民政策率 100%；奖励扶助贫困大学生 4 人。

【计划生育】 加强计划生育政策宣传，全乡办理独生子女父母光荣证 7 户，新增 1 户；享受一次性奖励扶助家庭 1 户，享受家庭奖励扶助 13 人。加大对非法生育的查处力度，查处往年隐瞒超生 2 例，非婚生子 6 例。奖励与处罚共施，确保计生工作的效果。宣传孕前检查、优生优育，保护妇女合法权益，为 5 对为生育夫妇进行免费孕前优生检查；全乡已婚育龄妇女 592 人，已婚妇女避孕率 99%。2014 年，出生 35 人，死亡 10 人，人口自然增长率 7.2‰。

【道路及基础设施】 修建产业路 22 公里，建设机耕道及田间生产便道 23 公里，修建蓄水池 20 个，安装灌溉管道 3700 米，安装基地围栏 17714 米，修建 5 米×6 米函桥 1 座，修建堡坎 220 立方米，栽筑葡萄基地水泥桩 46000 根，修建生态防洪堤 2400 立方米，生态挡土墙 2000 立方米。方便群众生产生活，为全乡产业园区的建设打下基础。

【环境治理工程】 在城乡环境整治专项行动中，继续实行干部包片包户、“门前三包”制度，制定激励措施，在环卫管理工作中推行“六定”制度，即定人员、定路段、定范围、定任务、定标准、定奖惩等制度，制定措施确保环卫工作开展，把环境卫生整治工作将纳入干部年度目标考核，实行公开曝光、监督制度，做到领导重视，单位配合，村民互动，群众参与，经费到位，制度落实。全乡保洁人员 16 名，由 12 人组成环境卫生督察小组，每月对环境卫生排查治理 4 次，计 48 余次。

【社会治安】 结合依法治县的工作要求，以建设和谐平安罗依为载体，加大矛盾纠纷、治安信访隐患、安全隐患排查调处力度，营造社会氛围，为实现农民增收提供强有力的法治保障。

【维稳】 建立健全机构，落实责任，健全制度，在各村签订维稳工作责任书、对各村不稳定因素排查实行零报告制度、登记制度、限期处理制度。在全乡开展不稳定因素的全面排查工作，做到每周排查，及时掌握全乡经济社会发展中的不稳定因素的动态，加强外来人员的管理，特别是不明身份人员，及时掌握情况发现隐患及时处理。坚持值班制度，畅通信息渠道。加强重点人员和民爆物资管理。结合实际情况，对外出务工人员、挖药人员加强管理教育，做好登记，掌握其去向和动态。特别是对外出挖药人员，逐一登记去向、离开日期和预计归来日期，与临近乡镇联系，确保挖药人员安全，并提前排除矛盾纠纷。

【安全生产】 与各村农用车、乡村客运驾驶员、管电人员签订安全生产责任书，针对通乡油路坡陡、路滑，村寨密集、无消防设施、农户柴草堆放不规范、农网电线老化、裸露、农用车载人等现象，进行及时整改，层层落实，做到责任到人。组建乡村两级干部和民兵队伍组成的义务打火队、防洪抗灾抢险队，做到防范于未然；强化食品安全生产工作，与各机关单位、各村签订责任书，每村至少设定 1 名食品安全员，协助乡政府开展不定期宣传、抽查并督促及时整改等食品安全工作；完善基层安全体系，排除安全隐患，增强人民群众的安全感，促进经济建设各个层面的健康发展。

【医疗卫生】 加强农村基层卫生队伍建设，使乡村医疗服务机构人员具备助理医师以上执行资格，控制传染病 100%；由九寨沟县政协组织，县医院院长、卫生院院长带领的 19 名医师到罗依坝村开展义务就诊；开展爱国卫生运动，普及全民卫生知识，倡导和培养健康的生活方式，根治农村脏、乱、差等不良卫生习惯，营造卫生环境。

【养老保险】 参加新型农村养老保险 1013 人，

新增71名。领取待遇人员325人，5名残疾人免去参保费用，20名残疾人给予一定补贴。

【基层组织、政府自身建设、行政服务】 以法制型、建设型、服务型政府为方向，加强机关作风建设，通过领导干部“帮带”培训、支部书记跟班培训、农村课堂现场培训、干部职工培训等一系列培训活动，对干部、职工进行农业技术、法律、电子政务、安全生产等多方面培训，促使干部职工全方位提高。加强廉政建设，落实党风廉政建设责任制，改进工作作风，提高工作效率，加强依法行政，强化效能监察。坚持标本兼治，推进纠风治乱、案件查处和源头防腐工作，全面推行政务公开，营造公正公开、阳光透明的氛围。支持工会、共青团、妇联等群团工作，强化国防教育，国防后备力量建设和征兵工作。在日常的工作和管理中，坚持依法行政，加快转变职能，履行职责，自觉接受人大的法律监督、工作监督，发挥党员、社会先进人士的模范带头作用推动和促进各项工作。

永和乡

【机构】 内设党政办公室、综合发展办公室、永和乡经济发展中心、社会事业服务中心、劳动保障中心、财政所。

【领导名录】 党委书记：吴玉平，乡长：张燕平。永党委副书记：代小兵，维稳副书记：王杰于（2014年12月止）。副乡长：周宽、王德林、姚宁、李青骏。人大主席：周文全（2014年12月止）、林明（2014年12月起）。

【基本概况】 永和乡位于九寨沟县东北角，乡政府驻地在乡的中心磨河坝，东南北三面与甘肃省文县、舟曲县相接，西与安乐乡相连，甲勿梁相隔，交通不便，除西部大山与县境相接外，进出道路均经甘肃省境内。辖区面积44.13平方公里，辖7个行政村，15个村民小组，1044户、3749人。

【农村经济】 2014年，全乡经济总收入2410余万元，人均纯收入7210余元。粮食总产量875吨，人均有粮487斤；全乡牛存栏720头、新增180头、出栏210头；羊存栏1200头、新增200头、出栏480头；猪存栏300头、新增14头、出栏210头；鸡存栏3000只，新增500只，出栏2000只，蜜蜂2100箱。销售收入180万余元。

【农业】 完成农作物播面7138亩，其中种植玉米1780亩（地膜1700亩）、小麦455亩、胡豆播面1310亩、洋芋播面1890亩，实现经济收入500余万元。发展药材和经济作物促进产业结构调整，种植油菜240亩、蔬菜200亩、板栗140亩、花椒1106亩。鼓励农户种植药材，种植党参3800亩、半夏99亩、500窝猪苓，实现经济收入740余万元。

【林业】 坚持“谁操办、谁签字、谁负责、同管理、统一标准”原则，及时检查验收，补植各类树种，加强管护，全乡退耕还林面积2000亩，补植树苗2.4万株，经县退耕办初步验收，合格率96%。森林管护面积3.37万亩，继续与护林员和各村签订责任书，明确责任和任务，加强林政管理和林政宣传及火源管理工作。将林政工作与禁毒工作相结合，要求在巡山过程中，对有圈占林地、草场等问题进行整治。各村对在林区有庵房的农户进行责任落实，把护林防火职责和任务明确到头上。加强对护林防火管理。

【“六五”普法】 加大对《治安管理处罚法》《森林法》《野生动植物保护法》等法律法规宣传力度，抓好毒品原植物踏查，确保无毒乡荣誉。加强司法调解工作和法律宣传，避免群体事件发生。加强农村消防这个薄弱环节各项工作，完善消防设施，做到预防胜于救灾，减少群众损失。全年调解民间纠纷12起，调解成功12起，其中与文县中寨乡和舟曲县博峪乡协调解决边界纠纷3起。

【安全生产】 与各单位、各村、各安全生产责任人层层签订责任书，坚持“谁主管，谁负责”属地管理原则，强化安全生产教育和宣传工作。开展安全生产各项活动，以板报、标语、广播电视、群众会等方式宣传《安全生产法》等法律法规。把护林防火、村寨消防、食品卫生、道路交通、防范自然灾害等工作作为全乡党员、干部日常性工作，纳入检查和考核，要求并督促多做宣传、多搞隐患排查，将安全生产工作落到实处。张贴标语340条，发放宣传资料920份。制定安全生产工作预案，采取有效措施，遏制各种事故的发生。及时排除安全隐患，严禁拖拉机、农用车、载重车违章载人，对全乡危险地段，地质灾害地段做到严格管理，实时监控。

【禁毒】 专题研究禁种铲毒工作，并在春耕生产期间下队走村串户，以办专栏、开群众会、坝坝会的形式发放宣传资料等形式进行宣传，做到种子一粒不下地，苗子一颗不出土。加强铲毒踏查，与中寨乡和博峪乡联合行动，踏查4次，出动人员120人，注重毒品（主要是鸦片）吸食、贩卖情况的调查。

【教育文化】 乡党委、政府一把手亲自抓科教文卫工作，层层落实责任，分工明确，落实寄宿制教育工作及学生营养餐工作，全校332名学生享受“两免一补”政策，所有的适龄青少年、儿童全部入学，辍学率为零。

【卫生】 抓好农村医疗保障的落实工作，宣扬文明卫生的健康生活，加强疫病的监控和防治工作，及时调整2014年爱国卫生及传染病防治工作领导小组，制定出详细的工作计划和措施，并与各村签定责任书。

【计划生育】 加大计划生育宣传执法工作，转变群众生育观念，做好“三结合”工作，健全妇检制度。全年出生26人，其中一孩20人、二孩6人；死亡7人，人口出生率6.8‰，人口死亡率2.6‰，人口自然增长率5‰。坚持“三不变”、落实“三为主”、推广“三结合”工作，完成新增“三结合”户6户，联系户26户，帮带户22户。

【环境卫生】 坚持落实好环境卫生整治工作，加大城乡环境整治力度，优化环境建立、完善相关制度，把握重点，统筹推进，建立整洁有序、生态宜居的生活环境。

【民生工程】 成立民政便民服务窗口，按照公开、公平、公正原则，实行阳光操作，全年发放民政资金115.87万元，农村低保金40.18万元，城镇低保金62.79万元，五保供养金7.6万元。完成城乡低保复核普查工作，统计全乡65岁以上老龄人口工作，建立数据库。落实各项民政措施，帮助弱势群体。按照公开、公平、公正的原则，实行阳光操作。做好新农合报销及城镇医疗保险人员参保、农村养老保险、幼儿疫病防治。全乡958户、3749人，3120人参加新型农村合作医疗，参保率98%；农村养老保险参保1980人，参保率90%；进行医疗救助工作，在永和乡卫生院报销门诊费用6300.5元，住院费用19680元。全乡47人得到医疗救助。

【幸福美丽家园】 2014年，建设机耕道20公里，解决人畜饮水和农作物灌溉10100米，硬化道路4200米，围栏6600米，建设垃圾池3个，修建（维修）堡坎1488立方米，新建村医疗卫生室7个（其中维修1个），消防池6个，人蓄水池6个（其中维修1个），公共厕所3个，更换改造旧线路800米，便桥4座，停车场2个，硬化场坝及维修1700平方米，党参加工基地厂房1个，联合村坪上50户农户风貌改造，草坡村45户地基沉陷危房维修项目建设。

【民主行政】 自觉接受县、乡人大法律监督和工作监督，支持县政协民主监督，办理人大代表的议案、批评、建议、意见，完成县人大交办任务。

【反腐倡廉】 落实廉政建设责任制，执行廉政承诺。较大数目经济开支由乡党委集体研究决定。党风廉政建设全面向农村基层组织延伸，加强农村基层组织廉政建设，提高党员队伍、领导班子的战斗力和凝聚力。

白河乡

【机构】 白河乡设党政办公室（挂综治维稳办公室牌子）、综合发展办公室（挂财政所牌子）、经济发展服务中心 、社会事业服务中心 。派驻机构2个，即：畜牧兽医站 、农业技术推广站。

【领导名录】 党委书记：伍洪春，副书记：韩波（2014年12月止）、戚文斌。乡长：郭友林（2014年12月止）、唐建平（2014年12月起），副乡长：刘兵、周雨、叶旦初。人大主席：唐建平（2014年12月止）。

【基本概况】 白河乡北临陵江乡，西与漳扎镇接壤，南与马家乡相连，东与安乐乡接临；东南频临永乐镇和保华乡；距九寨沟县城16公里，距九寨沟口26公里，九环线贯穿全境，白水江由东南向西穿境而过。辐员273.82平方公里，辖太平、新华、岩米、斜务、芝麻、燕子椏、南岸家7个行政村，地形呈三山、二沟、一河谷分布。村民居住地最低海拔1500米，最高海拔2800米。高山以藏族为主，半山、河坝以汉族聚居。主要农产品有玉米、小麦、马铃薯、荞、青稞、胡豆、油菜、党参、蕨菜等；水果类出产有苹果、梨、葡萄等，干果有核桃、柿等；大量出产花椒。境内还有省级白河自然保护区，是以保护大熊猫、川金丝猴等珍稀野生动物及自然生态环境为主的森林和野生动物类型的保护区，保护区有金丝猴5群1500余只。

【农业】 2014年，完成各类大春作物播面2805.7亩，粮食播面1831.7亩，其中玉米1072亩、小麦45亩、马铃薯528亩、黄豆74亩、豌豆20.5亩、青稞44.5亩、杂豆11亩、荞子36亩、其他粮食0.7亩；经济作物499亩，其中油菜118亩、药材159亩；其他作物475亩，其中蔬菜334亩、甜菜38亩、饲草103亩。发展特色种养业。因地制宜发展甜樱桃172亩，丰水梨60亩，油桃240亩，核桃500余亩，金榜柿150亩，种猪苓82亩，发展高山蔬菜种植140亩。规范乡村旅游发展。芝麻、南岸2村有标准间319间，新华打造标间18间、普间25间，太平村标间18间、普间27间，燕子椏村标间15间、普间45间；具有接待游客能力的住宿标准间361间、普间95间。间接和集中接待游客1万余人次。仅旅游一项为老百姓增收110余万元。加大农村剩余劳动力输出，配合县级各部门以“走上去、请进来”的方式对剩余劳动力进行技能培训，举办培训班12期。全年实现劳务输出450人次。

【畜牧】 扩大雪山獭兔养殖规模，现在已有20户加入合作社养殖獭兔，獭兔现存栏50000余只，出栏100000余只；发展中蜂养殖10余户，现养有中蜂近160箱。2014年，生猪存栏1200头，注射猪瘟疫苗约1100头，注射密度97%，注射口蹄疫疫苗920头，注射密度95%，注射蓝耳疫苗890头，注射密度80%。牛存栏1800头，注射口蹄疫疫苗1400头，注射密度73%；注射口蹄疫疫苗1500只，注射密度79%；注射牛出败

890头；禽存栏16000羽，注射禽流感新城疫二联16000羽，注射密度100%。加强对五号病、禽流感的防制工作，开展防疫注射，动物产地检疫，做到严防死守，把疫情控制在萌芽状态，检疫生猪650头。加强养殖业发展，引进优质品种，推进品种改良工作，人工冻配母猪98头，产子425头。对全乡能繁母猪98头进行保险。出售商品牛150头，商品猪690头，禽12000只。

【林政和护林防火】 高度重视林政工作，乡村成立领导机构，明确责任落实到人头，完善管护责任制，加强林政管护工作，利用各种形式大力宣传《森林法》《野生动物保护法》，严厉打击乱砍滥伐、偷拉盗运的人和事。全乡未出现一例乱砍滥伐的事件和火情。全面抓好抓实护林防火工作，乡、村两级成立护林防火领导小组，乡与7个村委会签订护林防火工作目标责任书7份，村委会与农户签订护林防火责任书600份。全乡组建义务打火队伍8支205人，在全乡范围内宣传《森林法》《森林防火条例》《森林法实施细则》等法律法规，出动宣传车145余次，召开干部会议51次，村干部会议42次，群众大会22次，悬挂横幅120余幅，签订护林"五定一奖"合同11份、森林防火责任书13份，护林防火公约600份，张贴县长令80份。确保宣传面100%，使护林防火知识家喻户晓、人人皆知。在护林防火期间，护林员对入山人员做好登记；农事用火上报有关部门批复后方可使用，乡、村干部和林政员现场监督用火情况。

【民政、扶贫开发】 加强民政工作，确保贫困、五保人员的生产生活稳定发展。按时发放农村低保365户、465人、496620元。抓好新型农村养老保险工作，通过召开乡村两级动员会、培训会和村民大会、上门发放宣传资料的形式，让新农保政策家喻户晓，让百姓能够老有所养。全乡有1150人参保，对345名60岁以上的老人发放新农保养老补贴。加强地方病的防治，全乡有大骨节病5例，配合有关部门对大骨节病人发放了药品、生活补助和医疗补助。按照有关政策在生产生活上给予大量的支持。对部分村寨的大骨节病人进行移民搬迁。

【个体工商业】 全乡有大小砖厂11个。砖厂生产中在确保安全的基础上，强化质量第一，基本满足全县建筑用量的供应。对村上的小卖部进行不定期的检查和抽查，对过期变质的食品及时进行处理。对不改进的小卖部进行关门清理整顿，确保村民的身心健康。全乡经济总收入2167.5万元，人均纯收入8500元，比上年增加1709元，粮食总产量347吨，人均有粮130.8公斤。

【防汛】 成立防汛抗旱领导小组，并与7个村委会签订7份防汛工作目标责任书，各村成立领导小组，村委会与村民签订766份责任书，使防汛抗旱工作成为乡村两级齐抓共管。召开专题会议研究部署全乡地质灾害防治工作，落实"预防为主、综合治理"的方针，建立健全地质灾害防治责任制度。对全乡20重点隐患点汛期指定专人24小时监测，建立险情巡查、灾害应急、灾情调查、汛期值班等制度，做到职责明确，措施具体；加大宣传力度，建立群测群防体系；完善制度：制定《地质灾害防治方案》、地质灾害明白卡、《地质灾害防灾减灾预案》《地质灾害突发性应急预案》《白河乡地质灾害防治工作预案》《白河乡地质灾害监测方案》等。

【教育、卫生、计划生育】 抓好九年制义务教育，全乡7~12周岁适龄儿童407人，入学407人，全乡没有任何原因的辍学状况出现，入学率100%。加强新合工作，宣传新合政策，提高村民的认识和理解，做好个人上交参合费工作和上机工作。全乡总人口2652人，2014年参加新农2648人，参合率98.7%，解决老百姓看病难和看不起病的实际问题。计划生育工作完成各项指标，出生28人，人口自然增长率7.8‰；计划生育率

94%，长效节育率85%，避孕及时率100%，综合节育率92%；全乡已婚育龄妇女517人，施行长效节育手术3例；“三结合”新增户6户，联系帮带户31户；全乡投入计划生育工作经费4200元。

【维稳、环境整治、行政效能】 落实社会治安综合治理责任制。牢固树立“稳定压倒一切”的思想，明确综治工作职责和责任追究制、一票否决制等综治制度，调整充实乡禁毒领导小组成员，并与村委会签订《社会治安综合治理责任书》《禁毒责任书》。抓好矛盾纠纷排查，做好人民调解工作，开展“六五”普法、禁毒等宣传教育活动，确保“无毒乡”成果和农村社会的稳定。落实矛盾纠纷定期排查制度，本着抓早、抓小、抓苗头的原则开展矛盾纠纷和不安定因素的排查调处工作，预防和化解各种矛盾纠纷。截至2014年11月，全乡受理民事纠纷11起，调解成功10起，调解成功率91%。加强社会治安管理防范，巩固“平安家庭”创建成果。坚持“打防结合，预防为主”的方针，开展“严打”专项整治斗争和集中整治“盗、抢、毒、缉枪”专项行动，控制刑事案件和其它恶性案件的发生。全乡没有出现一起治安案件和刑事案件。狠抓城乡环境综合整治，结合本乡实际开展环境整治工作，加强宣传，提高村民素质，人人讲卫生，确保环境优美。乡村成立环境整治领导小组，主要领导负责，亲自抓，乡与村签订环境整治责任书，村与户签订实行门前三包责任书，全乡落实环境保洁员15名，乡政府对各村的环境卫生进行不定期的抽查，抽查结果与保洁员的补助挂钩，实行奖惩制度。利用开群众会，村村通电视、黑板报等多种形式，宣传爱国卫生运动的必要性和传染病的防治知识，环境保护等卫生与健康知识，让群众在安心舒适的环境中生产生活。乡党委、政府随时对乡卫生院督促检查疫苗接种情况；结合“四改两建”，狠抓村组脏、乱、差的环境卫生；配合上级主管部门开展除“四害”活动；开展爱国卫生运动和传染病防止宣传工作；加强小学健康教育知识的宣传；做好各类传染病的防治工作，与卫生院、学校、保护站、各村及各摊主签定卫生、食品安全等传染病防治管理责任书。加强两劳人员的管理，2014全乡有刑释解教人员3人，社区矫正人员1人，指定专人进行帮教。加强行政效能工作，建立便民服务中心，设置便民服务窗口，成立行政效能和行政执法领导小组，简化办事程序，百姓来乡办事不等、不推、不靠，按照有关规定及时办理，不断加强乡镇机关干部的工作作风，提高办事效率。

【安全生产】 落实安全生产目标责任制，树立“责任重于泰山”的思想理念，按照“安全发展，预防为主”的要求，明确“谁主管，谁负责”，强化安全生产综合管理，建立安全生产信息通报制度和举报制度，明确职责，开展为期安全生产大排查活动，发放《白河乡安全生产告知书》766份，开展安全生产排查100余次，和全乡农用车业主（驾驶员）签订《安全生产责任书》《道路交通安全责任书》《社会消防目标管理责任书》《食品安全目标管理责任书》，制定《白河乡2014年安全生产实施方案》《白河乡2014年生产安全事故救援预案》《地质灾害救援预案》《防汛实施方案，救援预案》等。“安全月”活动期间，利用广播、召开村民大会宣传安全生产知识，散发安全生产资料，悬挂安全生产横幅，出动安全生产宣传车在全乡范围内宣传《安全生产法》《道路交通法》《消防条例》以及其它相关法律法规，提高全民安全生产意识。对安监人员和生产经营从业人员进行安全生产法律法规知识和业务技能进行培训，提高自身队伍的管理能力和业务水平。加强检查督促，遏制各种事故的发生。“以人为本，安全第一”，加大安全监管力度，开展生产安全隐患的排查整治工作，经常地跟踪检查监管督促，对道路（乡村公路），砖厂取土地不定期地进行检查，及时排除生产事故隐患，遏制各种事故的发生。

【幸福美丽家园】 斜务家村和新华实施幸福美丽家园巩固提升建设，新华村新建水果销售摊位40个，新建文化大院1处，村内新建排污管网1440米、50立方化粪池2口，生态旅游观光农业园已完成前期土地整改。斜务家村老寨子新建种植基地10立方米加盖水池25口，老寨子新建种植基地灌溉网2810米。

【其他项目建设】 太平村二组修路850米，三组修路1200米，四组修路400米，修补被河水冲毁的河堤150米。燕子垭村完成2000米左右的穿管电线。芝麻家村种植30000株玫瑰。岩米家村完成1000余米的灌溉水渠。

【党建】 按照“干部作风整顿建设活动”“富民惠民、改善民生”作风建设活动要求，以争创全县农村基层组织建设先进乡为主线，以“三级联创”为抓手，以“党员双带”活动为载体，不断提高基层组织建设水平。在农村党的建设坚持以创建“五好”乡党委和“五好”村党支部为目标，加强党员活动阵地规范化建设，抓好党风廉政制度的完善，落实党风廉政建设责任追究制度。成立党风廉政领导小组，通过学习和制度的规范，使党政领导班子增强拒腐防变的能力，增强勤政为民、廉洁奉公的自觉性，坚持政务、财务公开制度，接受党内外群众的监督，切实抓好党风建设，以公办的意识和形象，抓好落实。加强党的积极份子队伍建设，严把党员队伍入口关，建设高素质党员队伍。2014年，向村、乡党组织提交入党申请书11人，吸收入党积极分子7人，发展预备党员10人，预备党员转正5人。

大录乡

【机构】 内设党政办公室，大录乡经济发展服务中心、社会事业服务中心、就业和社会保障服务中心及综合文化中心。

【领导名录】 党委书记：杜吉泽里，副书记：王国斌、切保（2014年11月止）。乡长：殷树贵，副乡长：敖晓勇、何茂平（2014年11月止）、马义、屠聃。人大主席：李家琪（2014年10月止）。

【基本概况】 大录乡地处九寨沟县西北部，距县城97公里，属于高半山地区，幅员面积1308.74平方公里。东与玉瓦乡的八郎沟、四道城、班藏村接壤，南与漳扎镇上四寨村、干海子村相邻，正南是松潘县的漳腊区，西与若尔盖县的包座乡接壤，北与甘肃省迭部县为界，东西长30.3公里，南北宽56.7公里。大录乡属寒温带、半干旱季风气候，主要特征是夏短冬长、昼夜温差大，气候垂直差异明显，干雨季分明，冬干夏湿。大录乡地处青藏高原北部，地势西南北三面高、东部低，境内山峦叠嶂，河谷纵横，地表海拔高度3000~4000米之间，地貌以高山为主。大录乡年降水量平均值560毫米。大录乡包括6个行政村，17个村民小组，政府所在地为大录村，全乡较为集中，以乡政府驻地为中心，规划建成区面积约100亩。全乡总人口2551人，总户数596户，纯藏族乡，其中非农业人口51人，城镇人口502人，流动人口约30人。全乡有绝对贫困户8户，五保户28人。大录乡耕地面积5345亩，退耕还林面积3000亩（其中荒山造林1500亩）。林地面积139万亩，草场面积60万亩，其中退牧还草35万亩。

【农村经济】 2014年，全年农村经济总收入2000余万元。其中，农业收入320.71万元、林业收入4.44万元、牧业收入795.84万元、运输业收入35.12万元、商饮业收入33.73万元、服务业收入22.44万元、其他经营收入372.09万元。大录乡农牧民人均收入7924元，较上年增加1158元。人口自然增长率控制在6.5‰以内。

【产业结构调整】 农业：全年农作物播种面积6722亩，主要包括粮食作物和经济作物。粮食作物面积5162亩，小春粮食主要是洋芋面积1000亩，大春粮食（小麦400亩、胡豆1602亩、青稞1760亩）。经济作物播种面积1160亩，无公害蔬菜面积400亩，药材播面950亩。粮食总产量2978.16吨。

林业：2014年，实施1225亩退耕还林。强化林政管理，抓好护林防火工作，严厉打击乱砍滥伐、毁林开荒、乱捕乱猎等违法犯罪活动。加强退牧还草工程管护，抓好围栏修复工作，巩固退牧还草成果。召开退耕还林、林政管理、护林防火专题会8场次，张贴标语260余条。

畜牧业：2014年，注射牛疫苗56550头次，猪瘟疫苗696头次，羊疫苗5370头次；年底存栏数19227头（匹、只），出栏数4178头（匹、只）。

【基础设施建设】 以幸福美丽家园巩固提升工程建设为契机，在前期幸福美丽家园建设的基础上把产业结构调整、农民增收有机地结合起来，建设乡村旅游自驾游营地1处；新建和维修村级卫生室6个；改扩建4个村的人畜饮水设施；新修牧道10公里，维修50余公里，维修牧牧道便桥10余座，引进种马3匹；新建设排污管道380米，排水沟500米；安装波型护栏2100米；治理泥石流灾害点1处；建设牲畜防疫巷道圈6个；对5个寺院的基础设施进行改扩建。

【普法】 通过广播、标语、横幅及专栏等形式，并结合“三项宣传”的平台，宣传《中华人民共和国治安管理处罚法》《森林法》《野生动植物保护法》等法律法规。强化矛盾纠纷排查力度，狠抓毒品原植物的踏查力度。加强司法调解工作和法律宣传，避免群体事件的发生。加强农村消防薄弱环节治理，完善消防设施，做到预防胜于救灾，减少群众的损失。2014年，开展法制讲座12期，受教育800余人次；调解民事纠纷6起，结办率100%；排查纠纷38余次，主要涉及草场问题、邻里纠纷问题。不定期举办乡村两级法制宣传栏，板报宣传6期，发放宣传资料200余份，召开各种形式的会议10余次，广播宣传车宣传200余辆次，宣传《安全生产法》《森林法》《烟花爆竹安全管理条例》等通过普法宣传，增强广大老百姓的法制观念。

【综治维稳】 强化矛盾纠纷排查力度，狠抓毒品原植物的踏查力度，加强六五普法的组织领导和实施，查漏补缺，做好迎接检查验收的准备工作。加强司法调解工作和法律宣传，避免群体事件的发生。加强农村消防薄弱环节治理，完善消防设施，做到预防胜于救灾，减少群众的损失。

【安全生产】 2014年，成立安全生产领导小组，牵头与各驻村干部、村两委班子共同进行“横到边、纵到底”的安全生产工作格局。乡政府分别与各村签订安全生产、农机安全生产、防汛、消防、食品卫生等责任书1200余份，与机动车、农用车等驾驶员签定交通运输安全责任书120份。召开28次安全生产工作专题会议。开展安全生产月活动，举办26期安全生产知识培训，增强农牧民的安全生产意识。组织安全生产检查1000余次，专项综合大检查26次。开展消防应急演练14次，建立地质灾害明白卡400余份。全乡全年无一起安全生产事故发生。

【环境卫生】 以九若公路沿线环境卫生为重点，各村各户环境卫生为支撑，探索行之有效的工作机制体制，突出治理“七乱”，开展城乡环境综合治理。加强领导，实行领导包片、村组包户制度。建立6支卫生保洁队伍，保证处处有人负责。利用宣传专栏、悬挂标语等形式广泛宣传，做到家户喻晓。发放垃圾清运车、发放垃圾桶，规范垃圾堆放点和燃烧点。进行不定期卫生大检查，汇报检查结果，要求各驻村干部每周在村上开展环境卫生整治及其他工作，查找问题，切实整改。加大神（仙池）大（录）公路沿线农户风貌改造和圈厕提升，从整体风貌上改善城乡环境。全年清除卫生死角30处，治理污水沟10余条，改变人居环境。

【计生】 宣传国家计划生育的政策、法律、法规以及计划生育知识，发放宣传单130余份。落实计划生育三结合新增户5户。切实控制、降低人口数量。

【民生工程】 就业促进工程：完成劳务培训20余人次，完成农村实用技术培训487人次，带动就业300余人。

扶贫解困行动：开展扶贫工作及拥军拥属、拥政爱民活动，慰问军烈属、“五保”老人、老干部、低保老人等，解决生产生活等方面的困难。改善低收入贫困人口生产生活条件，全面落实全乡493人贫困人口的帮扶人和帮扶措施。

教育助学工程：对全乡184名学生实施“两免”政策，并按时每月兑现170元寄宿制生活补贴，享受面100%。申请资助贫困大学生4名。

社会保障工程：对全乡18名城镇低保、816名农村低保、22名五保进行全面调查。全面落实最低生活保障政策，及时兑现全乡816人的农村居民最低生活保障资金和38名五保户及大骨节病三度的补助金。养老保险参保人数1540人，城镇养老保险参保2人，新农合参合人数2398户，参合率98%。全年新农合住院报销214人、门诊报销1100余人，报销金额10余万元。城乡居民养老保险参保率100%，新农合参合率98%。

医疗卫生工程：2014年，参保1540人，参保率100%，解决患者看病难、看病贵的问题。开展儿童预防接种1123人次；开展流感宣传48场次，办专栏6期，发放资料2000余份。加强流行疾病的防治工作，增强群众初级卫生保健意识。

【党建】 基层组织建设：结合“党的群众路线教育实践”活动和农村党风廉政建设，乡政府制定《干部职工管理办法》《驻村工作制度》等相关制度，在完善干部职工分工制度的基础上，坚持每周学习和工作汇报制度。通过督查和目标管理，转变全乡机关工作作风，增强干部职工忧患意识、公仆意识和节俭意识，提高干部职工服务意识和工作效率，增强执行力。

反腐倡廉：落实廉政建设责任制，执行廉政承诺。较大数目经济开支由乡党委集体研究决定。党风廉政建设全面向农村基层组织延伸，加强农村基层组织廉政建设，提高党员队伍、领导班子的战斗力和凝聚力。

党员发展：拟定全乡的党员发展计划，抓好对入党积极分子、党员的培训，实施“双向培养”工作，坚持“十六字”方针发展党员，发挥党员队伍的先锋模范作用。2014年，全乡发展党员8名。

玉瓦乡

【机构】 玉瓦乡内设党政办公室、寺管所、劳动保障所、安全生产办公室、交管办、团委办公室、武装部办公室、计划生育办公室、财政所办公室、档案室、综合整治办公室、综治维稳办公室、司法所办公室、信访接待室、调解室、兽防站、综合文化中心、帮扶站。

【领导名录】 党委书记：李建颖，副书记：林明（2014年11月止）。乡长：尤志强，副乡长：泽旺卓玛、张灵芝、刘崇斌。人大主席：郭莉（2014年12月起）。寺管所所长：刘积付（2014年9月起）。

【基本概况】 玉瓦乡位于县城西北部，距县城62公理，与大录乡、黑河乡毗邻，属藏汉杂居乡。全乡总户数545户，总人口2283人，辖8个行政村，12村民小组。幅员面积318.26平方公里，耕地面积3929亩，森林面积16.2243万亩，草场面积15.6445万亩，退耕还林面积3800亩；退牧还草面积5万亩，其中禁牧3万亩、休牧2万亩。2014年，全乡经济总收入1583.51万元，人均纯收入7821元。

【党建】 结合“强乡兴村”工作，加强基层组织建设。科级干部任村支部第一书记加强村级班子建设，强化村两委班子建设，巩固党的执政地位。加强党员干部培训，组织党员干部、村后备干部、入党积极分子开展党务知识、科技知识等的培训，提升党员干部及后备力量素质。发展党员9名，其中农村7名、机关2名；发展预备党员10名，其中农村9名、机关1名；培养入党积极份子11人。通过抓好“党的群众路线教育实践活动”“伟大中国梦”“藏羌城乡党旗红”等活动，立足解决群众关心的热点、难点、焦点问题和自身存在的问题，促进各项工作取得实效。结合机关行政效能建设工作，提升行政效能，转变管理型政府为服务型政府。

【维稳】 坚持“稳定压倒一切”的思想，开展意识形态领域反分裂斗争教育，强化维稳责任意识。加强社会治安综合治理，加大流动人口管理力度，对重点人员进行帮教转化，防止重特大刑事案件的发生，构建平安和谐社会环境。坚持依法加强对宗教事务的管理，落实“两项制度”，坚持独立自主、自办原则，引导宗教与社会主义社会相适应，培养爱国宗教人士，把宗教主持权牢牢掌握在爱国宗教人士手里。加强信访工作领导，落实信访责任制度，完善信访处置机制，排查社会矛盾，妥善处理信访案件，解决信访问题，按照法律政策对应该解决的问题及时予以解决，对违背法律政策的问题做好宣传解释工作，把各种社会矛盾和问题消灭在萌芽状态，确保社会大局的稳定。

【产业结构调整】 种植业：全年种植玉米1280亩（其中地膜1160亩），小麦240亩，胡豆325亩，马铃薯1080亩（其中种植脱毒薯860亩），青稞250亩，经济作物310亩（其中油菜20亩，蔬菜290亩）。发展经济林木和经济作物，种植花椒470亩，苹果350亩，矮化核桃90亩，甜樱桃166亩、8300株。

中药材：全乡种植猪苓159亩、13375窝，22.2万斤。

养殖业：全年牲畜出栏率71%，其中：牛出栏1928头、羊出栏228头、猪出栏1466头、禽（兔）出栏4300只；肉类总产量347.4吨，共计7113头。

劳务方面：全年外出务工人员达295人，劳动力转移387人次，实现劳务收入333.28万元。

【社会管理】 建设规划：2014年，乡境内没有违规建房和乱搭乱建等现象。

林政管理：2014年，强化林政管理，制止和严厉打击乱砍滥伐、偷拉盗运和乱捕乱猎等违法犯罪行为；加强森林、草原防火工作，制定森林、草原防火工作预案，落实森林防火责任制，强化野外用火管理，做好火情监测和巡山护山工作。与各村签订林政管理责任书8份；与各施工队签订护林防火责任书4份；与农户签订护林防火公约545户，实行乡抓村、村抓干部、干部抓农户的三级联动责任管理机制。全乡无一例森林、草原火灾、火情、火警发生。按照“种得下、栽得活、重管护”的原则，制定管护措施，在巩固3800亩退耕还林的基础上，加大宣传力度，让群众了解退耕还林延续政策。

建设协调：为推进在辖区内个施工单位的建设，维护本辖区社会稳定，协调各施工单位与当地群众之间的各类纠纷，调解三道城村村民与水电七局之间经济纠纷，及时化解班藏村村民与一号洞之间的劳务纠纷。因玉瓦电站的建设，乡党委政府先后多次次组织九水公司、水电五局、EPC、三道城村主要负责人和班藏村负责人召开协调会。

其他工作：做好兵役登记和征兵工作，完成上级下达的各项目标任务；强化对青年、妇女工作的领导，开展青年创业活动、共青团员创先争优活动、妇女“双学双比”活动和“五四”青年节纪念活动、“三八”妇女节庆祝活动，教育广大青年，团结妇女；做好老龄工作和关心下一代工作，树立起老有所为、少有所养的社会风尚，促进全乡民风的整体好转。

【重点工程】 完成玉杏村幸福美丽家园巩固提升工程建设，建成长11200米、覆盖128亩，97户人受益的产业基础设施——喷灌；完成7个村卫生室的新建和1个村卫生室的维修工程；完成2个村43间、1935平方米的圈棚建设；完成3个村8公里的机耕道建设；完成1村14座便桥的硬化工程；完成玉瓦寺3000平方米的场坝建设等，为促进广大群众的增收致富，改善人居环境，提高人民生活质量奠定基础。

【司法】 推进“六五”普法和社会治安综合治理工作。结合开展党的群众路线教育实践活动，做好群众法律宣传、咨询服务工作，全年进行法律宣讲38次，普法培训38次，到学校上法制课12课时，使广大农牧民做到知法、守法、用法，运用法律武器维护自己的合法权益；发挥村民调节委员会的作用，摸排群众矛盾，调处矛盾纠纷，消除不稳定隐患。受理民间纠纷5起，其中疑难纠纷2起，调解成功5起，调解成功率100%。无群体性越级上访现象、无重大治安、刑事案件发生，社会政治大局稳定。

【安全生产、防汛和地质灾害】 全年各村开展消防演练2次，进行消防检查24次，及时排查消除消防和安全隐患达10余次。与各村签订安全责任书8份，与农用车主签订安全责任书500份，与各施工队签订安全责任书6份；开展防汛及地质灾害演练16次，与各村签订防汛及地质灾害监测责任书16份，对21个灾害隐患点监测落实专人负责，加强日常监测力度，实行24小时值班制度。对全乡地质灾害点进行3次拉网式排查，完成地质灾害排危除险1处，设立危险处和危险路段设立警示牌10处。完成八郎村水神沟150米泥石流治理挡防工程，玉瓦寨村泥石流治理1500米，及石门村崩塌体治理30米，保障群众的生命财产安全。

【农村养老保险、城镇养老保险和惠民利民工作】 依托各村基层组织，开展“一对一”结对帮扶活动，让孤寡老人、贫困学生、困难群众感受到党的温暖。2014年，为贫困户发放春荒、冬令救济粮17000斤；慰问残疾人18人、5000余元，并对有需求的残疾人配备防褥疮床垫、轮椅、拐杖、手表等物品。对残疾人实施购买养老保险补助、老年残疾人生活补助、居家托养补助、重度残疾人护理补贴等政策，让残疾人真正体会到党和政府的关怀。对46名学生实施“两免”政策，享受面100%；落实困难大学生救助政策，争取资金为5名大学生解决助学金。为110余名困难群众解决大病医疗救助金5万余元。加大政策宣传，让群众购买养老保险、新农合，确保广大群众看病、养老有保障，群众满意率100%。

【人口与计划生育】 按照“三为主”的工作方针，加大计划生育宣传工作力度，提倡“晚婚、晚育、优生、优育”，转变生育观念，控制人口增长；健全妇检制度，组织生殖检查1次，检查300余人。全年新增“三结合”户2户、帮带户3户、联系户3户；出生人口17人、死亡人口5人；农村产妇共17名，住院分娩17名，住院分娩率100%。

【文化体育】 免费开放乡文化站1处，村图书室8个，建成2村篮球场建设，完成免费放映农村公益电影88场。全乡完成卫星直播户545户。开展新型农民工技术培训活动，完成农村实用技术培训21次，培训900余人次。

黑河乡

【机构】 黑河乡内设党政办公室（挂综治维稳办公室的牌子）、综合发展办公室（挂乡财政所牌子）。

【领导名录】 党委书记：杨春林（2014年1月止）、李文勤（2014年9月起），副书记：杜春熙（2014年11月止）、切保（2014年11月起）、张文宇。乡长：李文勤（2014年9月止）、许炜（2014年9月起），副乡长：蒋建雄、毛华、周小艺、冯贵成（2014年9月止）。人大主席：刘进。

【基本概况】 黑河乡位于九寨沟县城西北部，乡政府驻头道城村，距离县城42公里，位于北纬33度30分，东经104度，总面积501.50平方公里，海拔1980米。正南与陵江乡吊坝村和羌活沟林场相接，西与玉瓦乡八郎沟村和大录乡大录村的扎子浪接壤，西北为玉瓦乡三道城村，北与甘肃省舟曲县毗邻，是一个半农半牧的少数民族聚居乡。辖头道城、二道城、东沟、绕蜡、自玉、碧历、达舍7个行政村，15个自然村寨，18个村民小组，817户，3219人。

【主要经济指标】 经济总收入2600万元，人均收入8076元。大春作物播面4868.7亩。粮食作物播种面积4644.2亩，总产量954吨，其中：玉米播种面积2136亩，总产量447吨；洋芋面积2273.8亩（其中规模化种植脱毒马铃薯540亩）；青稞140亩，总产量3.4吨；胡豆305亩，总产量17吨；大豆55.6亩，总产量2.6吨；其他粮食347亩，总产量24.6吨。经济作物播面为319亩，总产量216.6吨，其中药材面积1200亩。其他农作物播面120亩，总产量408吨，其中蔬菜面积120亩。核桃413余亩，花椒422亩，苹果300亩，酿酒葡萄280亩。

【就业促进工程】 以扩大就业规模以便民联系活动和三项宣传活动、党的群众路线教育实践活动为契机，残疾人居家灵活就业30人。加强农民工职业技能培训，配合县农水局、县畜牧局、县科技局、县林业局等单位对马铃薯（脱毒薯）、酿酒葡萄、苹果等产业的春季栽植、田间管理、果树冬管及牲畜传染病防治进行培训，培训新型农民60人，培训实用技术人员1700人。

【扶贫解困工程】 农村扶贫解困，帮助136个贫困人口脱贫，法律援助30人，扶持农村残疾人发展生产6人。坚持“高山发展牦牛，半山发展中药材，河坝发展特色种养业，转移富余劳动力，发展乡域经济”的思路，牢抓产业结构调整、项目工程建设等有利契机，推进农牧业产业化的进程。发展中药材基地。推广和引导农户种植羌活、党参、猪苓等中药材，增加农民收入。全乡现有羌活800亩，党参400亩，猪苓5000余窝，总产值900万。发挥葡萄专业合作社的优势，巩固酿酒葡萄等经济作物的既有种植面积，推广并扩展新品种的栽植面积，全乡现有酿酒葡萄280亩，葡萄种植推行公司加农户的种植模式，总产值140万元。

【牧业产业结构】 加强畜牧业的改良工作，做好牲畜的疫病防治工作。推广先进养殖技术，优化畜产品，增加牲畜商品率，提高畜产品的价值。2014年，大牲畜存栏5262头。牛存栏4287头，其中：牦牛存栏3151头，黄牛存栏607头，犏牛存栏170头，杂牛存栏359头。马存栏795匹，驴存栏38匹，骡存栏142匹。生猪存栏1630头，羊存栏1003只。

【教育助学工程】 小学有学生152人，全部免除义务教育阶段学生的学杂费，免费向农村义务教育阶段学生提供教科书，做到“应免尽免”；把

“两免一补”政策落到实处，并且为学生免费提供营养餐，保障学生的良好饮食。

【社会保障工程】 推进新型农村养老保险发展进程，提高覆盖率。全乡参保人员1500人次，其中60岁以上343人，16~60岁1157人，总收费130000元，参保率100%。现有城乡低保享受对象615人，其中城镇低保对象188人、农村低保对象422、五保户救助对象5人。发放民政资金29820元，其中农村低保人员新合补助29400元、五保户新农合补助420元，做到救助金全部到位并及时发放。由县民政、人大、财政、政协、纪检及乡、村共同组成的城乡低保、五保清理排查小组，对现有313户422人农村低保，118户187人城镇低保，5人五保人员进行清理排查。通过排查全乡城镇低保187人，取消8人，符合条件179人继续享受；农村低保422人，取消20人，符合条件402人继续享受；五保户5人全部符合条件继续享受。

【医疗卫生工程】 宣传推广新型农村合作医疗制度。全乡现有参合人员2802人次，参合率98.83%。党委政府重视医疗卫生工程，加强食品卫生监督，巩固完善推广新农合。对辖区内医疗机构、小卖部进行定期、不定期的全面检查，杜绝过期药品、食品上架，进入流通领域，消除食品药品安全隐患，确保居住人口的生命财产安全。加强个体商贩、食堂等从业人员的培训教育和健康检查，加强传染性疾病的防控工作。规范餐饮行业操作规程，严格执行相关行业标准。加大住院分娩补助政策的宣传力度，确保所有的农村孕产妇都进入医院进行住院分娩。为方便群众就医，各村卫生室已经完成建设。

【百姓安居工程】 2014年，实施农村危房改造，改造危房3户。高度重视地质灾害预防预警应急工作，成立领导机构，完善地质灾害应急预案，加强汛期24小时值班制度，落实值班人员。各村制定预案，成立以支书为组长的领导机构，落实值班人员，成立应急分队，各村开展地质灾害应急演练1次。联合马脑壳金矿与达舍沟3个村进行地质灾害应急演练。新增沼气用户71户。

【基础设施建设工程】 2014年，完成碧历村600米电提灌建设（包括机房），完成黑河乡绕蜡村二组大桥建设，自玉村刘家河坝灌溉水渠1384米，灌溉面积200亩。新修二道城村灌溉水渠1000米，灌溉面积160亩。完成头道城村4公里机耕道建设，达舍寨村2.6公里村道硬化工程，乡级机关8000米的饮用水工程。完成全乡7个村卫生室的维修及新建工程，解决头道城村变压器4台，东沟村幸福美丽家园巩固提升工程建设中基础设施方面已完成化粪池、灌溉水池、2250米饮水管道、1000米排污管道的建设。

【生态环境工程】 2014年，完成退耕还林工程春季补植任务，全乡补植各种苗木20余万株，巩固退耕还林工程1500亩，补偿集体公益林8.1857万亩。乡政府与各村、村护林员签订9.68万亩天然林管护责任书。每月由乡林政员对村护林员的护林工作进行督促检查，与村护林员的报酬挂钩。加强牲畜管理，要求各村必须实行圈养，严禁敞放。草原生态保护补助奖励。实施草畜平衡奖励23.2111万亩，牧民生产资料综合补贴323户。环境卫生综合治理工作。村内环境卫生要求随时保持整洁，各村成立环境卫生管理小组，确定保洁员，落实责任。乡环境综合整治工作领导小组定期与不定期对各村环境卫生进行检查，将检查结果进行公示，并依照本乡制定的奖惩制度进行奖罚。乡环境综合整治工作领导小组与施工单位签订责任书，以确保环境卫生不留死角。

【防灾减灾】 及时成立领导机构，完善地质灾害应急预案，加强汛期24小时值班制度，落实值班人员。各村也相应的制定预案，成立以支书为组长的领导机构，落实值班人员，成立应急分队，各村组织开展地质灾害应急演练1次。

【环境卫生综合治理】 各村成立环境卫生管理小组，确定保洁员数名，落实责任，要求村内环境卫生随时保持整洁。乡环境综合整治工作领导小组定期与不定期对各村环境卫生进行检查，将检查结果进行公示，并依照本乡制定的奖惩制度进行奖罚。开展创建国家级生态乡镇工作。

【动物防疫】 教育农户提高自我防范意识，及时报告不明症状；加强疫苗注射，提高牲畜免疫力，对猪口蹄疫免疫1082头，猪瘟1082头，猪蓝耳病356头，注射密度100%；牛口蹄疫免疫6300头，注射密度99%；羊口蹄疫免疫1700头，注射密度99%。确保家畜、家禽无不良病发生、流行。

【产业结构调整】 2014年，围绕农村经济繁荣、农业增产、农牧民增收这一根本，以发展为第一要务，依托区域和资源优势，完善各项基础设施建设，强化农村产业结构的调整，引导广大农牧民脱贫致富，不断推进新农村建设。种植核桃413亩，花椒422亩，苹果300亩，酿酒葡萄280亩，猪苓5000余窝（种植猪苓种子52000斤），羌活800亩，党参400亩。利用“公司+农户”模式与九寨沟县岷山农业科技有限公司合作。规模化种植脱毒马铃薯基地540亩，总收入125400元，带动辐射全乡种植脱毒马铃薯2200余亩。加强对现有草场的保护和综合利用，科学发展畜牧业，加快畜种改良，提高畜产品质量，转变观念淘汰老弱病畜。农村富余劳动力转移365余人，劳动务工收入320万元，提高群众的收入，维护社会和谐稳定。

【社会治安综合治理】 建立健全社会治安综合治理与平安创建领导责任制、目标管理责任制、安全生产责任制、层层签订责任书，创造良好的社会治安秩序，营造良好的社会发展环境。做到“谁主管、谁负责”“管好自己的人，看好自己的门，办好自己的事”，及时解决群众关注的热点、难点问题；及时排查调处各类矛盾、纠纷、隐患，做好人民调解工作，遏制矛盾激化和群体性事件发生。开展普法和安全生产工作，举办法制讲座20期，受教1302人次；利用宣传专栏（35期）、发放宣传资料（1200余份）、发放法律书籍140册，法律咨询80余次，张贴宣传挂图90幅，出动法律宣传车90台次。结合各阶段的中心工作，加强对“普法”宣传和安全生产等工作进行宣传，不断提高广大群众的法律意识和安全生产意识。通过司法行政，搞好法律服务工作，发挥群众信访接待室的作用，及时解决全乡关心的热点、难点问题。搞好“禁种铲毒”“创建无毒社区”、边界联防等各项工作，保障良好社会环境。在全乡范围内全面开展社会治安综合治理整体联动防范工程与平安建设活动，力争达到“防”“打”“管”“建”的工作目标，全乡动员，齐抓共管，群防群治，整体联动，为各项事业的发展、经济建设保驾护航。加强消防安全管理，对消防安全进行督促检查，各村入户对线路进行全面检查，清理和规范学校周边环境。

【计划生育】 宣传国家计划生育的政策、法律、法规以及计划生育知识，将采取多种措施，严格将人口自然增长率控制在10‰以内，促进少生优生、优生优育工作，建立健全农村医疗保障体系，为提高全民素质打下基础。

【精神文明创建】 紧紧抓住“农户”这个社会主义物质文明同精神文明的结合点，开展群众性文明新风创建活动。利用各种时机，组织各种学习活动，落实《公民道德建设实施纲要》，加强对小学生、青少年的思想道德教育，引导群众革除陋习，移风易俗。通过开展精神文明创建工作，提高群众的整体素质，改进农村的发展环境和社会氛围，为全面建设小康社会营造氛围。

【安全生产】 重视全乡的安全生产工作，按照县委、县政府关于生产安全的有关要求，成立安全生产工作领导小组，与各村、辖区各单位签订安全生产责任书15份，与农户签订农用车辆安全使用责任书479份；办安全生产专题黑板报6次；召开安全生产专题会议8次；开展安全生产专项检查20次，并对存在问题进行整改。排查整治安全隐患3起。开展百日安全生产活动，对辖区内非煤矿山、危险化学品、烟花爆竹、道路交通、建筑施工、学校、消防和地质灾害等行业（领域）的安全生产进行检查和治理。对违法销售烟花爆竹等易燃易爆的商店和学校等进行检查整顿。通过整治，存在的安全隐患问题基本得到消除。

【教育科技】 继续实施“科教兴乡”战略，加大教育投入，改善教育硬件，增强师资力量配备，严格落实各项教育政策，老百姓落后的教育观念有所提高。领会“科学技术是第一生产力”的重要思想，落实好党政一把手抓第一生产力目标责任制。贯彻省、州、县的科技政策，开展科学技术普及培训工作，提高全乡劳动者的科学文化素质，营造学科学、爱科学、用科学的良好氛围，促进农村产业结构调整，促进经济发展，不断提高人民群众的物质文化生活水平。

【医疗卫生、传染病防疫】 推进医疗卫生体制改革，巩固计划免疫成果，抓好重点传染病、地方病（大骨节病）的防治、免疫工作。实施好妇幼保健项目，改善医疗卫生条件，提高医疗卫生服务水平，确保人民群众生命财产安全。医务人员服务态度好转，医风、医德得到有效转变，医疗水平提高。

【文化体育工程】 2014年，完成自玉村篮球场和健身场地建设，文化基础设施建设。免费开放乡镇文化站1个，积极宣传党的各项方针政策，开展丰富多彩、生动活泼的文化活动，丰富老百姓的文化生活。免费放映农村公益电影84场，丰富群众的生活。

陵江乡

【机构】 内设党政办公室，陵江乡经济发展服务中心、社会事业服务中心、就业和社会保障服务中心及综合文化中心。

【领导名录】 党委书记：刘霞，副书记：黄大刚、刘启明（2014年1止）。乡长：杨晓勇，副乡长：孙小川、卿明（2014年6止）、汪磊（2014年11止）、毛伟、马海生（2014年11月起）。人大主席：尚国兵。

【基本概况】 陵江乡位于九寨沟县西北方向，北与黑河相连、东北与甘肃迭部县接壤、南与白河相接、西与漳扎毗邻。全乡面积350.30平方公里、草地15万亩、林地547亩、园地56亩、耕地2567亩。全乡辖6个行政村、11个村民小组、495户、1909人，是汉、藏、回、羌等民族交汇聚居的乡镇。

【农村经济】 2014年，全乡农业户口495户、1909人。全年农村经济总收入1624万元，同比增加344.8948万元，增长率26.94%，其中：农业收入344万元、林业收入419万元、牧业收入224余万元、建筑业收入7万元、运输业收入138万元、商饮业收入25万元、服务业收入23万元、其他收入278万元。农民人均纯收入8512元，同比增加1782元，增长率26.48%。牲畜存栏4100余头（只、匹），出栏完成4300余头（只、匹），其中商品畜2812头（只、匹），商品率65%。人口自然增长率3.6‰。全年全乡大春作物播种面积2559亩，其中粮食播面2200亩（玉米1000亩、薯类播种面积1200亩），药材播面59亩，无公害蔬菜300亩。粮食总产量488吨。加强和巩固优质核桃基地1000亩，实现挂果400亩，实现经济收入70余万元；花椒600余亩，实现经济收入50万余元。同时，加大800亩甜樱桃基地管护力度，实现果树挂果400亩，实现经济收入120万余元。建立优质苹果基地200亩、杏红李基地150亩。猪苓家种1166.5公斤。1500亩退耕还林通过国家林业局的检查验收，加强管理和部分退耕地块的补植工作。强化林政管理，抓好护林防火工作，严厉打击乱砍滥伐、毁林开荒、乱捕乱猎等违法犯罪活动。加强退牧还草工程管护，抓好围栏修复工作，巩固退牧还草成果。2014年，召开退耕还林、林政管理、护林防火专题会10场次，办专栏15版，悬挂横幅20幅，张贴标语150余条，宣传车宣传120次。协调吊坝村水电站修建的各种问题，为老百姓提供就业机会。引进“正农土鸡养殖基地”项目，带动陵江畜土鸡养殖。

【普法】 通过广播、标语、横幅及专栏等形式，结合“三项宣传”的平台，宣传《中华人民共和国治安管理处罚法》《森林法》《野生动植物保护法》等法律法规；强化矛盾纠纷排查力度，狠抓毒品原植物的踏查力度。加强司法调解工作和法律宣传，避免群体事件的发生。加强农村消防薄弱环节治理，完善消防设施，做到预防胜于救灾，减少群众的损失。全年开展法制讲座12期，受教育1730人次；调解民间纠纷13起，调解成功13起。召开村党员、干部会议24次，村民大会12次，张贴标语600余份，动用宣传车67余次，宣传《安全生产法》《森林法》《烟花爆竹安全管理条例》等。

【综治维稳】 强化矛盾纠纷排查力度，狠抓毒品原植物的踏查力度，加强“六五”普法的组织领导和实施查漏补缺，做好迎接检查验收的准备工作。加强司法调解工作和法律宣传，避免群体事件的发生。加强农村消防薄弱环节治理，完善消防设施，做到预防胜于救灾，减少群众的损失。全年流动人口排查35人次，法制宣传教育5000余人次；调解民间纠纷13起，调解成功13起。

【安全生产】 2014年，调整以乡长为组长，分管副乡长为副组长，各村村委会主任为成员的领导小组。由乡安全生产工作领导小组牵头，与各驻村干部、村两委班子共同进行了横到边、纵到底的安全生产工作格局。乡政府分别与各村签订安全生产、农机安全生产、防汛、消防、食品卫生等责任书，与机动车、农用车等驾驶员签订交通运输安全责任书120份。召开12次安全生产工作专题会议。开展安全生产月活动，举办2期安全生产知识培训，增强农牧民的安全生产意识。组织安全生产检查8次，专项综合大检查5次，与各村签订安全生产、农机安全生产、防汛、消防、食品卫生等责任书各10份，与机动车、农用车等驾驶员签订交通运输安全责任书120份。抓好安全生产专项整治，全乡全年无一起安全生产事故发生。开展消防应急演练6次，建立地质灾害明白卡400余份。

【社会事业】 科技：把党政一把手抓第一生产力目标责任制落实在行动上，加强科技工作领导，健全机制。开展创建科普示范乡活动，重视科技骨干培养，加大新的农村养殖业科技推广力度，实行以奖代补的科技激励机制，提高群众的农业科技素质，促进农民增收，农业增效。举办科技培训班20期，培训2125人次。

教育文化：把教育放在优先发展的战略地位，通过“两基”迎国检，落实九年制义务教育“两免一补”政策。对全乡165名学生实施“两免”政策，享受面100%，加强学校常规管理，提高办学效益。加强学校硬件设施建设，学校学生宿舍以及教师周转房已全面投入使用。

环境卫生：以九若公路沿线环境卫生为重点，各村各户环境卫生为支撑，探索行之有效的工作机制体制，突出治理“七乱”，开展城乡环境综合治理。加强领导，实行领导包片制度。建立6支卫生保洁队伍，保证处处有人负责。利用宣传专栏、悬挂标语等形式广泛宣传，做到家户喻晓。落实奖惩措施，鼓励全民共同参与。配备垃圾清运车 12 辆，安装垃圾桶、果皮箱 70 个。实行环境日报制，各村环境卫生负责人每天上报本村环境卫生相关信息，对有问题的部分要求及时整改。进行定期或不定期卫生大检查，汇报检查结果，要求各驻村干部每周至少 3 天驻在村上开展环境整治及其他工作，查找问题，切实整改。加大七里村农户风貌改造和圈厕提升，从整体风貌上改善城乡环境。清理若九公路沿线污水沟 18000 余米。

计生：按照县计生委的要求，主动宣传国家计划生育的政策、法律、法规以及计划生育知识，落实计划生育三结合新增户 3 户。切实控制、降低人口数量。通过多种措施，严格将人口自然增长率控制在 4.0‰以内，为促进少生优生、优生优育工作，提高全民素质打下基础。

创建生态乡镇：按照县委、县政府提出的“生态立县、旅游富民”工作思路，开发“羌活沟白草坝”为代表的一系列生态旅游景点。始终以“生态”为发展主线，以实现“富民、生态”两不误为最终目标。已全面满足国家级生态乡镇 5 项基本条件，15 项考核指标全部达标，饮用水水源地水率 100%，农村饮用水卫生合格率 100%；地表水环境质量、空气环境质量、声环境质量均达规划要求，开展污水处理的行政村比例 100%；生活垃圾按照村收集、乡运输、县处置模式，建成区生活垃圾无害化处理率 100%；推广农作物秸秆综合利用，先后投入资金 50 万元、建成沼气 420 口、农作物秸秆综合利用率 95.6%；通过“五改”工程农村卫生厕所普及率 100%，使用清洁能源的户数比例 100%。全乡使用农用化肥 200 吨。全乡使用农药 0.5 吨；人均公共绿地面积为每人 12.7 平方米。乡主要道路绿化普及率 95%。

【民生工程】 就业促进：完成劳务培训 23 人次，完成农村实用技术培训 3025 人次。

扶贫解困：通过发展产业，尤其是在甜樱桃、猪苓种植和畜牧品种改良上提供扶持，全年实现 50 人脱贫，改善生产、生活条件。

教育助学：对全乡 165 名学生实施“两免”政策，享受面 100%，其中享受寄宿制补贴的 99 人，享受率 100%。加强学校硬件设施建设，学校学生宿舍以及老师周转房已全面投入使用。

社会保障：本着“应保尽保”“应退尽退”“群众全程参与”的工作原则，对全乡 91 城镇低保、 364 名农村低保、 19 名五保进行全面调查。宣传动员 18 人参加新型农村养老保险，参保率 79.6%。

医疗卫生：全乡参合 467 户、1683 人，参合率 94 %。开展儿童预防接种 154 人次；开展流感宣传 5 场次，办专栏 11 版。加强流行疾病的防治工作，增强群众初级卫生保健意识。为了更好的保障居民的健康，加大犬只管理力度，对无主、无接受疫苗的犬只进行人道主义减灭，全年扑杀 28 只无主犬，流浪犬接种狂犬疫苗 210 只。

【队伍建设】 基层组织建设：结合“群众教育实践活动”活动和农村党风廉政建设，制定《干部职工管理办法》，在完善干部职工分工制度的基础上，坚持每周学习和工作汇报制度。施行“陵江乡股级干部竞聘上岗制”，其中 3 名竞聘者通过演讲竞聘。通过督查和目标管理，转变全乡机关工作作风，增强干部职工忧患意识、公仆意识和节俭意识，提高干部职工服务意识和工作效率，增强执行力。

作风建设和专项整治：设置 6 个作风问题意见箱，公布举报电话，完善《陵江乡首问责任制》《陵江乡服务窗口办结时效制》《公车管理制度》等制度；深化问题整改，解决“四风”“庸懒散浮拖”问题，总结出陵江乡存在的四风问题 11 条，全部实现立行立改；加强干部警示教育，组织干部职工观看《兰辉》等警示教育片 120 余人次。开展 “党员干部廉政谈话”活动，让陵江乡的干部从思想上筑牢拒腐防线。

党的群路众教育实践活动：按照省、州、县委的统一部署，完成党的群众路线教育实践活动学习教育、听取意见，查摆问题、开展批评，整改落实、建章立制3个环节的工作。乡党委先后3次组织专题学习，形成学习笔记60余本，班子成员召开各类座谈会7次，发放收回35份调查问卷，收集到批评意见121条，开展谈心谈话15人次，收到意见建议121条，已解决“七难”问题2个，为群众办实事42件。

民主行政：自觉接受县、乡人大法律监督和工作监督，支持县政协民主监督，办理人大代表的议案、批评、建议、意见，完成县人大交办任务。

反腐倡廉：落实廉政建设责任制，执行廉政承诺。较大数目经济开支由乡党委集体研究决定。党风廉政建设全面向农村基层组织延伸，加强农村基层组织廉政建设，提高党员队伍、领导班子的战斗力和凝聚力。

选举工作：筹备召开人大会、党代会，力争把愿意为村作奉献、为群众谋利益并且对本村上发展有深刻想法的人选出来，为民说话，为民谋福。

党员发展：拟定全乡的党员发展计划，抓好对入党积极分子、党员的培训，实施“双向培养”工作，严把党员入口关，坚持对培养对象进行理论测试，实行发展党员民主推荐、发展公示、票决、预审及责任追究制度，做到成熟一个，发展一个，坚持“十六字”方针发展党员，发挥党员队伍的先锋模范作用。

马家乡

【机构】 马家乡内设党委、人大主席团、政府、人民武装部、综治维稳办公室、财政所、乡团委、乡妇联、乡文化站，经济发展服务中心、社会事业服务中心、就业和社会保障服务中心。

【领导名录】 党委书记：江伟，副书记：朱正东，李小平（援藏干部，2014年5月止）、黄平（2014年12月起）。乡长：蔡阳华（2014年12月止）、南波（2014年12月起），副乡长：王燕、余文成、李娟、陈红全。人大主席：赵志强。

【基本概况】 马家乡位于九寨沟县县城西南，因乡驻地有一马姓磨房故名马家磨，建乡时取名马家乡。东接双河乡，南接平武县，西接漳扎镇，北接罗依乡。幅员面积302.7平方公里，海拔1725米。全乡总人口1293人，辖马香村、苗州村、南岸村、瓜地岩村、胜利村5个行政村。属藏、汉杂居的农业乡。森林资源丰富，森林面积28万亩，森林覆盖面95%，系九寨沟县第二大森林管护区。素有“天然氧吧”之美誉，是集观光、休闲、科考、探险为一体的最佳场所。全乡耕地总面积3130亩，农业以种植玉米、洋芋、荞麦及蔬菜为主。2014年，农牧民人均纯收入7332元。

【思想建设】 以开展“为民务实清廉”为主题的党的群众路线教育实践活动为抓手，加强党员干部群众观点教育，树立群众工作新理念。以“照镜子、正衣冠、洗洗澡、治治病”为总要求，改进工作作风，密切联系群众，营造人人想正事、干成事、不出事的环境。将每周二、四确定为集中学习讨论时间，开设马家“学习教育分课堂”，班子成员带头、党员干部参与，根据自身联系、分管和具体工作实际，自定方向、题目、内容开展讲学活动，专题授课、举办乡分课堂12次，开展集中讨论交流6次。在党的群众路线教育实践活动中干部职工写出心得体会42篇，领导班子成员个人整改清单的整改措施115个，写出专题调研报告7份；加大党风廉政责任制的落实，执行“四个不直接分管”制度，全年会前学纪30余次，坚决落实“两个责任”，制定《马家乡党风廉政建设风险点排查一览表》；坚持“三重一大”工作制度，对涉及民生、资金、项目、人事等问题进行集体决策。推行反腐倡廉，落实廉政建设责任制，执行廉政承诺；筹备召开人大会、党代会，把愿意为村作奉献、为群众谋利益并且对本村上发展有深刻想法的人选出来，为民说话，为民谋福。

【经济】 2014年，在产业结构调整方面，坚持“政府引导，群众自愿”的原则，按照“定标准、建基地、创品牌、走市场”的发展思路，利用本地资源优势，发展特色种养殖业，特别是以乌杆天麻、灵芝、猪苓为主的道地中药材种植和林下经济。阿坝州博文农牧科技有限公司在马家乡投资养殖藏香猪；阿坝州汇康中药材有限公司在马家乡投资人工种植天麻，种植面积近10亩。农户种植的猪苓6000窝、中蜂850桶、虹鳟鱼40000尾、灵芝5亩、羊肚菌4亩。虫蒌、白芨、半夏等中药材人工种植也在探索中。广大农牧民的人均收入正在逐步增加。

【禁种铲毒】 由于马家乡特殊的地理位置和久远的罂粟种植历史，把禁毒工作当作中心工作，按照“强化机制固成果，发展富民铲毒根”的工作思路，重点加强对群众教育，转变群众观念层层签订责任书，分片分山头，把责任落实到人，乡干部、村干部联户包片，农户包家的责任制。加大宣传力度，利用电视、广播、墙报标语、开会等多种形式宣传禁毒工作。成立由20余人组成的巡山队，加大巡山力度，强化外来人员管理，实行乡驻村干部包片、村干部包片和农户包山头的责任机制，把禁毒防线布控到每家每户，田间地角，深林密处。到村寨、农户，及时、准确掌握各村涉毒情况，做到毒情心中有数，及时、准确、清楚的进行了解、摸底、掌握，建立信息、情报互通机制，及时反馈，为打击违法犯罪提供线索。定期研究禁毒工作中出现的新情况、新问题，并加以解决。杜绝种植毒品的现象，已连续6年实现禁毒工作的“零种植”目标。

【护林防火】 马家乡作为九寨沟县第二大林区，护林防火、林业工作是马家乡的一项长效工作，必须常抓，而且要抓紧抓实。制定2014年护林防火、林业工作实施方案，成立领导小组。从抓源头，杜绝火种；抓调整，划分林区责任片；抓预案，防微杜渐着手部署护林防火及林业工作；与村、户签订护林防火目标责任书。组织民兵、村干部、护林员20余人开展大规模扑灭森林野火演练1次，发放宣传单300余张，张贴宣传标语100余条。按照重点对象要人人有人守、重点林区要区区有人看、重要路口要口口有人蹲、重点时段要时时有人督、重点隐患要点点有人排、重点队伍要队队有人抓、重要器材要件件有人管、重要信息要条条有人报的工作要求开展。

【防汛、防御地质灾害】 2014年，协同县国土资源局的相关专家对8处地质灾害点进行一一排查，针对直接威胁群众生命财产安全的干沟泥石流、瓜地岩滑坡、危岩进行彻底排查，制定防灾工作明白卡及避险明白卡。制定并启动《马家乡2014年防汛应急预案》《马家乡2014年地质灾害防御预案》，成立马家乡防汛及地质灾害防御领导小组及各村领导小组及应急小分队，自预案启动以来在极端天气通知各村检测人员加强检测17次，接到群众举报灾难2次，派出巡查人员17人次。做到坚决不放过一例灾险隐患，确保人民生命财产安全。

【综治维稳】 加强综治工作领导，维护社会稳定。推行政务村务公开，增强政务村务透明度，发挥和体现群众民主监督和参政议政意识。重视人民群众来信来访，及时解决群众反映的热点难点问题，党群干群日益密切。全乡没有发生起刑事案件，治安案件减少，全乡文明程度提高，法制意识增强，无人参加邪教组织。狠抓维护稳定工作，与相邻乡签订社会治安边界联防协议书。实施“六五”普法工作。对《退耕还林条例》《社会治安处罚条例》《森林法》《新婚姻法》《国土资源法》《野生动物保护法》等法律法规进行重点宣传，加大民主法制建设力度，开展依法治乡、依法治村活动，带动村民学法、守法、用法活动，法制意识开始逐步深入人心。在安置帮教工作中，保证人员、措施到位，责任到人，完善工作机制。加强青少年法制宣传工作，让青少年增加法律知识，提高法制意识。

【城乡环境综合整治】 成立乡村两级环境整治工作领导小组，制定环境整治工作实施方案，并层层分解和落实责任，各村、乡级机关加大环境整治力度，签订乡与村、村与村干部、村与农户责任书，落实门前“三包”责任制，完善环境卫生与农村低保、城镇低保、五保户等补助挂钩制度。加大林业工作力度，完成全乡退耕还林补植任务，加强森林管护。

【安全生产】 按照坚持“以人为本、安全第一、预防为主”的工作方针开展安全生产工作，保障人民群众生命财产安全。实行责任追究制和责任倒查制，坚持事故报告制度。配合相关部门组织的安全生产大检查，发现安全隐患，立即进行整改。建立各种预案，未发生道路交通、消防、食品、地质灾害事故，与全乡所有群众签订安全驾驶责任书92余份。与经营户签订食品安全责任书17份。未发生一例道路交通、消防、食品、地质灾害事故，确保人民生命财产安全。

【计划生育】 按照县下达的任务目标，坚持常抓不懈、真抓实干工作思路，加大计生政策宣传力度，完善人口信息化管理，落实计生奖励扶助政策。安排工作小组到5个村开展计划生育核查工作，对当年出生、新婚、死亡、孕情进行核查摸底并入户开展访谈活动，推进计划生育工作，违法超生。2014年，落实计划生育“三结合”5户。

【教育】 坚持“百年大计，教育为本”，贯彻《义务教育法》，通过“两免一补”“控辍保学机制办法”等，确保适龄儿童按时入学。小学入学率100%，毕业率100%，15周岁完成率100%，文盲率0，全乡小学无辍学学生。2014年，胜南新村幼儿园，适龄幼儿入学13人，入学率100%。

【民生工程】 在民生工程的实施中，加大力度落实“两免一补”政策，推进农村低保工作，实施新型农村养老保险制度，加快基础设施提升改造，改善群众人居环境。开展对困难党员、群众以及病残老弱孤寡等弱势群体的慰问帮扶活动。加强民政优抚工作，及时发放五保金、低保金和抚恤金，落实救济物资发放工作，抓好农村低保工作，尽量让困难群众生活得到保障。依托县级主管部门的支持，乡镇便民大厅已投入使用，为群众办事提供便利。

双河乡

【机构】 双河乡设党委办公室、政府办公室，乡人大主席团无内设机构。乡政府内设乡政府办公室、乡司法所、乡团委、乡妇联、乡纪委、乡武装部归乡党委管理，教科文卫、国土、司法、民政、农村工作、事务中心等归乡政府管理。

【领导名录】 党委书记：杨文新（2014年12月止）、郭友林（2014年12月起），副书记：侣媛、梁云江。乡长：王志华（2014年11月止）、黎学松（2014年11月起），副乡长：朱代全、白建安（2014年11月止）、李悦、李志勇。人大主席：牛彦忠。

【基本概况】 双河乡位于九寨沟县东南部，东临郭元乡接壤，南面与马家、勿角交界，西接罗依乡，北同保华、永丰接壤，是绵阳和甘肃文县进出九寨沟县的主要通道，距县城12公里，区位优势明显，平均海拔较低。全乡幅员面积107.25平方公里，下辖10个行政村、18个自然村寨，有农户1328户4349人。旅游资源独特，拥有下马岩栈道、五彩神树、朝阳洞等景点。2014年，农民人均纯收入实现7588元，较上年增长2221元。

【党建工作】 以开展党的群众路线教育实践活动为契机，重点整治乡村两级班子和干部队伍中存在的突出问题，引导乡村干部转变作风、服务群众。

队伍建设：每月召开1次工作汇报会，严格执行“三重一大”制度，落实“四个严守十二个不准”“四个不直接分管”制度，开展谈心谈话47人次。推行“1+1+1”服务模式，驻村干部每月在村工作不少于10天，一年不少于120天，并记好民情日记。

基层党建：每名机关党员到联系村开展志愿服务2次，建立民生台账10本，解决“七难”问题94件，走访困难群众35人次。组建村务监督委员会10个，民主议事会1个，10个村分别制定村规民约。推进基层组织整顿，增强村“两委”班子凝聚力。探索推行“三定三评一规范”工作运行机制。完成26名入党积极分子培训，新发展党员13名，对1名预备期内表现不合格党员作出延长预备期1年的决定。

群教活动：党委和班子成员132个“四风”问题基本完成整改。收集亟需解决的民生事项39件，已办理24件，其余正在解决。落实正风肃纪部署，开展“庸懒散浮拖”专项整治，党委班子和成员查摆问题102个，制定整改措施135个，已基本完成整改。落实党委主体责任和纪委监督责任，对6名村干部进行约谈并作出书面检查，对1名村干部进行通报批评。

党建基础保障：制作上墙制度10套、门牌10套，规范10个村农村书屋管理。利用远程教育开展法制、科技、实用技术等培训120期。发放离任村干部生活补助5.94万元，三老干部生活补助3.24万元，村干部报酬75.24万元，老党员、老干部、困难党员群众慰问金1.54万元。鼓励57名村干部购买城乡居民养老保险。落实村级办公经费不少于2万元，其中党建工作经费1万元，并单独划拨经费征订党员干部教育培训报刊、资料等。

【农业经济】 发挥双河乡的区位优势和产业优势，按照“建基地、定标准、走市场、创品牌”的要求，在农村产业发展上坚持“一乡一业、一村一品”，发展特色水果、蔬菜和养殖基地。已建立枇杷基地103亩、甜樱桃基地125亩、脆红李基地500亩、蔬菜基地360亩，并在张家梁村、下甘座村二组、松柏村建成生猪养殖基地，下甘座村一组建成中蜂养殖基地，黄阳村土鸡养殖基地，成为农民增收致富的重要途径。依托地处九环沿线和紧邻县城的优势，规范发展乡村旅游，引导在公路沿线发展旅游业，部分村民通过发展餐饮、旅馆和商铺等，增加经济收入。中和、朝阳2个村相继成立乡村旅游公司，带动农户243户897人。2014年，人均纯收入7588元。

【基础设施建设】 始终把交通、水利等配套设施建设作为农村工作的重点，争取上级投入，实施团结村9公里通村公路建设，实施张家梁村7.6公里通村公路和村寨内2公里道路硬化，推进松柏、中和、黄阳3个村人畜饮水工程，完成上甘座村排污工程和下甘座村200方堡坎建设。实施各条村移民搬迁工程，征用土地16.83亩，建设堡坎9道2500余立方米，修建蓄水池2个，架设饮水管道8000米，安装电杆5根，加宽钢架桥1座。并对宅基地进行抓阄分配，邀请司法局公正处对分配过程进行全程公证。截至2014年12月，46户搬迁户已全部动工。推进天然林保护、退耕还林等重点林业工程建设，完成管护面积45000余亩，巩固退耕还林成果。始终把森林防火工作放在首位，全面落实管护制度，抓好辖区内林区保护，做到常布置、常检查、重落实、强管理。利用专栏、广播、电视、标语及召开村民大会，加大宣传力度，实现依法治林、护林。

【社会事业发展】 坚持把保障和改善民生作为提高群众幸福指数的切入点，全面落实各项惠民政策，解决群众就业难、看病难、养老难、生活难等问题，不断提高群众满意度。2014年，发放退伍军人春节慰问金0.38万元，走访慰问军属及优秀士兵8人、高龄老人5户、特困家庭5户、发放资金0.71万元。给182户贫困户、残疾人、高龄老人发放春荒粮7375公斤、冬荒粮5000公斤。落实粮食直补、良种补贴、退耕还林、公益林效益补偿等惠民政策，发放资金95.2万元，兑现各条搬迁户补助资金117万元。加强村级幼儿园管理，加大计划生育工作力度，开展文化体育活动。继续做好优抚、救灾、救济和助残工作，为贫困户、五保户、残疾人等弱势群体排忧解难，抓好新型农村合作医疗和新型农村养老保险工作，新农保参合率96%，新农合参合率98%。落实规划建设、国土资源、民族宗教、安全生产、禁种铲毒、环境整治等日常工作。

【社会治理】 按照县委关于“全域法治”行动的安排部署，以推进新型村级治理为切入点，化解各类矛盾纠纷，确保全乡社会稳定。狠抓后进整顿。以各条、松柏、朝阳3个后进组织整治为抓手，整改基层组织和党员队伍中存在的突出问题，建立村“两委”议事规则，落实干部管理制度、党员民主评议制度、党员发展制度，坚持“三务”公开，尤其是财务公开，规范管理机制，提升党组织的凝聚力和战斗力。各条村基层组织整顿结合异地移民搬迁，增强村“两委”班子战斗力，提升党员干部形象。狠抓依法治村。落实县、乡党委政府推进依法治理的安排部署，采取板报、标语和村民会议等形式，开展民主法治、精神文明等示范创建活动，表彰遵纪守法、助人为乐等先进个人76人。制定村规民约“言子话”，对群众进行“爱国、守法、诚信、知礼”教育，打造一批“有自立意识、有合作精神、有法制观念、有创业本领”的“四有”新型农民，提高群众的法制意识和道德素质。狠抓群众工作。以社会稳定为中心，不断加强和改进群众工作方法，尤其是在搬迁工程中容易引起的矛盾隐患，通过逐户走访登记，摸清底数，并对群众的诉求进行分类，能解决的尽快解决，不能解决的作好解释；对搬迁政策、措施不折不扣地坚决贯决执行，不乱开口子，减少矛盾冲突的产生。

勿角乡

【机构】 勿角乡内设党政办、维稳办、安全生产办、人大、妇联、团委、武装部、经济发展服务中心、社会事业服务中心、就业和社会保障服务中心。

【领导名录】 党委书记：曾俊（2014年2月起），副书记：唐良凤（2014年1月止）、秦远康（2014年11月止）、何爱民、邱志刚（援藏干部2014年8月止）。人大主席：马文杰（2014年9月止）。乡长：泽仁机（2014年1月起），副乡长：李勇、牛华、陶杨、刘剑刚（2014年5月起）。

【基本概况】 勿角乡位于九寨沟县东南部，东与甘肃文县铁楼乡相临，南与平武县王朗自然保护区交界，西与本县马家乡接壤，北与本县双河乡接壤，素有九寨沟县南大门之称，处于大熊猫保护的核心地带，全乡所辖总面积230.01平方公里，有行政村5个（阳山村、新阳村、英各村、蒲南村、甲勿村），15个村民小组，660户，2527人。是国家级非物质文化遗产“㑇舞”的主要发祥地、传承地和展演（示）地，距离九寨沟县城32公里。

【经济建设】 特色农业逐步培育壮大。2014年，推进特色农业产业的发展，利用本乡的自然及气候条件，种植虫蒌、当归、猪苓、玛卡等中药材45亩，在蒲南村试点种植树苗100亩；全乡中蜂养殖户60户1985群。依托幸福美丽家园提升工程，在甲勿村投资20万元购买100个蜂巢发放给农户，扶持农户发展中蜂养殖。白马藏族文化旅游稳步推进。挖掘和发扬白马藏族独特的民俗民风文化，以全域九寨非物质文化一日游为契机，推出下勿角白马山寨民俗文化游，并精心打造一台群众自编自演的白马藏族歌舞晚会，为广大游客展示白马藏族丰富的文化，在全域九寨非物质文化一日游启动期间接待游客300余人次，实现收入3.4万元。在“名家看九寨”等大型活动中向各级领导和专家进行多次专场表演。

【社会管理】 创新工作方式，开展生态保护和护林防火工作。在常规工作方式的基础上，将乡驻村干部、村两委干部、专职巡山护林员、党员、户主代表等作为生态保护和护林防火的信息员和监督员，建立乡、村、组、户整体联动的网格式监控体系。加强与乡境内林业管理机构的配合协调，与甲勿保护处、双河林业工作站、双河林业派出所、勿角乡派出所等机构经常交流沟通，共同促进工作。荣获九寨沟2013—2014年度森林草原防火工作一等奖。优化工作模式，开展城乡环境综合治理工作。在城乡环境综合治理方面主要优化两种工作模式，与辖区3个道班签订公路卫生清理协议，通过资金补助的方式，将路面卫生划段给道班，乡政府负责考核和监督，从而减轻环境卫生的压力。新增5个公益性岗位人员，专职开展沿线环境卫生清理工作，由乡政府干部带队不定期到黄土梁至两河口沿线开展环境卫生整治相关工作。

【民生工程】 实施民生工程，改善群众人居环境。实施一事一议项目，在英各村建成50立方米蓄水池1座，架设63主水管2000米，投资8.4万元；在新阳村硬化道路650平方米，投资6.6万元；在蒲南村建成河堤450立方米，投资9万元。实施村级卫生室建设，在蒲南、阳山、甲勿、英各四个村建成村民卫生室，投资24万元，解决群众就医难、看病远的问题。实施甲勿村幸福美丽家园提升巩固建设，投资70万元。实施革命老区项目，在阳山村投资10万元建成村民集体议事中心，为村民举办群众性活动提供场所。

【重点项目推进】 推进甲勿池公路建设项目，甲勿池公路建设项目9月正式施工，该项目业主方为县交通局，资金来源为国家扶贫资金，投资3900余万元，分2个标段实施。乡政府负责征地、拆迁及其他协调工作。征用承包耕地50.59亩，退耕还林地14.93亩，开荒地64亩，临时占用耕地8.5亩，人畜饮水管道改线7400米，拆除围栏3200米，拆迁坟墓14座，整体拆迁房屋1户，附属设施拆除1户，发放征地拆迁及其他补偿款220余万元。㑇舞传习所装修项目完成前期设计，乡政府多渠道收集近50件白马藏族服装、器皿、农具等特色陈列物品，将在传习所装修完成后展览。甲勿池景区开发招商引资，与成都天友集团进行初次接触，公司领导到甲勿池景区实地调研，拿出初步的打造方案。

【特色工作】 在党的群众路线教育实践活动中针对干部管理提出“五个立即整改”，对乡机关干部在考勤、内务、会风、精神面貌等方面存在的问题进行重点整治。在甲勿池工作建设工作中率先实行村民议事会制度。为民主、科学推进甲勿池公路建设相关协调工作，在项目征地前就成立“甲勿村村民议事会”，推选13户村民议事代表，全程参与甲勿池公路建设相关协调和监督工作，对征用土地的标准、经济林木赔偿标准、拆迁户赔偿标准、村民参与务工等等多项事宜全部通过村民议事会确定，议事会还负责对工程质量进行监督，发现问题及时向乡政府、村委会以及施工监理方反映。项目未出现一起阻工、上访等事件。

【环境整治】 加大组织领导力度。成立环境综合整治工作小组，由党政“一把手”任组长，分管领导任副组长，并将此项工作纳入日常议事议程。将5个村和九环沿线责任任务分解到每位片区领导头上，实行领导包路包村，乡村干部包村包户。加大宣传力度。利用专栏、传单、标语、群众会等形式开展环境综合治理宣传教育活动，增强群众的环保意识，与各村签订责任书，印制标语6幅。加大投入。乡政府不惜财力，落实专职保洁员14名，落实环境卫生专车2辆，落实专职人员3人负责两河口至黄土梁环境卫生。狠整狠治环境卫生。乡党委、政府采取“七个”狠抓措施（即狠抓组织宣传、狠抓清运垃圾、狠抓乱贴“牛皮癣”、狠抓乱摆摊位、狠抓乱停、乱搭、乱靠、狠抓乱堆乱码、狠抓绿化建设）整治勿角乡卫生、秩序，使勿角乡面貌焕然一新。

【旅游工作】 成立旅游工作领导小组，以“伯舞之乡”为统一对外宣传口号，加强旅游品牌建设和整体形象推广，积极创建特色文化，打造精品旅游路线，在阳山村、英各村、甲勿村分别成立乡村旅游公司，进行专业培训，以便更好地发展旅游、服务游客。全乡接待接待入住旅客300余人次；开展旅游咨询工作，旅游黄金周期间，在英各、阳山等九环沿线设立旅游咨询点2处，接受旅游咨询350人次，发放旅游宣传册530份。

【安全生产】 确定专人落实安全生产工作，与各村、企业、高危行业、车主签订目标责任书，层层落实责任，进行安全宣传和安全生产大检查，发放宣传资料2000余份，组织消防及安全生产大排查56次。强化宣传，确保效果落实。利用会议、走村入户等形式开展安全生产宣传教育活动。全年开展消防安全检查5次、食品药品安全检查6次、工矿企业安全检查20次、道路交通安全检查28次、群众生产生活安全检查18次。

【普法工作】 加强普法工作领导，健全机构，落实责任，维护社会稳定。推行政务村务公开，增强政务村务透明度，发挥和体现群众民主监督和参政议政意识。高度重视人民群众来信来访，解决群众反映的热点难点问题，党群干群日益密切。开展科级领导大接访活动，维护社会稳定。开展大排查，每月开展两次全乡范围内的不稳定因素排查活动，分别落实包案领导、责任人和时限，建立健全民事纠纷调处的长效机制，做到及时发现隐患，及时处理矛盾，实现小事不出村，大事不出乡。有序推进“六五”普法工作。对《宪法》《森林法》《婚姻法》《国土资源法》《野生动物保护法》《退耕还林条例》《社会治安处罚条例》等法律法规进行重点宣传，加大民主法制建设力度，开展依法治乡、依法治村活动，带动村民学法、守法、用法活动，法制意识逐步深入人心。在安置帮教工作中，保证人员、措施到位，责任到人，完善工作机制。加强青少年法制宣传工作，增加青少年法律知识，提高法制意识。

【综治、维稳】 加强综治、维稳和普法工作领导，健全机构，落实责任，推行政务村务公开，增强政务村务透明度，群众民主监督和参政议政。重视人民群众来信来访，解决群众反映的热点难点问题。开展科级领导大接访活动，开展大排查，每月开展两次全乡范围内的不稳定因素排查活动，分别落实包案领导、责任人和时限，建立民事纠纷调处的长效机制，基本做到及时发现隐患，及时处理矛盾。与相邻乡签订社会治安边界联防协议书，共同维护边界地区社会治安稳定。2014年，全乡无重大刑事案件、治安案件发生，无人参加邪教组织。

【禁毒】 为不断巩固“零种植、零产量”工作目标，打牢禁种铲毒工作根基。全乡组织专职巡山队和乡村干部巡山踏查82天，投入人力365人次，动用车辆120台次。利用各种形式有效地宣传教育活动，调动群众、职工对禁毒工作的积极性。全乡范围内没有发现可疑地块和非法私种毒品原植物。

【文化教育】 全乡适龄儿童入学率100%。教育设施逐步完善，教师队伍素质普遍提高，校点布局更加科学合理，完成全乡3个村级幼儿园教保人员的招聘工作。农民工培训1800人次，实现劳动力转移523人。

【计划生育】 按照县下达的任务目标，坚持常抓不懈、真抓实干工作思路，加大计生政策宣传力度，完善人口信息化管理，落实计生奖励扶助政策。到5个村开展计划生育核查工作，对当年出生、新婚、死亡、孕情进行核查摸底并入户开展访谈活动，推进勿角乡计划生育工作。2014年，全乡新生婴儿36人，新婚12对，死亡8人。

【民政】 推进粮食直补及大骨节病扶持等政策性农业保险工作。2014年，发放粮食直补资金72354元，公益林补助资金68万余元，草原生态奖励补助资金180302元。全乡享受农村最低生活保障421人，享受城镇最低生活保障191人，农村五保户6人，残疾人59人。参加农村合作医疗保险2248人，参保率98.2%；参加新农村社会养老保险人数1529人，新增76人，参保率100%。

【党建】 全乡6个党支部，其中村党支部5个、乡机关支部1个；党员128名，其中预备党员4名，农村党员15名。入党积极分子10名。

【党风廉政】 学习贯彻《党风廉政建设实施纲要》，加强以完善惩治和预防腐败体系为重点的反腐倡廉建设，坚持谁主管谁负责，一级抓一级原则，层层签订党风廉政建设责任书。纠正行业不正之风，完善廉政制度，监督制度和责任追究制度，执行两公开、一监督。做到为民、开拓、务实、清廉，不断开创党风廉政建设和反腐败斗争新局面。

【机关行政效能】 制定2014年勿角乡干部管理和考核办法，从乡机关抓起，坚持每月2次政治学习和业务学习，实行上班签到、外出请假，并将考勤情况作为年底评选先进、民主测评的重要依据。全面落实干部作风廉政建设责任制，加强对党员干部的教育管理；实行党务、政务、村务公开，广泛接受党员和群众监督。

郭元乡

【机构】 郭元乡内设党政办公室、综合发展办公室。

【领导名录】 乡党委书记：宛玉新，副书记：尤志平。乡长：薛永林，副乡长：杨飞、王晓燕、方勤（2014年6月10日起）、常勇（2014年11月止）。乡人大主席：罗祥军。

【基本概况】 郭元乡位于九寨沟县东南面，距县城20公里，是九寨沟县的南大门，东北以永丰乡野猪关梁子、柴门关为界，东接甘肃省文县，南接草地乡，西部和北部与勿角、双河、永丰乡相连，幅员面积123.01平方公里。海拔1160~3700米，青龙村柴门关属全乡海拔最低仅1160米。全乡9个行政村，15个自然小组，分别是青龙村、回龙村、水沟村、水田村、郭元一村、郭元二村、金字村、抹地村、沟里村。全乡有农户1052户4427人。有11个党组织（1个党委、10个党支部），有党员137人。有耕地面积4844.43亩，人均1.1亩，退耕还林面积2531.6亩。

【农业】 2014年，全乡粮食播种面积4190亩，总产量891吨，实现总产值3571.06万元；蔬菜播种面积1955亩，总产量6655吨，实现经济收入217.09万元。水果基地1922亩，其中枇杷基地470亩，甜樱桃基地380亩，脆红李基地

270 亩，杏李、西梅李、草莓等其他水果 92 亩；在郭元一村、二村、抹地村补植新增脆红李 260 亩、枇杷 150 亩、甜樱桃 300 亩。产量 750 吨，实现总产值 194.8 万元。

【生态建设和土地资源管理】 坚持科学发展观，合理利用资源，节约能源，保护自然环境，坚决整治乱砍乱伐现象和在河道取沙石的不法行为。严格实行耕地保护制度，严禁在承包地里建房。

【林政和护林防火】 林政工作坚持严格防范，重点打击的工作思路，派专人配合岷江造林局工作人员采取不定期的巡山制度，严格执行入山登记制度，遏制偷拉盗运、乱砍滥伐现象；与各农户签订护林防火公约，由村委会牵头，与农户签订林政管理责任书，并利用广播、各类会议、标语、板报等多种宣传形式，对《森林法》《防火条例》等政策法律进行宣传，做到家喻户晓、人人皆知。郭元乡制定自用材的分配及入山砍伐管理工作制度。分配方式以老百姓自己申请，工作组到申请户家中调查后进行比较的方式，保障住房绝对贫困和危房申请户的用材需求，并将分配结果在各村进行公示，确保政务公开的前提下，增加透明度，减少老百姓的争议。入山砍伐管理每天派 2 名林业工作人员入住伐区，对入山砍伐的用材户严格按照签订的“砍伐责任要求”进行管理，确保限额采伐，界内采伐，时限内采伐。

【退耕还林】 退耕还林面积 40859 亩（退一还二），为确保退耕还林、封山绿化、以粮代赈、个体承包政策的切实实现，年初与各村两委签订退耕还林管护责任书，并多渠道筹集资金，调运苗木对不合格或缺苗、少苗进行补植。经过年底验收，巩固 0.17 万亩退耕还地。

【集体公益林】 郭元乡国家级公益林 36189.45 亩，补偿金额 533788.49 元，地方公益林面积 4457 亩，补偿金额 43455.75 元，公益林 40646.05 亩，补偿金额 577244.24 元。

【牧业】 以发展规模养殖为突破口，以稳定和完善扶持政策为重点，坚持以市场为导向，发展高产、优质、高效畜牧业。在金字村建成养鸡基地 2 个，养殖跑山鸡 1000 只；在回龙村建有獭兔养殖基地 1 个，占地面积 5 亩左右，养殖种兔 60 余只，商品兔 2000 余只，笼位 8000 余个；在水沟村建成梅花鹿养殖场 1 个，养殖梅花鹿 20 只；对辖区内犬只进行专项整治，杀流浪犬 30 只，狂犬疫苗注射 70 剂。2014 年，全乡生猪存栏 2000 头，出栏 1825 头；牛存栏 1166 头，出栏 1010 头；羊存栏 408 只，出栏 316 只；禽兔出栏 2952 只。完成猪口蹄疫病强制免疫 852 头，猪瘟疫苗 852 头，牛口蹄疫病免疫 450 头，羊口蹄疫 1250 头，禽流疫苗 1000 只。

【幸福美丽家园巩固提升工程】 完成沟里村、回龙村“幸福美丽家园”巩固提升工程建设。沟里村完成村内道路硬化 600 米，修建堡坎 6 处，952.25 立方米；修建文化大院 900 平方米、池坪坝机耕道 4.5 公里、香菇基地 6 亩、甜樱桃灌溉水管 2000 米，修建村卫生室 100 平方米。回龙村完成道路硬化 300 米，修建排水渠 300 米、引水管 1000 米、灌溉主渠 2000 米、灌溉支渠 1800 米、机耕道 150 米，修建 1 处村卫生室 60 平方米。完成全乡所有村寨的幸福美丽家园建设项目工程，并通过检查验收。

【普法综治】 开展普法综合工作，在各村利用墙报、公开栏等，对《宪法》《民法通则》《环境卫生保护法》《未成年人保护法》《四川省人民调解条例》等法律法规进行全面宣传；在各村主要交通要道，张贴大量的图片、标语；并利用召开村干部和党员大会之际，组织普法骨干学习国家法律、法规。2014 年，召开普法宣传会议 10 次，进行法律、法规宣传 27 次，受教育面 100%；

组织培训普法骨干 20 人（乡干部与村干部）；举办法制宣传栏 4 期（每村各 4 期）；张贴标语 200 余张、宣传资料 1000 余份，利用各种法制教育资源，完善普法方法，激发社会各界参与普法，形成全民普法的局面。

【民政】 推进城乡居民社会养老保险参保和费用收缴工作，2014 年参保人数 2055 人，较 2013 年新增 100 人，参保率 94% 。严格做好城乡低保清理、复查、审核，严把入口关，落实好动态管理下的“有保必保、应保尽保、分类施保”的低保政策，全乡享受最低生活保障 607 人，其中享受农村最低生活保障人数为 472 人，城镇最低生活保障 111 人，分散供养五保户 49 人。为 75 名困难群众申请大病救助 179581 元。2014 年，开展“送温暖”慰问活动，发放大米 40 袋、油 40 桶，为烈属、优秀士兵、新兵、退伍军人、特困户发放慰问金 12300 元。全乡有 75 人享受高龄津贴，其中 80 至 90 岁有 65 人，每人每月享受 50 元高龄津贴，90 岁以上高龄老人有 10 人每月享受 80 元高龄津贴。除此之外，为 46 名离任老干部发放补助 82800 元，为在职村干部发放报酬 64.46 万元。

【残疾人工作】 在县残联的支持下，为 3 名持证视力残疾人适配报时手表、近视眼镜、盲表等辅助器具。为 10 余名听力障碍人员免费检查，为 6 名符合评残条件的听力残疾人办理残疾证。为 26 名老年残疾人申请生活补助 10050 元，为 49 名残疾人申请养老保险补贴 5240 元，为 1 名残疾学生申请生活补助 720 元，发放重度残疾人护理补贴 6720 元，发放居家托养补贴 4200 元，为 3 名生活困难残疾人申请困难生活补助 7000 元。完成 28 名城乡残疾人居家灵活就业。

【计划生育】 以转变群众观念为出发点，开展计划生育宣传教育、生殖健康教育及计生基本知识培训。鼓励动员新婚夫妇和符合二孩生育条件的夫妻参加孕前优生健康检查。做好人口信息核查工作，对全乡人口进行全面核查。通过核查，掌握全乡人口与计划生育情况，确保统计账、卡、报表与实际相吻合。出生率控制在 7‰以内，新出生 40 人。组织全乡 49 岁以下已婚妇女进行免费妇检，参加妇检 300 余人。

【城乡环境综合整治】 巩固城乡环境综合整治成效，全乡环境工作主要领导亲自抓，分管领导具体抓，明确职责，落实责任，分工明确，将任务层层量化分解，定人员、定标准、定目标、定时限，保证整治工作开展。加强宣传引导，各村驻点干部到各组宣传开展城乡环境整治工作，在全乡醒目的地方悬挂横幅、张贴标语。加大对全乡 23 名保洁人员的管理力度，不断创新管理办法、严格考核标准，确保各村及村道路常保洁。出动垃圾清理车、拖拉机、三轮等机械 450 台次，劳动力 250 余人次，清理垃圾 550 余吨。

【防汛工作】 高度重视地质灾害工作，完善有关预警机制和物质储备，开展洪灾演练活动，做好地质灾害突发事件的防范和处置工作，使地质灾害处于可控制状态。完善日常监测记录，加强对监测人员的管理，保持 24 小时电话畅通，加大地质灾害防治宣传工作，做好主动灾前预防避让工作。维护社会稳定，保障经济社会全面、协调、可持续发展。

【安全生产】 乡政府与各村、施工单位和相关人员签订安全生产、农村交通安全、食品药品安全、消防安全等责任书，落实安全生产责任制，加强监督检查，定期维护消防器材，使全乡安全生产工作真正落到实处。加大交通安全知识的培训，遏制农用车违章行驶现象，保障群众生命财产安全。

【维稳工作】 全力维护社会稳定，从源头上解决好群众内部矛盾，从根本上确保社会和谐稳定和经济发展，维护旅游沿线和本地区的长治久安。开展“反分裂、反偷盗、反抢劫、反邪恶”斗争，到各村信教群众中开展宣传教育活动，教育信教群众紧跟党的路线，不信谣、不传谣，为创建自身美好生活努力。完善矛盾纠纷预防和排查调处相结合的新机制，定期不定期的到各村进行矛盾纠纷排查工作，并做好相应的记录。排查、调节矛盾纠纷5起。

【党建】 郭元乡有党支部10个，其中农村党支部9个。有党员207人，其中机关党员15名、农村党员192名。2014年，吸收预备党员12名，预备党员按期转正9名，培养入党积极分子11人，新递交入党申请书54人。有9个党员活动室，为开展各类活动提供场所，发挥阵地作用。

【禁毒工作】 要求禁种铲毒小组成员和驻村干部、村干部加强配合，密切注意可疑人员的动向，发现可疑情况及时处置，把问题解决在萌芽状态；禁毒领导小组经常到基层，对所辖村进行走访、调查，教育引导广大群众认识毒品的危害、增强拒毒、防毒的意识和能力。动员广大群众共同参与、共同防治，齐抓共管，全年组织人员120余人次，不定时对辖区内可疑地域进行踏查，对建立综合防控体系有一定的帮助作用。

【党风廉政】 发挥党委的核心领导作用，把乡领导班子建设成为政治坚定、廉洁勤政、团结务实的领导集体作为一项基础性工作常抓不懈。发挥班子成员的作用，班子成员间经常交心谈心，在班子成员间形成顾大局，讲原则，守纪律的氛围。开展“百千万”作风转变工程，全乡干部职工下基层2235天，办实事432件，解决问题354个。

【群团】 2014年，工青妇群团组织按照各自的章程，围绕全乡中心工作切实履职。工会、共青团组极发挥党联系群众的桥梁和纽带作用，开展好维权工作，发挥青年突击作用。保持原有24个团支部。开展专题研究群团工作6次，在“三八”妇女节和“五四”青年节组织全乡妇女干部和团员青年开展文艺表演、拔河比赛等丰富多彩的庆祝活动。

【精神文明】 2014年，坚持以“科学发展”为主题，以“转变经济发展方式”为主线，以实现“中国梦”为依托，围绕中心，服务大局，创建文明乡镇，融入“创先争优”“五大攻坚战”等活动，推进物质、精神、政治和生态四个文明建设协调发展。

【政务、村务公开 依法行政】 郭元乡主要采取公开栏、LED电子显示屏、政府网站的形式，根据不同的内容要求，也可以采取会议、通告、通知等形式公开。2014年，主要公开政府及有关部门的年度工作目标及执行情况、郭元乡年度财政预算及执行情况、郭元乡社会公益事业建设情况、村宅基地审批情况、救灾救济款、物发放、优待抚恤情况、计划生育情况。

草地乡

【机构】 草地乡内设党政办公室、综合办公室、并成立经济发展服务中心、社会事务服务中心、劳动保障服务中心。

【领导名录】 党委书记：泽军（2014年12月止），副书记：薛彦辉、谭峰（2014年12月起）。乡长：文希，副乡长：苑玉环、唐志荣、吴国平（2014年11月止）。人大主席：南波（2014年12止）。

【基本概况】 草地乡地处九寨沟县东南方，东经104°25′15″；北纬33°02′00″。距县城82公里

(以从县城出发经郭元乡金字沟村计，若经甘肃省文县石鸡坝乡哈南村计46公里)，东南北三面都与甘肃省文县交界，西与勿角乡、郭元乡接壤，是九寨沟县与外省相邻的周边乡镇之一。乡政府驻地下草地村，全乡海拔在1300~3800米之间，平均海拔1390米，乡政府所在地下草地村海拔1380米，幅员面积104平方公里，耕地面积1126亩。草地乡辖上草地、下草地、杨家湾3个行政村，5个村民小组，298户1336人，属于白马藏族为主的藏、汉杂居乡。

【经济建设】 2014年，农民经济总收入1018.2992万元，人均收入7622元，较上年增长16.09%，实现促民增收的目标。

【种植业】 实施“1131”农业产业化发展规划。按照“平均每一户老百姓种植一亩经济林木，三年后增收一万元”的发展规划目标，引进栽种枇杷100亩，脆红李50亩，建造护林围栏3000米。种植青花椒70亩、板栗100亩、核桃50亩、花椒60亩。优化全乡农业产业结构，打造符合草地实际的经济林木种植基地。做强灵芝等中药材种植基地。全乡已建成的灵芝种植基地为基础，探索性种植猪苓2200平米、灵芝400平米、白芷600平方米，做优做强草地中药材种植基地。推进黄草坪土地复垦工程。完成黄草坪730亩土地复垦工程，并结合产业结构调整需求，计划置换恢复成农田，安排群众进行种植，或建造特色种植、养殖场地，充分发挥土地最高效益，让群众满意。

【养殖业】 打造好白马藏鸡养殖基地。在2013年的基础上，按照立品牌，走市场、高标准、创特色的发展要求，把文化资源与产业结构调整相结合，发展好白马藏鸡养殖项目，打造好2个白马藏鸡养殖基地，年出栏5000只、鸡蛋20000枚，年创经济效益20余万元并继续将其羽毛面向白马藏区予以销售，延伸产业链，提高附加值，填补白马藏区白羽毛的市场空白，将其产品开发成旅游纪念品推向九寨沟旅游市场。打造中蜂养殖优质品牌，发挥中蜂养殖合作社的作用，将2013年的15户蜂农，125箱原始蜂桶，发展到现在的32户1000桶，打造出草地中蜂养殖的优质品牌。

【劳务输出】 通过一系列措施加强对外出务工人员的治理，不断提高务工人员的个人素质、专业技能和专业水平，逐步打造出草地乡劳务用工诚信、敬业品牌，实现收入与形象“双提升”。输送景区环卫工人50人，直接经济收入120万元；通过争取与九寨沟管理局合作，在九寨沟诺日朗旅游服务中心承办九寨沟县原生态非物质文化遗产常态化展演，向世界游人展现九寨沟县厚重的文化资源。联系月亮湾藏家乐、卓玛藏家乐等演出场所，千方百计地提高演出收入，仅此一项直接解决20余人的就业问题，直接增收84万余元。

【社会建设】 狠抓基础设施建设，改善人居环境。打造群众文化活动中心。草地乡将原中心小学闲置的教学楼改造成为草地乡群众文化活动中心，该活动中心总面积约700平方米，投入资金40余万元，配有图书阅览室、网络信息中心、多媒体室、音乐室、老年人活动中心、青少年活动中心和白马文化展览厅等活动室，开通网络，配备篮球场、乒乓台和室外路径器材的体育健身设施，向群众免费开放。草地乡至杨家湾通乡公路竣工验收。通乡公路建设投资1500余万元，于2014年1月5日通过交竣工验收。完成河道河堤整治工程。在县农业水务局的支持下，草地乡于3月份汛期来临前对河道进行深度清理，对河堤实施稳定加固工程，下草地至杨家湾村800米河道已完成清理，450米河堤完成加固。完成乡境内主干道路灯改造升级工程。为突出浓厚的白马风情，方便百姓夜晚出行，投资8万余元改造路灯57盏。强化交通基础设施建设。在草地乡境内公路增添5面广角镜，花费2000余元，改善驾驶员行车路况。

【维稳综治】 始终坚持把维护社会稳定作为全年工作重点来抓。坚持每月2次稳定隐患因素大排查，并每月召开维稳专题会议，对全乡的不稳定因素做到早发现、早制止，及时将隐患消灭在萌芽状态。利用各种形式大力宣传农村实用法律法规，使之家喻户晓。在全乡各村开展法制宣传活动12期，到学校开展法制教育32学时，开展“月月创平安”活动。维护与辖区内企业的关系和边邻关系。协调与九寨紫金矿公司的关系，定期召开矿山协调会，及时解决各种问题；维护草地乡与文县石鸡坝乡友好的边界关系，利好联席会议制度，加强与文县石鸡坝乡的联系，定期组织共同座谈，相互交流，交换意见，及时掌握交界两乡的群众思想动态，消除误会，将各种矛盾化解在萌芽状态，维护周边的友好关系，确保交界两乡的社会稳定。

【信访】 乡政府高度重视信访工作，坚持领导干部接访制度，成立信访工作领导小组，专门受理群众来访来函。

【计划生育】 草地乡人口计生工作，以稳定低生育水平，提高人口素质为核心，继续加强计生基础工作，树立优生优育风尚，严格执行计划生育“一票否决制”。村组干部、村级计划生育服务管理员作用得到发挥，完善计生信息系统，开展计划生育行政执法工作，转变群众生育观念，提高人口素质。

【卫生防疫】 坚持“预防为主”的方针不动摇，以疾病控制为重点，以计划免疫为主线，以降低传染病发病率为目标，以优质的服务为特征，以科学的管理为手段，完成疾病控制的各项工作任务，实现“两个效益”同步协调发展，为保障草地乡群众身体健康，服务于全乡广大人民群从，确保此项工作有步骤、有目的，平衡有效的发展。

【教育】 坚持把教育摆在优先发展的战略地位，高度重视学校安全管理工作，保证正常的教育教学秩序，特别是保障好学生的交通安全。

【城乡环境综合整治】 开展环境卫生整治工作，合理利用公益性岗位，安排卫生值班人员，成立环境卫生监督小组，确保环境卫生工作有序、有力开展。

【安全生产】 贯彻落实党和国家关于安全生产的各项方针、政策和法律法规，加强安全生产工作，预防和控制重特大事故的发生，在抓紧抓好经济建设、农业生产的同时，紧紧围绕经济工作这个中心，始终坚持“谁主管、谁负责”“谁上报、谁负责”“谁发证、谁负责”“谁收费，谁负责”的原则，建立健全组织机构和各项管理制度，制订并签订安全生产责任书，进行特重实例警示案例教育，加大对安全隐患的检查、排查力度，遏制特大事故的发生。

【防汛】 成立防汛救灾工作领导小组及应急预案，通过村务公开栏、广播、横幅等形式的宣传，提高群众的灾害防范意识及应急处理措施，实行领导干部职工24小时开机，党政办24小时有人值班工作制度。发雨衣、雨靴12套，编制袋每村各500根，共计1500根。

【林政】 加强林政管理力度，健全林政管理制度和基础设施建设，设立护林防火工作站。加强木材的管理，坚持统一采购，统一加工，有效防止乱砍乱伐现象。草地乡有造林面积（包括配套荒山）2322.82亩的退耕还林成果，有集体公益林14381.51亩，全部落实各专人管护。

【民政救助】 过加强城乡社会救助体系建设，保障困难群众的基本生活，草地乡建立困难群众重大疾病帮扶基金，基金在乡财政所设立专户，循环使用，帮扶5户。解决困难群众的生产、生活问题，体现“以人为本，为民解困”的服务宗旨。

【惠民帮扶】 改善绝对贫困人口和低收入人口的生活问题，对绝对贫困人口和低收入贫困群众生产生活条件实行乡领导班子成员、“村两委”会干部和驻村干部“一帮一”联系帮扶制，对贫困人口和低收入群众主要从增强其自身致富能力方面加强帮扶，乡、村各项优惠政策向这部分人倾斜，争取“农村低保”等相关政策帮助解决绝对贫困群众的温饱问题和低收入群众的生产生活问题。

【政权建设】 抓好自身建设，提高行政水平。贯彻落实法治政府、责任政府、阳光政府、职能政府四项制度，转变政府职能，建设服务型政府，抓好机关自身建设。加强干部的培训学习。贯彻落实中共十八精神，建立干部职工日常学习制度，提高干部职工的宗旨意识和服务水平。加强干部工作管理。规范请销假制度，严格干部职工日常出勤考核管理，提高干部职工自律性。贯彻执行民主集中制原则。加强班子的民主与团结，重大问题坚持领导班子集体讨论决定，增强依法行政、务实高效的政府服务能力。开展党风廉政教育。解决作风不实、效率不高、纪律不严的问题，促进全乡干部职工的作风转变，提高政府的行政管理水平。

【党建】 履行党建工作的“第一责任人”职责，学习十八届三中、四中全会精神和习近平总书记系列重要讲话，将基层党建工作与教育实践活动结合，立足乡情，制定“一颗心六为民”工作法，推行“5+2”工作思路，发挥基层党组织在服务功能和党员服务作用，推进基层党建工作，为促进全乡经济社会又好又快发展提供坚实的组织保障。在抓队伍班子建设中，优化结构，提高标准。结合教育实践活动的开展，通过集中培训、以会代训方式组织学习23次，提升干部用辩证方法分析和解决问题能力。为防止发展党员支部书记一个人说了算，搞近亲繁殖，人情发展，对党员发展对象在广泛征求意见的基础上，侧重听取包村干部的意见，将5名年轻人吸收进党组织，取得“一子落而满盘活”的效应。并以藏羌城乡党旗红党建提升工程为依托，成立党员志愿者服务队，发挥机关团体党团员先锋模范作用，带头弘扬志愿精神。

安乐乡

【机构】 安乐乡内设党政办公室、综合发展办公室、安乐乡经济发展中心、社会事业服务中心、劳动保障中心、便民服务中心。

【领导名录】 党委书记：王志（2014年1月起—2014年7月止），蔡阳华（2014年11月起），副书记：黄伟、盛涛。乡长：何伟（2014年1月起），副乡长：张禹、熊章明、任世芳、赵伟、侯春生（2014年11月起）。人大主席：汪春平。

【基本概况】 安乐乡位于九寨沟县城北部，总面积124.91平方公里，辖11个行政村（13个自然村民小组），全乡1023户、3345人。现有耕地2345亩，退耕还林6998.2亩，退牧还草3万亩。

【农村经济】 全乡经济收入主要来源于种养业，农村经济总收入2511.5万元，人均纯收入7552元。

【农业】 2014年，全年农作物总播面5144亩，其中种植优质蔬菜1501亩、经济作物1387亩、粮食作物2381亩。粮食总产量624吨，玉米1452亩，马铃薯901亩，药材1073亩。

【林业】 坚持“谁操办、谁签字、谁负责、同管理、统一标准”原则，及时检查验收，补植各类树种，加强管护，全乡退耕还林面积6998.2亩，补植树苗成活率95%。与护林员和各村签订责任书，明确责任和任务，加强林政管理和林政宣传及火源管理工作。将林政工作与禁毒工作相结合，要求在巡山过程中，对有圈占林地、草场等问题进行整治。加强对护林防火管理。开展林业病虫害防治工作。建立分片责任、乡干部联系村、村干部联户，将预防工作落到实处。护林监测员到山头、地块进行全覆盖监测，均未发现异常情况。

【畜牧业】 全乡大牲畜存栏1759头，其中牛1325头、马驴骡434头。生猪存栏1673头，其中养殖大户530头、散养户1143头。羊680只。全乡免疫猪蓝耳病985头，猪瘟病1535头，猪口蹄疫病1043头，牛口蹄疫病1123头，羊口蹄疫病608头，禽流感疫病2085只；购买能繁母猪保险105头，购买育肥生猪保险320头。

【民政】 2014年，享受新农合补助361人，补助金额25270元；五保户新农合补助4人，补助金额280元。春荒救济粮兑现181户，共计12000斤；前三季度实现高龄补贴100人，补贴金额15720元；医疗救助36人；临时救助1人，救助金额1000元；残疾人燃油补贴6人，补贴金额2190元；五一慰问残疾人6人，慰问金额1200元；听力检查36人，办理残疾证18人，配备助听器3人；视力检查11人；量服工作完成79人；入户调查79人。粮食直补补贴面积1802.2亩，补贴金额12735.32元。良种补贴1550亩（玉米1250亩，油菜300亩），补贴每亩10元，共计15500元。

【安全生产】 与各单位、各村、各安全生产责任人层层签订责任书，坚持“谁主管，谁负责”属地管理原则，强化安全生产教育和宣传工作。制定安全生产工作预案，采取有效措施，遏制各种事故的发生。及时排除安全隐患，严禁拖拉机、农用车、载重车违章载人，对全乡危险地段，地质灾害地段做到严格管理，实时监控。开展安全生产各项活动，以板报、标语、广播电视、群众会等方式广泛宣传《安全生产法》等法律法规。把护林防火、村寨消防、食品卫生、道路交通、防范自然灾害等工作作为全乡党员、干部日常性工作，纳入检查和考核，要求并督促多做宣传、多搞隐患排查，将安全生产工作落到实处。严格按照“重基层、打基础、强监管”“查防要深化、预案要细化、监管要强化”的要求，抓住“源头管理、过程监控、应急救援、事故查处”四个环节，召开党委专题会6次，召开乡干部会10次，进行专门部署、安排，为了预防和减少事故发生，开展6次安全生产大检查，出动宣传检查车辆28台次、人员80余人次，发放宣传资料300份。

【禁毒】 在全乡辖区内对重点地段、村乡县交界处进行踏查，确保禁毒工作的实施。开展“远离毒品，珍爱生命”宣传活动，通过播放录像带，张贴宣传挂画15份，宣传通告13份、宣传栏14期、法制培训班5期、利用大小会议进行宣传，与各村签订禁毒目标责任书，将“禁毒”工作落实到各家各户，遏制私种罂粟现象。全年未发生种毒、吸毒、贩毒现象。

【教育文化】 坚持科学技术是第一生产力，落实党政一把手抓第一生产力的责任。“两基”工作得到巩固和加强，无失学儿童及辍学学生，做好教育督导工作。完成小学至大学贫困学生的资助工作，小学至高中41人，大学4人。

【卫生】 抓好农村医疗保障落实工作，宣扬文明卫生健康生活，防止“四害”，加强疫病监控和防治工作，调整爱国卫生及传染病防治工作领导小组，制定工作计划和措施，与各村签订责任书。完善村级卫生室建设，新建完成半山、中田山、下双河村、上双河、大寨、阳坡等6村卫生室350平方米。

【计划生育】 加大计划生育宣传执法工作，转变群众生育观念，做好“三结合”工作，健全妇检制度。2014年，全乡出生16人、死亡5人，安环2人、人流1人，“三结合户”44户（新增5户、联系户14户、帮带户25户），计划生育率100%，避孕及时率89 %，综合节育率89%，人口自然增长率为8.5‰。一次性奖励扶助2户，由县计生局兑付享受对象奖励扶助18人。

【劳动保障】 加强劳动保障的宣传和办理。2014年，全年城乡养老保险保缴费1189人，其中新增54人，续保1225人；发放社会保障卡1420张；加大新农合的宣传力度，发放新农合分级转诊报账宣传单1020份，实现新农合参保人数3161人。

【国土规划】 2014年，协助12户村民办理新建房手续，协助2013年10户整治户办理建房手续，协调办理7户建房手续；完成11个村农村宅基地登记发证的前期工作；对全乡24个地质灾害点加大巡排查力度。

【民生工程】 新建中安乐村村内道路硬化建设1200平方米、灌溉水渠1300米；下安乐村250型管道960米灌溉水渠工程；安乐寨村617米灌溉水渠工程；上双河村1300米灌溉水渠工程；新建大寨、阳坡等4村通村路15公里；中田山村、安乐寨村幸福美丽家园建设巩固提升工程稳步推进，实施中田山村特色水果基地、中安乐村灌溉水渠、上安乐村硬化田间道路、下双河村新建灌溉水渠、上双河村食用菌菇棚建设等5村产业培育项目投入资金242.38万元。完成上安乐、下双河、半山、阳坡等村的棚圈建设4380平方米，兑现补贴资金131.4万元；建设完成上安乐村生态鸡标准化鸡舍361平方米，化粪池11立方米，兽医室、饲料房等防疫及附属设施45平方米，项目总投资14.27万元（专项扶贫资金10.13万元，群众自筹4.14万元）；申请东西扶贫资金10万元用于帮扶发展养殖业，购置鸡蛋苗2000只，疫苗、饲料、维修圈舍150平方米。完成扶持农村扶贫对象30人，法律援助40人，扶持农村贫困残疾人发展生产8人。实施农村危房改造35户，启动危旧房棚户区改造150户，新增沼气用户4户，建成省级安全社区2个。

【依法治县】 推进法治宣传教育，开展法制培训3次，涉及群众372人，发放宣传资料6728份，建立医院法律顾问制度，设立卫生院法治宣传栏。在基层法治建设示范创建中，经县依法治县领导小组调研，下安乐、上安乐、安乐寨、中田山等4个村被确定为“好”。

【综治维稳】 结合“走基层”“党的群众路线教育实践活动”，开展联系群众、服务基层，走访群众988户，3121人，收集意见611条，解决群众关心的民生难题6件，33起信访案件，全部化解在乡级。落实安乐乡稳定风险评估制度，努力从源头上预防和减少维稳重大问题；报送情报信息研判工作3次；建立健全违法犯罪联合预防打击、群体性事件联合预防处置等协作机制，推动平安创建上新台阶。

【城乡环境综合整治】 制定环境综合整治长效机制、管理办法、环境综合整治实施方案、签订环境综合整治目标责任书，设立环境卫生管理人员岗位22人，并制定管理办法，对辖区内的环境卫生进行了定期整治；炸药库、液化气站、粮油加工厂、乡卫生院、乡中心校全面进行环境卫生整治。乡政府成立检查组每星期督导检查环境综合整治情况至少1次，每月对全乡11个村的环境卫生进行排序，对搞得差的村进行通报批评，改善全乡的环境卫生。

【依法行政】 自觉接受县、乡人大法律监督和工作监督，支持县政协民主监督，办理人大代表的议案、批评、建议、意见，完成县人大交办任务。

【反腐倡廉】 落实廉政建设责任制，执行廉政承诺。落实“两个责任”，强化廉政教育，不断提高党员领导干部拒腐防变的能力，做到讲党性、重品行、作表率。党风廉政建设全面向农村基层组织延伸，加强农村基层组织廉政建设，提高党员队伍、领导班子的战斗力和凝聚力。

荣 誉

先进集体

单位	奖项名称	颁奖单位	获奖时间
九寨沟县	执行《阿坝州 2013 年度社会管理综合治理工作目标》优秀单位	州委、州政府	2014 年 1 月
九寨沟县	2013 年度全州维护社会稳定工作先进集体	州委、州政府	2014 年 1 月
九寨沟县	四川省乡村旅游示范县	四川省旅游标准评定委员会	2014 年 1 月
九寨沟县	中国最美休闲度假旅游名县	国际文化旅游促进会、中国生态旅游发展协会、中国旅游品牌协会、中国旅游经济网	2014 年 1 月
九寨沟县	中国最佳旅游投资目的地奖	国际旅游投资协会	2014 年 1 月
交警大队	2013 年度全州公安交警系统优秀中队	州公安局	2014 年 1 月
交警大队	2013 年度全州道路交通安全管理工作三等奖	州公安局	2014 年 1 月
消防大队	2013 年度“大排查大整治”活动先进单位	阿坝州消防支队	2014 年 1 月
消防大队	2013 年度消防宣传工作先进单位	阿坝州消防支队	2014 年 1 月
消防中队	2013 年度铁军先进中队	阿坝州消防支队	2014 年 1 月
消防中队	2013 年度执勤岗位练兵先进单位	阿坝州消防支队	2014 年 1 月
消防中队	2013 年度先进基层单位	阿坝州消防支队	2014 年 1 月
草地乡	四川省五四红旗团委	共青团四川省委	2014 年 1 月
交通运输局	2013 年度目标绩效考核二等奖	县委、县政府	2014 年 2 月
检察院	绩效考评一等奖	州检察院	2014 年 2 月
检察院	“12·20”案公诉办案组三等功	州检察院	2014 年 2 月
九寨沟县	2013 年度就业创业服务工作成绩突出单位	州就业服务管理局	2014 年 2 月
九寨沟县	2013 年度全民健身工作目标考核——县级体育工作评估一等奖	阿坝州实施全民健身计划指导委员会	2014 年 2 月

续表

单位	奖项名称	颁奖单位	获奖时间
县委政法委	2013 年度目标绩效考核二等奖	县委、县政府	2014 年 2 月
县委办	2013 年度目标绩效考核一等奖	县委	2014 年 2 月
科协	2013 年度目标绩效考核三等奖	县委、县政府	2014 年 2 月
县委宣传部	2013 年度目标绩效考核一等奖	县委、县政府	2014 年 2 月
发展和改革局	2013 年度目标绩效考核一等奖	县委、县政府	2014 年 2 月
县委、县政府	四川省第三届文明城市	省委办公厅、省政府办公厅	2014 年 2 月
国土局	2013 年度目标绩效考核二等奖	县委、县政府	2014 年 2 月
物价局	2013 年度目标绩效考核二等奖	县委、县政府	2014 年 2 月
工商局	第三届四川省文明单位	省委、省政府	2014 年 2 月
旅游局	2013 年度目标绩效考评二等奖	县委、县政府	2014 年 2 月
林业局	2013 年度目标绩效考核二等奖	县委、县政府	2014 年 2 月
物资公司	2013 年安全生产先进单位	县政府	2014 年 2 月
地税局	2013 年度目标绩效考核一等奖	县委、县政府	2014 年 2 月
城乡规划建设和住房保障局	2013 年度目标绩效考核三等奖	县委、县政府	2014 年 2 月
电信公司	2013 年度目标绩效考核三等奖	县委、县政府	2014 年 2 月
移动公司	优质服务窗口“阿坝九寨沟分公司新区营业厅”	中国移动四川省公司	2014 年 2 月
移动公司	先进集体	中国移动阿坝分公司	2014 年 2 月
移动公司	2012—2013 年先进基层党组织	中国移动阿坝分公司	2014 年 2 月
移动公司	优质服务先进团队	中国移动阿坝分公司	2014 年 2 月
县中学	“首届四川省青少年科普文化节”组织工作先进单位	省科学技术协会、省文明办、省教育厅、省科技厅、团省委、省广电局	2014 年 2 月
县人民医院漳扎分院	四川省医疗卫生系统先进单位	四川省劳动人事厅、四川省卫生厅	2014 年 2 月
人力资源和社会保障局	2013 年目标绩效考核一等奖	县委、县政府	2014 年 2 月
人力资源和社会保障局	综合目标考核先进单位	阿坝州人力资源和社会保障局	2014 年 2 月
就业服务管理局	2013 年度就业创业服务工作成绩突出单位	阿坝州就业服务管理局	2014 年 2 月
就业局	2013 年度目标绩效考核一等奖	县政府	2014 年 2 月
民政局	2013 年度单位目标考核三等奖	县委、县政府	2014 年 2 月
科技局	2013 年度目标绩效考核三等奖	县委、县政府	2014 年 2 月
文体广新局	2013 年度目标绩效考核二等奖	县委、县政府	2014 年 2 月

续表

单位	奖项名称	颁奖单位	获奖时间
防震减灾局	2013 年度目标绩效考核三等奖	县委、县政府	2014 年 2 月
气象局	2013 年度目标绩效考核二等奖	县委、县政府	2014 年 2 月
永丰乡	2013 年度目标绩效考评三等奖	县委、县政府	2014 年 2 月
县委统战部	2013 年度目标绩效考核二等奖	县委、县政府	2014 年 2 月
民宗局	2013 年度目标绩效考核二等奖	县委、县政府	2014 年 2 月
人大	2013 年度目标绩效考核一等奖	县委、县政府	2014 年 2 月
县委组织部	2013 年度目标绩效考核一等奖	县委、县政府	2014 年 2 月
公安局	2013 年度目标绩效考核一等奖	县委、县政府	2014 年 2 月
司法局	2013 年度目标绩效考核一等奖	县委、县政府	2014 年 2 月
审计局	2013 年度目标绩效考核二等奖	县委、县政府	2014 年 2 月
质量技术监督局	2013 年度目标绩效考核三等奖	县委、县政府	2014 年 2 月
食品药品监督管理局	2013 年度目标绩效考核二等奖	县委、县政府	2014 年 2 月
旅游市场综合执法局	2013 年度目标绩效考核二等奖	县委、县政府	2014 年 2 月
畜牧兽医局	2013 年度目标绩效考核一等奖	县委、县政府	2014 年 2 月
财政局	2013 年度目标绩效考核一等奖	县委、县政府	2014 年 2 月
城市管理局	2013 年度目标绩效考核三等奖	县委、县政府	2014 年 2 月
教育局	2013 年度目标绩效考核一等奖	县委、县政府	2014 年 2 月
档案局	2013 年度目标绩效考核三等奖	县委、县政府	2014 年 2 月
史志办公室	2013 年度目标绩效考核三等奖	县委、县政府	2014 年 2 月
永乐镇	2013 年度目标绩效考核一等奖	县委、县政府	2014 年 2 月
大录乡	2013 年度目标绩效考核二等奖	县委、县政府	2014 年 2 月
玉瓦乡	2013 年度目标绩效考核一等奖	县委、县政府	2014 年 2 月
陵江乡	2013 年度目标绩效考核二等奖	县委、县政府	2014 年 2 月
马家乡	2013 年度目标绩效考核二等奖	县委、县政府	2014 年 2 月
草地乡	2013 年度目标绩效考核一等奖	县委、县政府	2014 年 2 月
九寨沟县	阿坝州无偿献血先进县	州卫生局、州红十字会	2014 年 3 月
团县委	2013 年全州目标考核一等奖	共青团阿坝州委	2014 年 3 月
公安局	创建第三届四川省文明城市先进单位	县委、县政府	2014 年 3 月
司法局	2013 年目标考核一等奖	州司法局	2014 年 3 月
县委宣传部	全州无偿献血先进集体	州委宣传部	2014 年 3 月

续表

单位	奖项名称	颁奖单位	获奖时间
发展和改革局	阿坝州发改系统"改革的力量、改变的心智"——精学三中全会精神辩论赛一等奖	阿坝州发改委	2014 年 3 月
审计局	阿坝州 2013 年度审计统计工作一等奖	阿坝州审计局	2014 年 3 月
旅游局	创建第三届四川省文明城市先进单位	县委、县政府	2014 年 3 月
旅游市场综合执法局	九寨沟县创建第三届四川省文明城市先进单位	县委、县政府	2014 年 3 月
民爆分公司	2013 年安全生产先进单位	阿坝州民爆公司	2014 年 3 月
地税局	2013 年度全州地税系统目标管理考核二等奖	州地方税务局	2014 年 3 月
教育局	2013 年度全州消防工作先进单位	阿坝州人民政府	2014 年 3 月
教育局	九寨沟县创建第三届四川省文明城市先进单位	县委、县政府	2014 年 3 月
卫生局	九寨沟县创建第三届四川省文明城市先进单位	县委、县政府	2014 年 3 月
就业局	2013 年度就业服务系统先进单位	阿坝州就业服务管理局	2014 年 3 月
气象局	2013 年目标考评特别优秀达标单位	阿坝州气象局	2014 年 3 月
气象局	2013 年年度全州气象信息网络集体优质奖	阿坝州气象局	2014 年 3 月
永乐镇	九寨沟县创建第三届四川省文明城市先进单位	县委、县政府	2014 年 3 月
罗依乡	森林防火工作三等奖	县政府	2014 年 3 月
九寨沟县	2012—2013 年度教育系统党风廉政建设和反腐败工作及基层党建目标考核三等奖	州教育局委员会	2014 年 4 月
九寨沟县	阿坝州教育系统德育、体卫艺工作先进集体三等奖	州教育局	2014 年 4 月
九寨沟县	"阿坝民声"工作先进集体	阿坝民声领导小组	2014 年 4 月
城关派出所	2013 年度消防工作先进单位	县委、县政府	2014 年 4 月
公安局	2013 年度安全生产先进单位	县委、县政府	2014 年 4 月
旅游局	2013 年度安全生产先进单位	县委、县政府	2014 年 4 月
水电开发有限责任公司	2013 年度安全生产先进单位	县委、县政府	2014 年 4 月
交通运输局	2013 年度安全生产先进单位	县委、县政府	2014 年 4 月
教育局	2013 年职业教育先进集体奖三等奖	阿坝州教育局	2014 年 4 月
教育局	2013 年度队伍建设及师资培训工作奖三等奖	阿坝州教育局	2014 年 4 月
教育局	阿坝州教育系统德育、体卫艺工作先进集体奖三等奖	阿坝州教育局	2014 年 4 月
教育局	2013 年全州寄宿制中小学标准（规范）化管理三等奖	阿坝州教育局	2014 年 4 月

续表

单位	奖项名称	颁奖单位	获奖时间
教育局	2012—2013 年全州教育系统安全稳定工作先进集体	阿坝州教育局	2014 年 4 月
教育局	2013 年职业教育三等奖	阿坝州教育局	2014 年 4 月
教育局	2013 年度安全生产先进单位	县委、县政府	2014 年 4 月
县中学	2012—2013 学年度教学质量奖一类初级中学一等奖	州教育局	2014 年 4 月
县中学	2012—2014 学年度教学质量奖二类普通高中三等奖	州教育局	2014 年 4 月
医疗保险管理局	2013 年度综合目标考核第二名、基金会计报表第一名	阿坝州医疗保险管理局	2014 年 4 月
人力资源和社会保障局	安全生产先进单位	县政府	2014 年 4 月
县医保局	2013 年度全州医疗保险目标考核第二名	阿坝州医疗保险管理局	2014 年 4 月
县医保局	2013 年度医疗保险会计报表第一名	阿坝州医疗保险管理局	2014 年 4 月
漳扎镇	2013 年度安全生产先进单位	县委、县政府	2014 年 4 月
大录乡	2013 年度安全生产先进单位	县委、县政府	2014 年 4 月
双河乡	2013 年度安全生产先进单位	县委、县政府	2014 年 4 月
草地乡	2013 年度安全生产先进单位	县委、县政府	2014 年 4 月
九寨沟县	“蒙牛杯”美丽中国城市乡村评选 TOP20	美丽中国城市乡村评选组委会	2014 年 5 月
九寨沟县	2013 年度全州人口与计划生育目标责任制考核一等奖	州人口和计划生育领导小组	2014 年 5 月
县政府	省级环境保护模范县	四川省人民政府	2014 年 5 月
农行九寨沟县支行	2014 春天行动对公开门红中间业务营销一等奖	农行阿坝分行	2014 年 5 月
农行九寨沟县支行	2014 春天行动代理保险业务目标任务超越奖	农行阿坝分行	2014 年 5 月
农行九寨沟县支行	2014 春天行动对公存款营销三等奖	农行阿坝分行	2014 年 5 月
农行九寨沟县支行营业部	2014 春天行动代理保险寿险手续费收入精品网点	农行阿坝分行	2014 年 5 月
农行九寨沟县支行营业部	2014 春天行动对公开门红小微企业对公开门红一等奖	农行阿坝分行	2014 年 5 月
县教育局	“‘走复兴路 圆中国梦’——美丽阿坝我的家”青少年爱国主义教育读书活动组织奖	阿坝州委宣传部	2014 年 5 月
九寨沟县	2013 年度目标绩效考评一等奖	州委、州政府	2014 年 6 月
九寨沟县	《九寨沟县推进旅游与文化相融发展的实践》荣获 2013 年度阿坝州运用典型经验调研成果开展案例教学工作优秀成果一等奖	州委、州政府	2014 年 6 月

续表

单位	奖项名称	颁奖单位	获奖时间
九寨沟县	《“生态九寨”为“国际旅游名城”保驾护航——九寨沟县生态县建设的实践与探索》荣获2013年度阿坝州运用典型经验调研成果开展案例教学工作优秀成果二等奖	州委、州政府	2014年6月
九寨沟县	《维护游客权益、优化市场秩序、提升旅游形象——九寨沟县旅游规范化管理的实践与探索》荣获2013年度阿坝州运用典型经验调研成果开展案例教学工作优秀成果三等奖	州委、州政府	2014年6月
纪委、监察局	创“四好”班子	县委	2014年6月
县委政法委	创“四好”班子	县委	2014年6月
县委宣传部	运用典型经验调研成果开展案例教学工作一等奖	州委办	2014年6月
消防大队	先进基层党组织	阿坝州消防支队	2014年6月
旅游市场综合执法局	先进基层党组织	中共阿坝州委	2014年6月
林业局	先进基层党支部	县委	2014年6月
自来水厂	先进基层党组织	县委	2014年6月
地税局	创“四好”班子	县委	2014年6月
卫生局	“走基层”活动先进单位	县委	2014年6月
人力资源和社会保障局	先进基层党支部	县委	2014年6月
漳扎镇	2013年度征兵工作先进集体	县委、县政府	2014年6月
陵江乡七里村	“五个好”党支部	县委	2014年6月
马家乡	先进基层党组织	中共阿坝州委	2014年6月
郭元乡沟里村	“五个好”党支部	县委	2014年6月
检察院	创“四好”班子	县委	2014年6月
公安局	2013年度征兵工作先进集体	县政府	2014年6月
食品药品监督管理局	“五个好”党支部	县委	2014年6月
永和乡	“五个好”乡镇党委	县委	2014年6月
玉瓦乡	“五个好”乡镇党委	县委	2014年6月
双河乡	2013年度征兵工作先进集体	县政府	2014年6月
漳扎镇	2013年度文化工作先进集体	县委、县政府	2014年7月
教育局	荣获“学生资助管理先进集体”二等奖	阿坝藏族羌族自治州教育基金会	2014年7月
教育局	“教育风险防范服务工作先进集体”二等奖	阿坝藏族羌族自治州教育基金会	2014年7月

续表

单位	奖项名称	颁奖单位	获奖时间
妇幼保健院	阿坝州妇幼保健技能竞赛团体奖三等奖	阿坝州卫生局、州人口计生委、州总工会、州妇联	2014 年 7 月
检察院	二级规范化检察室	最高人民检察院	2014 年 8 月
国税局	2014 上半年目标考核评比第一名	县委、县政府	2014 年 8 月
县中学	女子足球队荣获“四川省第十二届运动会”第三名	省体育局	2014 年 8 月
就业局	2014 年阿坝特色美食烹饪大赛暨美食展优秀组织二等奖	阿坝州农劳领导小组	2014 年 8 月
永丰派出所	2013—2014 年度九寨沟县尊师重教先进集体	县委、县政府	2014 年 9 月
看守所	全省公安监管部门法制文明窗口建设年活动先进集体	省公安厅	2014 年 9 月
县医院	四川省 2014 届卫生优秀奖	四川省预防医学会	2014 年 9 月
漳扎镇	2014 年度尊师重教先进集体	县委、县政府	2014 年 9 月
永和乡人民政府	2014 年度尊师重教先进集体	县委、县政府	2014 年 9 月
人大	州级文明单位	州文明办	2014 年 10 月
双河法庭	全省优秀人民法庭	省法院、省人力资源和社会保障厅	2014 年 10 月
检察院	文明接待室	省检察院	2014 年 10 月
审计局	2014 年全民运动会排球比赛一等奖	县委、县政府	2014 年 10 月
工商局	2014 年全民运动会拔河第一名	县委、县政府	2014 年 10 月
农水局	2014 年全民运动会排球第二名	县委、县政府	2014 年 10 月
林业局	2013 年度森林草原防火工作二等奖	县政府	2014 年 10 月
财政局	2014 年全民运动会拔河比赛第一名	县委、县政府	2014 年 10 月
财政局	2014 年全民运动会排球第四名	县委、县政府	2014 年 10 月
城市管理局	四川省 2014 年环卫行业先进集体	四川省市政市容协会	2014 年 10 月
教育局	2014 年全民运动会男子篮球第一名	县委、县政府	2014 年 10 月
教育局	2014 年全民运动会排球第一名	县委、县政府	2014 年 10 月
教育局	2014 年全民运动会桥牌复赛第一名	县委、县政府	2014 年 10 月
九寨沟县	2013 年度计生药具目标考核一等奖	阿坝州人口和计划生育领导小组	2014 年 10 月
人力资源和社会保障局	2014 年全民运动会拔河第二名	县委、县政府	2014 年 10 月
漳扎镇	九寨沟县护林防火工作一等奖	县委、县政府	2014 年 10 月
漳扎镇	2014 年全民运动会男子篮球运动会第六名	县委、县政府	2014 年 10 月
永乐镇	2013—2014 年度森林草原防火工作三等奖	县政府	2014 年 10 月

续表

单位	奖项名称	颁奖单位	获奖时间
永丰乡	2013—2014 年度森林草原防火工作三等奖	县政府	2014 年 10 月
永丰乡	2014 年全民运动会排球第六名	县委、县政府	2014 年 10 月
永和乡	2013—2014 年度森林草原防火工作三等家	县政府	2014 年 10 月
大录乡	2014 年全民运动会男子篮球第四名	县委、县政府	2014 年 10 月
大录乡	2013—2014 年度森林草原防火工作一等奖	县政府	2014 年 10 月
玉瓦乡	2013—2014 年度森林草原防火工作二等奖	县政府	2014 年 10 月
黑河乡	2013—2014 年度森林草原防火工作二等奖	县政府	2014 年 10 月
双河乡	2013—2014 年度森林草原防火工作三等奖	县政府	2014 年 10 月
双河乡	2014 年全民运动会拔河第三名	县委、县政府	2014 年 10 月
勿角乡	2013—2014 年度森林防火一等奖	县政府	2014 年 10 月
郭元乡	2013—2014 年度森林防火工作二等奖	县政府	2014 年 10 月
草地乡	2013—2014 年度年护林防火工作二等奖	县政府	2014 年 10 月
法院	四川省首届“治蜀兴川”法治论坛优秀组织奖	省法学会	2014 年 11 月
九寨沟县	2013—2014 年度森林防火工作目标责任管理一等奖	阿坝州政府	2014 年 11 月
政协	2014 年度全州政协新闻宣传先进集体	阿坝州政协	2014 年 11 月
武警森林中队	基层建设先进单位	武警四川森林总队	2014 年 11 月
武警县中队	集体三等功	武警阿坝州支队	2014 年 11 月
统计局	四川省第三次全国经济普查先进集体	省人事劳动和社会保障局、省统计局、省人民政府第三次全国经济普查办公室	2014 年 11 月
林业局	2013—2014 年度森林防火工作目标管理责任一等奖	阿坝州人民政府	2014 年 11 月
教育局	2014 年阿坝州教育科研先进单位	阿坝州教育局	2014 年 11 月
疾控中心	省级免疫规划示范区	四川省卫计委	2014 年 11 月
文体广新局	南坪曲子入选“四川省民间文化艺术之乡”	四川省文化厅	2014 年 11 月
县委政法委	四川省党委政法委先进集体	省委政法委、省人力资源和社会保障厅	2014 年 12 月
团委	2013—2014 年度大学生志愿服务西部计划绩效考核优秀等次服务县	全国大学生志愿服务西部计划项目管理办公室	2014 年 12 月
工商联	全州工商联系统非公企业党建工作先进单位	阿坝州工商业联合会（商会）	2014 年 12 月
人武部	全面建设先进人武部	四川省军区	2014 年 12 月
人武部	安全稳定工作先进单位	阿坝军分区	2014 年 12 月
人武部	县人民武装部正规化建设先进单位	阿坝军分区	2014 年 12 月
人武部	基层人民武装部正规化建设先进单位	阿坝军分区	2014 年 12 月

续表

单位	奖项名称	颁奖单位	获奖时间
人武部	新闻宣传工作先进单位三等奖	阿坝军分区	2014年12月
武警十三中队	集体三等功	武警州支队	2014年12月
武警十三中队	先进连队	武警州支队	2014年12月
武警森林中队	基层建设标兵中队	武警森林指挥部	2014年12月
武警森林中队	集体二等功	武警森林指挥部	2014年12月
消防中队	先进单位	州消防支队	2014年12月
国土局	节约集约用地先进集体一等奖	州国土资源局	2014年12月
国土局	信访工作先进集体一等奖	州国土资源局	2014年12月
国土局	政务信息工作先进集体一等奖	州国土资源局	2014年12月
国土局	地质灾害防治先进集体一等奖	州国土资源局	2014年12月
国土局	阿坝州乡镇土地利用总体规划编制工作先进集体一等奖	州国土资源局	2014年12月
国土局	矿产资源管理工作先进集体一等奖	州国土资源局	2014年12月
国土局	农村集体土地确权登记工作先进集体二等奖	州国土资源局	2014年12月
县土局	卫片执法检查工作先进集体二等奖	州国土资源局	2014年12月
县土局	2013年度土地变更调查工作先进集体一等奖	州国土资源局	2014年12月
国土局	寺庙打桩定界复核先进集体二等奖	州国土资源局	2014年12月
物价局	2014年先进集体	州发展和改革委员会	2014年12月
物价局	2014年价格监测工作优秀单位	州发展和改革委员会	2014年12月
城乡规划建设和住房保障局	2014年度三八红旗集体	县委	2014年12月
交通运输局	2014交通政务信息工作先进单位	阿坝州交通运输局	2014年12月
公路管理分局	双优单位	州公路管理局	2014年12月
白河养护站	县级文明养护站	县委、县政府	2014年12月
牌坊坝养护站	县级文明养护站	县委、县政府	2014年12月
县中学	阿坝州阳光体育示范学校	阿坝州教育局	201年12月
卫生局	全省卫生计生统计数据质量优秀单位	四川省卫生计生委	2014年12月
人力资源和社会保障局	全州基层平台建设先进	阿坝州人力资源和社会保障局	2014年12月
人力资源和社会保障局	州级文明单位	阿坝州委	2014年12月
双拥领导小组办公室	四川省退役士兵安置工作先进集体	四川省民政厅	2014年12月

续表

单位	奖项名称	颁奖单位	获奖时间
文体广新局	2014年度四川省“扫黄打非”先进集体	四川省“扫黄打非”领导小组	2014年12月
文体广新局	县级最佳文明单位	县委、县政府	2014年12月
防震减灾局	2014年度防震减灾工作综合考评一等奖	阿坝州防震减灾局	2014年12月
防震减灾局	2014年度市县防震减灾综合信息服务系统质量考核优秀奖	阿坝州防震减灾局	2014年12月
档案局	四川省社会主义新农村建设档案工作示范县	四川省档案局	2014年12月
史志办公室	《九寨沟年鉴（2012）》获四川省第十六次地方志优秀成果三等奖	四川省地方志编纂委员会、四川省地方志学会	2014年12月
保华乡	2013—2014年森林防火三等奖	县政府	2014年12月
大录乡	四川省十佳志愿服务组织	四川省委宣传部 四川省精神文明建设办公室	2014年12月
信访局	全州信访工作第一名	州信访局	2014年
信访局	信访工作先进工作集体	四川省人力资源和社会保障厅、四川省信访局	2014年
国保大队	业务技能比武竞赛活动组织奖	州局国保支队	2014年
九寨沟核桃	四川果王子	四川省林业产业联合会、四川省生态旅游协会、四川农村日报	2014年
九寨沟风景名胜区管理局	“基于信息技术的时空分流导航管理及其应用模式”项目荣获四川省科学技术进步二等奖	四川省人民政府	2014年

先进个人

姓名	单位	奖项名称	颁奖单位	获奖时间
贺凯	县委	2013 年全州党政密码工作先进个人	州委	2014 年 1 月
刘涛	消防大队	2013 年度火灾隐患“大排查大整治”活动先进个人	州消防支队	2014 年 1 月
唐彬	消防大队	2013 年度执勤岗位练兵先进个人	州消防支队	2014 年 1 月
和尚武	消防大队	2013 年度执勤岗位练兵先进个人	州消防支队	2014 年 1 月
郭海涛	消防大队	2013 年度思想政治教育先进个人	州消防支队	2014 年 1 月
李诗霞	消防大队	2013 年度消防宣传工作先进个人	州消防支队	2014 年 1 月
黄强国	消防大队	2013 年度社会培训先进个人	州消防支队	2014 年 1 月
郭海涛	消防大队	2013 年度优秀警官	州消防支队	2014 年 1 月
黄强国	消防大队	2013 年度优秀警官	州消防支队	2014 年 1 月
刘文练	消防大队	2013 年度优秀警官	州消防支队	2014 年 1 月
和尚武	消防大队	2013 年度基层中队优秀班长	州消防支队	2014 年 1 月
李福元	消防大队	2013 年度红旗车驾驶员	州消防支队	2014 年 1 月
丰法魁	消防大队	个人三等功	州消防支队	2014 年 1 月
龚斌	消防大队	个人嘉奖	州消防支队	2014 年 1 月
丰法魁	消防中队	个人三等功	州消防支队	2014 年 1 月
龚 斌	消防中队	个人嘉奖	州消防支队	2014 年 1 月
鲁晓敏	检察院	优秀检察干警	州检察院	2014 年 2 月
周家奇	县政府	2014 年度公务员奖励一等功	省委、省政府	2014 年 2 月
马国跃	电信公司	2013 年阿坝电信“企业梦劳动美”优秀客户经理	中国电信阿坝分公司	2014 年 2 月
张春燕	电信公司	2013 年阿坝电信“企业梦劳动美”优秀技术服务骨干	中国电信阿坝分公司	2014 年 2 月
龙升艳	县中学	阿坝州第二批学术和技术带头人	州委办、州政府办	2014 年 2 月
张宗祥	县委政法委	2013 年优秀政法干警	县委	2014 年 3 月
李恒春	公安局	2013 年度消防工作先进个人	州人民政府消防安全委员会	2014 年 3 月
方延铿	公安局	2013 年度消防工作先进个人	州人民政府消防安全委员会	2014 年 3 月
王娟	公安局	2013 年度优秀通讯员	县委	2014 年 3 月
泽勿	审计局	2013 年全州审计统计工作一等奖	州审计局	2014 年 3 月
罗显方	人行	2013 年度“优秀共产党员”	中国人民银行阿坝州中心支行	2014 年 3 月

续表

姓名	单位	奖项名称	颁奖单位	获奖时间
罗先玉	人行	2013 年度“优秀共产党员”	中国人民银行阿坝州中心支行	2014 年 3 月
丁泽平	人行	2013 年度“优秀党务工作者”	中国人民银行阿坝州中心支行	2014 年 3 月
罗显方	人行	2013 年度“最佳文明行员”	中国人民银行阿坝州中心支行	2014 年 3 月
马国跃	电信公司	2014 年“天翼丽人建功立业示范岗”	中国电信阿坝分公司	2014 年 3 月
杜云峰	人民医院漳扎分院	四川省基层卫生拔尖人才	四川省卫生厅	2014 年 3 月
付文泽	气象局	阿坝州气象部门 2013 年度先进工作者	阿坝州气象局	2014 年 3 月
李绍友	县政府	2014 年度消防工作先进个人	州消防安全委员会	2015 年 4 月
秦征	公安局	2013 年度优秀旅游工作者	县委、县政府	2014 年 4 月
肖茂全	公安局	2014 年度优秀旅游工作者	县委、县政府	2014 年 4 月
谭双	物价局	2013 年度优秀旅游工作者	县委、县政府	2014 年 4 月
罗先玉	人行	2013 年支付清算宣传征文“三等奖”	中国人民银行阿坝州中心支行	2014 年 4 月
骆红兵	卫生与计生局	优秀旅游工作者	县委、县政府	2014 年 4 月
包诗群	消防大队	2013—2014 年度优秀共青团员	州消防支队	2014 年 5 月
温尤驹	消防大队	2013—2014 年度优秀团务工作者	州消防支队	2014 年 5 月
包诗群	消防中队	优秀共青团员	州消防支队	2014 年 5 月
温尤驹	消防中队	优秀团务工作者	州消防支队	2014 年 5 月
梁瑜	地税局	全省地方税务系统税收征管能手	省地方税务局	2014 年 5 月
张桂花	农行	2014 年春天行动金钥匙春天行动之星	阿坝分行	2014 年 5 月
冯键	农行	2014 年春天行动金钥匙春天行动之星	阿坝分行	2014 年 5 月
李峰	气象局	百班无错奖 3 次	四川省气象局	2014 年 5 月
徐淑玲	气象局	百班无错奖 3 次	四川省气象局	2014 年 5 月
付文泽	气象局	百班无错奖 3 次	四川省气象局	2014 年 5 月
文凤娟	气象局	百班无错奖 3 次	四川省气象局	2014 年 5 月
唐树君	县委	优秀共产党员	县委	2014 年 6 月
龙永丽	总工会	优秀共产党员	县委	2014 年 6 月
杨云峰	公安局	优秀共产党员	阿坝州委	2014 年 6 月
杨国树	司法局	优秀共产党员	阿坝州委	2014 年 6 月
顾永宏	消防大队	优秀共产党员	州消防支队	2014 年 6 月
吴江	消防大队	优秀共产党员	州消防支队	2014 年 6 月

续表

姓名	单位	奖项名称	颁奖单位	获奖时间
郭海涛	消防大队	优秀党务工作者	州消防支队	2014 年 6 月
李福元	消防中队	优秀共产党员	州消防支队	2014 年 6 月
吴 江	消防中队	优秀共产党员	州消防支队	2014 年 6 月
杨凡	经济商务与信息化局	优秀共产党员	县委	2014 年 6 月
陈启平	经济商务与信息化局	优秀党务工作者	县委	2014 年 6 月
王忠义	物价局	优秀党员	县委	2014 年 6 月
庞建	县地税局	优秀援藏干部	县委	2014 年 6 月
吴树林	卫生与计生局	优秀共产党员	阿坝州委	2014 年 6 月
米慧	史志办	优秀共产党员	县委	2014 年 6 月
杜吉泽里	大录乡	2014 年度优秀乡镇党委书记	省委、省政府	2014 年 6 月
黄大刚	陵江乡	优秀党务工作者	县委	2014 年 6 月
刘进祥	陵江乡	优秀村党支部书记	县委	2014 年 6 月
舒红梅	陵江乡	优秀大学生村官	县委	2014 年 6 月
杨 盈	陵江乡	优秀共产党员	县委	2014 年 6 月
刘路娃	郭元乡	优秀村党支部书记	县委	2014 年 6 月
王志强	郭元乡	农村远程教育站点优秀管理员	县委、县政府	2014 年 6 月
吴超兰	郭元乡	农村远程教育站点优秀管理员	县委、县政府	2014 年 6 月
廖吉祥	政协	优秀共产党员	县委	2014 年 7 月
刘益	公安局	“肃毒害、创平安”禁毒百日攻坚会战成绩突出个人（记嘉奖一次）	省公安厅	2014 年 7 月
黄小平	教育局	学生资助管理先进个人	阿坝州教育基金会	2014 年 7 月
刘芹	妇幼保健院	阿坝州妇幼保健技能竞赛三等奖	阿坝州卫生局、州人口计生委、州总工会、州妇联	2014 年 7 月
马玉兰	卫生与计生局	阿坝州妇幼保健技能竞赛优秀奖	阿坝州卫生局、州人口计生委、州总工会、州妇联	2014 年 7 月
韩春媚	县医院	2014 年阿坝州妇幼健康技能竞赛围产保健专业优秀奖	州卫计委	2014 年 7 月
郭莉	永乐镇	2014 年度优秀党务工作者	县委	2014 年 7 月
石思芬	永丰乡	优秀共产党员	县委	2014 年 7 月
代小兵	永和乡	2014 年优秀党务工作者	县委	2014 年 7 月
张灵芝	玉瓦乡	优秀共产党员	县委	2014 年 7 月
杨云香	玉瓦乡	优秀村官	县委	2014 年 7 月
刘霞	陵江乡	优秀乡镇党委书记	州委组织部	2014 年 7 月

续表

姓名	单位	奖项名称	颁奖单位	获奖时间
杨东波	政协	中国摄影报“走进阿坝州”摄影比赛三等奖	四川省摄影家协会《中国摄影报》社	2014年8月
张润雄	县委政法委	优秀公务员记三等功	县委	2014年8月
白　鹏	人行	2014年ACS业务竞赛“第四名”	人行阿坝州支行	2014年8月
黄　燕	人行	2014年ACS业务竞赛“第二名”	人行阿坝州支行	2014年8月
金　戈	县中学	四川省特级教师	省人力资源社会保障厅、省教育厅	2014年8月
邓　瑶	电视台	优秀共产党员	县委	2014年8月
卢　霄	县中学	名教师	县委、县政府	2014年9月
刘忠(小)	县中学	名教师	县委、县政府	2014年9月
蒲晓勇	县中学	名教师	县委、县政府	2014年9月
薛彦武	县中学	名教师	县委、县政府	2014年9月
兰云健	县中学	名教师	县委、县政府	2014年9月
龙升艳	县中学	名教师	县委、县政府	2014年9月
兰双权	县中学	优秀教师	县委、县政府	2014年9月
雷明富	县中学	优秀教师	县委、县政府	2014年9月
徐广利	县中学	优秀教师	县委、县政府	2014年9月
贺章华	县中学	优秀教师	县委、县政府	2014年9月
韩　军	县中学	优秀教师	县委、县政府	2014年9月
徐　剑	县中学	优秀教师	县委、县政府	2014年9月
李三艳	县中学	优秀教师	县委、县政府	2014年9月
王　森	县中学	优秀教师	县委、县政府	2014年9月
马志云	县中学	优秀教师	县委、县政府	2014年9月
杨燕平	县中学	优秀教师	县委、县政府	2014年9月
周　英	县中学	骨干教师	县委、县政府	2014年9月
曹　进	县中学	骨干教师	县委、县政府	2014年9月
何　涌	县中学	骨干教师	县委、县政府	2014年9月
唐尚军	县中学	骨干教师	县委、县政府	2014年9月
唐荣东	县中学	骨干教师	县委、县政府	2014年9月
罗　乾	县中学	骨干教师	县委、县政府	2014年9月
郭术贵	县中学	骨干教师	县委、县政府	2014年9月
苏　洪	县中学	骨干教师	县委、县政府	2014年9月
张健刚	县中学	骨干教师	县委、县政府	2014年9月

续表

姓名	单位	奖项名称	颁奖单位	获奖时间
周泽军	县中学	骨干教师	县委、县政府	2014年9月
张兴红	县中学	骨干教师	县委、县政府	2014年9月
刘春红	县中学	骨干教师	县委、县政府	2014年9月
孙 琳	县中学	骨干教师	县委、县政府	2014年9月
肖 勇	县中学	骨干教师	县委、县政府	2014年9月
何 敏	县中学	骨干教师	县委、县政府	2014年9月
李 春	县中学	骨干教师	县委、县政府	2014年9月
周 芳	县中学	骨干教师	县委、县政府	2014年9月
杨泽友	县中学	优秀教育工作者	县委、县政府	2014年9月
杨洪梅	七一南坪中学	名教师	县委、县政府	2014年9月
袁金凤	七一南坪中学	名教师	县委、县政府	2014年9月
王君	七一南坪中学	名教师	县委、县政府	2014年9月
黎海蓉	七一南坪中学	名教师	县委、县政府	2014年9月
王珂	七一南坪中学	名教师	县委、县政府	2014年9月
郭梁	七一南坪中学	优秀教师	县委、县政府	2014年9月
车正军	七一南坪中学	优秀教师	县委、县政府	2014年9月
扎西	七一南坪中学	优秀教师	县委、县政府	2014年9月
刘英	七一南坪中学	优秀教师	县委、县政府	2014年9月
周银禄	七一南坪中学	优秀教师	县委、县政府	2014年9月
吴贵荣	七一南坪中学	优秀教师	县委、县政府	2014年9月
陈导	七一南坪中学	优秀教师	县委、县政府	2014年9月
吴松建	七一南坪中学	优秀教师	县委、县政府	2014年9月
高国华	七一南坪中学	优秀教师	县委、县政府	2014年9月
唐志芳	七一南坪中学	优秀教师	县委、县政府	2014年9月
王志琴	七一南坪中学	优秀教师	县委、县政府	2014年9月
查晓雪	七一南坪中学	优秀教师	县委、县政府	2014年9月
肖长春	七一南坪中学	优秀教师	县委、县政府	2014年9月
邓君	七一南坪中学	优秀教师	县委、县政府	2014年9月
陈洪平	七一南坪中学	优秀教育工作者	县委、县政府	2014年9月
冯永菊	七一南坪中学	骨干教师	县委、县政府	2014年9月
汪琦	七一南坪中学	骨干教师	县委、县政府	2014年9月
余旭燕	七一南坪中学	骨干教师	县委、县政府	2014年9月

续表

姓名	单位	奖项名称	颁奖单位	获奖时间
殷敏	七一南坪中学	骨干教师	县委、县政府	2014年9月
李亚玲	七一南坪中学	骨干教师	县委、县政府	2014年9月
杨玉英	七一南坪中学	骨干教师	县委、县政府	2014年9月
袁群花	七一南坪中学	骨干教师	县委、县政府	2014年9月
陶海梅	七一南坪中学	骨干教师	县委、县政府	2014年9月
吴红	七一南坪中学	骨干教师	县委、县政府	2014年9月
赵倩	七一南坪中学	骨干教师	县委、县政府	2014年9月
廖聃	七一南坪中学	骨干教师	县委、县政府	2014年9月
赵容均	七一南坪中学	骨干教师	县委、县政府	2014年9月
符纯品	七一南坪中学	骨干教师	县委、县政府	2014年9月
何燕凤	七一南坪中学	骨干教师	县委、县政府	2014年9月
鞠蛟龙	七一南坪中学	骨干教师	县委、县政府	2014年9月
夏燕	七一南坪中学	骨干教师	县委、县政府	2014年9月
何兰蓉	七一南坪中学	骨干教师	县委、县政府	2014年9月
刘小明	七一南坪中学	骨干教师	县委、县政府	2014年9月
蒋琳	七一南坪中学	骨干教师	县委、县政府	2014年9月
杨东波	政协	《四川政协报》优秀通讯员	省政协办公厅	2014年10月
汪珊珊	县检察院	全省刑事申诉检察办案能手	省检察院	2014年10月
补中华	审计局	2014年全民健身运动会桥牌比赛二等奖	县委、县政府	2014年10月
刘宗	审计局	2014年全民健身运动会桥牌比赛一等奖	县委、县政府	2014年10月
任国宏	人行	全辖国库系统财税库银横向联网知识竞赛“二等奖”	中国人民银行阿坝州中心支行办公室	2014年10月
刘山林	农行	2014年全民健身运动会乒乓球男单第二名	县委、县政府	2014年10月
罗琪文	农行	2014年全民健身运动会乒乓球男单第五名	县委、县政府	2014年10月
陈登华	城市管理局	四川省2014年环卫行业先进个人	四川省市政市容协会	2014年10月
邓华	县教育局	2014年全民健身运动会跳棋第三名	县委、县政府	2014年10月
刘芹	妇幼保健院	全省妇幼健康服务工作先进个人	四川卫生计生委	2014年10月
白玛介	漳扎镇	民族团结先进个人	国务院	2014年10月
王军刚	勿角乡	2014年度森林草原防火先进个人	县政府	2014年10月

续表

姓名	单位	奖项名称	颁奖单位	获奖时间
杨克塔	勿角乡	2014年度森林草原防火先进个人	县政府	2014年10月
唐志荣	草地乡	护林防火先进个人奖	县政府	2014年10月
殷小红	组织部	服务标兵	阿坝州委组织部	2014年11月
白小龙	武警县中队	个人三等功	武警阿坝州支队	2014年11月
夏凯	武警县中队	优秀共产党员	武警阿坝州支队	2014年11月
李季高	武警县中队	优秀士兵	武警阿坝州支队	2014年11月
李智勇	武警县中队	优秀士兵	武警阿坝州支队	2014年11月
邓飞阳	武警县中队	优秀士兵	武警阿坝州支队	2014年11月
刘武	武警县中队	优秀士兵	武警阿坝州支队	2014年11月
唐志杰	武警县中队	优秀士兵	武警阿坝州支队	2014年11月
汪延东	武警县中队	优秀士兵	武警阿坝州支队	2014年11月
王亚坤	武警县中队	优秀士兵	武警阿坝州支队	2014年11月
吴小东	武警县中队	优秀士兵	武警阿坝州支队	2014年11月
易海阳	武警县中队	优秀士兵	武警阿坝州支队	2014年11月
张彬彬	武警县中队	优秀士兵	武警阿坝州支队	2014年11月
冯强	武警县中队	优秀士兵	武警阿坝州支队	2014年11月
李天阳	武警县中队	优秀士兵	武警阿坝州支队	2014年11月
刘诚	武警县中队	优秀士兵	武警阿坝州支队	2014年11月
乐东	武警森林中队	三等功	武警阿坝州森林支队	2014年11月
黄波	武警森林中队	优秀党务工作者	武警阿坝州森林支队	2014年11月
赵永兵	武警森林中队	优秀士兵、嘉奖	武警阿坝州森林支队	2014年11月
刘益	武警森林中队	优秀士兵、嘉奖	武警阿坝州森林支队	2014年11月
乐东	武警森林中队	优秀士兵、嘉奖	武警阿坝州森林支队	2014年11月
邓世明	武警森林中队	优秀士兵、嘉奖	武警阿坝州森林支队	2014年11月
黎吉祥	武警森林中队	优秀士兵、嘉奖	武警阿坝州森林支队	2014年11月
熊建伟	武警森林中队	优秀士兵、嘉奖	武警阿坝州森林支队	2014年11月
鲁鹏	武警森林中队	优秀士兵、嘉奖	武警阿坝州森林支队	2014年11月
万源	武警森林中队	优秀士兵、嘉奖	武警阿坝州森林支队	2014年11月
李宇星	武警森林中队	优秀士兵、嘉奖	武警阿坝州森林支队	2014年11月
杨建	武警森林中队	优秀士兵、嘉奖	武警阿坝州森林支队	2014年11月
窦博恒	武警森林中队	优秀士兵、嘉奖	武警阿坝州森林支队	2014年11月

续表

姓名	单位	奖项名称	颁奖单位	获奖时间
彭明星	武警森林中队	优秀士兵、嘉奖	武警阿坝州森林支队	2014年11月
叶曾	武警森林中队	嘉 奖	武警阿坝州森林支队	2014年11月
蒋桂平	消防大队	优秀士兵	州消防支队	2014年11月
纪道泽	消防大队	优秀士兵	州消防支队	2014年11月
包诗群	消防大队	优秀士兵	州消防支队	2014年11月
李廷杰	消防大队	优秀士兵	州消防支队	2014年11月
蒋桂平	消防中队	优秀士兵	州消防支队	2014年11月
纪道泽	消防中队	优秀士兵	州消防支队	2014年11月
包诗群	消防中队	优秀士兵	州消防支队	2014年11月
李廷杰	消防中队	优秀士兵	州消防支队	2014年11月
周向丽	统计局	四川省第三次全国经济普查先进个人	四川省人事劳动和社会保障局、四川省统计局、四川省人民政府第三次全国经济普查办公室	2014年11月
张菲	统计局	四川省第三次全国经济普查最美普查员	四川省人事劳动和社会保障局、四川省统计局、四川省人民政府第三次全国经济普查办公室	2014年11月
周保	统计局	四川省第三次全国经济普查最美普查员	四川省人事劳动和社会保障局、四川省统计局、四川省人民政府第三次全国经济普查办公室	2014年11月
邓群	人行	2013—2014年度阿坝州中心支行“巾帼建功标兵”	中国人民银行阿坝州中心支行工会委员会	2014年11月
罗先玉	人行	2013—2014年度阿坝州中心支行“文明家庭”	中国人民银行阿坝州中心支行工会委员会	2014年11月
陈晓兰	县民政与扶贫移民局	2014年度全省老龄政策调研优秀成果奖	四川省老龄工作委员会办公室	2014年11月
倪 倩	永和乡人民政府	组织系统“争做优秀组工干部”演讲比赛一等奖	州委组织部	2014年11月
敖晓勇	大录乡人民政府	2014年度护林防火先进个人	县政府	2014年11月
刘树春	大录乡人民政府	2014年度护林防火先进个人	县政府	2014年11月
唐树君	县委	2010—2014年四川省保密工作先进个人	省保密委员会、省人力资源和社会保障厅、省国家保密局	2014年12月
张彦庆	政法	2013年四川省维护社会稳定先进个人	省维稳领导小组、省政法委、省人力资源与社会保障厅	2014年12月
龚 斌	县消防中队	个人三等功	州消防支队	2014年12月
向晓峰	县消防中队	个人嘉奖	州消防支队	2014年12月

续表

姓名	单位	奖项名称	颁奖单位	获奖时间
张　浩	县消防中队	个人嘉奖	州消防支队	2014年12月
江河壮	县消防中队	灭火救援尖兵	州消防支队	2014年12月
黄强国	县消防中队	优秀基层带兵人	州消防支队	2014年12月
丰法魁	县消防中队	红旗车驾驶员	州消防支队	2014年12月
刘贝贝	县消防中队	优秀班长	州消防支队	2014年12月
高岚	县物价局	工作业绩突出个人	四川省成本调查监审局	2014年12月
金　戈	县中学	四川省高中政治名教师	省教育厅	2014年12月
李素英	县卫生与计生局	妇幼健康服务个人	国家卫生计生委办公厅	2014年12月
昝光斌	县文体广新局	公共文化论坛征文三等奖	中共四川省委宣传部、中共四川省委农工委、四川省文化厅	2014年12月
张叙瑜	县文体广新局	九寨沟县旅游工作先进个人	九寨沟县委、县人民政府	2014年12月
米慧	县史志办	汶川特大地震四川抗震救灾志编纂工作先进工作者	四川省地方志编纂委员会、四川省人力资源和社会保障厅	2014年12月
王文政	武警十三中队	武警阿坝州支队三等功	武警阿坝州支队	2014年
廖庆华	大九旅集团九寨沟旅游分公司	四川省劳动模范	四川省人民政府	2014年

人　物

白映武（1936—2014），男，生于1936年10月17日，汉族，九寨沟县永乐镇青平三村农民。8岁开始随父白凤云学习弹唱曲子，他唱腔浑厚、高亢，记忆力惊人，能背诵大量的花调和宫调歌词，并能讲述与之相连的历史故事，培养了一批能弹会唱的歌手。生前先后接受过著名歌手杭天琪的走访，中央电视台西部频道《魅力12》栏目组采访，中央电视台CCTV3、CCTV7、CCTV10、《艺术之旅》《岁月如歌》《特色经济论坛》《地方特产》《家园》栏目10人组成的《大九寨》摄制组的采访，新编南坪小调《赞九寨民歌》《大劝世文》《白蛇传》《二十四孝》4首13000字，与王开勤奋合编《歌唱南坪》1首，收集、整理、补遗、流释南坪小调48首32000字，为南坪曲子的继承和发展做出了卓越的贡献。2014年4月，因病去世。

附 录

九寨沟县统计局
2014 年国民经济和社会发展统计公报

（2015 年 5 月 8 日）

2014 年，九寨沟县坚持以科学发展观统领经济社会发展全局，全力打造诚信、生态、和谐的新九寨，全县经济实力逐步增强，社会事业全面进步，经济社会保持平稳较快发展势头。

一、综合经济

1. 经济总量。2014 年，全县经济快速增长，经济总量在全州排名第三。经州统计局审定，全年实现地区生产总值（GDP）223411 万元，按可比价计算比上年增长 9.8%。其中，第一产业增加值为 17983 万元，增长 3.8%；第二产业增加值为 73107 万元，增长 13.2%；第三产业增加值为 132321 万元，增长 8.6%。人均 GDP27412 元，增长 9.4%。

2. 产业结构。2014 年，产业结构仍为“三、二、一”型的结构。三次产业结构为 8 : 33 : 59，三次产业对经济增长的贡献率分别为 4.6%、36.7% 和 58.7%。

3. 民营经济。2014 年，全县个体工商户 2783 户，比上年增长 29.2%；从业人员 7411 人，比上年增长 25.5%；注册资金 40817 万元，比上年增长 3.9%。私营企业 365 户，比上年增长 20.9%；从业人员 3965 人，比上年下降 0.9%；注册资金 88403 万元，比上年增长 64.4%。全县民营经济实现增加值 107094 万元，比上年增长 11.7%，占 GDP 的比重为 53.3%，民营经济成为推动经济快速增长的主要力量。

二、财政和金融

财政收入。财政收入保持较快增长，调控能力不断增强，为进一步发展经济和改善人民生活提供了有力的财力支持。2014 年完成地方公共财政收入 20008 万元，比上年增长 18.5%，其中各种税收收入 14745 万元，比上年增长 19.0%。地方公共财政支出 110241 万元，比上年增长 4.4%。其中，农林水利事务支出 16494 万元，增长 41.7%；教育支出 13161 万元，下降 13.8%；医疗卫生支出 9557 万元，下降 4.1%。

金融。截至 2014 年末，全县金融机构各项存款余额 421032 万元，比上年增长 14.9%，其中居民储蓄存款余额180315万元，比上年增长16.4%。全县金融机构各项贷款余额339428万元，比上年增长0.9%。

三、农业

2014年，全县农业和农村经济稳步发展，农业综合生产能力进一步提高。

（一）农村基本情况

全县共有17乡镇，120个行政村。乡村户数15369户，乡村人口数53882人，乡村劳动力资源数33290人，其中男性17785人。乡村从业人员28193人，其中男性15103人。

（二）全年农业生产情况

1. 农林牧渔业总产值及耕地面积。年末，全县实有耕地面积3747公顷，比上年下降0.8%；播种面积5095公顷，比上年下降8.3%。按现行价格计算，全县实现农林牧渔业总产值27445万元，比上年增长6.5%。其中农业产值9370万元，增长7.2%；牧业产值10997万元，增长7.6%；林业产值4252万元，增长2.1%；服务业产值2826万元，增长7.1%。

2. 农产品产量。全年粮食总产量9804吨，比上年增长4.2%；蔬菜产量10674吨，比上年增长13.5%；水果产量5319吨，比上年增长32%。

3. 牲畜存栏、出栏量。全年各类牲畜出栏头数49334头，比上年增长7.2%。存栏头数为79113头，比上年下降6.0%。全年肉类总产量3645吨，比上年增长7.9%。其中，猪肉产量2517吨，牛肉产量977吨；羊肉产量81吨。

四、工业

1. 工业产值和增加值。2014年，规模以上工业企业实现工业总产值61558万元，增长5.4%。实现工业增加值43413万元，增长13.9%。

2. 主要产品产量。规模以上工业累计完成发电量159696万度，同比增长17.6%；黄金产量376.68公斤，比上年下降34.4%。

五、固定资产投资

2014年，全社会固定资产投资302386万元，与去年增长0.8%。其中，城镇投资263086万元，减少1.3%；农村投资39300万元，增长17%。

全年500万元施工在建项目48个，其中本年新开工19个，本年投产项目23个。

六、国内贸易

在宏观经济快速发展的推动作用下，我县消费品市场依然繁荣活跃。2014年，累计实现社会消费品零售总额94426万元，比上年增长16.1%。

1. 住宿和餐饮业。全年住宿和餐饮业累计实现零售额71034万元，比上年增长16.1%，占社会消费品零售总额的75%。

2. 批发和零售业。全年批发和零售业累计实现零售额23392万元，比上年增长16.3%，占社会消费品零售总额的25%。

七、旅游业

2014年，九寨沟县共接待游客581万人次，同比增长21.7%，其中接待入境游客22万人次，同比增长66.3%。旅游人数中九寨沟景区454万人次，同比增长54.9 %；其他旅游者127万人次（指探亲访友、参加会议、一日游等）。旅游总收入749753万元，同比增长21.4%，其中外汇收入4564万美元，同比增长62.5%

八、交通运输、邮电通讯业

客运周转量41312万人公里，货运周转量13128万吨公里。

邮电通讯业。2014年，邮电主营业务收入7910万元，比上年增长13.3%。移动电话69175户，比上年下降0.7%；固定电话用户24814户，比上年下降3.0%；互联网用户16752户，比上年增长30.7%。

九、教育、卫生事业

教育事业。2014年，全县共有小学18所，小学在校学生总数4757人；普通中学3所，普通中学在校学生总数4139人。

医疗卫生事业。2014年，全县共拥有各类卫生机构127所（含村卫生所），床位344张，卫生技术人员407人，其中执业医生164人。

十、人口、就业、收入水平

人口。2014年，全县户籍人口67972人，其中农业人口47379人，少数民族人口26275人；年末总户数23340户；常住人口81500人，其中城镇人口38941人；城镇化率47.8%。

就业。2014年，全社会从业人员48000人，比上年增长4.3%，其中非私营城镇单位从业人员年平均人数8739人（企业3621人，事业3314人，机关1804人），下降0.6%。非私营城镇单位从业人员年平均工资50032元，同比增长1.9%，其中企业43707元，事业54455元，机关54603元。

城乡居民生活水平。随着社会从业人数的增加，在职职工工资水平、退休人员养老金、低收入人群最低生活保障金的提高，城乡居民收入增长较快。

城镇居民家庭人均可支配收入为25716元，比上年增长9.2%，恩格尔系数37.1%；全县农牧民人均纯收入7952元，比上年增长16.6%，恩格尔系数37.2%。

注：1. 公报中所有数据均为快报数，正式数据以《2014年统计年鉴》为准。

2. 公报中地区生产总值指标绝对数按当年价格计算，增长速度按可比价格计算。从2014年第四季度开始，全省地区生产总值核算执行国家统计局新的《国民经济行业分类》和《三次产业划分规定》，即第一产业是指农、林、牧、渔业（不含农、林、牧、渔服务业）；第二产业是指工业（不含开采辅助活动，金属制品、机械和设备修理业）和建筑业；第三产业即服务业，是指除第一产业、第二产业以外的其他行业。

3. 按照《2013年交通运输业经济统计专项调查》，全国运输量调查采用交通运输部新发布系统，客运指标剔除了出租车、公交车客运量和周转量，货运通过月度货运样本车抽样和月度公路计重收费情况进行推算，2013年基数相应调整。

《九寨沟县年鉴（2015）》编辑人员名单

图片	米慧	旅游	周朝霞	卫生	周朝霞
特载	米慧	农林牧	周朝霞	综合政务	周朝霞
大事记	米慧	水电气	周朝霞	社会事业	周朝霞
党政	米慧	商业贸易	周朝霞	乡镇	宛严勇
社会团体	米慧	财税·金融·保险	杨春桃	荣誉	宛严勇
法治	米慧	城乡建设	周朝霞	人物	米慧
军事	米慧	交通运输·邮政通讯	周朝霞	附录	米慧
经济管理	米慧	教育	周朝霞		

2014年部门年鉴撰稿人名单

单位	撰稿人	单位	撰稿人
县委	任新春、黄荣茂、任军、董智进	人大	宋德江
政府	张静	政协	杨东波
纪委	廖谨	政法委	赵小兰
组织部	张国豪	宣传部	杨茂松
统战部	郭锐	党校	宛海燕
群众工作局	喻志勋	博览事务局	黄开群
政务中心	王洁琼	机关事务局	朱欣艳
惠民帮扶中心	万红	民宗局	张凤
总工会	张涛	妇联	泽珠措
团委	杨慧芳	工商联	李永
佛协	杨文玲	科协	黄跃英
红十字会	陈亮	文联	文玉凤
残联	王燕	公安局	刘兰、王娟、黄燕思
检察院	余涛	法院	张先综
司法局	曾吉慧	人武部	杨静
县中队	佟盟	十三中队	陈延维
森警中队	周宗鹏	消防大队	王文丽
消防中队	蒋桂平	发改局	杨柳

续表

单位	撰稿人	单位	撰稿人
经济商务和信息化局	杨凡	安监局	马雪凤
统计局	赵传芳	审计局	喻林伟
国土局	赵杨	物价局	杨红莲
工商局	阎雪峰	质监局	杨彩霞
食品药品监督局	文娟	旅游局	胡茂森
旅游执法局	赵志强	九寨沟管理局	昌旺木初、万韦
森林公园管理局	陈素芬	九寨沟旅游集团股份有限责任公司	张建友
九寨沟旅游股份有限公司（观光公司）	刘良成	九寨沟联合经营有限责任公司	钟英
农牧水利局	欧兰	林业局	汪雪英
森林公安局	廖红成	南坪林业局	唐雪松
畜牧兽医局	何小平	自来水公司	谭英
黄浦电力公司	王永	天然气公司	李晓东
水电开发公司	傅廷波	供销合作社	任文庆
粮食局	王英	物资公司	吴红权
烟草专卖公司	黄德英	财政局	米兰花
国税局	肖阳华	地税局	李敏
人行	丁泽平	农行	熊晓蓉
建行	林红	信用合作社	潘虎刚
财产保险公司	李旭	人寿保险公司	朱萍
规划建设局	朱桂英	环保局	王勇
城市管理局	陶宇	交通运输局	马晓霞
公路局	欧兵	公路运输管理所	张燕
邮政局	李昌杰	电信分公司	杜春平
移动公司	魏易林	联通公司	马国静
教育局	杨云富	九寨沟县中学	杨泽友
七一南坪中学	陈洪平	卫生和计划生育局	冯贵兰
妇幼保健院	唐静	疾控中心	刘莉
县医院	黄秀英	中藏医院	李玉华
人力资源和社会保障局	杜钊辉	社保局	李宏玲
医保局	王志琴	公共就业和人才交流服务局	王晓勤

续表

单位	撰稿人	单位	撰稿人
城乡居民社会养老保险事业管理局	左玉红	民政和扶贫移民局	王蓉芳
科技局	李仕君	文体局	王小兵
广电局	任玉梅	防震减灾局	米桂芳
气象局	文凤娟	档案局	杨碧华
史志办	杨春桃	新华书店	钟丽玲
漳扎镇	喻啟义	永乐镇	陈闵
永丰乡	韩小燕	安乐乡	姚欣
白河乡	汪鑫	保华乡	王艳琴
双河乡	李佰薇	郭元乡	黄莹
勿角乡	王军刚	罗依乡	吴江
马家乡	殷星	大录乡	王清翠
黑河乡	杨红	玉瓦乡	陈晓松
陵江乡	李小勤	永和乡	刘月盛
草地乡	苑玉环、杨文艳		